U0925184

汝信文集

第八卷
（译文卷）
论车尔尼雪夫斯基

〔俄〕普列汉诺夫 著
汝信 译

商務印書館
创于1897 The Commercial Press

图书在版编目(CIP)数据

论车尔尼雪夫斯基/(俄罗斯)普列汉诺夫著;汝信译.
—北京:商务印书馆,2021
(汝信文集;第8卷)
ISBN 978-7-100-19535-5

Ⅰ.①论… Ⅱ.①普… ②汝… Ⅲ.①车尔尼雪夫斯基(Chernyshervski, Nikolai Gorrilovich 1828-1889)—思想评论 Ⅳ.①B512.44

中国版本图书馆CIP数据核字(2021)第032412号

汝信文集
第八卷
(译文卷)
论车尔尼雪夫斯基
(俄)普列汉诺夫 著

商 务 印 书 馆 出 版
(北京王府井大街36号 邮政编码100710)
商 务 印 书 馆 发 行
北京新华印刷有限公司印刷
ISBN 978-7-100-19535-5

2021年6月第1版 开本 710×1000 1/16
2021年6月北京第1次印刷 印张 55¼
定价:229.00元

译者前言

《尼·加·车尔尼雪夫斯基》[1]一书是普列汉诺夫的名著之一。由于车尔尼雪夫斯基和普列汉诺夫正好代表着俄国革命思想史上的两个不同的时代，所以这部著作具有特殊的重要意义。

根据列宁的看法，俄国革命运动可以划分为三个阶段，即：贵族时期、平民知识分子时期和无产阶级时期（参阅“俄国工人报刊的历史”，《列宁全集》，第20卷，第240页）。车尔尼雪夫斯基是第二代俄国革命战士、即平民知识分子革命家中最杰出的人物，他继承了十二月党人和赫尔岑等贵族革命家所开辟的事业，又比他们更前进了一大步。但是，正如列宁所说，车尔尼雪夫斯基只是“未来风暴中的年轻舵手”，而还不是风暴本身（参阅“纪念赫尔岑”，《列宁选集》，第2卷，第422页）。只有马克思主义领导下的俄国无产阶级群众运动，才是真正的革命风暴，而普列汉诺夫则是俄国最早的优秀的马克思主义理论家和宣传家。普列汉诺夫关于车尔尼雪夫斯基的论著，不仅是对于一位卓越的思想家的系统研究，而且也清楚地反映了俄国革命思想从革命民主主义到马克思主义的发展历程。

普列汉诺夫本人的革命活动是以民粹主义开始的。1876年初，当他还不满20岁的时候，他就参加了革命民粹派的一个小组，后来加入了秘密的“土地与自由”党。到七十年代末，他已成为民粹派的著名活动家，并且直接参与制定“土地与自由”党纲领。1879年，“土地与自由”党发生分裂，大部分党员参加了新成立的主张进行恐怖活动的“民意党”，而普列汉诺夫则成为坚持平均分配土地的旧路线的“平分土地社”的领导者。由于沙皇政权对民粹派的残酷镇压，普列汉诺夫被迫于1880年流亡国外。早在七十年代里，普列汉诺夫就已经开始接触马克思主义的著作，但是直到他流亡国外有系统地认真研究了马克思主义理论以后，才真正完成了从民粹主义到马克思主义的思想转变。1883年，他和“平分土地社”的其他著名人物查苏利奇、阿克雪里罗德等人一起，在日内瓦成立了“劳动解放社”，首先在俄国革命运动中公开举起马克思主义的旗帜，并宣告和民粹主义彻底决裂。

在当时的俄国，革命青年所崇拜的理想人物是车尔尼雪夫斯基。作为一个伟大的思想家，车尔尼雪夫斯基像彗星似地出现在沙皇俄国黑暗的夜空，给予人们光明和希望。他的一系列光辉的著作，把俄国革命民主主义思想发展到空前的高度，无论在哲学、经济学、美学、文学和社会学等各方面，都作出了创造性的贡献。他对封建专制主义和农奴制度的尖锐谴责，对资本主义的深刻批判，以及对人民群众利益的坚决捍卫，为他赢得了崇高的威望。罪恶的沙皇政府对车尔尼雪夫斯基的骇人听闻的野蛮迫害，只是更加提高了他在俄国进步知识青年心目中的地位。关于沙皇政权对俄国进步文化的摧残，赫尔岑在“论革命思想在俄国的发展”一文中曾经激愤而沉痛地写道：“可怕的、悲惨的命运落在每一个胆敢把头伸出到王笏所划定的水准以外去的人身上；不管是诗人也罢，市民也罢，思想家也罢——顽固的宿命把一切人推向坟墓。我们的整整一部文学史，不是殉教者列传，就是苦役囚犯的名单。”在这张光荣的苦役囚犯的名单上，车尔尼雪夫斯基并不是头一名，但却是其中最坚定、最勇敢、最富有牺牲精神的一个。这位俄国的普罗米修斯在西伯利亚的苦役场和流放所度过了几乎下半生，历尽千辛万苦，他那坚贞不拔的性格和威武不屈的品质，使他成为人们景仰的英雄人物。正因为这个缘故，所以民粹派竭力利用车尔尼雪夫斯基的崇高的革命声誉，把他奉为民粹主义的思想旗帜，对俄国的革命运动保持着很大的影响。

从理论上来说，车尔尼雪夫斯基的学说确实在某些方面为民粹主义观点提供了思想基础。因此，普列汉诺夫与民粹主义的决裂意味着对车尔尼雪夫斯基的重新评价，这在他的思想发展上是一个痛苦的转折。普列汉诺夫从参加革命活动的时候起，就一向是车尔尼雪夫斯基的热烈崇拜者。车尔尼雪夫斯基的著作，特别是《怎么办？》这部小说，对年轻的普列汉诺夫走上革命道路起了很大的推动作用。普列汉诺夫在圣彼得堡喀山广场上发表的第一篇反对专制制度的公开政治演说，就是献给车尔尼雪夫斯基的。在他刚接受马克思主义时，他于 1881 年 10 月 31 日给拉甫罗夫的信中承认说，“马克思和车尔尼雪夫斯基是我最喜爱的作家，在各个方面教育了我，发展了我的思想。”在他晚年写的有关车尔尼雪夫斯基的最后一篇文章“车尔尼雪夫斯基在西伯利亚”里，他又指出，“我自己的思想发展是在车尔尼雪夫斯基的极大影响下完成的，分析他的观点成为我的文学生活中的一件大事。”普列汉诺夫从来也没有放弃他对车尔尼雪夫斯基的热爱和尊敬，但是本着“我爱吾师，我更爱真理”的精神，经过独立的研究和思索，他终于得出结论：与马克思主义相比，车尔尼雪夫斯基学说毕竟是属于历史上已经过去的阶段，因此需要从马克思主义观点来对车尔尼雪夫斯基的全部文学和理论活动作一个总结。为此，他写了一系列有关车尔尼雪夫斯基的论著。在俄国，他第一个运用马克思主义的立场、观点和方法系统地研究车尔尼雪夫斯基的思想，并取得了丰硕的成果。普列汉诺夫对车尔尼雪夫斯基的研究，当然也受到他自己的政治演化的影响。特别是在 1903 年后，他采取了孟什维主义的错误立场，政治上的机会主义观点也不能不对他的研究著作留下烙印。但是，总的说来，普列汉诺夫还是坚持了马克思主义对车尔尼雪夫斯基的正确评价。多少年来苏联出版的大量有关车尔尼雪夫斯基的研究著作，除了在资料方面有所增补以外，很难说已经超过了普列汉诺夫当时的科学水平。

对车尔尼雪夫斯基的研究，是普列汉诺夫的理论工作的一个重要方面。在二十年代苏联出版的里雅桑诺夫负责编辑的《普列汉诺夫全集》中，这方面的论著占了整整两卷（即第五卷和第六卷）。其中主要的就是我们翻译的《尼·加·车尔尼雪夫斯基》这部专著，此外还收入了这样一些论文和书评：“车尔尼雪夫斯基的美学理论”、“车尔尼雪夫斯基”（为《十九世纪俄国文学史》而作）、“车尔尼雪夫斯基”（逝世二十周年纪念）、“再论车尔尼雪夫斯基”、“车尔尼雪夫斯基在西伯利亚”。据里雅桑诺夫在“编者前言”中说，普列汉诺夫有关车尔尼雪夫斯基的全部论著，基本上都已经收集在这个《全集》里了。

《尼·加·车尔尼雪夫斯基》一书出版于 1909 年（当时出版商

为了“生意经”，有意在该书扉页上印作1910年出版，后来曾造成了人们的误会），普列汉诺夫发表这部专著显然是为了纪念车尔尼雪夫斯基逝世二十周年。但实际上，这部书并不是他在一个时期内写成的，而是近二十年的研究工作的结晶，其中某些篇章是早已发表过的。也可以说，这部著作前后有过三个繁简不同的版本。最初的版本是发表于《社会民主党人》杂志的四篇论文（1890—1892年）。经考茨基建议，普列汉诺夫对这四篇论文作了修改和增补，并写了一篇专门的导言，于1894年以《尼·加·车尔尼雪夫斯基。文学的和历史的研究》作为书名出版了德文单行本。这就是该书的第二个版本。该书德文版的发表曾经引起恩格斯的重视。与前两个版本相比，1909年的版本在内容上和篇幅上都大大地扩充了。普列汉诺夫为该书重新写了序言、导言和大部分篇章，只有大约不到五分之二的篇幅保持了原来的面目。因此，这个版本是普列汉诺夫关于车尔尼雪夫斯基的所有论著中最完整、最系统和篇幅最大的一部。

那么，《尼·加·车尔尼雪夫斯基》一书的价值究竟何在呢？在我们看来，它的价值主要就在于提供了一个正确地用马克思主义的科学态度对待历史遗产的成功例子。普列汉诺夫通过具体的分析和论证，深刻地阐明了车尔尼雪夫斯基的革命民主主义和马克思主义的联系和区别。当时的民粹派以车尔尼雪夫斯基的继承者自居，攻击马克思主义者抛弃“六十年代的遗产”。普列汉诺夫有力地驳斥了民粹派的这种毫无根据的谰言，早在《我们的意见分歧》一书中他就指出，对于一个伟大思想家，重要的是保持他的学说的精神而非其文字。他批评民粹派说，“车尔尼雪夫斯基的信徒们甚至不敢想批判地对待自己的导师的意见。他们严格保持他的文章的每一个字，而对他的文章的精神则一点也不理解。因此，他们甚至不会纯粹保持车尔尼雪夫斯基的研究结果，这些结果和斯拉夫派的倾向一混合，就组成了一种特殊的理论混合物，从它里面后来就产生了我们的民粹派。”在论车尔尼雪夫斯基的著作里，普列汉诺夫虽然同自由派作家进行了论战，但他所批判的主要对象始终是俄国的民粹派。由于当时民粹主义是在俄国传播马克思主义的主要障碍，所以普列汉诺夫在对待车尔尼雪夫斯基遗产问题上对民粹派的批判，是他为争取马克思主义在俄国的胜利而作的斗争的一个重要组成部分。他令人信服地对车尔尼雪夫斯基的遗产作了马克思主义的具体分析，既指出了它的强有力的方面，又指出了它落后于现时代的薄弱的方面。他指出，民粹派虽然把车尔尼雪夫斯基学说奉为神圣不可侵犯的信条，但实际上他们只是接受了和发展了其中落后的和错误的东西，因此他们与车尔尼雪夫斯基相比反而倒退了一大步。只有俄国马克思主义者才真正保持和发扬了车尔尼雪夫斯基学说的革命精神，同时又纠正了他的缺点和错误，从而把这位俄国革命家的事业大大地推向前进。因此，车尔尼雪夫斯基遗产的合法继承人，不是民粹派，而是俄国马克思主义者。

普列汉诺夫论证了俄国马克思主义和车尔尼雪夫斯基学说之间的批判继承关系，这就清楚地说明，马克思主义并不是脱离世界优秀文化传统的异端邪说，也不是单纯从外国移植进来的结不了果实的花朵，而是包括俄国革命民主主义思想在内的人类所创造的全部思想成果的合乎规律的必然发展。普列汉诺夫的这一历史功绩,确实是应该予以充分肯定的。

在这部著作中,普列汉诺夫还从哲学、经济学、社会主义理论和美学等方面,对车尔尼雪夫斯基学说作了深刻而全面的探讨。他的某些个别的观点和结论可能不一定完全正确,但是他从各方面对车尔尼雪夫斯基所作的基本估价,经过了时间的检验,不仅证明是站得住脚的,而且至今仍然闪烁着真知灼见的光华。例如,普列汉诺夫首先发现,在哲学上车尔尼雪夫斯基是费尔巴哈的信徒,并且作了有说服力的论证。这对确定车尔尼雪夫斯基的世界观的性质来说,具有重大的意义。他认为,车尔尼雪夫斯基哲学观点的各种因素,如坚定的唯物主义自然观、强烈的人本主义思想、对待辩证法的动摇态度以及历史观中的唯心主义等等,归根到底都可以从费尔巴哈哲学体系中找到思想根源。值得指出的是,当时他的这个看法遭到许多人的反对。普列汉诺夫最早提出这个看法是在本书的第一个版本中(即 1890 年发表于《社会民主党人》杂志的第一篇论文),远在车尔尼雪夫斯基为《艺术与现实的审美关系》一书第三版所写的序言公开发表之前。这篇序言写于 1888 年,在那里车尔尼雪夫斯基明确地谈到了他和费尔巴哈的师承关系,但被书报检查机关禁止出版,直到 1906 年这篇序言才得以问世。当人们读到车尔尼雪夫斯基本人的思想自白时,就不能不钦佩普列汉诺夫的见解的敏锐和深刻。

再例如,普列汉诺夫肯定了车尔尼雪夫斯基对资本主义制度和资产阶级政治经济学的批判,同时又指出了这种批判的局限性,确定车尔尼雪夫斯基应属于空想社会主义者的行列。这一点在当时也是许多人所拒不承认的。普列汉诺夫不限于一般地说明车尔尼雪夫斯基的社会主义思想的空想性质，而且结合俄国的现实雄辩地证明，这位俄国革命家企图避开资本主义、通过农民村社直接向社会主义过渡的计划，完全是不能实现的幻想。这就有力地驳斥了民粹派打着车尔尼雪夫斯基的旗号所竭力鼓吹的所谓俄国走向社会主义的独特道路，为马克思主义在俄国的传播提供了有利的条件。

还有一点应该指出，普列汉诺夫第一个对车尔尼雪夫斯基的美学思想予以高度的重视，并作了认真的研究。车尔尼雪夫斯基在世时，他的文学批评著作和小说《怎么办?》已经发生了广泛的社会影响，但他在学位论文中所表述的美学理论却并没有受到人们应有的注意。（顺便提一下，至今资产阶级美学家和美学史家也仍然对车尔尼雪夫斯基美学采取极不公平的漠视态度。）正是由于普列汉诺夫的大力倡导，才在马克思主义者的阵营中引起了对车尔尼雪夫斯基美学的极大兴趣，使他在美学史上获得他应该享有的一席地位。

我们肯定普列汉诺夫《尼·加·车尔尼雪夫斯基》一书的价值，决不是意味着这部著作没有缺点和错误。该书的主要缺点首先在于，它把注意力集中在车尔尼雪夫斯基的理论活动上，而没有紧密地结合当时的社会阶级斗争和政治斗争去看问题。这表现为普列汉诺夫对车尔尼雪夫斯基和自由派的斗争的重大意义估计不足。列宁仔细地读了该书 1909 年的版本，并且把它同最初发表在《社会民主党人》杂志上的论文加以核对和比较。他深刻地指出，“普列汉诺夫由于只看到唯心主义历史观和唯物主义历史观的理论差别，而忽略了自由主义者和民主主义者的政治实践的和阶级的差别。”（《列宁全集》，第 38 卷，第 611 页）列宁比普列汉诺夫高明之处就在于，他不仅善于从理论上、而且善于从决定俄国前途的政治斗争的高度去评价车尔尼雪夫斯基的活动。列宁说：“六十年代的自由派和车尔尼雪夫斯基是两种历史倾向、两种历史力量的代表，这两种倾向和力量从那时起一直到今天都在决定着为建立新俄国而进行的斗争的结局。”（“‘农民改革’和无产阶级农民革命”，《列宁全集》，第 17 卷，第 104 页）像这样站在历史高度上作出的意义深远的结论，在普列汉诺夫的著作中是看不到的。当时，人们还不知道后来才查明的关于车尔尼雪夫斯基直接参与秘密革命活动的历史事实。但列宁却以他特有的政治敏感和巨大的洞察力，觉察到车尔尼雪夫斯基在俄国革命的实践中所起的重大作用。列宁赞扬车尔尼雪夫斯基的著作散发着阶级斗争的气息，说“他善于用革命的精神去影响他那个时代的全部政治事件，通过书报检查机关的重重障碍宣传农民革命的思想，宣传推翻一切旧权力的群众斗争的思想”（同前书，第 105 页）。所有这些都是站在孟什维克立场上的普列汉诺夫所不可能达到的。

其次，该书的另一个缺点是在某些地方缺乏历史的观点，有时在论战热情的影响下离开了对问题的客观的、历史的科学分析而陷于片面性。普列汉诺夫自己在该书序言中也多少承认了这个缺点。据《普列汉诺夫全集》主编里雅桑诺夫说，当时对此感到不满的不仅有民粹主义者，而且也有包括他本人在内的不少年轻的马克思主义者，关于这一点他还和普列汉诺夫发生过口头争论。

此外，由于普列汉诺夫在写作该书时，有关车尔尼雪夫斯基生平和著作的考证和整理工作尚未很好进行，因此该书所采用的材料和引文也有一些不正确和不确切之处。关于这些当时难以避免的缺点，在这里就不必多说了。

总起来说，《尼·加·车尔尼雪夫斯基》一书虽然有些缺点，但瑕不掩瑜，仍不愧为一部马克思主义的好书。列宁对普列汉诺夫的学术著作一向评价很高，在普列汉诺夫逝世后，列宁曾经说过："不研究——正是研究——普列汉诺夫所写的全部哲学著作，就不能成为一个自觉的、真正的共产主义者，因为这是整个国际马克思主义文献中的优秀著作。"（"再论工会、目前局势及托洛茨基和布哈林的错误"，《列宁全集》，第 32 卷，第 84 页）我们认为，对普列汉诺夫的这部著作也同样应采取列宁所说的那种研究态度。

最后，还要对这个译本作一点说明。本书的导言和第一部是根据《普列汉诺夫哲学著作选集》第四卷（苏联社会经济书籍出版社 1958 年版）翻译的，据编者在《选集》注释中说，这部分原文是按照该书 1909 年版本排印的，并核对过手稿。本书的序言和第二部的译文则根据里雅桑诺夫主编的《普列汉诺夫全集》第五卷和第六卷（苏联国家出版社 1924 年版）。译文初稿完成于 1965 年，不久就开始了确实是"史无前例"的所谓"文化大革命"。某些特别擅长于鞭尸戮墓、专门以揪"民主派"和抓"叛徒"为职业的动物，忽然对车尔尼雪夫斯基和普列汉诺夫发生了兴趣，对这两位革命先行者大泼污水。于是这部由"叛徒"吹捧"民主派"的著作便犯了双重的禁忌，罪上加罪，成为不容置辩的"大毒草"，只得听候老鼠的牙齿去批判了。现在，严冬已经过去，这部译稿在上海译文出版社的热情支持下，经过重新校订，终于有机会和读者见面。如果这个译本能够有助于读者增加对车尔尼雪夫斯基这位“盗火者”的理解，那译者就将感到最大的欣幸了。

译　者

1980 年 3 月

目　录

序　　言[1]

我们提供的这部著作是由两部分组成的：第一部分只是现在才发表；第二部分的第一篇也是重写的，第二篇（《车尔尼雪夫斯基的政治经济学观点》）则是我过去论车尔尼雪夫斯基的一些文章的重版，这些文章在我们这位伟大作家逝世后不久发表在一个季刊上，①而后来则作了对德国读者必需的某些补充，由斯图加特市著名的狄茨出版社出版了德译本。

我现在刊印这第二部的第二篇时几乎没有作任何改动。只是在某些地方我对这一版加上了一些“附注”。我不认为自己有权去修改这一篇，而且说实话，我也看不出有修改的必要。我所以要谈修改的权利，是因为 en question② 这一篇乃是某种历史文献：它可以说明上世纪九十年代初我国知识分子的某个阶层的观点（诚然，当时这个阶层的人数是非常少的）。这个阶层与一切空想社会主义的传说坚决断绝了关系，认为自己的职责是传播马克思学说，并且用马克思的观点去观察俄国的现实。当时在集合于民粹主义和“主观社会学”旗帜下的我国一切空想主义的颓废派分子看来，

---

① 可是，由于确实与编辑部无关的原因，这个季刊不能定期出版，而往往延误不少时候。

② 提及的。——译者

这好像是一种可怕的、不可宽恕的异端邪说。已故的克里文柯于九十年代中期在刊物上长篇大论地谈到这个问题，说什么对为马克思的观点辩护的人来说，最合适的工作就是去开乡村酒馆和从事于农村高利贷。而瓦·沃先生——虽然他至今仍然健在，但在某种意义上他也是已故的人了——则大约在同一个时候得意洋洋地宣称，没有一家尊重自己的杂志会刊登任何文章对上述异端邪说的观点表示某种同情。这是一个抵制的时期，而在这个时期以前，与瓦·沃先生的不祥的预言相反，马克思主义思想在我们的报刊上得到了非常广泛的传播，而且……多半具有非常庸俗的、“残缺不全的”形式。在所有那些自以为拥有最好的“进步公式”的人的攻击和抵制下，少数俄国马克思主义者不得不首先拿起论战的武器，以便直接击退那些利用这种公式来同他们作斗争的人的进攻，而其次，甚至在另一种情况下他们可以而且应该用历史的观点去观察事物的地方，他们也不得不采取主要是批判的观点。

这种情况也影响到现在重印在这部著作第二部第二篇中的那些文章。在写这些文章的时候，我们的民粹派和主观主义者竭力以车尔尼雪夫斯基去对抗马克思，并且反复地说什么谁要是掌握了穆勒著作注释者[①]的经济学理论，就毫无必要去努力掌握《资本论》作者的理论。我本人就不止一次地听到过这种意见，并且在同我们的许多论敌的口头争论中驳斥这种意见。因此，当车尔尼雪夫斯基去世后自然而然地产生对他一生的著作作总结的问题时，我就决定批判地分析他的经济学观点，并指出这些经济学观点属

---

① 即指车尔尼雪夫斯基。——译者

于社会主义史上现在应该认为是已经成为过去的那个时代。这招致了某些不动脑筋的车尔尼雪夫斯基崇拜者对我提出不少令人苦恼的责难，他们既丝毫不了解政治经济学史，丝毫不了解社会主义史，也丝毫不了解俄国文学史及其与西欧文学的关系。我的一些最亲近的同志也对我提出——而且以后还不止一次地提出——指责，说我拒绝“六十年代的遗产”。怎能知道呢？也许现在还有另一种读者，他们一般地对马克思主义抱有成见，或特别是对我抱有成见，会把这部书的第二部第二篇看作我不善于评价上述遗产的证据。正因为可能有这种情况，所以我不认为自己有权去修改这一篇：为什么要从想扮演控诉人的角色来反对我的人手里夺走物证呢？

此外，也没有任何真正的需要去进行修改。假如我在上面所指出的情况在当时影响了我论车尔尼雪夫斯基经济学观点的文章，那么它们也仅仅只是从外在的方面，而不是从内在的方面影响了这些文章，也就是说，只是从叙述的方面，而不是从内容的方面影响了这些文章。我现在也仍然坚信，——正如在九十年代初那样地相信，——虽然车尔尼雪夫斯基的经济学观点就其本身来说是极其卓越的，但它们毕竟是从空想社会主义观点对资产阶级经济学所作的批判。我现在也仍然认为，——正如在九十年代初那样地认为，——从空想主义观点对资产阶级经济学所作的批判，这在六十年代初俄国的著作中是十分自然的，而如今当我们每一个人都能够而且应当阅读《资本论》的时候，这就是完全不自然和不可容许的了。这就是说，从这个最本质的方面说来，我在自己的文章中没有什么要修改的。

剩下的是关于细节的问题。过一个时候我可能确认我对车尔尼雪夫斯基的这个或那个个别的经济学观点的看法是不正确的。因此，我有责任去重新审查我对他的个别观点所提出的一切批评性意见。我敢说，我执行了自己的这个职责。然而，在仔细地重新阅读了我的文章后，我看到即使从这方面来说，除了某些个别的语句以外，我也没有什么要修改的。因此，在修改了这些语句之后，关于其余的一切，我就用庞西·彼拉多[①]的话说：我所写的，我已经写上了。

在车尔尼雪夫斯基的去世所造成的影响下，我曾经在上面提到过的"季刊"上从他的《俄国文学果戈理时期概观》中摘引了以下这段话：

"如果我们每个人都有一种内心感到十分亲切而可贵的事物，他在谈到它时，他总努力使自己保持冷淡和平静，竭力避免其中可以使人听到他的过分强烈的热爱的说法，因为他预先知道，在谨守一切对他说来可能做到的冷静，他的言语就会变得更加热烈了，——如果我们说，我们每个人都有这种内心引为可贵的事物，那么果戈理时期的批评在他们中间就据有一个重要的跟果戈理本人相当的位置……因此，我们要尽可能冷静地谈论果戈理时期的批评，在目前这个场合，夸大之言对我们是无用的，而且是格格不入的：因为尊敬和同情可以发展到这样的境界，那时候，一切赞美都会被人们当作一种不能表达感情的全部丰美性的东西而加以

① 见《新约·约翰福音》第19章第22节。庞西·彼拉多是罗马帝国驻犹太的总督，据传说，上面这句话是他宣判耶稣死刑后说的。——译者

摈弃。”

关于这一点，我说道，我对果戈理时期的天才批评家（即别林斯基）抱着深挚的尊敬和热爱，正像车尔尼雪夫斯基对他所抱的尊敬和热爱一样，因此在这方面，我对这段引文既不能增一分，也不能减一分。但是我指出，对于我来说，车尔尼雪夫斯基本人就是这种热爱和这种深挚的尊敬的对象。因此我补充说道，“这就是为什么我们要遵循他本人的榜样，在谈论他的时候要尽可能更冷淡和平静一些，因为的确尊敬和同情可以发展到这样的境界，那时候，一切赞美都会被人们当作一种不能表达感情的全部丰美性的东西而加以摈弃。”

不用说，我对车尔尼雪夫斯基的态度至今没有改变。我至今也仍然继续对作为一个人和文学活动家的他抱着虔诚的尊敬。某些读者——正如尼·加本人所说的那种明达的读者——认为，对一个人和作家抱这样的态度就不能对他的观点进行批评。我对这一点有不同的看法，但我并不认为必须驳斥这些明达的读者的意见，如果我不是认为对车尔尼雪夫斯基的某些评论将有助于阐明他在我国社会思想发展史上的作用的话。

有人对我说，马克思把车尔尼雪夫斯基的位置摆得比我把他摆得要高得多。可是，从哪里知道马克思究竟是怎样看待车尔尼雪夫斯基的经济学观点的呢？马克思把他称作伟大的学者并打算写文章谈论他“以便在西欧唤起人们对他的同情”[①]，但这个事实还决不能说明马克思对经济科学的观点和车尔尼雪夫斯基的观点

① 参阅马克思给尼古拉-逊先生的信，《过去的年代》，1908年第一期，第56页。

相一致。况且，马克思对约·斯·穆勒的明显的否定态度——车尔尼雪夫斯基则认为为俄国读者翻译穆勒的著作是有益的，虽然也对它补充了一些自己的批评性的注释，——至少可以作为《资本论》作者和车尔尼雪夫斯基的观点并不完全一致的一个直接的证据。然而我清楚地懂得，对于这样一些人来说，这样的一个证据还太少，这些人不善于或不愿意用最简短和最可靠的办法，即“靠自己的头脑”把马克思的《资本论》和车尔尼雪夫斯基的经济学著作比较一下的办法，去解决使我们感兴趣的那个问题。因此，我再指出一个极其重要的间接的证据。

这个证据如下：

马克思在1871年11月9日给尼古拉-逊先生的信中说道：“我已经读过一部分杜勃罗留波夫的著作。我认为，他作为一个作家来说，可以和莱辛和狄德罗相比。”[①]对这一点必须予以注意。

杜勃罗留波夫的世界观和车尔尼雪夫斯基的世界观毫无本质上的区别。因此，我们有充分权利说，马克思对杜勃罗留波夫的这个评语——在对世界观作总的评述的意义上——也适用于车尔尼雪夫斯基。这个评语的重要内容在什么地方呢？就在于杜勃罗留波夫的著作使马克思想起伟大的法国“启蒙运动者”狄德罗和伟大的德国“启蒙运动者”莱辛。但是，如果读者花些功夫去了解一下我提供的这部著作的内容，那么他就会看到，我正是把车尔尼雪夫斯基称作“启蒙运动者”，并肯定地说他的观点非常接近于十八世纪法国“启蒙运动者”的观点。这很像马克思对杜勃罗留波夫的著

---

① 参阅马克思给尼古拉-逊先生的信，《过去的年代》，1908年第1期，第51页。

作的评语。诚然，法国“启蒙运动者”不是社会主义者。但这是细节而已，这种细节在谈论这位作者的总的世界观的场合下并没有什么意义。无论哪一个明白事理的人都不能不承认，所有空想时期的法国社会主义者在他们对社会发展动力的基本看法上，是完全采取十八世纪“启蒙运动者”的观点的。现在要问：马克思是否采取这种观点呢？必然是这样的回答：他抛弃了这种观点，从而在社会科学中完成了一次变革。

还有一个问题：假如有谁想引用“启蒙运动者”的世界观来同马克思本人的学说作斗争，那么马克思会怎样对待这种世界观呢？在这里也不难找到答案：他当然会对伟大的“启蒙运动者”表示自己深挚的尊敬，但同时也会指出他们的世界观在现代应该被认为是陈旧的了。不是这样吗？可是，这正好就是九十年代初我在论车尔尼雪夫斯基的文章中所做过的和现在在这部著作中所做的同样的事。

我希望，细心的读者会看出我对车尔尼雪夫斯基的态度并不是在一切方面都是一样的。除了他对辩证法的观点而外，我保卫他的一切哲学观点；我认为他的学位论文《艺术与现实的审美关系》中的某些论题是非常重要和卓越的，但是，我批驳他几乎总是——然而读者可以看到，我也在那里发现了一些出色的例外——用来观察历史和政治经济学的那种观点。不这样也是不可能的。在哲学方面，车尔尼雪夫斯基是费尔巴哈的忠实信徒，而费尔巴哈的唯物主义学说则非常接近于具有狄德罗风味的（最新式的）法国“启蒙运动者”的学说。在美学方面，他始终是一个唯物主义者，虽然由于在我的著作中指出的费尔巴哈唯物主义的重要缺陷，他未能把美学置于唯物主义的基础之上。至于社会生活及其历史，他也仍然完全像所有“启蒙运动”时代一切伟大的活动家一样，像唯心主义者那样去观察它们，对这一点，我还是用费尔巴哈的唯物主义学说的某些缺陷去解释。我遵循着马克思的观点，就不能不指出车尔尼雪夫斯基的这种不彻底性；可是在指出这种不彻底性的时候，我并不想抛弃他的遗产，——而这是由于极其显而易见的原因。

马克思的学说源自费尔巴哈哲学。它消除了这种哲学的缺陷，但是它所以能消除这些缺陷，仅仅是因为它彻底地发展了这种哲学关于主客体关系的基本原理并把它们应用于分析社会现象。由此可见，在涉及对主客体关系的观点时，马克思学说的拥护者现在也不能不赞同费尔巴哈的忠实信徒——车尔尼雪夫斯基的意见，但同时在谈到社会生活时，也不能不看到他的世界观的薄弱方面。这看来是一清二楚的。我并不拒绝车尔尼雪夫斯基的遗产，可是我也不能满足于这种遗产：我以一些宝贵的成果补充了他的遗产，这些成果是一个和车尔尼雪夫斯基走同一条道路、但由于自己更有利的发展条件而走得比他远的人所能够取得的。这就是一切。

车尔尼雪夫斯基在“莱辛”一文中完全按照黑格尔辩证法的精神写道：“重要的不是已经获得的成果，人类在一切生活领域和思想领域中所获得的一切成果，不管它们和过去相比显得多么出色，如果同思想和劳动为了保障物质生活、为了弄清楚知识和概念而应该获得的成果相比，却仍然是微不足道的。比一切已获得的成果更重要的是获得新的、更好的东西的那种意愿；最重要的是思想的求知精神、力的活动。”[1]

对这段精采的话只应当补充这样一点：不管思想的求知精神多么重要，只有当它朝着适当的方向前进时，才能获得有益的成果。而车尔尼雪夫斯基勇于求知的思想，正是朝着十九世纪进步哲学思想只能走的那个方向努力前进的。这种哲学思想从黑格尔过渡到费尔巴哈，从费尔巴哈过渡到马克思。车尔尼雪夫斯基个人经历了这个运动的前两个阶段。不利的外部条件阻碍他经历第三个阶段。但是，这丝毫也不妨碍现代马克思主义者感到自己与他相接近，远甚于接近那些虚伪地继承他的事业的人，这些人在努力前进的借口下向后倒退，并宣布了我们臭名昭彰的“主观主义”的原则。如果这些人以为他们保卫了车尔尼雪夫斯基身后留下的理论遗产的话，那么这种令人惊讶的误解只是证明了他们的无可救药的幼稚。

现在再谈另一点。我往往在叙述和批评车尔尼雪夫斯基的经济学观点之前先叙述一下马克思的相应的观点。但当我写作这些论车尔尼雪夫斯基的文章时，《资本论》第三卷还没有出版。因此，现在重印这些文章时，我必须自问一下，我对马克思经济学理论的叙述是否需要作任何重要的补充。可是我对这个问题的回答也只能是否定的。

大家知道，《资本论》第三卷向我们说明，马克思怎样解决了现代经济科学编年史上著名的价值规律与平均利润率规律之间的自相矛盾。然而这种自相矛盾却没有引起车尔尼雪夫斯基的注意。

① 《车尔尼雪夫斯基全集》，第三卷，圣彼得堡，1907年，第695－696页。

因此，我在叙述马克思的观点时也可以不涉及它。我个人早从八十年代初起就坚信，马克思应该解决上述的自相矛盾，一般地说，也就是在罗勃妥斯解决这种自相矛盾的意义下，摆脱罗勃妥斯的理论体系中的某些模糊和不正确的东西。[①] 当时我和他们谈论过经济学问题的一些朋友，都可以证明这一点：我总是对他们说，根据我的意见，马克思应该会在接近于罗勃妥斯解决这种自相矛盾的意义下解决这种自相矛盾。在我看来，《资本论》第一卷和第二卷中的某些地方可以为这一点作保证。[②] 但是，如果恩格斯正是建议要罗勃妥斯的信徒们去解决这种自相矛盾，那么，根据我的意见，这是由于罗勃妥斯的经济学理论的某些缺陷，这些缺陷和他的地租学说有着密切的联系。我认为，恩格斯在建议要罗勃妥斯的门徒们去解决这个有名的自相矛盾时，不过是想把他们置于必须二者择一的困境：或是承认这些缺陷的存在，从而宣布马克思的价值理论的优越性，或是断言这些缺陷并不存在，从而在所有细心的读者面前暴露出，罗勃妥斯对价值规律与平均利润率规律之间的自相矛盾的解决办法，是没有充分令人满意的理论基础的。这就是为什么我认为，只有在罗勃妥斯主义者发表了意见之后，马克思

---

① 关于与此有关的罗勃妥斯的观点，请参阅我的《二十年文集》（圣彼得堡，1907年，第525页）：罗勃妥斯"认为，产品的交换价值并不总是'依赖于生产它们所必需的可比的劳动量'。在他看来，对较贵重的材料进行加工的那些生产部门的产品，总是应该按略高于这个标准的价格出售。而这种偏离常规的现象，应该足以使一切工业部门中纯收入对企业费用总额的比率保持一样，或者换句话说，就是使利润率保持在同一水平上"。

② 关于这一点，请参阅我对弗兰克的著作的评论（载于《对我们的批判者的批判》文集，圣彼得堡，1906年，第247－256页）。

主义者在报刊上对这个问题发表意见才是合适的。因此，我在自己论车尔尼雪夫斯基的著作中叙述马克思的价值学说时，完全没有涉及这个问题。而如果任何人根据这一点对我说，我对这种学说的叙述是不准确的，那么我就会以这样的问题来答复他：如果有人说行星是按椭圆形轨道运动的，同时由于这种或那种考虑而认为不需要补充说明在现实的行星运动中可以观察到的、在其他科学定理中可以得到解释的那些偏离椭圆形轨道的现象，那他难道就是不准确地叙述现代天文学学说吗？在自然科学方面，我们几乎到处遇到这样的现象，即一个规律的作用受到另一个规律的作用的制约，因而有所改变。谁也不会对此感到惊讶。然而，当马克思在《资本论》第三卷中说，价值规律的作用受到平均利润率规律的作用的制约并因而有所改变时，他的论敌们如柏姆-巴维克先生之流就大叫大喊，说他自相矛盾并抛弃了自己的经济学说的基础。这简直是太不严肃了。

既然谈到了柏姆-巴维克先生，我还要补充说几句话。在第一部第二篇第二章里，我在谈到只从事于收集实际材料而避免作任何理论概括的经济科学的现状时，指的是政治经济学的历史学派。关于这一点，大概人们会对我指出，从我写了论车尔尼雪夫斯基的经济学观点的文章以来，所谓奥地利学派得到了广泛的传播，这个学派很少研究事实，但却妄想深刻地探讨理论问题。可是对这种意见我只能同意一半。奥地利学派（刚才提到的柏姆-巴维克先生也属于该学派的“巨星”之列）确实很少研究事实。我还要说：该学派的一些代表人物很不了解事实，而且在自己的议论中甚至往往强制改变那些他们所知道的事实。但这却不是什么功绩。至于说到奥地利学派的理论意义，那可以说等于零。这个学派的“主观主义”是堪与一切最新哲学学派的唯心主义匹配的大可注意的东西。无论是唯心主义，或是“主观主义”，都标志着由于资本主义社会中的某些对抗性现象而引起的思想领域内的倒退运动。无疑地，奥地利学派的学说现在获得很大的成功。但为什么呢？举例说，这样一个事实就可以回答这个问题。当威廉·斯马特出版了柏姆-巴维克的名著 *Die positive Theorie des Kapitals*[①] 的英译本时，世界闻名的 *Times*[②] 就对此表示满意，说现在英国读者有了对付马克思主义的剥削论的抗毒素，“antidote to the exploitation theories of the Marxist School”。[③] 这家伦敦报纸通过这种表示赞同的评论，可以说是揭穿了奥地利学派所以获得成功的全部秘密。它正是作为一种对付剥削论的抗毒素，而引起资本主义制度的思想家们的喜爱。[④] 但是它以什么方式转化成为这样的抗毒素呢？它是用丢开一切社会生产关系的办法而转化成为这样的抗毒素的：当“理论家”丢开一切生产关系时，他自然也就丢开制约着产品占有者对产品生产者的剥削的那些生产关系了。但是，政治经济

① 《积极的资本理论》。——译者

② 《泰晤士报》。——译者

③ 对付马克思主义学派的剥削论的解毒药。——译者

④ 伯尔尼大学副教授李夫希茨博士在他的一部很有意思的、但可惜是相当肤浅的著作 *Zur Kritik der Boehm-Bawerkschen Werttheorie*（《柏姆-巴维克价值理论批判》，莱比锡，1908 年）中公正地说道：“Die Grenznutzentheorie ist eine durch und durch Kapitalistische, bzw. von kapitalistischen Tendenzen(bewusst oder unbewusst) getragene Werttheorie. Der moderne Kapitalismus hat ihr auch zu ihrem Erfolg verholfen”（“界限效用论是一种彻头彻尾的资本主义的、亦即带有资本主义倾向[自觉或不自觉地]的价值理论。现代资本主义又帮助它获得成功”）（第 78 – 113 页）。

学的一切范畴都只不过是生产关系的表现，从这一点就可以看出，丢开生产关系会给科学带来多少好处了：丢开这些关系，就意味着使自己不可能去理解这些范畴。因此很自然，从奥地利学派的"理论家"那里，除了关于"主观的"问题的空泛的议论以外，得不到任何东西。[①] 直到如今，科学理论从这种议论中没有得到任何好处，当然，也不可能得到什么好处。

---

① 顺便提一下，在刚才提到的李夫希茨的著作的第四章里（第 78－113 页），很好地揭露了这些议论的空泛。

1894年德文版导言

Seine Zeit[①]

车尔尼雪夫斯基的文学活动,主要是在亚历山大二世的声名狼藉的改革时期进行的。

俄国的自由派直到现在还感激涕零地忆念这位仁慈的“沙皇-解放者”,直到现在还对他称颂备至。但是这些颂辞引起当今皇帝的书报检查官的不满,因为大家知道,当今皇帝几乎是把他的父亲看作**雅各宾党人**的。笔者没有隶属俄国自由派的荣幸。从另一方面来说,笔者对亚历山大三世也决不抱偏袒态度。因此他能够客观地观察前一个皇朝所进行的改革。

在三十年内,“令人难忘的”尼古拉的政策使俄国受到沉重的压迫。停滞几乎被提到宗教信条的地位。一切有生气的、有思想的、表示抗议的东西都立刻被消灭,或者被迫改头换面到难以辨认的程度。但是克里米亚战争却根本改变了这种情况。尼古拉体制的软弱无能终于暴露出来了,以致这种体制的创立者本人除了自

① 他的时代。——译者

杀之外再找不到其他摆脱困境的出路。一直销声匿迹的不满分子这时都大胆地抬起头来。或者是改革，或者是新的自杀（而且这一次将不再是个别专制君主的自杀，而是专制制度**原则**本身的自杀）——这就是历史摆在尼古拉继承人面前选择的两条路。他明智地选择了改革，而改革中的一项最重要的改革就是**废除俄国的农奴制**。

48 自古以来，在这个国家里就一直存在着奴隶制（亦即所谓 холопство）。俄国最古老的立法碑就已谈到过奴隶制。任何一个穷人，只要他甘愿把自己出卖给富有的同胞，就能变为奴隶。战俘也正是这样沦为奴隶的。但是在相当时期以内，实行奴隶制的范围还极其有限。奴隶不过是王公、贵族和富有地主的家庭仆役。当俄国的当权王公把住有居民的领地赐与自己臣属的时候，这并不意味着他们把居住在这些领地上的农民降到农奴的从属地位。这不过意味着国家把从领地征收贡税的权利让给“当官的人”罢了。农民以前为王公履行的徭役，现在为地主履行了。但农民本人照旧是“**自由人**”，他们有权自由地从一个地主转到另一个地主，或是从地主领地转到自由的（即只对国家尽徭役义务的）村社。这种制度有两种重大缺点。

第一，由于财产和在国家中的地位而实力雄厚的大地主，比起有时生活得比自己的农民胜强无几的穷地主来，能够保证自己的农民得到更为可靠的保护并且过更好的物质生活。因此，农民成群地从穷地主转到富地主那里去。但穷地主的人数是很多的。他们是莫斯科国家的主要“服役”力量。直到十七世纪末，莫斯科国家的军队主要是从他们那里征募得来的。如果国家不愿意破坏这支力量，它就必须禁止农民离开穷地主的领地。国家果然就这样做了，它在十六世纪末限制了农民转移的权利。

第二，农民的自由给国库造成了直接的损失。从南方和东方包围了莫斯科国家的鞑靼人的势力被摧毁以后，为农业殖民开放了大片无人耕种的极其富饶的土地。农民们利用自由转移的权利，成群结队地涌向这个黄金国。不言而喻，向他们征收赋税和摊派徭役的沙皇官僚也跟踪而至。但是要做到这一点是需要时间的，而在当时的情况下有时甚至需要相当长的时间。过了几十年以后，国家才使移民屈服于自己的压力。在这期间，移民们没有付给国家一分一毫，这当然使国家很不高兴。诚然，**连环保**使国家有**法律上的根据**向留住原处而列入纳税人（“服徭役人”）名单的农民征收以前的全部赋税，也就是说，要**留下的人**为**不在的人**纳税。但 49
是，沉痛的经验早已向莫斯科国家表明，**根据法律**征收赋税的可能性远不等于征收赋税的**经济上**的可能性：où il n'y a rien，le roi perd ses droits。[1] 无论沙皇官吏怎样卖力地向农民征收赋税，他们毕竟不可能向留住原处的假定说十个村社成员，征收到村社实际上（而不是在名单上）譬如说有**四十户**时所交付的那同样多的金钱、产品和劳动（当时实物贡赋还占优势）。当同西方的日益发展的往来迫切要求加紧充实国库的时候，“国家事业”却受到了无可置疑的损失。把农民束缚于土地，在当时来说是摆脱这种处境的唯一可能的出路。莫斯科国家并没有放过这一点。在十七世纪期间，农民的自由转移终于被彻底禁止了。农民落到了完全依附于

---

[1] 在一无所有的地方，国王也就丧失了自己的权利。——译者

地主和**国家**的农奴从属地位。

但**农奴**在法律上究竟不等于**奴隶**。“被束缚于土地的”农民究竟不像自古以来的**奴隶**那样是会说话的工具。完全把俄国农民变为农奴的荣誉，应当归之于伟大的俄国改革者彼得一世和大名鼎鼎的北方的梅萨利娜[①]——叶卡捷林娜二世。

彼得必须在俄国建立一支按欧洲方式训练的常备军，改组行政机关，着手发展贸易、商船队、舰队、工业和教育。要做到这一切，就必须要有金钱，金钱，金钱。而彼得为了获得金钱是不择手段的。当然，为他的改革付出最多的是所谓纳税阶层：农民和贫苦的城市小市民。人民的极端的贫困化是这种改革的最直接的经济后果。不言而喻，彼得是不可能在把农奴彻底贬黜为奴隶这样的小事面前停步的。巩固和扩展农奴制，一点也不与他的改革计划相矛盾。相反地，在他所开办的工厂和手工工场中劳动的正是**农**
50 **奴工人**。农奴制是**使俄国欧化的必不可缺的条件**。彼得的继承人都热心地继承了他的事业。留待“开明的”叶卡捷林娜二世去做的，就只能是些画蛇添足的事情而已。她在 1792 年 10 月 7 日的敕令中宣布：“有领主的农奴和农民要包括、而且务必包括在财产额中；把他们从一个人出售给另一个人时，必须在农奴事务局签订买契，向国库纳税，就像其他不动产一样。”农民成了单纯的 instrumentum vocale[②]。但农奴按本性来说应属于**动**产，而不属于

---

① 梅萨利娜(Messalina)是罗马帝国皇帝克劳第乌斯(Cladius，Tiberius Germanicus，纪元前 10－54)的一个皇后，以残酷淫乱著名，后来这个名词成为一个俚语。俄国女皇叶卡特林娜二世也以残酷淫乱著称，故有“北方的梅萨利娜”这个绰号。——译者

② 会说话的工具。——译者

不动产。于是就发生了在市场上把农奴当牲畜一样成批出卖的事。

与此同时，一般推行农奴制的范围也扩大了。男女沙皇都喜欢把住有居民的领地赐给自己的男女宠臣。叶卡特林娜二世把农奴制推广到**小俄罗斯**。贵族取得了胜利，但他们的胜利有时由于农民方面的出乎意料的反抗而变得黯然无光。

无论俄国农民怎样能够忍耐，无论他们怎样保守，他们总不是不战而降的。政府在奴役农民的道路上所走的几乎每一步都遭到了规模不等的农民起义的反抗。在十七和十八世纪，我们经历了真正的农民战事（斯切潘·拉辛和普加乔夫的“暴动”）。诚然，俄罗斯国家越是欧化，人民的反抗力量也就越是相对地变得软弱。在十九世纪，已经没有一次农民运动能够和以往几个世纪的“暴动”相比。但是，尽管如此，农民起义还是越来越**频繁了**。在尼古拉统治时代发生的农民暴动特别多，尼古拉以野蛮无比的残酷手段镇压了这些暴动。我们拥有从三十年代中期到克里米亚战争为止关于农民暴动的官方统计。这个统计表明，农民暴动的次数在这二十年内几乎以数学的准确性逐年增加。有时几乎全部省份都发生了暴动，并且农民和军队屡屡发生武装冲突。在克里米亚战争期间，曾经谣传政府将给予那些报名参加民军的农民以自由。这个谣言引起了许多“混乱”，特别是在小俄罗斯。签订和约又引起了另一个谣言，即传说拿破仑第三不同意停战，除非俄国**接受废除农奴制的条件**。政府清楚地了解农民的心情，担心农民的总爆 53
发。皇帝亚历山大二世说：“从上面来解放农民，要比等待从下面开始的解放来得好些。”

在这样的形势下，政府自然担心“有教养的社会”在尼古拉去世后立刻暴露出来的不满情绪。自动地给予，胜似被人强力地夺取。加冕登极的改革家这样想，他的大多数宠臣也这样想。

只有旧日的“尼古拉大兵”才能抱着另一种想法，因为他们除了棍棒之外不承认任何东西，也不知道任何东西。棍棒曾不止一次使俄国政府摆脱困境。但棍棒终于使俄国政府陷入了它在尼古拉皇朝末期所处的那种绝望的处境。受人称颂的尼古拉军事制度暴露出是一种糟糕透顶的制度：军官们、特别是将军们都是一些不学无术之徒或胆小鬼，装备极其恶劣，[①]在主管军需、炮兵和工程的部门中，盗窃公款的行为达到了令人难以置信的规模，并且已被人认为似乎是合法的了。此外，由于交通不便，俄国甚至不能在紧要的时刻很好地使用它所拥有的军事力量。在克里米亚战争期间，从伊兹迈依尔（多瑙河沿岸）运往塞瓦斯托波尔的一发炮弹的运费不下 5 卢布。最后，在财政方面俄国也处于破产的边缘。1855 年的赤字达 26,185 万卢布（收入为 26,411 万 9,000 卢布；支出为 52,596 万 9,000 卢布）。下一年度的赤字更大。政府急忙签订了和约。但这还不够。必须寻求新的收入来源，发展新的生产力。但是当存在着农奴制的时候，这是不可能的。民间流传的

---

① “例如，从科尔夫将军指挥的叶夫帕托里亚之战可以看出，只能检阅仪仗队的尼古拉手下的统帅们对于军事艺术的无知已经达到何等程度。他在面对敌军时没有布置前哨，因此损失了许多炮垒和兵员。他们之中还有像基里亚柯夫将军那样躲藏在阿尔玛河附近山沟里的懦夫”（《从克里米亚战争到签订柏林和约的俄国简史》，第 2 卷，作者佚名，莱比锡，1879 年，第 33 页）。几年以前，历史杂志《俄国往事》发表了克里米亚战争的一个参加者的回忆录。他谈到，当法国人在战场上拾起俄国步枪的时候，曾经惊讶地叫起来说：“你们看，这些野蛮人是用什么武器作战的。”

里巷之谈也有它的深刻意义:农民解放实际上是“拿破仑”强迫我们进行的,也就是说是由克里米亚战争的进程和结局强迫我们进行的。

如果说俄国工业在它于彼得一世治下诞生的时代不能**没有**农奴工人,那么在十九世纪后半期情况就已经完全不同了。现在,**自** 54
由的工人已为俄国工业的**进一步发展**所必需,而且还不仅仅为它的发展所必需。早在四十年代中期,在我国的著作中就已开始发出一种呼声,断言(诚然,由于严厉的书报检查而小心翼翼地断言)**农业**的成就是与农奴制的继续存在不相容的。官吏扎勃洛茨基-捷夏托夫斯基在他那篇惹起许多热烈争论的札记中最成功地证明了这一点。[2]

在尼古拉统治时代,俄国只建了两条铁路:从彼得堡到沙皇村(首都南 22 公里处的一个小镇)和从彼得堡到莫斯科。这里不去谈修建这两条铁路时发生了怎样一些被人们引为笑谈的盗窃行为。我们只想指出,只有彼得堡-莫斯科铁路才具有经济意义;通往沙皇村的铁路只是供彼得堡的“社交界”作消愁解闷的旅行之用罢了。现在甚至很难想象,从莫斯科的工厂区沿着土路把商品运往譬如说小俄罗斯的市集,曾经遇到多大的困难。生产越是发展,就越是迫切地需要修建铁路网,这个铁路网至少要把俄国的一些最重要的城市联结起来。

电报事业的状况也并不美妙。直到 1853 年,在俄国只有彼得堡和华沙之间供皇帝专用的一条有线电报线。以后几年虽然架设了一些电报线,但数量极少:在 1857 年,电报网不超过 3,725 俄里。因此,贸易和工业的发展也要求从这方面进行最重大的

“改革”。

尼古拉差不多不准创办私营股份公司，特别是不准创办银行。地主和商人是通过官办的信贷机构通融资金的。我们已经引证过的那部《俄国简史》的作者写道：“俄美公司、两家火灾保险公司、两三家轮船公司和工业公司，代表了俄国的整个股票界。”新皇朝的开始，掀起了一个兴办股份公司的真正的热潮。公司接二连三地成立，它们向头脑简单的人允诺给予巨额的收益，它们的业务涉及到社会经济生活的各个不同方面（如“从水中打捞沉船”的“基德罗斯塔特”公司，“改善工人生活”的“乌莱依”公司等等）。自然，这些公司中有许多公司在它们的创办人装满钱袋以后就宣告破产了。
55 但是，这种狂热本身就表明：当时俄国已经把从尼古拉皇朝继承下来的旧的经济生活形式改变到何等程度。为了新的经济生活形式的发展，首先必须使它摆脱**农奴制**的**沉重桎梏**。

最后，也许对许多沙皇官僚来说这是最重要的一点，即农奴制还妨碍政府向农民的钱袋肆意勒索。向农奴征收赋税是要通过地主的。不消说，每次增加赋税，每次对农奴追加任何负担，都引起了地主的不满，因为这会破坏属于他们的“魂灵”①的经济稳定性。使农民摆脱地主的权力，就等于扩大国家对他们的权力。农民和国家直接建立关系，使财政部的想象力得到了更大得多的活动范围，仅仅由于这一点，政府就必须采取“解放”政策。用切合实际的话来说，“解放”问题就是谁应当获得农奴所创造的**剩余生产物**

① “魂灵”俄文为“душа”，又作农奴解。——译者

(respective[①]——剩余价值）的主要部分的问题：是**国家**，还是**地主**。

国家力求在有利于自己的情况下解决这个问题。但为了做到这一点，就必须**连同土地**一起解放农民，而**不是**像地主所希望的那样，**不连同土地**一起解放农民。俄国农民对他们所耕种的土地的历史权利是无可置疑的。但是，政府的解放计划却不以这种权利作为根据。政府考虑的只是怎样使它能从农民那里榨取到尽可能多的劳动（在服徭役的情况下）和货币。无地的雇农并不符合这个目的，因此政府无论如何不能同意地主党的要求。但是，它极力设法把它送给这个党的丸药里镀上一层金。它**连同土地**一起解放农民，同时强迫农民支付大大超过地价的土地赎金。它用这个办法，首先缓和了地主情绪，其次由于它在这件买卖上充当中间人，从而有可能把相当大的一笔款项装入自己的腰包，这笔巨款就是交给地主的钱和农民必须付出的钱之间的差额。

俄国农民改革的开始、进程和结局就是由这样一些情况决定
的。我们现在再来谈一下使亚历山大二世实行其他某些改革和决 56
定这些改革的方针的其他一些情况。

第一，我们已经提到，克里米亚战争非常明显地说明了俄国军事制度已经糟糕到什么程度。俄国军队的特点之一，就是缺乏多少受过教育的军官。尼古拉本人也意识到这个缺陷，但他不可能消灭这个缺陷，因为他的整个统治时期就是反对教育的一场接连不断的战争。按照这个皇朝的精神，军事学校根本不重视科学，一

① 即是说。——译者

切全看学生在“前线部队”里的成就。但比起军队的需要来，甚至连这样可怜的学校也太少了。于是就不得不把一些受过“家庭教育”（就是说没有受过任何教育）并在团队里担任过一个时期下级士官的所谓士官生，提拔起来充当军官。所谓普通学校、即非军事学校的情况稍微好一些。在那里主要也是关心培养学生顺从和驯服的精神。在尼古拉皇朝末期，进大学读书的限制很严。大学里禁止读哲学①，但却教学生……操练步法！自不待言，在克里米亚战争失败后，俄国政府不得不“se recueillir”②，它被迫让教育获得稍大一点的活动范围。创办了一些新的男子中学和中学预科学校，除了从前教育贵族小姐的“闺秀学院”之外，也成立了供一切等级的女儿读书的一些中学和中学预科学校。限制大学生人数的规章取消了，高等技术学校（它们在尼古拉统治时期就是士官学校）经过了改组，最后，在军事学校里，特别是自从米留金担任陆军大臣以后，一个真正的新纪元开始了：步操教练几乎完全废除（每星
57 期步操教练的时间不超过一小时），教学方法合理了，教学大纲大大扩充了；体罚几乎完全不用了（无论在军事学校，或是一般地在军队中，“沙皇-解放者”都不能下决心完全废止体罚）。可是这一切措施毕竟都未能补救主要的缺陷：改组后的军事学校只训练出

---

① 哲学在俄国的命运总是十分动摇不定和变化无常的；有时政府甚至鼓励讲授哲学，以消除“平等和狂暴的自由的幻想”。有时哲学则完全被逐出大学，被人看作关于“平等”和“狂暴的自由”的幻想的主要来源。尼古拉在 1850 年禁止讲授哲学。[3]关于这点，国民教育大臣希林斯基-希赫马托夫曾经兴高采烈地欢呼说：“迷惑人心、卖弄聪明的哲学终于完蛋了。”某些哲学教授成为书报检查官。可见他们是非常有节制地幻想“狂暴的自由”的。

② 好好地考虑一下。——译者

数量很少的军官，所以仍不得不照旧提拔只受过极可怜的普通教育和军事教育的士官生来担任军官。但无论如何，亚历山大二世的这些改革终于使青年大量涌入学校，而青年学生则在当时的社会运动中起了相当重要的作用。

但是，无论俄国学校作了怎样重大的改革，专制的沙皇政府却不愿意、也不能够彻底进行这种改革：我国没有所谓学院自由，大学委员会的权力在学区督学的权力面前就完全消失了，而那些督学却往往和“国民教育”事业没有任何关系。例如，在亚历山大自由主义的蜜月时期、即 1861 年，高加索的将军菲力浦逊被任命为彼得堡学区督学（当时海军大将普嘉廷被任命为国民教育大臣）。在这种情况下当然一定会发生学生“风潮”，直到目前为止这种风潮还一直以天文现象的规律性重复发生。

俄国的法院早就以贪污受贿闻名于世，而法官则完全不懂他们必须据以作出判决的那些法律。改组司法部门是亚历山大二世政府所实行的改革中最不得罪人的一个改革。除了旧的贪赃枉法的法官以外，所有的人都对这一改革表示同情。但是，只有在一种条件下这个改革才能进行得彻底，那就是必须限制可以任意修改法院判决的警察和一般行政当局的权力。然而专制改革者的政府既不愿意、也不可能愿意这样做。因此改组以后的司法部门在我国仍然是一株异地的奇葩；它和俄国国家机关的一般性质毫不相称，正像一顶丝织的大礼帽对身披兽皮的爱斯基摩人毫不相称一样。

我们再转过头来谈一下“沙皇-解放者”迫于当时的要求而实行的最后一个改革。[4]政府看到它没有足够的资金来满足国家的甚至最迫切的需要。它决定把某几种国家开支转嫁给地方机构。58 政府的官吏无力担当搜括资金来弥补地方“必需开支”的沉重负担,同时这些官吏也贪污得太多了。于是迫不得已只好求助于当地居民,赠给他们“自治权”,但这种“自治权”总是处于行政当局的严厉统制之下。在地方自治机构中,**大地主**起了主要作用。而为了使这班人的优势不致危害当时像在暖室里生长的资产阶级的利益,地方自治局被剥夺了随意向工业企业征税的权利:政府规定了对大企业主极其有利的特别税率。归根结底,在这里也像在其他任何地方一样,一切开销都落在农民身上:在我国,地方自治局通常向农民土地征收的税,要比向财主土地征收的税多出许多倍。

我们并不把书报检查的某些放宽称为改革,因为这种书报检查在尼古拉皇朝的最后几年曾经严厉到令人难以置信的荒谬程度,甚至禁止在**食谱**中使用“文火”[①]这个用语。但无论如何,放宽书报检查终究使我们的报刊有可能讨论它在“令人难忘的”先皇生前连提都不敢提的那些问题。在尼古拉治下,车尔尼雪夫斯基的文学活动仅限于他送给书报检查机关的第一篇长文。

这就是亚历山大二世的一些最重要的改革。俄罗斯帝国的各个不同等级对这些改革有些什么反应呢?

我国过去和现在都有四大等级:僧侣、贵族、商人(大资产阶级和中等资产阶级)和农民。城市小资产阶级在**小市民**这个名称下构成特殊的第五等级,但在尼古拉治下,他们的权利和那些不隶属于地主的农民的权利差不多毫无区别。小市民也像“国家的”农民

---

① 俄文为“вольный дух”,按字面直解为“自由的精神”。——译者

一样，对国家处于真正的农奴从属地位。

在我国，僧侣阶级过去和现在都划分为黑衣僧侣（修道僧）和白衣僧侣（教区僧）。教会的高级僧侣**仅仅**从修道僧中任命；属于白衣僧侣阶层的人不能担任神甫以上的圣职。黑衣僧侣手中集中了大量财富；而白衣僧侣却很贫穷。无论黑衣僧侣或白衣僧侣都同农民改革没有**直接的**利害关系，因为当时僧侣阶级已经无权拥有“农奴”。但一般说来，白衣僧侣是兴高采烈地欢迎那些旧制度垮台的，因为在那些制度下主教们盛气凌人，专横跋扈，并在僧侣
界培植真正的士兵纪律。同时，由改革所引起的社会生活的活跃， 59
也为白衣僧侣阶层的子女①开辟了崭新的道路。在青年大学生中间，甚至在当时的文学界，“正教中学出身的人”（僧侣的子女们）曾起了最卓越的和最急进的作用。

农民“解放”实质上触及了贵族阶级的利益。其实，反对废除陈腐的农奴制的只有最愚昧无知和最落后的地主。但是，对所有的地主来说，在**什么条件下**废除农奴制的问题却都是一个极其重要的问题。前面已经说过，地主党力求不连同土地一起解放农民，而政府却不能同意这一点。由此产生了贵族的反对情绪。地主们说：“沙皇的大王冠是由我们的小王冠组成的；打碎**我们的**王冠，也就打碎了沙皇自己的王冠。”大多数人在重复这句话时，把它当作一种幸灾乐祸的预言。但是，在贵族中间也有少数自由主义者，他们不反对按政府的计划来解放农民，希望“俄罗斯国家的其余一切

---

① 大家知道，在俄国，白衣僧侣不仅不必保持独身，而且相反地，属于这个阶层的人是必须结婚的。

成员都能适应已经实现的变革；而为了做到这一点，需要在无情揭露我国行政机关、法院、财政等方面的一切丑恶之后，召集作为俄国唯一救星的全俄缙绅会议，一句话，就是要向政府证明它应当继续**它所业已开始的**事业”。① 1862 年 2 月，特维尔省贵族会议在致皇帝书中曾主张召集全俄缙绅会议。在其他各省的贵族中间也流传着类似的拟议。甚至有人想写一封由各阶层人士签署的联名信。政府毫不费力地镇压了贵族对宪政的热望。只要它一声令下，它所解放的奴隶就可以把昨日的奴隶主的全部努力化为乌有。

商人——中等资产阶级和大资产阶级——兴高采烈地欢迎“解放者”的一切改革。他们感到他们行时的日子就要到了，所以没有丝毫反对的倾向。

我们在前面已经谈过农民在克里米亚战争时期的情绪。只要政府不废除农奴制，农民骚动就必然会不断增多和加剧起来。但
60 是当“解放”事业**已经开始**了的时候，农民就耐心地等待它的结束。全部问题在于：农民怎样对待政府所给予他们的“自由”。如果他们要求另一种更充分的自由，那又怎么办？沙皇、官僚和贵族都担心这一点，当时的**革命者**也都指望这一点。

当时的革命党主要是由所谓**平民知识分子**组成的。什么是平民知识分子呢？要了解这个阶层的起源，就必须记得，在俄国，等级权利只有在贵族、小市民和农民中间才是世袭的。大家知道，直到目前为止农民的“权利”简直等于**毫无权利**。但事情并不因此而有所改变。农民的儿子不管他从事什么职业，仍然是一个农民，除

① 引自 1862 年 10 月 8 日屠格涅夫给赫尔岑的信。[5]

非他取得了国家的“**官职**”，或者“注册”为商人——任何一个有足够资金购买同业公会证书的人都可以这样做——，或者在某个城市的小市民团体进行“登记”。同样地，贵族[①]的儿子总是贵族，不管他种地或充当仆役。僧侣等级和商人等级的情况则不然。商人的儿子只有当他能购买同业公会证书的时候才是一个商人。否则他就列入平民知识分子的等级。不愿意走父亲老路的僧侣子女也成为平民知识分子。“小市民”的无权地位是世袭的，正像贵族的权利是世袭的一样。但小市民的多种多样的职业使这个“等级”的人接近于平民知识分子。**实际上，那些活动不合于等级框框的人都可以成为**平民知识分子。

人数众多始终是平民知识分子阶层的一个特点。如果没有他们，国家机器和所谓公共设施的许多职能就无从发挥。但在改革以前，平民知识分子的地位很低并且受教育极少。他们无论何时何地都必须为拥有上层等级权利的人让路。在塞瓦斯托波尔失陷后进行的改革建立了新的社会关系，树立了平民知识分子的地位。现在他们作为工程师、律师或医生，能够保障自己的地位，无论如何他们总比例如农村教堂的下级服务人员的地位令人羡慕得多。平民知识分子成批涌入学校，同时和他们一起想进学校的还有拥 61
有小地产的破落贵族的子女。

受过教育的平民知识分子没有贵族所特有的那种上流社会的风度。他们不懂外国语，他们的文学修养也差得很多。但是至少

---

① 诚然，在俄国还有“限于本人的”贵族官员。但是这个名称本身就表明他们的权利不是世袭的。

他们比懒散的贵族有着一个无可怀疑的优点，这就是他们从幼年时起就不得不为生活而进行严酷的斗争，因而有着无比坚强的毅力。无论过去和现在，平民知识分子的这种特性有时对俄国人民极为不利。平民知识分子出身的官吏反对“自由精神”的斗争，要比贵族出身的官吏更为坚决得多。平民知识分子出身的地主也比旧式的“地主老爷”更善于剥削贫农。但是当这种平民知识分子一旦对政府采取否定态度时，他们反对政府的斗争也是无比地坚决而有成效的。而平民知识分子正是常常对政府采取否定态度的。博马舍笔下的费加罗说，他 rien que pour exister① 而需要的智慧，要比他治理全西班牙（pour gouverner toutes les Espagnes）所需的智慧更多。[6]俄国平民知识分子关于自己也可以这样说，而且和他打交道的政府要比道地的旧时代的法国政府更为专制和更为肆无忌惮得多。作为“自由职业”者，他们首先需要自由，他们随时随地都同猖狂无忌的警察专横发生冲突。“否定倾向”在平民知识分子中间得到了最有利的土壤，而且平民知识分子的“否定”并不限于贵族所惯用的那种俏皮的、肤浅的恶言恶语，这是不足为奇的。难怪温文尔雅学问渊博的自由主文贵族屠格涅夫要把他们称为“虚无主义者”了，因为他们确是毫无顾忌地否定一切，并且立即从言论转为行动。受过教育的平民知识分子，是新俄国的报信者，他向旧制度宣战，并在这场无情的生死决战中担当了开路先锋的角色。

直到七十年代末，俄国革命运动史主要是俄国的这个居民阶

① 仅仅为了生存。——译者

层对沙皇制度的斗争史。现在有一些新的力量起来帮助平民知识分子了；现在工人阶级、从事体力劳动的无产者逐渐参加了斗争，他们的人数越来越多，并已开始意识到自己的政治任务。① 可是
在我们所谈的那个时代，这一类战士还处于名符其实的 in statu 62
nascendi②。那时还不能对他们予以重视，还不能把希望寄托在他们身上。平民知识分子必须尽其所能地用自己的力量来展开斗争。

现在就让我们来看一下作为俄国解放运动旗帜的那些思想有多大的深度。在尼古拉统治时期，我们的文学还不敢涉及政治问题和社会问题。它必须局限于“文艺”和文艺批评的范围内。无论在文艺方面或是在批评方面，我们的文学在当时都已前进得很远。

当时我们的莱辛——别林斯基在进行活动，果戈理写下了他的不朽著作，我们的优秀小说家都成长和成熟起来。直到目前为止，我们的小说和批评的一切卓越成就，都是履行四十年代的文学遗嘱的结果。但如果说我们在文学方面的成熟在那时已经不容置疑，那么我们在政治方面的成熟却还是未来的事。当时几乎只有在斯拉夫主义者和西欧主义者关于俄国是否应走全欧洲发展道路的激烈争论中，才涉及到社会政治问题。西欧主义者主张应当走这条路，斯拉夫主义者则证明不应当走这条路，说俄国应该在希腊俄罗斯的上帝和纯粹俄罗斯的沙皇的庇护下创造自己特殊的文化。争论的问题是很重要的；它引出了不少出色的、内容丰富的文

① 参阅阿克雪里罗得的卓越的论文“*Das politische Erwachen*”（“政治觉醒”）等等。[7]

② 萌芽状态中。——译者

章;但彻底解决这个问题是不可能的,这首先是因为书报检查机关不准论战者超出最含糊的暗示的范围,而其次——这是最重要的——是因为论战双方都没有为了正确阐明争论问题所需的实际材料。

尼古拉时代的俄国先进人士在他们的文学和政治见解方面是以黑格尔哲学作为出发点的。在某个时期内,这位著名的德国思想家曾像彼得堡的皇帝一样是俄国的专制君主。区别仅仅在于:黑格尔的专制权力只在人数不多的少数哲学小组中得到承认,而尼古拉的权力则“从寒冷的芬兰岩壁延伸到炎热的考尔希达”。[8]而且应当承认,对俄罗斯人来说,黑格尔有时比尼古拉更坏。理解得很差的,更确切地说,完全没有被理解的关于一切现实事物的合理性的学说,乃是某种类似尼古拉所建立的宪兵团的东西。但是,
63 人们可以仇恨尼古拉的宪兵,而且可以欺骗他们。而俄国的黑格尔主义者怎么能下决心欺骗他自以为是他自愿选择的导师向他提供的精神宪兵呢?这是以反对一般的“形而上学”、特别是反对黑格尔的起义告终的整整一部悲剧。

俄国的“现实”——农奴制、专制制度、具有无上权力的警察、书报检查机关等等,等等——在尼古拉时代的先进人士看来是丑恶的、不公正的、难以忍受的。他们不禁以同情的心情回想起不久以前十二月党人企图改善这种现实的尝试。但是他们,至少是其中最有才华的人,已经既不能满足于十八世纪的抽象的否定,也不能满足于浪漫主义者的傲慢的、自私的、狭隘的否定了。由于黑格尔的缘故,他们的要求已经更加严格了。他们知道,历史是一个合乎规律的过程,单个的人在他和社会运动规律发生冲突的时候是

完全无能为力的。他们对自己说：证明自己否定的合理性吧！用无意识的社会发展进程来证明这种否定的正确吧！或者就把这种否定当做个人的怪癖和孩童的任性而抛弃吧！但是[9]，〈用俄国现实本身的内部发展规律〉来从理论上证明否定俄国现实的正确，〈就是解决一个黑格尔本人不能胜任的任务。就拿俄国农奴制来说吧。要证明对这个制度的否定是正确的，就是要指出：这个制度**自己**在否定**自己**，也就是说，现在它已经不能满足产生它的那些社会需要了。究竟是哪些社会需要促使俄国农奴制产生的呢？这就是国家的经济需要，如果国家不使农民变成农奴，它就会因经济枯竭而灭亡。因而应当指出，在十九世纪，农奴制已经成了满足国家经济需要的最坏的手段，它不仅不能满足这些需要，反而直接妨碍这些需要的满足。后来克里米亚战争就最令人信服地证明了这一切。然而我们再重复一次，**从理论上证明这一点**，乃是黑格尔本人所不能办到的。按照黑格尔哲学的直接意思来说，其结论就是：任何一个社会的历史运动的原因是在它的内部发展中。这就正确地指出了社会科学的最重要的任务。可是黑格尔本人违背了，而且也不能不违背这一非常正确的观点。“绝对的”唯心主义者黑格尔认为“观念”的逻辑特性是一切发展的基本原因。这样一来，观念的特性就成了历史运动的根本原因了。每当重大历史问题摆在黑 64
格尔面前的时候，他首先用这些特性来说明它。但这样做就是抛弃历史的基础，并自愿地使自己根本不可能找到历史运动的真正原因。黑格尔作为一个极伟大的、真正天才的人物，也觉得事情并不十分妙，老实说，他的解释完全没有说明任何问题。因此，他在给“观念”以应有的估价以后，就赶快回到具体的历史的基础上，寻找社会现象的真实原因，但已不是在观念的特性中，而在他当时所研究的社会现象本身中去寻找了。同时他时常发表一些最有天才的猜测（因为他看出历史运动的**经济**原因）。[10]但天才的猜测毕竟是猜测而已。它们缺乏牢固的、恒久的基础，因而在黑格尔和黑格尔主义者的历史观点中，它们也没有起重大的作用。因此当这些猜测发表出来的时候，它们几乎没有受到重视。

黑格尔给十九世纪的社会科学所指出的伟大任务，始终没有得到解决：人类历史运动的真正的内部原因仍然没有找到。不言而喻，当时在俄国不可能出现一个能够找到这些原因的人，因为俄国的社会关系太不发达，俄国的社会停滞现象太顽固，以致这些所要寻找的原因不可能浮现到俄国社会现象的表面上来。在西方，这些原因由马克思和恩格斯在一个完全不同的社会环境中找出来了。然而这件事情也是发生在若干年之后，在我们所谈到的那一时期里，那里的黑格尔主义者-否定派还陷在唯心主义的矛盾中。叙述过这一切之后就可以明白，为什么俄国年轻的黑格尔信徒一开始就和俄国的“现实”彻底妥协，顺便提一句，俄国的“现实”是非常腐朽的，以致连黑格尔本人都从来没有承认它是“现实的”。他们对现实的这种否定态度，由于在理论上没有得到证明，因而在他们看来就丧失了任何合理的存在权。他们放弃这种态度，自我牺牲地和大公无私地为了哲学的忠诚而牺牲自己的社会愿望。不过另一方面现实本身却又迫使他们不能作出这种牺牲。但腐朽不堪的现实每日每时都在使他们望而生厌，**迫使他们**无论如何要采取否定态度，也就是说，即使没有充足的理论根据，也要采取否定态度。可是，正如大家所知道的，他们对现实的

67 恳求让了步〉，他们对

现实采取了敌视态度，而不再查问这是否符合黑格尔哲学的精神。俄国的黑格尔主义者起来反对自己的老师，并且对他的那顶不久以前还在他们眼里备受尊敬的“哲学帽子”[11]大加嘲弄。无可争辩，这种反抗在当时的环境下是一件极其值得赞扬的事。但是不应该忘记，我们的先进人物由于反对黑格尔，却降低了自己的理论要求的严格性，放弃了用社会发展的客观进程来证明自己的否定的正确性的思想，而满足于使这种否定符合他们自己的情绪。因此，俄国“现实”的反对者采取了空想主义的观点，在他们之后有许许多多俄国革命家都坚定地采取了这种观点。直到如今，由于熟悉马克思和恩格斯著作而发生的影响，在我国才表现出向科学社会主义的某种转变。在我们所谈论的那个时期，即在亚历山大二世统治的初期，甚至最有天才的俄国革命思想的代表者也没有超越，而且也不可能超越空想社会主义。

大家知道，空想社会主义根本不能向无产阶级提出比较明确的政治任务，它把无产阶级仅仅看作不能掌握自己命运的被压迫的、受苦受难的群众。这是空想社会主义在政治方面的最突出的弱点，这个弱点是马克思主义以前的全部社会主义运动史上最触目的。在俄国，空想社会主义的这个弱点就表现在空想社会主义的拥护者过去和现在一直对沙皇制度抱着摇摆不定的态度上面。有时他们认为，应该“让死人去埋葬自己的尸体”，而自己则只应去设法实现自己那套总算是社会主义的“理想”，撇开一切哪怕多少带点儿“政治”味道的东西。[12]相反地，有时他们又梦想“纯政治的”阴谋，用妄想来安慰自己的社会主义的良心，认为俄国“人民”即使没有任何社会主义宣传过去和将来也始终是“天生的共产主义者”。[13]定期重分土地的农村公社在我国的存在，支持了人们这种惬意的信念；而这种农村公社是德国人哈克斯特豪森[14]发现的，虽然他受到斯拉夫主义者的指点。

马克思在1845年春天写道：“有一种唯物主义学说，认为人是环境和教育的产物，因而认为改变了的人是另一种环境和改变了
68 的教育的产物，——这种学说忘记了：环境正是由人来改变的，而教育者本身一定是受教育的。因此，这种学说必然会把社会分成两部分，其中一部分高出于社会之上(例如在罗伯特·欧文那里就是如此)。”[15]俄国的空想社会主义拥护者们在他们的纲领中经常把**自己**置于社会**之上**，因此遭到了许多次失败和失望。

读者知道，我们所引证的马克思的话，不是指的和同一个马克思的名字密切相联的现代辩证唯物主义，而是指的旧的形而上学唯物主义，这种唯物主义既不能**从历史**观点去观察自然界，也不能**从历史**观点去观察社会关系。五十年代末期，这种唯物主义开始在俄国广为流行。卡尔·伏格特、毕希纳、摩莱萧特的名字在当时博得了很大的声誉，而德国唯心主义哲学家的名字则成为各种反动势力的同义语。现在黑格尔特别引起了俄国“有思想的无产阶级”的痛恨。但这是一种极端，上面所说的“无产阶级”的最有教养的代表们并没有走这种极端。熟悉德国哲学史的人仍然把黑格尔尊为伟大的思想家，虽然现在对他的哲学远不是迷恋了。在这些人看来，费尔巴哈是当时主要的哲学权威。费尔巴哈要比伏格特或摩莱萧特高明得多。他本能地感觉到伏格特和摩莱萧特所宣扬的那种唯物主义的缺陷。但他不能批判地纠正这些缺陷。他没有达到对自然界和社会的辩证观点。“他把人当作出发点；但他只字

不提这个人的周围世界，因而他的这个人仍然是宗教哲学中所说的那个抽象的人。这个人不是由女人生出来的：他像由蛹变成蝴蝶一样，是从一神教的神身上飞出来的。因此，他也就不是生活在现实的、历史上发展了的和历史上确定的世界里面。虽然他跟亲近的人也有来往，但他的亲近的人也和他本人一样是抽象的。”①显然，费尔巴哈的哲学不能向五十年代末有教养的俄国平民知识分子揭示空想社会主义的弱点。而当时在俄国却没有一个人比费尔巴哈走得更远。在那里，人们还完全不知道马克思和恩格斯的历史观点。达尔文关于物种起源的著作在英文原本出版后立即被译成俄文。[17]但“有思想的无产者”却仅仅利用它〔达尔文的理 69
论〕作为反对宗教迷信的武器。它并没有消除长久以来深深植根于“有思想的无产者”的头脑中的那种形而上学唯物主义的片面性。

最后，应该指出，不仅俄国的读者，而且连四十年代最有教养的俄国作家，也都极其缺乏经济知识。别林斯基在自己的文章里从未涉及经济问题，而赫尔岑则至死还深信蒲鲁东是一个伟大的经济学家。六十年代初期，政治经济学在俄国才真正成为一门时髦的科学。但一时的热衷并不能代替真正的知识，因而这门科学的最初几步必然是朝着空想的方面走的。

恩格斯在某个地方曾经说过，“爱”帮助了空想时期的德国社会主义者渡过了种种理论上的难关。爱也同样帮助了俄国的“有思想的无产者”。在“爱”不能充当救星的地方，就由抽象的“理性”

---

① 恩格斯：《费尔巴哈与德国古典哲学的终结》，俄译本，第29页。[16]

出来充当救星；而这种抽象的"理性"则是整个启蒙时期(Aufklärungsperioden)的特征。借助于这种理性，最复杂的社会问题也可以迎刃而解。普希金曾经讲过一段故事，说他认识一位显贵的俄国年老贵妇，在年轻时曾见过著名的法国革命家罗姆。她说："C'était une forte tête，un grand raisonneur；il vous aurait rendu claire l'apocalypse."①[18] 亚历山大二世统治初期的我国启蒙运动者也就是这样的"fortes têtes"②和"grands raisonineurs"③。他们解释启示录并不比罗姆差，并且也正和他一样没有领悟到要用历史观点去看它。

这就是车尔尼雪夫斯基不得不在其中生活和活动的历史环境。现在让我们来看一下，他是怎样生活的，而主要的是——他是怎样活动的。

① 这是一个聪明人，一个大哲学家；他能解释一切——甚至包括启示录。——译者

② 聪明人。——译者

③ 大哲学家。——译者

导　言

在这里，我们将不去叙述车尔尼雪夫斯基的生活和文学活动的黄金时代，即伟大的“六十年代”在我国舆论史上的意义。可以相信，现在每一个人都已知道了这种意义。我们也同样不想写一部关于我们这位作者的传记。的确，目前在出版物上已经可以找到不少写作这样一部传记所需的宝贵材料。但是，整理这些宝贵材料的工作，自然应当由那个有可能获得更宝贵的材料、即车尔尼雪夫斯基的家庭档案的人来做。在说这句话的时候，我们指的是叶·里雅茨基先生，他已经发表过一篇极有趣味的论文：“求学和进入大学时期的车尔尼雪夫斯基”(《现代世界》，1908 年 5 月号和 6 月号)。可以相信，里雅茨基先生将继续自己的工作，并逐步描述这位六十年代的最伟大代表人物的一生。当《现代世界》杂志发表里雅茨基先生关于车尔尼雪夫斯基的大学时代的有趣味的著作的续篇时，我们这部著作已经付印了。在这里，我们只能限于采用少数极为必需的材料。

尼古拉·加甫利洛维奇出身于一个教士的家庭。他的远祖也是属于僧侣阶层，他们是“平扎省钦巴尔县的大俄罗斯人”的后裔，也就是——顺便提一下——别林斯基所出身的那同一个地方。但是，他自己却生于萨拉托夫(于 1828 年 7 月 12 日)，当时他的父亲

在那里担任谢尔盖教堂的执事。叶·里雅茨基先生正确地说,在
182 尼古拉·加甫利洛维奇的童年和少年时代的历史上,有一个显著的特点不能不引起我们的注意:"这个卓越而独特的人物所赖以发展的一切条件,是这样自然地形成的,并构成了这样一个特定的智力和道德文化观念的圈子,以致可以毫不夸大地说,车尔尼雪夫斯基的家庭环境,对这个孩子的独立思想和控制健全正常感情的坚强意志的发展,是一种罕见的有利的环境。看来,前个世纪的旧俄生活所能提供的所有最好的东西都在这个家庭中具备了,因而这位未来的作家没有受到俄国现实的阴暗面的影响,而对这些阴暗面作斗争曾经糟蹋了多少热烈的生命。"[①]这里只须提出一个保留:任何一个家庭,无论它的内部关系多么好,也不能使孩子免受这个家庭周围的社会所固有的阴暗面的影响。不过,叶·里雅茨基本人也承认这一点。他说:"逐渐成长起来的尼古连卡在学习和游戏中,由于环境和父母的关怀,周围现实的阴暗面虽被冲淡了很多,但却依然对他的敏锐的意识发生了影响。"[②]他还从贝平的回忆录中引用了一段话,这段话极其清楚地说明,当时的现实究竟在哪些方面能够对这个天才的儿童产生最强烈的印象。这是一幅"暴力、残忍、压制个人尊严和人类尊严的阴暗图景"。[③] 但是,如果真是这样,那么叶·里雅茨基先生就不能不同意:尼古拉·加甫利洛维奇在童年和少年时代的观察,早就应该给予他不少材料来

---

① 参阅前面提到的叶·里雅茨基的文章,载于《现代世界》,1908 年 5 月号,第 45-46 页。

② 同上书,第 57 页。

③ 同上。

作出这样一些结论，而糟蹋了“多少热烈的生命”的思想通常就是在这些结论的基础上产生的。从这方面来说，车尔尼雪夫斯基的童年和少年时代，与他的一生中的成熟时期，并没有任何相反的地方。无可怀疑的只是，幸福的家庭环境使年轻的车尔尼雪夫斯基有可能蓄积起丰富的精神的、甚至纯粹肉体的力量，而同丑恶的现实作斗争的那些“年轻的生命”却是很少拥有这样丰富的力量的。

至于说到外部的印象，那么有一个情况就足以使他不断地得到这些印象，那就是尼古拉·加甫利洛维奇受到了相当民主的——如果不说极其民主的——教育。在宗教界，他的家庭被认为是很富裕的，而且我们现在可以看出，他的家庭的这种相对的富 183
裕甚至使萨拉托夫的贫穷的教士感到自惭形秽。但是，他本人的话说明，尼古拉·加甫利洛维奇的父母的生活实际上是并不怎么富裕的，而由于这种并不富裕的生活，他所受的教育也是平民化的。他在1878年2月25日给尤·彼·贝平娜的信中写道：“我们是非常不富有的。您在彼得堡所见到的最贫穷的人，——甚至乞丐，——现在都不会知道，在我们这个不算穷的家庭里‘十戈比银币’有多大分量。我家并不穷。食物很多。衣服也不少。但是从来没有钱！因此，我们的长辈连做梦也没有想到什么家庭女教师之类的东西。我们甚至没有奶娘。女仆倒有不少。但女仆都忙于料理家务。女仆只能偶尔抽出一点时间来照顾孩子作为工作之余的休息，以致关于这点甚至是不值得一提的。——而我们的长辈呢？两家的父亲[①]从早到晚整天忙着写自己职务方面的文件。他

① 尼古拉·加甫利洛维奇在这里所指的除了自己的父亲之外，还有贝平的父亲，贝平的家和车尔尼雪夫斯基的家是住在一起的。

们甚至没有时间出外作客。我们的母亲也是起早摸黑地工作。她们在精疲力竭之后,就阅读书籍作为休息。她们愿意做并且实际上做了我们的奶娘。但是她们还必须给丈夫和孩子缝衣服,必须照料家务和为各种无钱应付的家务而奔波。

"这样,我们间或有教书的奶娘,而我们有时也就听她们教课;而更多的是我们自己读。谁也不'训诫'我们。然而我们都喜爱读书。

"除此以外,我们想怎样生活就怎样生活。为了使我们不致碰破额头,有人经常劝告我们。在发生这种极小的事故时,成年人——或是我们的长辈,或是女仆——就来帮助我们。然而重大的不幸事件是不可能发生的。我们没有危险的玩具:既没有什么铁制的,也没有什么尖利的。这是因为我们根本没有花钱买来的玩具。我们没有钱买玩具。我们没有什么东西能把自己弄伤。而且我们的长辈都是和蔼的人;甚至女仆也从不吵吵闹闹:所有的女仆——您丈夫的农奴老妈妈——都是真正高尚的人。因此我们这些在诚实而质朴的环境里长大的人,在我们的游戏中也养成了谦逊、谨慎的习惯。总之,我们的游戏对我们毫无危险。说实在的,我们就像成年人过日子那样地成长起来了,就是说:我们做了我们所乐意做的一切。"①

184 那么孩子们所"乐意做的"是什么呢?首先便是锻炼自己的体力、游戏和玩耍。杜霍夫尼柯夫在关于车尔尼雪夫斯基在萨拉托夫的生活的文章[220]里说道,尼古拉·加甫利洛维奇在童年时代

① 《现代世界》,1908年5月号,第70-71页[219]。

对游戏最着迷、最起劲。从他童年时的游伴切斯诺柯夫的回忆录[221]中也可以看出这点。但是,在切斯诺柯夫关于尼古拉·加甫利洛维奇的童年和少年时代的游戏的回忆录中,还有一个特别值得注意之处。

他说:“尼古拉·加甫利洛维奇读了有关希腊人和罗马人的生活的书籍之后,早在童年时代(14 岁)就已经意识到体育锻炼对增强体质的重要意义(他曾不止一次地同游伴们谈到这一点),并从事于体育锻炼,虽然是悄悄地瞒着他的父母做的,因为他的父母大概禁止他从事这种锻炼。他和其他男孩一起在自己后院里挖了一个坑,并且悬出赏格要大家跳过这个坑。谁跳过了这个坑就可以得奖:苹果、胡桃、钱等等。尼古拉·加甫利洛维奇通常都能跳过这个坑,但是他自己作为我们之中的年长者,是不拿奖的,而把奖品发给别的男孩或者和他们共分。我们所做的体育锻炼还有:跳越各种障碍物,爬杆,爬树,用投石器掷石子,赛跑和其他等等。”①

假如车尔尼雪夫斯基从童年时代起没有受到这种平民化的朴实的教育和这种模仿“希腊人和罗马人”的体育锻炼,他的身体怎样能应付得了他下半生所遭遇的那种有害于健康的环境呢?

从道德方面来说,有自由去做“乐意做的”一切,这是很好的,因为这种自由使孩子有充分的机会去直接观察生活,而不致被各种清规戒律的万里长城把人同生活隔离开来。从各方面可以看出,车尔尼雪夫斯基甚至在他的少年时代初期,就善于用敏锐的眼

---

① 费多罗夫:《俄国伟人的生平。车尔尼雪夫斯基》,阿斯哈巴德,1904 年,第 5-6 页。

光去观察他周围的生活。在无疑具有自传意义的小说《序幕》的第一部分中，他这样说明自己的主人公伏尔庚对“贵族”的态度：“他从来也不属于狭小的上流社会，而不仅是从来不属于贵族们的上层的、显贵的社会。但是，哪一个城市或小镇不响彻着他们烜赫的名声呢？他从童年时代起就知道，这是一些粗暴的、无耻的人。”①

185 然而，伏尔庚（车尔尼雪夫斯基）在自己童年时代不仅观察了“贵族”。他也观察了所谓平民。

“他想起了他故乡城市里的街上，常常走过成群酒醉的纤夫：吵闹，叫喊，唱豪迈的歌，唱盗贼的歌。异乡人会以为：‘城市濒临着危险，——商店和住宅要马上遭劫，一切东西要被打个粉碎。’岗棚的门微微打开，从那里探出一个睡眼蒙眬的老头，脸上长着花白的胡须，他张开没牙的嘴，又像吼叫，又像自语似的用干枯苍老的声音说：‘畜生们，嚷什么！看我揍你们！’这群勇猛的纤夫立刻肃静起来，前面的人都躲藏到后面的人背后去了；如果再这样大声叫骂一下，那么，这些自豪为‘我们不是小偷，也不是强盗，而是斯金卡·拉辛②的部下’，吹牛说‘只要他们一摇桨’，连‘莫斯科也会摇晃起来’的勇敢的小伙子们，准会四散奔逃的，而下一次在岗棚门口叫嚷的准会是残废者了；可是老看守人懂得：过分威吓这些勇敢的小伙子们，害得他们碰破头、摔断腿、永远成了残废，那要开罪于上帝的。因此，那看守人就闻了下鼻烟，说：‘小伙子们！上帝保佑，走你们的吧！只是别吵醒我这个老汉，别惹我心烦。’就又钻进

---

① 《车尔尼雪夫斯基全集》，第十卷，第一部分，第二篇，第 171 页。[222]

② 斯金卡是斯切潘的卑称。这里所说的是著名的俄国农民起义的领袖斯切潘·拉辛。——译者

岗棚去了。于是,这一群勇敢的小伙子,斯金卡·拉辛的旧部下,就一面小声地互相庆幸遇着这个看守是个老好人,一面就乖乖地走掉了。”①

车尔尼雪夫斯基说,伏尔庚在童年时代对这样的场面感到困惑莫解。

由于《序幕》这部小说(实际上是它的第一部分——《序幕的序幕》)具有自传的性质,因此可以说,童年时代的印象就已使车尔尼雪夫斯基产生了一个念头,这个念头使他后来描绘出了刚才引述过的那些不仅仅具有幽默味道的场面。这些幽默的场面也不能不对成年的车尔尼雪夫斯基关于“平民”的观念发生深刻的影响。我们在下面将不止一次地谈到他的这种观念。现在我们只想指出,只有那些不受教育者的妨碍,而能够密切接近现实并对各种现象进行思考的孩子,才能观察这种日常生活的场景,并且对之感到困惑莫解②。

但是,不管车尔尼雪夫斯基所受的教育多么平民化,其中仍有 186
一种值得我们充分注意的独特的贵族主义的因素。要了解这种因素的意义,就应当注意到例如车尔尼雪夫斯基的下面这个陈述:

“现在,我听说,在许多正教中学里,也许在所有正教中学里,酗酒现象已经减少或者完全消灭了。然而在我那个时候,在萨拉托夫的正教中学里,中学生的任何一次聚会都不能不狂饮一番。

① 《车尔尼雪夫斯基全集》,第十卷,第一部分,第二篇,第171页。[223]

② 叶·里雅茨基先生说:“他在萨拉托夫时——那是他的童年和少年时代——已经深刻地理解到人民的困苦和愿望,后来他的论农民问题的文章就显示出这种深刻的理解”(《现代世界》,1908年5月号,第57页)。我们认为这是完全正确的。

尼古拉·亚历山大罗维奇①比自己的同学们要年轻得多，即使家庭生活没有阻止他养成这种嗜好，他也是不适宜参加狂饮的。”②

他接着又说：“当我转到修辞班的时候，在我的122个同学中，14岁的只有4人，13岁的只有1人——我们都把他看做孩子。这个年轻人纵饮作乐闹得非常厉害，并且特别喜欢做出各种恶作剧。”③

可以看出，对当时的中学生来说，酗酒是很有诱惑力的：酗酒能使一个人在同学中间被看成是好汉。但是，据我们所知，车尔尼雪夫斯基却从来也没有受这种诱惑。为什么呢？我们在此姑且不作其他可能的推测，只提醒读者注意车尔尼雪夫斯基本人关于杜勃罗留波夫所说的话：“由于杜勃罗留波夫很年轻，即使家庭生活没有阻止他参加狂饮，他也是不适宜参加中学生的狂饮的。”这一段话说明：在车尔尼雪夫斯基看来，家庭生活阻止了年轻人养成纵酒的嗜好。但是家庭是各式各样的。如果要家庭生活使年轻人不致受到坏榜样的影响，那么家庭生活本身就必须不给他们做出坏榜样。车尔尼雪夫斯基的家庭在这方面也是很好的。尼古拉·加甫利洛维奇的父亲当然是一个旧派的人，然而他始终是个头脑清醒、勤劳而严肃的人。这对一个男孩子来说是很大的幸运。但还不止这一点。在车尔尼雪夫斯基与他的中学同学们的关系日益密切的情况下，假如没有受到他的地位中的那种我们称之为独特的“贵族主义”因素的阻碍，那么他毕竟可能沾染上同学们酗酒的“恶

① 这里指的是杜勃罗留波夫。

② 《车尔尼雪夫斯基全集》，第九卷，第10－11页。[224]

③ 同上书，第11页。[225]

风”。由于他的家庭比较富裕，所以他与中学同学们的接近不能超过一定的限度。车尔尼雪夫斯基在谈到杜勃罗留波夫的生活时，他本人也承认这个因素的重大意义。更值得注意的是，他正是用 187
自己本身的例子来说明这种意义的。

他说：“尼古拉·亚历山大罗维奇是一个城市里的神甫的儿子，他的父亲很受教区当局的尊敬。为了使不熟悉正教中学生活的人能够理解这一点，我来谈一下我自己与同学们的关系。我的父亲也是一个省城里的富裕(!)教区的神甫(我父亲的薪金达一千五百纸卢布之多，因而我们生活得不算穷)。所有的同学都是我的朋友；其中有十个人是我的知心朋友。我们在闹着玩摔跤中究竟摔过多少次，——是不可胜计的；一句话，在教室里和‘神学校宿舍’里(我差不多每天到那里去作友好的聊天)，同学们很少同我讲客气，正像对任何人一样。但是只有两、三个同学到我家作客，而且他们也不常来；并且应该说，他们根本不是我最亲密的朋友，他们只不过是一般的朋友而已；然而他们并不羞于到我家里来拜访我，因为他们有体面的衣服和鞋子。再没有比大多数正教中学生更穷的了。我记得，当时正教中学的六百个人中间，只有一个人有狼皮大衣，——而且就是这件不平常的皮大衣也甚至被人看成是不大适合正教中学生穿著的东西，就像一个庄稼汉戴上钻石戒指一样。我记得，已故的米夏·列维茨基除了冬天穿的蓝色粗呢制的农民上衣和夏天穿的黄色土布长袍以外，再没有别的衣服了，——我记得，当我因为发热病而三个星期足不出户的时候，我这个最早的朋友怎样不敢来看望我；可是我和列维茨基却原是不能隔日不见的密友，而当他不来上课的时候，我却是每天都要上他那里去的。简单地说,尽管我家的名望和财富只够得上中等水平,然而差不多我的所有同学到我家来总是觉得腼腆,他们在我家感到自己是穷光蛋和渺小的人,正如我在德文郡公爵①的沙龙里感到自己是穷光蛋和渺小的人一样。”②

尼古拉·加甫利洛维奇的童年和少年时代的生活就是这样,它一方面使他能够毫无阻碍地观察他周围的极其丑恶的现实,同时又使他有不致沾染上它的污秽的幸运机会。并不是所有的人都能有这样的运气的。

他一生中这个时期的第三个幸运条件是:他的父亲,一个极有教养的人,培养他直接进了正教中学,从而使他避免了读“神学
188 校”。在“神学校”里,孩子们只要犯了极其微小的过错,按照当时的惯例,就要受到可敬的教师们的“体罚”。他在1844年9月1日进了正教中学的修辞班。在学校里他的功课一般说来是很好的。但是,看来他在“应该抑制情欲”、“遵守教规的人会像赛恩山一样永远站得住”、“上帝拯救我辈”这样一些作文中成绩特别好。这位未来的《同时代人》杂志的批评家和政论家,发挥了这些有教训意义的题目,使他的语文老师感到十分满意。这位语文老师认为:“可以期望,作者将来定会成为自己事业的能手。”③

随着他升入哲学班,这位年轻的“作者”的作文题目就愈加具有深刻意义了。我们这位年轻的中学生写了一篇论文,在这篇论

---

① 德文郡公爵(Duke of Devonshire)是英国著名的贵族。——译者

② 《车尔尼雪夫斯基全集》,第九卷,第10页。[226]

③ 上面所提到的叶·里雅茨基的文章,载于《现代世界》,1908年6月号,第38页。

文中证明,“对上帝的敬畏是大睿大智的开始”;他还写过“论旧约圣经传来的开始和意义”、“论世界的本质”、“论原生本质到现象的逐渐转化”、“论世界的空间”等文章。但是,最令人感兴趣的是,尼古拉·加甫利洛维奇早在这些作文中,就不得不接触到“感官是否会欺骗我们?”这个问题,他在后来成熟时期曾经非常重视这个问题,并且在从西伯利亚回来后所写的一篇文章(“人类知识的性质”,[227]我们在后面将要谈到这篇文章)中也讨论了这个问题。关于这一点,我们在叶·里雅茨基的文章里读到:

“车尔尼雪夫斯基反驳了断言不可能确定我们关于事物的表象是否与事物本身相符合的艾卡茨豪逊。车尔尼雪夫斯基认为艾卡茨豪逊的证明是没有说服力的。如果我们关于研究对象本身的性质没有 a posteriori①、经验的证明,那么我们可以利用 a priori② 证明。假如感觉只是欺骗我们,因此不是帮助我们,而是损害我们,使我们陷入谬误,那么为什么要给予我们感觉呢?‘而在这种情况下,谁是使感觉欺骗我们的罪人呢?毫无疑问,就是给予我们感觉的那个人。然而要使上帝成为撒谎的罪人和欺骗的原因,这是绝对不可能的。而假如使上帝成为撒谎的罪人是不可能的,那么我们就应该承认,他并没有给予我们这样的感官,让这些感官来欺骗我们。’教师对这篇作文的批语是:‘极好’。显然,对这个问题的回答完全满足了教师的要求,过多的思考是不允许的。”③ 189

后来车尔尼雪夫斯基解决了这个问题,当然他是根据另一些

① 后天的。——译者

② 先天的。——译者

③ 《现代世界》,1908 年 6 月号,第 40-41 页。[228]

理由来解决这个问题的。但是,他的最后结论归根结底始终是一样的:他总是对那种鼓吹外部世界不可认识的理论采取非常蔑视的态度。

但是,他没有让正教中学当局为他在科学方面的成绩高兴多久。1845 年 12 月底,他就提出了退学申请书,而到次年 5 月他已“长途跋涉”前往彼得堡进大学了。他这样做是得到父母完全同意的,他们同意他这样做,自有其生活上的理由。① 至于车尔尼雪夫斯基本人,那么我们只有一些间接的材料,可以说明促使他放弃宗教职业的原因。不过,这些材料说得相当明显。他本人关于自己写道:“亚历山大医院附属教堂的神甫彼得·尼基佛罗维奇·卡拉科佐夫第一个对我做了正中下怀的祝愿。他在谈到我即将前往彼得堡的旅行时说道:‘愿上帝让我们再能见到您,希望您成为一位教授、大人物来见我们,到那时候我们都将白发苍苍了。’他还补充说道:‘我的心忽然因此受到感动!要是见到一个人,他虽然是无心地,也许是并非事先想好地,但终究说出了你自己所想的东西,希望你去做你自己所渴望的事,这件事几乎是任何人都不会对自己或对你提出的,特别是像我这样年龄和这样境遇的人,这是多么愉快呀。’”②他在前往彼得堡的途中遇到了普罗塔索夫执事,普罗塔索夫对他说:“我希望您成为一个有益于教育和俄罗斯的人”,这位未来的大学生又写道:“我现在负有这样的义务,那就是要永远感谢他和彼得·尼基佛罗维奇的祝愿,这两个人确实能够懂得对

① 《现代世界》,1908 年 6 月号,第 44-45 页。

② 同上书,第 46-47 页。[229]

荣誉的追求和为人类服务是什么意思。妈妈说:‘这已经太多了,从爸爸妈妈的眼光看来这也足够了;不,对于他说来这一点还是太少;就是还应该成为一个有益于整个祖国的人。’我必须永远记住他们的话。”①对这点还可以补充一句,车尔尼雪夫斯基还在他的一篇中学作文中,就已作为“教育”的一个热烈拥护者而发表意见了。这篇作文的题目是人类的教育取决于青年一代的教育。据引
证这篇少年时代作文的叶·里雅茨基先生说:“车尔尼雪夫斯基明 190
确而彻底地确定了青年一代所担负的任务和青年一代从过去所取得的文化知识财富之间的联系。”②他在那篇作文里说:“知识是取之不尽的矿山,它的所有者越往深处发掘,他就越会得到更加丰富的宝藏。”但这篇作文的结尾特别令人感兴趣,在那里我们这位年轻的作者号召人们在知识领域内进行不倦的活动。他大声疾呼地说:“我们只要想一想!整个人类的教育进程都取决于我们的活动。”③然而车尔尼雪夫斯基写这篇文章的时候,他大概还没有把世俗教育和所谓宗教教育区别开。而后来他的青年人的思想很快就发觉了这个区别,并且看出了宗教职业是不适合于他对事物的观点和他的愿望的。

1846年8月,他被录取为彼得堡大学的学生。关于他的大学生时代,我们知道得很少。看来,费多罗夫先生所说的以下这些话是无可怀疑的:“在大学时期,尼古拉·加甫利洛维奇学习了古代语、语文学、斯拉夫方言,听了著名哲学家和考古学家伊·伊·斯

---

① 《现代世界》,1908年6月号,第47页。[230]

② 同上书,第40页。

③ 同上。[231]

列兹涅夫斯基的课，并且在他的指导下为伊巴捷夫①编年史编纂了一本辞典。这本辞典发表在1853年的《〈科学院第二学部通报〉增刊》②上。"但是，所有这一切都太含糊了。例如，我们不知道车尔尼雪夫斯基究竟在什么时候开始写他的最初的试作。他的全集第一卷是以两篇书评（评吉尔费尔丁格和奈依基尔赫的著作）开始的，这两篇书评发表在1853年的《祖国纪事》杂志第7期上。[233]由此可以断定，他的文学活动开始于这一年的年中。但是在同一卷中，在关于斯塔尔切夫斯基的《日用百科辞典》的书评中，我们读到："在这部辞典的第一卷出版的时候，我们就为它写了详细的评论（见《祖国纪事》，1847年第8期），这篇评论证明：这一类著作要真的有益于公众，必须根据考虑周密的计划来编写，并要极其
191 准确地来完成，而日用辞典却既没有满足前一个条件，也没有满足后一个条件。可以看出，读者是完全同意我们的。"③这是什么意思呢？

关于这一点可以提出两种假设，现在我们就来分别对它们进行考察。

首先，可以假设——而且这个假设当然首先会被人想到，——车尔尼雪夫斯基的文学活动早在1847年（如果不是更早的话）就已开始了，因而，只是由于他的全集的出版者的疏忽大意，才没有把关于上述辞典第一卷的评论收入这部全集。这种假设没有令人

① 这儿费多罗夫先生写错了一个字：把"伊巴捷夫"误写为"伊格纳捷夫"。现在这部辞典收入《车尔尼雪夫斯基全集》第十卷第二部分。[232]

② 费多罗夫：《尼·加·车尔尼雪夫斯基》，阿斯哈巴德，1904年，第11页。

③ 《车尔尼雪夫斯基全集》，第一卷，第14页。[234]

难于置信之点：在1847年，车尔尼雪夫斯基已经19岁了，也就是说已经达到了完全可能写出有条理的书评的年龄。如果接受了这个假设，我们就难免要遇到两个问题。上述的评论是否真的是我们这位作者在刊物上发表的第一篇作品呢？难道他在1847年发表了那篇评论之后，直到1853年7月，如我们所知，在同一杂志上发表他关于吉尔费尔丁格和奈依基尔赫的书的评论以前，就没有发表过任何作品吗？这两个问题中的无论哪一个都是我们所不能解决的；大概，只有米·尼·车尔尼雪夫斯基或叶·里雅茨基先生才能解决这些问题。①

在这里可以提出的第二个假设是：刊载于《车尔尼雪夫斯基全集》第一卷中的关于《日用百科辞典》的评论，不是他写的，而是《祖国纪事》的另一个撰稿人写的，在这种情况下，1847年发表的关于那部辞典第一卷的书评当然也出于那个撰稿人的手笔。这个假设也同样没有令人难于置信之点。当时在《祖国纪事》上发表的书评是不署名的。诚然，要判定某一篇文章出于哪个作者的手笔，不仅是根据它的署名。它的内容和语言通常也有助于识别它出于谁的手笔。但是，我们根据后面提到的这些特征，认为第二种假设比第 192

① 在受审讯的时候，车尔尼雪夫斯基供称，他早在1846年7月或8月就翻译了*Journal des Débats*（《辩论杂志》）上的一篇杂文向《祖国纪事》编辑部投稿，而在1847年末或1848年初曾把一篇小说交给涅克拉索夫，想在《同时代人》杂志上发表（小说的内容是描述一个在贵族女子中学里培养大的孤女后来落在坏人手里的不幸遭遇）。[235]这篇小说没有发表（雷姆克：《车尔尼雪夫斯基案件》，载《往事》，1906年第4期，第161页）。这是目前我们所知道的全部材料。但是这些不多的材料似乎证明，车尔尼雪夫斯基在当时与克拉耶夫斯基（即与《祖国纪事》）及涅克拉索夫（即与《同时代人》）并没有什么其他文学上的往来，否则他就会提到这种往来，然而他在自己的供词中只是说，直到1853年他才重新见到上面所说的那些人。

一种假设更有可能成立。

我们知道,要判定像车尔尼雪夫斯基在 1847 年那样刚开始写作的作家的语言,是很困难的:刚开始写作的作者所用的语言还没有完全定型,因此不能代表他们的特征。但是,我们觉得 1847 年发表的那篇书评的语言是已经完全定型了的。这一点就其本身而论也并不具有决定的意义,因为读了杜勃罗留波夫最初发表的作品,也未必有谁会说它们是文学界的新手所写的。然而问题在于,当车尔尼雪夫斯基还在大学四年级的时候,他写文章所用的语言比起我们感兴趣的那篇书评所用的语言是远没有定型的。读了他论"冯维辛的《旅长》"的文章后,就很容易相信这一点。这篇文章第一次刊载于他的全集第十卷第二部分中,但是,从出版者在这篇文章前面所写的附注中可以看出,它正是车尔尼雪夫斯基在四年级的时候写的。[236] 这篇文章的作者,在运用语言方面,无疑地远不如《日用百科辞典》第一卷的评论的作者那样"得心应手"。

关于这篇评论的内容也应当这样说。它显示出作者的完整的世界观和丰富的知识,这些东西是我们在论《旅长》的文章里所看不到的。可是这篇文章是车尔尼雪夫斯基在四年级的时候写的,而 1847 年的那篇书评,如果是出于他的手笔,那么不是在一年级结束时写的,便是在刚刚升入二年级的时候写的。因此我们认为,他的全集的出版者把这篇评论(第一卷第 14-25 页)当作他的作品,是弄错了。

但可惜的是,这也仍然没有解决我们这位作者究竟在什么时候开始文学试作的问题。在等待解决这个问题时,我们再来看一下论《旅长》的文章。这篇文章很值得加以详细研究。

几乎在那篇文章一开头，年轻的作者就提出了一个极有趣味的保留条件：

“我根本不谈冯维辛对社会的影响，因为假如冯维辛有这种影响的话，那也是过于微小的。可是，必须讲清什么叫做一部文学作品对社会的影响：假如这指的是一部新作品发表时人们对它的议论，对它的作者的赞扬或指摘，那么冯维辛是有这种影响的，特别是他的《旅长》这部剧本；他本人在自己的自白中谈到，宫廷里怎样纷纷议论他的《旅长》，达官贵人怎样争先恐后地邀请他朗诵他的喜剧，——但是，似乎这还不能叫做对社会的影响。只有在这样的时候文学作品才可能对社会发生影响，那就是作为一部作品的基 193
础的思想跟社会的现实生活（思想的、道德的或实际的生活，反正都是一样，但一定要跟现实的生活）发生活生生的关系，使人们在读了这部作品之后，感到自己与过去有所不同，感到他们对事物的看法更清楚了或发生了变化，感到他们的思想生活或道德生活受到了推动。”①

这些话简要地表明了车尔尼雪夫斯基后来加以详尽发挥的那个对文学任务的观点，这个观点也是杜勃罗留波夫所接受的②。在这里已经可以看到未来的《俄国文学果戈理时期概观》的作者了；但是这位作者还没有形成后来他所特有的那种独创的风格；他只是开始形成这种风格。他的论据也同样缺乏他的晚期著作使读者感到惊讶的那种丰富的材料。现在可以看出，放在我们面前的

① 《车尔尼雪夫斯基全集》，第十卷，第二部分，第2页。[237]

② 关于讽刺作品的意义问题，特别可以参阅杜勃罗留波夫的《叶卡捷林娜时代的俄国讽刺作品》一文（《同时代人》，1859年10月号），收入他的全集第一卷。[238]

毕竟只是一种“试笔”。但是，除了我们所引的这段话以外，还有一段话也表明这篇“试笔”是多么耐人寻味：

“人们提出的要求是：‘作家、特别是戏剧作家所描写的性格，一定要得到发展；假如这些性格始终不变的话，那么作者就有过错，而作品也就缺乏艺术价值，——你不断地听到这种要求，不断地听到责备这部或那部作品没有满足这种要求。但看来不能把这个要求提出来作为文学作品的艺术美的永远适用的规律。艺术性的规律不能与现实存在的东西相矛盾，不能不按现实界的真实面貌去描写现实界；现实界是个什么样子，它也就应该如实地反映在艺术作品中。而在现实界，我们常常遇见浅薄的天性、不很复杂的性格，一眼就能把这样的人看透，看到他的一切的一切，假如同他一起生活二十年，那么除了他的最初的话和他的最初的意见中所显露出来的东西以外，在他身上再看不到任何别的东西。这样的人既然在现实中没有发展自己的性格，那么在艺术作品中他又怎么能在你们面前发展自己的性格呢？”①

194 这里所表述的思想，就是别林斯基在他的文学活动的晚期所形成的思想；他们都同样注意现实，同样深信艺术家应该如实地描写现实，既不夸大，也不缩小。从这方面来说，论《旅长》的文章对车尔尼雪夫斯基的传记作者具有重大的意义。它说明，在大学毕业以前，我们的作者曾经是别林斯基的忠实信徒，后来他也始终对别林斯基怀着热烈的尊敬。

但是，能不能说他正是靠别林斯基及其小组的著作培养出来

① 《车尔尼雪夫斯基全集》，第十卷，第二部分，第7页。[239]

的呢？能不能说他正是从这个源泉汲取了自己的观点呢？——不，这样说并不完全正确。毫无疑问，车尔尼雪夫斯基从别林斯基得到很多教益；但毕竟应该承认，他远不是在一切方面都得到别林斯基的教益。

虽然车尔尼雪夫斯基在著作中很少谈到自己的思想发展史，但终究他也偶然顺便地作过某些简短的叙述，对他的思想发展史作了一定的说明。他在杜勃罗留波夫死后为了答复某个3-H先生的文章而写的一封信就属于这类为数甚少的作品；这封信刊载于1862年的《同时代人》杂志2月号。顺便提一下，那位3-H先生在自己的文章中曾经说，已故的杜勃罗留波夫是车尔尼雪夫斯基的学生，并且受到他的极强烈的影响。车尔尼雪夫斯基激烈地、甚至非常愤慨地否认这一点，他说，杜勃罗留波夫完全是独立地达到自己的观点，并且无论按其智力或文学才能来说都远远胜过他。我们现在不需要做出判断，这个谦虚的声明究竟有几分符合真情。老实说，我们非常怀疑它是否符合真情。但在这里，这与我们无关；在车尔尼雪夫斯基的整封信中，我们现在只对下面一点感到兴趣。车尔尼雪大斯基提醒3-H先生说，杜勃罗留波夫懂得德文和法文，因此能够从原著来阅读法国和德国的一些最卓越的文学作品。然后他说："如果一个有才华的俄国人在他本身发展的关键年代要阅读我们共同的西方伟大导师们的书籍，那么，用俄文写成的书籍和文章虽然可能使他喜爱、使他赞赏（正如杜勃罗留波夫在当时也曾赞赏过某些用俄文写成的作品），但无论如何，对他来说，用俄文写成的书籍和文章却不能成为他通过阅读所汲取的那些知识和概念的最重要的来源。至于说到我的文章对杜勃罗留波夫的影

195 响，那么这种影响甚至还不如别林斯基的文章所起的那种不太大的影响。当时我在文学界并没有重要的影响。”①实际上，车尔尼雪夫斯基在这里所说的那个时期——即在1855－1856年间，已经发表了他的著名的《俄国文学果戈理时期概观》。他的影响比他自己所说的要大得多。但是，我们再说一遍，在这里这与我们无关。对我们来说，在这里重要的只是，车尔尼雪夫斯基也懂外文，也在自己发展的关键年代读过“我们共同的伟大西方导师们”的书籍。因此可以设想，用俄文写成的某些文章和书籍（其中占首要地位的是别林斯基的著作）也只能使他赞赏，但同时对他来说，它们不是“他的概念和知识的最初来源”。

这个来源究竟是什么呢？论“冯维辛的《旅长》”的文章也对这点提供了某些线索。它的年轻的作者说道：

“不能不怀着愉快之感去读我们时代的最伟大作家的《小芳黛》、《弃儿法兰索亚》和其他诸如此类的小说：在这种美的、纯洁的境界中休息，真是多么美妙啊！你会高兴地把这些农民中的每一个人称为自己的朋友，在他们的社会里无忧无虑地过上几年，并且恐怕根本不会想到你在才智和教养方面高于他们，哪怕你真的是大大地高于他们；然而他们（除了芳黛本人）却全都是眼界狭小的人，而且大部分是眼界非常狭小的人。难道不是这样吗？”②

这段极有趣味的话说明，车尔尼雪夫斯基读乔治·桑描写农

---

① 《致谢》（给3先生的信），《车尔尼雪夫斯基全集》，第九卷，第101页。[240]

② 《车尔尼雪夫斯基全集》，第十卷，第二部分，第13页。[241]

民生活的小说入了迷，当时她的小说还是新发表的作品①。他认为乔治·桑在当时的作家中间占有最首要的地位。但是，他当然不只是阅读和研究法国作家的作品。他在同一篇文章里对十七世纪法国文学的评论，表明他当时已经受到莱辛非常强烈的影响。几年以后他写了一部有关莱辛的专著②。可是，应当指出，这些评论是非常偏颇的，假如必须把这一点归之于莱辛的影响，那么就只 196
得加上这样一个附带条件：这位年轻的俄国学生在自己热情奔放时过于夸大了他的德国老师的思想③。

除了车尔尼雪夫斯基还在正教中学里的时候大概就已熟悉的席勒和歌德以外，看来他在进大学以前的时期内就已开始研究德国古典哲学家、特别是黑格尔。但是，用他自己的话来说，他当时只知道"俄国人对黑格尔体系的解说，非常不充分的解说"。从他的话中可以看出，这些不充分的解说"是用黑格尔左派的精神来阐述这位伟大的德国唯心主义者的体系的"④（这不是指赫尔岑的《自然研究通信》吗？）。其次，我们还是根据车尔尼雪夫斯基本人

---

① *La Petite Fadette*（《小芳黛》）这部小说出版于 1848 年，*François le Champi*（《弃儿法兰索亚》）这部小说则出版于 1850 年。

② 《莱辛，他的时代、生平和活动》（《同时代人》，1856 年第 1 月号和 2 月号，1857 年 1 月号、3 月号至 6 月号。参阅《车尔尼雪夫斯基全集》，第三卷）。[242]

③ 例如，可参阅他对于十七世纪法国喜剧和它的"至今有名的代表者"莫里哀的极带轻蔑意味的评语："在莫里哀的全部作品中，未必能找到连续两页的正常的对话；为了引人发笑，为了使人物性格变得'更突出'，一切都被弄得牵强和过火了"（同上书，第 15 页）。

④ 参阅《艺术与现实的审美关系》第三版序言，载于《车尔尼雪夫斯基全集》，第十卷，第二部分。[244] 关于这篇有趣的序言，可参阅下面的"车尔尼雪夫斯基的哲学观点"那一章。

的叙述而知道，在研究了黑格尔之后——他在前往彼得堡以后开始从德文原本来研究黑格尔，而且原著中的黑格尔不如俄国人叙述中的黑格尔使他喜欢——他"偶然地"得到了路德维希·费尔巴哈的一部主要著作。《基督教的本质》的作者对他发生了决定性的影响。车尔尼雪夫斯基自己说，他"变成了这位思想家的信徒"，并且热心地反复阅读了他的著作。

正如他本人所说，在他由于生活上的需要而写作学术论文之前六年，换句话说，也就是在他坐下来写他有关美学的硕士论文之前六年，他已开始阅读费尔巴哈的著作。而因为这篇学位论文是他在 1853 年写成的，①所以，他开始阅读费尔巴哈的著作大概还在大学二年级的时候。[245] 无论如何，他一直到自己生命的结束始终是费尔巴哈的信徒。我们可以请费多罗夫先生注意以下这个情况，那就是这位思想家对我们这位伟大作家的哲学观点的影响，要比"著名哲学家伊·伊·斯列兹涅夫斯基"的影响大得不可比拟（参阅上文）。

197 费尔巴哈为车尔尼雪夫斯基的整个世界观提供了哲学基础。但是我们已经知道，我们这位作者读乔治·桑的小说入了迷。这些小说接触到了与社会生活和家庭生活直接有关的许多问题。如果假定，车尔尼雪夫斯基还在大学读书的时候就已对这些问题作了很多研究，我们大概是不会弄错的。十分可能，他当时已经知道了一些最重要的社会主义学说并开始研究政治经济学。② 我们暂

---

① 参阅《车尔尼雪夫斯基全集》，第十卷，第二部分，第 84 页出版者的附注。

② 还在 1854 年，《同时代人》(6 月号)就发表了他关于列沃夫的《论土地是财富的要素》一书的很好的评论。[246]

时还没有任何直接材料说明他怎样进行这种研究。有一点是我们几乎能有充分把握来说的。尽管当他打算去彼得堡的时候，曾经由于听到希望他成为大科学家的卡拉科佐夫神甫的话而感到非常兴奋，然而到了更成熟的年龄时，他已经不打算成为一个专门学者了。文学批评家和政论家的活动使他向往。还在正教中学里，他就决定献身于为祖国谋福利的工作。也许，他当时就已经发现，这种工作与其说应该具有学术性，不如说应该具有政论性。在《果戈理时期概观》中，他很明确地发表了这样的意见。

他在这部著作中说道："有许多极伟大的科学家、诗人和艺术家，曾经一心献身于纯科学或者纯艺术，而不是单单为自己祖国的某种特殊的需要效劳。培根、笛卡儿、伽利略、莱布尼茨、牛顿，今天的洪堡尔特、李比希、居维叶和法拉第，他们过去和现在都为着科学的一般利益操劳，而并不考虑在特定的时期必须为了某个曾经是他们祖国的国家的幸福而操劳。我们并不知道，也不问自己，他们是否爱过祖国，因为他们的光荣和爱国主义功勋的关系是离开得那么远。作为智力世界的活动家，他们都是世界主义者。关于西欧的许多伟大的诗人也必须这样说。我们要指出他们中间最伟大的人——莎士比亚作例子……我们要举出阿里欧斯托、高乃依和歌德。人们所以提起他们的名字，是由于他们为艺术所建立的艺术上的功绩，而不是由于他们致力于为祖国谋幸福的独特心愿。"①在我们这里却不是这样。按照车尔尼雪夫斯基的意见，俄国的智力世界活动家处于完全不同的地位。他们还不能成为世界

① 《车尔尼雪夫斯基全集》，第二卷，第 120－121 页。[247]

主义者，也就是说，还不能考虑纯科学或纯艺术的利益。在这个意义上，根据他们国家的条件，他们必须是“爱国主义者”，即必须首先考虑自己祖国的特殊需要。在这个意义上，彼得大帝这个立志
198 要把欧洲文明的一切成果输入俄国的人，在车尔尼雪夫斯基看来乃是“爱国主义者”的理想。他认为，甚至在他那个时代这个目的也远没有完全达到。“到现在为止，俄国人在真理、艺术、科学的这些崇高观念之前唯一可以做到的功绩——就是帮助它们在祖国传播开来。随着时序的推移，在我们这里的思想家和艺术家，也将像在其他民族那里一样，纯粹为了科学与艺术的利益而行动；但是，当我们就本身的教养说来还不能跟最有成就的民族并驾齐驱的时候，我们每个人都有另一种内心感到更加切近的事业——尽力促进彼得大帝所创始的事业继续发展。这个事业直到现在还在要求，而且看来还将长久要求我们祖国最有禀赋的人，献出他所赋有的一切智慧和道德的力量。”①车尔尼雪夫斯基正是希望献出自己的力量，在自己祖国传播真理、艺术和科学的崇高观念。从各方面看来，远在他登上文学舞台以前，这种心愿就已经成熟了。大概，还在大学读书的时候，他的这种心愿就完全巩固起来了。

后来，车尔尼雪夫斯基在他遭到监禁并被控宣传社会主义学说的时候写道：

“我不是一个严肃的、学术意义上的社会主义者，原因非常简单：我不愿意维护旧理论而反对新理论。我——不管我是怎样一个人——总是力求理解社会生活的现状以及由这种社会生活中产

① 《车尔尼雪夫斯基全集》，第二卷，第121－122页。[248]

生出来的信念。研究政治经济学的人分裂为社会主义者和非社会主义者两个学派——这是已经成为过去的、科学历史发展中的事实。科学的这种内部分裂在实践上的应用，也已成为过去的事实；在英国这是老早以前的事，在西欧大陆则是1848年事变以来的事。我知道，有许多落后的人认为，我的这个意见是值得争论的；但这种争论已经是关于我的学术信仰是否有充分根据的问题了，——这个题目并没有法律的意义，可是却把它列入了案件。”①

无论什么道德都不能要求车尔尼雪夫斯基在自己的起诉人面前坦白地叙述自己内心最深处的思想。因此，他所做出的所有这一类供词，只有在传记作者能够对它们作适当批判的情况下，才能作为他的传记的材料。在这种情况下，这种批判应该阐明，“我不 199
是一个严肃的、学术意义上的社会主义者”这个声明究竟是什么意思。实际上，它的意思是：按照车尔尼雪夫斯基的意见，人所共知的过去社会主义与政治经济学之间的对立已经完全过时了。而这种意见又意味着，社会主义不仅不应该和政治经济学进行斗争，而且相反地，还应该借助于政治经济学的一些最主要的原理来论证自己的要求。本着自己的这种信念，车尔尼雪夫斯基翻译了约·斯·穆勒的《政治经济学原理》，并且作了注释。而当他被控传播社会主义学说的时候，他援引了这一点作为替自己辩护的理由。从我们所引证的那个文件的另一处可以很清楚地看到这一点。

车尔尼雪夫斯基在那个文件里说道：“在法律意义上，在唯一

---

① 雷姆克：《车尔尼雪夫斯基案件》（《往事》杂志，1906年第5期，第102页）。

具有法律意义的严肃的、学术的意义上，‘社会主义者’这个名词是与我的活动的事实相违背的。我在政治经济学方面的篇幅最大的作品，是李嘉图的学生穆勒的论著的译本；穆勒是我们今天的亚当·斯密学派的最大代表者；他对亚当·斯密比罗雪尔更忠实得多。在我为译本所写的注释中，篇幅最大的是关于马尔萨斯定律的研究。我进行这种研究，并力求粉碎①马尔萨斯的公式。这个原则是考验是否绝对忠实于亚当·斯密精神的试金石。”②

鉴于前面已经提到的那种过去社会主义与政治经济学的对立，控告一个翻译了穆勒的书并且要求经济科学绝对忠实于亚当·斯密精神的人犯了宣传社会主义的罪，这在法律的意义上当然是荒谬的。然而这绝不使下面这个问题失去它的理论的意义，那就是车尔尼雪夫斯基用什么观点来为穆勒作注释，他是否持有这样的意见，即绝对忠实于亚当·斯密精神的经济科学一定会导向社会主义。下面我们要指出，我们的作者正是用社会主义的观点来为穆勒作注释的。此外，我们还要在下面指出，他怎样从政治经济学基本原理中作出社会主义的结论。可是，大概无论谁都不会对这一点提出异议。大概谁也不会怀疑车尔尼雪夫斯基是一个社会主义者。但是，我们已经在序言[249]中说过，直到如今还有许多人拒不承认车尔尼雪夫斯基是空想社会主义的拥护者。我们希
200 望，我们下面的叙述将足够清楚地向读者表明这种否认态度是没有根据的。在这里，我们只想指出以下这一点：

---

① 在雷姆克先生的文章中印作“发展”。但这显然是误排（俄文的“粉碎”是разбить，“发展”为развить，“б”与“в”比较容易混淆。——译者）。

② 雷姆克：《车尔尼雪夫斯基案件》（《往事》杂志，1906年第5期，第102页）。

车尔尼雪夫斯基的确认为过去社会主义与政治经济学的对立已经过时。然而在他那里，这主要是意味着，在有了 1848 年的经验以后，已经不能把希望寄托于人们的利他主义的感情，即对被压迫者的怜悯、对他人的同情等等，而必须诉诸他们的理智，并且从利益、经济"得失"的观点去保卫社会主义。但是，正如我们将要指出的，这样的诉诸利害得失绝不排斥对于社会生活的空想主义观点。

在车尔尼雪夫斯基写于西伯利亚的长篇小说《序幕》的第二部分中，列维茨基（杜勃罗留波夫）在会见了伏尔庚（车尔尼雪夫斯基）以后，在自己的日记中写道："他不相信人民。在他看来，人民像社会一样坏，一样庸俗。"①假如我们没有弄错的话，那么这就是说，根据车尔尼雪夫斯基本人的回忆，他对人民的看法使杜勃罗留波夫产生了完全"不信任"的印象。下面我们将详细地叙述这种看法，那时读者就可以看到，车尔尼雪夫斯基实际上并没有对俄国和西方的人民的首创精神寄托希望。按照他的意见，社会制度方面的进步和任何有利于人民的变革，都是由"优秀人物"、即知识分子搞起来的。在这方面——的确，大概只有在这方面——他的看法非常接近于后来拉甫罗夫在《历史书简》中所叙述的观点。这里不是批判这种观点的地方。但却不妨提醒读者，车尔尼雪夫斯基是在什么时代形成这种观点的：这是对 1848 年的运动所抱的希望遭到破灭后的失望的时代，这个时代的特点是西欧工人阶级的意气消沉，这种意气消沉虽然是暂时的，却是达于极点的。

① 《车尔尼雪夫斯基全集》，第十卷，第一部分，第二篇，第 215－216 页。[250]

这个失望的时代当然不会有助于车尔尼雪夫斯基对最近将来产生任何过高的希望。他在大学毕业后(1850 年)立即前往萨拉托夫并在那里谋得中学教师职位这件事，大概也必须用上面这个原因来解释。然而 1852－1853 年间他在萨拉托夫所写的日记表明，车尔尼雪夫斯基虽然对最近将来没有抱任何过高的希望，但绝没有对进步事业迟早取得胜利丧失任何信心。举例来说，他在
201 1853 年 3 月 5 日写道："最后，为了更慎重起见，我应该结婚了。因为假如我继续像过去那样干下去，我真的可能会被抓去。我应该想通：我不属于自己，我无权去冒险，否则，怎么知道结果如何呢？难道我不是在冒险吗？需要有个防御物来抵御民主思潮和革命思潮，而除了关于妻子的念头以外，什么东西也不能作为这种防御物。"①他果真在 1853 年 4 月 29 日与奥里珈·索克拉托夫娜·瓦西里耶娃结了婚。然而应当指出，他本人未必当真希望，结婚将给予他"抵御民主思潮和革命思潮"的防御物。他警告过自己的未婚妻，说他可能会遭到毁灭。从小说《序幕》的第一部分可以看出，在奥里珈·索克拉托夫娜成为他的妻子后，他也曾经和她谈到过这个问题。他怎样想象那个可能使他遭到毁灭的事变进程呢？在《列维茨基的日记》(小说《序幕》的第二部分)中，有一段话解答了这个问题。在读这段话的时候必须记住，这段话是用列维茨基(杜勃罗留波夫)的口气陈述的，但他记录的是伏尔庚(车尔尼雪夫斯基)对他说的话：

---

① 《车尔尼雪夫斯基全集》，第十卷，第二部分，第三篇，第 39 页。[251] 在另一处，他写道："我应该用什么来抑制自己，不要再向通往伊斯坎德尔的道路走去"(同上书，第 96 页)。

“重大的时刻将会来临。在什么时候来临呢？——我很年轻，因此它在什么时候来临的问题对我来说反正都是一样：无论如何，假如我好好地保护自己，我总能在精力充沛的时候遭逢这个时刻。它怎样来临呢？克里米亚战争这个小小的波澜是怎样来临的呢？不用我们操心，不要去奔忙劳碌；无论怎样奔忙劳碌也不能延缓或加速涅瓦河的解冻。怎样来临呢？我们谈的是时间的力量，——只有自然界的力量才是强大的。

旋风在天空中自由地呼号；
谁知道它来自何方和怎样来到。

“未来的可能性有各种各样。哪一种可能性会得到实现？是否反正都是一样呢？我乐意听一下他个人的推测，看哪一种可能性最有可能。社会的失望和由于失望而采取的合乎新风尚的新式自由主义态度，对任何一个有头脑的人（不管他具有何种思想方式）来说，仍旧是浅薄的、可鄙的、令人厌恶的；而空洞的、造谣中伤的、怯懦的、卑鄙的和愚蠢的东西，对聪明的急进派来说，也正像对聪明的保守派来说一样是令人厌恶的，但在欧洲的某个地方——最可能是在法国——掀起风暴并且像在1848年那样席 202
卷欧洲其余部分以前，一切卑鄙的和怯懦的东西还将得到不断的发展。

“1830年，风暴仅仅发生在德国西部，1848年则席卷了维也纳和柏林。根据这点来判断，应该说，下一次将会席卷彼得堡和莫斯科。”①

① 《车尔尼雪夫斯基全集》，第十卷，第一部分，第二篇，第214－215页。[252]

大概，车尔尼雪夫斯基在大学毕业时关于自己也是这样说的："目前不可能从事任何有意义的工作，但在国际生活中某些'麻烦事'的影响下，重大的时刻是一定会来临的。那时就可以从事社会活动，而现在则暂时应该积蓄力量，加强自己，同时对必须与之直接打交道的少数人、主要是青年人进行工作。"当然，他事实上也做了工作。很难怀疑，他在担任萨拉托夫中学教师的时候会放过在青年人的心灵中播下良种的机会。但这是在等待更远大的任务时做的，这是一个准备时期，是他的社会活动的"序幕"。他在萨拉托夫时的心情，可以从他看了《威廉·退尔》这个戏的演出后在1853年3月7日的日记中所写的这样一句话中看出来："我完全被威廉·退尔感动了，我甚至哭了。"①这句话甚至可能使读者产生一种夸大的印象，即认为车尔尼雪夫斯基是绝对拥护革命的行动方式的。为了预防这种错误，我们再来看一下《列维茨基的日记》，并且从其中引证紧接在刚才所引证的话之后的一段话。我们要提醒读者，列维茨基是在转述伏尔庚的思想。

"这一点是否可靠呢？(即未来的欧洲风暴将席卷彼得堡和莫斯科这一点是否可靠呢？——格·普)在这里根本谈不到什么可靠，仅仅是可能罢了。这样的可能性是否值得欣慰呢？按照他的意见，在这里根本就没有什么好的东西。改进的过程愈平稳和愈平静，那就愈好。这是一般的自然规律：一定数量的力，当它平稳而经常地发生作用的时候，就产生最大量的运动；以冲动和飞跃来发生作用，是较不经济的。政治经济学表明，这个真理在社会生活

① 《车尔尼雪夫斯基全集》，第十卷，第二部分，第三篇，第93页。[253]

中也像样是完全不容置辩的。应该希望，我们这里的一切也能安静地、和平地过去。愈平静愈好。”①

在《序幕》这部小说中，车尔尼雪夫斯基描写了他在五十年代中期所抱的心情。往下我们要指出，后来他对“冲动”和“飞 203
跃”的看法发生了很大的变化。但是，我们没有任何根据可以认为，他在大学生时代和大学毕业后最初几年内对“冲动”和“飞跃”的看法，与他最初接近杜勃罗留波夫的时候有所不同。因此，我们也就认为，年轻的车尔尼雪夫斯基还远不是革命信念的坚定拥护者。[255]

为了让我们这位作者在萨拉托夫的时期告一结束，我们要根据他本人的日记指出他的性格的两个非常值得注意的特征。

我国“反动派”通常认为他是“虚无主义者的头目”，而在他们眼里，“虚无主义者”不外是

使父母伤心的
小偷和强盗的败类……[256]

日记使我们对“虚无主义者的头目”有了稍微不同的了解。车尔尼雪夫斯基在打算同瓦西里耶娃结婚的时候，关于他的父母写道：“在这件事情上，他们不是评判人，因为他们关于家庭生活、关于妻子所应具备的品德、关于丈夫与妻子的关系、关于家务和生活方式的概念，和我的概念完全不同。比起他们来，我完全是另一个世界的人，无论听取他们譬如说关于政治和宗教的意见也好，还是请教他们关于婚姻的主意也好，都是妄诞的。一般说来就是如此。

---

① 《车尔尼雪夫斯基全集》，第十卷，第一部分，第二篇，第215页。[254]

而具体地说——他们完全不了解我的性格，不了解我需要怎样的妻子。在这件事情上，除了我自己以外，谁也不能充当评判人，因为除了我自己以外，谁也不能了解我的性格和我的概念。”[①]现在很难对这点提出任何异议，看来，24 岁的车尔尼雪夫斯基似乎能够心安理得地按照自己的意思决定婚姻了。然而他的心境并不是十分平静的，他一直由于担心而感到苦恼，担心假如父母不同意他的婚事，他该怎么办。他写道：“我生性愿意服从、听从父母，但这种听从应该是自由的。而你们对待我，却像对待孩子一样专断。‘你就是到了 70 岁，也仍旧是我的儿子，到那时你仍然要听我的话，就像我在 50 岁以前听妈妈的话一样。’这是谁的过错呢，你们的……[②]是这样大，使我不得不说：在小事情上，在无所谓的事情上——而在过去这些小事情也是重要的事情，——我是听话的孩子。但在这件事情上，我不能这样做，也无权这样做，因为这是一
204 件重大的事情。不，在这件事情上我已经不是一个可以这样听从你们的管束的儿子：‘亲爱的妈妈，请允许我到尼·伊那里去一趟’——‘好，去吧！’——‘亲爱的妈妈，请允许我到安娜·尼那里去一趟’——‘别去，这是一个坏女人’。不，在这件事情上，我不打算请示，假如你们要下命令，那就应该遗憾地告诉你们，你们的命令将是白费的。”[③]

但是，由于车尔尼雪夫斯基担心仍然会有命令下来，所以他对这种万一的情况下了这样的决心：“如果你们一味固执己见，——

---

① 《车尔尼雪夫斯基全集》，第十卷，第二部分，第三篇，第 47 页。[257]

② 这儿有一个字出版者没有认清。[258]

③ 《车尔尼雪夫斯基全集》，第十卷，第二部分，第三篇，第 48－49 页。[259]

好，我就不争辩，我就自杀。我们看一看，结果将会怎样。假如有必要的话，我就要实现我的威胁，因为与其作为一个在自己看来是可耻的人而活着，或者与其和自己所爱的人争吵反目，也就是说，和那些虽然爱你，但又过分古怪地自以为什么都懂、自以为自己关于人们的概念和关于应该这样做而不应该那样做的概念正确无误的人争吵反自，倒不如干脆死去。”①

的确，在下面一段话里，车尔尼雪夫斯基本人也指出，这种怕父母阻碍婚事的顾虑只不过是一种“离奇的幻想”，大概，事情很容易地就迅速得到解决了。但是，关于可能遇到这种阻碍的念头使他产生的那种烦恼，仍然很可以说明他的性格，而关于他一生中在道德上不可能与父母“争吵反目”而继续活下去的那种信念，则更可以说明他的性格。所有这一切与反动派关于“虚无主义者”的流行观念是多么不同啊！

车尔尼雪夫斯基的性格的另一个特征，也并不更符合这种流行观念，这个特征流露在他的日记的下面这段话中：“除此以外，我的身体现在还要归我妻子占有，除了她以外，我不属于任何别的妇女。我要以贞洁的身体去结婚，正像我的未婚妻也将是贞洁的一样。”②“反动派”断言，“六十年代人”鼓吹淫乱，③甚至许多并非“反动派”的人也当真地认为，只有托尔斯泰伯爵的“纯洁的”道德才开始部分地纠正了这种肆无忌惮的放纵所造成的道德上的危害。我

---

① 《车尔尼雪夫斯基全集》，第十卷，第二部分，第三篇，第 49 页。[260]

② 同上书，第 40 页。[261]

③ 例如，可参阅齐托维奇教授的一部卑劣的诽谤性的著作《在〈怎么办？〉这部小说中做了些什么》。

们可以看到，这究竟有几分公正。

结婚后不久，车尔尼雪夫斯基就迁往彼得堡，在那里头一年他仍继续从事教育工作，正如有一份关于他的公文说的，在第二士官学校担任“第三类教员的职位”。那时他开始在报刊上发表最初一
205 些我们所知道的作品。他起初在《祖国纪事》杂志上写文章，后来则在《同时代人》杂志上写文章。从 1855 年起直到他被捕为止，车尔尼雪夫斯基几乎仅仅在《同时代人》杂志工作。可以说，这是一般的常规，我们只知道有两次例外：在 1858 年的《雅典尼》杂志（第 3 期）上发表了他的一篇批评文章：“俄国人去 rendez-vous”[1]，在同一年，他还担任过一个时期军事文集的编辑。在他住在彼得堡的头一年内，他写作自己的硕士论文：《艺术与现实的审美关系》。大学当局拖延了对这篇学位论文的审查工作，据车尔尼雪夫斯基全集出版者说，审查工作一直拖到 1855 年，并且据我们所知，结果是不利于这位青年学者的：大学当局不喜欢他的著作中所表现出来的思想倾向，因此他也就没有获得硕士学位。但据说，正是这篇学位论文所遭到的这种厄运，才使它的作者与《同时代人》杂志编辑部的关系密切起来，据车尔尼雪夫斯基本人所说，这家杂志很快就完全由他掌控了。

车尔尼雪夫斯基在 1853 年 9 月 21 日的信中关于学位论文告诉他的父亲说：“我所写的学位论文是有关美学的。假如这篇学位论文能照原样在大学里通过，那么顺便说一下，它在某一方面将是独创的，即其中将没有一处引文，而且一共只有一个引证。假如人

---

① “俄国人去幽会”。——译者

们认为这是学术性不够的话，那么我可以在三天之内增添几百处引文。可以秘密地告诉您，这里的语文学教授先生们完全没有研究过我为自己的学位论文所选择的题目，因此他们未必能看出我的思想与目前关于美学问题的理解方式有什么关系。他们甚至以为我是我所驳斥的那些哲学家的信徒，假如我不明显地说出这一点的话。因此，如果我不是被迫坦率地说明这一点，我并不认为我们这里的人会懂得我所分析的那些问题究竟多么重要。一般地说，自从那些懂得哲学并且注意哲学的人逝世或沉默以来，在我们这里关于哲学的概念变得非常模糊暗淡了。”①

在 1855 年 5 月 3 日的信中，他告诉父亲说：“为了节省时间和费用，我用大开本和排得很密的字形来印学位论文；此外，为了同样的目的，当手稿已经被同意付印的时候，我又把它大大地缩短了（虽然大学的审查机构连一个字也没有删）。因此，结果是一共只有六个半印张，而如果不缩短和采用通常排得很稀的刊印方法的话，就会排满二十个印张……在表面上，它有这样一个特点，即其 206
中没有一处引文——这是违反一般以廉价的博学来招摇撞骗的作风的。还有一个特点是：它是由我自己抄写整齐不用再誊清的——这是无论谁都未必有过的情形。我做这一切，是想对那些（不能）做这种事的人开一番玩笑，以求得内心的满足。我暂且不谈内容——在另一封信中再谈这一点吧。标题是您知道的：《艺术与现实的审美关系》……”②

① 《车尔尼雪夫斯基全集》，第十卷，第二部分，第一篇，第 84 页。[262]

② 同上。[263]

车尔尼雪夫斯基是《同时代人》杂志的主要政论家，而在1856年年中以前还是它的主要文学批评家。涅克拉索夫和帕纳耶夫永远立下了这样一个重大的功绩，他们没有对车尔尼雪夫斯基及其同志敬而远之，像差不多其余所有的“别林斯基的朋友”所做的那样。的确，从杂志取得的成就来看，他们无须对他们把这家杂志交给《审美关系》的作者去主持这一点感到后悔。早在1855年的《同时代人》杂志12月号上，就发表了前面已经多次提到过的《俄国文学果戈理时期概观》中的第一篇论文，这部书是车尔尼雪夫斯基最卓越的著作之一，而且迄今仍然是任何一个希望了解果戈理时期的批评的人的最好参考书。这一系列卓越的评论文章中的第二篇论文刊载在下一年的《同时代人》杂志1月号上，第三篇论文刊载在2月号上，第四篇论文刊载在4月号上。在这四篇论文中，对波列伏依、森柯夫斯基、舍维辽夫和纳杰日丁的文学活动作了评价。在7月号上，作者转到了别林斯基，其余的五篇论文都是关于别林斯基的。自从别林斯基在1848年开始被看作违禁作家以后，他的名字还是第一次通过这些文章在报刊上被人提到。随着《概观》的发表，我们能够以乐观的信心毫不夸大地说，别林斯基有了一个无愧于他的继承者。从车尔尼雪夫斯基成为《同时代人》杂志的批评家和政论家的时候起，又重新保证这家杂志在俄国期刊中间取得在别林斯基生前属于它的那种优势地位。进步读者怀着关切和敬意注视《同时代人》杂志，一切新生的文学力量都自然而然地趋向于这家杂志。例如，从1856年年中起，年轻的杜勃罗留波夫就开
207 始为这家杂志写稿。我们这个时代的人甚至很难想象，当时的报刊在我国有多么巨大的意义。现在社会舆论已大大超越了报刊；

在四十年代里社会舆论却还没有成长到报刊的水平。五十年代末和六十年代初，是社会舆论和报刊趋于最大一致、报刊对社会舆论发生最大影响的时代。只有在这样的条件下，当时所有卓越的作家才可能这样热中于文学活动和这样真诚地相信文学宣传的意义。简言之，这是俄国报刊的黄金时代。克里米亚战争的不幸结局使政府不得不对文明社会做出一些让步，至少不得不实现最迫切的早已成为必要的改革。不久，农民解放问题就提到日程上来了，这个问题毫不含糊地涉及各阶层的利益。是否应该说，尼古拉·加甫利洛维奇热心地研究了这一问题呢？他在 1857－1858 年就已经写了一些有关农民问题的出色的论文。关于废除农奴制时代我国社会力量的对比，目前大家已经了解得够清楚了。所以我们只是顺便谈谈这一点，来说明当时车尔尼雪夫斯基领导的我国进步报刊在这个事件中所起的作用。大家知道，进步报刊热烈地捍卫了农民的利益。我们的这位作者一篇接着一篇地写文章，主张连同土地一起解放农民，断言赎买分给农民的份地不会给政府造成任何困难。他用一般的理论推断和极详细的示范计算来证明这个论点。他在“赎买土地困难吗？”一文中这样写道：“赎买土地实际上怎么会有困难呢？它怎么能够超过人民的力量呢？事实并非如此。这是违背国民经济的基本概念的。政治经济学直截了当地告诉我们，某一代人从前代人那里接受的全部物质财富，比起这一代人的劳动所生产的价值量来，数目并不太大。例如，属于法国人民的全部土地、一切建筑物及建筑物内部的一切设备、全部船只和货物、全部牲畜、全部货币以及属于这个国家的其他一切财产，不见得值一千亿法郎；而法国人民的劳动每年生产 1850 亿或

208 更多的财富，就是说，用不了七年，法国人民生产出的财富的总和就等于从英吉利海峡到比利牛斯山脉整个法国的财富了。可见，假使法国人需要向什么人赎买整个法国，他们在一代之内只用自己的五分之一的收入就可以办到了。而我们的问题在哪里呢？难道我们需要赎买整个俄国和它的全部财富吗？不，仅仅是土地。而且，难道是俄国全部的土地？不，赎买的只是俄国欧洲部分农奴制根深蒂固的那些省份的土地"，等等。[①] 然后他指出，要赎买的土地不超过俄国欧洲部分面积的六分之一，他提出了整整八个赎买计划。他说，只要政府采用这些计划中的一个，那么赎买份地不仅不会给农民造成负担，而且对国库也十分有利。车尔尼雪夫斯基的全部计划都是根据"在确定赎金时必须保持尽量适中的价格"这一想法的。现在我们知道，我们的政府在废除农奴制时究竟对农民的利益考虑了多少，它对车尔尼雪夫斯基关于确定赎金要适中的那些意见听取了多少。我们的政府在解放农民时一刻也没有忘记国库的利益，而对于农民的利益却想得很少。在进行赎买时考虑的纯粹是国库和地主的利益。这是完全可以理解的，因为谁都既不需要、也不乐意去考虑那个自己不能坚定不移地保卫自身利益的等级（这里说的是农民等级）的利益。但是，当关于农民解放的传闻还刚刚开始的时候，俄国最先进的人物的想法稍微有点不同。他们以为，政府本身不费多大力气就能理解，它本身的利益是与农民的利益多么一致。顺便提一下，赫尔岑曾相当长期地抱着这种希望。车尔尼雪夫斯基也曾抱过这种希望。因此他在自

① 《车尔尼雪夫斯基全集》，第四卷，第335－336页。[264]

己的论文中一再谈到农民问题，并且热心地向政府解释它本身的利益。但是，从时间上来说，车尔尼雪夫斯基是第一个这样的俄国作家，他理解到他在被一种无法实现的希望所迷惑，因而不再去劝说那些对他的论据不加丝毫注意的人。这也是一个不小的功绩。

在这里，我们将不去叙述和分析车尔尼雪夫斯基在有关农民 209
问题的文章中所表述的对俄国村社的观点。后面我们会详尽地考察他的这种观点的。我们在这里只补充一句，那就是甚至在车尔尼雪夫斯基最热中于村社的时期内，他对村社的观点也始终没有赫尔岑或者受到赫尔岑的明显影响的米哈伊洛夫在其《告青年一代书》（1861 年）①中所陷入的那种半斯拉夫主义的极端性。

车尔尼雪夫斯基很快就在我们的进步文学界树立了威信。然而无论他的威信多么大，他的名符其实的同志是很少的。在小说《序幕》的第一部中伏尔庚对尼维尔津所说的下面这些话，使我们有理由这样想。“我们所有的大众教育家先生们都是满脑子荒唐思想；他们满纸胡言乱语，把俄国社会弄得昏头昏脑，而俄国社会即使没有这些东西也已经处于半癫狂状态了。他们中间没有一个人可以作为同志。迫不得已只能一人来写所有表达杂志意见的文章。我来不及写这么多。可是没有一个头脑清醒的人，这也就完了！”②只有杜勃罗留波夫是车尔尼雪夫斯基可以完全信赖的头脑

① 参阅《俄国国事犯罪》文集附录二。俄国历史丛书，第五集（巴黎，1905 年版），第 5 页和以下几页。

② 《车尔尼雪夫斯基全集》，第十卷，第一部分，第二篇，第 89 页。[265]

清醒的人。因此我们的作者才这样真正热情洋溢地爱他①。

后来,安东诺维奇成了车尔尼雪夫斯基很好的助手,看来,我们这位“冷漠无情的”作者也很快就与他结成莫逆之交。但是杜勃罗留波夫不久就去世了,这对《同时代人》杂志来说始终是难以补偿的损失。

车尔尼雪夫斯基非常喜欢论战。他承认,甚至他的朋友们也
210 常常指出,他“对于用热烈的论战来解决争论的问题”,有一种特别的、“在他们看来甚至是多余的爱好”②。在他看来,为了在社会中传播一个新的概念,论战永远是一种非常合适的,更正确地说,必要的手段③。但是,在他的文学活动初期,他似乎是避免论战的。

---

① 《列维茨基的日记》中的以下这个场面说明,他从初次与作家杜勃罗留波夫会面起,就怎样信任杜勃罗留波夫。列维茨基写道:“从昨天起,我已不能怀疑他(指伏尔庚。——格·普)把我当作最好的同事了。但是这样一些话却使我惊异:‘您让我在杂志上全权处理吗?’——‘假如不是这样,我又何必迫切需要您呢?必须加以帮忙的工作人员,也许可以找到一百个,但是要这些人有什么用呢?要审阅稿子并加修改,真是无聊的事,还不如自己动手写容易。’——‘您不审阅我的文章吗?’——‘您的文章有什么新奇的东西吗?老实对您说,不仅付印以前,而且印出以后我都不读的。即使这样,我还得读好多无聊的文章呢,——哈!哈!哈!——谢谢您的赞扬。’——‘但是我可能犯错误。’——‘您只管犯您的错误!别再耽误时间了——哈!哈!哈!好吧,再见。后天再来吧。我们再随便谈一谈’”(《车尔尼雪夫斯基全集》,第十卷,第一部分,第二篇,第210-211页)。[266]

② 《车尔尼雪夫斯基全集》,第四卷,第304页。[267]

③ 在《果戈理时期概观》中,他为纳杰日丁辩护,因为有许多人责备纳杰日丁喜爱激烈的论战。“纳多乌姆柯(纳杰日丁的笔名)为什么用这样尖锐的声调说话呢?难道他不能够通过温和的形式来说出这同样的东西吗?我们文学上的以及其他各方面的见解,真是令人奇怪。人们老是提出这样的问题,为什么农民要用粗笨的铁犁或是木犁耕田!可是否则又用什么东西来耕种肥沃而又难于翻耕的土壤呢?难道可以不理解,没有战争是解决不了一个重要问题的,而战争总是通过火和剑来进行的,而不是用外交辞令来进行的,外交辞令只有当武力斗争的目的已经达到的时候才适合。只有攻击手无寸铁、毫无保护的人,只有攻击老弱残废的人,才是不合法的;可是纳杰日丁所反对的诗人和文学家,他们却并非这样”(《车尔尼雪夫斯基全集》,第二卷,第130页)。[268]

《果戈理时期概观》是用平稳而和解的语气写成的。只有对舍维辽夫这个别林斯基时期的莫斯科著名批评家,他才予以辛辣的讽嘲。他在谈到森柯夫斯基(布朗贝乌斯男爵)时也表示轻视的惋惜,说他是一个把自己的巨大精力浪费在无聊的舞文弄墨上的人。对果戈理时代的其他作家,他大部分都表示赞扬。甚至在波果丁——别林斯基的小组极不喜欢他并且对他大加嘲笑——的文学活动中,他也发现一些有益的、值得赞扬的特点。在谈到斯拉夫派时,他是怀着真挚的敬意的。尽管在他看来他们有着一切明显的谬误,但他认为他们是启蒙运动的真诚的朋友,并且热烈地同情他们对俄国土地村社的态度。

在这里不去谈他对村社的观点,但是,我们要指出,早在关于这种土地所有制形式的争论中,他就不得不抛弃了自己的心平气和的、善意的语调,而充分地施展出自己的论战才能了。当时自由主义经济学的地道的代表们,特别是《经济指南》的编辑维尔纳茨基处境很不妙。车尔尼雪夫斯基确乎使这位"С. С."(顾问官)和"Д-р ист. н., пол. эк. и стат."(历史学、政治经济学和统计学博士,以自己的官衔和学位证书自豪的维尔纳茨基就是这样署名的)遗臭万年。这个被打得落花流水的学者不仅逃离了战场,而且还丑态百出,开始要人相信他一直尊敬他在争论开始时认为是鲁莽 211
的外行而加以藐视的同一个车尔尼雪夫斯基。应该承认,未必有人能够比车尔尼雪夫斯基保卫村社更加巧妙地保卫无论什么事业了。凡是对村社有利的一切,能够说的他都已说了。而假如他对这个争论问题的解答现在不能令人满意,那么这仅仅是由于他考察这个问题时的观点是极其抽象的。但是,应当指出,正如我们在下面可以看到的，他保卫俄国土地村社仅仅是有条件的。

车尔尼雪夫斯基与我国自由派经济学家的争论，从村社土地所有制问题开始以后，很快就具有了更广泛的性质，并且转到了一般经济政策问题。自由派经济学家坚持国家不干涉的原则；车尔尼雪夫斯基则驳斥了这个原则。结果又是这样：关于国家不干涉人民经济生活的争论成了我们这位作者取得新胜利的一个机会。他的“经济活动和立法”[①]一文，不仅在俄国经济学著作中，而且在全世界经济学著作中，都可以看做是对“laisser faire，laisser passer”[②]理论的一种最出色的反驳。在这篇文章里，车尔尼雪夫斯基运用了自己的全部辩论才能和论战技巧。他仿佛是以这种论争作为消遣，在论争中轻而易举地就击退了论敌们的攻击。他戏弄他们，就像猫戏弄老鼠一样。他对他们作各种各样的让步，表示准备同意他们的任何一个原理，接受关于任何一个原理的任何解释——直到看来似乎已经给他们以一切胜利的机会以后，直到使他们处于最有利于他们取得胜利的条件下以后，他才转入进攻，用三、四个三段论式就把他们导向荒谬的地步。然后又开始作新的让步，对同一个原理作新的、更有利的解释，接着又重新证明这个原理的荒谬。在文章的结尾，车尔尼雪夫斯基按照自己的惯例把他的论敌教训一顿，使他们感觉到，他们不仅不懂得严格的科学思维方式，而且也不懂得简单常识的最起码要求。值得注意的是，五十年代末和六十年代初在我国曾经有人热烈拥护的国家不干涉的

---

① 收入《车尔尼雪夫斯基全集》，第四卷，第 422－463 页。

② 〔自由放任〕。

原则，很快就几乎被俄国经济学家们所完全抛弃了。这在颇大程度上既是由于我国的工业和贸易的一般状况，也是由于以后德国 212
讲坛社会主义学派对我国理论家的影响。但是，毫无疑问，这个原则还在它刚刚开始在俄国著作中传播时就遇到了像车尔尼雪夫斯基那样的劲敌这一点，在这方面也起了很大的作用。俄国的曼彻斯特学派分子既然上了很好的一课，他们便变得聪明起来，从此销声匿迹了。

当然，假如我们把车尔尼雪夫斯基在这场论战中所提出的论据，同例如马克思在“论贸易自由的演说”里所用的论据相比，那么我们就不得不再一次承认，我们这位作者的观点具有抽象性的毛病。然而这已经是他的经济观点的一般缺陷了，在我们这部著作的第二部分中将谈到这种缺陷。

车尔尼雪夫斯基不仅仅在经济问题上进行激烈的论战。而且他的对手也不仅仅是自由派的经济学家。《同时代人》小组在俄国文坛上的影响愈大，这个小组，特别是我们这位作者本人，所遭到的来自各个不同角落的攻击也愈多。《同时代人》杂志的同人被看成是准备推翻一切人所尽知的“原理”的危险人物。某些“别林斯基的友人”开始时还觉得可以和车尔尼雪夫斯基及其同志们合作，后来却脱离了《同时代人》，把它看作是“虚无主义者”的刊物，并且大叫大嚷地说什么别林斯基在世决不会赞同车尔尼雪夫斯基所采取的路线。屠格涅夫的做法就是这样①。甚至赫尔岑也在自己的

① 车尔尼雪夫斯基讲过，屠格涅夫对他在一定程度上还能容忍，但对杜勃罗留波夫就完全不能容忍了。他曾对车尔尼雪夫斯基说道：“您是一条普通的蛇，而杜勃罗留波夫则是一条眼镜蛇”（参阅前面已经引证过的信《致谢》。见《车尔尼雪夫斯基全集》，第九卷，第103页）。[269]

《钟声》杂志上对“丑角们”抱怨起来。他警告他们说：“我们亲爱的丑角们在极力嘲笑暴露文学时忘记了：沿着这条滑路不仅会‘带着哨声滚到’布尔加林和格列奇的怀抱，还会得到一枚斯坦尼斯拉夫勋章挂在脖子上。”赫尔岑认为，“丑角们”所嘲笑的“暴露文学”中有些出色的东西。“你们以为现在可以把谢德林的全部短篇小说和一些其他作品同寄生的奥勃洛摩夫一古脑儿抛到水里去吗？太大方了，先生们！”[1]举谢德林为例是极不成功的，因为车尔尼雪夫斯基本人很善于评价他的作品。显然赫尔岑被他的那些卡维林之流的自由派朋友们引上了迷途。“丑角们”，或者像在俄国所称呼的“吹口哨的人”，不是嘲笑暴露，而是嘲笑那些天真的人，他们忘
213 记了克雷洛夫寓言《猫和厨子》[2]的寓意，不能也不愿超过天真的暴露而更进一步[3]。

赫尔岑自己也很快就看出来，那些对他和车尔尼雪夫斯基的关系评头论足的自由派朋友们在政治上是多么糟糕。当他不得不与卡维林决裂时，[270]大概他会对自己说，“胆汁质的人”并不是完全不对的[4]。

可是，《哨声》上发表的那些引起有教养的自由派特别不满的文章，大部分都不是车尔尼雪夫斯基写的。他只是偶尔在这个附

---

① “Very dangerous!!”〔“很危险!!”〕一文，载于《钟声》第44期。

② 克雷洛夫在这篇寓言中叙述一个厨子发现了他的猫偷吃了鸡，就滔滔不绝地对它大发议论，猫却只管啃鸡，等厨子把大道理讲完，猫也把鸡吃完了。——译者

③ 顺便提一下，关于“很危险!!”一文和它的多少有些可疑的后果，请参阅维特林斯基先生的《赫尔岑》一书（圣彼得堡，1908年，第354页）。

④ 可以根据卡维林和屠格涅夫给赫尔岑的信件来追溯这个决裂的经过，这些信件由德拉哥马诺夫于1892年在日内瓦出版。

刊上面写点文章，因为他为其他工作忙得不可开交。在自己文学活动的后期，他不仅经常地为每一期《同时代人》写文章，而且常常在每一期上都发表几篇文章。他为杂志各栏写文章，一般是按这样的次序：首先写一篇关于某个一般理论问题的论文，然后写政治评论，评论几本新书，最后，似乎是为了休息和娱乐，再对自己的论敌来几下论战的袭击。1861 年的《同时代人》杂志发表他的论战性文章特别多。这一年他写了有名的“论战之花”，“民族的不知策略”（反对李沃夫的《言语》），“人民的糊涂”（反对阿克萨柯夫的《日报》，关于这篇文章我们还要讲到），以及发表在俄国文学和外国文学栏的许多论战性的短评。

在《论战之花》中现在特别令人感兴趣的，是我们的作者对他自己的文学活动的看法。我们现在就把它援引在这里。车尔尼雪夫斯基极清楚地知道，他在俄国文坛占有突出的地位。他的敌人很怕他，有时甚至对他说些奉承话。然而他的蒸蒸日上的名声丝毫没有使他高兴。他认为俄国文坛水平太低，并不以他在俄国文坛占据的突出地位为荣。他“对于自己的文学声誉完全无动于衷”。他关心的只有一个问题：他能否把生气勃勃的思想和感情保持到我们的文学真正有益于社会的美好时代。“我知道，文学活动
的美好时代将会到来，那时文学将给社会带来真正的益处，那时谁 214
有能力，谁就能真正赢得好名声。所以我考虑的是：我为社会好好服务的能力能否保持到那个时候？这需要朝气蓬勃，意气奋发。可是我看到我现在已开始走进‘可敬的’作家的行列，也就是说，开始走进那些落在社会需要运动之后的老朽作家的行列。这是可悲的。但有什么办法呢？年纪老了，不能返老还童。我只能对那些

比我年轻而有朝气的人感到羡慕……"[①]现在我们看到这种高尚的忧虑是会觉得有点奇怪的，因为我们知道，当车尔尼雪夫斯基说这番话的时候，他不过还能过一年的自由生活了。上面所引的这一段话刊载在1861年的《同时代人》杂志7月号上，而在下一年的七月，他已被囚禁在彼得保罗要塞了……但是，可以想见，这个人对他的敌人抱着多么轻蔑的态度，他虽然充分意识到自己比他们优越得多，可是却仍然认为他自己的文学功绩也没有多大的价值。的确，几乎《论战之花》的每一页都流露出对《同时代人》的责难者的冷酷的蔑视。特别是给《祖国纪事》的答复更充满着这种蔑视。车尔尼雪夫斯基一点也不对来自《祖国纪事》方面的论敌生气。他几乎是在诚恳地开导他们，就像一个良师开导犯了过失的小学生一样。当然，一位良师在责备他的学生时，有时也向他谈一些非常沉痛的真理，并且丝毫也不掩饰自己在智力方面对学生的优越性。但他这样做只是为了学生的利益。车尔尼雪夫斯基也正是这样做的。他不忘记《祖国纪事》的任何一个错误和失策，并且像父亲似地责备编辑部不够机敏。他抱怨他们的，首先是他们在和他斗争时所抱的那种轻率的激昂情绪。他在指出他们对他的这种或那种责难都完全没有根据之后一再向他们说，你们哪里能够同我进行论战。有时他直截了当地说，他知道得比他们多得多，他对事物的理解比他们深刻得多，他们简直不能够评价他在文学方面所贯彻的新思想。杜德希金用其他杂志的话责备他厚颜无耻、不学无术，他向杜德希金说道："您想知道我的知识多么渊博吗？对这个问题

---

① 《车尔尼雪夫斯基全集》，第八卷，第231页。[271]

我只能这样回答您:要比您的知识渊博得不可比拟。您自己也知道这一点。那您为什么要在刊物上得到这样的答复呢?您把自己引到这上面来是不聪明的,确实是不聪明的。请您不要以为这是 215
骄傲吧:知道得比您多得多,有什么值得骄傲!也不要以为我在想说您的知识太少。不,不是这个意思:您多少知道一些东西,并且一般地说您是一个有教养的人。不过像您这样拙劣地进行论战是徒然无益的"①,等等。——如果说这一切不是绝对公正的话,那么也许它们是说得过于尖刻和过于自负的。

这时候俄国"社会"上至少有一部分人的情绪高涨起来。青年学生风潮迭起,秘密革命组织相继出现,它们印发自己的宣言和纲领,盼望迫在眉睫的农民起义。我们已经知道,车尔尼雪夫斯基完全承认在俄国可能出现"重大的时期",我们还可以看出,社会情绪的高涨多么强烈地反映在他的政论中。但他和秘密团体有没有某些联系呢?对于这个问题暂时还不能有把握地回答,而且有谁知道,我们会不会有朝一日获得解答这个问题的材料呢?精心研究过车尔尼雪夫斯基案件的雷姆克先生认为,"可以**推测**(着重点是他加的),那个《告领地农民书》是他写的,而法庭就是以他撰写该文为理由宣判他有罪。"雷姆克先生引证这份宣言的语言和内容来证实他的推测。我们认为这样的引证并不是没有根据的。[273]但是,我们要赶紧跟着雷姆克先生重复一句:"这一切都不过是多少有点可能的推想,仅此而已。"②雷姆克先生还认为,有名的小报

① 《车尔尼雪夫斯基全集》,第八卷,第270页。[272]

② 雷姆克:《车尔尼雪夫斯基案件》,《往事》杂志,1906年第4期,第179页。

《大俄罗斯人》也有一部分出于车尔尼雪夫斯基的手笔。我们觉得这个意见也相当有根据。雷姆克先生用斯塔赫维奇先生的话来证实自己的推测。斯塔赫维奇先生曾在西伯利亚和车尔尼雪夫斯基一起生活了几年，他曾写道："我发现，车尔尼雪夫斯基对于那个以《大俄罗斯人》为名的不定期印发的小报显然深表同情；记得，它共出了三期。听了尼古拉·加甫利洛维奇的谈话，有时我发现，无论是思想内容或思想表达方式都强烈地使我想到《大俄罗斯人》这个小报。于是我暗自断定，或者他就是这些宣传必须进行立宪改革的小报的作者，或者至少参加了编写工作。"①我们完全同意斯塔
216 赫维奇先生的看法：《大俄罗斯人》小报的语言和内容的确很像车尔尼雪夫斯基的政论文章。如果车尔尼雪夫斯基的确是它的作者，那么，这也就自然可以说明，为什么《大俄罗斯人》小报远比当时类似的其他"小报"更明智、更有策略性。[274]

与俄国的急进党派觉醒的同时，波兰的革命运动也发展起来了。车尔尼雪夫斯基和当时在彼得堡为数不少的波兰革命者有没有某种正式的关系？关于这点也没有任何证明。我们不想揣测，只能举出那些可以从他的作品中挖掘出来的材料，来说明他对波兰情况的同情，然而这样的材料也不多。

大家都知道，斯拉夫主义者对于加里西亚的乌克兰人反对波兰人的斗争极为赞赏。车尔尼雪夫斯基一直是同情小俄罗斯人的。他认为别林斯基对于新生的小俄罗斯文学采取否定态度是一

---

① 雷姆克：《大俄罗斯人分子审判案》，《往事》杂志，1906 年第 7 期，第 92 页。斯塔赫维奇先生的文章载于《里海东岸评论》，1905 年第 143 期。

个大错误。他在1861年1月号的《同时代人》杂志上为小俄罗斯的刊物《基础》的出版写了一篇充满同情的文章。但是，对于加里西亚的乌克兰人反对波兰人的斗争，他却不能抱绝对赞同的态度。首先，他不满意加里西亚的乌克兰人从维也纳政府方面寻求支持。其次，他不满意僧侣在加里西亚乌克兰人的运动中发生影响。他写道："世俗的事要由世俗的人来管。"最后，车尔尼雪夫斯基也不满意那些在他看来首先是经济性质的问题，被当成是纯粹民族性质的问题。在针对李沃夫的《言语》所写的"民族的不知分寸"（《同时代人》，1861年7月号）一文中，车尔尼雪夫斯基尖锐地抨击了这个刊物的过火的民族主义。他写道："很可能，如果更精细地研究一下活生生的关系，李沃夫的《言语》会看到，事情的根源是与民族问题毫不相干的等级问题。很可能，无论站在哪一方面，它会看见乌克兰人和波兰人都是一些民族不同而社会地位相同的人。我们不能设想波兰农民会反对减轻乌克兰农民的赋税以及改善乌克兰农民的生活。我们不能设想，在这件事情上乌克兰族的地主和波兰地主的感觉会有很大的差别。假如我们没有看错，那么加里西亚问题的根源是等级关系，而不是民族关系。"[275]

奥地利各民族间的相互仇视，在车尔尼雪夫斯基看来尤其是 217
不知分寸的，因为维也纳政府照例要从这里获得许多好处。他在刊载"民族的不知策略"一文的那一期《同时代人》的政治评论里写道："只要好好地想一想，就不会再对奥地利帝国的国运绵长感到奇怪了；它境内的各民族既然在政治上如此讲究策略，它又怎么会不巩固呢？"[276]车尔尼雪夫斯基觉得奥地利的德意志人、捷克人、克罗地亚人，以及加里西亚的乌克兰人（像我们已经看到的那样），都是“不机灵的”。他担心在1848－1849年特别明显地暴露出来的斯拉夫人的“不机灵”又要大为发展起来。六十年代初，匈牙利对维也纳的反动集权分子进行了顽强的斗争。匈牙利人的不满竟发展到国内一时可能爆发革命的程度。我们的作者在自己的政治评论里不止一次地表示担心：在匈牙利爆发革命运动时，奥地利的斯拉夫人又将成为反动派的驯服工具。奥地利的许多斯拉夫族当时所采取的策略，只能使人加深这种顾虑，因为奥地利的斯拉夫人是颇以他们在1848－1849年事件中所起的可耻作用自负的。车尔尼雪夫斯基在严厉指责这种策略时指出，如果他们反过来支持维也纳政府的敌人，这对他们会更有利，因为这些人会对他们做出极重大的让步。他是针对克罗地亚人和匈牙利人的关系讲到这一点的，他对加里西亚的乌克兰人又重复了这一点。我们在“民族的不知策略”一文中读到：仇视加里西亚乌克兰人的、等级的党派现在准备让步……“关于这一点李沃夫的《言语》倒不妨考虑一下；可能，这些在它看来是仇敌的人所真心诚意准备做出的让步，也许大到可以完全使乌克兰人农民满意，至少有一点是没有疑问的，即：这些让步比乌克兰人农民能够从奥地利人那里获得的一切都要多得多、重要得多。”[277]

当然，这篇文章里所说的那些原则在车尔尼雪夫斯基看来不仅仅具有地方性的、局限于加里西亚的意义。显然，他还想把那些原则当作小俄罗斯人与波兰人之间的一切关系的基础，因此，他的“民族的不知策略”一文似乎是对加入俄罗斯帝国的小俄罗斯人的一个警告。

在同年的《同时代人》杂志4月号上，发表了对当时刚刚出版

的《西南俄档案》第二部的评论。顺便提一下，这篇评论的作者谈 218
到波兰的古老生活方式问题。他说道："波兰没有官僚主义的中央集权，它力求实现与其他强国（当然，这里指的是莫斯科国家）所建成的社会制度不同的另一种社会制度，——这种制度的基础不是个人对体现权力意志的国家这个抽象观念做出牺牲，而是自由的个人为了相互的幸福而达成协议……在这里，社会事业是社会思想的结果；在这里，概念和信念的永恒斗争从思想和言论的领域直接转为生活的表现。"即使波兰社会完全是贵族式的，"但享有特权的人的范围却能够越来越扩大，而把被人忘却的、被遗弃的、丧失任何权利的人民群众都包括进去，假如关于文明的概念变得更广泛一些，而发展成为不受暂时的、限制其完满性的偏见所约束的全人类观念的话。"①甚至波兰的民主派也没有经常达到这样热中于维护波兰古老生活方式的程度。要知道，全部问题就在于：怎样才能使波兰的显贵们承认"全人类观念"。

在关于立陶宛大公国与波兰合并的历史后果的问题上，这篇评论的作者也同我们的官方历史学家有很大的分歧。"难道罗斯在奥尔格尔德家族、留巴尔特家族、斯基里盖洛家族、斯维德利盖洛家族统治时期的状况，真的比十六和十七世纪西吉兹蒙特王朝统治下更好一些吗？"他在回答那些把同波兰合并看作俄国西部一切坏现象的唯一原因的历史学家时发出了这样的感叹。"现在是我们停止片面地、不公正地对待波兰的时候了，"他继续说，"至少我们要承认它对罗斯的有益影响，哪怕是有关教育方面的影响。

① 《同时代人》，1861年4月号，新书栏，第443页和以下几页。[278]

我们就拿同波兰合并的俄罗斯世界的那些地区的智力教育程度为例，把它同我们全俄罗斯祖国的始终独立发展的地区（即莫斯科国家）的教育情况比较一下。教育不是从小俄罗斯进入十七世纪的莫斯科的吗？它不是为我们以后的一切教育作了准备吗？它不是在波兰的影响下才在小俄罗斯发展起来的吗？”

在这篇评论的作者看来，俄国西部的波兰化也不应归咎于波兰人。俄国西部的上层阶级既有权利、也有办法来保卫自己的信
219 仰和自己的语言，并把自己的人民从屈辱中拯救出来，而这些人民原来是被他们自己所奴役的。如果俄国西部的贵族完全波兰化了，那么这应该归咎于这些贵族，而且只应归咎于他们。作者指出：“自己不能保全自己，——这就不能把自己的罪推给别人。”

在车尔尼雪夫斯基全集出版以前，我们曾深信这篇评论是他写的。但是它并未收入全集。因此应该认为我们是弄错了。然而我们认为这篇评论的作者的观点非常接近于车尔尼雪夫斯基当时的观点，否则这些观点就未必能出现在《同时代人》杂志上。

最后，小说《序幕》的第一部分描写了伏尔庚和索科洛夫斯基（谢拉科夫斯基？）的友谊关系。伏尔庚喜欢索科洛夫斯基无限忠于自己的信念，不狭隘自私，既有真正的鼓动家的激情，又善于克制自己。伏尔庚称他为真正的人，认为我们的自由派可以从他那里学到许多东西。这一切都很引人注意①，但却丝毫不能说明车尔尼雪夫斯基对波兰问题的实际态度。

---

① 伏尔庚特别重视索科洛夫斯基的“审慎”，这表现在：1848 年在沃伦，在他的全部同志中，只有他一人没有冲昏头脑，而是极冷静地考虑了武装起义的可能性，当时这种可能性几乎是近于零的。

车尔尼雪夫斯基当时34岁左右。他正处在智力的全盛时期，谁知道他的发展可能达到怎样的高度！然而他可以自由生活的时间却剩下不多了。他是急进党派的公认的领袖，是唯物主义和社会主义的极有影响的传播者。他被认为是革命青年的“魁首”，他们的一切发动和风潮都算做他的罪名。正如在这种情况下常常会发生的情况那样，传说夸大了事实，把一些甚至车尔尼雪夫斯基从未有过的意图和行动也加在他的头上了。车尔尼雪夫斯基自己在《序幕的序幕》中描写了在彼得堡流行的那些好意的自由派的谣传，说伏尔庚（就是他本人）似乎和伦敦的俄国流亡者小组有联系。这些谣传是根据一些最微不足道的、和政治毫无共同之处的事情而产生的。而且照例事情还不限于谣言。“卫道的”报刊早就对车尔尼雪夫斯基进行文字告密了。1862年《同时代人》被勒令暂时停刊。此后又出现了非文字告密。在车尔尼雪夫斯基案件的起诉
书中写道：“皇帝陛下私人办公厅第三厅主管人接到匿名信一封， 220
敦促政府警惕车尔尼雪夫斯基‘这青年的魁首、狡诈的社会主义者’；‘他自称永不会被揭破’；人们称他为害人的煽动分子，并请求拯救，以免受此人之害；车尔尼雪夫斯基的一切故友、自由派人士，看到他的倾向已逾越言论之外，并见诸行动，……都避而远之。若不驱逐车尔尼雪夫斯基，——来信人写道——则将招来不幸和流血；这是一伙疯狂的蛊惑分子——亡命之徒……可能人们将会消灭他们，然而为他们却将洒下多少无辜的鲜血……在沃龙涅什、萨拉托夫、唐波夫——到处都有这类社会主义者的委员会，他们到处蛊惑青年……请将车尔尼雪夫斯基打发走吧，随便到什么地方都可以，但要迅速剥夺他活动的可能……请拯救我们吧，以免遭受车

尔尼雪夫斯基之害，以维持普遍的安宁。”

1862 年 7 月 7 日，车尔尼雪夫斯基被捕。我们将不去叙述他的案件的经过：雷姆克先生已经对它作了很详细的、极为出色的叙述[①]。枢密院决定褫夺车尔尼雪夫斯基的一切公权，送往矿山服苦役十四年，然后终身流放西伯利亚。枢密院的裁决曾交由国务会议讨论，并得到了国务会议的完全同意。皇帝亚历山大二世把服苦役的期限缩减了一半。

1864 年底，车尔尼雪夫斯基已经到达了外贝加尔的卡达依，他的夫人奥里珈·索克拉托夫娜得到允许随带幼子米海依尔前往该处同他作三天的会面。在卡达依住了三年之后，车尔尼雪夫斯基被转送涅尔钦斯克州的亚历山大工厂，而在苦役期满后，他又被迁往离雅库茨克四百五十俄里的维留依斯克。直到 1883 年，尼古拉·加甫利洛维奇才回到俄罗斯，获准住在阿斯特拉罕。在那里他住了大约六年，最后于 1889 年 6 月得到当局准许移居故乡萨拉托夫城。

柯罗连科在关于车尔尼雪夫斯基的回忆录中说道：“我在雅库茨克省遇到的那些波兰人，曾作过有趣的观察。其中有一个人告诉我，差不多所有奉谕直接回到故乡的人，经过在严寒的雅库茨克气候下生活多年之后，都突然迅速地死去了。因此，凡能办得到的，都极力使这种转变缓和些，先在西伯利亚南部地区和欧俄东北部住上一年、两年或三年。

① 参阅已经引证过的“车尔尼雪夫斯基案件”一文，载于《往事》杂志，1906 年第 3 期、第 4 期和第 5 期。

这种观察也许是正确的，也可能这种死亡只不过是偶然的事 221
情，然而单就车尔尼雪夫斯基而言，这种观察却证明是正确的。从寒冷的雅库茨克来到炎热的阿斯特拉罕的时候，车尔尼雪夫斯基是健康的。我的兄弟见到他的时候，他还和肖像上的样子一样。他从阿斯特拉罕移居萨拉托夫的时候，正像我们见到的那样，已经驼着背，面如土色，害着厉害的血液病，这种病终于把他引向了坟墓。”①

他在 1889 年 10 月 16 日深夜 12 点 37 分与世长辞了。据他的晚年的秘书费多罗夫先生说：“他的葬礼在他逝世后第四天举行，参加的有无数群众，在谢尔盖教堂举行安魂祈祷后，他的遗体被安葬在复活公墓，死于 1861 年秋的他的父亲也是安葬在那里的。在安葬的那一天以及安葬以后，在死者的墓前摆了许多花圈，其中特别引人注目的是华沙大学和兽医学院的俄国和波兰学生所献的一个花圈，或者说得更正确些，两个联结在一起的花圈。”②

孜孜不倦的劳动者车尔尼雪夫斯基，无论囚禁在要塞里的时候，或是在西伯利亚的时候，都勤奋地进行工作。顺便提一下，他在要塞时写了著名的小说《怎么办？》，而在他写于西伯利亚的著作中保全下来的就有为数达 757 页的　大卷。③ 顺便说说，从费多罗夫先生的回忆录中可以看出，他从西伯利亚回来后是怎样勤奋地工作的。费多罗夫说：“车尔尼雪夫斯基做了很多工作，特别是在他逝世前的最后三年内。一天通常是这样开始的：早晨七点他

① 柯罗连科：《离去的人》，圣彼得堡，“俄国财富”出版社，1908 年，第 75 页。[279]

② 费多罗夫：《车尔尼雪夫斯基》，第 67－68 页。

③ 见《车尔尼雪夫斯基全集》，第十卷，第一部分。

已经起床，喝茶，在这同时或者阅读校样，或者浏览要翻译的原著，然后从八点到午后一点从事翻译，向自己的‘写字机’（因为我在他口授时书写迅速，他便戏称我为‘写字机’）口授。午后一点，我们，即车尔尼雪夫斯基夫妇和我进午餐。他有胃粘膜炎这种老毛病，饭吃得很少，只喝牛奶和稀粥。在至多不超过三、四十分钟的午餐时间以后，车尔尼雪夫斯基阅读报纸和杂志，而从三点到晚上六点，即到晚茶时间为止，一直继续工作。而且假如‘写字机’（也就是我），和‘口授机’（也就是车尔尼雪夫斯基）不感到疲乏的话，那
222 么工作有时一直拖到深夜。特别是在译完韦伯的通史的每一卷之前，几乎经常是这样工作的。”①

从 1885 年到 1889 年，车尔尼雪夫斯基译成了韦伯的《通史》十一卷，并且为某几卷写了令人感兴趣的附录。我们将在适当的地方考察一下这些附录以及他在同一时期写作和发表的两篇文章—— 一篇发表于《俄罗斯通报》（1885 年），另一篇发表于《俄罗斯思想》（1888 年）。[280]现在我们只想谈一下他的小说。

车尔尼雪夫斯基在受审讯的时候，力求驳斥原告根据从他那里搜去的文件所提出的论据，他写道：

“顺便提一下，我好久以来就准备做一个小说家。但我深信，具有我这种性格的人，只应该在年纪大一些的时候写小说——太早是不会得到成功的。假如不是由于被捕后中断政论活动而产生的金钱上的需要，我是不会在 35 岁的年纪开始发表小说的。卢梭直到老年才发表小说。葛德文也是这样。[281]小说是为广大群众

① 费多罗夫：《车尔尼雪夫斯基》，第 58－59 页。

写的东西，是文学工作中最适合老年人做的最严肃的事业。轻松的形式应该以有益于群众的严肃的思想来弥补。因此，我为我的老年时期准备了材料。”①

我们已经指出，处于车尔尼雪夫斯基当时的地位的人，有充分权利不必开诚布公，由于这个原因，我们在把他的供词用作他的传记材料时必须十分慎重。但是，他很久以来就准备做一个小说家这一点是可以相信的，尤其因为在他面前有着莱辛的榜样，而莱辛的活动在他看来乃是文学活动的理想。实际上也是如此，我们这位作者只是在很晚的时候才动手写小说。但是一旦动手写小说以后，看来他就非常勤奋地写作。前面提到过的他的全集第十卷第一部分，所收的主要是小说；在那一部分里甚至还有诗歌，例如最初发表在 1885 年《俄罗斯思想》第 7 期上的《对天女的颂歌》。在给贝平的信中（这封信未注明日期，贝平在信上注明：“1870 年 7 月收到”），车尔尼雪夫斯基在谈到自己的小说时写道，他“写成了许许多多东西”，并且补充说：“才能是肯定有的。大概，才能还是很强的。”②最后这句话当然应当看作是出于车尔尼雪夫斯基喜欢 223
开自己玩笑的习惯。然而，如果他认为自己完全没有这种才能，那么他就甚至不会在流放中花时间来写小说。大概，他认为自己的这些作品有某些价值，而主要是——他希望通过这些作品对读者发生有益的影响。应该承认，除了小说《序幕》（这部小说所以使人感到兴趣，是因为它是一部小说体的回忆录），他在西伯利亚写的

---

① 雷姆克：《车尔尼雪夫斯基案件》，《往事》杂志，1906 年 5 月号，第 105 页。

② 《车尔尼雪夫斯基全集》，第十卷，第一部分，第 28 页。[282]

小说都是不成功的。这些小说未必能找到许多读者。偏重理性——我们的作者早在童年时代起就极其强烈地具有的"启蒙运动者"的这个特征——在这里达到了极点，它不仅使人物失去"活生生的生活"的气息，甚至还影响到他们的语言，因为这些人物都特别喜欢作详细的分析，喜欢向交谈者详细地解释自己的一举一动和每一个心灵活动，所以他们的语言都是千篇一律、非常沉闷：他们不是在生活，而总是在解释他们为什么要这样生活，而不要那样生活。假如车尔尼雪夫斯基在西伯利亚写的小说抱的是宣传的目的，那么这个目的肯定没有达到。①

在要塞里写的小说《怎么办？》具有完全不同的意义。它得到了巨大成功，并且对七十和八十年代的青年读者具有真正巨大的、极其有益的影响。我国的蒙昧主义者和颓废派惯于对这部著名的作品轻蔑地耸耸肩膀，仿佛这部作品完全没有艺术价值。但是值得注意的是，甚至从这方面来说，他们的评判也并不完全公正：薇拉·巴夫洛芙娜的母亲玛莉亚·阿列克塞芙娜·罗查利斯卡雅的性格就刻划得十分成功。此外，在这部小说中一般说来有许多精细的观察、幽默的描写和真挚的热情，这种热情抓住了读者，迫使读者自始至终全神贯注地关心主人公的命运，尽管作者的艺术才能有着无疑的弱点。不言而喻，假如把《怎么办？》这部小说和《安娜·卡列尼娜》相比，那么就会很容易地对它作出毁灭性的判决。然而，一个批评家如果把两部性质完全不同的文学作品拿来比较，
224 那他就是蹩脚的批评家。《怎么办？》这部小说更适合于同譬如说

① 再说一遍，这个意见并不适用于《序幕》这部小说。

伏尔泰的某一部哲学小说[283]相比。假如我们用这样的标准去衡量这部小说，那么我们立刻就能看出，那些严格的评判员、蒙昧主义者和颓废派对它的评判是多么不妥当。

《怎么办？》获得空前成功的秘密在哪里呢？这是文艺作品获得成功的一般秘密，因为这本小说对广大读者非常关心的问题作了生动的、大家都能理解的回答。小说表现的思想本身并不是新的；这些思想完全是车尔尼雪夫斯基从西欧文学中搬过来的。法国的乔治·桑早在他以前就宣传过男女之间自由的、主要是真挚的、诚实的爱情关系①。卢克莱茨亚·弗洛里安妮在爱情方面所提的道德要求和薇拉·巴夫洛芙娜·罗普霍娃-吉尔沙诺娃所提的没有任何区别。至于小说《雅克》，那么不难从其中摘录出相当多的段落，可以说明乔治·桑的热爱自由而又有自我牺牲精神的主人公的思想和论断有时几乎完整地再现在《怎么办？》这本小说里②。而且不仅乔治·桑一个人宣传过这类关系上的自由。大家

① 顺便指出，歌德的 *Wahlverwandschaften*（《亲和力》）也表示支持这种关系。对于这一点有些德国文学史家知道得很清楚，他们既不敢非难这样一位有声望的作家，同时又因为他们的庸夫俗子的品行而不敢同意他，一般只是吞吞吐吐地说些含混不清的东西，说这位伟大的德国人似乎有些奇谈怪论。

② 1853年3月26日车尔尼雪夫斯基在日记中记下了他和未婚妻的如下对话："难道您认为我会对您不忠实吗？"——"我不认为这样，我不希望这样，但这种情况我也考虑过。"——"那您会怎么办呢？"——我对她讲了乔治·桑的《雅克》。"那您也会自杀吗？"——"我不想自杀。"——我说，我设法给她找到乔治·桑的小说（她没有读这本书，或至少是没有记住它的思想）（《车尔尼雪夫斯基全集》，第十卷，第二部分，第三篇，第78页）。我不妨再指出车尔尼雪夫斯基和未婚妻的另一次谈话："这种关系应该将是怎样的呢？——前天她说道：'我们要有各自的单独房间，您非经允许不要到我这里来。'我自己也打算这样安排，可能我想的比她更严肃；——她大概只是想不让我去麻烦她，而我对这点的理解是：任何男人在夫妻关系上都要非常尊重妻子"（同上书，第82页）。[284]这和小说《怎么办？》中的薇拉·巴夫洛芙娜与罗普霍夫的谈话几乎一模一样。

知道，对车尔尼雪夫斯基的世界观起过决定影响的罗伯特·欧文和傅立叶也宣传过这些东西。[①] 这一切思想早在四十年代就在我
225 国受到热烈的赞同。别林斯基在自己的论文中不止一次热情地主张在爱情关系方面要有自由与真挚。读者自然记得，“狂暴的维萨里昂”是多么伤心地责备过普希金作品中的塔吉娅娜，她爱奥涅金，同时却委身于“别人”后，她并没有遵从自己的心愿，却继续和她不爱的老丈夫生活在一起。“四十年代”的优秀人物，在和妇女的关系中遵循了罗普霍夫和吉尔沙诺夫所遵循的原则。但在小说《怎么办？》出现以前，这些原则只有少数“特等人物”赞同，广大的读者是完全不了解的。甚至赫尔岑在自己的小说《谁的罪过？》里也没敢最完整而清楚地说出这些原则。德鲁任宁在自己的小说《波莲卡·萨克斯》[②]中比较明确地解决了这个问题。但这篇小说太不生动，而且它的人物都属于上层（官吏和公爵）社会，在尼古拉制度衰落以后构成读者的左翼的“平民知识分子”对这些人物丝毫不感兴趣。《怎么办？》出版以后，一切都变了，一切都明确了，再没有任何怀疑了。有头脑的人要不就是在爱情方面遵循罗普霍夫和吉尔沙诺夫的原则；要不就是屈从婚姻的神圣性，在出现新的感情时采用旧的行之有效的秘密偷情办法；要不就是由于自己已属于另一个并不爱的人而把自己任何爱的感情完全抑制下去。这方面

---

① 几乎不用追述，罗伯特·欧文在这方面进行过多么热情的宣传。至于傅立叶，那让我们在这里引用一下他下面的意味深长的话吧：“les coutumes en amour... ne sont que formes temporaires et variables, et non pas fond immuabley”（Œuvres complètes de *Ch. Fourier*, t. IV, p. 84）.〔“爱的习性……仅仅是暂时的、易变的形式，而不是一成不变的内容”（《傅立叶全集》，第四卷，第 84 页）〕。

② 《同时代人》，1847 年 12 月号。

必须完全有意识地进行选择。车尔尼雪夫斯基把这个问题解释得
这样透彻，以致过去在爱情关系方面的那种自然的轻率和天真变
成完全不可能的了。意识的控制扩及爱情方面，男人对待女人的
自觉观点已为广大公众所接受。这在六十年代对我们特别重要。
俄国所经历的改革不仅使我们的社会关系，而且使家庭关系发生
翻天覆地的变化。以前完全黑暗的角落，现在射进了光芒。俄国
人不得不看一看自己，用清醒的眼光看一看自己对亲近的人，对社
会、家庭的关系。在家庭关系方面，在爱情和友谊方面，一个新的
因素开始起重大作用，这就是**信念**，它在过去只为少数“理想家”所 226
具有。信念的不同成了突然决裂的原因。一个“被嫁给”某人的女
子有时会惊讶地发现，她的合法的“占有者”是个蒙昧主义者、贪污
分子、在上司面前阿谀逢迎的小人。一个男人过去曾愉快地“占
有”美丽的妻子，出乎他的意料接触了新的思潮，他就常常痛苦地
看到，他的这个迷人的玩物所关心的完全不是“新人物”和“新观
点”，而是新的服饰和舞蹈，以及丈夫的官衔和薪俸。一切解释和
规劝都是徒劳的，只要丈夫稍微透露一下他“乐于服务”，但却“厌
恶奉承”，美人马上就会变成真正的泼妇。如何是好？怎么办？这
部著名的小说指明了应该怎样和怎么办。在它的影响下，过去认
为自己是别人的合法财产的人，也开始同它的作者一起重复地说：
啊，卑鄙！啊，卑鄙！谁敢占有一个人！——在他们心中，人类尊
严的意识已经觉醒了，他们往往在经过了极其激烈的内心的和家
庭的波澜之后变得坚强起来，按照自己的信念来安排自己的生活，
并且自觉地走向合理的人类的目标。仅仅由于这一点就已经可以
说，车尔尼雪夫斯基的名字是属于历史的，他的名字将使人们感到

亲切，而当那些认识这位伟大的俄国启蒙运动者的人都已去世的时候，人们仍会怀着感激的心情回想起他的名字。

蒙昧主义者责备车尔尼雪夫斯基，说他在自己的小说中宣扬“肉欲的解放”。再没有比这种责难更荒谬和更伪善的了！随便举出任何一部取材于上流社会生活的小说，随便想一想一切国家和一切民族的贵族和资产阶级的爱情猎艳故事，——你们就会看到，车尔尼雪夫斯基根本没有任何必要去宣扬那种早已实现了的肉欲的解放。相反，他的小说所宣扬的是人的精神、人的理性的解放。具有这部小说的思想倾向的人，谁都不会有闺房猎艳的爱好，而对那些伪善地尊重流行道德的“上流社会”人士来说，如果没有这种闺房艳事，那么生活就不成其为生活了。蒙昧主义的先生们清楚地知道车尔尼雪夫斯基著作的严肃的道德性质，他们对他生气也正是为了他的道德上的严肃性。他们感觉到，像《怎么办？》的主人公那样的人，一定会把他们看做最大的淫棍，并对他们抱着最大的蔑视。

我们知道：在俄国传播真理、科学和艺术的崇高观念，是我们
227 这位作者一生的主要的、可以说唯一的目的。他写小说《怎么办？》也是为了传播这些观念。把这部小说仅仅看作宣传爱情方面的理性态度，那是错误的。薇拉·巴夫洛芙娜对罗普霍夫和吉尔沙诺夫的爱情——这不过是借以安排作者的其他更重要的思想的一条主线罢了。在薇拉·巴夫洛芙娜的梦中，作者的社会主义理想是用鲜明的色彩描绘出来的。他完全按照傅立叶的方式来描绘社会主义公共宿舍的景象。车尔尼雪夫斯基没有给读者提供任何新东西。他只是向他们介绍了西欧思想界所早已得出的结论。在这里

必须再一次指出，早在四十年代俄国人就知道了傅立叶的观点。“彼得拉舍夫斯基派”就曾因为信奉傅立叶主义而被判罪。但是，车尔尼雪夫斯基使傅立叶思想在我国得到了空前未有的传播。他向广大群众介绍了这种思想。后来在我国，甚至车尔尼雪夫斯基的崇拜者在谈到薇拉·巴夫洛芙娜的梦的时候都要耸耸肩膀。在某些人看来，她所梦见的法伦斯泰尔是十分幼稚的幻想。有人说，这位著名的作家本来可以同读者谈些对我们更切近更实际的东西。甚至有些自称为社会主义者的人也是这样议论的。老实说，我们对这个问题的看法完全不同。我们从薇拉·巴夫洛芙娜的几个梦里可以看出车尔尼雪夫斯基的社会主义观点的特征，可惜，这个特征直到如今还没有得到俄国社会主义者的足够重视。这些梦里引起我们重视的是：车尔尼雪夫斯基已经完全意识到，要建立社会主义制度，只有把资产阶级时期发展起来的技术力量广泛地应用于生产。在薇拉·巴夫洛芙娜的梦里，劳动大军共同地从事生产，从中亚转到俄国，从气候炎热的国家转到寒冷的国家。所有这一切，当然借助于傅立叶的著作是可以想象的，但是俄国读者不了解这一点，这甚至从后来所谓的俄国社会主义的历史中也可以看得出来。我们的革命者对社会主义社会竟得出这样的概念，他们把它想象成使用落后的木犁(还在失明的瓦西里时代用来翻地的木犁)来耕地的农民村社的联盟。但是，不言而喻，这样的“社会主义”完全不能算做社会主义。只有把人从“土地的权力”和自然界的支配下解放出来，无产阶级才能解放。为了人的这种解放，无疑地要像车尔尼雪夫斯基在薇拉·巴夫洛芙娜的梦里所讲的那样，必须有劳动大军，必须把现代生产力广泛地应用于生产，而我们在

228 追求“实际”时却把这些完全忘记了。

车尔尼雪夫斯基生活在“新人”的新典型在我国诞生的时候。他通过拉赫美托夫塑造了这种典型。我们的作者愉快地欢迎这种典型的出现，而且不能不去乐于描绘出他那即使还不清晰的轮廓。同时他忧伤地预见到，这个俄国革命者要经受多少痛苦和折磨，他的生活一定是严峻的斗争和沉重的自我牺牲。于是车尔尼雪夫斯基通过拉赫美托夫给我们描绘了一个道地的苦行人。拉赫美托夫完全在折磨自己。用他的女房东的话说，他简直是“对自己残忍的人”。他甚至决定试一试能否经得住拷打，为此整夜躺在扎满铁钉的毯子上。很多人，包括皮萨列夫在内，都认为这只是一种怪癖。我们同意，拉赫美托夫性格上的某些细节可以用别的方式来描写。但是整个性格还是完全符合实际的：几乎每一个优秀的六十和七十年代我国的社会主义者都有不少的拉赫美托夫作风。[285]

在结束我们的导言时，我们要指出，车尔尼雪夫斯基在俄国文学上的作用，到现在还没有得到应有的评价。甚至我们许多对车尔尼雪夫斯基非常友善的人都很不了解他。柯罗连科对于车尔尼雪夫斯基的回忆就说明了这一点。这位天才的聪明的作者竟把他描绘成某种“唯理论的经济学家”，而且还说他信仰“孔德所谓的组织理性的力量”。① 如果关于“组织理性”这样的话还有些意思，那就是说，车尔尼雪夫斯基是用孔德本人在观察社会现象时所用的唯心主义观点来考察社会现象的。但是，一个以唯心主义观点观察社会现象的人，是不能称为经济学家的，原因很简单，因为这个

① 柯罗连科：《离去的人》，第 78 页。[286]

名称只适用于(尽管也不完全正确)那些不相信组织理性的力量而相信经济的组织力量的人。相信组织理性的“经济学家”就好像是接受摩西的宇宙起源说的达尔文主义者。但这还不是最重要的。这里最重要的是,柯罗连科先生摆出我们的“主观主义者”的社会学观点,来和车尔尼雪夫斯基的“经济主义”相对立。“我们不再是‘唯理论的经济学家’,我们也并没有原地不动。以米海洛夫斯基 229
为主要代表的学派,给我们揭示了一幅由生物学性质的规律和对比所构成的完整图景,以代替纯经济的图式,而经济利益的把戏则被抛到从属的地位。”①

的确,“没有原地不动”!米海洛夫斯基所揭示的那幅“由生物学性质的规律和对比所构成的图景”,和车尔尼雪夫斯基的社会观点比较起来,是个大大的倒退。② 米海洛夫斯基是拉甫罗夫的门生。而拉甫罗夫按其对社会发展进程的观点来说,是布鲁诺·鲍威尔的追随者,这一点我在《论一元论历史观之发展》一书中已经指出。因此,谁想弄清楚车尔尼雪夫斯基的世界观和我们的“主观主义者”的世界观是什么关系,他首先就要设法弄清楚,车尔尼雪夫斯基所遵循的费尔巴哈哲学和布鲁诺·鲍威尔的观点是什么关系,而这里问题非常简单明确:费尔巴哈远远超过了布鲁诺·鲍威尔。

我的第一篇论车尔尼雪夫斯基的文章是在车尔尼雪夫斯基逝世的消息给予的最初印象之下写的,在这一版完全改写了一遍;我

---

① 柯罗连科:《离去的人》,第79-80页。[287]

② 根据同一位柯罗连科先生的证明,车尔尼雪夫斯基对于这些“规律和对比”抱着完全否定的态度,这是不奇怪的。

曾摘录了我们这位作家给他妻子的信中的几句话作为这第一篇文章的题词:“我们的生命是属于历史的,几百年后,我们的名字还会使人们感到亲切,虽然到那时候我们的同时代人已经不在世上,但人们还会怀着感激的心情回想起我们的名字。”这封信写于 1862 年 10 月 5 日,当时这封信的作者已经被监禁起来了。后来他的起诉人引用这些话作为他极度自负的证明。他反驳他们说,虽然他们认真地摘引了他信中的这些话,可是他写这封信却是完全不认真的。[①]

我们也完全不谈这样一个问题,即自负是否会干犯任何一种刑法的任何一个条文的问题。我们也完全相信,我们所引证的车尔尼雪夫斯基信中的这些话,对这些话的作者来说只是开玩笑罢了。然而我们认为,这些话现在具有另一种十分严肃的意义。车尔尼雪夫斯基的生命实际上是属于历史的,而所有那些关心俄国文学的命运的人,所有那些珍视智慧、才能、知识、勇气和自我牺牲精神的人,将永远怀着感激的心情回想起他的名字。

---

① 雷姆克:《往事》杂志,1906 年,第 103 页。

第一部

230

尼·加·车尔尼雪夫斯基的哲学、历史和文学观点

第一篇　尼·加·车尔尼雪夫斯基的哲学观点

第一章　车尔尼雪夫斯基和费尔巴哈

在这部著作的第一版（顺便指出，这部著作的第一篇文章，[288]是讲车尔尼雪夫斯基的哲学观点的，写于1889年底[289]）中，我们提出了这样一种见解：从我们这位作家的哲学观点来看，他是费尔巴哈的信徒。我们的这种见解，当然首先是在把车尔尼雪夫斯基的那些比较接近于哲学的思想同费尔巴哈的观点加以比较之后提出的。我们还有可能以我们的作者本人的言词[290]作根据。的确，车尔尼雪夫斯基为了适应当时书报检查的情况，在谈到这个问题时总是用暗示，但对明白事理的人来说，他的暗示是再明显不过了。例如，车尔尼雪夫斯基在同杜德希金进行论战时（在"论战之花"一文中）说道，他赞同一个哲学体系，这个体系"组成一系列哲学体系中的最后一个环节"，它"发源于黑格尔的体系，正像黑格尔的体系发源于谢林的体系一样"。[291]不难猜测，这些话所暗示的是费尔巴哈。但是，车尔尼雪夫斯基并不信赖他的论敌的聪明，因此想把自己的暗示说得更清楚些。他问道："但也许您还是没有把事情弄清楚吧？大概，您要想知道我所说的这位导师是谁吧？或许，为了使您便于寻找起见，我要告诉您，他不是俄国人，不是法国人，不是英国人，不是毕希纳，不是麦克斯·施蒂纳，不是布鲁诺·鲍威尔，不是摩莱萧特，也不是伏格特，——那么他是谁呢？您在开始猜测：'想必是叔本华！'——您在读了拉甫罗夫先生的文章后这样大声地叫道。——果真就是他，您猜中了。"[292]这
231 一段话使人毫不怀疑：车尔尼雪夫斯基正是把费尔巴哈认作自己的哲学导师。

在一篇题为"我国批评的命运"的文章里我们曾经证明，车尔尼雪夫斯基的著名学位论文《艺术与现实的审美关系》是在费尔巴哈的唯物主义哲学的基础上建立美学的一次有意思的、独特的尝试。① 一个了解费尔巴哈哲学的人，也很难不同意这一点。但是，首先，了解这种哲学的人，在我们这里是极少的；其次，无论我们关于车尔尼雪夫斯基的哲学观点和《基督教的本质》一书的作者的哲学观点的血缘关系的意见多么有根据，但这种意见在当时毕竟完全没有车尔尼雪夫斯基本人的毫无掩饰的直接陈述作为依据。现在我们有了这样的材料，因此我们急忙请读者注意它。

在前面已经提到过的《艺术与现实的审美关系》第三版序言②中，车尔尼雪夫斯基说道：

---

① 这篇文章是预定为《新语》写的，然而"由于不取决于编辑部的情况"，只发表了它的一半。它的全文在1905年发表于我的《二十年间》文集，并且在以后的再版中重印了。[293]

② 为自己的父亲出版全集的米·尼·车尔尼雪夫斯基说："这篇序言没有得到书报检查机关的批准，因为不许写到费尔巴哈。因此《艺术与现实的审美关系》第三版就决定不出版了。"这篇序言注明写于1888年。

“1846年，为本书第三版写序言的作者（即车尔尼雪夫斯基本人——格·普）得到了一个机会，可以利用良好的图书馆和花一点钱来购置书籍。在那时以前，他只读过外省城市里可能得到的书籍，在那些城市里没有一个像样的图书馆。他熟悉了俄国人对黑格尔体系的解说，这些解说很不充分。当他最后获得了读黑格尔著作原文的机会的时候，他就开始对这些论著加以研究。黑格尔的原作，远不及他根据俄国人的解说所期待的那样使他喜欢。原因是，俄国的黑格尔信徒是用黑格尔左派的精神来阐述他的体系的。原作中的黑格尔，比黑格尔体系的俄国解说中的黑格尔更像十七世纪的哲学家，甚至像经院哲学家。他的著作读起来令人厌烦，因为要形成一种科学的思想方法，读他的著作显然是徒劳无益的。正在这时，费尔巴哈的主要著作之一偶然落到了这个渴望形成这样一种思想方法的青年的手里。[294]他成了这位思想家的追 232
随者；他勤奋地再三阅读费尔巴哈的著作，一直到生活上的需要使他不能潜心于科学研究工作的时候。”[295]

这一段话仿佛是车尔尼雪夫斯基的一篇哲学的 curriculum vitae①，它向我们说明，一般的德国哲学，特别是费尔巴哈哲学，在他的世界观的发展史上具有多么重大的意义。而紧接着的一段话则向我们显示出费尔巴哈对我们这位作者的美学观点的影响。

车尔尼雪夫斯基仍然用第三人称谈论自己：

“约莫在开始认识费尔巴哈之后六年，作者由于生活上的需要写了一篇学术论文。他感到，他可以应用费尔巴哈的基本思想来

① 履历书。——译者

解决知识领域内某些未经他的宗师探讨的问题。

“作者需要写的这篇论文的主题是关涉文学的。他想用他觉得是从费尔巴哈的思想中得出的结论来解释那些关于艺术，特别是诗歌的概念，以满足这个要求。因此，我正在给它写序的这本小书，就是一个应用费尔巴哈的思想来解决美学的基本问题的尝试。

“作者决不自以为说出了什么属于他个人的新的意见。他只希望做一个应用在美学上的费尔巴哈思想的解说者。”①

读者可以看到，我们正确地理解了车尔尼雪夫斯基和费尔巴哈的关系。但费尔巴哈本人的观点是怎样的呢？在前面我们曾把他称为唯物主义者。在我国，因为车尔尼雪夫斯基宣传费尔巴哈的哲学观点而反对车尔尼雪夫斯基的那些人，也认为费尔巴哈是唯物主义者。但在目前的哲学著作中有一种意见颇为流行，即认为费尔巴哈从来不是一个“真正的”唯物主义者。顺便提一下，在朗格的著名的《唯物主义史》[297]一书中也曾发表过这种意见②，而费尔巴哈本人的某些“名言”和术语则被用作论证这种意见的表面理由。但是，这种意见是完全没有根据的。我们马上就会看清这一点。

费尔巴哈在自己的 *Grundsätze*③ 中写道：“新哲学（即他的哲
233 学——格·普）将人连同作为人的基础的自然当作哲学唯一的、普遍的、最高的对象——因而也将人类学连同生理学当作普遍的科学。”[298]

---

① 《车尔尼雪夫斯基全集》，第十卷，第二部分，第192页。[296]

② 见朗格《唯物论史》，中华书局1936年中译本，下卷，第78页及以下各页。——译者

③ 〔《原理》〕。（即指《未来哲学原理》一书。——译者）

朗格把费尔巴哈的这一段话，看作是起源于黑格尔哲学而又使费尔巴哈和本来意义下的唯物主义者分开的一种特征。他指出："对唯物主义者来说，人的本性只不过是生命的一连串物理过程中的局部情况。"此外，按照朗格的意见，真正的唯物主义者不会像费尔巴哈那样赋予人的本性以神的属性。[①] 但在费尔巴哈那里，这些神的属性意味着什么呢？他自己说，他的"人本学"仅在于指出，人把自己的本质当作上帝。[②] 由于这个原因，人性的属性的"神性"就失去任何唯灵论的意义：余留下来的只是术语的某种滥用，而对于正确发展哲学概念说来，这种术语的滥用是非常不好的，但这也丝毫没有改变费尔巴哈学说的真实内容。费尔巴哈从来也没有否认，人的本性"只不过是一连串物理过程中的局部情况"。这个原理是他的全部哲学的基础。但是，如果他认为必须把人的本性作为自己的出发点，那么这可以从他本人的话得到清楚的解释："在唯物主义和唯灵主义的论战中涉及到人的头脑问题……只要我们知道了构成大脑的那种物质是什么，我们就会迅速地弄清楚任何其他物质和一般物质。"[③]这段话表明有些人如何不理解费尔巴哈，这些人拒不承认费尔巴哈的学说是唯物主义，而替它硬取一个什么都说明不了的名字：人道主义。的确，有时费尔巴哈本人拒不承认自己是一个唯物主义者。他说："唯物主义是一个完全不适当的名称，它会导致不正确的观念，并且只能在希望把思

---

① 《唯物主义史》，斯特拉霍夫译，第二卷，第 82 页。

② *Feuerbach's Werke*〔《费尔巴哈全集》〕，第六卷，第 249 页。

③ Ueber Spiritualismus und Materialismus, *in Werke*〔《论唯灵主义和唯物主义》，《费尔巴哈全集》〕，第十卷，第 129 页。[299]

想的非物质性和思想的物质性对立起来的时候才能证明它；但对我们来说，却只存在有机的生命，只存在有机的活动，只存在有机的思维。因此，说有机体就更正确些。彻底的唯灵主义者否认思维需要有器官，而如果对事物采取自然观点，那就可以发现，没有器官也就没有活动。”①在我们援引这段话的那部名言录中，费尔
234 巴哈声明，他只是在一定限度内才与唯物主义者并肩前进，唯物主义仅仅构成人的本质和人的知识的基础，但还不是这种知识本身，像某些自然科学家例如摩莱萧特所认为的那样。但在这里必须指出，实际上费尔巴哈所提出的“有机体”这个术语所表达的哲学观点，和“唯物主义”一词所表达的哲学观点是完全一样的。“狭义的”自然科学家之所以不能使费尔巴哈满意，是因为在他看来自然科学家把一切归之于脑，而“脑却不过是一个生理学的抽象；它只有与头和身体联在一起，才是思维的器官”。② 但是，哪一个自然科学家曾经否认过脑一旦同头和身体分开就会停止思想呢？这是从来也没有人否认过的。在这种场合，费尔巴哈对自然科学家简直是不公平的。③ 不容争辩，以摩莱萧特、毕希纳和伏格特那样的自然科学家为代表的唯物主义，有时具有很大的狭隘性，并且犯了

---

①　*Nachgelassene Aphorismen*（《死后发表的名言录》），发表在格律恩的 *Ludwig Feuerbach in seinem Briefwechsel und Nachlass*，Zweiter Band，S. 307－308（《费尔巴哈的书信和遗著》，第二卷，第 307－308 页）。

②　*Werke*（《费尔巴哈全集》），第二卷，第 362 页。[300]

③　要了解在现代自然科学中怎样提出这个问题，可参阅费利克斯·列·丹捷克的一部篇幅不大、但很有趣的著作 *Le déterminisme biologique et la personnalité consciente. Esquisse d'une théorie chimique des epiphénomènes*（《生物学的决定论和有意识的个性。副现象的化学理论概要》）。

严重的理论错误。但是，把唯物主义的一个学派所特有的缺陷算在一般唯物主义的账上，是不公平的。看来，费尔巴哈本人也理解这一点，他在自己的著作 *Ueber Spiritualismus und Materialismus, besonders in Beziehung auf die Willensfreiheit*① 中，把他认为是唯物主义的薄弱面的那种缺陷算在法国唯物主义学派的账上，而把他所完全同情的德国唯物主义同这个学派对立起来。实际上，他在那里对法国唯物主义学派所提出的责备，完全是这个学派所不应受的，对毕希纳或伏格特之流的德国唯物主义者提出这种责备，或许会有根据得多。但这只是一个细节，是由于受德国哲学教育的费尔巴哈很不熟悉法国唯物主义的缘故。这个细节并不妨碍费尔巴哈在自己的"人本学"中站在纯粹唯物主义的立场上。在我们刚才引证过的那部著作 *Ueber Spiritualismus und Materi-* 235
*alismus*② 中，他是以法国唯物主义的精神发表意见的，正像拉美特利和狄德罗的著作所表现的一样，虽然他本人并没有意识到这一点③。

第二章　《哲学中的人本主义原理》

无论如何，车尔尼雪夫斯基是以唯物主义精神去理解费尔巴哈的。关于这一点，他发表在 1860 年《同时代人》杂志 4 月号和

---

① 《论唯灵主义和唯物主义，特别是从意志自由方面着眼》。——译者

② 《论唯灵主义和唯物主义》。——译者

③ 关于这一点，详见《二十年间》文集（参阅《车尔尼雪夫斯基的美学理论》）和小册子《马克思主义的基本问题》，第 1－25 页。[301]

5月号上的一篇著名的哲学论文，使人不能有任何的怀疑。他是这样解释他的论文标题《哲学中的人本主义原理》的意义的。“这个原理是要把人看作只具有一种本性的生物，而不应该把人的生命切成属于各种不同本性的几半，应该把人的活动的每个方面看作是从头到脚都包括在内的、人的整个机体的活动，而如果这个活动是人的机体的某个特殊器官的特殊机能，那么，就应该从这个器官和整个机体的天然联系来考察这个器官。”[302]

车尔尼雪夫斯基在可以说是用费尔巴哈本人的话来解释人本主义原理时指出：迄今为止研究道德科学的大多数思想家，一直“按照以前的方法，即把人分成来自不同本性的几半的荒谬方法”进行工作。但正因为大多数学者还没有意识到人本主义原理的重要意义，所以他们的著作就没有任何重大意义。他说：“由于轻视人本主义原理，使得这些理论丧失了一切优点，但是，过去那些遵循人本主义原理、虽然还没有使用这一术语来说明他们对人的看法的为数不多的思想家的著作却是例外，例如亚里士多德和斯宾诺莎就是这样的思想家。”[303]

236 那些对唯物主义学说的本质抱有庸俗看法的人，一定会觉得我们的作者关于亚里士多德和斯宾诺莎的这个意见是完全出乎意外的，甚至是可笑的。上世纪九十年代中期，伏伦斯基先生在《俄国批评家》一书中对这个意见下了这样一个庄严的判决：“在过去的所有思想家中间，车尔尼雪夫斯基由于某种奇异的联想和无疑是错误的回忆的结合，只愿意承认亚里士多德和斯宾诺莎。他关于人类思想领域内这两位真正伟大的创造者的体系有着虚幻的概念，认为他在遵循上述人本主义原理时，在具有新的实证知识材料

的情况下，乃是他们的继承者。”（第271页）

这种对于车尔尼雪夫斯基的所谓虚幻的概念所作的煞有介事的评论，仅仅证明伏伦斯基简直完全没有理解车尔尼雪夫斯基的哲学观点。

我们已经知道，车尔尼雪夫斯基是站在费尔巴哈观点上的。费尔巴哈怎样对待斯宾诺莎呢？他在自己的近代哲学史中怀着极大的同情阐述了斯宾诺莎学说，而在他写于1843年的*Grundsätze*①中，则阐述了这样一个完全正确的思想，那就是斯宾诺莎的泛神论是神学的唯物主义，即继续站在神学观点上的对神学的否定。按照费尔巴哈的意见，斯宾诺莎的不彻底性就在于把唯物主义和神学混淆在一起；但是，他的这种不彻底性却并没有妨碍他去找到“正确的、至少在当时说来是正确的说法，来表达现代的唯物主义概念”。因此，费尔巴哈把斯宾诺莎称为现代自由思想家和唯物主义者的摩西。②

由此可以理解，为什么车尔尼雪夫斯基把斯宾诺莎归入以往赞同人本主义原理（虽然还没有使用这一术语来说明自己的哲学观点）的少数思想家之列。他这样做，是仿效他的老师的先例，因为他的老师曾正确地认为斯宾诺莎是现代唯物主义的摩西。至于说到亚里士多德，车尔尼雪夫斯基认为他的哲学与费尔巴哈的学说有着血缘关系，这实际上是犯了错误。亚里士多德接近唯心主义者，远甚于接近唯物主义者，[305]但在这里也不应该忘记，在亚

---

①〔《原理》〕。

②　*Werke*〔《费尔巴哈全集》〕，第二卷，第291页。关于这一点，详见《马克思主义的基本问题》，第9－13页。[304]

里士多德的学生中间有一些人用极其接近于唯物主义的精神来解
237 释他的体系。[①] 亚里士托克逊、狄开亚赫，特别是斯特拉敦就是这样做的。大概，车尔尼雪夫斯基认为他们对亚里士多德哲学的解释是正确的，因此把他们的老师宣布为人本主义原理的拥护者。再说一遍，决不能认为这个意见是正确的；但只是由于伏伦斯基先生在哲学方面一窍不通，他才能把这个意见看做是车尔尼雪夫斯基完全不懂哲学的证据[②]。

总之，人类机体的统一性的观念乃是车尔尼雪夫斯基哲学的基础。车尔尼雪夫斯基是任何一种二元论的坚决反对者。用他的话来说，哲学——即他所阐述和捍卫的费尔巴哈哲学——所看到的人类机体，和自然科学所看到的一样。他说："这些科学证明，在人身上看不到任何二元的东西，而哲学则另外还说，如果人除了他的实在的本性外还有另一种本性，那么，这另一种本性就一定显现在什么东西之中，而因为它并没有显现在任何东西之中，因为人身上所发生的和表现出来的一切都仅仅起源于他的实在的本性，所

---

① 关于这一点，可参阅 Ed. Zeller, *Die Philosophie der Griechen in ihrer geschichtlichen Entwicklung*, Ⅱ Th., Ⅱ Abtheilung, Ⅱ Aufiage, Tübingen 1862, S. 717, 719－720, 732, 742.〔爱·泽勒尔：《希腊哲学的历史发展》，第二部分，第二篇，图平根1862年第二版，第717、719－720、732、742页。〕还可以对照一下 *Ueberweg*, *Grundriss der Geschichte der Philosophie*, Ⅰ Theil, Berlin 1876, S. 218－219.〔宇伯威格：《哲学简史》，柏林，1876年，第一部分，第218－219页。〕

② 上世纪六十年代，不仅仅车尔尼雪夫斯基一人具有缩小亚里士多德哲学中的唯心主义因素的意义的倾向。列布莱的颇有趣味的 *Matérialisme et Spiritualisme*〔《唯物主义和唯灵主义》〕一书就说明了这一点；该书收入 Bibliothèque de philosophie contemporaine〔"现代哲学丛书"〕，并附有李特雷的序言（见第48－54页）。该书出版于1865年。

以，人就没有其他的本性。”[①]但是，人的本性的统一并不妨碍人的
机体中存在两种不同的现象：所谓物质方面的现象和所谓精神方
面的现象。这就向车尔尼雪夫斯基提出了这样一个问题：这两种
现象相互间的关系是怎样的？它们的存在是否会推翻人的本性统
一的原理？车尔尼雪夫斯基断然地作了否定的回答：“我们没有根
据作这样的假设，因为没有一个物体只具有一种性质；相反地，每
个物体都显示出各种无限多的现象，为了便于判断它，我们把这些
现象归入不同的种类，给每一种类冠以性质名称，因此每个物体都
具有很多不同的性质。”[②]在这里又一次显示出他的哲学观点和费 238
尔巴哈的观点的完全一致。大家知道，根据费尔巴哈的学说，有机
体是主体，而思维则是这个主体的属性（“宾词”），因为进行思维
的，并不是从前唯心主义哲学所援引的那种抽象的存在物，而是现
实的存在物，身体。但人的机体是什么呢？车尔尼雪夫斯基回答
说，这“是一种非常复杂的化学组合，这种组合处于非常复杂的化
学过程中，这种过程就叫作生命”。[③] 这种过程的某些部分迄今仍
然没有得到很好的说明。但是，按照车尔尼雪夫斯基的意见，从这
一点却决不能得出结论说，“我们对那些现在研究得很不完全的部
分一无所知”[④]。生命过程的某些方面的知识，至少可以使我们在
目前还研究得很差的那些方面做出否定的结论。用车尔尼雪夫斯
基的话来说，这种否定的结论在一切科学中都是很重要的；但它们

① 参阅《车尔尼雪夫斯基选集》，下卷，三联书店版，第 233 页。——译者

② 参阅同上书，第 235 页。——译者

③ 参阅同上书，第 266 页。——译者

④ 参阅同上书，第 268 页。——译者

在道德科学和形而上学中特别重要，因为在那里它们能消灭许多有害的错误。为了阐明这个重要的思想，我们让车尔尼雪夫斯基本人来发表意见。他写道："有人说，自然科学还没有发展到能令人满意地解释一切重要的自然现象的程度。这是真实情况；但哲学中的科学学派的敌人却从这个真情实理中作出了一个完全不合逻辑的结论。他们说，在科学地解释自然现象中所留下来的空白处还保留着虚幻世界观的某些残余。问题在于，对于在科学上已解释清楚的部分和现象进行分析，这种分析结果的性质，就足以证明在其他还没有完全解释清楚的部分和现象中发生作用的因素、力量和规律的性质：如果在这些没有被解释清楚的部分和现象中，除了在已被解释清楚的部分中所发现的东西外还有别种东西的话，那么，已被解释清楚的部分就不会有它们现在所具有的那种性质了。"[①]

这段议论又是针对二元论而发的。不管对所谓心理现象研究得怎样少，但我们现在已经能够有把握地说，把心理现象归结为一种特殊实体的思想家是错了。这样的特殊实体是不存在的。心理现象只不过是人类机体活动的结果。这个原理像一条红线一样贯穿着车尔尼雪夫斯基的整篇论文。

239 但在这里提出以下这个保留条件将是有益的。车尔尼雪夫斯基的论文中有一段话可能给人，而且实际上已经给人以误解的口实。这段话是这样说的："我们知道譬如说什么是营养；由此我们也大致知道譬如说什么是感觉：营养和感觉这样密切地互相联系

---

① 参阅《车尔尼雪夫斯基选集》，下卷，三联书店，第 233－234 页。——译者

在一起，以致一者的性质可以决定他者的性质。"①在读了这段话之后，人们也许会以为车尔尼雪夫斯基持有那些仿佛是唯物主义者的人的观点，即认为思想以及感觉都只不过是物质运动。[306]但是，实际上他和费尔巴哈一样，离开这种唯物主义是很远的。用费尔巴哈的话可以再好不过地表达他的唯物主义观点："对我来说，或主观地说，是纯粹精神的、非物质的、非感性的活动，就其本身来说，客观地说，是物质的、感性的活动。"②为了使读者不致怀疑我们企图把车尔尼雪夫斯基所没有的观点硬加在他身上，我们要引证车尔尼雪夫斯基本人的一段话："感觉按其本性来说一定要以存在着联系为一个思想的两个思想因素为前提：第一是引起感觉的外部物体，第二是感觉到本身发生感觉的生物。"③我们仔细想一想这些话。感觉到本身发生感觉的生物，是物质的生物，是能感受到外部物体的作用的有机体。这种作用表现在有机体的某些部分这样或那样地进行活动。有机体的某些部分的这种活动引起一定的感觉，但这种活动并不等于感觉：它只是这样一个现象的客观方面，这个现象从主观方面来说，即对实现这个活动过程的那个生物来说，才是感觉。在车尔尼雪夫斯基那里，也像在费尔巴哈那里一样，现象的这两方面——主观方面和客观方面——极其密切地互相联系在一起；但却不能把它们互相同一化。相反，车尔尼雪夫斯基也像费尔巴哈一样反对这种同一化，因为他正确地把这种同一

① 参阅《车尔尼雪夫斯基选集》，下卷，三联书店，第268页。——译者

② *Werke*〔《费尔巴哈全集》〕，第二卷，第350页。[307]

③ 参阅《车尔尼雪夫斯基选集》，下卷，三联书店，第279页。——译者

化看做是无意识地重犯唯心主义的一个根本错误——即用取消主体和客体之间的二律背反的一个因素的办法，来虚伪地解决这种二律背反。①

下面我们可以看到，为了《哲学中的人本主义原理》一文而攻
240 击车尔尼雪夫斯基的他的敌人，完全没有弄清楚他对主体和客体之间的关系的看法。但现在我们不得不仅限于指出，车尔尼雪夫斯基并不赞同实证主义者拒绝考察物质和精神之间的相互关系问题的做法。例如，他拒绝承认约·斯·穆勒是“现代哲学的代表”，因为穆勒从来没有研究过上面这个问题。车尔尼雪夫斯基关于穆勒写道：“他有意地避免发表任何有关对这类问题的意见，似乎认为这类问题是不能加以精密研究的。”②最后这句话表明，在车尔尼雪夫斯基看来，这类问题是完全可以进行研究的。

我们再进一步来谈。我们知道，车尔尼雪夫斯基把人类机体看成是“一种非常复杂的化学组合，这种组合处于非常复杂的化学过程中，这种过程就叫作生命”。③ 这种过程是这样复杂，以致研究这种过程的化学部门分离出来成为一门特殊的科学，这门科学被人称为生理学。但是，这个情况一点也没有损害人不过是自然界的一部分这种思想。车尔尼雪夫斯基说道：“生理学和化学的关系，可以比做本国史和世界史的关系。当然俄国史只是世界史的一部分；但这部分的对象对于我们特别亲切，因而它仿佛成了一门特殊的科学。在学校中，俄国史的课程是和世界史的课程分开讲

---

① 参阅《马克思主义的基本问题》，第 9 页。[308]

② 参阅《车尔尼雪夫斯基选集》，下卷，三联书店，第 232 页脚注。——译者

③ 同上书，第 266 页。——译者

授的，学生在考试时可以从俄国史另外得到分数。但是不应该忘记，这种表面的分别只是为了教学实践上的方便，而不是由于这一学科的性质同这一学科的其他部分在理论上有差别。俄国史只有同世界史联系起来才可以理解，俄国史要用世界史来解释，俄国史只是世界史中所讲述的那些力量和现象的一种变态。生理学也是这样，它只是化学的一种变态，而它的对象只是化学中所研究的那些对象的变态。"①对这一点还应该补充一句，即生理学也并不局限于研究人类机体中实现的生命过程。人类机体的生理学只不过是生理学的一个部门，即动物生理学的一部分。无论从有机体的物质过程方面来说，或是甚至从所谓精神过程方面来说，人和动物之间都没有什么本质的差别。车尔尼雪夫斯基解释道："的确，科学分析揭穿了下面这种空话的不公道：似乎动物根本没有值得尊敬的品质，例如，某种进步的能力。通常人们都这样说：动物一辈 241
子就是和生下来一样，它们学不会什么东西，它们的智力不发展。这种意见被下面这种大家所熟知的事实驳倒了：熊可以学会舞蹈和要把戏；狗可以学会跳舞和捡东西；像甚至可以学会走绳索；就连鱼也可以学会听声音而集中到规定的地方。这些动物不经过学习是做不到这点的；学习给予它们不学习就不能有的品质。不仅人训练动物，就是动物本身也在相互训练；大家知道，猛禽教自己的孩子飞翔。"②在这里没有必要过于冗长地谈论这个问题，我们只补充一点，[309]就是车尔尼雪夫斯基在自己的论文中关于这个

① 参阅《车尔尼雪夫斯基选集》，下卷，三联书店，第266页。——译者

② 同上书，第273页。——译者

问题所发表的许多见解，也可以在很久以后出版的达尔文的《人类由来》①一书中看到。[310]

如果说人类机体在本质上和动物机体毫无区别，那么动物机体也和植物机体毫无本质的区别。车尔尼雪夫斯基说道："动物机体在其最发达的形态上是和植物迥然不同的。但读者知道，哺乳动物和鸟类在许多过渡形态上是和植物界联系着的，根据这许多过渡形态可以追溯由植物的生命变为所谓动物的生命的一切发展阶段。有些植物和动物彼此几乎没有区别，因此很难说，应该把它们归入哪一界。"②不但如此。一切动物在其生存的初期都几乎和初生期的植物相同。车尔尼雪夫斯基指出，动物的胚胎和植物的胚胎都一样是"细胞"。他在指出动物的胚胎很难和植物的胚胎区别开之后接着写道："总之，我们看到，一切动物的机体都和植物一样起源于相同的东西，只是后来某些动物的机体才具有和植物很不同的形态，并在很高的程度上表现出那些在植物中表现得很微弱、而只能用科学的方法才能发现的性质。例如，树木中有着运动的胚芽：它的液汁和动物身上的一样在运动着；树根和树枝在向四外伸展着。诚然，这种移动只发生在个别部分，而植物的整个机体却并不改变位置。但是珊瑚虫也不会改变位置：小珊瑚虫的移动能力并不超过树木。甚至也有改变位置的植物，属于这种植物的

---

① 达尔文的《人类由来》一书初版于1869年，车尔尼雪夫斯基的《哲学中的人本主义原理》一书出版于1860年。——译者

② 参阅《车尔尼雪夫斯基选集》，下卷，三联书店，第272－273页。——译者

有 Mimosa① 科的某些植物。"②

我们并不是说，车尔尼雪夫斯基在这里所发表的思想在当时 242
说来都完全是新的：无论在黑格尔那里，或特别是在谢林学派的某些自然哲学家那里，都能看到这些思想。车尔尼雪夫斯基熟悉德国唯心主义哲学；因此，他知道这些思想也是不足为奇的。但在他的笔下，这些思想在很大程度上摆脱了一切形而上学的气息，而富有自然科学的唯物主义的色彩，以致自然而然地会产生这样一个问题：车尔尼雪夫斯基是否在当时已经知道了拉马克和乔弗洛埃·圣希黎的动物学理论？我们在他的著作中没有发现直接说明这一点的材料，但他从西伯利亚回来后发表文章反对"生存竞争有益论"时用"老种变论者"[311]署名，并不是没有缘故的；当时他把拉马克称作天才的生物学家，也不是没有缘故的。很可能，早在六十年代，他就在达尔文的某些前驱者的著作中清楚地知道了种变说的生物学理论。

在结束关于车尔尼雪夫斯基的这方面的观点的阐述时，我们要提醒大家：在他眼里，有机生命一般说来只不过是一种非常复杂的化学过程。这一点决定了他对活力论的态度。任何特殊的生命力都是不存在的。有机体中的化学过程只是在复杂性上和所谓无机界中的化学过程有所不同。车尔尼雪夫斯基指出："不久之前我们还认为所谓有机物（如醋酸）仅仅存在于有机体之中；但是现在我们已经知道，在一定的条件下，它也产生于有机体之外；因而元

---

① 〔含羞草属〕。

② 参阅《车尔尼雪夫斯基选集》，下卷，三联书店，第 273 页。——译者

素的有机组合和无机组合之间的差别是非本质的差别，而所谓有机组合是根据同样的规律产生和存在着的，它们都一样是由无机物产生的。例如，树木不同于无机酸的地方，就在于无机酸是非复杂的组合，而树木却是许多复杂组合的化合物。这就像二与二百之间的差别，只是一个数量上的差别而已。”①

车尔尼雪夫斯基很少谈到哲学问题本身，虽然他对哲学比六十年代末、七十年代和八十年代的我国绝大多数进步作家，例如米海洛夫斯基，更精通得多。哲学主要是作为某些实际要求的理论基础才使他感兴趣。因此他在自己的《哲学中的人本主义原理》一
243 文中也没有忘掉这些要求，而不止一次地谈到它们。这也就是他在这篇论文中很注意那些与实际生活课题直接有关的哲学理论问题的原因。例如，关于道德的哲学基础问题，而首先是关于意志的问题，就是这样的哲学理论问题。

车尔尼雪夫斯基证明，把“道德科学”纳入精密科学领域的第一个结果，就是消除了对人们的行为所抱的某些旧观点。他说，“例如，已经完全明白，道德世界的一切现象都是按因果律由一个现象产生另一个现象或是在外部条件影响下发生的；根据这一点，关于现象的发生并不取决于先前的现象和外部的条件的一切假设都被认为是错误的。因此，现今的心理学不会再作这样的假设，如：‘一个人在这种场合下所以作得不好，是因为他想作得不好；而在另一种场合下他所以作得好，是因为他想作得好。’心理学说，坏的行为或好的行为都一定是由某种道德的或物质的事实，或者是

---

① 参阅《车尔尼雪夫斯基选集》，下卷，三联书店，第238页。——译者

由两种事实的结合所产生的，而'意愿'只是在我们的意识中伴随着先前的思想、行为或外部事实所产生的思想或行为而来的主观印象。"①换句话说，车尔尼雪夫斯基把人看成是周围环境的不由自主的产物，因此他甚至以极大的人道精神来对待人的性格的那些不良方面，而唯心主义者则把这些不良方面只看作是应该加以严厉惩罚的恶的意志。在车尔尼雪夫斯基看来，一切都取决于社会习惯和环境，而因为社会习惯也是在环境的影响下形成的，所以归根到底人们的一切行动都取决于环境。他写道："您谴责一个人有罪，首先必须仔细看一下，究竟是他犯了您所谴责他的那种罪过，还是环境和社会习惯有罪过，好好地看一下吧，也许这完全不是他的罪过，而只是他的不幸。""卫道者"想把车尔尼雪夫斯基的这些话说成是替道德败坏现象辩护，当然，这只是证明了他们自己不明事理。实际上，车尔尼雪夫斯基在这里也只是叙述了和发展了他的老师费尔巴哈的观点，这种观点与道德败坏毫无共同之处。费尔巴哈的下面这些名言是人所共知的："一个人在皇宫里所想的和在茅屋里所想的不同，茅屋的低矮的顶棚仿佛会压迫人的头脑。我们在自由的空气中和关在房间里也是不一样的；狭窄的场所使人的心胸和头脑局促，宽广的场所则使人的心胸和头脑开阔。在
没有机会表现天才的地方，也就没有天才；在没有宽广的活动场所 244
的地方，也就没有想活动的意愿，至少是没有想活动的真正意愿。"又如："如果您想使人们变好，那么就先使他们幸福吧。"但是，并不是所有的人都知道，这种名言和理论在十九世纪只不过是十八世

① 参阅《车尔尼雪夫斯基选集》，下卷，三联书店，第256页。——译者

纪唯物主义学说的重复，是适应于业已变化了的环境的具体运用。马克思早在四十年代就已指出了唯物主义学说同社会主义学说之间的密切联系。他写道："既然从唯物主义意义上来说人是不自由的，就是说，既然人不是由于有逃避某种事物的消极力量，而是由于有表现本身的真正个性的积极力量才得到自由，那就不应当惩罚个别人的犯罪行为，而应当消灭犯罪行为的反社会的根源，并使每个人在社会中都有进行活动的自由场所。既然人的性格是由环境造成的，那就必须使环境成为合乎人性的环境。"①

特别是，车尔尼雪夫斯基把人的性格看成是环境的产物这种观点，不仅是受到费尔巴哈的影响，而且也受到他当时的西欧社会主义者，特别是罗伯特·欧文的影响。大家知道，欧文曾经写过一部论人的性格形成的研究著作（*A New View of Society or Essays on the Principle of the Formation of the Human Character*）②，他在自己的全部实际活动中总是以这样的信念作为出发点，即人们的罪恶行为并不是他们的罪过，而是他们的不幸。

但是，既然人的性格是环境的产物，那么应该怎样回答人的本性是善的还是恶的这个问题也就显而易见了。人的本性既不是善的，也不是恶的，只是视环境的不同而变成善的或恶的。车尔尼雪夫斯基说道："可以认定，伊凡是善的，而彼得是恶的；但这些判断只适用于个别的人，而不适用于一般的人，就像关于砍木板和会打铁等习惯的概念只适用于个别的人，而不适用于一般的人一样。

---

① 参阅《马克思恩格斯全集》，第二卷，人民出版社，第167页。——译者

② 《新社会观或试论人的性格形成的原理》。[312]——译者

伊凡是木匠，但不能说，一般的人是什么？是木匠或者非木匠；彼
得会打铁，但关于一般的人却不能说，他是铁匠或者非铁匠。伊
凡成为木匠，而彼得成为铁匠的这个事实只是表明，在伊凡生活 245
中曾经存在过的那些条件下，使一个人成为木匠，而在彼得生活
中曾经存在过的那些条件下，使一个人成为铁匠。同样的，在一
种条件下，人可以成为善的，而在另一种条件下，人可以成为
恶的。"[1]

当然，这是很接近于马克思所代表的那个学派的实际结论的。车尔尼雪夫斯基为了举例而向自己提出这样一个问题：人怎样才能成为善良的人，因而使不善良的人在世界上成为极罕见的现象。他这样回答这个问题："心理学说，缺乏满足需要的手段，是暴露恶的品质的最丰富的源泉；人差不多只是在不得不靠剥夺别人的东西，来使自己不再缺少必需的东西的时候，才做坏事，才损害别人的利益。"[2]如果社会这样地组织起来，使人对食物的需要在相当大的程度上得到满足，那么单凭这一点就至少能消灭目前社会中所存在的全部恶行的十分之九。有人说，在技术不完善的情况下这是不可能做到的。但是如果说这个论据过去曾经是有根据的，那么在目前的力学和化学的状况下，它就失去了任何意义："在温带的每个国家，土地的出产，能充分满足比这个国家现今的居民多十倍到二十倍的居民所需要的粮食，而且还要多得多。"[3]车尔尼雪夫斯基不可能去分析，为什么迄今为止任何一个人类社会都不

① 参阅《车尔尼雪夫斯基选集》，下卷，三联书店，第 2611－262 页。——译者

② 同上书，第 263 页。——译者

③ 同上书，第 264 页。——译者

关心于适当满足像食物需要那样的迫切需要。但他觉得,他的叙述已足以说明“目前的道德科学正处于怎样的状况之下”。的确,为了使读者了解我们这位作者的观点,这已经完全够了[①]。

246 《哲学中的人本主义原理》一文是以伊索寓言式的语言写成的(这是由于俄国作家所极其清楚地了解的那种必要性),但按其内容来说,它仍然是大胆而鲜明有力的,因此它不仅必然在同情车尔尼雪夫斯基派的读者中间产生了极强烈的印象,而且可能在反对车尔尼雪夫斯基的人中间产生了更强烈的印象。它引起了热烈的论战是毫不奇怪的。

第三章　与尤尔凯维奇等人的论战

在反对车尔尼雪夫斯基观点的那些比较闻名的论敌中间,首先应当提到基辅神学院教授巴·尤尔凯维奇,他在刊载于1860年

---

① 在这里,也像在任何其他地方一样,车尔尼雪夫斯基是完全忠实于费尔巴哈的。对于不熟悉这位德国思想家的著作的那些读者来说,从费尔巴哈为自己的全集(第一卷出版于1846年)所写的序言中摘引下面这段话将会是有益的:“Das Uebel sitzt nicht im Kopf oder Herzen, sondern im Magen der Menschheit... Ich fühlte es, sagte eine Verbrecherin, wie mir die bösen Gedanken aus dem Magen aufstiegen. Diese Verbrecherin ist das Bild der heutigen menschlichen Gesellschaft. Die einen haben Alles, was nur immer ihr lüsternder Gaumen begehrt, die Andern haben Nichts, selbst nicht das Nothwendige in ihrem Magen. Daher kommen alle Uebel und Leiden, Selbst die Kopfund Herzenskrankheiten der Menschheit”(Vorwort, XV, 1846r)。〔“恶不是潜藏在人的头脑里或心里,而是潜藏在人的胃里……有一个女犯人说,我感觉到恶的念头怎样从我的胃里产生出来。这个女犯人是现代人类社会的一幅写照。某些人拥有他们贪馋的嘴所想吃的一切东西,另一些人则一无所有,甚至连他们的胃所必需的食物也没有。人类的一切罪恶和痛苦,甚至头脑和心的疾病,都是由此产生的”(序言,第15页,1846年版)〕。

的《基辅神学院著作汇集》第四集的一篇长文“略论人类精神的科学”中攻击了车尔尼雪夫斯基。这篇文章当时得到了卡特柯夫在《俄罗斯通报》上热烈的赞许，甚至对车尔尼雪夫斯基的始终一贯的思想方式一窍不通的彼·拉·拉甫罗夫，看来也认为尤尔凯维奇的论据是十分令人信服的。后来，这位可敬的神学院教授对车尔尼雪夫斯基的哲学进军，被伏伦斯基先生在前面已经提到过的《俄国批评家》一书中大加赞扬。伏伦斯基先生坚信，车尔尼雪夫斯基已经被尤尔凯维奇彻底击败了。而因为伏伦斯基先生似乎是现在我们文学界中打着各式各样唯心主义旗帜对唯物主义进行攻击的所有那些不计其数的哲学上的浅学之徒——如司徒卢威、特鲁别茨科伊、伊凡诺夫、卢那察尔斯基、巴札罗夫、尤什凯维奇、别尔曼、瓦连廷诺夫、菲洛索佛夫等等先生们——的前驱，所以我们要相当详细地考察一下，伏伦斯基先生到底认为这个基辅神学家的论据中有什么东西是令人信服的。

第一，伏伦斯基先生非常喜爱尤尔凯维奇的这样一个思想：在外部经验和内部经验的事实之间横着一条鸿沟，想从一个对象的观点来判断另一个对象的任何企图，都应该从科学中铲除。车尔尼雪夫斯基忽略了这一点，所以就造成了一系列的错误。用他的话来说，哲学所看到的人的机体，和自然科学所看到的一样。尤尔 247
凯维奇关于这一点问道：在这种情况下，“把其他科学已经考察过的东西再考察一遍”的哲学，究竟有什么必要呢？伏伦斯基先生也十分得意地补充说：“按照尤尔凯维奇的简单而明白的解释，这就是《人本主义原理》的作者的第一个错误。"①

尤尔凯维奇的解释是简单的——这的确如此。但是,现在只有不了解这个问题的人才会觉得这个解释是明白的。

车尔尼雪夫斯基是赞同费尔巴哈的观点的。而费尔巴哈则把哲学和自然科学的关系问题想象成下面这样。他认为哲学应该让位给自然科学,他说:"没有任何哲学便是我的哲学。"[313]但是,要使哲学能够对事情有利地让位给自然科学,就必须使自然科学家本人掌握那些导致哲学自我否定的哲学结论。换句话说,必须使自然科学家不再是狭隘的专家。但是,离开这一点还很远。绝大多数自然科学家在自己的思维方面都没有超越自己的专门科学的范围,仍继续保持着过时的哲学概念和社会概念。在他们的这个缺陷没有消除以前,哲学是不能与自然科学融合起来的。在这个意义上,费尔巴哈说,他只是在一定的范围内与自然科学家一起前进。如果他说与他同时代的自然科学家不能跟随他超出一定的范围,那他就更正确地表达了自己的思想。但是,无论如何,他是有这个思想的,而对尤尔凯维奇的问题的答复也正包含在这个思想中。自然,车尔尼雪夫斯基清楚地知道这个思想。他有一段话可以作为证明:"那些自以为是无所不包的理论的创造者的自然科学家们,事实上仍然是创造了形而上学体系的古代思想家的门徒,而且往往是其体系被谢林部分地破坏而又被黑格尔彻底地破坏了的思想家的门徒,不仅这样,而且大都是些拙劣的门徒……当自然科学家不再说诸如此类的形而上学的胡言乱语的时候,他们就能够

① 《俄国批评家》,圣彼得堡,1896年,第282页。

而且一定会在自然科学的基础上创立起比费尔巴哈提出的概念体系更加精确完备的概念体系。然而目前对有关所谓人类认识的基本问题的科学概念的论述，仍然是费尔巴哈做得最好。”[①]这段话 248
是我们从前面已经引证过的原来预定出版、但未获准的《艺术与现实的审美关系》一书第三版序言中摘引的。这篇序言写于1888年。但在我们所引证的这段话中，谈的是费尔巴哈早在1845年所发表的观点，当然，当车尔尼雪夫斯基写《哲学中的人本主义原理》一文时已经清楚地知道费尔巴哈的这个观点。我们再重说一遍，这个观点中包含着对“把自然科学已经考察过的东西再考察一遍的哲学有什么必要”这个问题的答复。这个答复可能是尤尔凯维奇始终弄不明白的。可以说，他 ex professo[②] 是一个落后的人。但是，想扮演最时髦的思想家角色的伏伦斯基先生，怎样能始终不明白这个答复呢？不幸的是，我们的那些最时髦的思想家完全不理解他们所“批判”的那些真正进步的作家。他们号召读者前进，而他们自己却向后退，大炒其哲学的冷饭。在费尔巴哈的时代，德国也有不少这样的人。费尔巴哈把这些人称为 Wiederkäuer（反刍动物）。但遗憾的是，现在我们的这种“反刍动物”却更多得多；我们的文学界简直不能摆脱他们。大概，这使他们的前驱者——伏伦斯基先生大为高兴；但是，不作哲学反刍的人却应该为此作呕。

第二，伏伦斯基先生跟随在尤尔凯维奇之后，发现“车尔尼雪

---

① 参阅《车尔尼雪夫斯基选集》，上卷，三联书店，第140页。——译者

② 按职业来说。——译者

夫斯基把关于人的本性的统一问题叙述得很糟”。原来问题就在这里。尤尔凯维奇硬说车尔尼雪夫斯基认为物质现象和心理现象之间没有任何差别，于是以胜利者的姿态质问道：那么感觉怎样通过神经的活动产生呢？这是陈词滥调，他们早就用这些东西来同唯物主义者纠缠，其实从这些陈词滥调中只能作出一个结论：这些想“批判”唯物主义的人，对唯物主义连最起码的知识也没有。车尔尼雪夫斯基在自己的文章里从来没有讲过，在所谓物理现象和心理现象之间没有任何差别。相反，他坚决主张这种差别的存在；但是他认为，决不能因为这种差别而把心理现象归结为一种特殊的非物质的因素。我们都已知道他的意见，即每一物体都有很多不同的质。我们现在把它比较详细地叙述一下。车尔尼雪夫斯基说：“例如，树可以生长，也可以燃烧；我们说，它具有两种质：生长
249 力和可燃性。这两种质之间的相同之点何在呢？它们是完全不同的；除了质这个普遍的概念以外，没有任何一个概念可以把这两种质概括起来；除了现象这个概念以外没有任何一个概念可以把符合于这两种质的这两类现象概括起来。或者，例如，冰既坚硬又发光；坚硬和发光之间有什么共同之点呢？这两种质之间的逻辑距离大得无可衡量，或者更确切地说，在它们之间没有任何远的或者近的逻辑距离，因为在它们之间没有逻辑关系。由此我们看到，完全不同的质结合在一个物体之中，是事物的一般规律。”①至于我们称之为感觉和思维能力的那种质，情况也是这样。它和生物有机体的所谓物理的质之间的距离是无限大的。[314]但这并不妨碍

① 参阅《车尔尼雪夫斯基选集》，下卷，三联书店，第235页。——译者

它成为这个同时具有广延性和运动能力的有机体的质。谁要是认为，因为感觉和思维完全同运动和广延不相似，所以它们就应该被当做完全不同于具有广延和运动的那种实体（物质）的另一种实体（精神），那么他就犯了违反逻辑的严重罪过。车尔尼雪夫斯基的思想就是这样，而如果伏伦斯基先生具有理解这种思想所必需的那种“质”的话，那么他就会立刻看到，尤尔凯维奇的论据是多么站不住脚，而且多么可怜了，因为这种论据的全部臆造的力量就在于有意或无意地歪曲这位俄国人本主义原理拥护者的观点。但问题也正在于伏伦斯基先生没有理解车尔尼雪夫斯基所必需的那种“质”，正像我们现在的一些“反刍的”哲学家无论过去和现在都没有那种“质”一样，因为这些“反刍的”哲学家天真地、但却坚决地相信，车尔尼雪夫斯基的哲学观点早就已经“陈旧”了。

约·普利斯特列早在他的 *Disquisitions* 里就讲过，那种以为脑的振动等同于知觉的想法，是对唯物主义学说的大肆滥用。他说：“想象一种没有知觉伴随的振动是容易的。然而我们设想（it is supposed），脑除了具有振动的能力以外，还有知觉或感觉的能力；我们完全不理解，为什么它不能具有这种能力。”[①]这就是近代一切优秀的唯物主义者的观点，自然也包括费尔巴哈和车尔尼雪 250
夫斯基的观点。唯物主义的敌人，不论彻底的或不彻底的、自觉的和不自觉的唯心主义者，在他们批判这个学说时，首先应该向我们

① By Joseph Pristley, *Disquisitions relating to Matter and Spirit*, Vol. Ⅰ. The second edition, Birmingham MDCCLXXXII, p. 121.〔约瑟夫·普利斯特列：《关于物质和精神的研究》，伯明翰，1782 年第二版，第一卷，第 121 页。〕

证明他们在这方面比普利斯特列知道得要多些，并且告诉我们，是什么理由使他们不能同普利斯特列一起认为，脑除了振动能力以外，还可以具有知觉能力。他们无疑是有理由的。但理由归根到底就是那种唯灵论的偏见，即认为物质本身（就是说，在精神没有给予它生命的时候）是僵死的，它不仅不能知觉，甚至还不能运动。他们在和唯物主义者争论时根据这样的理由，这就是明显的 petitio principii①，即依据本身正需证明的命题。唯物主义的敌人们自己也多少模糊地感觉到这一点。因此他们常常尽量避免提出他们为什么不承认知觉能力是物质的一种属性的理由，而喜欢反驳任何一个有名的唯物主义者都没有讲过，至少在近代没有讲过的意见：知觉就是运动②。我们把这种批判交给读者去判断，可是这种批判目前在我们这里比任何地方任何时候都更为流行。

总之，我们要再说一遍，——车尔尼雪夫斯基绝没有把知觉和运动混为一谈，他并不认为知觉能力是和运动能力一样的物质属性。现在要问，使具有知觉能力的物质成为实际上能知觉的东西的那些条件，具有什么样的性质。车尔尼雪夫斯基回答说，对这些条件直到目前为止还研究得很差，但是，无论如何，我们现在已经可以充分有把握地认为它们是带有物质性的。只有有机体才显示出知觉的能力，而我们已经知道，根据车尔尼雪夫斯基的意见，有

---

① 缺证论法。[315]——译者

② 我们假定，古代唯物主义者，例如德谟克利特和伊壁鸠鲁可能在这方面有某些不明确的地方，[316]可是这也还远未被证实，因为，不要忘记，这些思想家的观点并不是以完整的形式传到我们手里的。

机体的生命首先是某种化学过程。在车尔尼雪夫斯基看来，这也就说明了下面这一点，即有机体显示出我们在无机物质中所看不到的那种能力。

这是一个非常重要的问题，我们请读者充分注意这个问题。车尔尼雪夫斯基写道："物体在化学过程中所显露出来的性质，是当它们处于不动的化合物的状态下完全看不到的性质。例如，树 251
木本身不会燃烧，纸捻、打火石和打火铁也不会燃烧；如果有一小块钢，由于摩擦（由于敲击打火石）变成灼热并且脱离打火铁而碰到纸捻，在它大大地增高了这个纸捻的某一部分的温度后，它便提供了在纸捻的这一部分开始所谓燃烧的化学过程所必需的条件，那么，整个纸捻便逐渐被引入这一化学过程，并开始燃烧起来，而当它里面没有化学过程的时候，它是燃烧不起来的；如果在这个过程进行时，把纸捻移近树木，它同样会把树木引进它的燃烧的化学过程，树木在这个过程中同样会燃烧起来，发出光亮，表现出在过程开始之前它里面所看不到的其他性质。无论我们举出任何别的化学过程，我们都会看到同样的情况：处在化学过程的物体能显露出在过程开始之前没有表现出来的性质。例如，以发酵的过程来说。酒液平静地盛在大桶里；酒曲也一动不动地放在杯子里。只要把酒曲一放入酒液，便开始所谓发酵的化学过程，酒液便沸腾起来，泛起泡沫，在桶里动荡起来。"[317]

车尔尼雪夫斯基的这些论据很像十八世纪法国和英国的唯物主义者的意见，那些唯物主义者认为，感觉和思维的能力是有机体的某种状态的结果。[1] 但是，在车尔尼雪夫斯基那里，这种意见根本是没有任何例外的。车尔尼雪夫斯基清楚地理解到，在“化学过程”和“静止的化合状态”之间并没有什么截然的区别。由于这个问题极为重要，我们不得不再一次从《哲学中的人本主义原理》一文中摘引一大段话。

车尔尼雪夫斯基认为：“当然，我们讲到物体在化学过程中和不在化学过程中的状态的差别时，我们所讲的只是过程的强烈的、迅速的进程和它的缓慢的、微弱的进程之间的量的差别。其实，每个物体都经常是处在化学过程的状态中；例如，若木头不被燃烧，不在炉中烧成灰烬，而是静静地、似乎没有任何变化地放在房屋的墙壁内，也总有一天会导致和燃烧一样所导致的结果：它会逐渐腐
252 烂，最后也只留下灰烬（即腐木最后在原先的地方只留下灰烬的矿物微粒）。但如果这一过程进行得非常缓慢和微弱，即木头在房屋的墙壁内一般地腐烂着，那么，处于过程之中的物体所固有的性质便表露得十分微弱，微弱得在日常生活中完全感觉不到。例如，木料在房屋的墙壁内慢慢地腐烂时，同样也要发热，但是，它在燃烧时集中于几小时内散发的热量，在腐朽时却分散在几十年内散发出来（如果可以这样表达的话），因而在日常生活中根本感觉不到：这种热量的存在对于实践的判断来说，是微不足道的。这正像一

---

① 例如，霍尔巴赫就倾向于这种思想，约·普利斯特列也明确地表述了这种思想。普利斯特列说道：“my idea now is that sensation and thought do necessarily result from the organisation of the brain, when the powers of mere life are given to the system”.〔“我现在的想法是：当一个组织系统得到简单的生命力的时候，感觉和思维必然是脑组织的结果。”〕请参阅 *Disquisitions* 第十三章“Of the Connection between Sensation and Organization”〔“关于感觉和组织的联系”〕全章。

滴酒洒入一个池塘时所发出的酒味一样：从科学的观点看来，这个池塘含着水和酒的混合物，但实际上却必须认为池塘里似乎一点酒也没有。”①

这段精彩的话使我们觉得：就从这方面来说，车尔尼雪夫斯基也认为有机物质和无机物质之间并没有任何鸿沟。当然，动物机体，特别是像人这样的最高级的动物机体，在我们所关心的这一方面表现出同无机物质完全异样的特性。不过，在树木的燃烧过程中同时也产生许多在缓慢的腐烂过程中所没有的现象。可是，这两种过程并没有本质上的差别。相反，实质上这是同样的过程；只不过在第一种情况下这种过程进行得很快，而在第二种情况下却进行得很慢。因此，处于这个过程中的物体的质，在前一种情况下具有巨大的力量，而在后一种情况下则不同，它“十分微弱，微弱得在日常生活中完全感觉不到”。用这一点来说明有关心理现象的问题时，这意思就是说：无机状态的物质也没有丧失“感觉”这种带给高级动物丰富“精神”果实的基本能力。但是无机物质的这种能力处在极其微弱的状态中。因此，考察者完全觉察不到它的存在，而我们也就可以把它看成等于零，完全用不着担心这样做会犯什么明显的错误。但是，无论如何不要忘记，这个能力是一切物质都具有的，所以，当它特别有力地表现出来的时候（例如，像我们在一 253
般高级动物，主要是在人的身上所看到的那样），把它看成某种奇妙的东西，这是没有根据的。车尔尼雪夫斯基谨慎地（这种谨慎在当时我国的出版条件下是必要的）表达了这种思想，于是他接近了

① 参阅《车尔尼雪夫斯基选集》，下卷，三联书店，第239页。——译者

拉美特利和狄德罗这样的唯物主义者，而他们又是拥护已经摆脱了不必要的神学虚饰的斯宾诺莎主义的观点的。

伏伦斯基先生认为，尤尔凯维奇发表了一个天晓得多么高明的思想，因为他说，空气的运动转化为声音和以太的振动转化为光，必须以有感觉的生物，即能够把量的运动转变为声和光的质的生物为前提。但是车尔尼雪夫斯基本人也非常清楚地知道这一点；他只是认为，这种有感觉的生物乃是以某种方式组织起来的物质，而无论伏伦斯基先生或是被他捧上天的尤尔凯维奇，却都没有提出任何合理的论据来反对这个假设。

尤尔凯维奇还说，量的差别不是在物体本身中，而是在它和有感觉的主体的关系中转变为质的差别的。但这是极大的逻辑错误。[318]客体要在自己和有感觉的主体的关系中发生变化，必须预先在自己本身中发生变化。如果在我们看来冰的特性和水蒸气的特性不同，这是因为水分子的相互关系在冰的状态下和在蒸汽状态下完全不同。但这个问题讲得够了。

第三，伏伦斯基先生认为，尤尔凯维奇责备车尔尼雪夫斯基忘记了使人有别于其他动物的那个主要特征是正确的；那个特征就在于人是“作为个人的精神”而表现自己的。关于这一点，我们认为毫无必要去同伏伦斯基先生争论，而只介绍读者去读一下达尔文的《人类由来》那样的著作，或者去读一下罗门尼斯研究人和动物的智力发展的著作。[319]只要把达尔文和罗门尼斯的结论同车尔尼雪夫斯基的结论比较一下，就能看到我们这位“哲学中的人本主义原理”的捍卫者多么坚定地站在自然科学的立场上了。

大家知道，车尔尼雪夫斯基是多么轻视尤尔凯维奇的论据。他没有去分析这些论据（在当时书报检查的条件下也不可能这样做），而干脆宣布这些论据已经过时，丝毫没有说服力。

他在《论战之花》中写道："我自己也当过神学校的学生。根据经验，我了解像尤尔凯维奇那样受教育的人们的情况。我见过处境和他相同的人。因此，对他讥笑，我感到沉重，因为这就等于讥 254
笑人家手头没有足够的书籍，讥笑人家在发展过程中完全无依无靠，讥笑人家在一切方面的难以想象的窘迫处境。

"我不知道尤尔凯维奇先生多大年纪；如果他已经不是年轻人，那么对他关心已经晚了。如果他还年轻，那我很乐于把我所收藏的为数不多的藏书供他使用。"[320]

伏伦斯基先生直到如今还认为这个回答是极端不能令人满意的。他觉得，车尔尼雪夫斯基所以这样回答，只是由于他不能详细地驳倒尤尔凯维奇。我们知道，还有一些六十年代初期的杂志编辑也这样评论。例如，杜德希金在《祖国纪事》上逐条列举了尤尔凯维奇的似乎是驳不倒的论据，然后对车尔尼雪夫斯基说：

"看来，很清楚，现在问题已经不在于什么别人，而在于您，不在于一般哲学和生理学，而在于您对这些科学无知。神学校哲学这个避雷针在这里有什么用呢？您为什么把完全不同的事物混淆起来，然后说，这一切您在神学校上学时就知道了，甚至现在还背得出来呢？"

车尔尼雪夫斯基回答这一点时说道，杜德希金没有读过神学校的笔记本，他就不能了解问题在哪里。他接着写道："假使您花点力气读读这些本子，您就会看到，尤尔凯维奇先生所发现的我的缺点，就是这些本子所发现的亚里士多德、培根、伽桑狄、洛克等以及一切不曾是唯心主义者的那些哲学家的缺点。所以，这些指责完全不是针对我这个个别作家的；这些指责其实是针对着我认为需要普及的那种理论的，而普及这种理论我认为是件有益的事。如果您不信，请读一读和尤尔凯维奇先生属于同一派别的人写的《哲学辞典》(西·果先生[321]所出版)，您就会看到，那里关于每一个不是唯心主义者的人所讲的也是这些东西，如说他们不知道心理学，不了解自然科学，否定内部经验，说他们在事实面前完全破产，混淆形而上学和自然科学，把人贬低，如此等等。请您说说，当我看到这篇名文的作者以及颂扬他的那些人在攻击我个人时，只是重复自古以来关于我所赞成的那个学派的每一个思想家所曾经一再说过的陈词滥调，我有什么必要去认真地看待他们呢？我应该下这样的判断：他们或是不知道，或是假装不知道，这些指责不是针对我个人，而是针对整个学派的；因而，他们或者是很不熟悉
255 哲学史的人，或者只是按照他们自己也知道是虚伪的那种策略而行动。无论在这种或那种情况下，都不值得同这样的对手进行认真的论战。”[322]这些话是完全正确的。

车尔尼雪夫斯基在同一篇文章里同样正确地写道，他认为是正确的那种理论，构成一系列哲学体系中的最后的一个环节，它发源于黑格尔的理论，正如黑格尔的理论发源于谢林的理论一样。他自豪地说道，他认为自己的哲学理论不仅是最新的，而且还是最完整和最正确的。

必须是伏伦斯基先生或是他的当今的无数“反刍的”追随者之一，才会认为尤尔凯维奇的论据是驳不倒的。实际上，这些论据甚

至没有动摇——更不用说驳倒——车尔尼雪夫斯基和费尔巴哈的任何一个基本原理。但是应该承认,车尔尼雪夫斯基从自己的唯物主义哲学的基本原理中作出的某些结论,是不够完善的,片面的,并且——由于它们的片面性——也是不完全正确的。有关道德学说的结论就是这样。

第四章　道德学说

"如果仔细地研究一下左右人们行动的动机时,就可以知道,原来发生在任何人身上的所有好的和坏的、崇高的和卑贱的、英勇的和胆怯的事情都来自一个源泉:怎样做更愉快,人就怎样做,他的出发点是放弃较小的利益或较小的满足以获得较大的利益或较大的满足。"①车尔尼雪夫斯基在证明他的这个思想时举了好几个例子。当妻子为了亲爱的丈夫的死而哭泣的时候,关于自己的想法构成了她的悲哀的基础:"没有你,我怎么办?没有你,我活在世上无味"等等。我们在失去爱子的母亲的悲痛中也看到同样的情况:"你的死使我的希望破灭了!我的一切快乐全都幻灭了!"等等。② 用车尔尼雪夫斯基的话来说,感情的利己主义的基础在这儿是非常明显的。在所谓自我牺牲的情况下,找到这种基础要稍微困难一些。萨古特城的居民为了不向汉尼拔投降,都互相砍杀而死了。[323]这是英雄的行为;但是,这种英雄的行为却并不与利

① 参阅《车尔尼雪夫斯基选集》,下卷,三联书店,第283页。——译者

② 同上。

已主义的打算相矛盾:“反正都是一样,即使他们不死于自己之手,
256 也要死于迦太基人之手,但迦太基人将用最残酷的拷打来长期地折磨他们,因此他们宁愿轻快而迅速地死,而不去缓慢而沉痛地死,这种想法是有道理的。”①我们或者可以举卢克莱茨亚为例,她在遭到塞克斯特·塔克文尼玷污后就自尽了。[324]车尔尼雪夫斯基认为,她也是慎重考虑后才这样做的:“丈夫会向她说尽许多慰藉和亲昵的话,但须知所有这一类话纯粹是瞎话,只证明说话人的高尚,但丝毫不能改变事情的后果。柯拉金会向妻子说:我认为你是纯洁的,我像从前一样地爱你。但根据当时那种直到现在仍很少改变的看法,他不能用事实来证明自己的话。他有意也好,无意也好,却已经对妻子丧失了先前很大一部分的尊敬和爱情。他会故意对妻子更加温存,来掩饰这种丧失;但这种温存却比冷淡更使人感到难受,比打骂更痛苦。卢克莱茨亚认为丢掉生命要比生活在和她一向习惯了的地位比较起来的屈辱地位中,痛苦要少得多,这是有道理的。爱清洁的人宁愿挨饿,也不愿去吃肮脏的食物;对于自尊心很强的人说来,与其受辱,不如一死。”②

车尔尼雪夫斯基在引证这些论据时,作了一些附带说明。他决不想减少萨古特城居民和卢克莱茨亚所应受的伟大的赞扬。他只是证明,他们的英雄行为也是聪明的行为。而证明这一点,在他看来,决不等于取消英雄行为和高尚行为的价值。这是完全正确的,当尤尔凯维奇之流指责他不重视这些感情的时候,他们只是暴

---

① 参阅《车尔尼雪夫斯基选集》,下卷,三联书店,第 284 页。——译者

② 《车尔尼雪夫斯基全集》,第六卷,第 230-231 页。[325]

露出自己不能理解我们这位作者的观点。车尔尼雪夫斯基的道德学说完全没有取消英雄行为和高尚行为的价值;相反,它想指出英雄所选择的道路正就是正确的打算所指示的道路,借以提高这种价值。但是,这并没有从车尔尼雪夫斯基的想法中消除掉他所固有的逻辑错误。实际上,车尔尼雪夫斯基是想用萨古特城居民和卢克莱茨亚的例子来使我们相信,高尚的行为决不是没有理智的。我们毫不怀疑这一点。但是,我们却断定,基于利害打算的行为是一回事,而其后果对实行的人有利(正像完全基于利害打算的行为的后果对实行的人有利一样)的行为,则是另一回事。我们姑且承 257
认,对卢克莱茨亚来说,自杀真的更为有利些,但是,我们非常怀疑,她在自杀之前,能否作多少切实的利害打算。要作这样的打算必须冷静,而卢克莱茨亚却不可能冷静。如果假定,在她的行为中,利害打算,即理智所起的作用比她在当时的关系、习惯和观点的影响下形成的情感所起的作用要小得多,这是否较为正确呢?人的情感和习惯通常是适应于现存的社会关系(当然,也适应于家庭关系)的,以致在这些关系的影响下所做的行为有时看来似乎是经过切实的利害打算的结果,但实际上它们却完全不是出于利害打算的。这是非常正确的,以致车尔尼雪大斯基本人也用自己的想法证实了这一点:他说,正如我们看到的那样,对于自尊心很强的人来说,与其受辱,不如一死。这也是正确的。但是,决不能把习惯与利害打算混为一谈,决不能说一个由于某种值得赞扬的习惯而行动的人,“他的出发点是放弃较小的利益或较小的满足以获得较大的利益或较大的满足”。一般说来,车尔尼雪夫斯基的合理的利己主义观点,很明显地表现出一切“启蒙时期”

(Aufklärungs periode)所特有的一种倾向,即力求从理智中寻找道德的基础,而从个人的多少比较切实的利害打算中去寻找关于他的性格和行为的解释。车尔尼雪夫斯基有关这个问题的见解有时同爱尔维修及其同道的见解很相似,简直像两滴水珠一样。车尔尼雪夫斯基的见解几乎同样很像古希腊启蒙时代的典型代表苏格拉底的见解。苏格拉底在为友谊辩护时证明交朋友有益处,因为在发生不幸时他们可能有用。这种极端偏重理智的现象,是由于启蒙运动者通常不善于采取发展观点而产生的。①

我们知道,根据车尔尼雪夫斯基的理论,人按其本性来说既不是善的,也不是恶的,只是因环境的不同而变成善的或恶的。② 如
258 果我们承认,人的行为总是受得失的支配,那么我们就要用另一种方式来表述车尔尼雪夫斯基关于人性的观点:我们就应该说,人按其本性来说,既不是善的,也不是恶的,只是计较得失,并且他的这种特性也因环境不同而可强可弱。但是,我们这位作家未必会喜欢这样的表达方式。

根据他的理论,什么是善,什么是恶呢?回答这一问题的仍是那篇《哲学中的人本主义原理》,正像读者看到的,这是一篇内容极

---

① 关于这一点,详见我的著作:*Beiträge zur Geschichte des Materialismus—Holbach, Helvetius und Karl Marx*, Stuttgart 1896(《唯物主义史论丛——霍尔巴赫、爱尔维修和卡尔·马克思》,斯图加特,1896年)。[326]

② 但是不妨提一下,我们这位作者以前提出过另一种关于人性的观点。按照这个观点,人是"天生倾向于敬爱真理和善良而憎厌一切邪恶的生物,他只有因为无知、迷误或受了比他的性格和理性更强有力的环境的影响才会破坏善良和真理的规律,但从来不会自觉自愿地宁愿作恶而不行善"(见论谢德林的"外省散记"的文章,《同时代人》,1857年6月号,《车尔尼雪夫斯基全集》,第三卷,引文在该卷第221－222页)。[327]这种观点与其说接近于现代的发展学说,[328]不如说更接近于苏格拉底。

为丰富的文章。车尔尼雪夫斯基在那里说道："个别的人都把别人所做的对他有利的事称作善行；社会舆论把有利于整个社会的或者有利于社会上大部分成员的事称作善行。最后，人们不分民族和等级总把有利于一般人的东西称作善行。"[①]不同民族和等级的利益往往互相矛盾或与全人类的利益矛盾；同样地，一个等级的利益也往往和整个民族的利益相对立。这里怎样决定善恶呢？在理论上解决这个问题是很容易的："全人类的利益高于个别民族的利益，全民族的利益高于个别等级的利益，多数等级的利益高于少数等级的利益。"[②]但在实践中是怎样的呢？在实践中，人们都把对他们有利的行为称作善行，把对他们有害的行为称作恶行，却很少查问它和更广泛的整体利益有什么关系。但是，车尔尼雪夫斯基深信，把自己的私利看得高于公共利益的人、等级或民族，归根到底自己总会由于这种"理论上的错误"而吃亏。他说："个别的民族为了自己的利益而侵犯全人类的利益，个别的等级为了自己的利益而侵犯全民族的利益，这种情况到头来总是不仅有害于利益受到侵犯的一方，而且也有害于想损害他人利益以求得自己利益的一方；到头来总是蹂躏人类的民族自取灭亡，为自己而牺牲全民族
的个别等级也总是把自己引向悲惨的结局。"[③]我们不打算在这里 259
分析他用来证实自己的这个论点的那些历史的和经济的实例，当我们在下文中谈到车尔尼雪夫斯基的历史观点时，我们会涉及这个问题。现在我们只限于指出：不管他的这个论点是正确的还是

① 《车尔尼雪夫斯基选集》，下卷，三联书店，第286页。——译者

② 同上书，第287页。——译者

③ 同上。——译者

错误的，无疑地，他关于局部利益和整体利益的关系的论点，总使我们有可能比他的论文更正确地提出关于利己主义的问题。确实，就假定我们所谈的社会是一个没有分成等级或阶级的社会吧。在这样的社会里，符合整体利益的个人行为，将被人认为是善行，而违背这种利益的行为，将被人认为是恶行。因此，一种可以称之为整体的利己主义、社会的利己主义的东西，将成为判断善恶的基础。但是，整体的利己主义绝不排斥个人的利他主义、个体的利他主义。相反，前者乃是后者的泉源：社会力求这样来教育它的各个成员，使他们把社会利益置于自己的私人利益之上；某人的行为越是能够满足社会的这种要求，这个人也就越是有自我牺牲精神，越是有道德，越是有利他主义精神。而他的行为越是破坏这种要求，那么他就越是自私自利，越是没有道德和抱有利己主义。这就是人们过去和现在评判一个人的某种行为是利他主义的行为还是利己主义的行为时，常常或多或少自觉地采用的标准：在这里，全部可能发生的区别都归结于这样一个问题，即人们在一定情况下把它的利益看得高于个人利益的那个整体，究竟是什么东西。

但是，当社会应用自己的基于整体利益的标准来评价个人的行为时，总是希望有利于它的行动出于实现这个行动的人的内心要求，而不是出于个人利益的考虑。当一个为整体利益服务的人受自己的个人利益支配的时候，他就显示出或多或少的机灵性、或多或少的预见性，但却不是显示出或多或少的利他主义。用道德精神来教育人，就是使有利于社会的行为变成他的本能的要求（康德的“绝对命令”）。这种要求越强烈，那么这个人也就越有道德。

所谓英雄就是这样的人：他们不能不服从自己的这种要求，即使为了满足它必须完全违反本身的最重大的利益，比方说，必须冒生命 260
的危险。包括车尔尼雪夫斯基在内的“启蒙运动者”，通常却忽视了这一点。但是，我们还可以补充一句，即康德在断言道德动机同利益没有任何关系时，他所犯的错误也不下于“启蒙运动者”。他在这个问题上也没有采取发展的观点，没有从社会的利己主义中引出个人的利他主义来。

值得注意的是，车尔尼雪夫斯基虽然断言人永远受利害考虑所支配，但归根到底他的想法却和我们所说的完全相同，然而由于我们所指出的他的逻辑前提的错误，所以他把自己的思想表述得很糟。[329]请看，在《怎么办？》这部小说[330]里罗普霍夫和吉尔沙诺夫是怎样表白自己的。薇拉·巴夫洛芙娜在结识了吉尔沙诺夫之后，问他是不是非常爱罗普霍夫。关于这一点，他们之间进行了如下的谈话：

——我？我除了自己谁也不爱，薇拉·巴夫洛芙娜。

——您连他也不爱？

——我们住在一起从没吵过嘴，这就尽够了。

——他也没有爱过您？

——这我倒没有注意。不过让我们问问他吧：你爱过我吗，德米特里？

——我对你并不特别厌恶。①

吉尔沙诺夫“除了自己谁也不爱”，而罗普霍夫则仅限于对自

① 《车尔尼雪夫斯基全集》，第九卷，第二部分，第92页。[331]

己最好的朋友并不感到"特别厌恶"。可以看出,他们是彻底的利己主义者。而且他们在自己所有的谈话和声明中……都始终是这样的"利己主义者"。罗普霍夫为了和薇拉·巴夫洛芙娜结婚,使她摆脱父母的控制,而决定放弃摆在他面前的学者的前程。他要使自己相信,他并没有作任何牺牲:"我可连想也没想到过要牺牲。我一向不是那种情愿牺牲的傻瓜,——但愿永远不是。怎样对我好我就怎样做。我不是一个肯牺牲的人。其实这种人是没有的。谁也不肯牺牲。'牺牲'是一个虚伪的观念,是胡说。人总是怎样觉得愉快才怎样做。那么你来解释一下看看吧。在理论上那倒很明白;但人一看到眼前的事实,他便感动了,他说:您真是我的恩人啊。"①

怎样觉得愉快就怎样做。谁遵循这个规则呢?所有的人。但是每一个人都是"自我",每个人关于自己的某一个行为的每个想
261 法,都和这个人对"自我"的意识分不开。车尔尼雪夫斯基对这种无可辩驳的情况作了有利于自己的合理利己主义理论的解释,正像各国的"启蒙运动者"一样。罗普霍夫在确信放弃学者前程并和薇拉·巴夫洛芙娜结婚甚至还将对自己有利之后,就以下面这个十分得意的想法结束了自己关于这个问题的考虑:"这是完全正确的:我永远把自己放在第一位——从自己开始,以自己结束。我从这一点想起:'牺牲'是一句十足的谎话;说我抛弃了学者的名誉和教授的地位,——这纯粹是胡说!其实我反正将照样工作,照样获得教授的地位,照样为医学服务。一个做理论家的人看到他的利

① 《车尔尼雪夫斯基全集》,第九卷,第二部分,第85页。[332]

己主义如何从思想变成实践，那是很愉快的。"①

这里极其明显地暴露出车尔尼雪夫斯基的逻辑错误。从人关于自己的行动的想法永远离不开"自我"的意识这一点，还决不能作出结论说，人的一切行动都是利己主义的。假如某一个"自我"把他人的幸福看成自己的幸福；假如他具有对这种幸福的"爱好"，那么这样的"自我"就叫作利他主义者，而不是利己主义者。仅仅根据人们的利他主义行动必然伴随着"自我"的意识这一点，就企图抹煞利己主义和利他主义之间的深刻区别——这就意味着想把逻辑的含糊带到绝对必须十分明晰的地方去。而车尔尼雪夫斯基本人的例子说明，这种逻辑的明晰性是多么必要。把利他主义和利己主义等同起来以后，他就不得不去寻找另一种标准，来把通常称之为利己主义的行为同一般叫做利他主义的行为区别开来。而他找到的是什么呢？

在《杂志评论》(1857 年 1 月)中，他在确定皮却林和罗亭②之间的差别时说道："一个是除了自己个人的享乐以外什么都不考虑的利己主义者，另一个则是完全忘掉了自己、一心一意关注公共利

---

① 《车尔尼雪夫斯基全集》，第九卷，第二部分，第 86 页。[333]同样地，薇拉·巴夫洛芙娜向女裁缝们解释她开办合作工场的目的时说道："这是因为我不大爱钱的原故；你们知道，各人有各人的爱好，并不是人人都光爱钱的：有的爱跳舞，有的爱穿戴或者打牌，这些人甚至准备为自己的爱好倾家荡产，并且确实有许多人倾家荡产了；他们把他们的爱好看得比金钱还珍贵，但谁也不感觉这有什么稀奇。我的爱好就在我和你们试办的这件事上面"(同上书，第 117 页)。[334]她也同样把事情描述成似乎她总是把"自我"放在第一位。

② 皮却林是莱蒙托夫的小说《当代英雄》中的主人公；罗亭是屠格涅夫的小说《罗亭》中的主人公。——译者

益的热心家；一个为了自己的情欲而活着，而另一个则为自己的思
262 想而活着。这两个人……正好完全相反。”①说得完全正确！但是正是由于可能有这种相反的情况，所以，说一切人都是利己主义者，说他们彼此的区别仅在于计较得失的程度不同，那就是错误的了。罗亭并不是根据利害打算而为自己的思想活着的，同样地，皮却林也不是根据利害打算而为自己的情欲活着的。

我们再举一个例子。薇拉·巴夫洛芙娜和罗普霍夫结婚以后，整整六个月没有同自己的父母见面；后来她去看望他们，我们的作者这样描述这次探望给她造成的印象：“半年来薇拉·巴夫洛芙娜一直呼吸着清新的空气，她的心胸已经完全不惯于忍受那种由狡诈的谈话（其中的每一句都出于自私的打算）造成的污浊的气氛，也不惯于听那些骗人的意见和卑鄙的计谋了，她的地下室在她心里引起了一个可怕的印象。龌龊，鄙俗，各式各样的无耻行径，——现在这一切都带着强烈的新奇性，格外使她触目惊心了。

‘先前我怎么会有力量在这样污秽闷人的气息中生活呢？我怎么能在这间地下室里呼吸呢？而我不仅生活过来了，甚至还很健壮。这是惊人的，费解的。我怎么能在这儿长大，并且培养起对“善”的爱呢？真叫人没法理解，不敢相信。’——薇拉·巴夫洛芙娜回家的时候这样想，她感觉自己是一个窒息以后获得了休憩的人。”②

过去薇拉·巴夫洛芙娜生活在“由狡诈的谈话（其中的每一句

---

①　《车尔尼雪夫斯基全集》，第三卷，第66页。[335]

②　同上书，第108页。[336]

都出于自私的打算)造成的气氛”中。现在她在这种气氛中感到呼吸困难了。假如人们一般地说仅仅受利害打算的支配,那么为什么会感到呼吸困难呢?她所以感到呼吸困难,是因为像她的父母那种人所作的利害打算,是不好的、“自私的”打算,这种打算是和“对善的爱”完全背道而驰的。由此可见,车尔尼雪夫斯基虽然把一切归结为利害打算,却不得不把那种“和对善的爱背道而驰的”、自私的打算同充满这种爱的无私的打算区别开来。[①] 换句话说,他又回到利己主义和利他主义之间的陈旧的区别上去了。他所发生的情况,正如老早以前霍尔巴赫和十八世纪其他启蒙运动者所发生的情况一样,这些人也同样把一切归结为利害打算,而且也同样以逻辑的必然性把自私的打算同无私的打算对立起来。

在前面已经引证过的车尔尼雪夫斯基论“外省散记”的文章 263
里,我们可以找到下面这样一个再正确不过的思想:“支配着社会的那些习惯和规则,是由于某些不依赖于奉行它们的人的意志的事实而产生和保存下来的:因此我们必须用历史观点去观察它们。”[②]但是,假如支配着社会的那些习惯和规则是不依赖于社会成员的意志而产生的,假如我们必须用历史观点、而不是用理性主义观点去观察它们,那么也就完全应当用同样的观点去观察制约着个人行为的那些习惯和规则;它们也是不依赖于意志、因而也不

---

① 在这部小说的另一个地方,他对那些“惯于把‘利益’两字理解成极端狭义的、庸俗的打算”的人表示很大不满(《车尔尼雪夫斯基全集》,第九卷,第169页)。[337] 由此可见,除了庸俗的打算之外,还有某种不庸俗的打算。它和庸俗的打算有什么区别呢?顺便说一下,区别是在于:受不庸俗的打算支配的那些人,考虑到自己“良心”的利益(同上)。

② 《车尔尼雪夫斯基全集》,第三卷,第214页。[338]

依赖于利害打算而形成的，而且人也往往服从它们，尽管这会破坏他的个人利益。

但是，当车尔尼雪夫斯基叫他的小说中的主人公要我们相信，他们除了自己以外从来不爱任何别人的时候，实际上他也正是要想说明这一点。他的主人公的这种劝人相信的话仿佛是和下面这点相矛盾的，即罗普霍夫想象中的未婚妻——他在薇拉·巴夫洛芙娜生日那一天同她跳舞时谈到他想象中的未婚妻——自称为"人类爱"。① 然而实际上这里却毫无矛盾：车尔尼雪夫斯基仅仅想说，他的主人公的整个道德本质都完全充满着人类爱，因此，为这种爱所提示的行为乃是他们的"自我"的迫切要求。罗普霍夫和吉尔沙诺夫都渴望无私的行动，以致当他们按照这种愿望行事的时候，他们并不发生任何内心斗争，而只是简单地遵循自己的善良的本能。由于这个缘故，他们也就自以为是只考虑自己本身的人。②

造成他们的逻辑错误的原因正在于，指导他们的行为的不是逻辑，而是感情。可以说，他们的这种错误是不可避免的。然而在评价他们的性格时，我们决不应该重复他们的逻辑错误。我们应该知道，实际上这些人决不是利己主义者，相信他们的话并且认为

---

①　《车尔尼雪夫斯基全集》，第九卷，第二部分，第 70 页："薇罗奇卡的第一个梦"。[339]

②　吉尔沙诺夫在考虑自己和薇拉·巴夫洛芙娜的关系时自言自语地说："要是我的行为有一次违背了自己的整个本性，我就会永远失掉平静的可能和满意自己的可能，我将毒害我的终生"（同上书，第 151 页）。[340]吉尔沙诺夫只是忘记补充说，要具备这种"本性"，并不需要求助于利害打算；这样的"本性"在决心去做善良的行为时是不需要利害打算的。

他们是利己主义者的人，是把某些概念混淆起来了，而不把这些概念加以区别是不可能有正确的道德学说的。

个人的利他主义赖以在社会的利己主义的基础上成长起来的 264
过程，是一个辩证的过程，这个过程通常是为“启蒙运动者”所忽略的。作为首先追求实践目的的人，“启蒙运动者”一般说来很少关心现象和概念的辩证法。我们现在从我们这位作者的例子就可以看出这一点。现在我们要抛弃他的道德学说，但我们还是要说，不论这种学说有着怎样的逻辑错误，它同实践的利己主义的说教毕竟有着天渊之别。当《哲学中的人本主义原理》一文发表的时候，尤尔凯维奇之流却不懂得这一点。现在，我国“反刍的”哲学家的前驱如伏伦斯基先生之流，也不懂得这一点。这一流人暴露出自己的这种无知，从而也就自己提供了智力贫乏的证据。车尔尼雪夫斯基有充分的权利鄙视他们。而且他也的确广泛地使用了这种权利。在他的小说《怎么办?》中，有许多篇页是用来嘲笑这些人的，我们可以毫不夸大地把这些篇页称为辉煌之作。我们想部分地转述其中的一段话。[341]

车尔尼雪夫斯基在描述罗普霍夫在和薇拉·巴夫洛芙娜结婚以前同她的关系时，假装对他的冷漠无情感到激愤的样子，并且说，不仅不能替他辩白，而且甚至企图替他辩白都是不好的。有些人可能要宽恕他，说他是医科学生，他研究的是自然科学，而大家都知道，自然科学是使人倾向于唯物主义的。车尔尼雪夫斯基用讽刺的口吻反驳这种见解说，一切科学都导向唯物主义，但幸亏远不是所有的学者都是唯物主义者。他作出结论说：“所以罗普霍夫没法洗清自己的过失了。不替他辩白的好心肠的人们也可能用另一个理由来宽恕他，说他并没有完全失去某些值得赞美的优点：他曾经为了于别人有利的工作而自觉地、坚决地抛弃一切世俗的名利，认为从这工作中得到的满足便是他的最好的利益；他看他所爱慕的漂亮姑娘时，他的眼光是那么纯洁，有些做兄弟的都未必能用同样的眼光来看自己的姐妹呢；但对于用这种理由来宽恕他的唯物主义的人，我们应当说：完全没有任何优点的人是根本没有的；无论是怎样的唯物主义者，他们到底总是唯物主义者，这就决定和证明了他们是些下流的和不道德的人，是不能宽恕的，因为宽恕他们便表示你默认唯物主义。所以，不替罗普霍夫辩白而想宽恕他
265 是不行的。不过替他辩白倒也不必要，因为冠冕堂皇思想的崇尚者和崇高倾向的维护者们，那些宣称唯物主义者下流和不道德的人，最近已经在一切正派人（无论是不是唯物主义者）眼前清楚地露出了他们的才智与品格的低劣，以致维护某个被他们嘲骂的人竟成了一件多余的事，而理睬他们的话也成了一件丢脸的事了。”①

第五章 车尔尼雪夫斯基和辩证法

车尔尼雪夫斯基在论莱辛的著作[343]中说道：

“如果有过一个人按其头脑的构造来说天生赋有哲学的才能，那么这个人就是莱辛。但是，关于哲学本身他却几乎没有写过一个字，在他的著作中没有一页是讨论哲学的，在他的书信中也几乎

① 《车尔尼雪夫斯基全集》，第九卷，第63页。[342]

只同门德尔森谈论过哲学，而且仅限于门德尔森所需要的范围。莫非他本人真的违反着自己的天性对哲学这样不感兴趣吗？恰恰相反：当他在格列姆的别墅里勾划古典的'hen kai pân'（一与全），同时与格列姆讨论他的《格列纳德之歌》和《哈拉达特》一诗的时候，他向我们泄露了他个人究竟在想些什么。问题在于，当时还不到纯粹的哲学成为德国思想生活的中心的时候，——因此莱辛绝口不谈哲学：当时的才智之士已经准备好借诗歌来进行活动，但还没有准备去研究哲学，——因此莱辛也就写作剧本和谈论诗歌。"[①]

这些话几乎完全适用于车尔尼雪夫斯基本人。的确，按其深入探索哲学问题的能力来说，他比天才的别林斯基稍逊一筹。[②]但"按头脑的构造来说"，他毕竟有很多条件来极有成效地从事哲学研究，而且当然他会在这方面做出比譬如说拉甫罗夫更大得多的成绩。他显然喜爱哲学：无怪乎他曾经说过，一个具有哲学精神的人，一旦对哲学发生了兴趣，那他就很难为了那些与伟大的哲学问题相比而显得渺小的具体科学问题而放下哲学问题。但是，在拟定自己的研究计划时，这位经常谈论"利害打算"的"利己主义 266
者"，却像莱辛一样，不是考虑自己个人的兴趣，而是考虑社会发展的需要。他当时的社会很少关心哲学，而对文学则比较关心得多。因此，他最初的著作主要是讨论文学问题的，他利用自己的哲学结论来阐明的正是这类问题。他的《艺术与现实的审美关系》一书就

① 《车尔尼雪夫斯基全集》，第三卷，第755页。[344]

② 车尔尼雪夫斯基本人也写道，别林斯基"不能不被承认是个天才"（《车尔尼雪夫斯基全集》，第二卷，第122页）。[345]

是这样产生的。后来，经济问题和政治问题——特别是有关外交的部分——也登上了舞台。车尔尼雪夫斯基转向了这些问题，它们所占去他的时间，甚至比文学问题更多得多。因此，他实际上没有可能在哲学方面花费很多时间。只有“人本主义原理”一文可以算作他当时对哲学的兴趣的纪念碑。但是，在他的其他文章里也可以遇到一些篇页，说明他对哲学的兴趣从来也没有消失，说明他精通这门学科。在这方面，我国的后一个时期的“先进”作家——例如米海洛夫斯基及其“主观主义的”同道们，甚至也远远不能同他相比。①

米海洛夫斯基及其“主观主义的”同道们，只会对黑格尔的“形而上学”轻蔑地耸耸肩膀。顺便说一下，他们对黑格尔的“形而上学”简直是一窍不通。但车尔尼雪夫斯基却懂得黑格尔，并对他的哲学作了高度的评价。他自己是这样来说明他和他的导师费尔巴哈同黑格尔的关系的：

“我们常常看见：学术研究的继承者起来反对他们的前辈，而这些前辈的研究却是继承者自己的研究的出发点。譬如，亚里士多德敌视柏拉图，苏格拉底极其轻视他所继承的智者派。在近代，这样的例子也是不少的。但是有时也有使人慰藉的场合：新体系

---

①　在我国，对哲学的兴趣在三十和四十年代极其强烈，而在往后的四十年间却完全消失了。车尔尼雪夫斯基有一段话说明他本人怎样看待这种衰落：“现在，我们的文学和批评几乎忘记了这种哲学追求。我们不想断言，文学和批评由于这个遗忘占了多少便宜，——似乎什么便宜都没有占到，损失的却是很多”（《车尔尼雪夫斯基全集》，第二卷，第183页）。[346]现在我们对哲学问题的兴趣又重新恢复了。但是我们以前对哲学的长期漠不关心造成了这样的结果：每一种哲学破烂在我们这里都被当作重要的哲学新发现。

的创立者清楚地认识他的见解与其前辈的思想之间的联系，而且 267
谦虚地自称为他们的弟子；他们指出他们的前辈的概念的缺点，但同时清楚地声明这些概念对于他们自己的思想的发展大有影响。斯宾诺莎对笛卡儿的态度就是如此。应该对现代科学的创立者们致敬：他们是很尊重而且差不多以子女之爱来对待其前辈，完全承认前辈的天才的伟大、学说的崇高性质，而他们自己的观点也就是在这里萌芽的。车尔尼雪夫斯基先生明白这点，他学习这些人的榜样，把他们的思想应用到美学问题上去。”①

在我们说过前面这些话以后，未必还需要再重复一遍，我们这位作者所说的现代科学的创立者[348]指的正是费尔巴哈，他不仅在对黑格尔表示最深挚的敬意方面，而且也在对黑格尔体系采取批判态度方面，追随费尔巴哈的榜样。

他在《俄国文学果戈理时期概观》中关于黑格尔所说的话，并不总是正确的，但却总是聪明的和令人感兴趣的。[349]例如，我们可以在那里找到下面一段话，这段话与恩格斯关于黑格尔哲学的两重性的评论非常相似：“黑格尔的原则是非常有力、非常宽广的，可是结论却狭窄而渺小：尽管他有巨大的天才，这位伟大的思想家却只有力量说出一般的观念，但是要不屈不挠坚持这些原理，从这些原理合乎逻辑地发展出一切必然的结论来的力量，却还不够……而且，他不仅不能从他的原则做出结论，——就是原则本身，他也没有完全了然于胸，在他还是模糊不清的。下一代的思想家却更

---

① 这段话我们引自车尔尼雪夫斯基在1855年的《同时代人》5月号上为自己的学位论文《艺术与现实的审美关系》所写的评论文章（《车尔尼雪夫斯基全集》，第十卷，第二部分，第175页）。[347]

前进了一步,连黑格尔说得颇为模糊、片面并且抽象的原则,也得到十分完整而明确的表现了;于是再没有动摇的余地了,两重性也销声匿迹了,黑格尔在发展基本原理方面的不彻底性所带给科学的虚假结论被消除了,而内容也得以和基本真理保持了和谐。"①

在这里,我们不能不对作者所表现的观点的明确性鼓掌喝彩。
268 但是,当他开始评述黑格尔的辩证方法时,那就遗憾地仍然不能使我们满意。关于这种方法他是这样说的:

"这个方法的实质就是:一个思想家不应当自安于随便哪个肯定的结论,而应当去探索,在他所思索的对象之中,有没有和这种对象一开始表现出来的东西相对立的质和力;因此思想家就不得不从各方面来观察对象,而真理,在他看来无非是各种各样对立的意见的斗争的结果。这种方法代替以前关于对象的片面的概念,渐渐变成完整而全面的研究,同时关于对象的所有真正的性质,都有一个生动的概念。解释现实,变成哲学思维的根本责任了。对现实十分严肃的注意,就从这里开始,而过去对于现实是并不考虑的,为了投合自己的片面的偏见,往往毫不客气地把它歪曲。这样一来,真诚地、不知疲倦地寻觅真理,就取代了以前的任意的解释。然而在现实之中,一切都取决于情况,取决于地点和时间的条件,——因此黑格尔承认,过去人们只是用一般文句来判断善恶,却并不考察某一个现象所从而产生的情况和原因,——这些一般的、抽象的箴言是不能令人满意的:每一种事物,每一种现象都有

---

① 《车尔尼雪夫斯基全集》,第二卷,第184-185页。[350]参阅我们译成俄文并由李沃维奇先生出版的恩格斯的小册子《费尔巴哈论》。[351]

它本身的意义，因此就应当按照它所存在其中的环境来对它下判断；这个规则可以用这个公式表现出来：‘抽象的真理是没有的；真理总是具体的’，也就是说，只有在考察了某一特定的事实所从而产生的一切情况之后，才能对这一事实做出肯定的判断。”①

这儿有很多正确的东西。辩证方法实际上是和“一般的、抽象 269
的箴言”完全不相容的，但过去人们却依据这些箴言来对现象下判断——遗憾的是，直到如今还经常这样下判断，——而不去观察这些现象所从而产生的情势和原因。车尔尼雪夫斯基把这一点看作是辩证方法的巨大优点，这当然是完全正确的。但是，正因为他在这个场合下是正确的，所以应当承认，他把迫使思想家全面地观察对象的那种对现实的关注态度看作辩证方法的主要特征，是不正

---

① 《车尔尼雪夫斯基全集》，第二卷，第187页。[352]在我们所引证的那一页的附注中，车尔尼雪夫斯基用下面这个例子来说明自己的思想：“例如：‘雨是好呢还是坏？’——这个问题是抽象的；要对它作肯定的回答，是办不到的：有时候雨能够带来好处，有时候即使少，也能带来坏处；应当问得明确一点：‘当谷物播种完毕以后，在接连五小时中，降下一场大雨，——这雨对谷物有好处吗？’——只有在这种场合，回答才能是明白而且有意义的：‘这种雨是十分有益的。’——‘可是在同一个夏天，在开始收获的时候，整星期都下倾盆大雨，——这对于庄稼好不好呢？’回答也是同样明白而且同样正确的：‘不，这雨是有害的。’在黑格尔哲学中，一切问题也都是这样解决的。‘战争是毁灭呢还是有益呢？’一般说来，你不能以肯定方式来回答；必须知道，问题在于是怎样的战争，一切都以时间和地点的条件为依归。对于野蛮民族来说，对于战争的害处，他们是较少感到的，好处却感到较多；对于有教养的民族来说，战争带给他们的总是害处多，好处少。然而，例如说，1812年的战争，对俄罗斯民族来说，却是有益的；马拉松之战是人类史上最高贵的事件。这样的意义是不言自明的：‘抽象的真理是没有的；真理总是具体的’——只有到了这个对象带着一切性质和特点，并且通过它就在其中生存的环境而显现出来，而不是和这种环境以及对象本身的生动特点脱离开来的时候，到这时候，关于它的概念才会具体化（假如以抽象的思维来思索它，这种思维的判断对于现实生活就不会有意义）。”

确的。当然，对现实的关注态度是正确思维的必要条件。但是，辩证方法的特征首先和主要在于：它是从现象本身中，而不是从研究者的这种或那种同情和反感中，去寻找决定这种现象发展的力量的。辩证方法的一切主要的优点都可以归结为这一点，而它的优点之一就在于：它不给那种“以研究者的主观偏爱为依据的一般的、抽象的箴言”留下余地。辩证方法按其本性来说就是唯物主义的，在它的影响下，甚至持有唯心主义观点的研究者在自己的论断中有时也成为不容置疑的唯物主义者。黑格尔本人就可以作为一个最好的例子，他在自己的历史哲学中就常常离开唯心主义的基地，而成为一个像现今滥用马克思术语的人所说的经济唯物主义者[①]。但是，要充分理解辩证方法的唯物主义本性，就必须弄清楚它的力量是在于认识到观念的进程决定于事物的进程，因此，思想家的主观逻辑必须遵循他所研究的现象的客观逻辑。当别林斯基
270 写作纪念鲍罗金诺战役的文章的时候，当他虽然不善于“发挥否定的观念”，即不善于到社会发展的客观进程中为这个观念寻找理论根据，但却尖锐地谴责脱离现实的主观意向的时候，他已经感到了这一点。可是，正因为别林斯基不善于“发挥否定的观念”，所以，他在批判社会关系的时候更多地以自己的主观好恶为依据——当然，这种好恶完全是合理的和值得尊敬的，然而终究只是主观的。同时，我们已经指出的那个辩证方法的主要特点，即对观念的进程决定于事物的进程的认识，就不能不从他的视野中消失了。这个

---

① 关于这一点，详见我论述黑格尔历史哲学的文章，该文刊载于《对我们的批判者的批判》一书。[353]

特点也从车尔尼雪夫斯基的视野中消失了（我们在下面将说明，这是由于同样的原因）。车尔尼雪夫斯基在评述这种方法时，把它归结为迫使思想家全面地观察事物的规范（规范是康德的用语）。但是，认识到必须全面地观察事物，还远不等于认识到这种观察的进程应该完全决定于事物本身发展的逻辑。而一个研究者如果没有完全认识到这第二个真理，那么甚至在他对事物采取最关注的态度和对它进行全面研究的时候，他也仍然很容易成为一个唯心主义者。我们在下面将会看到，车尔尼雪夫斯基在哲学方面虽是一个坚决的唯物主义者，但他在历史观点和社会观点方面却仍然是一个唯心主义者。在哲学方面，他把主要注意力放在主体和客体的关系问题上。他以唯物主义的精神解决了这个问题。但是，对于以唯物主义观点对待主体和客体的关系的研究者应该遵循什么方法的问题，他却较少关心。因此，他虽然认识到辩证方法的重要意义，但毕竟远没有理解它的主要优点，[354]所以不能像马克思和恩格斯[355]那样对它加以改造。车尔尼雪夫斯基是唯物主义者；但在他的哲学观点中只表现出唯物主义辩证法的萌芽——诚然，这是充分具有生命力的萌芽。只要我们想起他的老师费尔巴哈的世界观也具有同样的缺点，我们就不会对这一点感到惊讶。只有同样受过费尔巴哈影响的马克思和恩格斯，才能消灭这个缺点，使最新的唯物主义成为主要是辩证的学说。

但是，我们再说一遍：在车尔尼雪夫斯基的哲学观点中，已经有唯物主义辩证法的富有生命力的萌芽了。例如，在“对反对村社土地占有制的哲学偏见的批判”一文中，就有一段话很明显地证明了这一点：“形态的不断交替，一定内容或倾向所产生的形态，由于

该种倾向的加强、该种内容的高度发展，而在永恒不断地被否定，——谁了解了这个伟大、永恒而普遍的规律，谁惯于把这个规
271 律应用于任何现象，——啊，他就会是多么平心静气地迎接那种引起别人惊慌不安的遭遇！当跟着诗人重复下列诗句

Ich hab' mein' Sach'——auf Nichts gestellt,
Und mir gehört die ganze Welt...①

时，他会毫不惋惜已经过去的事物，并且要说：听便吧，任凭怎样，我们终归会有时来运转的日子的！”②

车尔尼雪夫斯基在论亚里士多德的《诗学》的文章里，[358]为亚里士多德的敏锐的智慧和渊博的知识做了公正的评价之后，提出了一个很值得注意的保留：“可是，因为他经常不但要给主要现象而且要给一切细节努力找出深刻的哲学解释，所以他虽有这种天才也难免陷于琐碎。在亚里士多德的一位敌手、一个现代哲学家的这样一个原理中：‘凡是现实的都是合理的，凡是合理的都是现实的’，也表现出了这种倾向，这种倾向使得这两位思想家都极重视琐碎的事实，只因为这些事实十分适合他们的理论体系。”③这位现代哲学家、亚里士多德的敌手不是别人，正是黑格尔。由此可见，黑格尔关于一切现实的东西的合理性和一切合理的东西的现实性的著名原理，在车尔尼雪夫斯基看来不过是这位伟大的德

---

① 我凭空建树起自己的事业，
而整个世界都属于我。[356]——译者

② 《车尔尼雪夫斯基全集》，第四卷，第 332－333 页。[357]

③ 《车尔尼雪夫斯基全集》，第一卷，第 38 页。[359]

国思想家"拘泥细节"的结果，它使黑格尔甚至去为不重要的细节寻找深刻的解释。这最清楚地说明，车尔尼雪夫斯基对黑格尔的理解远不如别林斯基，因为别林斯基本能地感觉到黑格尔关于一切现实的东西的合理性的学说是社会科学唯一可能的基础。

在"哲学偏见的批判"一文中，车尔尼雪夫斯基表现出是一个卓越的辩证论者。但就是在这里，他的辩证法也不是彻底唯物主义的。只是因为它不是彻底唯物主义的，只是因为车尔尼雪夫斯基认为，在这里有可能从某种不取决于时间和地点的条件的某种一般发展的观点去考察村社土地占有制问题，——所以他的这篇辉煌的论文曾被读者们理解为替俄国的村社土地占有制辩护，而其实我们这位作者在那时(1858 年底)显然已经对它不再抱什么希望了。但是，关于这一点我们在下面再谈吧。

第六章　认识论[360] 272

我们已经说过，各种实际问题使车尔尼雪夫斯基不能从事哲学研究。他在流放中已没有可能把自己的时间花费在所谓当前的问题上。在那里，他看来曾埋头于研究理论(只要在他的处境下不可避免地会遇到的阻碍没有妨害他研究理论，[361] 只要小说还没有占用掉他的全部精力)。他在他所翻译的韦伯著《世界通史》许多卷后面所附的概要表明，他在西伯利亚花了许多时间研究历史和所谓人类的史前生活。但是，我们还有一些材料直接说明，他也没有停止研究哲学，并且一直注意着现代学者中间的哲学观点的传播情况。这样的材料有：第一，1885 年发表于《俄罗斯通报》第

63、64 期的“人类知识的性质”一文；第二，我们已经知道的他为预定出版、但却终于未能成功的《艺术与现实的审美关系》一书第三版所写的序言。[362]

在上述的第一篇论文中，车尔尼雪夫斯基一开始就指出“批判的”观点的荒谬，因为根据这种观点，我们所知道的只是我们关于对象的表象，而不是对象本身，因此我们始终不知道我们关于对象的表象是否与这些对象相似。他证明，这种观点必然会导致否认人类机体的实在性。我们有某种关于手的表象；因此，应当认为存在着在我们身上引起这种表象的某物。但这种未知的某物是否与我们关于它的表象相似呢？对这个问题却不可能给予确实的回答。也许是相似的，也许是不相似的。如果是相似的，那么以手的形式呈现在我们眼前的某物就确实是手，而在这种情况下我们就真的有手。如果是不相似的，那么实际上我们的手就是不存在的：“代替手的是我们有某种不知是什么东西的集合体，某种与手不相似的、我们所不知道的东西的集合体，但手是我们所没有的；并且我们关于这种不知是什么东西的集合体所确实知道的只是：它们是两个。它们之所以确实是两个，是因为我们的两个表象之中的每一个表象（每一个表象都是关于特殊的手的特殊表象），都必然有特殊的根据：因此，对存在着两个某种东西的集合体这一点是不应当怀疑的。总之，我们是否有手，——这是一个尚未解决的问题；我们只知道，如果我们有手，那么我们确实是有两只手，而如果我们没有手，那么代替手而在我们身上存在的某种东西的集合体
273 的数目，也不会是任何别的数目，而只能是两个。”

车尔尼雪夫斯基把这种认识论叫做幻想主义，认为它在逻辑

的发展中必然会导致否认人类机体的实在性。他把它叫做中世纪经院哲学的新形式,并且断言它讲的是过去经院哲学所讲过的那同一种无稽之谈。他完全站在费尔巴哈的立场上,从逻辑方面解释了这种理论的起源,说它是用抽象的实体、"自我"代替了人,即代替了物质的有机体;而我们关于"自我"除了知道它具有构成我们思维内容的表象之外却一无所知。既然我们关于这个抽象的实体只知道它具有表象,那么很明显,我们就完全不知道它是否具有现实的机体及其所固有的现实的生命。但是,拥护这种认识论的人却不敢肯定地说:我们没有机体。因此,他们只限于提出模棱两可的定义,这种定义只是透过经院哲学的迷雾透露出怀疑人类机体存在的逻辑可能性。而这一点就是这整个认识论的特征。我们可以把它完全归结为玩弄经院哲学三段论法的诡计,归结为诡辩论,归结为用同一个术语来表示不同的概念。在车尔尼雪夫斯基的简短叙述中,幻想主义学说被描述成这样:

"在分析我们关于我们觉得似乎存在于我们思想之外的对象的表象时,我们发现,这些表象之中的每一个都是由关于空间、时间和物质的表象所组成的。在分析关于空间的表象时,我们发现,关于空间的概念是自相矛盾的。对关于时间和物质的表象所作的分析也同样向我们表明:它们也都是自相矛盾的。事实上任何自相矛盾的东西都不可能存在。因此任何类似我们关于外部对象的表象的东西都不可能存在。被我们当作外部世界的那种东西,只是我们思想的幻觉;在我们思想之外,任何类似这种幻影的东西都是不存在的,而且也是不可能存在的。我们觉得我们有一个机体,——现在看来,我们是错了。我们关于我们机体存在的表象只是幻觉，其实任何诸如此类的东西都是没有的，而且也是不可能有的。”

假如真是这样，假如这种认识论仅仅是关于同现实不相符的虚幻实体的精神生活的无稽之谈，那么就自然会产生这样的问题：为
274 什么现在许多自然科学家会恰恰倾向于这种理论呢？这是由于专门从事哲学研究的学者对他们的影响。车尔尼雪夫斯基说道：“许多有教养的人一般都倾向于认为，某些问题的答案，如果为研究这些问题的那门科学中的大多数专家作为真理加以接受，就是最符合于科学真理的。自然科学家也像其他一切有教养的人一样，很难不受哲学专家中间居于统治地位的那些哲学体系的影响。”

大多数哲学专家都持有幻想主义。车尔尼雪夫斯基不想为了这一点而责备他们。每个特定时期内居于统治地位的那种哲学的性质，是由先进民族的思想生活和精神生活的一般性质决定的。换句话说：哲学专家也同样受到他们周围的社会环境的影响。在这里就可以自问一下，为什么现在先进民族的思想生活会变成这样，以致幻想主义的无稽之谈竟会以哲学的形式在这些民族中日益流行起来呢？车尔尼雪夫斯基在自己的文章里没有回答这个问题。但因为这个问题极有趣味，因为哪怕只要找到我们的作者对这个问题可能作的回答就会有助于确定他的世界观，所以我们再回过头来看一下《哲学中的人本主义原理》一文。

在这篇论文开头，车尔尼雪夫斯基分析了茹尔·西蒙关于目前政治理论是在社会斗争的影响下形成的这一思想。他说道，这一点毫不令人惊奇，因为不仅政治理论，甚至哲学体系也总是在社会关系的压倒一切的影响下形成的，并且每个哲学家都是为了在

他当时的社会上占优势而进行斗争的某一个政党的代表。我们的作者认为没有必要去指出那些主要研究政治哲学的思想家，因为即使不指出，他们属于各个政党这一点也是十分明显的。霍布斯是专制主义者，洛克是辉格党人，密尔顿是共和主义者，孟德斯鸠是英国式的自由主义者，等等。他转而谈到那些真正的所谓哲学家，断定他们也为同样的影响所支配。他说："康德所属的政党想用革命的方法在德国树立自由，但又鄙弃恐怖手段。费希特稍微前进了一些，因为他连恐怖手段也不害怕了。谢林所代表的政党，是个被革命吓怕了的政党，它在中世纪的制度中寻找安宁，想在德国重建那个被拿破仑一世和以费希特为其喉舌的普鲁士爱国者所 275
破坏了的封建国家。黑格尔是个中庸的自由派，他所作的结论非常保守，但是他一向采取革命的原则来反对极端的反动派，同时希望用来作为他推翻衰朽旧时代的工具的那种革命精神得不到发展。我们并不只是说，这些人要像常人那样具有一些信仰，——这还不是很重要的事，然而他们的哲学体系却渗透着体系的创立者所属的那些政党的精神。如果说，似乎过去往往和现在不相同，如果说，似乎只是现在哲学家才在政治信仰的影响下开始创立自己的体系，这是非常天真的……"①

---

① 《车尔尼雪夫斯基全集》，第六卷，第 180 页。[363] 在我们后面将要谈到的"生存竞争有益论的来源"一文中，车尔尼雪夫斯基甚至把自然科学理论的发展同社会关系和社会趋向的发展联系起来。在十八世纪的最后几年和十九世纪的最初几十年内，大多数自然科学家都厌恶物种可变的学说，而"服从于力图恢复传说的那种时代精神"。当时种变说理论的主要反对者居维叶，"是拿破仑希望它在精神生活方面获得统治地位，而在复辟时代它也确实获得了对精神生活的这种统治地位的那一思想派别在自然科学界中的代表"(《车尔尼雪夫斯基全集》，第十卷，第二部分，第 21 和 23 页)。[364]

姑且不论这里对个别哲学家所作的评述，我们对车尔尼雪夫斯基在这里所说的话只能补充下面这一点：决定哲学思想方向的政治斗争本身，不是为了某些抽象的原则而进行的，而是在互相斗争的政党所属的那些社会阶层的需要和意向的直接影响下进行的。但是，车尔尼雪夫斯基也并不反对这一点。在后面叙述他的历史观点时，我们将证实，他善于——至少是有时善于——非常清楚地了解思想家的阶级地位对他们的思想进程的影响。而由于这个缘故，我们就有权推测，他也把当前的哲学状况同专门的哲学研究者的阶级地位联系起来。换句话说，很可能车尔尼雪夫斯基认为目前哲学“幻想主义”的广泛流行，同如今绝大多数哲学家作为思想家为之服务的那个社会阶级的衰落有着因果关系。假如真是这样，那么我们的作者对哲学思想取决于社会生活的理解，就比我们目前的那些“马克思的批判者”更清楚得多，因为那些“马克思的
276 批判者”不能够理解，无产阶级思想体系无论如何也不能和那些从没落的资产阶级的思想体系中因袭得来的哲学学说融合成为一个有机的整体。的确，这些“批判者”自己就属于“幻想主义者”的行列。

从车尔尼雪夫斯基为《艺术与现实的审美关系》一书第三版而写的序言中，我们可以看出他多么清楚地了解目前哲学思想的悲惨状况。在那篇序言里，他对目前大多数自然科学家都在重复“康德关于我们知识的主观性的形而上学理论”表示惋惜后，补充说道：

“当自然科学家不再说诸如此类的形而上学的胡言乱语的时候，他们就能够而且一定会在自然科学的基础上创立出比费尔巴

哈提出的概念体系更加精确完备的概念体系。然而目前对有关所谓人的求知欲的基本问题的科学概念的叙述，仍然是费尔巴哈作得最好。”①

但是，到什么时候自然科学家才不再说形而上学的胡言乱语呢？显然，只有到社会关系发生变化的时候，因为在目前这种社会关系的影响下，“有教养的阶级”是害怕唯物主义这种同它们的社会利益势不两立的哲学真理的。车尔尼雪夫斯基本人也意识到，这种情况还不会很快到来。因此他在“目前”宁愿仍然拥护费尔巴哈的观点。他这样看是完全有他的道理的，因为同各式各样的马赫派、阿芬那留斯派、克利福德派和柏格森派相比，费尔巴哈直到目前仍然是最深刻的和最现代的哲学理论、即最符合于目前自然科学状况的哲学理论的代表者。诚然，马克思和恩格斯进一步极其富有成效地改造了费尔巴哈哲学。从这方面来说，费尔巴哈哲学的某些部分已经是哲学发展上“被超越的阶段”了。但是，事情的这一方面显然是我们这位作者所不知道的。这当然不应该归咎于他，而应归咎于他下半生的生活条件。

可是，我们回到“人类知识的性质”这篇文章上来吧。车尔尼雪夫斯基在这篇文章里问道：“但是，这种借助于经院哲学的虚幻的三段论法使我们关于自然界的知识变为幻影的体系，究竟是什么东西呢？难道幻想主义的信徒们真的认为它是一种认真的思想体系吗？”他对这个问题回答说，当然，在幻想主义者中间有一些怪人是认真地看待自己的所谓哲学体系的。但是，在大多数情况下，

---

① 《车尔尼雪夫斯基全集》，第十卷，第二部分，第一篇，第196页。[365]

277 他们自己也并不拿它认真看待。他们对自己的哲学体系的态度大致可以用下面这些话来说明："哲学真理就是哲学本身的真理，而不是任何其他的真理。从日常生活的观点看来，它不是真理，而从科学观点看来也不是真理。也就是说，他们喜欢幻想。但他们知道他们是在幻想。"①

这些话说得再中肯不过了。"幻想主义"的真正的代表者事实上正是这样对待他们自己的哲学观点的。但是，拿这些观点认真看待的"怪人"在世界上比车尔尼雪夫斯基所想的要多得多。谁说我们的波格丹诺夫、瓦连廷诺夫、尤什凯维奇、别尔曼以及 tutti frutti②，不是认真地看待他们认为是我们时代最先进的哲学真理的那个东西呢？我们认为，他们是由衷地相信他们所说的一切的。在现在的俄国，而且不仅在俄国一个国家，他们的人数有多少啊！不，世界上的怪人甚至比车尔尼雪夫斯基所想的要多得多，而我们知道，车尔尼雪夫斯基是夸大利害打算在人们行为中的作用的。

车尔尼雪夫斯基在和"幻想主义者"分道扬镳的同时，表述了自己对人类知识性质的看法："我们的知识，是人的知识。人的认识能力是有限的，正像他的一切能力是有限的一样。在这个意义上，我们知识的性质是受我们认识能力的性质所制约的。如果我们的感官更敏锐些，我们的理性更强有力些，那么我们就会比现在知道得更多，并且当然，如果我们的知识比现在更广博些，那么我们目前的某些知识也就会发生改变。一般地说，随着知识的扩展，

---

① 《车尔尼雪夫斯基全集》，第十卷，第二部分，第四篇，第 10 页。[366]

② 〔各式各样的东西〕。

过去积累的某些知识也要改变。科学史说明，由于我们现在比过去知道得更多，过去知识中有许多知识都已经改变。”①

但是，虽然我们过去的许多知识都改变了，它们的本质却始终不变，因为它们本身是一种实际的知识。车尔尼雪夫斯基举出关于水的知识的扩展作为例子。

现在我们由于有了温度表而知道，在什么温度下水会沸腾，在什么温度下水会凝结成冰。过去人们是不知道这一点的。关于水的知识扩大了。但是，它在哪一方面发生了变化呢？仅仅是在以 278
下这方面，即它获得了它过去所没有的那种准确性，因为过去人们只知道水在加热到某种程度时会沸腾，而在冷却时会凝结成冰。后来化学向我们说明，水是氧和氢的化合物，而过去人们却不知道这一点。然而水并不由于我们知道了它的化学成分而不再是水。人们在发现水的化学成分以前所有的关于水的全部知识，在有了这个发现以后也仍然是正确的。车尔尼雪夫斯基说：“它们的改变仅在于增加了水的成分的测定。”

我们是能够犯错误的生物。因此，我们每一个人——无论在生活琐事中，或是在科学中——都应当对现象加以仔细的观察和思考，以免造成错误。慎重是必要的。但是，车尔尼雪夫斯基坚决主张慎重也应当有个限度。他说：“理性要对一切东西进行检查。但是，每一个有教养的人都有许多知识已经由他的理性检查过，并且根据检查的结果，只要他还是一个具有健全理智的人，就不能对

---

① 《车尔尼雪夫斯基全集》，第十卷，第二部分，第四篇，第10－11页。[367]

这些知识表示丝毫的怀疑。”①

我们在结束对这篇文章的叙述时，要指出我们的作者在这篇文章里顺便提出的下面这个意见：“经院哲学——这主要就是辩证法。”②这个意见很可以说明这位思想家的特点。我们已经说过，在他的哲学观点中辩证法因素是阐发得不够的。可以认为，车尔尼雪夫斯基违反他在《俄国文学果戈理时期概观》中关于辩证方法所说的话，把辩证法归结为单纯的逻辑概念游戏。但是，如果说经院哲学在某种意义上——即在概念分析的意义上——也就是辩证法，那么不应当忘记，这种辩证法乃是“神学的婢女”，而正因为如此，这种辩证法也就不能而且不愿对它借以完成自己的逻辑运算的那些基本原理进行审判。它的依赖地位往往使它变成诡辩论；但按其本质来说——正如早由黑格尔所正确地指出和车尔尼雪夫斯基本人在写《果戈理时期概观》时所正确地认为的那样，——它同诡辩
279 论毫无共同之点，因为它指出抽象的知性规定有缺陷，而任何诡辩论却都以这种抽象的知性规定的不可避免的片面性为依据。③ 我

---

① 《车尔尼雪夫斯基全集》，第十卷，第二部分，第四篇，第15页。

② 同上书，第9页。

③ 参阅黑格尔的话：“Die Dialektik ist nun ferner nicht mit der blossen Sophistik zu verwechseln, deren Wesen gerade darin besteht, einseitige und abstrakte Bestimmungen in ihrer Isolierung für sich geltend zu machen, je nachdem solches das jedesmalige Interesse des Individuums und seiner besondern Lage mit sich bringt... Die Dialektik ist von solchem Thun wesentlich verschieden, denn diese geht gerade darauf aus, die Dinge an und für sich zu betrachten, wobei sich sodann die Endlichkeit der einseitigen Verstandesbestimmungen ergiebt”(G. Hegel, *Encyklopädie der philosophischen Wissenschaften*, 1-er Theil, Berlin 1843, s. 153)〔“又辩证法切不可与诡辩相混淆。诡辩的本质乃在于承认孤立的片面的抽象原则本身即是对的，只要这原则能够适合个人当时特殊情形下的利益……辩证法与这类强词夺理的诡辩，完全不同。因为辩证法的出发点，是就事物本身的存在和过程加以客观的考察，借以揭示出片面的知性规定的有限性”(黑格尔：《哲学全书》，第一部，柏林1843年版，第153页)〕。[368]

们马上就会看到，车尔尼雪夫斯基对辩证法本质的这种缺乏深思熟虑的态度，怎样对他本人的某些见解发生了不利的影响。

第七章　生存竞争的有益性

前面已经说过，车尔尼雪夫斯基自流放归来后也顺便写过关于种变说问题的文章。他的文章的标题是“生存竞争有益论的来源（略论关于植物学、动物学和几门人类生活科学的几篇论著）”[369]，作者署名为“旧种变说者”。这篇文章与他所谓哲学本身，即“解决通常称作形而上学的最一般的科学问题的理论，例如解决精神和物质的关系、人类意志自由和灵魂不灭等问题的理论”①，并没有直接的关系。作者写这篇文章来批判达尔文的理论，我们可以让生物学专家来评判这种批判究竟取得多少成功。但在一篇讨论什么可以称作生物哲学的文章里，不能不遇到某些不单使生物学家很感兴趣的一般哲学概念。我们在车尔尼雪夫斯基的上述文章里也可以找到这样的概念，因此我们认为有必要在这一章里对这篇文章作一考察。

车尔尼雪夫斯基把达尔文的理论称为生存竞争有益论，并对它采取极其激烈的否定态度。[371]这篇文章一开始就表现出这种激烈的否定态度。车尔尼雪夫斯基在那里断言，这种理论以“一种 280
在逻辑方面非常出色的想法”、即有害的东西是有益的那种想法作为自己的根据。因为这种想法在车尔尼雪夫斯基看来是完全荒谬

① 《车尔尼雪夫斯基全集》，第六卷，第193页，附注。[370]

的,所以从这种想法中得出的结论也是荒谬的。我们的作者说道:"生存竞争有益论与它所涉及的每一门科学的全部事实相矛盾,特别是与植物学和动物学的全部事实异常突出地相矛盾;可是这种理论还是为了植物学和动物学而发明出来的,并且还是从这两门科学开始而推广到有关人类生活的各种科学方面去的。

"这种理论与人类一切合理的日常劳动的意义相矛盾,特别是与农业全部事实的意义异常突出地相矛盾,从原始人关怀其驯养的动物不让受饥饿和其他的灾难以及他们卖力地用削尖的木棒松土播种开始就是这样。"①

车尔尼雪夫斯基根据达尔文的某些话而断定说,生存竞争论是这位有名的英国自然科学家从马尔萨斯那里剽窃来的,而马尔萨斯则为了迎合英国社会上层阶级而写成了他的臭名昭彰的《人口论》一书。但是达尔文也不大理解马尔萨斯。马尔萨斯在自己的书中力求证明:人们的灾难是他们过度繁殖的后果。然而,马尔萨斯也从未想把由于过度繁殖而造成的灾难称作有益的现象。他认为这种现象是灾难,而且仅仅是灾难。达尔文则把马尔萨斯的思想应用于生物学,他认为,由于生物相互间的生存竞争而在生物界发生的灾难,对生物来说乃是幸福的泉源,也就是改善它们的机体组织的那种进步的泉源。一般地说,达尔文抱有这样一种思想方法,按照这种思想方法,可以把灾难认作幸福,或者至少可以认作幸福的泉源。车尔尼雪夫斯基说道:"这种了解事物的方法叫做乐观主义方法。达尔文抱着这种思想方法并且不认为其他想法是

---

① 《车尔尼雪夫斯基全集》,第十卷,第二部分,第四篇,第16页。[372]

可能的。因此他确信，马尔萨斯关于灾难的想法和他的想法一样，即认为灾难或者是幸福，或者是幸福的泉源。马尔萨斯所说的灾难——饥饿、疾病、因饥饿而发生的争夺食物的殴斗、为了饥饿而犯的杀人罪、饿死，——其本身显然不是幸福；由于它们显然不是
幸福，所以照达尔文的概念，应该把它们认作幸福的泉源。因此， 281
达尔文所得到的结论是，马尔萨斯所说的种种灾难，都应该产生种种良好结果，而这些灾难的根本原因，即繁殖过度，应该认作是生物历史上产生一切良好结果的根本原因，是改善生物机体组织的泉源，是那种使蔷薇、菩提树、橡树一类的植物，以及燕子、天鹅和鹰、狮子、象、猩猩一类动物由单细胞产生出来的力量。生存竞争有益论就是根据从马尔萨斯那里剽窃来的思想的意义的中肯推测，在达尔文的幻想中形成的。"①达尔文犯了一个科学上的重大错误，他设想自然界像一个保留那些具有所需要的特点的动物，而消灭那些不具有这种特点的畜类的主人那样地行动。实际上，主人完全不像自然界那样行动："例如他用斧背去打击他要消灭的那些乳牛的前额，但他决不会对他所要保留的那些乳牛前额给以同样的打击。"而我们在自然界看到什么呢？"自然选择的最普遍形式，就是过剩生物因缺乏食物而死亡；在这种情况下仅仅是即将死亡的生物遭到饥饿吗？不，它们全都会遭到饥饿。主人对待自己的畜群是这样的吗？假使他遏止家畜繁殖时是使全部家畜受饥饿，这能改良他的畜群吗？存留下来的家畜就会因而削弱，受到损

---

① 《车尔尼雪夫斯基全集》，第十卷，第二部分，第43页。[373]

害，畜群就会变坏。”①

车尔尼雪夫斯基把达尔文的生存竞争论叫做只有屠克玛达才说得出口的理论，并且说，当粗野的、鲁莽的、凶恶的小孩折磨小鼠的时候，他们不会想到这种行为是于小鼠有益的，而达尔文却教导他们这样想：“请看：小鼠躲避这些小孩；于是小鼠的运动速度和灵巧性增强了，肌肉发达了，呼吸能力增进了，整个机体得到了改善。不错，凶恶的小孩以及猫、鹞鹰和猫头鹰，都是小鼠的恩人。真是这样的吗？”②车尔尼雪夫斯基说，事情完全不是这样：过度的奔跑会使小鼠的机体衰弱，正像小鼠力求逃避自己敌人的追踪而藏在闭塞的洞里，会使它们的机体衰弱一样。这种代代有增无已的机体的损害，就引起退化。退化是不容置疑的灾祸，所以自然选择也是灾祸，而绝不是幸福。机体由于自然选择的作用而发生多大的
282 变形，它们也就发生多大的退化。如果说这种选择在生物史上具有压倒一切的影响，那么机体就不可能得到任何增强，但机体毕竟得到了增强，所以很明显，必定有着与自然选择的作用相对抗并且胜过它的某种力量或某些力量的联合。达尔文以前的一些种变说者曾经发现了这些力量中的某几种。将来还会发现另一些力量。但是不管这方面已经完成的或将要完成的发现如何，车尔尼雪夫斯基对以下这一点是毫不怀疑的，即：增强生物结构的力量，只可能是这样的力量，它们促进“生物机体功能的正常运转，如果这种生物有感觉能力时，它们还以自己的影响引起它的身心安乐、生活

---

① 《车尔尼雪夫斯基全集》，第十卷，第二部分，第35页。[374]

② 同上书，第43－44页。[375]

满足和愉快的感觉”。[①] 这就是我们这位作者的最后结论。在他看来，达尔文是杰出的，但只是作为“专题论文作者”，而不是作为种变说的理论家。在种变说理论家之中，车尔尼雪夫斯基看来是把拉马克置于首位，他把拉马克的著作 *Philosophie zoologique*[②] 称为天才的著作。[③] 在车尔尼雪夫斯基对达尔文提出的指责中，有一种指责起了不小的作用，那就是指责达尔文不了解他以前的种变说者的学说，顺便提一下，这也就是说他不了解那位拉马克的学说。[④]

在这儿我们首先不得不作一个事实的更正。达尔文在他关于物种起源一书导言前面的历史备考中，非常赞赏地谈到了拉马克的著作。在那里他还谈到自己的其他前辈。我们手头没有该书第一版，所以不能查对一下这一版本中是否已经有上述那篇备考。很可能没有那篇备考，而因为没有那篇备考，[379] 所以车尔尼雪夫斯基就指责达尔文忽视以前种变说者的著作。但是，在我们看来，第一版没有这篇备考还不能证明，在这一版出版以前、即在 1859 年 11 月以前，达尔文就没有读过拉马克和哪怕以前某些其他种变说者的著作。的确，达尔文在自己的备考中引证了“伊西多尔·乔弗洛埃·圣希黎的卓越的历史著作”（*Histoire naturelle générale*）[⑤]，该书出版于 1859 年。但是他并没有说，他只是从这本

① 《车尔尼雪夫斯基全集》，第十卷，第二部分，第 46 页。[376]

② 《动物哲学》。——译者

③ 《车尔尼雪夫斯基全集》，第十卷，第二部分，第 22 页。[377]

④ 同上书，第 41 页。[378]

⑤ 《自然通史》。——译者

书中才开始知道拉马克的思想，他只是说，他从这本书中借用了关于拉马克第一部著作出版时间的资料。这当然不是一回事：我们可能清楚地知道某个作家的思想，而不知道他的第一部著作是在什么时候出版的。我们姑且假定达尔文在写自己的著作时完全不知道他的前辈们的著作。当然这不是什么好事；但要说句公道话：遗憾的是，有许多作家都犯了这种过失。例如，车尔尼雪夫斯基所极其推崇的费尔巴哈本人就很不了解唯物主义史，也就是很不了解他与黑格尔的绝对唯心主义决裂后所改信的那种学说本身的历史：他在一部著作中嘲笑过"拉美特利的麦蕈肉馅饼"，[380]可是在那部著作中他的唯物主义观点却采取了最接近于法国唯物主义的形式。但车尔尼雪夫斯基未必会根据这一点而敢于责备自己亲爱的老师轻率。他这样也是对的，因为不管研究广泛理论问题的人在知识方面具有这种缺陷，是多么值得惋惜，然而这种缺陷的存在毕竟还不会使人不可能对事情采取严肃的态度。费尔巴哈持有这种严肃的态度，达尔文也同样持有这种态度，但车尔尼雪夫斯基却对达尔文这样不公平。

车尔尼雪夫斯基关于自然选择在动植物物种发展史上的意义问题的说法，绝不是达尔文本人的说法。达尔文连想都没有想过要问自己，是否应当承认不容置疑的自然史上的生物之间生存竞争的事实是一种"灾祸"。大概，他也同样没有问过自己，是否应该承认这种竞争的后果是一种"幸福"。在他看来，问题在于自然选择究竟是促进还是妨碍动物去适应它们的生存条件。而对这样提出的问题只能给予肯定的回答：是的，自然选择必然会促进上述的那种适应。车尔尼雪夫斯基所举的小鼠的例子，是很少有说服力的。当然，某种自然条件一般地说完全不利于某一物种的生存，这样的情况是完全有可能的，甚至是不可避免的。在那时就开始发生车尔尼雪夫斯基称之为退化的那种情况，也许更确切地说，可以把那种情况称之为这一物种的消灭。达尔文决不否认这种情况的可能性和必然性。但是，当自然条件还没有不利到使整个物种消 284
灭的程度，而同时却又为较不适应于这种条件的个体所不能忍受的时候，那就显然只有较能适应的个体才会留存下来。这种适应过程是否会是某一物种的改进过程，即属于这个物种的个体的机体复杂化过程呢？达尔文既不说“是”，也不说“否”，在他看来这里一切取决于情况。寄生物适应于它们的特殊生存条件的过程，往往是机体“衰退”、即机体简单化的过程。迄今为止地球上的生活条件一直有利于具有日益“完善”的机体组织的那些物种的出现。但是，这个不容置辩的情况并不改变达尔文理论的根本内容。即使生活条件——例如说，由于地球日益冷却——不利于复杂的有机体，达尔文的理论在本质上还是一样。那时，适应于环境的过程就会是生物机体组织简单化的过程。如此而已。在达尔文那里，“最能适应于环境的有机体”和“最复杂的有机体”这两个概念绝不是一致的。

达尔文过于夸大了自然选择在物种发展中的作用，对这一点现在未必再能有所怀疑了。但是，我们的作者在反驳这位英国生物学家时，毕竟把这种作用设想得比达尔文本人所设想的还要简单得多。车尔尼雪夫斯基说，自然选择的最通常的形式就是过剩的生物因缺乏食物而死亡。但是达尔文没有这样想过。他说：“每一种生物所能繁殖的极端限度，当然依照食物的数量而定；但一种生物的平均数往往不是由获取食料的困难性决定的，而是它成为其他动物猎获物的轻易性决定的。”①假如车尔尼雪夫斯基注意到达尔文的这些话，他大概就会把自然选择的意义看成另一个样子了。真的，我们可以设想，在遭到猛兽经常攻击的某一物种的个体中间，开始出现按其色泽来说较不易于被敌人发觉的个体。这些个体将有更多的机会逃避猛兽的利爪。它们将生存下来，而那些色泽较触目的个体则将灭亡。遗传性会把有利的特征遗传给那些
285 保存下来的个体的后裔，这样，终于有一个时候某一物种的全部个体都获得了有利于保存自身的色泽。这种情况与车尔尼雪夫斯基所举的小鼠的例子并不相似：在这里，选择并不“用斧背去打击”某一物种的全部个体的头，而类似我们所指出的这种情况在达尔文的理论中占有极其广泛的地位。我们再举一个例子。华莱士说，在马得拉岛上有许多昆虫已经完全或几乎完全丧失了翅膀，但是居住在欧洲大陆的同一种昆虫迄今都有十分发达的翅膀。华莱士这样解释这个现象：马得拉岛像温带的许多海岛一样，经常受到突然的台风的侵袭，因此，有翅膀的并当然用翅膀飞翔的那些昆虫便有被刮入大海的危险。华莱士说道：“因此，一年年下来，翅膀短的或较少用翅膀飞翔的那些个体就保存下来，这样就产生了一个没有翅膀或只有不完善的翅膀的物种。”②在这里自然选择也不是

---

① *L'origine des espices*, Trad. par E. Barbier, p. 74〔《物种起源》，巴尔比译，第74页〕。[381]

② Alfred Russel Wallace, *Le Darwinisme*, Paris, 1891, p. 138－139〔《达尔文主义》，阿弗里德·罗素·华莱士著，巴黎1891年，第138－139页〕。（见英文原著第三版，1923年，伦敦，第105页。——译者）

"用斧背去打击"某一物种的全部个体的头,而且在这里自然选择也是促进这些个体适应于它们的自然生存条件。这样的例子可以举出许许多多。假如车尔尼雪夫斯基注意这些事例的话,他就未必会下决心坚持他的这一想法,即认为达尔文的生存竞争论"与植物学和动物学的全部事实……相矛盾,可是这种理论还是为了植物学和动物学而发明出来的,并且还是从这两门科学开始而推广到有关人类生活的各种科学方面去的"。①

"把生存竞争论推广到有关人类生活的各种科学方面去",对这些科学毫无益处,这是完全正确的。可以认为,车尔尼雪夫斯基所以对达尔文抱着明显的反感(顺便说一下,这种反感表现在他认为达尔文理论只有屠克玛达才说得出口),主要是由于所谓达尔文主义对社会科学发展的有害影响。[382]但是,决不能要达尔文为达尔文主义者的失败负责。他的生存竞争论,决不能被用来作为论证某些达尔文主义社会学家所鼓吹的"一切人反对一切人的战争"的理由。达尔文发现,社会本能的发展"极其有利于"某一物种在生存竞争中保存自己。如果你们把他的这个思想应用于社会关系,那么就会得出与极端个人主义直接相反的结论,而极端个人主 286
义则是从达尔文主义社会学家的学说中得出的必然的逻辑结论。当然,达尔文本人对社会问题的认识很不清楚。恩格斯早在同杜林进行论战时就已指出,②这是由于达尔文不加任何批判就接受了马尔萨斯的人口学说。但是他的大智大慧防止他陷于他的许多

① 参阅《车尔尼雪夫斯基选集》,下卷,三联书店,第585页。——译者

② *Herrn Eugen Dührings Umwälzung der Wissenschaft*〔《欧根·杜林先生在科学中所实行的改革》〕,第五版,第60页。[383]

学生所陷入的那种极端性。的确，也许可以把达尔文当作一个普通的曼彻斯特学派分子，因为他在谈论人类社会生活时说道："对人来说应该存在公开的竞争，无论法律和习俗都不应该妨碍最有才干的人在生活中取得完全的成功和留下最大数量的后裔。"①显然，他也真的倾向于曼彻斯特学派，[385]大概他把这个学派当作最先进的社会理论。这是一个谬误；但这种谬误一点也不能推翻达尔文在研究有机生命现象时所使用的方法。一切人反对一切人的社会战争的拥护者引证他关于竞争所说的话也是徒劳的。有各式各样的竞争。圣西门主义者也赞成竞争，但正是为了竞争，他们才要求对财产关系进行根本的改造。

我们认为没有必要进一步深入分析车尔尼雪夫斯基对达尔文理论的看法。在我们已经谈过这种看法以后，我们只要请读者注意车尔尼雪夫斯基对达尔文的乐观主义的讽刺态度就够了。他硬说达尔文深信一切灾祸都必定会导致幸福。他把自己的这一思想，即"有害的东西总是有害的，永远不会是有益的"，同这种乐观主义对立起来。我们在考察车尔尼雪夫斯基的历史观点时还会遇到这种思想。那时我们将更详细地讨论这种思想，并力求顺便解决这样的问题：这种思想在何等程度上可以同黑格尔的下面这个原理——我们在前面看到，车尔尼雪夫斯基非常赞同这个原理——相适应，即：没有抽象的真理，真理总是具体的，一切都以时间和地点的条件为转移。在这里我们姑且说，车尔尼雪夫斯基并不总是按照"有害的东西总是有害的；只有有益的东西才是有益

① 《达尔文选集》，第二卷，谢切诺夫译，圣彼得堡，1899 年，第 420 页。[384]

的”这一公式发表议论的。在薇拉·巴夫洛芙娜的第二个梦中，他通过她的母亲玛莉亚·阿列克塞芙娜说：“听我说，薇尔卡。你是 287
有学问的人，但你是靠我偷来的钱求得学问的。你想着‘善’，可是我要不恶毒，你连什么叫‘善’也不知道呢。懂吧？”①从这些话可以得出结论说，恶事有时也会产生良好的后果。要知道车尔尼雪夫斯基在这个场合下是完全赞同玛莉亚·阿列克塞芙娜的。玛莉亚·阿列克塞芙娜在继续向自己的女儿解释时重复说：“你知道，她（玛莉亚·阿列克塞芙娜在这里谈到自己是以第三人称的。——格·普）的存心固然坏，结果却于人有利。你不是受过益么？还有一种恶人可不同了。”②在这里，车尔尼雪夫斯基本人又一次借玛莉亚·阿列克塞芙娜的嘴说话。如果他所说的话是正确的——而他的话实际上也是正确的，——在这里就可以看出，恶事并不总是得到恶果。而这是与车尔尼雪夫斯基为之批判达尔文的那个抽象原理相矛盾的。但是，我们认为有必要再说一遍，达尔文本人从来也没有把自然选择的问题转移到考虑善恶的基础上去。当然，这并不是达尔文的错误。

但是，不管车尔尼雪夫斯基在这个别的场合有某些失策，也不管他的方法具有某些一般性的缺陷，他终究是出现在我国文学界的最卓越的思想家之一。他的哲学观点的软弱方面，就是其中的辩证法因素不够完善，这也是他的老师费尔巴哈的体系的软弱方面。车尔尼雪夫斯基没有机会认识从费尔巴哈哲学中成长起来的

---

① 《车尔尼雪夫斯基全集》，第九卷，第 113 页。[386]

② 同上书，第 114 页。

马克思和恩格斯的哲学。马克思和恩格斯的哲学无疑比费尔巴哈体系前进了一大步,所以可以说,哲学思想的最新成就可惜始终是我们这位作者所不知道的。但在当时,西方也只有很少人知道这种最新成就。假如不是把车尔尼雪夫斯基的观点同马克思和恩格斯的观点相比较的话,假如只把车尔尼雪夫斯基的观点同例如拉甫罗夫和其他比较进步的同时代人的观点相比较的话,那就必须承认,他远远地胜过他们,并且当他退出舞台的时候,我国文坛就在哲学方面——而且可惜不仅是在哲学方面——开始了衰落时期。这种衰落的表现之一,就是后来声名狼藉的尼古拉·米海洛夫斯基的主观主义,但至今仍有许多人认真地把他与车尔尼雪夫斯基相提并论。实际上,特别是在哲学方面,米海洛夫斯基与"人本主义原理"一文作者相比之下只是一个真正的侏儒
288 而已。

我们这里都知道车尔尼雪夫斯基是一个政论家,有几分是一个文学史家,即他是《果戈理时期概观》和论莱辛的论文的作者,但人们完全不知道他是一个哲学家。首先,这是由于他关于哲学写得很少,其次,是由于他叙述自己思想的那种方式。他写得这样简单明了,以至他的某些读者正是由于这个原因而幼稚地拒不承认他在"人本主义原理"一文中所叙述的是哲学。这不是推测,而是事实,虽然也是可笑的事实,因为当时确实有这样的读者。下面就有一个证据。当1861年的《同时代人》杂志4月号发表了安东诺维奇所写的对拉甫罗夫的哲学的评论[387]时,《祖国纪事》杂志轻蔑地指出:"要理解安东诺维奇先生所说的一切,一点也不需要动

脑筋。这篇文章的明白易解使所有人都感到惊讶。”车尔尼雪夫斯基摘引了同他进行论战的这家杂志的这个评论，他从自己这方面写道：“你们听够了哲学是伤脑筋的东西这一套。你们试去阅读类似拉甫罗夫先生的著作那样的哲学论文，你们简直一点也不懂。而按照你们的意见，拉甫罗夫先生却是一位很好的哲学家。这就在你们头脑中形成了这样一种三段论法：‘我不懂哲学；因此，凡是我能够懂的就不是哲学。’”①由于这种三段论法，甚至车尔尼雪夫斯基所写的与哲学直接有关的那些篇章，也不被人认为是哲学，因为这些篇章叙述得过于明白易解了。用不着补充，直到今天，根据车尔尼雪夫斯基所指出的三段论法来评判哲学文章的“明达的读者”，[389]在我们这里也仍然没有灭绝。这使我们想起一个人的笑话，他患牙痛，首都的医生轻而易举地、迅速地拔掉了他的病牙。“我该付多少钱？——病人问道。——一个卢布，——牙医生这样回答。——要一个卢布！——病人大声叫道。——我们县里的牙医生在手术室里替我拔牙整整拔了一小时，他也只收 25 戈比，而您在一刹那之间就拔掉了，倒要收一个卢布！”车尔尼雪夫斯基徒劳无益地劝说幼稚的读者相信：“一个思想方式含糊不清的人（这里指的是拉甫罗夫。——格·普），不管他谈论什么题目，他的语言总是含糊不清的、叫人伤脑筋的。而哲学本身也许倒不是天晓得怎样难懂的科学。”②幼稚的读者过去不相信这一点，而且直到 289
如今还不相信。直到今天，如果你问一位普通的俄国“知识分子”，

① 《车尔尼雪夫斯基全集》，第八卷，第 266－267 页。[388]

② 同上书，第 267 页。[390]

拉甫罗夫和弗拉基米尔·索洛维约夫是不是哲学家，那你就会立刻听到他们回答：当然是的。而如果你跟这样的“知识分子”说，车尔尼雪夫斯基也是一位哲学家，而且要比拉甫罗夫和索洛维约夫深刻得多，那你就会使他大为惊讶。车尔尼雪夫斯基的哲学还不够含糊……

第二篇　尼·加·车尔尼雪夫斯基的历史观点 290

第一章　历史科学和自然科学

在考察车尔尼雪夫斯基的历史观点时，先弄清楚他对当代的历史科学状况的看法，将是有益的。从他论格兰诺夫斯基的文章的下面这段话里，可以清楚地了解这一点：

“我们越是深入地研究以往的历史著作，也就越相信，我们目前只有关于这门科学应该是什么样子的观念，而且只刚刚看到实现这个观念的最初的片面的尝试。我们不去考察实践在这方面如此落后于理论的原因，因为这会使我们离题太远；我们只是要说，一方面，困难在于迄今一直被人忽视的生活因素的历史材料的贫乏和零乱，另一方面，大概最为重要的障碍应当认为是对人类生活通常采取狭隘和抽象的观点。人本学只刚刚开始确立起对抽象的道德和片面的心理学的统治。”①

必须注意，车尔尼雪夫斯基在这里也力求采取“人本学”的观

---

① 《车尔尼雪夫斯基全集》，第二卷，第410页。[391]

点。我们已经知道,宣布"人本主义"原理的费尔巴哈-车尔尼雪夫斯基哲学所看到的人,与自然科学所看到的一样。车尔尼雪夫斯基想使历史学也从自然科学的观点去观察人。他说,"在人类生活的自然方面在生活中起着极其重要的作用,并且应当在历史上获得极其重要的意义的情况下,显然自然科学对历史学的影响应该
291 随着时间的推移而无比地巨大。目前预感到这一点的历史学家还不是很多。格兰诺夫斯基是其中的一个。"车尔尼雪夫斯基为了说明自己对历史现象的研究方法的观点,指出了基佐,用他的话说,基佐高过我们时代的其他历史学家。基佐关于文明史的讲演[392]的缺陷,在于它们的对象除政治史以外,只有人民的智力生活,而且还不是全部。至于生活的物质方面,讲演纲要甚至完全没有提到。基佐想阐述人的内心生活和他对其他人的关系的历史。他忘记了人对自然界的关系。车尔尼雪夫斯基说道:"但是,人类生活的泉源就在自然界之中,而且全部生活根本取决于对自然界的关系。"①

在这里,车尔尼雪夫斯基对基佐的批评似乎[393]是不正确的。他所指的基佐关于文明史的讲演,实际上对各民族生活的物质方面注意得太少了;但是,如果车尔尼雪夫斯基看一下同一位历史学家的其他著作,譬如,哪怕看一下他的 *Essais sur l'histoire de France*②,那么他就会看到,基佐完全没有忽视各民族生活的物质方面,相反地,他认为这方面起着压倒一切的影响。基佐说道:"要

① 《车尔尼雪夫斯基全集》,第二卷,第410页,附注。

② 《法国史论文集》。——译者

理解政治制度，就应当研究社会中存在的不同阶层和它们的相互关系。要理解这些不同的社会阶层，就应当了解土地关系的本质。”①

研究土地关系的本质并不意味着忽视社会生活的物质方面。但是，在这里必须作一个术语方面的附带说明。

车尔尼雪夫斯基的“生活的物质方面”一语在这里所指的意义，并不是我们谈到基佐的历史观点时所用的那种意义。某个国家中存在的土地制度并不是说明人们对自然界的关系，而是说明他们自己在社会中的相互关系。车尔尼雪夫斯基却把生活的物质方面理解为存在于人和自然界之间的关系。这是很大的、极其重要的区别。但我们立刻就会看到，我们这位作者关于这个题目的 292
进一步推论，却差不多完全取消了这种区别。

为什么车尔尼雪夫斯基会认为人和自然界之间的关系问题是这样重要呢？他从格兰诺夫斯基 1852 年 1 月 12 日在莫斯科大学纪念大会上所作的讲演《论通史的目前状况和意义》中，引用了很长的一段话来说明这一点。这段引文对于说明我们在这里感兴趣的车尔尼雪夫斯基的观点极为重要，所以我们至少要转引它的一部分。

格兰诺夫斯基说道：“我们所提到的地理概况，很少同进一步的阐述有机地结合起来。历史学家在自己的著作前面加上一段关于他所叙述的国家及其产品的粗略的概述作为开场白以后，就问

① *Essais*, 2-e édition, Paris 1860, pp. 75－76〔《法国史论文集》，巴黎，1860 年第二版，第 75－76 页〕。关于这一点，详见我的《论一元论历史观之发展》一书第二章。[394]

心无愧地转到他更熟悉的其他主题上去，并认为他已经完全满足了现代科学要求。仿佛自然界对人不是经常起作用的？仿佛这种作用不是随着人在形成的道路上每前进一大步而发生变化的？我们还远没有弄清楚把人民系在土地上的一切隐秘的线索，人民在土地上成长，他们不仅从土地取得物质生活资料，而且还从土地取得自己的相当一部分道德品质。地球表面上的自然产品分布，与市民社会的命运有着极其密切的联系。单是植物，有时就决定人民的整个生活。如果马铃薯不是爱尔兰居民的主要食物，爱尔兰的历史就无疑会是另一个样子了。某些动物对于其他国家，也同样可以这么说。"①

往后格兰诺夫斯基还引证了贝尔院士关于外部自然界对个别民族社会关系和人类历史影响的那篇论文中的一段很重要的话。[395]这篇论文的标题本身就说明，贝尔主要想从自然条件对社会关系的影响这方面去考察人和自然界之间的联系。格兰诺夫斯基指出，某些国家的全部历史取决于它们的植物区系或动物区系，那时他本人所指的也完全是这种影响。诚然，他还谈到"把人民系在土地上的"、甚至决定人民的道德倾向的某些隐秘的线索。

在这里可以认为，格兰诺夫斯基承认自然界对人们在社会中
293 的相互关系的直接影响。尤其是，在前面有一页上他并不否认"不能建立最高尚的国民生活方式的许多种族在历史上的软弱"②是自然科学的结论。但是，正如我们将在下面所看到的那样，车尔尼

① 这段话引自《格兰诺夫斯基全集》，1866年版，第一卷，第34页。

② 《格兰诺夫斯基全集》，1866年版，第一卷，第33页。

雪夫斯基曾经是种族理论的最坚决的反对者，所以当他写这篇论格兰诺夫斯基的文章的时候，即在1856年，也未必会哪怕部分地同意这种理论。① 莫如说，他所以喜欢格兰诺夫斯基的讲演，完全不是由于他准备承认某些人种在历史上软弱无能，而是由于他一直坚决指出各民族的社会关系依赖于他们的自然生存条件。假如是这样的话，那么车尔尼雪夫斯基关于自然界对人的影响的思想，就十分接近于我们对这个问题的看法：自然条件对人们起着影响，决定他们在社会中的相互关系。还在格兰诺夫斯基在莫斯科大学发表他关于通史的状况和意义的讲演之前好几年，马克思就已精彩地表述了这种看法。马克思在《雇佣劳动与资本》这本小册子里写道："人们在生产产品中所发生的各种各样关系，不限于他们对自然界的关系。生产只有在生产者的某种协同动作和共同活动时才可能。为了进行生产，人们便发生一定的联系和关系；只有在这些社会联系和社会关系的范围内并通过这些联系关系的媒介，才会发生人们对生产所必需的自然界的作用。"②人们在生产过程中的相互关系，决定于他们的生产力状况，而生产力又极其密切地依赖于该一民族的自然生存条件，即依赖于该一民族在其中生活的地理环境。这就是科学在研究关于自然界对"社会人"的影响问题时所得到的结论。这个结论对格兰诺夫斯基来说大概不十分清

---

① 还在一年之前，他在关于卡拉切夫的《历史学法学资料档案》的书评中，就指出"各式各样[396]的条顿狂、法国狂、英国狂、捷克狂、保加利亚狂"的虚伪性（《车尔尼雪夫斯基全集》，第一卷，第428页）。[397]正如常言所说，这离一般地对一切种族理论采取否定态度是很近很近的。

② 参阅《雇佣劳动与资本》，无产阶级出版社，第20页。[398]

楚。无可争辩，[399]当车尔尼雪夫斯基开始把“人本主义”原理应用于历史时，他对这个结论也是相当模糊的。但是，无论如何，格兰诺夫斯基和车尔尼雪夫斯基的观点的逻辑发展，必然只会导向
294 马克思的上述结论。而基佐从自己这方面来说也接近于这个结论（虽然还远没有充分地作出这个结论），所以车尔尼雪夫斯基责备他忽视生活的物质方面，是不正确的。但是，对我们来说，这里重要的并不是车尔尼雪夫斯基对基佐的看法是否正确，而是他对基佐的公正的看法或不公正的看法可以说明他自己的历史观点的性质。因此我们还要回过来对这种看法作一考察。现在我们还要再一次强调指出下面这一点，即我们的作者还在刚刚开始进行文学活动时，就为了自己的“人本主义”原理而要求历史学家注意各民族“生活的物质方面”。关于他的历史观点以后的发展的全部问题，都可以归结为他本人关于这个物质方面的概念采取了什么形式的问题。

第二章　车尔尼雪夫斯基的历史观点中的唯物主义

1855年，车尔尼雪夫斯基在关于当时闻名一时的列昂节夫的《文选》第三卷和第四卷的一篇很长的批评文章里，反驳了库托尔迦认为农业生活是人类原始生活的意见，他写道：

“一切民族的传说都证明，在他们懂得农业和定居以前，他们是飘泊不定，靠狩猎和畜牧为生的。就只以希腊的传说和属于阿提喀一地的传说来说，我们可以指出关于赛丽斯神和被她教会耕

作的特里普托列姆的神话[①]——显然，根据希腊民族的回忆，起初以狩猎为生的野蛮人处在贫困而粗野的状态中，只是到后来才知道定居的农业生活的幸福。格列姆的研究著作完全证实一切民族共同的这些传说对印欧各部落的整个欧洲分支来说都是正确的，这些著作的主要结论被人们公正地认为是绝对可靠的。在历史性的石碑上记载的那些肯定的事实，也直接证明了同样的情况：我们还不知道有哪个民族在已经达到农业阶段以后，还倒退到不知道农业的野蛮状态；相反，在许多欧洲民族那里，确实可信的历史几乎从开始就记载了整个农业生活的扩展过程。”[②]到非洲去的欧洲旅行家曾不止一次地遇见这样一些黑人的部落，它们被逐出自己 295
原来的居住地并进入了不大有利于农业的新的地理环境以后，就放弃了农业生活，而变成了牧民或猎人。因此，车尔尼雪夫斯基认为无论哪个民族一旦达到了农业阶段以后就不可能倒退到低级阶段，这种看法是错误的。但是，当他说不可能认为农业是生产力发展史上的第一步时，他是完全正确的。当他宣称社会经济发展是引起社会法权制度发展的原因时，他同样也是正确的。他说：“在不断地从一处迁移到另一处的游牧民族那里，个人的土地所有制是不能令人满意的、使人受拘束的，因而是不需要的。在它们那里，只有村社（部落、氏族、汗国、村落、天幕）才保持着自己地区的境界，而这地区是归它的全体成员共同使用的，个人并没有各自的

① 赛丽斯(Ceres)是希腊神话中的农业之神，特里普托列姆(Triptolemus)也是希腊神话中的半神半人的人物。据传说赛丽斯把农业耕作的全部秘密都教给了特里普托列姆，并给了他一辆马车到各地去旅行，教民耕作、播种和收获等等。——译者

② 《车尔尼雪夫斯基全集》，第一卷，第389页。[400]

财产。在农业生活中情况完全不同，农业生活使个人的土地所有制成为必要。因此，土地与部落法权、而后来与国家法权的联系始于游牧状态。”①这里再正确不过地指出了各民族生活的物质方面对这种生活的其他方面的决定性影响。但是，也许可以指出，在这里车尔尼雪夫斯基所说的其实只是“经济”和“政治”之间的联系。这当然是这样的。然而，阐明了这种联系，也就理解了所谓社会制度的主要特征。而当我们把社会制度理解为社会经济发展的结果时，也就能容易地理解“经济”对人们的思想和感情的影响：要知道早从十九世纪初期起，人们就承认他们的思想和感情同社会环境、即社会关系有着因果依赖关系。我们已经看到，车尔尼雪夫斯基善于用政治斗争的进程，也就是说，仍然是用社会环境的发展来解释哲学思想的发展。我们也已经从《哲学中的人本主义原理》一文知道，任何一个社会，正像社会的任何一个有机部分一样，认为对这个社会或社会的这一部分有益的东西，是有益的和正义的。车尔尼雪夫斯基只要把自己的这种观点彻底地应用于人类的思想发展史，他就可以清楚地看出，这种发展是怎样由社会中人们的利益
296 冲突、即由这个社会的“经济”所制约的。实际上车尔尼雪夫斯基也已经清楚地看到了这一点，至少是在某些场合清楚地看到了这一点。例如他在刊载于 1861 年《同时代人》杂志 4 月号的关于罗雪尔的《国民经济原理》的长篇书评里这样写道：

“请您随便举一个人类集团来说，它的思想方式总是受到关于它的利益的概念（正如我们指出过的，无论正确的概念还是错误的

---

① 《车尔尼雪夫斯基全集》，第一卷，第 428 页。[401]

概念,反正都是一样)的启示。让我们从人们按民族的分类开始吧。大多数法国人认为:英国是由于憎恨法国的幸福而毁灭拿破仑第一的'狡猾的阿尔比温'①。大多数法国人觉得:莱茵河边界是法国的天然的和必要的边界。他们也认为,萨瓦和尼斯的合并是件好事情。大多数英国人认为:拿破仑第一想毁灭毫无过错的英国,英国只是为了自卫才与拿破仑打仗。大多数德国人认为:法国人对莱茵河边界的贪求是不公正的。大多数意大利人觉得:把萨瓦从意大利那里夺走,而并入尼斯,是一件非正义的事情。为什么会有这种观点上的分歧呢?这只不过是由于民族利益(当然,都是些虚假的、但被那个民族认为是真实的利益)对立的缘故。或者,让我们按经济状况把人们分一下类。每一个国家的粮食生产者都认为:如果其他国家容许这个国家的粮食不纳关税而输入,那是公正的事情,如果禁止粮食输入他们本国,那也是同样公正的事情。每一个国家的工业品生产者都认为:如果容许外国粮食不纳关税而输入他们本国,那是公正的。这种矛盾的根源依然是同一回事:利益。粮价较高对粮食生产者有利。粮价低廉对工业品生产者有利。用不着多举这样的例子了,——每个人自己能够收集几千几万个例子。"②

如果说每个人对他所代表的人们集团实际上有利的一切,总认为是好的、无可怀疑的和永恒的,那么,根据车尔尼雪夫斯基的意见,政治经济学方面的学派的更替也必须用这种"心理学定律"

---

① 阿尔比温为不列颠群岛的古称。——译者

② 《车尔尼雪夫斯基全集》,第八卷,第137页。[402]

来解释。造成中等阶级的统治的那些经济生活方式，在亚当·斯密学派的作家看来是非常美好的和应当永久居于统治地位的。“这一学派的作家乃是经纪人等级或广义的商人等级——银行家、批发商、工厂主和一般的工业家——的意图的代表者。对商人等
297 级而言，如今的经济组织形式是有利的，比其他形式更为有利，因此代表这个等级的学派就认为这些形式本身从理论上说是最好的；在这种流派占统治地位的情形下，自然而然地出现许多作家，更突出地表达共同思想，把这些形式称为永恒的、绝对的形式。”①

当充当群众代表的人开始考虑政治经济学问题的时候，在科学中就出现了另一个经济学派，人们把它称为——正如车尔尼雪夫斯基指出，不知道是根据什么——空想主义者学派。随着这个学派的出现，代表中等阶级利益的经济学家就看到自己是处于保守主义者的地位。当他们起来反对违背中等阶级②利益的中世纪制度时，他们曾向理性呼吁。而现在群众代表也同样向理性呼吁，他们不是没有根据地责备中等阶级代表们的不彻底性的。车尔尼雪夫斯基说道：“对亚当·斯密学派说来，理性是反对中世纪制度的绝妙武器，但这个武器并不宜于对付新的敌人，因为它落到了他们的手中，并且打垮了斯密学派的信徒们，虽然它以前对这批信徒们曾是那样有利。”③由于这个缘故，中等阶级的有学问的代表们就不再援引理性，而开始援引历史了。这样就产生了政治经济学中的历史学派，威廉·罗雪尔就是这个学派的创始人之一。

---

① 《车尔尼雪夫斯基全集》，第八卷，第138页。[403]

② 指的是社会阶级，但车尔尼雪夫斯基总是使用“等级”这个术语。

③ 《车尔尼雪夫斯基全集》，第八卷，第139页。[404]

车尔尼雪夫斯基断定说，这样解释经济科学史，比通常根据这个或那个学派的知识的多少去解释经济科学史要正确得多。他嘲笑地指出，后一种解释方法就像在考试时用来评判小学生的方式一样，说某个小学生对这门科学学得好，对那门科学学得不好。车尔尼雪夫斯基问道："如果历史知识不足，难道会使政治经济学者一点不知道从前有过另外一些与如今不同的经济生活形式吗？这样一来，难道这些人就不可能再有最完善的新形式的要求吗？就不可能承认如今的形式并非绝对形式吗？"① 问题不在于资料，而 298
在于这个思想家或他所代表的那些人的集团的感情如何。傅立叶的历史知识并不比萨伊多，但却得出了与萨伊完全不同的结论。车尔尼雪夫斯基作出结论说："不，如果某人满意于现实，他就没有变革的想法；如果某人对现实不满，那就不管他具有历史知识，或者甚至毫无历史知识，他总是具有变革的想法。"②

话不能说得再清楚了。不是意识决定存在，而是存在决定意识。车尔尼雪夫斯基把这个构成费尔巴哈哲学基础的原理，应用于解释经济科学史、政治学说史、甚至哲学史。车尔尼雪夫斯基看到，在社会存在中有一些互相对立的因素；他还看到，这些互相对立的社会因素的斗争怎样引起和决定理论观念的相互斗争。但还不止这一点。他不仅看到，任何一种科学的发展是由相应的社会现象的范畴的发展所决定。他还理解到，相互的阶级斗争一定会在社会的全部内在历史上打下自己深刻的烙印。下面有一个关于

---

① 《车尔尼雪夫斯基全集》，第八卷，第 138 页。[405]

② 同上。[406]

这一点的有趣的证明。

他在《政治经济学纲要》中说明了存在于现代先进国家中的“三方面分配生产品”的规律后，从自己的说明中作出了简短的结论，他发表了以下这个对现代欧洲史的内部动力的极其卓越的见解：“我们看到，地租的利益是同利润以及工资的利益相对立的。**在反对分得地租的等级时，中等阶级和普通人民永远是同盟者**。我们看到，利润的利益是同工资的利益相对立的。只要资本家等级和劳动者〈等级〉结成的联盟，对获得地租的阶级占了上风，中层等级与人民的斗争就成为国家历史的主要内容。”①

在这儿，我们这位作者的观点和马克思、恩格斯的观点异常一致。这也没有什么奇怪。车尔尼雪夫斯基具有马克思和恩格斯所具有的同样的阅历：他是从黑格尔过渡到费尔巴哈的。但是，马克思和恩格斯对费尔巴哈哲学进行了根本的改造，而车尔尼雪夫斯
299 基则毕生是这种哲学的信徒，而且接受这种哲学在费尔巴哈本人那里所具有的形式。费尔巴哈有一句名言（当时曾引起许多叫嚣和不满）：Der Mensch ist，was er isst（人就是他所吃的东西）。②前面我们引证过费尔巴哈关于人们的生活方式对他们的思想方式的影响的其他某些原理。所有这一切都完全是唯物主义的原理。但是，这些原理在费尔巴哈那里，甚至在他关于宗教的学说中，始终完全没有得到发展。车尔尼雪夫斯基把费尔巴哈的观点应用于美学，在这方面，我们往后会看到，他得到了在某种意义上说是极

① 着重点是我们加的。《车尔尼雪夫斯基全集》，第七卷，第415页。[407]

② 见费尔巴哈著“自然科学与革命”一文，《费尔巴哈全集》，第二版，第十卷，第22页。——译者

为卓越的成果。但是,他在这里的结论也不是完全令人满意的,因为关于人类的美学发展的完全正确的概念,要求首先制定一个总的历史观。至于说到这种总的历史观,那么车尔尼雪夫斯基只是朝着制定这种历史观的方向走了几步,诚然,这是很正确的几步。我们刚才从他的作品中摘录的大段引语就可以作为这方面的例证。这些引语清楚地说明,车尔尼雪夫斯基善于对他的老师的唯物主义思想加上光辉的附录。但是,他的老师的唯物主义思想在涉及人们社会关系的地方具有抽象性的缺点。而费尔巴哈思想的这个软弱方面,就使他的俄国门生的历史观点显得不够严整和彻底。这种历史观点的主要缺陷在于,在这些历史观点中唯物主义几乎每一步都让位给唯心主义,并且唯心主义反而还是取得了最后胜利。

我们清楚地知道,在车尔尼雪夫斯基忠实于自己的唯物主义哲学的那些场合,他是怎样解释历史的。现在让我们来看一下,当他转到唯心主义观点的时候,他是怎样解释历史的。

第三章 车尔尼雪夫斯基的历史观点中的唯心主义

我们在他对波特金的名著《关于西班牙的通信》(《同时代人》,1857 年 2 月号)的评论文章中,可以读到下面这些话:

“民族分裂为敌对的等级,常常是改善它们的前途的最大的障碍之一。在西班牙没有这种有害的分裂,等级之间没有不可调和的敌对,没有一个等级仅仅为了损害另一个等级就不惜牺牲一切

300 最宝贵的历史遗产，——在西班牙，整个民族都觉得自己是一个整体。这个特点在西欧各民族中是极不平凡的，值得特别重视；这个特点，就其本身来讲，可以认为是这个国家的幸福前途的保证。”①

这不是笔误，因为车尔尼雪夫斯基在这篇文章中过了几页又说道：“在一个非常重要的方面，西班牙人比大部分文明民族有着无可争辩的优越性：西班牙各等级既没有因根深蒂固的仇恨，也没有因利益的根本对立而分裂；它们不像我们在其他许多西欧国家中所看到的那样构成互相敌视的等级；相反地，在西班牙，一切等级可以和睦地奔向同一个目标。”②

在同一篇文章里，车尔尼雪夫斯基坚决地断言：“愚昧无知——这就是西班牙的致命伤”③，并且与此相应，他把对西班牙将来可能的发展的全部希望，都寄托在这个国家中的启蒙运动的成就上。

每个十八世纪的“启蒙运动者”和每个十九世纪的空想社会主义者都会愿意赞同他的这些意见，正如我们这个时代的每个马克思主义者都会愿意赞同前面所引的车尔尼雪夫斯基关于社会思想对社会生活的因果依赖关系的见解一样。

空想社会主义者以及一部分十八世纪启蒙运动者，并非闭眼不看文明社会中阶级斗争的事实。车尔尼雪夫斯基也不是闭眼不看这种事实。空想社会主义者虽然确认阶级斗争的事实，但是并不认为可能依靠它来实现自己的纲领。相反，他们觉得阶级斗争

---

① 《车尔尼雪夫斯基全集》，第三卷，第38页。[408]

② 同上书，第44页。[409]

③ 同上书，第45页。[410]

是实现他们纲领的道路上的障碍，而在一切社会阶级的友好协助下，他们的纲领的实现会快得多和容易得多。因此，他们号召一切阶级在即将到来的社会改革的旗帜下联合起来①。我们看到，车 301
尔尼雪夫斯基关于西班牙各阶级的相互关系的意见，非常接近于空想社会主义者的观点。

马克思和恩格斯在自己的《宣言》中，非常中肯地评述了这种观点。“本来意义上的社会主义的和共产主义的体系，如圣西门、傅立叶、欧文等人的体系，是在无产阶级同资产阶级之间的斗争尚未发展的最初时期出现的，关于这个时期，我们在前面已经叙述过了……这些体系的创造者们虽然曾经看出阶级的对抗，曾经看出统治社会本身内部的破坏因素的影响，但是他们没有看出无产阶级方面的任何历史首创作用，没有看出无产阶级所特有的任何政治运动。”[411]

正因为空想社会主义者看不到无产阶级的任何历史首创作用，所以他们就一视同仁地向现代社会的一切阶级呼吁。正因为他们向一切社会阶级呼吁，所以他们在宣传自己的实际计划时所指示的，不是要把这些阶级分开，而是要尽可能把它们联合起来。

---

① 布尔仁在很有趣味的 *Fourier. Contribution à l'étude du socialisme français*, Paris 1905(《傅立叶。对研究法国社会主义的一个贡献》，巴黎，1905 年）一书中说道，傅立叶的体系包含着阶级斗争理论（第 596 页）。但是布尔仁把承认阶级斗争的事实和对这个事实的态度混为一谈。空想社会主义者看到了阶级斗争的事实，然而没有看到“Der Widerspruch ist das Fortleitende”（矛盾引导前进），如黑格尔所说的那样。他们不理解，阶级斗争正是分裂为阶级的社会的内部关系方面的一切进步所赖以实现的那个因素。只有布朗基理解了阶级斗争的历史意义；但布朗基的社会主义在这方面只是向科学社会主义的过渡。

因为现代社会是建立在阶级对抗之上的，所以空想主义宣传家的主要力量当然是用于描写未来社会制度的优越性，在未来社会制度下，阶级对抗将会消灭，而让位给普遍的团结。要理解这种未来社会制度的优越性，只需要深入地思考一下某个社会改革家所发现的社会规律。正如我们已经引证过的那个《宣言》所说，空想社会主义者以为，“人们只要理解他们的体系，就会立刻承认这种体系是建设最美好社会的最优良的计划”。[412]但是，既然空想社会主义者把以后社会的全部历史都归结为宣传和实行他们的改革计划，那么他们就必然用唯心主义的观点去看历史。十八世纪法国启蒙运动者说，C’est l’opinion qui gouverne le monde（意见统治世界）。空想社会主义者情愿重复他们的这个原理。例如，甚至被已故的米海洛夫斯基认作“经济唯物主义者”的路易·勃朗，也在自己的《十年史》中写道：“我们这个世纪的真正历史，包含在它的
302 思想史中。外交的骗局、宫廷的阴谋、嘈杂的争吵、街头的斗争——所有这一切都不过是社会的波动（l’agitation des sociétés）而已。它们的生命力不在那里。这种生命力是在一般意愿的秘奥的发展中，是在于不声不响地制定为革命作准备的学说。因为这一切事件总有一个深刻的原因，可是一旦发生这些事件以后，我们却以为它们是偶然产生的。”①在另一处，他又肯定说，历史是由书本造成的（L’histoire est faite par des livres）。由于这个缘故，空想社会主义者用唯心主义观点来考察他们当代社会的未来命运，

---

① *Histoire de dix ans*, T. Ⅲ, Paris, 1844, p. 89.（《十年史》，第三卷，巴黎版，第89页）。

是不足为奇的。他们确信这个社会的命运决定于社会成员对某个改革家提出的社会改组计划的“意见”,即决定于他们的看法。他们没有反问自己,为什么在这个社会里占统治地位的是这种观点而不是那种观点。因此他们没有想进一步研究那些在解释历史时的唯物主义因素,这些因素在他们的学说中无疑是很多的。相反,他们却抱着用唯心主义观点去考察以往的人类历史的意向。所以,我们在他们关于以往人类历史的论断中经常会看到一些无可怀疑的、看起来是极明显的矛盾:一些显然完全是在唯物主义意义上解释的事实,忽然却得到了完全是唯心主义的说明;反过来说,在唯心主义的解释中经常夹杂着完全是唯物主义的说法。这种不稳定的现象,这种现代读者看得清楚而作者却觉察不到的从唯物主义到唯心主义、又从唯心主义到唯物主义的经常的转变,在车尔尼雪夫斯基的历史论断中也表现出来,在这方面他很像西方的伟大的空想主义者。再重复一遍,他最后也和他们一样,倾向于唯心主义。

这一点从他那篇有意思的文章“论罗马灭亡的原因(仿孟德斯鸠)”中看得很清楚,这篇文章刊载在1861年《同时代人》(5月号)。在文章中他热烈地反对那种很流行的意见:即西罗马帝国的灭亡是由于它内部没有进一步发展的能力,而消灭它的那些蛮族人却带来了新的进步的种子。车尔尼雪夫斯基感叹地说道:“只要想一想进步是什么意思和蛮族是什么意思!进步是以智力发展为
基础的;它的根本方面也简直就是知识的成就和发展……例如数 303
学发达,实用力学便因而发达;而一切制造、技艺等等也就因实用力学的发达而得到改进……历史知识被掘发,那些妨碍人们安排

其社会生活的错误概念便因而减少,人们的社会生活也比以前安排得妥当些了。最后,一切精神劳动发展着人的智力,而国内学会阅读、获得读书的习惯和兴趣的人越多,那么国内能愉快地胜任无论什么样的工作的人就越多,也即是说,国内生活任何方面的进程也就会好转。可见进步的基本力量是科学;进步的成绩是与知识完善的程度及传播的程度相适合的。所以要问进步是什么,那就可以说:进步是知识的成果。那么蛮族又是什么呢?蛮族是还陷在极端愚昧无知状态中的人,是介乎野兽和智力已有少许发展的人们之间的人……如果一种制度,不管它是坏是好,但毕竟是人类的,毕竟本身有某种合理的、至少有一点儿合理的制度,一旦为兽类的习惯所代替时,那对于社会生活有什么益处呢?"①

在这里既没有谈到那位基佐在他的 *Essais sur l'histoire de France*② 里的第一篇文章中早就指出过的那些使罗马衰弱的罗马内部社会关系,也没有谈到那些使日耳曼的蛮族人在西罗马帝国瓦解时代强大起来的社会生活方式。车尔尼雪夫斯基甚至忘记了他自己在另一个地方引用过的普林尼的名言:latifundia perdidere Italiam(大地产毁灭了意大利)。[414]在他的"进步公式"(后来我们开始采用这种表达形式[415])中,没有谈到这个国家的内部关系。一切问题都被归结为智力的发展。车尔尼雪夫斯基坚决地认为,进步是以智力的发展为基础的,"它的根本方面也简直就是知识的成就和发展"。他甚至没有想到,"知识的成就和发展"可以由

---

① 《车尔尼雪夫斯基全集》,第八卷,第158页。[413]

② 《法国史论文集》。——译者

社会关系来决定,在某些情况下社会关系促进这种成就和这种发展,而在另一些情况下则阻碍这种成就和这种发展。他把社会关系描写成纯粹是某些意见流行的结果。我们刚刚读到这一点:“历史知识被掘发,那些妨碍人们安排其社会生活的错误概念便因而减少,人们的社会生活也比以前安排得妥当些了。”这同我们这位作者在评论罗雪尔的书的文章里所说的很不一样。在那里,他还认为:像对待小学生那样去评价学者,说什么他们不懂得某一种科学,因而构成了错误观点;这是不可能的,甚至是可笑的。在那里, 304
他还认为:问题不在于某位学者的知识的多少,而在于他所代表的那个集团的利益如何。一句话,那里的结论是:社会利益决定社会观点,社会生活决定社会思想。现在的结论却相反。现在的结论是:社会思想决定社会生活;如果社会制度有某些缺陷,那是因为社会像个小学生,它学得不好或学得很少,因而给自己构成了错误的概念。再不能想出比这更惊人的矛盾了。

而且值得注意的是,“论罗马灭亡的原因”一文发表于 1861 年《同时代人》杂志 5 月号,而评论罗雪尔的书的那篇文章则发表在同年的《同时代人》杂志 4 月号。因此在这里决不能说,车尔尼雪夫斯基在不同时期内对我们在这里感兴趣的问题持有不同的观点。不! 他在同一个时期内持有不同的观点,而这一点对他来说是有代表性的,因为他是这样一个人:他还没有成功地[416]把自己的历史观点归结为一个原则,因而在他关于历史进程的论断中可以说同时既有唯物主义,又有唯心主义。

车尔尼雪夫斯基继续议论道:“有人说,社会为根深蒂固的形式所限制,这就是说,社会上有进步的力量,进步是需要的。”①在这个场合下不赞成车尔尼雪夫斯基的唯心主义观点的人,可能会反对,而且当然也反对这一点,因为进步的需要是一回事,而社会上存在着能够满足这种需要的力量,则是另一回事。决不能把这两个内容完全不同的概念混淆起来:其中一个概念是纯粹消极的(“进步的需要”只表明现存形式的限制性),而另一个概念则是积极的,因为社会上存在着能够对共同生活方式进行必要改造的进步力量,其前提是深受这种方式的无益方面之害的某个阶级或某些阶级必须在智力上、精神上和政治上达到一定的发展程度。如果把这两个概念混为一谈,人类进步事业就被简单化到极点,而我们也就不会在历史上看到在某些共同生活方式的重压下趋于衰落的那些民族的悲惨景象了。这些共同生活方式虽然无疑是有害的,
305 但是没有能够被消灭,因为在人民中还没有能够完成这个事业的有生力量。不言而喻,我们这里所谈的不是对某个社会的一切阶级都绝对有害的形式。可以说,这样的形式是会自行消灭的。但是,对社会的继续进步特别有害的,往往是另一些不利于大多数人、而非常有利于少数特权分子的形式。只有在受苦受难的大多数人具有某种在政治上独立自主的能力的情况下,才可能消灭这种形式。然而大多数人并不经常具有这种能力。这种能力决不是被压迫的大多数人所必备的本性。它本身是由特定社会的经济所创造的。大概,对罗马的无产者来说,再没有比支持格拉古兄弟的法案更有利了。但是,他们并没有支持、而且也不可能支持这些法

① 《车尔尼雪夫斯基全集》,第八卷,第160页。[417]

案，因为罗马的经济发展为他们所造成的社会环境，不仅没有促进他们政治上的发展，却相反地还不断降低了这种发展水平。至于说到上层阶级，那么，首先，期待他们采取有害于他们的经济利益的政治行动，简直是可笑的；其次，他们自己也在同一个经济发展进程的影响下越来越腐化堕落，这个经济发展进程造成了罗马的无产阶级，又使他们变成了残忍而愚蠢的群氓。到头来，事情弄到这样的地步：罗马人，这些全世界的征服者，开始不大能够服军役，而用蛮族人来补充各个军团，也正是这些蛮族人最后结束了这个活活地瓦解的帝国的存在。① 因此，与车尔尼雪夫斯基的解释相反，罗马的灭亡决不是什么偶然的事，因为它的灭亡乃是早已开始 306
的历史经济运动的自然结局。

但是，车尔尼雪夫斯基对于能够有助于满足社会进步需要的那些力量的问题，却抱有完全不同的看法。在他看来，这样的力量在需要它们的地方总是存在的。

---

① 爱德华·迈耶尔十分正确地说道："Erst als das Reich innerlich bereits völlig zersetzt war, haben die Barbaren, die es selbst hereingerufen, denen es das Schwert in die Hand gegeben hatte, ihm die westlichen Provinzen entrissen"（*Die wirtschaftliche Entwickelung des Altertums*, Jena 1895, S. 50）〔"只有当帝国内部已经完全瓦解的时候，它自己召来的并由它用剑武装起来的蛮族人，才夺去了它的西部诸省份"（《古代世界的经济发展》，耶拿，1895 年，第 50 页）〕还可以参阅第 52－63 页。关于这个问题，可以参阅赛克莱塔恩的篇幅不大、但很有趣味的著作：*La Dépopulation de l'empire romain et les invasions germaniques*, Lausanne〔《罗马帝国的人口缩减和日耳曼人的入侵》，洛桑，1908 年〕。还可以参阅罗贝尔图斯所著 *Zur Geschichte der agrarischen Entwickelung Roms*（*Hildebrandts Jahrbücher für Nationalökonomie*）〔《罗马土地发展史》（《希尔德布兰德国民经济年鉴》）〕，第二卷；在俄文书籍中，考察罗马帝国灭亡问题的有佩得鲁雪夫斯基教授的《中世纪社会和国家史纲要》，莫斯科，1908 年，第二版，第 11－89 页。[418]

首先，生理学规律就保证任何一个社会都具备这种力量。“个别人的机体是可以使其生命衰弱下去的；但具有新生力量的新机体又会随着每个新生的人而出现，民族的力量也会借助于每一代的交替而恢复起来……请你们不要违反生理学，不要断言有些民族往往是由无头的人们组成的，或由没有胃的人们组成的，或单单由一些老人组成的，或单单由一些青年人组成的，——要知道，这四句话每一句都是同样荒谬的。何苦要装成蠢人或撒谎的人呢！”①

其次，车尔尼雪夫斯基还借助于以下这个逻辑上的理由来证明自己的思想。他自问，是谁的力量创造出走上进步道路的那些共同生活形式的。他有把握地回答这个问题说：是社会的力量。由此他就作出结论说，因为社会中的力量在数量上并未减少，所以它不可能无力控制以前它有力控制的东西：“难道破坏比创造更难吗？请想一想你们所说的是什么，你们说：建造房屋的泥水匠不能拆毁房屋；作桌子的木匠、锻锚的铁匠都不能毁坏他们所制造的东西。”②

并不是某个社会中存在的一切力量都朝着一个方向行动。历史表明，从事于改造“房屋”、“桌子”等等工作的“泥水匠”、“木匠”等等，必须克服那些想使“房屋”和“桌子”保持原样的社会集团的反抗。在另一些场合，即当车尔尼雪夫斯基忠实于唯物主义观点的时候，他本人曾清楚地意识到并且成功地强调了这种情况。但

---

① 《车尔尼雪夫斯基全集》，第八卷，第159页。[419]

② 同上书，第160页。[420]

是，"摹仿孟德斯鸠"把他引向了十八世纪的观点，于是他就像最纯粹的唯心主义者那样发表议论。

车尔尼雪夫斯基的最后结论是：古代世界完全是由于从莱茵河到黑龙江的一切游牧民族的洪流而毁灭的。"在这里完全像国家由于泛滥而遭到灭亡一样。灭亡时决没有任何内在的必然性。恰恰相反，生活是有生气的，进步是不停顿的。罗马帝国的灭亡， 307
就像赫古莱尼姆城和庞培城的毁灭那样，像现在在须德海[①]的波涛澎湃下的那个国家的毁灭那样，是一种地质灾变。"[②]

人们通常认为，车尔尼雪夫斯基的《论罗马灭亡的原因》一文是针对赫尔岑而写的，赫尔岑在1848年至1849年革命遭到失败以后，对西欧感到失望，而主要期待拥有农民村社的俄国来实现社会主义。维特林斯基先生在他不久以前出版的论赫尔岑的著作中很有把握地说，在车尔尼雪夫斯基的文章里，绝没有把赫尔岑看作想象中的论敌，因为作者很难把赫尔岑称为蠢人或撒谎的人。[③]维特林斯基先生并没有完全确切地说明车尔尼雪夫斯基的论战方式的性质。车尔尼雪夫斯基并没有说，他想象中的论敌不是傻瓜便是撒谎的人。他只是劝告他的论敌不要承认某些只有蠢人或撒谎的人才能承认的原理……当然，这也是极其尖锐的；但是，这种极其尖锐的语句却并没有维特林斯基先生所解释的那种个人侮辱

---

① 赫古莱尼姆城（Herculaneum）和庞培城（Pompeii）都是意大利那不勒斯湾上的古城，公元79年因维苏威火山爆发而埋于地下。须德海（Zuider-Zee）在荷兰境内，现为北海的海湾，以西弗里西亚群岛与北海分开。这个地区本为陆地，1282年因陆沉而遭到海水淹没。——译者

② 《车尔尼雪夫斯基全集》，第八卷，第167－168页。[421]

③ 维特林斯基：《赫尔岑》，圣彼得堡，1908年，第355页。

的性质。不过,我们觉得,认为车尔尼雪夫斯基在自己的文章里所反驳的正是赫尔岑的这个推测,就其本身而论是比较可能成立的。① 诚然,由于车尔尼雪夫斯基在自己的文章里反对人们吹嘘俄国的独特性,反对人们为这种独特性而欢天喜地,因此人们可能认为他瞄准的目标是斯拉夫主义者。然而,关于这一点,他还有一个附带说明,使我们不得不坚决反对这种想法。这个附带说明如下:"我们在这里所说的,当然不是指斯拉夫主义者,因为斯拉夫主义者有对我们所有的无用的东西一点也看不见的那种特殊结构的视觉。他们认为我国所有的无用的东西,对于复兴死亡着的欧洲都是绝妙的和极端适用的……我们现在不谈论这样的人们,因为他们的人数很少,而且也不值得同他们争辩,我们谈论的不是那些怪人,而是能根据普通人类智能来讨论问题的人们。"②由此可见,
308 车尔尼雪夫斯基对他想象中的论敌,并没有维特林斯基先生硬加在他头上的那种卑下的看法。但这只是顺便提一下而已。这里重要的是,用车尔尼雪夫斯基的话来说,他"想象中的论敌"除了村社土地占有制以外,在俄国看不到有任何东西可以从我们这里推广到先进国家,可以促进它们的复兴。这就使我们差不多有充分把握说,车尔尼雪夫斯基的这篇文章是针对赫尔岑关于俄国与"旧世界"的关系的著名观点而写的。车尔尼雪夫斯基坚决反对这种观

---

① 赫尔岑认为"论罗马的灭亡"一文是涉及到他自己的,奥格辽夫的看法也同样如此,奥格辽夫在自己的一封信里关于这篇文章说道:"这是可耻地出卖基督,也就是出卖真理和事业,这是不可容忍的。基督徒把这称之为渎神的罪行。"(参阅雷姆克:"车尔尼雪夫斯基案件",《往事》杂志,1906 年第 3 期)当然,这种看法是无论如何也不能同意的。反对赫尔岑和奥格辽夫的半斯拉夫主义,还决不是意味着"渎神的罪行"。[422]

② 《车尔尼雪夫斯基全集》,第八卷,第 173 页。[423]

点，他认为：欧洲不能从我们这里学到什么东西，“因为它本身对于它所需要的是什么新制度、这些新制度如何建立和用什么方法实行等类问题比我们的了解要好得多。即是说，我们简直没有什么可以使欧洲复兴的东西。”①

这是完全正确的，正如说我们没有任何理由来吹嘘我们的独特性是正确的一样，因为这种独特性只能归结为可怕的落后状态。对这种自我吹嘘（不论它出自哪一个人之口）进行斗争，永远是车尔尼雪夫斯基的一个功绩。赫尔岑对于俄国和“旧世界”的关系的观点是在斯拉夫主义者的强烈影响下形成的，并且是错误的。但是，使用比较正确的方法，也可能得出错误的观点，正像使用比较错误的方法，可能得到正确的观点一样。请问，使赫尔岑形成错误观点的那个方法，和使车尔尼雪夫斯基能够对这种观点进行完全正当的否定和嘲笑的那种方法，有怎样的关系呢？

对这个问题的答案，在我们这里有一半是现成的：我们看到，车尔尼雪夫斯基在论断罗马灭亡的原因时所遵循的是纯粹唯心主义的方法。我们认为这种方法在本质上是错误的，所以我们说，虽然车尔尼雪夫斯基对赫尔岑关于西欧前途的半斯拉夫主义的看法采取尖锐的否定态度，是做得正确的，但这个正确的结果毕竟是他借助于错误的方法而得到的。在这种情况下，关于赫尔岑可以说些什么呢？

他的思想过程是这样的：西方各民族生活在一种经济条件下；俄罗斯民族则生活在完全不同的另一种经济条件下。在西方占统

① 《车尔尼雪夫斯基全集》，第八卷，第173页。

治地位的是小资产阶级所有制；俄罗斯民族则同意村社所有制。因此，西方各民族浸透着小市民精神，对社会主义采取不调和的敌视态度，而俄罗斯民族则几乎是世界上最反对小市民的民族，由于
309 这个缘故，俄罗斯民族几乎比其他一切民族都更能实现社会主义理想。

在赫尔岑的这些论断中，实际的错误很多，而逻辑上的失误却很少。因此，它们也就把他导向了错误的结果。但是，无论它们使赫尔岑得到的结果是多么错误，我们仍然不能不承认，它们有一部分是依据这样一个正确的、虽然也是没有经过彻底周密考虑的思想，即意识是由存在决定的。[424]因为赫尔岑抱有这个完全正确的思想——我们再重复一遍，这个思想在他那里还远没有达到十分明白的地步，也远没有经过彻底的周密考虑，[425]——所以，他比车尔尼雪夫斯基较接近于唯物主义历史观，而只有这种历史观才能够向我们揭示出社会发展的真正原动力。①

第四章　社会发展进程

我们业已看到，“论罗马灭亡的原因”一文的目的在于反对关于俄国独特性的半斯拉夫主义的吹嘘。现在应当补充一句，它的

① 赫尔岑写道，西方的前途取决于人民在对上层阶级的斗争中将取得胜利还是被战败。“假如人民遭到挫折，新的中国（指英国。——格·普）和新的波斯（指法国。——格·普）就必然会产生。但是，假如人民摧毁敌人，那么就必然会发生社会变革”（《钟声》第40和41期，1859年4月15日，见“约·斯·穆勒及其《论自由》一书”）。决不能靠援引“生理学”来反驳这样的论点，这里必须诉诸社会经济，而车尔尼雪夫斯基在这里恰恰没有这样做。

目的还不仅在于反对这种吹嘘。车尔尼雪夫斯基在这篇文章里还反对基佐学派西欧历史学家的理论中他认为是没有根据的和有害的乐观主义。不妨提醒读者，斯塔修列维奇先生所译的基佐的《西罗马帝国灭亡以来的法国文明史》第一卷俄译本的出版，是促使他发表上述文章的表面原因。车尔尼雪夫斯基在反驳赫尔岑的观点的同时，也坚决反对历史的乐观主义。他表示坚信罗马帝国的灭亡是类似使赫古莱尼姆城和庞培城毁灭的一种“地质灾变”以后说道：

“物体无论怎样充满生机，往往因外来的破坏力而毁灭，事业
无论怎样健全，往往因外来的破坏力而败坏，这种类似的情形，每
天都可以在个别日常生活中遇到，在历史上也可以无数次地看到，
不过我们所知道的在历史上像整个古代文明世界毁灭时那样大规 310
模的毁灭，还从来没有发生过。请不要高谈这些灾变的合理、这些
灾变的有益吧。马用蹄子踢中了人的太阳穴，人被踢死了，——这
儿有什么合理的呢？这儿有什么致死的内在原因呢？里斯本毁于
地震[①]，——这能归咎于葡萄牙文明的优点或缺点吗？沙漠刮热
风，飞沙把撒哈拉草原上的商队埋葬了，——请不要来证明骆驼和
马的不良、人的愚蠢、货物的不好吧。”[②]

在基佐的历史乐观主义中，有一种倾向使车尔尼雪夫斯基感到愤慨，那就是认为战胜者总是正义的，而战败者总是有罪的。车尔尼雪夫斯基把这种倾向称为庸俗之见，并且说世界上任何事都

① 里斯本曾毁于1755年地震，后重建。——译者

② 《车尔尼雪夫斯基全集》，第八卷，第168页。[426]

可能发生：有时正义的人取得胜利，有时有罪的人取得胜利。他把席勒在《胜利者的凯旋》中的这几句话应用于历史：

生活使多少善良的人凋谢！
命运饶恕过多少卑劣的人！
活着的不是伟大的帕特洛克拉，
而是可鄙的迭尔西特①！[427]

根据车尔尼雪夫斯基的描写，毁灭西罗马帝国的日耳曼蛮族，至少在他们没有抛弃他们的野蛮制度以前，仍然是[428]某种类似"可鄙的迭尔西特"的人。他这样描述罗马国家崩溃以后建立的那种社会制度："在征服罗马各行省时侵略部落中的每一个人可以行劫，可以掠夺，可以杀他忽然想杀的人，不管这个人是被征服的居民还是自己的伙伴，当他还没有被某一个人杀掉的时候他就这么干，同时，首领可以杀掉一切被他控制的人们。"②最后，封建主义终于从这种延续了几个世纪之久的掠夺行为中产生了。但是，与罗马帝国中曾经存在过的社会生活方式相比，封建制度也绝不是一种进步。在罗马毕竟还有过某种法制，而封建主义则只是使掠夺成为一种制度，使内讧遵守一定的规则。当然，同六世纪和七世纪比较起来，甚至封建主义也算是前进了一步。但是，根据车尔尼雪夫斯基的意见，所谓前进了一步的意义仅仅在于，古时接受赎金的意

---

①　帕特洛克拉和迭尔西特（Patroclus，Thersites）都是希腊史诗《伊里亚特》中的人物。帕特洛克拉是阿溪里斯的朋友，曾披阿溪里斯的甲胄代其出战，被黑陶所杀。迭尔西特是一个专事诽谤的无耻小人。——译者

②　《车尔尼雪夫斯基全集》，第八卷，第169页。[429]

大利盗匪要比以前不受赎金专事杀戮的盗匪好一些罢了。当封建主义让位给中央集权的官僚制度的时候，即在十七世纪以后，在新的欧洲建立了早在三世纪就已经在罗马占有统治地位的那种形式。311

车尔尼雪夫斯基作出结论说："现在就请你们判断一下蛮族征服罗马各行省的良好影响吧。这个事件的全部有益性是人类的先进部分被打入深不可测的地狱，经过十四个世纪的多方努力，才好不容易从地狱爬到从前的位置。"①这一段话表明，在我们这位作者的历史观点中，偶然性占有极其宽广的地位。可以说，按照他的意见，在罗马帝国灭亡以后长达十四个世纪的西欧历史的整个方向，是由一个巨大的偶然事件决定的，或者像他在另一个地方所说的那样，是由一种地质灾变、即蛮族的入侵决定的。"地质灾变"这个用语使我们想起居维叶，居维叶就是用地质灾变去解释地球上动物群和植物群的命运的。我们已经知道，车尔尼雪夫斯基反对居维叶的理论，赞成种变说的观点。[431]那么就要问，在他的历史观点中，种变说怎样同关于在许多世纪内决定各民族历史命运的偶然事件和灾变学说和睦相处呢？

在提出这个问题时，我们决不想暗示种变说和灾变的概念是不相协调的。如果把灾变理解为发展的渐进过程的中断——即所谓自然界或历史中的飞跃，——那么决不能忘记，黑格尔早就在他的《逻辑学》一书中非常清楚地指出，在任何一种严整的发展理论中，"灾变"都是完全不能避免的。我们在其他著作中曾多次谈到这一点，因此我们认为现在没有必要再回到这个问题上来。但是，

① 《车尔尼雪夫斯基全集》，第八卷，第171页。[430]

如果说在任何一种严整的发展理论中,“灾变”在逻辑上是不可避免的,那么这一不容置辩的情况完全不能决定,承认“灾变”的地位的某种理论究竟在什么程度上可以被认作严整的理论。当我们问车尔尼雪夫斯基的种变说怎样同他的“灾变”论和睦相处的时候,我们是想弄清楚他是否善于把“灾变”看做发展的环节之一。这是在评价任何一种社会理论或历史理论时提出的最重要问题之一。

我们应该到车尔尼雪夫斯基关于基佐的另一部著作的书评中
312 去寻找这个问题的答案,基佐的那部著作也是讨论文明史的,但它不是专门讨论法国文明史,而是讨论全欧文明史。这部著作的俄译本出版于 1861 年,而在同年的《同时代人》杂志 9 月号上,车尔尼雪夫斯基就发表了关于这部著作的评论。[432]

在这篇评论中,基佐被评为深刻地研究过他所谈论的问题的一个严肃的学者。如果说他有许多不正确的思想,那么车尔尼雪夫斯基也毕竟认为其中每一个思想都值得加以仔细的分析。[433]基佐的历史著作的主要特点和主要优点在于,它们的作者从自己的计划中排除了关于个别事件的叙述,而把自己的全部注意力集中于说明每个特定时代的事件、制度和概念的总的精神。在车尔尼雪夫斯基看来,这些著作的主要缺点,正如我们已经知道,是对历史事件的判断方面的过分的乐观主义。① 在基佐那里,片面的进步概念是这种过分的乐观主义的学术根据。无论西欧在十三世纪时的情形怎样,它的状况毕竟要比十世纪的时候好一些。关于十七世纪也同样可以说:当时欧洲的状况要比四百年前好一些。

① 《车尔尼雪夫斯基全集》,第六卷,第 347 页。[434]

最后，目前时期不管它本身如何，毕竟要比十七世纪好一些。欧洲人类的命运是在不断地改善，虽然改善得很缓慢。这是不容置辩的。但是，类似基佐那样的乐观主义者却从这个不容置辩的事实作出了不正确的结论。

欧洲人类生活得到不断的、虽然是缓慢的改善，用车尔尼雪夫斯基的话来说，其原因在于“欧洲各民族本身的天性，欧洲各民族像其他所有民族一样，没有丧失对教育、真理和其他一切美好事物的渴望。”①天生的劳动能力和劳动愿望，也被列为人类本性的优良属性。人类命运的逐渐改善，也要用所有这些人类本性的优良品质来解释。“群众进行劳动，于是生产技术慢慢地得到改进。群众有天赋的求知欲，或至少是有天赋的好奇心，于是教育就逐渐发展起来；由于农业、工业和抽象知识的发展，性情就变得温和，习俗就得到改进，后来制度也得到改进；所有这一切只有一个原因——群众渴望改善自己的物质生活和精神生活的内在意图。”②

但是，群众渴望改善自己生活的这种内在意图，是在并不总是
对它有利的条件下实现的，据车尔尼雪夫斯基的说法，是在并不总 313
是对它有利的形式下实现的。用我们这位作者的话来说，这些条件“起源于完全不同的原则，并且是由完全不同的手段维持的”。车尔尼雪夫斯基举封建主义为例：“它与热爱劳动或求知欲有什么共同点呢？它起源于侵略，它的目的是占有他人的劳动果实，它是靠暴力维持的，封建主没有学术上的志向；他们愿意在懒惰中消磨

---

① 《车尔尼雪夫斯基全集》，第六卷，第348页。[435]

② 同上。

他们除了战争、比武和诸如此类的事情而剩下的全部时间。”[①]因此，决不能断言，封建主义在任何方面曾有益于劳动。如果劳动获得了某些成果，那是违反封建主义、而不是有赖于封建主义而获得的。关于知识的成就也应当这样说。如果已经获得了这些成就，那也不是有赖于封建主义、而是违反封建主义而获得的。这说明了进步为什么缓慢；这也说明了为什么直到目前为止文明仍然是不能令人满意的。车尔尼雪夫斯基说道：“除了人的天性以外，文明再也得不到任何的支持，而靠劳动和求知欲创造文明的人们，则处于极其受限制的状况，所以他们的活动是非常软弱无力的，并且不断地受到阻碍，这些阻碍甚至消灭了文明所创造的为数不多的成果中的一大部分。文明刚刚在上意大利城市中获得了某些成就，日耳曼族大军就来到这里，而帝王同教皇进行斗争的结果就是伦巴第和托斯坎纳的城市屈服于佣兵队长的压迫；热爱劳动的风气和科学刚刚在法国南部兴盛起来，英诺森三世就指令法国北部的大军开往这些兴旺的地区，宣布消灭亚尔毕派。在西欧，到处都经常这样或那样地重复同样的历史。”[②]

虽然进步的实现有赖于人类天性，并且是违背人类天性不得不在其统治下实现自己意图的那些形式的，但是倾向于乐观主义的历史学家正是把进步归之于这些形式，而重复了表现于以下公式的逻辑错误：post hoc，ergo propter hoc。[③] 他们说：“进步在这

① 《车尔尼雪夫斯基全集》，第六卷，第 348 页。

② 同上。[436]

③ 在这以后，就是由于这个原因。——译者

个形式下实现——就是说进步是由这个形式引起的。”车尔尼雪夫斯基指出，如果遵循这样的逻辑，那就应当认为冬天是违反外界寒冷的影响而在住宅中保持的温暖的原因了。而且他认为，基佐比所有其他历史学家更严重地犯了这种违反逻辑的罪过，因为基佐 314
把每一件重大的事实都必定当作有助于进步的东西。①

我们不去涉及车尔尼雪夫斯基用来解释基佐的乐观主义的那些理由，而只求分析他自己的论断。

首先我们要指出，作为他关于这个问题的所有论断的基础的那种思想，是与我们从《哲学中的人本主义原理》一文中所知道的思想相矛盾的。他在那篇文章里说，人按其本性来说，既不是善的，也不是恶的，要看环境怎样而成为善的或恶的。现在却认为，人的本性渴望“教育、真理和一切美好的事物”，并且人的本性顽强地实现这个愿望，而不顾对它不利的环境。然而这种不利的环境是什么呢？是这样一些人的行为，这些人杀害自己的同胞，掠夺他们，并用各式各样的暴力来打断他们的有益劳动。但是，如果这种行为也可以用人的本性来解释，那么车尔尼雪夫斯基在这里对人的本性所作的说明就是不充分的，因为那时就应当说，在人的本性中不仅有着对于一切美好事物的渴望，而且也有着对于一切丑恶事物的渴望。而如果我们对人的本性作这样的补充说明，在我们面前就必然会产生这样的问题：为什么在某些情况下这种本性所固有的良好的愿望占了上风，而在另一些情况下则邪恶的愿望占了上风？如果我们说——正如我们的作者在《哲学中的人本主义

① 《车尔尼雪夫斯基全集》，第六卷，第 349 页。[437]

原理》一文中所说——在这儿一切都取决于环境，那么这将是正确的。但那时在我们面前就立即产生这样的问题：使人的本性中导致封建主义产生的那些邪恶原则得以出现的环境是怎样的呢？在车尔尼雪夫斯基的论断中完全没有回答这个问题；可是在这些论断中也有一些意见使我们有理由认为，他未必会同意把类似残杀、征服和剥削他人劳动等等的恶行归之于人类本性。正如我们看到，他断定说，在其不利影响下“造成进步”的那些生活方式，“起源于完全不同的原则”。这些原则从何而来，仍然没有说明。但是，不管在这里我们的作者从哪里引申出这些原则，显然只有抛弃了他在《哲学中的人本主义原理》一文中所捍卫的观点以后，他才能拒绝从人的本性中引申出这些原则来。

我们再继续谈下去。进步借以实现的那些形式，并不总是有
315 利于进步的。好吧。这是什么样的形式呢？车尔尼雪夫斯基指出封建主义为例。但封建主义是完整的、十分复杂的社会关系的总和。车尔尼雪夫斯基所指的是这些关系的哪一方面呢？他首先说的是战争、掠夺和征服等等。我们也就来仔细看看封建关系的这个方面。

当然，战争在某种程度上决定着社会制度，但是，在它决定社会制度之前，它本身却是由社会制度决定的。因为这个缘故——而且仅仅因为这个缘故，——战争在不同的社会发展阶段上便具有不同的性质：蒙昧人相互交战的方式不同于野蛮部落，而野蛮部落相互交战的方式又不同于文明民族。在不同的社会发展阶段上，征服的后果也有所不同。当诺尔曼人征服英国的时候，得到的是一种后果，而当德国人征服阿尔萨斯-洛林的时候，得到的却完

全是另一种后果。征服的社会后果总是一方面依赖于在征服者中间占统治地位的社会关系,另一方面依赖于在被征服者中间占统治地位的社会关系。至于说到在这里从我们感兴趣的方面来加以考察的封建主义本身,那么必须记住,负有军事义务的那个特殊等级的出现,是以漫长的社会发展过程为前提的,这个过程在于财产关系、而主要是土地关系的变化和由这种变化所制约的社会分工[①]。这个过程是在一定的经济基础上实现的,我们的作者却令人奇怪地完全忽略了这种经济基础。他说,中世纪的人们本着自己的良好愿望而进行劳动,像封建主义那样的"形式"却阻碍了他们的劳动。我们姑且假定没有封建主义和其他诸如此类的不利于劳动的"形式"。请问,那时的社会集团会采取怎样的形态呢?在不遇到阻碍的劳动愿望的影响下,会形成怎样的"形式"呢?大概,车尔尼雪夫斯基会回答说,在那时某些村社生活方式的变种会兴盛起来。但是,在这样有利的环境下发展起来的村社的界限在哪里呢?难道没有根据假定村社之间会发生摩擦吗?如果有这样的根据的话,难道我们没有权利认为这些摩擦会导致战争,会导致强者压迫弱者,会导致车尔尼雪夫斯基用来解释文明发展缓慢的所有那些现象吗?

车尔尼雪夫斯基过分夸大了暴力在中世纪西欧社会史上的作 316
用,他这样做是仿效他的老师们——空想主义时期的社会主义者——的榜样,而他的老师们则仿效复辟时代法国历史学家的

① 参阅前面提到过的佩得鲁雪夫斯基的著作《中世纪社会和国家史纲要》,第234－256、290－309页。

榜样。

这些历史学家很善于评价阶级斗争在欧洲社会发展中的作用。基佐说过，全部法国史是由阶级斗争造成的①。上述时代的法国历史学家，还把法国大革命看作“第三等级”同世俗的和教会的贵族进行斗争的结果。因为他们是资产阶级思想家，他们当然完全同情“第三等级”。例如，无论基佐怎样倾向于乐观主义，但他的乐观主义在本质上也可以归结为这样的信念：西罗马帝国灭亡以来的全部欧洲史，都这样或那样地为“第三等级”或——像基佐更确切地表达的那样——中等阶级的胜利作了准备。这些学者把这部历史看作一个合乎规律的过程，所以他们正是把它看作为资产阶级的胜利作准备的过程。只要提起奥古斯丹·梯叶里和他那本当时说来非常卓越的《第三等级史》就够了。奥古斯丹·梯叶里和他同时的其他伟大法国历史学家都持有中等阶级的观点，对封建主义没有丝毫的同情。虽然他们完全准备承认封建主义在历史上出现是合乎规律的，但是他们对封建主义的出现研究得很差，并且主要用征服来解释它。其中有一些人，例如基佐，很轻易地容忍了征服的事实，并且非常乐意散布关于它的良好后果的说法，不过，已经说过，这种良好后果主要在于它们为比较遥远的中等阶级的胜利作了准备。另一些人，例如奥古斯丹·梯叶里，则对征服的事实抱有很大的、甚至几乎是强烈的反感。但是，无论如何，他们恰恰全都用征服来解释封建主义的产生，而对资产阶级制度的解释则相反，他们主要是用经济原因来解释资产阶级制度的发展。

① 很有意思，车尔尼雪夫斯基没有注意基佐的观点的这个方面。

从发现了产生封建主义的经济原因的现代经济科学的观点看来，复辟时代法国历史学家的观点所固有的这种特点，当然应当被认作这种观点的缺点。但是，空想社会主义者对这个问题却有另一种看法。相反，他们把法国历史学家的观点的缺点当作这种观点的优点，因为它使他们有新的论据来反对现存社会制度的基础：财 317
产原来是征服的后果，那它就失去了保守派力图赋予它的那种神圣的外貌。因此空想社会主义者完全不打算弥补这些历史学家的观点的上述缺陷。正如我们刚才看到的那样，车尔尼雪夫斯基也不打算这样做。像所有的空想社会主义者一样，他也过分夸大了征服的意义。他没有注意到，他对封建主义之类的仿佛违反人类本性的"形式"的看法，和他非常赞同的格兰诺夫斯基关于历史的意义的演讲中所说的话，是多么不协调。读者记得，在这篇演讲中说，各民族的历史命运、甚至他们的社会生活对地理环境的特性有着因果的依赖关系。我们也已经指出，车尔尼雪夫斯基本人是在促进或妨碍作为社会制度的最主要基础的社会经济发展的意义上，承认这种环境的影响的。

第五章　车尔尼雪夫斯基和马克思

我们已经不止一次地说过，车尔尼雪夫斯基像马克思一样，曾受过费尔巴哈的影响。我们还说过，车尔尼雪夫斯基一直保持费尔巴哈的观点，并把它们应用于某些个别的知识部门，例如应用于美学，同时马克思和恩格斯合作，却对这些观点进行了根本的改造，特别是从这些观点与历史有关的方面对它们进行了根本的改造。把马克思和恩格斯在解释历史时所得到的结果同我们的作者在这方面所得到的结论作一比较，是很有意思的。马克思对于基佐的著作 *Pourquoi la révolution d'Angleterre a-t-elle réussi? Discours sur l'histoire de la révolution d'Angleterre* (Paris, 1850)①所写的内容极其丰富的长篇书评，给我们提供了进行明显的比较所需的材料。这篇书评最初发表在马克思所编的 *Neue Rheinische Zeitung*② 杂志上，并且被梅林收入了《马克思、恩格斯和拉萨尔遗著》第三卷。[438]

318 马克思在这篇书评中对基佐提出的主要指责是，这位法国学者把法国议会辩论中所使用的普通词句用来解释英国历史，而忽视了这个国家的经济发展和由经济发展进程所制约的英国社会内部阶级斗争。基佐谈到了宗教学说对英国革命进程的影响，但是忘记了这些学说与市民社会的发展有着密切的因果联系。在叙述斯图亚特王朝被逐出英国时，他甚至丝毫没有联系到这个事件的最近经济原因，例如没有联系到土地贵族害怕失去由于收回教会领地而获得的土地，如果受到斯图亚特王朝支持的天主教会获得胜利，那当然会从他们手里夺走这些土地，以及其他等等。③ 在这篇书评中，马克思连一句话也没有谈到人的本性，以及某些社会生活形式与人的本性有什么关系。显然，在写这篇书评的时候，他已

---

① 《英国革命为什么成功？论英国革命史》，巴黎，1850 年。——译者

② 《新莱茵报》。——译者

③ *Aus dem literarischen Nachlass von Karl Marx, Friedrich Engels und Ferdinand Lassale*, Dritter Band, Stuttgart 1902, S. 412－413.〔《卡尔·马克思、弗里德里希·恩格斯和斐迪南·拉萨尔遗著选辑》，第三卷，斯图嘉特，1902 年，第 412－413 页。〕[439]

经坚定地持有他后来在《资本论》中所表述的原则，这个原则认为，由于人在生产过程中作用于外部自然界，他自己的本性也就发生变化。[440]简言之，马克思早在1850年写这篇书评的时候，他就作为一个唯物主义者来评判基佐了，可是车尔尼雪夫斯基在十年以后写的评论中，仅仅用纯粹唯心主义的见解来对抗这位法国历史学家的论断。

我们要顺便指出，马克思对基佐的态度并不完全正确。基佐远不是这样地同唯物主义解释历史事件的方式格格不入，像人们根据马克思的书评所可能想的那样。后来恩格斯谈到复辟时代法国历史学家时要公正得多。但是，在上述的那篇书评中，甚至马克思对基佐的过于严厉的态度对于马克思也是有代表性的：这种过于严厉的态度并不是由于其他原因，而是由于看到唯心主义因素而感到愤怒所引起的，这种唯心主义因素在这位法国历史学家的历史观点中无疑占有重大的地位。车尔尼雪夫斯基也对基佐感到愤怒，但他之所以愤怒，并不是由于基佐归根到底毕竟是一个唯心主义者，而是由于这位学者的见解并不经常充分地渗透着空想主义时期社会主义者所遵奉的那种唯心主义变种的精神，正因为他 319
们遵奉那种唯心主义的变种，他们并不去解释历史，而只是谴责或赞同这些或那些历史现象。

车尔尼雪夫斯基在说明辩证方法的性质时说过，在现实中一切都依赖于地点和时间的条件，因此过去（在黑格尔以前）人们用来评判善恶的那些一般的抽象原理是不能令人满意的。在批判基佐的观点时，他自己却开始从这些抽象原理的观点去评判历史事件。但问题也正在于他很少用辩证的观点去观察历史。

马克思和恩格斯从来也没有否认一般的观念、其中包括科学概念的发展的历史意义。但是，他们牢牢地记住，不是意识决定存在，而是存在决定意识，因此，不能用思想史来解释社会史，相反地，要用社会史来解释思想史。车尔尼雪夫斯基在个别场合也清楚地看到了这一点。我们已经知道这方面的光辉事例。但是当他把自己个别的历史观点归结为一个整体的时候，他似乎完全忘记了自己的唯物主义思想，而认为存在的发展对意识的发展有着因果依赖关系。他对于诺维茨基的《与多神教的发展相联系的古代哲学学说的逐步发展》一书所写的书评（《同时代人》，1860 年 6 月号，该文收入了全集），[441]在这方面显得最为突出。

在这篇书评里，车尔尼雪夫斯基把人类史比作行军。在行军时通常会出现一些掉队的人，随着军队和它的总司令部越来越向前推进，掉队的人数也就越来越多。在迅速进攻的时候有时也发生这样的情况：大多数士兵都落在后面。这些落后者已不再参加战斗，而只是加重他们队伍中的同伴们的负担，因为全部战斗重担都落在这些同伴的肩上了。但是，当他们的战斗胜利结束的时候，当敌人降服而战胜者有机会休息的时候，那些落后者就逐渐赶上先进者，最后整个军队又像开始行军时那样重新在自己的旗帜下集合起来。在人类的智力运动中也可以看到同样的情况。开始时所有民族都并肩前进：从前古希腊人也有过现在霍屯督人所具有的那些概念。后来某几个民族开始向前迈进，而其他民族落在他们后面。荷马所描写的希腊人比起任何一种穴居人或列斯特里干
320 纳人[442]来，已经是先进的民族了。然后在希腊人中间也开始出现了落后者和先进者。例如，还在梭伦时代，斯巴达人就已远远落

后于雅典人。后来在雅典人中间也发生了分化。车尔尼雪夫斯基说道："梭伦的英明是每个雅典公民所懂得和容易理解的，而苏格拉底却被他的大多数同胞看做不信宗教的人。"①我们在近代史上也可以看到这种情况。居住在前西罗马帝国各行省的一切人，起初对事物具有同样的观点："在七世纪或八世纪，教皇与最没有知识的法国或爱尔兰农民的区别，只在于教皇比后者记得更多的经文和祈祷文，而不在于对它们的意义有不同的理解。"过了一些时候，事情发生了变化："各个等级在物质状况方面的差别，也就造成了他们在智力生活方面的差别。"②教会的财富有可能使神学家们受到教育，其中最有才干的人已经着手改造旧概念。与此同时，科学也在前进，在科学中也发展起只有专家才能理解、而为群众所不易理解的内容。这些知识成就"是以僧侣和中层等级所拥有的物质手段作为基础的；市民也参与创作新的诗篇，这种诗篇已经是仍然停留在过去的童话和歌谣的水平上的全体人民所不易理解的了，一群诗歌能手和职业歌唱家兼诗人组成了城市行会；但封建贵族们的财富更加促进了这种变化，在他们那里出现了宫廷的抒情诗人。"③但是，在中世纪，先进人物和群众之间的距离毕竟要比近代小一些，近代科学开始极其迅速地发展起来，可是大多数居民继续处于愚昧无知状态，非常接近于他们在九世纪或十世纪所处的境地。有教养阶层的诗歌也同样迅速地发展起来，但群众仍然墨

① 《车尔尼雪夫斯基全集》，第六卷，第 265 页。[443]

② 同上书，第 266 页。[444]

③ 同上。

守着一些被曲解了的中世纪全民诗歌。甚至在有教养的人中间也存在着类似的态度。车尔尼雪夫斯基举莎士比亚为例。他说："我们看到，上世纪只有很少的英国诗人懂得莎士比亚，而且在有教养的公众中只有很少人能够重视这位诗人。其余的人在很长时期内继续讲究夸张的修辞或者是平淡无奇的风格，而这种东西是属于比莎士比亚的自然朴实的风格要低得多的诗歌发展阶段的。在智
321 力生活的一切方面到处都曾经发生过、并且还在继续发生同样的情况。"①

迄今为止，落后永远是大多数人的命运。现在也仍然如此。但是，由此还不能作出结论说，将来也永远如此。已经获得的真理是这样简单，这样容易被每一个人所理解，因此接受这种真理要比发现真理容易得多。当真理为群众知道的时候，它就会被群众接受。

车尔尼雪夫斯基把自己对人类智力发展进程的看法简述如下："起初从人群中逐渐分出一些智力高度发展的人，人群就越来越远地落后于他们的迅速运动。但是，当达到很高的发展阶段时，先进人物的智力生活就取得了越来越容易被普通人理解、越来越适合于群众的简单要求的性质，而历史上的智力生活的较高的后半期，按其对普通人的智力生活的关系来说，是在于逐渐地恢复人民生活的统一；最初曾经有过这种统一，但在前半期的运动中这种统一却遭到了破坏。"②

用车尔尼雪夫斯基的话来说，已经获得的真理是符合群众需

---

① 《车尔尼雪夫斯基全集》，第六卷，第267页。

② 同上书，第268页。[445]

要的。这是什么样的真理呢？显然，这不是数学的真理，也不是自然科学的真理。数学的真理和自然科学的真理与群众利益没有直接的关系。假如它们与群众利益有这样的关系，那么为了理解它们，毕竟是需要受过一定的、比较专门的训练的。车尔尼雪夫斯基所暗示的是有关人们在社会中的相互关系的真理。他认为，他的西欧老师们——费尔巴哈和空想社会主义的伟大代表罗伯特·欧文、傅立叶和其他等人，已经发现了这个真理。因此他认为，人类历史上的智力生活的后半期、即它的较高的半期已经开始了或者即将开始，在这个期间将最后发现真理，并在群众中传播真理，由于这样做，群众就将在自己的理解力方面接近于最先进的人。使群众可能掌握那最后发现的真理的保证是：第一，真理的单纯性；第二，真理符合群众的利益。人们通常在自己的行动中所遵循的利害打算，迫使群众不仅要掌握真理，而且要在自己的社会生活中
体现真理。车尔尼雪夫斯基就是这样想象社会的进一步发展进程 322
的。意识决定存在，因此没有必要去研究，在什么程度上和什么样的社会存在能够促使群众接受社会真理。这种真理是这样简单，因此任何一个具有最简单的利害打算的人都能理解这种真理。这种关于社会进一步的发展进程的概念，是和我们在科学社会主义创始人那里看到的概念直接对立的。当马克思和恩格斯作出他们著名的“预测”的时候，他们是诉诸资本主义社会的内部矛盾的，并且证明，资本主义的这些矛盾的必然的、不可避免的发展，会使[446]绝大多数生产者接受新的社会理想。在这里，意识的发展进程被看作存在的一定发展进程的必然后果。车尔尼雪夫斯基不去分析社会存在所特有的内部矛盾。他满足于确认这样的事实，

即这种存在的“形式”现在到处都不利于绝大多数居民。在他看来，要使群众接受社会真理，这个事实就足够了。这种真理极其简单，使它容易被生活在各种极其不同的生产关系下的“平民”所理解。车尔尼雪夫斯基把存在的进一步发展进程想象为知识的某种成就的简单结果。马克思和恩格斯从唯物主义观点来看问题。而车尔尼雪夫斯基则从唯心主义观点来看这个问题。马克思和恩格斯的历史观点忠实于费尔巴哈哲学的唯物主义精神。而车尔尼雪夫斯基的历史观点则与这种精神相矛盾。当然，在这儿绝对必须记住，[447]正如恩格斯在《费尔巴哈论》这本小册子里指出的，车尔尼雪夫斯基的老师本人在自己的历史观点方面也并不忠实于自己哲学的基本原理。

车尔尼雪夫斯基关于莎士比亚所说的话，清楚地暴露出他的进步概念的过于率直的性质。的确，只有很少的十八世纪有教养的英国人善于重视这位天才戏剧家的作品的伟大价值，当时大多数英国观众都对他十分轻视。但是，这绝不能用这大多数人缺乏知识来解释。事实是这样的：当所谓有教养的观众中绝大部分人瞧不起莎士比亚的时候，文学知识当然少于当时“有教养”人士的那些城市“平民”，却对莎士比亚表示了很大的、往往十分热烈地表
323 达出来的同情。这个事实可以用十八世纪以及十七世纪英国社会的阶级心理的某些特点来解释。从复辟时期起，英国贵族力图把烜赫的法国贵族的风味转到本国，而莎士比亚的有点粗野的、有时简直是“平民化的”现实主义，则很不符合这种风味。但是，“平民”却正是由于这种现实主义而喜爱莎士比亚。我们看到，英国人对于莎士比亚的看法的历史，实际上要比车尔尼雪夫斯基所想的复

杂得多，车尔尼雪夫斯基这一次又忘记了他自己的这句精彩的话，那就是绝不能用考试的观点（说人们知道这一点，而不知道那一点等等）去观察意见的历史。

刚才所叙述的那篇书评又一次向我们表明，我们这位作者在自己的历史论断方面往往从唯心主义观点转到唯物主义观点，又从唯物主义观点转到唯心主义观点。这篇书评中包含的历史观渗透着唯心主义的精神。但是，当车尔尼雪夫斯基考察制约着人类智力生活成就的个别历史现象时，他往往作为一个唯物主义者而下论断。他说，“各个等级在物质状况方面的差别，也就造成了他们的智力生活方面的差别”。用他的话来说，中世纪教育的成就是以僧侣、中层等级和封建贵族们所拥有的物质手段作为基础的。由此可见，思想的发展绝不是历史运动的最深刻的原因。相反，它本身是由社会经济发展所决定的。任何人都可以看到，这种唯物主义观点与车尔尼雪夫斯基的历史唯心主义发生了尖锐的矛盾。

我们已经知道，车尔尼雪夫斯基认为封建主义是这样一种“形式”，它的产生和存在妨碍了各民族的前进运动。对封建主义的这种唯心主义的评价是与我们刚才指出的他的唯物主义的评价相矛盾的，因为根据他的唯物主义的评价，封建主义是促进知识积累，从而促进人类进步运动的“形式”。为了消灭这个矛盾，车尔尼雪夫斯基就必须彻底地要么遵循唯物主义，要么遵循唯心主义。但是，作为科学历史观发展中的过渡时代的代表者，他是不可能达到这样的彻底性的，因为在这个过渡时代，唯物主义已经在这个领域内对唯心主义展开斗争，但唯物主义距离胜利还很远，因此最后结论依然还是属于唯心主义的。

324 可能有人会提醒我们，根据我们的意见，我们所分析的车尔尼雪夫斯基的书评已经是在马克思和恩格斯的历史观点形成严密整体以后出现的。这一点我们并没有忘记。但是我们觉得，问题在这里不取决于简单的年代的根据。拉萨尔的主要著作也是在马克思和恩格斯的历史观点已经具有严整形式以后出现的，然而按照思想内容来说，这些作品仍属于从历史唯心主义向历史唯物主义过渡的时代。问题不在于某个作品是在什么时候出现的，而在于它的内容如何。

既然在以往各个历史时代，知识的进步决定于经济关系的性质，那么到我们这个时代，车尔尼雪夫斯基就应该问问自己，这个时代使人们能发现社会真理并保证这种真理在将来实现的那些经济特点是怎样的呢？但是要给自己提出这个问题，就必须坚决地抛弃唯心主义，两条腿站在唯物主义历史观的基础上。我们不想再重复说车尔尼雪夫斯基远没有抛弃唯心主义，说他对于社会进一步发展的进程的看法完全是唯心主义的。我们只请读者注意，车尔尼雪夫斯基的历史唯心主义使他在关于未来的思考中把“进步”人物（按照我们现在的说法就是知识分子）放在首要地位，他们应该在群众中传播那终于发现的社会真理。他认为群众的作用就是充当正在前进的军队中的落后士兵。自然，任何一个头脑清醒的唯物主义者都不会断言：似乎一个中等的“平民”，仅仅因为他是“平民”，即“群众的一分子”，所以知识就不少于一个中等“知识分子”。他的知识当然比后者少。但是问题不在于一个“平民”的知识，而在于他的行为。人们的行为并不是常常取决于他们的知识，也不是仅仅取决于他们的知识，而且还要——并且是最主要地——取决于他们的地位，他们所具有的知识只是用来阐明和理解这种地位的。这里我们又要想起一般唯物主义特别是唯物主义历史观的一个基本原理：不是意识决定存在，而是存在决定意识。“知识分子”出身的人的“意识”比出身于“群众”的人的意识要发达些。但是出身于群众的人的“存在”使他的行动方式比知识分子在社会地位的支配下所采取的行动方式要明确得多。因此，唯物主义的历史观只容许在某种意义上、而且是极有限的意义上谈论“群 325
众”出身的人比知识分子出身的人落后的问题，在某种意义上“平民”无疑地落后于“知识分子”，然而在另一种意义上他无疑地胜过“知识分子”。正因为如此，唯物主义历史观的拥护者决不重复黑帮和工团主义集团对知识分子的荒谬的攻击，同时也决不同意把知识分子看成是历史的创造主，而唯心主义者通常总是这样看的。贵族习气是各式各样的。历史唯心主义的罪过，就在于它有“知识的贵族习气”。

车尔尼雪夫斯基的历史观点中的缺点是因为费尔巴哈唯物主义的不够完善而产生的，这种缺点后来成了我们的主观主义的基础，这种主观主义和唯物主义毫无共同之处，它不仅在历史范围内，而且也在哲学方面坚决反对唯物主义。主观主义者大吹大擂，自称是六十年代优秀传统的继承人。实际上他们继承的仅仅是这个时代的世界观的缺点。这个时代的世界观的优点，则成为“主观主义”的唯物主义敌手们的观点的基础。根据这一点就不难解决到底是谁更忠实于六十年代优秀传统的问题了。

一谈到“主观主义者”，我们就不由自主地回想起他们从前经常发表的关于“个人在历史上的作用”的滔滔不绝的议论。“主观主义者”断言这些议论重复了和发展了我们伟大的“启蒙运动者”的观点，他们这样说对不对呢？也对，也不对。我们已经看到，唯心主义历史观必然会极端夸大“先进的个人”的作用。例如，因为车尔尼雪夫斯基持有这种唯心主义，所以他对个人在历史上的作用的观点就接近于“主观主义者”的观点。但是，我们已经知道，在他的世界观中也存在着唯物主义历史观的萌芽。正因为存在着这种萌芽，所以车尔尼雪夫斯基对我们在这里感兴趣的问题的观点，是不会更接近于“主观主义的”观点了。

顺便提一下，在车尔尼雪夫斯基加以无条件赞赏的格兰诺夫斯基的演说“论通史的目前状况和意义”中，引证了贝尔院士的这样一些话：“世界史的进程决定于外部自然条件。个人的影响比起
326 这种条件来是微不足道的。他们几乎永远只是去实现那种已经这样或那样地准备好的、而且必定要实现的东西。企图建立任何崭新的和没有准备好的东西，始终是不会成功的，或者只会招致毁灭。”[①]格兰诺夫斯基一点也不反对这个观点。车尔尼雪夫斯基在关于格兰诺夫斯基的文章里也并不反对这个观点。但是，这个观点与唯物主义历史观的拥护者的观点有什么关系呢？这个观点是对后面这种观点的暗示，是科学思想朝着这个方向迈出的第一步，后来马克思和恩格斯朝着这个方向前进就得到了如此巨大的成功。实际上，“个人”总是仅仅实现那已经准备好的东西。在这里贝尔是对的。但当他把个人的影响与外部自然条件的影响相比较的时候，他犯了一个很大的错误。后一种影响很少是直接的。自

① 《格兰诺夫斯基全集》，第34-35页。

然条件往往只是间接地、只是通过它们所引起的那些社会关系来对历史发生影响的。因此，不应该把个人的影响与外部自然条件的影响相比较，而应该把它与社会关系的影响相比较。但这种比较在方法论上也可能是非常不正确的，因为社会关系是人们的关系，而不是某种虽然与人有关、但毕竟似乎与人相对立的形而上学的本质。实际上，人们在创造历史，但人们之所以这样地、而不是那样地创造历史，并不是因为他们自觉地要这样地、而不是那样地创造历史，而是因为他们的行动决定于不以他们意志为转移的那些条件。在这些条件中，当然也应当提到外部自然条件；但生产关系应当占有主要地位，生产关系是在特定的生产力的基础上产生的，而生产力又在相当程度上依赖于地理环境。贝尔曾经清楚地暗示过这一切，无怪乎他谈到外部自然界对个别民族社会关系的影响。但是，这些清楚的暗示中的正确的东西，却只有在马克思恩格斯的历史唯物主义中才得到了应有的发展。

车尔尼雪夫斯基在论莱辛的著作中这样表述了他对个人在历史上可能起的作用的看法：

“伟大的世界性事件的进程，是必然的和不可避免的，像大河一样，任何峭壁、任何深渊都挡不住它，更不用说随意建立的堤坝了。无论谁的力量都不能靠堤坝来使莱茵河或伏尔加河改道，具 327
有无限力量的河流一冲就把狂人的鲁莽的手想用来挡住它的潮流的一切木桩和垃圾抛上了岸；轻率的政策的唯一后果将只是：静静地浸润着河水并且披覆着碧绿的繁盛的草地的河岸，将暂时被受到凌辱的怒浪所撕裂和摧毁，——而河流还是走自己的路，淹没一切深渊，冲开山脊，直达它要流向的海洋。伟大的世界性事件的实现,既不取决于谁的意志,也不取决于任何个人。它们是按照像引力定律或有机体成长规律一样确定不移的规律实现的。但是,世界性事件实现得快些或慢些,它以这种方式或那种方式实现——这却取决于无法预见的和无法事先决定的情况。这些情况中最重要的一点,就是强有力的个人的出现,他们以自己活动的性质给予事件的固定方向以这种或那种性质,加速或延迟它的进程,并且以自己压倒一切的力量使那种把群众发动起来的混乱的力的波动具有规律性。"①

我们对这些思想只能补充两点意见。

首先,强有力的个人的出现也不是偶然的。我们早已指出,强有力的个人往往正是在极其需要他们的时候出现在历史上。怎么解释这一点呢?这不过是由于:某一种强有力的个人并不是在任何社会制度下都能找到运用自己能力的机会。例如,谁也不会争论,拿破仑的强有力的个性在某个历史时代上打下了极其深刻的烙印。但必须要有特殊的历史条件,拿破仑的力量才能充分地施展出来。如果旧制度再继续维持三十年的话,那我们就不知道拿破仑的一生将成为什么样子了。据说,在革命前几年他曾经想到俄国去,在俄国军队里服务。不用说,在那里等待着他的前途,无论在什么情况下都绝不会使他走向统治世界。而拿破仑手下的那些元帅呢?在1789年,奈、弥拉特和苏尔特都还是军曹。如果不发生革命的话,他们也许一辈子也得不到军官肩章。在同一年,也就是在革命开始的那年,奥什洛还是个普通的剑术教师,朗恩还是

---

① 《车尔尼雪夫斯基全集》,第三卷,第644－645页。[448]

个染色工人，顾维翁·圣-西尔还是个演员，马尔蒙还是个排字工
人，茹诺还是个法科学生，等等。所有这些人都有很大的军事才 328
能。但是旧制度不会容许他们施展这种才能；大家都知道，在路易十五治下只有一个不属于贵族等级的人获得中将的军衔，而在路易十六治下不是贵族出身的人的军事前程就更加困难了。[①] 因此，某一时期在某个民族那里存在的社会关系，决定着是否将在某个方面为某一类强有力的个人开辟道路。任何一种社会关系方式都是某种完全合乎规律的东西，所以很明显，强有力的个人之出现于历史舞台也有其规律性。

其次，强有力的个人一旦出现于历史舞台，他就以自己的活动加速事件的进程。这一点是正确的。但在这里也显而易见，加速的程度则取决于强有力的个人不得不在其中进行活动的那个社会环境的特性。

如果加上这些附带条件的话，现代唯物主义历史观的拥护者就完全可以接受车尔尼雪夫斯基的观点。要看出这种观点与我们主观主义社会学家的观点相差多么远，并不需要什么了不起的洞察力。这些先生有一种可爱的习惯，喜欢责备马克思的“学生们”，说他们仿佛抛弃了六十年代的遗产。但如果把他们的哭诉同车尔尼雪夫斯基在我们刚才的引文中关于个人的作用所说的话作一对照，那么很明显，这些以此为根据的——更正确地说，是完全没有逻辑根据的——哭诉，可以针对车尔尼雪夫斯基而发，正如它们针对马克思主义者而发一样。在这里，也像在其他所有方面一样，只

① 关于这一点，详见我的“论个人在历史上的作用”一文，载于《二十年来》文集。[449]

有马克思主义者才始终忠实于我们六十年代的伟大"启蒙运动者"的优秀遗训。

第六章　车尔尼雪夫斯基的后期历史著作

顺便提一下，前面已经说过，车尔尼雪夫斯基从西伯利亚回来后曾从事于韦伯的《通史》的翻译工作，并且为他的某几卷译本写了附录，这些附录对评述他的历史观点来说是极其重要的。在这里我们来对某些附录作一考察。

329 所有这些附录都是为了叙述"关于通史的某些问题的科学概念"而写的。由于极其明显的原因，最使我们感兴趣的是这样一篇附录，它考察了车尔尼雪夫斯基认为足以造成进步的那些因素。

在车尔尼雪夫斯基看来，进步就在于人类概念和习俗的改进。因此，关于造成进步的原因的问题，在他看来可以归结为是什么东西引起上述这种改进的问题。

车尔尼雪夫斯基说，人类生活对动物生活所有的全部优越性，都是人的智力上的优越性的结果。因此，车尔尼雪夫斯基认为人们的智力发展是提高人类生活的基本力量。当然，智力可能产生而且实际上往往产生了有害的结果；但是，根据车尔尼雪夫斯基的意见，智力只是在歪曲智力本性的力量和环境的影响下才产生有害的结果。他说："就本身而论，智力发展具有这样的趋势，即改进人关于自己对别人的义务的概念，使人变得更善良，在他身上发展起关于正义和诚实的概念。”①

我们看到，这也就是车尔尼雪夫斯基以前在对基佐的著作的评论中所叙述过的同一个观点。没有必要再去说明，把智力发展当作进步的主要动力的观点乃是唯心主义的观点。

车尔尼雪夫斯基在确立了自己的唯心主义观点后，非常合乎逻辑地按自己的方式发表议论，他说，人民生活中的任何变化都是组成民族的个人的生活中的变化的总和，所以在考察有利于或不利于改进民族智力生活和道德生活的那些条件时，必须弄清楚由于什么原因个人在智力方面或道德方面得到改进或趋于堕落。

政治经济学比其他社会科学更早地制定了关于进步条件的精确概念，它确立了这样一条不可动摇的原则：只有人的自愿的活动才产生良好的结果，而人由于外来的强制所做的一切则产生很坏的结果。如果把这个真理运用于人类物质劳动的成效问题，那我们可以得到这样的结论：“一切形式的非自愿劳动都是生产效能极
低的，只有这样的社会才能享受物质福利，在这个社会里，人们耕 330
种土地，缝制衣服，建筑房屋，每个人都按自己有益于社会的信念，从事于他所致力的工作。”②

把那个原则运用于如何获得和保持智力财富和道德财富的问题，我们就可以达到这样的结论：“当一个人自己不愿意保持高度的智力水平和道德水平的时候，任何外来的强制都既不能使人维持高度的智力水平，也不能使人维持高度的道德水平。”③

---

① 《车尔尼雪夫斯基全集》，第十卷，第二部分，第四篇，第170页。[450]

② 同上书，第171页。[451]

③ 同上。

这些结论在车尔尼雪夫斯基那里是由许多教育方面的看法充实起来的，它们在他眼里不仅有着理论的重要性，而且有实际的重要性。有教养的民族通常把野蛮部落看作儿童，以为对他们进行教育便可能而且应该强迫他们朝着一定的良好目标前进。文明民族的有教养的等级也是这样看待自己本国愚昧无知的群众。车尔尼雪夫斯基坚决反对这种观点。他说，甚至野蛮人中间最粗野的人也绝不是儿童，而是像我们一样的成人。但是，即使我们承认把野蛮人和没有受过教育的人比作儿童的那种不正确的比拟是正确的，我们也仍然没有丝毫权利应用暴力去教育野蛮人或“平民”，因为我们已经知道，暴力从来不会造成什么好结果。我们的作者说道：“如果我们这些任何民族的受过教育的人，希望为我们那些有着对自身有害的坏习惯的同胞群众做点好事，那么我们的责任就在于向他们介绍美好的东西，并且关心使他们有可能接受这种美好的东西。采用暴力是完全不适当的做法……希望任何文明国家的政府采取强迫措施来改造本民族生活的那些学者，是比土耳其国家的统治者更不开明的人。”①

在这里我们要来作一比较，可以说，这种比较是自然而然地引出来的。马克思所写的第一国际规章一开始就提出了一个著名的原理：“工人阶级的解放应该是工人阶级自己的事业。”[453]这也可以说就是车尔尼雪夫斯基所捍卫的同一个思想。但是，马克思在表述这个思想时直接面向无产阶级，而车尔尼雪夫斯基所注意的却是那些愿意为改善工人阶级命运而工作的多少受过良好教育的

---

①　《车尔尼雪夫斯基全集》，第十卷，第二部分，第四篇，第175－176页。[452]

人。这个根本的区别完全符合于前面指出的车尔尼雪夫斯基历史 331
观点的特点，由于这个特点，他把知识分子本身当做历史上的真正作战部队，而在他看来“平民”群众则像军队中的落后分子。我们已经说过，这个特点与我们这位作者的历史观点的唯心主义性质有着密切的因果联系。

暴力问题合乎逻辑地把他引向这样的问题：“在什么情况下理性和良心才能认为征服是正当的。”[①]车尔尼雪夫斯基说，所有这样的情况一定要符合自卫的概念。较强的民族总是有可能安排好它同较弱的民族的关系，以便和平相处。征服一个民族总是破坏正义的。但是，这其实是对定居的民族而言的。车尔尼雪夫斯基对游牧民族有不同的看法。某些游牧民族是爱好和平的；征服他们是不正义的。但有许多游牧民族从事于劫掠自己的邻族；理性和良心认为征服他们是正当的。于是在这儿就产生一个问题：文明的征服者有没有权利迫使被征服的游牧民族改变他们的风俗习惯。车尔尼雪夫斯基回答说，在防止掠夺所必需的范围内，他们是有这种权利的。不幸的事仅仅在于，文明的征服者通常只想到自己本身的利益，而不去考虑被征服者的利益。因此他们就诉诸暴力；假如他们考虑到被征服者的利益的话，他们就会记得，一切良好的结果都不是用暴力获得的，而是用温和手段和减少暴力的办法获得的。

但是，存在着许多似乎确实可靠的历史证据，说明暴力曾经使野蛮人的风俗得到改进。怎样看待这些似乎确实可靠的证据呢？

---

① 《车尔尼雪夫斯基全集》，第十卷，第二部分，第四篇，第176页。

车尔尼雪夫斯基回答说："了解人类本性规律的历史学家，不会怀疑任何诸如此类的故事都是荒谬的臆造；对于这些故事，历史学家的任务在于，解释它们是怎样产生的，发现制造这些故事的蓄意撒谎的错误根源或动机。"①

十八世纪的启蒙运动者，以及十九世纪的空想社会主义者，在他们的历史论断中都乐意诉诸人类的本性。诉诸人类本性有时也许在鼓动的意义上是有益的，然而对历史学这门科学来说却从来
332 没有什么益处。如果人类本性是固定不变的，那它就不能解释历史上的任何东西，因为历史的进程归结为不断的变化。如果人类本性自身在历史变化的影响下发生变化，那么就显然不能用它来解释历史变化。这些一般的看法也完全适用于刚才所叙述的车尔尼雪夫斯基的论断。他说，任何暴力都会导致有害的后果。但是，有哪一个民族不负有使用暴力的罪责呢？斯拉夫主义者曾经说过，俄罗斯国家与西欧国家不同，它是以契约为基础，而不是以征服为基础。想必车尔尼雪夫斯基本人也认为这种理论只不过是虚构的神话而已。在暴力会对自己有利的许多场合下，任何一个民族都决不拒绝使用暴力。然而各个民族的历史命运远不是一样的。怎样解释它们的不同呢？对于每个社会的内部发展，也可以提出同样的问题。没有一个民族，暴力在它的内部发展中没有起过作用。然而各个不同民族的内部发展也是不同的。单用暴力显然不足以解释这一点。最后，滥用实力的可能性本身，是由那些决不能用暴力来解释的条件所创造的。我们已经说过，所谓军事在

① 《车尔尼雪夫斯基全集》，第十卷，第二部分，第四篇，第178页。[455]

不同的历史发展阶段上具有不同的性质，它的性质归根到底是由社会经济关系制约的。车尔尼雪夫斯基本人有时也发表了类似的见解。例如，在为韦伯著作第九卷而写的一篇题为《论各民族在民族性方面的区别》的附录中，他指出了这样一些情况，在他看来，这些情况改变了罗马军队的成分，从而削弱了它的力量，因此为罗马帝国的灭亡作了准备。用他的话来说，随着罗马国家的疆域的扩展，民族就越来越分裂为两个阶级：大多数公民抛弃了军职，因为军事远征妨碍他们料理经济业务，而少数公民则完全抛弃了任何经济业务，把军事当作职业。这就引起了罗马政治制度的深刻变化，这些变化削弱了它的抵抗力，等等。在这里军事力量与一定的经济条件有着密切的因果依赖关系。车尔尼雪夫斯基也强调指出这种依赖关系。他说："自从历史学家认为必须研究政治经济学和讨论分工以来，他们就在关于罗马共和国后期和关于罗马帝国的著作中说明，由担任家主的公民组成的军队被职业军人的军队所 333
代替，以及后来担任军职的意大利人被较不开化的地区的当地人和异族野蛮人所代替，是由什么经济力量造成的。因此，早就应该抛弃关于罗马人蜕化的鬼话了，只应该说，大多数意大利居民不再组成在遥远边疆不断作战并驻扎在那里的设防营垒中的军队的主力了。因此，单是罗马人的大规模征战给军队成分造成的变化，就足以解释罗马帝国的灭亡和野蛮人之征服意大利了。"①

假若车尔尼雪夫斯基彻底地发挥了他在这里所发表的思想，那么他就得完全抛弃他在我们已经熟悉的那篇论罗马灭亡原因的

---

① 《车尔尼雪夫斯基全集》，第十卷，第二部分，第四篇，第143页。[456]

文章中所表现的唯心主义观点。但是问题正在于，他只是顺便发表了这种思想，没有进一步加以发挥。他在发表这种思想的时候，完全不觉得有必要抛弃历史唯心主义，但这不是由于他对唯心主义这种哲学理论的偏爱。一般说来，车尔尼雪夫斯基对这种理论是极端反对的。他在发表对于历史发展进程的唯心主义观点时，仍然认为自己是彻底的唯物主义者。他是错了。但是，他的错误的根源在于费尔巴哈唯物主义体系的一个主要缺陷。马克思很清楚地指出："费尔巴哈想要研究跟存在于我们思想中的对象确实不同的具体对象，但是他没有理解到人的活动本身是物质性的活动。所以，他在《基督教的本质》一书中只是把理论的活动才看作真正人的活动……"①车尔尼雪夫斯基也像自己的老师一样，几乎把注意力完全集中在人类的"理论"活动上，因此智力发展在他的眼里就成了历史运动的最深刻的原因。[458]在读到他关于暴力的危害性的论断时，有时可能以为，他不过是想向人类提出一些善良的忠告。他当然并不反对提出善良的忠告。但是他关于暴力所说的话，在他看来还有重大的理论意义。他把暴力看做一种歪曲人类
334 本性的因素。而我们已经知道，对他来说，人类本性乃是他在解释历史时向之申诉的主要法庭。

对人类本性，也像对世界上一切事物一样，可以从各种不同的观点来看。车尔尼雪夫斯基是用唯物主义者的眼光来看人类本性的。但是当他企图把他对人类本性的唯物主义观点应用于解释历史的时候，他在绝大多数场合都不知不觉地得出了唯心主义的结

① 见马克思早在1845年春写的《费尔巴哈论纲》。[457]

论。不过在他之前,信奉那种我们称之为马克思以前的唯物主义的人们,也往往发生这种情况。十八世纪唯物主义者在历史方面也是唯心主义者。

车尔尼雪夫斯基在自己的历史见解方面,是从这样一个无疑是唯物主义的思想出发的,即认为人是动物,他的机体服从于一定的生理学规律。生理学说道,要使动物的生命正常运行,就必须正常地满足它的机体的需要:“生理学把有机体机能运行的好和坏严格地区分开;它把食欲及其结果,即及时地吃适合机体需要数量的食物,列入有益于机体的这一类生活事实;把饥饿及其结果列入有害于机体的另一类事实。”①车尔尼雪夫斯基就是把这种有机体机能运行的好坏的区别应用于历史。他把暴力斥责为妨碍人类机体机能良好运行的因素之一。但是人类机体机能的运行的好坏怎么才能向我们解释人类进步的事实呢?他是这样解释的:

“生理学证明,假如人的体质比他原先的状况不是降低了,而是增强了,那么人类生活过程中有利于改善他的体质的因素,就多于具有降低体质倾向的因素。生理学只用有利于机体的生活条件对有害于机体的生活条件占优势这一点,来解释人从原始状态进步到他会砸碎石头来获得劳动工具的那种比较起来很高的智力发展水平。毫无疑问,在实现这种进步的时期内,人们不得不由于饥饿,由于有害的外部自然现象,由于毒虫和毒蛇,由于猛兽,由于自己不审慎的行为,由于相互之间的关系不好,而大受其苦。但无论这些灾祸的总和有多么大,它总是少于有益于人类机体的事实的 335

① 《车尔尼雪夫斯基全集》,第十卷,第二部分,第四篇,第217页。[459]

总和。假如不是这样的话，人的体质就不会增强而会变弱，他就会发生动物学中称之为衰退、体质下降的情况。”①

这一段话已经向我们清楚地说明，车尔尼雪夫斯基怎样把生理学的看法应用于解释人类进步的事实。但在这一段话中，这些看法仅仅被应用于所谓史前时期，或者更正确地说，最狭义的前文化时期，也就是在人会制造石器工具以前的那个时期。在这里车尔尼雪夫斯基也仍然坚持唯物主义观点，虽然这里他的唯物主义也暴露出形而上学的性质。说实在的，车尔尼雪夫斯基以生理学规律为依据，只是重复我们在前面——在分析他论达尔文理论的文章时——已经见到过的论断，即断言有害的东西永远有害，决不可能有益。② 我们在前面已经揭露了这些见解的理论弱点，这些见解与历史唯心主义有着密切的血缘关系；但在这些见解中，这种唯心主义所特有的性质只是间接地、并且主要是从方法论方面表现出来。要了解车尔尼雪夫斯基怎样从自己的生理学观点转到历史唯心主义观点，[462]就必须考虑到他的这样一个思想，即人类机体“机能的良好运行”导致大脑的发达，而大脑则增进人的智力，从而加速他的知识的进步。达尔文说道：“人如果不使用手这种如此惊人地听从他的意志的工具，他就永远不会取得世界上的统治地位。”③爱尔维修早就发表过同样的思想。在车尔尼雪夫斯基那里也可以看到这种思想。但是在他那里，这种思想立刻获得了特殊

---

① 《车尔尼雪夫斯基全集》，第十卷，第二部分，第四篇，第 224 页。[460]

② 同上书，第 217 页及以下各页。[461]

③ *La descendance de l'homme*, etc., Paris 1881, p. 5.〔《人类起源》及其他，巴黎，1881 年，第 5 页。〕[463]

的性质。他指出:“据说(而且大概是正确的),在手中拿起石块或粗棒并用这种武器来打击敌人的那种本领,增加了人们的安全,使他们有可能改善自己的物质生活,并由于物质生活的改善而获得智力的巨大发展。”①在手中拿起某种武器的本领增加了人的安全,使他有可能更好地满足自己的物质需要,并从而保证思想器官——大脑的发展。全部问题是在于,由于人的祖先的历史的某 336
些特点,人的头脑获得了无论哪一种类人动物的头脑所达不到的那种发展。这些特点究竟是什么,则仍然还没有弄清楚。但是很可能,根据车尔尼雪夫斯基的意见,人的祖先由于某种幸运的条件,在敌人的攻击下比其他类似他们的或和他们同样的生物获得了更大的安全。“但是不管靠的是什么方法,人们的祖先由于自己生活的某些有利条件的影响,终于获得了这样高度的智力发展,使他们成为人。他们的生活史仅仅从这个时候方才开始,有关他们的生活史所产生的问题不是具有一般生理学内容的问题,而是专门有关人类生活的问题。”②至于说到专门有关人类生活的问题,那么它们在人类史上是由智力和知识的发展所解决的。车尔尼雪夫斯基说道:“人类生活的今后一切进步,其实都可以用智力的优越性来解释。”③这里我们极其清楚地看到,车尔尼雪夫斯基在关于人类机体的论断方面这样或那样地坚持唯物主义观点,但只要话题一转到人类历史,他就立刻变成一个唯心主义者。

他的推论过程就是这样。他从费尔巴哈的这样一个原理开

---

① 《车尔尼雪夫斯基全集》,第十卷,第二部分,第四篇,第183页。[464]

② 同上书,第182页。[465]

③ 同上书,第182-183页。[466]

始,即人就是他所吃的东西。当人类机体按应有方式获得食物的时候——当外部条件保证他的机能运行良好的时候,——脑力就增强,而随着脑力的增强,人的智力发展能力和形成正确概念的能力也就增长起来。这种能力也就是历史运动的主要原动力。因此,当车尔尼雪夫斯基没有越出具有"一般生理学内容"的问题范围时,他始终是一个彻底的唯物主义者。而只要在他面前出现"专门有关人类生活"的问题,他的生理学唯物主义就为历史唯心主义敞开了大门。车尔尼雪夫斯基的例子几乎比任何其他例子都更好地说明,费尔巴哈的那种唯物主义还多么不适用于解释历史的发展。

我们已经不止一次地说过,车尔尼雪夫斯基历史观点的唯心
337 主义性质,绝没有妨碍他对某些个别历史现象作出唯物主义的解释。假如我们不感到必须提出某种在我们看来是极其自然的保留的话,我们就不会在这里再去重复这一点了。谁打算到我们这位作者的著作中去寻找对个别历史事件的唯物主义解释,他就应该提防犯错误,由于车尔尼雪夫斯基的唯心主义的方式与唯物主义历史观的方式在外表上有某种相似之处,有时是非常容易使人犯错误的。

问题在于,由于车尔尼雪夫斯基过分夸大了人类利害打算的意义,他有时在必须用不受人控制的经济发展力量去解释历史事件的地方,也用有意识的打算去解释这些事件。骤然看来,车尔尼雪夫斯基的这种解释可能有时会使人产生这样的想法,认为他在自己的历史理论方面完全站在最新的唯物主义观点上。但是,细心研究这个问题,事情原来完全相反。谁要是在人们的历史活动

中只看到有意识的打算的影响,他就仍然还是一个纯粹的唯心主义者,他就还远没有理解“经济”的全部力量和全部意义。实际上,经济的影响甚至扩及到那些绝对谈不上什么有意识打算的人们的行为和不同社会阶级的习惯。最主要的和最有影响的经济发展因素,迄今为止一向不受有意识的打算的任何控制。人们的一切社会关系、一切道德习惯和一切思想倾向,都是在这些盲目的经济发展力量的间接或直接的影响下形成的。顺便提一下,人的各式各样的利害打算,人类利己主义的一切表现,也都是由它们决定的。因此,决不能把有意识的利害打算说成是社会发展的首要动力。这种历史观是与最新的唯物主义学说相矛盾的。在这种历史观中表现出历史唯心主义的基本特征,即坚信“意见统治世界”。①

总之,车尔尼雪夫斯基毕生都保持这种信念。因此,我们也就认为他是历史唯心主义的代表者。谁要是熟悉他的著作,就未必会拒绝承认,在世界文学史上像车尔尼雪夫斯基那样用鲜明的色彩表现出历史唯心主义的作家,还是不多的。但有趣的是,恰恰是 338
在反对基佐的乐观主义的车尔尼雪夫斯基那里,历史唯心主义也带有独特的乐观主义色彩。在他关于暴力的历史作用的论断中,就可以清楚地看到这一点。

我们知道,暴力对于那些蒙受暴力侵犯的部落和民族造成严重的损害。但是暴力不仅对他们造成损害,它对使用暴力的人本身也造成同样严重的损害。用车尔尼雪夫斯基的话来说,历史表明,想损害人类而求得自己利益的那些民族的打算是完全错误的。

① 谁要是了解欧文的观点,他就知道欧文也过于夸大了利害打算的意义。[467]

"肆行侵略的民族一向是以自己被消灭和被奴役而告终的。"[①]

我们可能要问，能否希望譬如说那些在几乎完全消灭了黑皮肤的土人之后迁居澳洲大陆的英国人会"自己被消灭和被奴役"呢？我们觉得，这些英国人目前还既没有被消灭也没有被奴役的危险。假如他们总有一天会尝到被消灭和被奴役的民族的命运，那么他们的不幸也未必会同他们对澳洲土人所采取的不正义行动有任何的联系。这是如此显而易见，没有必要再去多说。车尔尼雪夫斯基认为，在历史上罪恶总会得到应得的惩罚。实际上，我们所知道的历史事实，没有提供任何根据可以证明这个可能是令人快慰的然而无论如何是天真的看法。使我们感兴趣的只是这样一个问题：我们的作者怎么会产生这种看法呢？对这个问题，只要说明车尔尼雪夫斯基生活的那个时代就可以回答。那是社会运动高涨的时代，可以说，那个时代在道义上需要这种看法，去巩固关于邪恶必遭失败的信念。

在车尔尼雪夫斯基从西伯利亚归来后所写的著作中，也可以看到浸透着唯物主义历史观精神的、极其中肯的意见。例如，读者在韦伯著作第七卷的附录("论种族")和第八卷的附录("论人们按语言的分类")中，特别是在我们已经引证过的第九卷的附录("论各民族在民族性方面的区别")中，就可以找到不少这样的意见。

---

① 《车尔尼雪夫斯基全集》，第六卷，第233页。[468]

第三篇 尼·加·车尔尼雪夫斯基的文学观点

第一章 文学和艺术的意义

在车尔尼雪夫斯基看来，人类的智力进步是历史运动的最深刻的推动力。文学是各民族的智力生活的表现。因此，也许有人可能预料车尔尼雪夫斯基会认为文学在文明史上起着主要的作用。实际上并不如此。车尔尼雪夫斯基认为在文明史上起主要作用的不是文学，而是科学。他关于科学说道："它静悄悄地、缓慢地创造着，它创造一切；它所创造出来的知识是一切概念的基础，然后也是人类一切活动的基础，它为人类的一切意图提供方向，为人类的一切才能提供力量。"①文学则不然。它在历史进程中所起的作用绝不是完全不重要的，但它的作用几乎总是次要的。

车尔尼雪夫斯基说："举例来说，在古代世界，我们看不到有一个时代，其历史运动是在文学的压倒一切的影响下完成的。希腊

① 参阅车尔尼雪夫斯基："莱辛，他的时代、生平和活动"，载《车尔尼雪夫斯基全集》，第三卷，第585页。[469]

人虽然偏爱诗歌，可是他们的生活过程并不是由文学的影响所决定，而是由宗教的、部落的和军事的意图所决定，此外在后来则由政治和经济问题所决定。像艺术一样，文学是最好的装饰品，但仅仅是装饰品而已，而不是基本的推动力，不是他们生活的主要动力。罗马的生活是由于军事和政治斗争、由于法律关系的确定而
340 发展起来的；对罗马人来说，文学仅仅是政治活动之余的高雅的休息。在意大利的辉煌的时代，当它拥有但丁、阿里欧斯托和塔索的时候，生活的主要因素也不是文学，而是政党斗争和经济关系：在但丁生前和死后决定他的祖国命运的正是这些利害关系，而不是但丁的影响。英国以拥有基督教世界的最伟大诗人和也许在其余整个欧洲文学界都找不到的这许多第一流作家而自豪，但在英国，民族的命运也从来不是取决于文学，而是由宗教的、政治的和经济的关系，议会辩论和报纸上的论战所决定的：所谓文学本身总是只对这个国家的历史发展发生次要的影响。几乎在所有历史上的民族那里，文学的地位几乎永远都是这样的。”①

车尔尼雪夫斯基只知道很少的几件事可以作为他所指出的一般通例的例外情况。在这很少的几件事中，十八世纪下半期和十九世纪初期的德国文学占了最重要的位置之一：“从莱辛开始活动起到席勒逝世为止……在这五十年期间，最伟大的一个欧洲民族的发展，从波罗的海到地中海、从莱茵河到奥得河的那些国家的前途，是由文学运动所决定的。应当说，其余一切社会力量和事件对

---

① 车尔尼雪夫斯基：“莱辛，他的时代、生平和活动”，载《车尔尼雪夫斯基全集》，第三卷，第586页。[470]

民族发展所出的力，比起文学的影响来，是微不足道的。当时没有任何东西帮助文学对德意志民族前途发生有益的作用；相反，决定生活的几乎其他一切关系和条件都不利于民族的发展。只有文学领导民族前进，对无数障碍进行斗争。”①

显然，车尔尼雪夫斯基认为从果戈理时期开始的俄国文学的作用也同样是特别重要的。在果戈理以前，俄国文学还处于可以称之为预备时期的那些发展时期：以前的每个时期之所以在俄国文学中具有意义，与其说是由于表明这个时期的文学现象的绝对价值，倒不如说是由于它为下一个时期作了准备。为了说明他的这个思想，只要指出他怎样理解我国文学的普希金时期与果戈理时期的关系就够了。他对普希金的看法，同别林斯基在自己活动 341
的后期对普希金的看法完全一样。他对普希金的诗评价很高，但认为它主要是形式的诗。创造完善的形式，这就是我国文学普希金时期所担负的历史任务。当这个任务得到解决的时候，在我国文学中就开始了新的时期，这个时期的标志是内容，而不像以前那样形式成为主要的东西。这个时期是与果戈理的名字联系在一起的。在果戈理时期内，我们的文学开始成为它应当成为的那样，即成为人民自觉的表现。当后来在果戈理的影响下在我国产生了所谓自然学派的时候，我们的文学也是朝着这个方向发展的。车尔尼雪夫斯基对我们文学中的这个新方向作了很高的评价。但是这个新方向远没有完全使他满意。他在《俄国文学果戈理时期概观》

---

① 车尔尼雪夫斯基："莱辛，他的时代、生平和活动"，载《车尔尼雪夫斯基全集》，第三卷，第586－587页。[471]

中做了一个附带说明：

“为了不给人以误会的口实，以为我们是贬低旧的而过分颂扬新的，这里得说明一下：现在这个时期的俄国文学，尽管有一切不可剥夺的价值，它之所以有极其重要的意义，那多半只因为它是我国文学未来继续发展的准备。我们多么相信将来更好，甚至对果戈理我们都要毫不怀疑地说：我们这儿将会有这样的作家，他们也会像果戈理高于他的先驱者一样，同样也高于他。问题只在于这个时期是不是很快就来到。假如我们这一代的人命定能够盼望到这个更好的将来，这该多么好。”①

车尔尼雪夫斯基断定文学应该是社会自觉的表现，他发挥了这样一个思想，这个思想从德国传入我国，早从纳杰日丁和别林斯基的时代起就在我们的文学批评中起了很大的作用。但是，在车尔尼雪夫斯基那里，这个思想立即取得了一切“启蒙运动”时期所特有的理智的性质。老实说，没有一种文学不是产生它的社会或某个社会阶层的自觉的表现。甚至在所谓为艺术而艺术的理论居于独占统治的时代，在看来艺术家对与社会利益有关的一切都置之不理的时代，文学也仍然表现社会中的统治阶级的趣味、观点和意图。上述理论在文学中取得优势的这一事实，仅仅证明在统治
342 阶级中间，至少是在艺术家所面向的那部分统治阶级分子中间，对重大的社会问题漠不关心的态度占着统治地位。但是，这种漠不关心的态度也只不过是社会的（或者是阶级的，或者是集团的）情绪，即意识的一种变形。在这个意义上，无疑地，普希金时期的或

① 《车尔尼雪夫斯基全集》，第二卷，第172页，附注。[472]

者甚至卡拉姆辛时期的我国文学都表现了我们的社会意识。但是，在车尔尼雪夫斯基看来，我国文学只是从果戈理时期起才开始表现社会意识。用他的话来说，仅仅从这个时候起，我们的艺术家才不再专门关心自己作品的形式，而开始赋予它们的内容以意义。这好像是不公正的，因为我们决不能认为，普希金对譬如说《叶甫盖尼·奥涅金》的内容漠不关心。但是，在《叶甫盖尼·奥涅金》与《钦差大臣》或《死魂灵》之间，在艺术家对被描写的现象的态度方面有着很大的差别。普希金并不反对把自己的主人公稍加申斥，责备他们的上流社会生活的空虚、眼界狭小、利己主义等等；但是，在他的《奥涅金》里，甚至连根本否定他所描写的社会生活的暗示也没有，而在果戈理的上述作品中却可以看到这种根本的否定，虽然这也是作者所不自觉的。车尔尼雪夫斯基也就是把这种否定旧社会制度的因素称为社会自觉的开始。如果说，他预料在将来会出现这样的作家，他们会像果戈理高于他的先驱者一样，同样也高于他，正如我们刚才所看到的那样，那么这在他就等于深信：将来我们的伟大艺术家，由于他们对陈旧的社会制度和家庭制度自觉地采取否定态度，一定会远远超过《死魂灵》的作者。在他看来，文学批评的最主要的义务，就是在艺术家中间普及这种自觉性。这种自觉性在俄国艺术家中间越是普及，那么我们的文学也就越是成熟到能够起车尔尼雪夫斯基认为它在当时过渡期间所应该起的伟大作用。

后来皮萨列夫硬说车尔尼雪夫斯基企图毁灭美学。他是错了。从车尔尼雪夫斯基关于1854年出版的奥尔丁斯基的亚里士多德《诗学》俄译本的文章(《祖国纪事》，1854年第9期)中摘引一段话，便可以说明车尔尼雪夫斯基离开这样的意图有多么远。“美

学是僵死的科学！我们不说再没有比它更生动的科学，但是如果我们把这些科学细想一下，未始无益。不，我们所称颂的其他科学
343 就远远赶不上它生动有趣。美学是没有成绩的科学！为了答复这点，试问我们还记得莱辛、歌德或席勒吗？还是自从我们认识了萨克莱，他们便丧失了受我们怀想的权利呢？我们是否承认前世纪后半期德国诗歌的价值呢？”①

车尔尼雪夫斯基向责难美学的人提出了一个带有讽刺性的问题，即我们是否承认十八世纪后半期德国诗歌的价值。他好像是在提醒他们说，有一些时代文学起着伟大的社会作用。但是，上述时期的德国文学对美学问题绝不是漠不关心的。相反，它在当时非常注重研究美学问题，而只是因为它很注重研究美学问题，它才能成功地起了它所应当担负的作用。不应该忘记，根据车尔尼雪夫斯基的意见，莱辛是这个时期德国文学界最杰出的活动家：“后来德国作家中间的所有最卓越的作家，甚至席勒，甚至歌德本人在他最好的活动时代，也都是莱辛的学生。”②而莱辛则主要是一位文学和艺术理论家；他作出最大贡献的领域，就是美学的领域。

车尔尼雪夫斯基说道，如果人们承认诗歌、文学和艺术是极其重要的科目，那么一般文学理论问题也应该具有重大意义。他补充说道：“一句话，我们觉得：反对美学的全部争论是由于误会，由于曲解什么是美学和什么是一般理论科学。”③

车尔尼雪夫斯基向读者问道：“按照您的意见，谁更高一些呢：

---

① 《车尔尼雪夫斯基全集》，第一卷，第28－29页。[473]

② 同上书，第三卷，第589页。[474]

③ 同上书，第一卷，第28页。[475]

普希金还是果戈理?”用他的话来说,这个问题的解答取决于关于艺术的本质和意义的概念。而这些概念早在亚里士多德和柏拉图的著作里就已取得正确的形式。因此,车尔尼雪夫斯基认为必须向读者介绍这些思想家的美学理论。作为哲学唯心主义的坚决反对者,我们这位作者当然不能对柏拉图的整个哲学表示赞同。但这并不妨碍他热烈地赞同这位伟大的希腊唯心主义者对艺术所持的观点。

车尔尼雪夫斯基说:“他并不是从学者或演员的观点,而是从
社会和道德的观点来看科学和艺术,他看一切也莫不如此。人不
是为了要做演员或学者而生活的(像许多伟大哲学家连亚里士多 344
德在内所想的那样),而科学与艺术应该为人的幸福服务。”①

用我们这位作者的话来说,这种观点必然会使柏拉图对艺术采取否定的观点,在柏拉图的时代里,艺术几乎仅仅是美妙而高尚的娱乐,但终究是这样一种人的娱乐:他们无所事事,只是欣赏多少带点色情的图画或塑像,陶醉于多少带点色情的诗篇。对柏拉图来说,艺术只不过是娱乐,正是这个事实解答了关于艺术的问题。但当柏拉图把艺术看做娱乐的时候,他却并不诽谤艺术。为了证明这一点,车尔尼雪夫斯基引证了“一位极严肃的诗人”席勒的话,席勒当然不是敌视艺术的。根据席勒的意见,康德把艺术称为游戏(das Spiel)是完全正确的,因为只有在游戏的时候,人才是完全的人。②

---

① 《车尔尼雪夫斯基全集》,第一卷,第31页。[476]

② 席勒关于美感起源于游戏的论点,见他所著《美育书简》第十五信及以后各信。——译者

车尔尼雪夫斯基认为柏拉图反对艺术的论争是极其无情的；但是他看到其中有许多正确的东西。他指出："不难表明，柏拉图许多严厉的指责甚至对现代艺术来说还是正确的。"①我们恐怕不需要再补充一句，他所以对柏拉图的严厉指责表示热烈赞同，在极大程度上是由于这种情况所引起的。

柏拉图反对艺术，是因为艺术于人无益。我们的作者准备指责于人无益的艺术，并不亚于柏拉图。根据他的意见，认为艺术不应该是有益的、认为艺术只是为自己本身而存在的那种思想，是一种怪诞的思想，正如说"为财富而财富"、"为科学而科学"等等一样。"人类的一切事业，如果不想成为无聊懒散的职业，都应该为人类的利益服务：财富是为了人使用它而存在，科学是为了指导人而存在，那么艺术也应该用于主要的用途，而不是用于无益的娱乐。"②

艺术给人带来的利益是什么呢？

通常说，审美快感使人的心情舒畅，使人的灵魂崇高起来。车尔尼雪夫斯基认为这个思想是正确的，但他并不想从此引申出艺
345 术的重大意义。当然，他同意：从画廊或剧院出来，人总觉得自己更善良、更美好，至少是在他所获得的审美印象还没有消失的那个短暂的时间内有这样的感觉；但是他提醒说，要知道吃饱饭的人总比挨饿的人善良。因此，从这方面来说，艺术的影响和满足人的肉体需要对人所起的影响并无区别。车尔尼雪夫斯基说道："就艺术

---

① 《车尔尼雪夫斯基全集》，第一卷，第32页。[477]

② 同上书，第33页。[478]

而论艺术(不论其作品内容如何),它的德性影响差不多全在于艺术是使人愉快的东西;但是‘愉快心情’所依赖的其他一切使人愉快的职业、关系、事物,都有这种促进德性的性质。健康的人远比病人更不自私、更加善良,病人往往比较容易发怒,事事不满,良好的寓所也比潮湿、阴暗、寒冷的寓所更能使人向善;宁静的人(也就是并非处于不愉快境况的人)总比苦闷的人更加善良,如此等等。”[1]如果对事情用心想一下,就不难相信,作为满足的泉源之一的艺术所带来的益处,虽然是无可置疑的,但是比起其他有利的关系和生活条件所带来的益处,毕竟是微不足道的。而且艺术的伟大意义也不在于此。这种伟大意义在于:艺术在这样那样地对它感兴趣的人群中间传播大量知识;它使人们认识科学所制定的概念。但是,车尔尼雪夫斯基在谈到这一点时,本来指的是诗歌,他把诗歌称为艺术中最严肃的一种,因为据他的意见,其他艺术在上述意义上做得很少。无可怀疑,只有很少小说家抱定目的要在自己的读者中间传播知识。但是,他们按自己所受的教育来说毕竟高于他们的大多数读者,所以大多数读者毕竟能从他们的作品中知道许多东西。车尔尼雪夫斯基深信,甚至最庸俗的小说作品也大大地扩大它们的读者的知识范围。诗歌在“使读者群众‘得到消遣’的同时”,对他们的智力发展是有裨益的。这就是为什么诗歌在思想家眼里获得重大的意义。这也就是为什么与柏拉图的看法相反,甚至当诗歌并不关心这一点的时候,它也具有这种意义。

总之,车尔尼雪夫斯基绝没有毁灭美学。相反,他依据美学来 346

① 《车尔尼雪夫斯基全集》,第一卷,第33页。

向艺术家阐明艺术的伟大意义，这种意义正在于传播科学所制定的概念。换句话说：我们的作者没有毁灭美学，而只是对美学理论作了一番根本的重新审查。我们从他那儿听到柏拉图对艺术的观点以后，我们就不难了解，为什么在解决普希金或果戈理孰高的问题时，他认为援引自己“在审美判断问题上的伟大导师”——柏拉图和亚里士多德——的意见是必要的和有益的了。因此下面这些话已经毫不使我们感到惊讶：“假如艺术的本质确实是在于今日之所谓理想化，假如艺术的目的在于‘提供愉快的和崇高的美感’，那么在俄国文学上就没有一个诗人比得上《波尔塔瓦》、《鲍利斯·戈都诺夫》、《青铜骑士》、《石客》及无数香艳诗章的作者了；但是，假如对艺术还有别的要求，那么……”车尔尼雪夫斯基以对旧的美学概念怀有偏爱的读者的名义，提出下面这个困惑莫解的问题打断了自己的话：“但是，此外，艺术的本质和意义还在于什么呢？”[①]我们知道，根据车尔尼雪夫斯基的意见，艺术的本质和意义何在，因此我们自己可以补足这句被打断的话：如果艺术的目的不仅在于提供愉快的和崇高的美感，那么《钦差大臣》和《死魂灵》就高于《石客》和《波尔塔瓦》，果戈理就高于普希金，而在对待生活的自觉态度方面超过果戈理的那些作家，还将高于果戈理。后来，斯卡比切夫斯基先生在《现代俄国文学史》中谈到这里所叙述的观点时这样写道：

“这种把艺术与科学混同起来并认为艺术起着替科学、哲学和政论的考察提供例证的辅助作用的看法，是一个致命的错误，这个

---

① 《车尔尼雪夫斯基全集》，第一卷，第29页。[479]

错误引起了极其重大的后果。首先,他使批评失去了它所特具的那种充当艺术作品鉴赏者的作用,而在别林斯基时代,批评在发挥这种作用时却得到了这样辉煌的成就……但后来这种把科学和艺术等同起来并认为艺术对科学起辅助作用的理论,被年轻的不成熟的思想家所接受,于是就必然会急转直下地达到完全否定艺术的地步,我们在以皮萨列夫为首的《俄罗斯言论》的政论家身上就看到了这一点。”①

斯卡比切夫斯基先生把“科学和艺术等同论”硬加在车尔尼雪 347
夫斯基头上以后,惊讶地问道:“在这样的情况下,所谓创作想象力应该起什么作用呢?”②人们不能不同意,“在这样的情况下”,创作想象力真的是没有地位的。但是,“这样的情况”是由斯卡比切夫斯基先生自己臆造出来的。车尔尼雪夫斯基决不把艺术和科学“混同起来”。他这个熟悉黑格尔美学的人,像别林斯基一样清楚地懂得,科学家借助于逻辑论证来叙述自己的思想,而艺术家则以形象来体现自己的思想,也就是求助于“创作想象力”。假如斯卡比切夫斯基先生更好地知道别林斯基和车尔尼雪夫斯基从中汲取自己美学观点的那些哲学泉源,那他就不会犯这个错误了。

我们姑且举一个例子。《怎么办?》这部小说整整一半以上的篇幅都是鼓吹《哲学中的人本主义原理》一文所叙述的那些同样的思想的。但是,在小说里这些思想以形象体现出来,而在论文中它们借助于逻辑论证而加以证明。因此很明显,当车尔尼雪夫斯基

① 斯卡比切夫斯基:《现代俄国文学史》,第65-66页。

② 同上书,第65页。

写小说的时候，他必须诉诸自己的创作想象力。我们知道，根据许多人的意见，车尔尼雪夫斯基在自己这部小说里很少表现出创造力，但这是另一个问题，在这里与我们无关，顺便说一下，大多数读者都是极其轻率地解决这个问题的：车尔尼雪夫斯基本人就曾经声明，他完全[480]没有任何艺术才能，而人们也就过分心甘情愿地把这一点信以为真了。其实他的小说不是没有某些艺术上的优点（诚然这些优点是不大的）；小说里有许多幽默和观察精辟入微的地方；此外，它还充满着对真理的这样炽烈的热情，使人们直到今天还怀着很大的兴趣来读它。只有怀有许多成见（它们基于现在我们这里颇为流行的、根本上错误的美学理论）的人，才会对这部小说轻蔑地耸耸肩膀，正如目前许多读者、甚至是“进步的”读者所做的那样。但是，我们再重复一遍，这是另一个问题。毫无疑问，在小说里，车尔尼雪夫斯基求助于自己的创造力，而在论文里则求助于自己的逻辑。这已足以向我们显示出斯卡比切夫斯基先生犯了多么大的错误。

但是，我们还要举一个例子。托尔斯泰在《伊凡·伊里奇之死》或《主人和工人》那样的作品里，毫无疑问是想要阐述他在思考“生活的意义”时所得到的那些同样的观点。但是在阐述这些观点
348 时，他——像车尔尼雪夫斯基在自己的小说里所做的那样——求助于自己的创作想象力，而不是求助于这种或那种理论的论证。那又有什么关系呢？谁说托尔斯泰在自己这些作品中没有让他的创造力施展出来呢？谁不把它们列入最卓越的艺术作品之林呢？斯卡比切夫斯基先生在根本不发生科学和艺术混同的地方看到了这种混同。

斯卡比切夫斯基先生认为，这种臆造出来的车尔尼雪夫斯基的错误，使批评失去了它在别林斯基时代所起的作用，他的这种想法由于极其暧昧含糊而令人完全不能满意。别林斯基果真是"艺术作品鉴赏家"。然而车尔尼雪夫斯基的美学理论——就本身而论——也决不排斥对艺术作品的评价。赞成这种美学理论的批评家倾向于忘却关于他们所分析的作品的艺术优点问题，而把自己的主要注意力集中于这些作品的思想，这样说是公正的。再例如在皮萨列夫那里，车尔尼雪夫斯基的美学理论取得了漫画的形式，这样说也是公正的。但这是由于当时的社会条件所造成的，车尔尼雪夫斯基对此当然完全不负任何责任。就其本身而论，他的美学理论并不排斥对艺术作品的美学价值的兴趣。这就足以向我们表明，斯卡比切夫斯基先生对于这种美学理论的批评是多么不恰当了。

车尔尼雪夫斯基美学理论的主要特征之一，就是认为"美"不能完全包括艺术的内容这一思想。他在《艺术与现实的审美关系》这篇学位论文里详尽地发挥了这个思想，并且在他的《俄国文学果戈理时期概观》中不止一次地回到这个思想上来。他在该书中说道：

"在人的每一种行动中都贯穿着人的本性的一切追求，虽然其中之一，在这方面也许特别使人感到兴味。因此连艺术也不是因为对美（美的观念）的抽象的追求而产生的，而是活生生的人的一切力量和才能的共同行动。正因为在人的生活中，例如，对于像真理、爱情和改善生活的要求，总是大大比对于美的追求更强烈，因此艺术不但一直是在某种程度上表现了这些要求（而不是一种美

的观念),而且艺术作品(人的生活的作品,这点是不能忘记的)也几乎总是在真理(理论的或者实践的)、爱情和改善生活的要求的
349 大力影响下产生的,因此对美的追求,照人的行动的自然规律说来,总是人的本性中某种要求的表达者。一切价值很卓越的艺术创作,一直都是这样产生的。脱离现实生活的抽象的追求,是没有力量的;因此,当对于美的追求通过抽象方式(使它和人的本性的其他要求分裂开来)变本加厉时,那么,甚至在艺术方面也不可能产生什么卓越的作品。历史上还没有过专门以美的观念创造出来的艺术作品;假如现在有、或者过去有过这样的作品,那么同时代人是不会给它什么注意的,而且它也要被历史所忘却,因为这太脆弱了——甚至在艺术方面也是太脆弱的。"①

车尔尼雪夫斯基的这个思想也是正确的,虽然它也带有某种抽象性。历史上确实还没有过仅仅表现美的观念的艺术作品。顺便说一下,这也就驳倒了这样一个思想,即认为我国文学的普希金时期的特点是诗歌追求唯一完善的形式。但问题却不在于此。科学的美学的任务并不限于确认以下这个事实,即艺术总是不仅表现美的"观念",而且还表现人的其他追求(对真理、爱情等等的追求)。它的任务主要是说明:人的这些其他的追求怎样表现在他的美的概念中,在社会发展过程中自身发生改变的这些追求怎样使美的"观念"也发生改变。例如,体现在譬如说圣母玛利亚形象中的中世纪所特有的美的观念,它本身是在僧侣中间占统治地位的那些理想的影响下形成的,而大家都知道,僧侣则在当时社会中起

① 《车尔尼雪夫斯基全集》,第二卷,第213-214页。[481]

着重大的作用。在文艺复兴时代,以同一个形象体现出来的美的“观念”却获得了完全不同的性质,因为它那时表现出具有完全不同理想的那些新社会阶层的愿望。这一点现在是人所共知的。当车尔尼雪夫斯基在自己的学位论文中下定义说美就是“生活”的时候,他也无疑地注意到这个事实。他写道:“任何事物,凡是我们在那里面看得见依照我们的理解应当如此的生活,那就是美的。”①但假如这是正确的——而且这的确是完全正确的——那么事情会成为怎样呢?是否艺术一方面体现我们的美的观念,而另一方
面——甚至像车尔尼雪夫斯基所断言的那样,是主要的——则表 350
现出我们对于真理、善德和改善自己生活等等的追求呢?不,事情往往恰好相反。我们的美的概念本身就渗透着这些追求,并且本身表现出这些追求。因此,不应当把实际上是某个有机整体的东西分解为各个部分。而车尔尼雪夫斯基由于所有“启蒙运动者”所特有的偏重理性,有时把这个有机的整体分解成它的各个组成部分。② 他这样做就犯了一个理论错误。而他的这个理论错误确实可能使、而且有时已经使他的批判具有片面的形式。假如说,艺术作品除了美的观念以外——因而,也不依赖于美的观念——还表现某些道德的和实际的追求,那么批评家就有权把自己的主要注

① 《车尔尼雪夫斯基全集》,第十卷,第二部分,第88页。[482]

② 他的《艺术与现实的审美关系》一书的第十七个论题说道:“再现生活是艺术的一般性格的特点,是它的本质;艺术作品常常还有另一个作用——说明生活;它们常常还有一个作用:对生活现象下判断”(《车尔尼雪夫斯基全集》,第十卷,第二部分,第一篇,第164页)。[483]但全部问题在于,这种判断怎样表现出来,以什么形式来做这种说明:以艺术形象的形式,还是以抽象原理的形式?无论某些抽象原理多么正确,它们总不属于艺术的领域。在我们的文学中,别林斯基清楚地阐明了这一点。

意力正是集中于这些追求，而把这些追求在他所分析的作品中以何等程度获得自己的艺术表现的问题弃置一旁。当批评是这样进行的时候，它就必然具有道德说教的性质。在我国，以皮萨列夫为代表的批评犯了许多这样的过失，而且犯错误的也不止他一人。由于命运的嘲弄，斯卡比切夫斯基先生本人也不止一次严重地犯了同样的过失。不过，以偏重理性为特征的“启蒙运动”时期的批评，通常都是这样的。为批评辩护，就应当说，在这样的时期内，不仅批评家偏重理性，甚至艺术家也偏重理性。①

车尔尼雪夫斯基对艺术作品的批评，有时过分偏重理性，这一点是无可辩驳的。当我们读到他赞扬柏拉图对艺术的揭发时，在
351 我们面前就出现这样一个时代的“启蒙运动者”，他自然地倾向于赞同其他一切“启蒙运动”时代的代表人物所采取的对艺术的态度。② 实际上，车尔尼雪夫斯基对柏拉图当时的希腊艺术的批评并不完全公正。虽然公元四世纪的希腊艺术已经不再表现出那种鼓舞了坡力克利特和费忌阿斯的刚勇的公民理想，但是车尔尼雪夫斯基说，当时的艺术家除了多少带点色情的图画、诗歌和雕像以外，没有任何贡献，这样说毕竟是过分夸大了。

---

① 大卫关于自己说道：“je n’aime ni je ne sens le merveilleux: je ne puis marcher à l’aise qu’avec le secours d’un fait réel”(Delecluze, L. David, son école et son temps. Paris, 1895, p.338)〔“我不喜爱也感觉不到神妙的东西：只有靠了实际事实的帮助，我才能顺利地前进”（德勒克吕兹：《大卫，他的学派和时代》，巴黎，1895年，第338页）。〕（参阅《二十年来》文集，第145页及以下各页）。[484]这一点对于大卫那样的十八世纪法国“启蒙运动者”是极有代表性的。

② 苏格拉底的学生柏拉图在关于艺术的见解方面，表明自己是一个典型的“启蒙运动者”——这恐怕是不需要证明的。

当车尔尼雪夫斯基驳斥席勒所接受的艺术就是游戏的康德思想时，我们也不能同意他。在车尔尼雪夫斯基看来，"游戏"的概念就等于"无意思的消遣"的概念。但完全不是这样。实际上，游戏只有在一定的条件下才成为无意思的消遣。不仅人做"游戏"，而且动物也做"游戏"。例如，斯宾塞早已正确地说过，猛兽的游戏就包括假装狩猎和假装搏斗。这就是说，动物游戏的内容是由借以维持其生活的那种活动所决定的。我们在儿童那里也可以看到同样的情况。根据同一个斯宾塞的正确意见，儿童的游戏只不过是成人的各种不同活动的戏剧表演而已。在幼小的野蛮人的游戏中，可以特别清楚地看到这一点。总之，游戏是劳动的产儿，正如冯特在他的《伦理学》中所清楚地说明的那样。[①] 而正因为游戏是劳动的产儿，所以它往往远不是无意思的消遣。只有在不从事任何劳动、因而甚至在其"活动"中也显得游手好闲的那些社会阶级或阶层那里，游戏才成为无意思的消遣。但是，即使在这样的情况下，游戏也是某种附带的"劳动的产儿"，因为只有在存在一定的生产关系的情况下，社会中才可能存在游手好闲的阶级或阶层。

如果正像车尔尼雪夫斯基所说，艺术的本质特征是再现生活，那么就绝对应该承认艺术与游戏相近，因为游戏也再现生活，不仅人的游戏而且动物的游戏也再现生活。在游戏中或艺术中再现生活，具有巨大的社会学意义。人们在艺术创作中再现自己的生活，

---

① 参阅我的"再论原始民族的艺术"一文，载于《对我们的批判者的批判》文集，第380－399页。[485]

借此为了自己的社会生活而教育自己，使自己适应于社会生活。
352 不同的社会阶级有不同的需求，他们过着不同的生活；因此他们的审美趣味也有所不同。游手好闲的阶级也在自己的艺术作品中表现出自己生活的空虚。他们的艺术真的只是无意思的消遣；但它之所以是无意思的消遣，并非因为它是完全类似游戏那样再现生活，而仅仅是因为它再现空虚的生活。问题不在于"游戏"，而在于游戏的内容是什么。

把艺术看做游戏的观点，再加上把游戏看做"劳动的产儿"的观点，极其鲜明地说明了艺术的实质及其历史。这个观点第一次使我们能用唯物主义观点来考察它们。我们知道，车尔尼雪夫斯基在刚刚开始文学活动时就作了一次对他来说是很成功的尝试，即把费尔巴哈的唯物主义哲学应用于美学。我们有专文阐述他的这个尝试①。因此在这里我们所要说的只是，虽然这个尝试对他来说是很成功的，但是在这个尝试中，正如在车尔尼雪夫斯基的历史观点中一样，反映了费尔巴哈哲学的一个根本的弱点：它的历史的方面，或更确切地说，辩证的方面没有得到研究。正因为车尔尼雪夫斯基所掌握的哲学的这一方面没有得到研究，所以他不去注意游戏这个概念对于艺术的唯物主义的解释是多么重要。

但同时在车尔尼雪夫斯基的美学中——又像在他的历史观点中一样，——我们也发现许多对事物的完全正确的理解的萌芽。例如，请看他怎样成功地阐明美的概念对不同社会阶级的生活条件的依赖关系。我们且从他的学位论文中摘引一段完全与这点有

---

① 参阅《二十年来》文集中的"车尔尼雪夫斯基的美学理论"一文。[486]

关而且真正极其精彩的话：

“在普通人看来，‘美好的生活’、‘应当如此的生活’就是吃得饱，住得好，睡眠充足；但是在农民，‘生活’这个概念同时总是包括劳动的概念在内：生活而不劳动是不可能的，而且也是叫人烦闷的。辛勤劳动而不致精疲力竭的富足生活的结果，使青年农民或农家少女都有非常红润的面庞——这照普通人的理解，就是美的第一个条件。丰衣足食而又辛勤劳动，因此农家少女体格强壮，长 353
得很结实，——这也是乡下美人的必要条件。‘弱不禁风’的上流社会美人在乡下人看来是断然‘不漂亮的’，甚至给他不愉快的印象，因为他一向认为‘消瘦’不是疾病就是‘苦命’的结果。但是劳动不会让人发胖：假如一个农家少女长得很胖，这是一种病态，是体格‘虚弱’的标志，人们认为过分肥胖是个缺点；乡下美人因为辛勤劳动，所以不能有纤细的手足，——在我们的民歌里是不歌咏这种美的属性的。总之，民歌中关于美人的描写，没有一个美的特征不是表现着旺盛的健康和匀称的体格，而这永远是生活富足而又经常地、认真地、但并不过度地劳动的结果。上流社会的美人就完全不同了：她的历代祖先都是不靠双手劳动而生活过来的；由于无所事事的生活，血液很少流到四肢去；手足的筋肉一代弱似一代，骨骼也愈来愈小；其必然的结果是手足纤细——社会的上层阶级觉得唯一值得过的生活，即没有体力劳动的生活的标志；假如上流社会的妇女大手大脚，这不是她长得不好就是她并非出自名门望族的标志。因为同样的理由，上流社会美人的耳朵必须是小的。偏头痛，如所周知，是一种有趣的病，——而且不是没有原因的：由于无所事事，血液停留在中枢器官里，流到脑里去；神经系统由于整个身体的衰弱，本来就很容易受刺激；这一切的不可避免的结果就是经常的头痛和各种神经的疾病；有什么办法！连疾病也成了一件有趣的、几乎是可羡慕的事情，既然它是我们所喜欢的那种生活方式的结果。不错，健康在人的心目中永远不会失去它的价值，因为如果不健康，就是大富大贵，穷奢极侈，也生活得不好受，——所以红润的脸色和饱满的精神对于上流社会的人也仍旧是有魅力的；但是病态、柔弱、委顿、慵倦，在他们心目中也有美的价值，只要那是奢侈的无所事事的生活的结果。苍白、慵倦、病态对于上流社会的人还有另外的意义：农民寻求休息和安静，而有教养的上流社
354 会的人们，他们不知有物质的缺乏，也不知有肉体的疲劳，反而因为无所事事和没有物质的忧虑而常常百无聊赖，寻求'强烈的感觉和激情'，这些东西赋予他们那本来很单调的、没有色彩的上流社会生活以色彩、多样性和魅力。但是强烈的感觉和炽烈的热情很快就会使人憔悴：他怎能不为美人的慵倦和苍白所迷惑呢，既然慵倦和苍白是她'生活了很多'的标志？"①

人们的美的概念表现在艺术作品中。我们看到，不同社会阶级的美的概念很不相同，有时甚至恰好相反。某个时期在社会中占统治地位的那个阶级，也在文学和艺术中占有统治地位。它把自己的观点和概念带进文学和艺术。但是在不断发展的社会中，不同阶级在不同时期内占有统治地位。同时，任何一个阶级都有它自己的历史：它发展起来，达到鼎盛时期和统治地位，最后则趋于衰亡。它的文学观点和它的美学概念，也与此相应地发生变化。

① 《车尔尼雪夫斯基全集》，第十卷，第二部分，第一篇，第 89－90 页。[487]

因此，我们在历史上见到各种不同的美学概念[488]：在一个时代中占统治地位的概念和观点，到另一个时代就变为陈旧的了。车尔尼雪夫斯基看出，人们的美学概念归根到底是由他们的经济生活方式决定的。这证明他的看法极有远见。但要把自己的美学理论建立在巩固的唯物主义基础上，他需要更详细地研究他所看出的美学和经济的因果联系，并且至少要通过人类历史发展的一些最主要阶段来探索这种联系。如果这样做，他就会完成美学理论方面最伟大的变革。但是，首先，他在自己的研究中所遵循的方法，还没有完善到足以完成这样的理论事业。其次，他作为一个“启蒙运动者”，与其说是对理论本身感兴趣，倒不如说是对同生活实践直接有关的某些理论结论感兴趣。因此，他对美学领域内的意识与存在的关系问题作了极其富有远见的一瞥以后，立刻避开这个理论问题，而急忙向自己的读者提出合理的实际劝告。他说：

> 可爱的是鲜艳的容颜，
> 青春时期的标志；
> 但是苍白的面色，忧郁的症状，
> 却更为可爱。[489]

“但是，如果说对苍白的、病态的美人的倾慕是虚矫的、颓废的 355
趣味的标志，那么每个真正有教养的人就都感觉到真正的生活是思想和心灵的生活。这样的生活在面部表情、特别是眼睛上捺下了烙印，所以在民歌里歌咏得很少的面部表情，在流行于有教养的人们中间的美的概念里却有重大的意义；往往一个人只因为有一双美丽的、富于表情的眼睛而在我们看来就是美的!”①

这也是正确的。但是在这个正确的意见中,与其说指的是依赖于不同阶级经济状况而可能有的美学,倒不如说指的是“有教养的人们”所应该有的那种美学。在车尔尼雪夫斯基的学位论文中,对于应有的东西的关心,胜过对于为什么有时可能有完全不同的东西这个问题的理论兴趣。这就可以说明下面这个看来十分奇怪的事实:在这位唯物主义者的学位论文中,我们所看到的关于艺术史的真正唯物主义的见解,竟少于例如在绝对唯心主义者黑格尔的《美学》中所看到的这种见解。②

但是,让我们回到论亚里士多德的《诗学》的文章上来,那篇文章似乎是对《艺术与现实的审美关系》这一学术著作的补充。据车尔尼雪夫斯基的意见,亚里士多德对艺术提出的要求不如柏拉图那么高;他对音乐和诗歌的意义的了解,不如柏拉图的那样富有教育意味,甚至——正如我们在谈到车尔尼雪夫斯基对黑格尔辩证法的态度时在前面顺便说明的那样——有时还未免琐碎。当亚里士多德用人的摹仿欲来解释艺术的起源时,我们这位作者是不同意他的意见的。但是他很喜欢亚里士多德对哲学和诗歌的关系的看法。他说:“亚里士多德认为:诗是从总的观点来描写人生的,它所表现的不是人生的偶然的和渺小的琐事,而是人生中最本质的

---

① 《车尔尼雪夫斯基全集》,第十卷,第二部分,第一篇,第 90 页。[490]

② 参阅黑格尔关于荷兰绘画史的意见,任何一个现代唯物主义者-辩证论者几乎都可以无条件地同意这些意见(*Aesthetik*,1-er Band,S. 217,218;B. Ⅱ,S. 217－223〔《美学》,第一卷,第 217、218 页;第二卷,第 217－223 页〕)。[491]在他的《美学》中还散布着许多类似的意见。

最有特征的东西，所以诗具有极多的哲学价值。照他看来，诗在这
方面甚至比历史高明得多，历史必须不加选择地记载重要的和不
重要的、本质而特征的和偶然而没有内在意义的事实；诗所以比历
史高明得多，是因为诗是从内在联系来表现一切，而历史则不顾任 356
何内在联系，只按年代次序来叙述彼此毫无共同之点的各种
事实。”①

大家知道，由于同样的原因，莱辛也喜欢亚里士多德的这种观点，因为这种观点使人在理论上有可能向诗歌提出这两位“启蒙运动者”所如此珍视的“说明生活”的要求，或完全确切地说，对生活下“判断”的要求。当然，实际上人们可以在如黑格尔在自己的《美学》中所赋予的以及我们在别林斯基有关这个问题的论断中经常看到的那种纯理论的意义上去解释亚里士多德的观点。但是车尔尼雪夫斯基像莱辛一样，是以“启蒙运动者”所珍视的实践倾向来解释亚里士多德的观点的。②

作为一个主要关心实际结论、因而不大打算全面考察这些结论的理论基础的“启蒙运动者”，车尔尼雪夫斯基往往并不为他所反对的美学理论说句历史公道话。

车尔尼雪夫斯基像莱辛一样，由于完全不言而喻的原因——至于说到莱辛，那么梅林在著名的 *Lessings-Legende*③ 一书中已

---

① 《车尔尼雪夫斯基全集》，第一卷，第 36 - 37 页。[492]

② 也许，在这里提醒大家注意车尔尼雪夫斯基关于历史的下面这个附带说明将不是多余的：“然而，亚里士多德关于历史的意见，这里须得说明一下：这意见只适用于他那时代的人所知道的这种历史——当时的历史著作根本就不是历史而是编年史”（《车尔尼雪夫斯基全集》，第一卷，第 37 页）。[493]

③ 《莱辛传奇》。——译者

经很好地作了解释，——而不喜欢“拟古典主义派理论家”，但如果要考察这些原因会使我们在这里离题过远。他有时把这些理论家老实说完全没有犯过的一些过失归咎于他们，如果他稍微对他所研究的美学问题的历史方面多加注意的话，那他自己也会容易地确信这一点。下面有一个明显的例子。柏拉图和亚里士多德把美术叫做摹仿的艺术。关于这一点，车尔尼雪夫斯基认为有必要着重指出，这两位哲学家所说的“摹仿”和被拟古典主义派看作艺术本质的“摹仿自然”只有很少共同之点。他说：“是不是柏拉图，尤其是亚里士多德——所有巴蒂、波瓦洛、贺雷西等人的老师——认为艺术的本质不在于摹仿**自然**，像我们讲到摹仿说时总惯于补充
357 这句话那样呢？是的，无论柏拉图或亚里士多德都认为艺术的尤其是诗的真正内容完全不是自然，而是**人生**。认为艺术的主要内容是人生——这伟大的光荣应该归于他们，在后世只有莱辛一人曾说过这种见解，而他们所有的弟子都不能了解。亚里士多德的《诗学》没有一字提及自然；他说人、人的行为、人的遭遇就是诗所摹仿的对象。只有当萎靡虚伪的写景诗……以及跟它分不开的教诲诗这两种曾被亚里士多德排斥于诗歌之外的诗体鼎盛之时，‘自然’这个补足语才有可能被采纳于诗学之中。真正的诗人绝不会摹仿**自然**，他的主要对象是人。‘自然’只有在风景画中占主要地位，而‘摹仿自然’这句话最早也是出于画家之口。”①

接着车尔尼雪夫斯基还说明，据普林尼所说，这句话是在这样的情况下说的：当时李西普问画家欧庞帕斯说，应该摹仿哪一位伟

---

① 《车尔尼雪夫斯基全集》，第一卷，第38－39页。[494]

大画家，欧庞帕斯却回答说，应该摹仿的不是画家，而是自然本身。我们的作者从这几句话正确地作出结论说，画家的范本应该是一般的生动的现实，而不是狭义的自然。但是问题正在于，"拟古典主义派理论家"也是在同样的意义上去理解"摹仿自然"的。我们将援引波瓦洛的话作为证明，而车尔尼雪夫斯基是把他列入似乎把人遗忘了的作家之列的。波瓦洛在 *Art poétique*[①] 的第三首诗中，向作家提出以下的忠告：

Que la nature donc soit votre étude unique,
Auteurs, qui prétendez aux honneurs du comique.
Quiconque voit bien l'homme, et, d'un esprit profond,
De tant de cœurs cachés a pénétré le fond;
Qui sait bien ce que c'est qu'un prodigue, un avare,
Un honnête homme, un fat, un jaloux, un bizarre,
Sur une scène heureuse il peut les étaler,
Et les faire à nos yeux vive, agir et parler.
Présentez en partout les images naives;
Que chacun y soit peint des couleurs les plus vives.
La nature, féconde en bizarres portraits,
Dans chaque âme est marquée à de différents traits,
Un geste la découvre, un rien la fait paraître.

① 《诗的艺术》。——译者

Mais tout esprit n'a pas des yeux pour la connaître.[①]

358 在这里再明显不过的是，波瓦洛正是把“自然”理解为人。在下面这段话里，这一点也是同样明显的：

Aux dépens du bon sens gardez de plaisanter.
Jamais de la nature il ne faut s'écarter.
Contemplez de quel air un père dans Térence
Vient d'un fils amoureux gourmander l'imprudence;
De quel air cet amant écoute ses leçons,
Et court chez sa maîtresse oublier ses chansons.
Ce n'est pas un portrait, une image semblable,

---

① 〔因此，你们，作家啊，若想以喜剧成名，
你们唯一钻研的就该是自然人性，
谁能善于观察人，并且能鉴识精审，
对种种人情衷曲能一眼洞彻幽深，
谁能知道什么是风流浪子、守财奴，
什么是老实、荒唐，什么是糊涂吃醋，
那他就能成功地把他们搬上剧场，
使他们言、动、周旋，给我们妙呈色相。
搬上台的各种人处处要天然形态，
每个人像画出时都要用鲜明色彩。
人性本陆离光怪，表现为各种容颜，
它在每个灵魂里都有不同的特点；
一个轻微的动作就泄漏个中消息，
虽然人人都有眼，却少能识破玄机。〕

（参阅波瓦洛：《诗的艺术》，人民文学出版社 1959 年，第 54－55 页。——译者）

C'est un amant，un fils，un père véritable.①

当波瓦洛说无论如何也不应该离开自然的时候，他的话显然有着这样的意思：应当尽可能忠实地描写人的本性。波瓦洛举特伦修斯为例；但是，在他看来，特伦修斯正是作为一个巧妙地再现人（父、子、情郎等等）的本性的艺术家，才值得人们摹仿。而且在十七世纪，人们也不可能把描写自然放在描写人生之上。人们对人生太感兴趣了。他们的全部注意力几乎都集中于人生，甚至该世纪的风景画也把自然移到次要地位。直到十九世纪二十年代末，法国风景画家才把注意力从人转向自然，而且这个转变其实也并不意味着画家开始对自然比对人更感兴趣，而是意味着现在他们开始对他们过去不大感兴趣的人的精神生活的其他方面感兴趣
了②。但是，我们再说一遍，在车尔尼雪夫斯基看来，正如在"启蒙 359
运动者"看来一样，这些历史细节并没有什么特别的意义。他认为

---

① 〔切不可乱开玩笑，损害着常情常理：
我们永远也不能和自然寸步相离。
你看特伦修斯写的是怎样一个严父
看见儿子讲恋爱痛骂着小子糊涂；
小情郎听着严训又怎样恭敬有加，
一跑到情妹身边就忘了那些废话。
这不仅是一幅图，一个近似的小影，
却是真正的情郎，真正的父子真形。〕

（参阅上述中译本第57页。——译者）

② 参阅 *Histoire du paysage en France*，Paris〔《法国风景画史》，巴黎〕1908年版论文集中有关法国风景画的文章；其中有罗森塔尔的讲演稿："Le paysage au temps du romantisme"〔"浪漫主义时期的风景画"〕和沙尔·索尼埃的论文："Jean-François Millet"〔"让-弗朗索瓦·米勒"〕。还可以参阅弗罗曼滕的 *Les maîtres d'autrefois. Belgique-Hollande*，8-e édit.，Paris〔《过去的大师们。比利时-荷兰》，巴黎，第八版〕1896年，第271页及以下各页。

重要的是以下这个在他看来具有重大实际意义的结论："称艺术为现实的再现（用现代术语是不能恰当地表达希腊文 mimêsis'摹仿'这字的含义的），总比说艺术在作品中体现了仿佛在现实中没有的我们的完善的美的观念，更正确些。"①车尔尼雪夫斯基发挥了自己的这个思想，他断定说，不应当认为，似乎艺术既然承认再现人生是自己的最高原则，它就不得不制造现实的庸俗的照相，而拒绝任何的理想化。车尔尼雪夫斯基承认理想化，但他对这个概念提出了自己的定义。如果理想化在于使被描写的对象和性格变得所谓高尚化，那么理想化就等于古板、夸张和矫揉造作："唯一必要的理想化应该是从诗歌作品中消除完美的画景所不需要的那些细节，哪怕这些细节是多么美"。这当然也是绝对正确的。

我们不去涉及——我们在另一个地方已经分析过——车尔尼雪夫斯基关于亚里士多德的《诗学》所发表的和他在自己的学位论文中所重复的其他美学观点，仅仅再谈一点。车尔尼雪夫斯基指出，亚里士多德认为悲剧作家高于荷马，并认为荷马的史诗在艺术形式方面远逊于索福克勒斯和欧里庇得斯的悲剧。我们的作者完全同意这位希腊哲学家的这个观点，并且从自己这方面认为只需要对他的观点补充一个意见：他认为索福克勒斯和欧里庇得斯的悲剧比起荷马的史诗来，不仅在形式上，而且在内容上也是不可比拟地更富有艺术性。他问道，现在是否已经到了这样的时候，我们应当学亚里士多德的榜样，而不以虚伪的恭维态度来看待莎士比亚。他说，莱辛当然把这位伟大的英国剧作家置于曾经存在于世

① 《车尔尼雪夫斯基全集》，第一卷，第 39 页。[495]

的一切诗人之上；但是，现在当我们已经没有必要反对人们过于热心地摹仿法国拟古典主义派作家，当我们有了莱辛、歌德、席勒、拜伦的时候，就完全可以容许对莎士比亚采取批判态度了。“歌德可不是也承认《哈姆雷特》有改写之必要吗？[496]席勒也许不见得不善于鉴赏吧，他却要改动拉辛的《菲德洛》，也要改动莎士比亚的《麦克佩斯》呢。我们对于早已过去的时代是不偏不倚的：为什么独迟迟不敢承认不久以前是诗歌更高度发展的时代呢？难道诗的 360
发展不是跟着教育和生活的发展并肩前进吗？”①

不用说，人们可以而且应该批判地对待莎士比亚，正像他们可以而且应该批判地对待譬如说歌德和托尔斯泰或黑格尔和斯宾诺莎一样。但能否把莱辛、席勒或拜伦置于莎士比亚之上，——这却是另一个问题。我们不可能在这里分析这个问题，然而我们毕竟可以说，莎士比亚作为一个剧作家是远胜于车尔尼雪夫斯基所说的那些作家的。当然，在作出一切文学判断时都必须不偏不倚；但是不偏不倚的态度并不是要我们必须承认诗歌的成就总是与生活和教育的成就并肩前进的这种想法。不，远不是永远这样。高乃依和拉辛作为艺术家是不可比拟地高于伏尔泰，但十八世纪法国的教育和法国的生活却远远地胜过前一个世纪法国的教育和生活。或者再举一个使车尔尼雪夫斯基这个法国拟古典主义派的坚决反对者更为信服的例子：莎士比亚时代的英国戏剧要不可比拟地高于十八世纪的英国戏剧，这难道还不明显吗？但要知道英国的教育和生活在这两个时代之间的时期内却已经远远地向前推进

① 《车尔尼雪夫斯基全集》，第一卷，第43页。[497]

了。所有国家的“启蒙运动者”都很容易认为，教育（“学问”）的成就，总是与民族的智力生活和社会生活的其他一切方面的成就成正比例。情况并非如此。实际上，人类历史运动是这样的一个过程，在这个过程中，一个方面的成就不仅不以这个过程的其他一切方面的按比例发展的成就作为前提，而且有时还直接造成其他某些方面的落后或甚至衰落。例如，西欧经济生活的巨大发展，决定了生产者阶级和社会财富占有者阶级之间的相互关系，它在十九世纪下半期导致了资产阶级以及表现这个阶级的道德概念和社会意图的一切艺术和科学的精神堕落。在十八世纪末期的法国，资产阶级还是一个充满着智力和道德力量的阶级；但这种情况却并未阻止资产阶级在这个时期所创作的诗歌比过去社会生活较不发
361 展时期的诗歌后退一步。一般说来，诗歌很难与抽象理性和睦共处，而抽象理性则往往是教育的成就[498]的必然结果和可靠指标。但是车尔尼雪夫斯基作为一个典型的“启蒙运动者”，是完全没有这一类想法的。

第二章　别林斯基、车尔尼雪夫斯基和皮萨列夫

我们在别处说过，如果说别林斯基是我们“启蒙运动者”的鼻祖，那么车尔尼雪夫斯基便是他们**最伟大的代表**。① 为了使人易于理解这一点，必须先提一下在什么意义上我们认为别林斯基是

① 《二十年来》文集，第三版，第 260 页。[499]

我们“启蒙运动者”的鼻祖。

别林斯基在自己有名的“与现实妥协”的时代里，立意要把现实理解为一定的历史发展过程的产物。他当时认为，未被“现实”发展进程本身所证实的理想，即脱离“现实”的理想，乃是某种类似主观任性的东西，既不值得注意它，也不值得对它感兴趣。他的“与现实妥协”只是意味着对这种理想的蔑视。后来，当他已经咒骂自己那篇论鲍罗金诺战役的文章有损于一个诚实作家的名誉的时候，他仍然忠实于黑格尔哲学的精神，这篇文章中使他感到激怒的其实是它的结论，而不是它的基本原理。他说：“我在关于格林卡的《鲍罗金诺战役概论》一书所写的文章里竭力发挥的观念，在原理上是正确的。”[500]但是他现在认为，他没有好好地利用这些正确的原理。“还应该发挥否定的观念，否定作为历史的权利，同样是首要的、神圣的，如果没有它，人类就会陷入发臭的死水潭。”[501]黑格尔既然仍然忠实于自己的辩证法，也就完全承认“否定的历史权利”。从他的哲学史讲演录中可以清楚地看出这一点，在这部讲演录中，他在谈到像苏格拉底那样的否定者时，他是这样坚决地表示赞成。但是，在黑格尔那里——还是在他没有背叛自己的辩证方法的情况下——对于某个“现实”的否定，乃是“现实”自身的辩证发展，即它所固有的内部矛盾的发展的合乎规律的产物。要在俄国论证“否定的观念”，就必须揭示和说明：构成这个俄 362
国“现实”的那些社会关系的历史发展，按其本身的内在逻辑，将来怎样必然会导致对于这同一个“现实”的否定，即导致比较符合先进人物理想的新“现实”来代替它。我国当时的社会生活非常落后，因而使别林斯基不可能解决这个极其重要的理论任务。而他按自己的道德品质来说毕竟不能与“现实”和平共处，他与“现实”保持和平状态只不过是一种停战，所以他就不得不用另一种完全不是辩证的方法来论证他的“否定观念”：他开始从关于人的个性的抽象概念中引申出这种观念；他认为人的个性必须摆脱“不合理的现实、庸众的舆论和野蛮时期传说的丑恶的锁链”。既然他到这种抽象的概念中去寻找立脚点，他也就从一个辩证论者变为“启蒙运动者”。

我们在我们所知道的每一个“启蒙运动”时期中都可以看到，启蒙运动者在批判他们当时的关系时，通常都是从这些或那些抽象的原则出发的。

从社会政治方面来说，别林斯基思想的这个新方向——他到抽象的个性概念中去寻找立脚点——使他走向了空想社会主义，而从文学方面来说，则使他为席勒恢复名誉，他现在宣布席勒是崇高的人类代言人了。但是他毕竟不是白白地经过了黑格尔的学校：他始终厌恶“挥舞纸剑、活像涂脂抹粉的演员那样的牵强而矫揉造作的唯心主义”。如果说别林斯基在青年时代，在他倾慕席勒的初期，曾经倾慕过席勒的《强盗》，那么他现在已经带着轻蔑态度来看待那些由于马尔林斯基幸运地开其端而顺利地“忽而描写身穿切尔卡斯毡外套的卡尔·摩尔们，忽而描写身穿公务员制服的李尔王们和蔡尔德·哈罗尔德们”的作家了。还在1844年初，他就在“一八四三年的俄国文学”一文中满意地指出，现在“无论人们的才能大小，也无论是庸碌之辈和平庸之徒——全都力求描写现实的人而不是想象的人，但因为现实的人居住在地上和社会中，而不是居住在空中，不是居住在只有幽灵在那里生活的云端，所以很自然，我们时代的作家在描写人的时候也一起描写了社会。社会也是某种现实的东西，而不是想象的东西，所以它的本质不是单由 363
服装和发式构成的，而且也是由风俗、习惯、概念、关系等等构成的”。① 在别林斯基一生的最后几年内，他的智力发展朝着西欧哲学思想发展的同一个方向进行，即从黑格尔过渡到费尔巴哈。在他的“一八四六年俄国文学一瞥”一文中可以特别明显地看出这一点，在那里他叙述了费尔巴哈哲学的某些基本原理。[503]就在那篇文章里，他表示完全赞同自己新的哲学信仰而说道：“如果有人问我们，什么是现代俄国文学的特性，我们就会回答说：它的特性就是越来越密切地接近生活，接近现实，越来越接近于成熟和壮大。”②在他逝世以前不久写成的下一年度的文学评述中，他用这样的话来确定我国文学的状况和任务：

“我们的文学是自觉思想的结果，它作为革新而出现，从模仿开始。可是，它并不止步于此，不断地力求走向独创性和人民性，力求从修辞的变成天然的、自然的。这种标志着显著的不断的成功的追求，也就构成了我们文学史的意义和灵魂。我们可以毫不迟疑地说，在这种追求上，没有一个俄国作家获得过像果戈理一样大的成功。只有使艺术完全面向现实，排除任何理想的因素，才能够做到这一步。为了这，就必须把全部注意集中于群众，大众，描写普通的人，而不只是那些常常引导诗人趋于理想化、自身带有异国烙印的、一般规则的愉快的例外。这是果戈理的伟大的功绩

① 《别林斯基全集》，莫斯科，1880 年，第八卷，第 63 页。[502]

② 同上书，第 9－10 页。[504]

……这样，他把对于艺术本身的看法完全改变过来了。'被装饰的自然'这种古老而陈旧的诗的定义，纵然有些勉强，却可以适用于每一个俄国诗人的作品；可是，对于果戈理的作品，却不能这么办。适用于他的作品的是另外一个艺术定义——艺术是现实在其全部真实性上的再现。在这儿，关键是在典型，而理想也不被理解作装饰（从而是谎话），却是作者适应其作品所想发挥的思想而把他所创造的各个典型安排在里面的一种关系。"①

车尔尼雪夫斯基无条件地赞同别林斯基在这段话中所说的一切，别林斯基的这些思想成为他对俄国文学的一般任务及其在不
364 同发展时代的状况的看法的基础。《俄国文学果戈理时期概观》一书的作者有充分权利认为自己是别林斯基的事业的继承者。当屠格涅夫和其他有教养的"四十年代人士"断定说，车尔尼雪夫斯基及其同道们的说教背叛了别林斯基的批评的遗教时，他们却忽略了"狂暴的维萨里昂"②本人在他的晚年也往往以这种说教的精神来发表议论。但是，他们的这个意见也不是完全错误的。他们在以下这个意义上是正确的：车尔尼雪夫斯基及其同道们有时从别林斯基的"启蒙"思想作出这样一些结论，这些结论虽然在逻辑上是正确的，却未必会合别林斯基的心意，因为别林斯基直到逝世为止仍然在自己的观点中保留许多后来被皮萨列夫戏称为"黑格尔主义外壳"的东西。

别林斯基在我们从他的每年度俄国文学评述中摘引的那些话

① 《别林斯基全集》，莫斯科，1880年，第八卷，第344－345页。[505]

② 指别林斯基。——译者

里所谈的"现实"是什么呢？这个现实的概念是否同他过去与之"妥协"的那个"现实"的概念相一致呢？

别林斯基满意地指出，我们的杂志现在谈论得最多的便是现实，他说："现实这个概念完全是新的。"①车尔尼雪夫斯基在《果戈理时期概观》第七篇中引证了别林斯基的这个意见，并认为它完全正确。他说，现实的概念"得到明确以及进入科学中去，还是不久以前的事，就是从只在具体实现中才承认真理的先验论哲学的模糊暗示得到我们同时代思想家解释时候起开始的"。② 他还认为，必须详尽地叙述这个对现实的新的、简单的、但是非常有成效的观点。

他说："有过一阵时候，当时人们把幻想的梦放得比生活中所表现的还要高出很多，当时幻想的力量是被认为漫无边际的。但是现代的思想家却比以前的人更注意观察这个问题，达到了和以前的绝对经不起批评的意见完全对立的结论。我们的幻想的力量是极其有限的，幻想的创造比起现实中所表现的，也是极为贫乏和脆弱的。最热烈的想象也要被关于地球和太阳是横隔着千千万万里的概念，关于光和电流是极其迅速的概念所压倒；拉斐尔的最充满理想的人物，其实就是从活人那里描摹来的肖像；神话和民间迷 365
信中最畸形的创造，也远非为自然科学家所发现的怪物那样不像我们周围的动物；从历史，从注意地观察现代生活风习可以证明，活的人们，即使他们并非是臭名昭著的恶棍，或者有德行的英雄，

① 《别林斯基全集》，莫斯科 1880 年，第八卷，第 33 页。[506]

② 《车尔尼雪夫斯基全集》，第二卷，第 205 页。[507]

他们所表现的罪恶，也要大大比诗人们所想象的一切来得更可怕，所完成的功绩，也要大大崇高得多。幻想应当服从现实；而且，它必须承认，它的最虚幻的创造也只有从现实现象所表现的东西上去抄袭。”①

这同他的学位论文中所说的完全一样。接着他还说明，现实的现象是多种多样的。在现实中有许多符合人的要求的东西，也有许多违反人的要求的东西。

以前当人们轻视现实的时候，他们以为按照幻想来改造现实是十分容易的。后来他们才看到，事情并不如此。人是十分软弱的。他的全部力量都依赖于对现实生活的知识，依赖于为达到自己的目的而利用自然规律的能力。人按照这些规律和自己本性的特质而行动，就能逐步改变现实并使它适应于自己的意图。否则他就什么也做不到。然而并不是人的一切意图都符合于自然规律，其中某些意图是违反自然规律的。人其实也没有任何必要去实现这样的意图，因为实现这种意图除了不满和痛苦以外不会导致什么别的结果。所有违反一般自然规律、其中包括违反人类本性的东西，对人来说都是有害的和痛苦的。因此，一个精神健全的人并没有违反上述规律的意图。只有屈服于无益的幻想的那些人，才重视这种意图。“只有现实才给人持久的享乐；只有那些以现实为基础的愿望才有重大的意义；只有现实所唤起的希望和只有依靠现实的力量和条件进行的事业，才可以得到成功。”②

---

① 《车尔尼雪夫斯基全集》，第二卷，第205页。[508]

② 同上书，第206页。[509]

这是关于“现实”的新的概念。在讲到这个概念是现代思想家从先验哲学的模糊暗示中得出的时候，车尔尼雪夫斯基指的是费尔巴哈。他也完全正确地叙述了费尔巴哈关于现实的概念。费尔巴哈说过，感性或现实和真理是同一的，就是说，真实意义上的事 366
物只有通过感觉才能得到。思辨哲学认为，仅仅以感性经验为基础的事物的观念不符合事物的真实本性，它们应该由纯粹的思维，即不以感性经验为基础的思维来检验。费尔巴哈坚决反对这种唯心主义观点。他说，以我们的感性经验为基础的事物的观念，完全符合事物的本性。不幸的只是，我们的幻想往往歪曲这些观念，因而它们和我们的感性经验发生矛盾。哲学应该从我们的观念中把歪曲这些观念的幻想成分清除出去；它应该使这些观念和我们的感性经验一致起来。它应该使人类回到未被幻想歪曲的在古希腊占统治地位的对现实事物的直观。如果人类转向这种直观，它就返回自身，因为受臆想支配的人本身只能是幻想的存在物，而不是现实的存在物。用费尔巴哈的话来说，人的本质是感性，也就是现实，而不是臆想，也不是抽象。哲学和一般科学的任务是恢复现实的地位。如果是这样，那么由此自然得出这样的结论：作为科学的一个部门的美学的任务，也是恢复现实的地位并和人类观念中的幻想成分作斗争。车尔尼雪夫斯基的美学观点就是建立在费尔巴哈哲学的这个结论上面的；这个结论就是他的学位论文的基本思想。别林斯基在他逝世前两年写的全年文学评论中称“现实”的概念为新的概念，无疑就是指这个结论。

我们必须为别林斯基以及车尔尼雪夫斯基说句完全公道话：他们从费尔巴哈哲学中作出的结论是完全正确的。但他怎样看待

“先验哲学的模糊暗示”呢？

在黑格尔那里，只有“合理的”东西才被承认是“现实的”。而在费尔巴哈那里，只有“现实的”东西才是“合理的”。骤然看来，似乎这两位思想家说的是同一回事，这就令人觉得奇怪：为什么车尔尼雪夫斯基在黑格尔的这个思想中只看到模糊的暗示，而在费尔巴哈那里看到这个思想后，却认为它是十分明晰的。但问题也正在于此。

367 黑格尔的“理性”不是别的，只是客观发展的规律性。黑格尔是透过唯心主义的三棱镜来观察这种规律性的。这个三棱镜有时非常严重地歪曲了现象的真正相互关系——按马克思的说法，是把这种相互关系头脚倒置起来了；但是，尽管如此，在黑格尔看来，主观意图与合乎规律的客观社会发展进程相符合乃是这种主观意图是否合理的标准。他的哲学的巨大力量也正在于此，别林斯基为了“合理的现实”而厌弃“抽象的理想”的时候，就本能地感到了这种巨大力量。当费尔巴哈要求研究者密切注意摆脱了虚幻臆想的感性时，他只是把黑格尔的这个本质上是正确的、极其深刻的思想翻译成唯物主义的语言罢了。而后来由费尔巴哈翻译成唯物主义语言的黑格尔的这个深刻思想，被马克思加以适当的加工的时候，它就成为唯物主义历史观的基础。但是，在费尔巴哈本人和他的直接继承者那里，包括别林斯基和车尔尼雪夫斯基在内，翻译成唯物主义语言的黑格尔的这个思想是非常简略的；这个思想在他们那里始终没有得到加工。在没有得到加工的形式下，这个思想尽管具有唯物主义的本质，却成为对现象的唯心主义态度的源泉。这种情况之所以发生，是因为费尔巴哈向研究者提出的要求具有两重性：首先，他要求研究者对现实采取十分关心的态度，而其次，为了要采取这种关心的态度，他执拗地建议研究者向虚幻的臆想进行坚决的斗争。如果你们假定说，研究者由于特定的时间和地点的条件，把自己的主要注意力集中于向虚幻的臆想作斗争，那么出现在你们面前的就不是力求寻找现象的唯物主义基础的理论家，而是为了自己的主观理性而向陈旧的偏见作战的“启蒙运动者”。无论是在别林斯基由于不能论证否定的观念而不得不满足于为了抽象的个性权利向现实作斗争的时候，或是——尤其是——在形成车尔尼雪夫斯基的世界观的时候，这必需的时间和地点的条件在俄国都是具备的。因此，在别林斯基的文学活动的晚期——而在车尔尼雪夫斯基则是从文学活动开始起，——他的政论观点，以及在颇大程度上，他的文学观点，都渗透着“启蒙运动者”所特有的唯心主义。在这个意义上，别林斯基在前面所引证的文学评论中称他的“现实的概念”为新的概念，是完全正确的。这 368
个概念比起同一个别林斯基在写论鲍罗金诺战役的文章时对于现实的理解，确实是新的概念。那时现实这个词，在他那里是意味着在俄国存在的社会关系的总和，而由于他不善于揭露它所固有的内部矛盾这一简单的原因，所以他就认为自己有责任对它表示崇敬。如今在别林斯基那里，而在他之后则在车尔尼雪夫斯基那里，现实的概念已不再与现存事物的总和的概念相一致了：要知道我们早已从车尔尼雪夫斯基那儿听到说，现存事物往往是方向错误的、与现实不符的幻想的产物。因而在他们那里——由于他们是“启蒙运动者”——注意现实首先是意味着注意那种东西，即当人们摆脱虚幻的臆想而开始服从自己本性的规律时可能而且应该存在的那种东西。但假如无论别林斯基或车尔尼雪夫斯基都坚决地建议文学艺术去如实地描写现有的东西，那么他们之所以这样做，是因为他们坚信：文学艺术愈是如实地描写人们之间的相互关系，人们就会愈加迅速地看出这些关系的不正常，他们也就能够愈加迅速地按照自己本性的要求，即更正确地说，按照"启蒙运动者"的主观理性的指示，去改造这些关系。因此不足为奇，无论在车尔尼雪夫斯基眼里，或是在别林斯基眼里，文学批评的首要任务就是向人们说明文学艺术所描写的人们的相互关系中的不正常的东西。我们在别处说明别林斯基在他的文学活动晚期的观点时曾着重地指出，只有当他抛弃辩证法观点的时候，他才在本质上成为一个"启蒙运动者"，但辩证法直到他临终时仍然吸引着他。在那里我们还指出，别林斯基有时怎样成功地对文学现象作了辩证的解释①。我们现在所以要提醒这一点，是因为我们不愿使我们关于别林斯基所说的话得到片面的解释。我们再重复一遍：在别林斯基那儿，辩证法的酵母是非常强烈的——比在费尔巴哈本人那儿还要强烈，——而且他甚至在自己活动的晚期也往往远不是像"启蒙运动者"那样发表议论的。但当他转到了"启蒙运动者"的观点时，他就以自己通常所有的才能发表了后来由我国六十年代批评界、即主要由车尔尼雪夫斯基和杜勃罗留波夫所彻底发挥的那些观点。因此我们也就把他称为我国"启蒙运动者"的鼻祖。

别林斯基说明了和发挥了自己关于现实的"新"概念，他是作为"启蒙运动者"而发表意见的；车尔尼雪夫斯基只须朝着这个方

---

①　参阅我们在《二十年来》文集中的"别林斯基的文学观点"一文的结尾。[510]

向继续前进就行了。为了说明车尔尼雪夫斯基怎样彻底地朝着这个方向前进，以及他怎样忠实于他的伟大前辈的“启蒙运动”遗教，我们要援引他对席勒的看法。我们是从他对于俄国诗人所译的席勒著作的书评（载《同时代人》杂志，1857 年 1 月号）中采用这个看法的。

他在那篇书评中写道：“他的诗永远不会死亡，——这不是某一个舒蒂或格尔贝尔。某些人以自己的虚伪的善良性格自豪，而其实却只有一颗冷酷的心，他们以自己的生活知识自豪，而其实却只有琐碎细节的知识，他们有时以瞧不起的态度说席勒是一个理想家兼幻想家，有时则甚至敢于暗示说，他的感伤多于他的才能。所有这些话对于我们认为与席勒同一派别的其他诗人来说，可能是公正的，但对席勒却不适用。他本人在《美育书简》里向我们说明了他的诗的性质，阐述了他对于一般诗歌的重大意义的理解。这部著作写于 1795 年，即写于法国战争的时代，那时不仅德国的政治独立或受人管辖取决于法国战争的结果，而且德国各部族的内部生活问题的解决也取决于法国战争的结果。席勒要想在这部著作中证明，解决社会问题的途径是审美活动。在他看来，要使现存关系变得更好，就必须先使人在道德上复苏：只有在人心变得高尚的时候，现存关系的结构才可能得到改进。审美活动应该是这种复苏的手段。审美活动应该为智力生活提供高尚而坚定的情操。当用严格的科学来阐述的时候，高尚情操的严峻的原则使人们感到吃惊。艺术则使人不知不觉地接受某些概念，如果这些概念不披上诗的外衣而显示在他面前，那他是不愿意认清它们的价值的。诗歌用自己的理想来造成最美好的现实：它使青年迸发高尚的热情,培养青年去从事高尚的实际活动。

"席勒的诗确实就是这样。这绝不是感伤主义,也不是虚妄幻
370 想的游戏:这种诗的感染力就在于热烈地同情一切使人高尚和有力的东西。"①

诗歌应该是使人在道德上复苏的一种手段。某些概念假如不披上诗的外衣,人们就不能认清它们的价值,因此为了使人接受这些概念,诗的外衣是必需的。这就是车尔尼雪夫斯基的基本思想。他用这种思想的观点来评价席勒。席勒作为一个力求借助于艺术作品来对人们进行道德教育的人,受到他的尊重。在前面所引证的那段话里,最精彩的是这样一句话:"诗歌用自己的理想来造成最美好的现实。"这里特别明显地表现出启蒙运动者所特有的新的现实概念。最美好的现实是由理想创造的。这种观点与另一种观点正好相反,根据后一种观点,只有在理想表现出现实的客观发展趋势的情况下,理想才对现实发生影响。诗歌使青年迸发高尚的热情,从而培养青年去从事高尚的活动。批评从自己这方面来说,在这一点上帮助了诗歌,因此便成为有时我们所谓的政论的批评。

六十年代的批评,例如杜勃罗留波夫的批评,不止一次地变成政论,这是大家都知道的。因此,在讲到车尔尼雪夫斯基的时候,我们所要援引的与其说是对这种思想的证明,不如说是对这种思想的说明。1858 年第 3 期《雅典尼》杂志的批评栏中发表了车尔尼雪夫斯基的一篇文章:"俄国人去幽会。读屠格涅夫中篇小说《阿霞》后的沉思"。这篇文章是政论批评的最鲜明的范例之一。

① 《车尔尼雪夫斯基全集》,第三卷,第 5 页。[511]

在这篇文章中关于屠格涅夫这篇小说本身，车尔尼雪夫斯基讲得很少，几乎一点也没谈，只说它“几乎是唯一的优秀的新小说”。文章作者所注意的只是小说的主人公向阿霞表白爱情的场面，并由于这个场面而使他“沉思”。读者当然记得，屠格涅夫这篇作品的主人公在决定性的时刻胆怯了，后退了。正就是这种情况把车尔尼雪夫斯基引入“沉思”。他发现，犹豫不决和胆小怕事不仅是这一位主人公的特性，而且也是我们的优秀文学作品的大部分主人公的特性。他想起罗亭、别尔托夫以及涅克拉索夫的萨莎的启蒙人，并在所有这些人身上看到同样的特性。他并不因此而责备那些作家，因为他们仅仅是指出了现实生活中到处都可以遇到的现
象。俄国人没有勇气，所以文学作品中的人物也没有勇气。而俄 371
国人没有勇气是由于他们没有参加社会事业的习惯。“当我们走进社交场合时，我们在自己的周围看到许多穿着军礼服、大礼服或燕尾服的人。这些人身高五英尺半或六英尺，而有些人还要高些；他们之间有的人在两颊、上唇和下颚留着胡须，有的人则刮得干干净净。我们于是以为，我们眼前看到的是些男子汉。这是十足的误解、光学的错觉、迷惘的幻觉，仅仅如此而已。如果一个男性儿童不养成独立参加社会事业的习惯，不具有公民的感觉，那么他先是成长为中年的男性生物，然后成长为老年的男性生物，然而他不会成为一个男子汉，或者至少不会成为一个高尚的男子汉。”①没有高尚勇气这个缺点在通情达理的有教养的人身上，比起在愚昧的人身上更为触目，因为这样的人喜欢谈论重要的题材。他讲得

---

① 《车尔尼雪夫斯基全集》，第一卷，第97－98页。[512]

津津有味、娓娓动听，但是一当从言论转向行动，就不行了。“只要还谈不到行动，只要还是仅仅用空谈和幻想去充塞闲暇的时间、空虚的头脑或无聊的心灵，这样的人物真是伶牙俐齿；但等事情到了必须直截了当地表示自己的情感的时候，——大多数人物就开始动摇，就感觉到口舌僵硬。极少几个最最勇敢的人还能马马虎虎地集中自己的全部力量，用僵直的舌头说出关于他们思想的某种模糊概念。但是，如果有谁想抓住他们的愿望，对他们说：你们愿意这样，我们非常高兴，你们就开始行动吧，我们支持你们。——在这样的答话下，一半最勇敢的人就会晕倒，剩下的就会很粗暴地责备你，说你使他们陷入了窘境，说没想到你会提出这样的建议，说他们的头脑全乱了，什么也想不出来，因为怎么能这样快呢，而且他们都是诚实的人，不仅是诚实的人，也是温和的人，他们不愿给你找烦恼，而且难道真的可以为那些闲着无事才谈谈的一切去操心吗，最好还是什么也不干，因为一切都同麻烦与不便联系在一起，现在任何好处也不会有，因为，已经讲过，他们无论如何没有想到也没有料到，等等。”①

372 这幅画像可以说是出自名家之手。但是，描绘这幅画像的名家，不是批评家，而是政论家。而我们的作者关于屠格涅夫中篇小说的进一步“沉思”，也是完全属于政论家的。屠格涅夫描写的情况，迫使他想起，一切都只取决于条件，而我们所认为的人们的罪过，实际上只是他们的不幸，这种不幸需要通过消灭造成不幸的条件才能得到补救。“需要的不是对个别人的惩罚，而是改变整个等

① 《车尔尼雪夫斯基全集》，第一卷，第90-91页。[513]

级的生活条件。"《阿霞》这部中篇小说的主人公不仅不是傻瓜，而且简直是一个在生活中有丰富经历和观察到许多东西的聪明人。如果说他的举止仍然非常愚蠢，那么这应归咎于两个情况，其中一个情况是由另一个情况所制约的："他不习惯于理解任何伟大而有生命力的东西，因为他的生活过于琐碎而无生气，他所习惯的一切关系和事情也都是琐碎而无生气的。这是第一点。第二点——他胆小，他束手无策地在一切需要下很大决心并作高尚冒险的事情面前退却，这仍然是因为生活使他只习惯于各方面平淡无味的琐碎小事。"①要改变人的性格，就必须改变影响性格的形成的那些条件。这个正确的思想，在十八世纪法国启蒙运动者的说教中，而后来则在十九世纪空想社会主义者的说教中占了很重要的地位，它合乎逻辑地导向了这样的问题：使决定人的性格的条件变得更好的原因是什么？那些原因是从哪里产生的？马克思由于指明社会经济发展而解决了这个问题，从而在社会科学中造成了整个的变革。车尔尼雪夫斯基像所有空想社会主义者一样，通常并不研究这个问题，但他在"俄国人去幽会"一文中却非常接近于这个问题。真的，如果说我们大多数"仁慈的"、"有教养的"人，和屠格涅夫中篇小说中的主人公，就像两滴水那样完全相似；如果说他们全都举止笨拙和犹疑不决，因为他们不能从事聪明而坚决的行动，那么似乎就能得出结论说，号召他们去从事这样的行动，既是无益的也是不合算的。如果要使他们对这样的行动感兴趣，那就应当使他们的性格所依赖的条件变得更好些。车尔尼雪夫斯基本人也感

① 《车尔尼雪夫斯基全集》，第一卷，第97页。[514]

到事情是这样的；但他不愿意坚决地承认，事情非如此不可。他说："我们仍然不愿意对自己说：他们在目前不能够理解自己的处
373 境，他们不能够做出合乎理智的、同时又是慷慨的行为，——而只有以另一些概念和习惯教育出来的他们的子孙，才会像正直的、明理的公民那样行动……不，我们仍然要认为他们能够理解在他们周围和在他们上面所发生的事……"①

这是怎么一回事呢？为什么车尔尼雪夫斯基不愿意承认在他看来理论上无疑是正确的那个结论呢？这也取决于"条件"，即取决于可以说明我国农奴制废除以前年代的特征的那些"条件"的结合。

车尔尼雪夫斯基把《阿霞》的主人公看作是我国贵族中有教养部分的典型代表者。他没有任何偏袒贵族的成见，而且也不可能有这种成见。他在谈到《阿霞》的主人公时，暗示自己并非贵族出身，他说："我们没有和他攀亲戚的那份荣幸，在我们的家庭之间甚至还存在着嫌恶，因为他的家庭蔑视所有与我们相近的人。"②但是他承认，他有着某些有利于贵族的文化偏见；他指出，"空洞的幻想，但对我们来说，却仍然是令人神往的幻想"，他觉得，似乎屠格涅夫小说中所描写的贵族为我们的社会出过某些力，似乎贵族是我们启蒙运动的代表者。因此，车尔尼雪夫斯基仍然祝"我们的主人公及其伙伴们"幸福，并想向他们提出善良的忠告。他们所处的历史地位即将发生彻底的转变，他们未来的命运如何，取决于他们

---

① 《车尔尼雪夫斯基全集》，第一卷，第100－101页。[515]

② 同上书，第100页。[516]

自己的意志。车尔尼雪夫斯基向“这些可尊敬的人”说道:“现在对你们来说,幸福还是永远不幸的问题,就在于你们是否了解时代的要求,是否善于利用你们现在所处的地位。”①他认为,时代的要求就是对农民作让步。车尔尼雪夫斯基用福音书的话劝告那些“可尊敬的”先生:“你应当设法在你的对头还没有控告你之前就与他和解。否则他就要把你送给审判官,审判官将你交付执行吏,你就下在监里了,并且在你把最后一文钱还清之前,就断不能从那里出来”(《马太福音》,第5章,第26、26节)。②

不必解释就很清楚,人们关于一个社会阶级或阶层采取一定实际行动的能力所做的任何理论结论,总是在一定程度上需要靠 374
经验来检验的,因此只有在一定的、或大或小的范围内才可以认为它有 a priori③ 可靠性。例如,可以完全可靠地预言,甚至贵族中那些比较有教养的人也不会同意为农民而牺牲自己的利益。这种预言完全不需要实践的检验。然而当需要确定在什么限度内[519]有教养的贵族为了自己本身的利益能够对农民作出让步时,就没有任何人能够完全可靠地预言:他们在这方面不会超过某种限度。这里总是可以推断:在一定条件下,当他们对于自己本身的利益有了更正确的了解以后,他们就会超过一些这个限度。车尔尼雪夫斯基在我们所关心的那个问题上是一位讲实际的人,这样的人不仅可以,而且应该想办法说服贵族,使他们相信他们本身的利益要

---

① 《车尔尼雪夫斯基全集》,第一卷,第101页。[517]

② 《车尔尼雪夫斯基全集》,第一卷,第102页。[518](按:普列汉诺夫所引的这段文字,与《新旧约全书》原文有出入。)

③ 先验的。——译者

求对被解放的农民做某些让步。这样，在他的文章中可能被认为是矛盾的地方实际上不存在有矛盾了。这矛盾的地方在于：一方面要求人们采取明智的坚决的步骤，但同时又承认他们不能坚决、不能明智，并解释说这是条件的必然产物。诸如此类假想的矛盾也可以在以唯物主义历史观为牢固基础的人的政治实践中找到。但是，这里必须附带做一个极重要的说明。当唯物主义者相当慎重地把自己的理论结论运用于实践的时候，他毕竟能够保证，在他的这些结论中有着某些丝毫不容置疑的可靠成分。这是因为在他说"一切决定于条件"的时候，他知道要从哪一方面期待那些在他所预期的方面改变人们意志的新条件；他清楚地了解，归根到底，要从"经济"方面去期待，他对社会的社会经济生活的分析越正确，他对社会未来发展的预言也就越可靠。信仰"意见支配世界"的唯心主义者却不同。如果说"意见"是社会运动的最深刻的原因，那么决定社会继续发展的条件就主要是人们的意识活动，而能否实
375 际地影响这种活动，则决定于人们进行逻辑思维和掌握哲学或科学所发现的新真理的能力的大小。可是，这种能力本身是由条件决定的。因此，承认唯物主义的一个真理即人的性格（自然也包括人的观点）决定于条件的唯心主义者，就会陷入迷宫：条件决定观点；观点又决定条件。理论中的"启蒙运动者"的思想从来没有从这个迷宫里挣脱出来。在实践中，通常是通过加强对一切有思想的人的号召来解决矛盾，而不管他们在什么条件下生活和活动。这里我们所讲的，看来好像是些不必要的、因而是无聊的题外话。但是事实上，对我们说来，这些题外话是必要的。它们帮助我们了解六十年代政论批评的性质。

如果说，“启蒙运动者”的实际期望决定于有思想的人（实质上也就是那些“启蒙运动者”）的智慧和善良愿望，那么显然，希望给这些人以支持的那种批评，首先就会要求文艺作品正确地表现社会生活以及它的一切优点和缺点、“肯定的”和“否定的”现象。只有正确地表现生活的一切方面，才能给“启蒙运动者”提供必要的事实材料，以便对这种生活做出判决。但这不是一切。大家知道，六十年代的批评要求文学艺术对生活的“否定”方面比对生活的“肯定”方面更多注意。它提出这个要求的理由是：在我们社会生活中“否定”现象多于“肯定”现象。这个理由本身当然是正确的。但是它还是什么也说明不了。在七十年代里，也像在六十年代里一样，在我们这里“否定”现象也多于“肯定”现象；然而我们的民粹主义者已经不满足于描写我们社会生活的否定方面，而认为艺术家也应该描写它的肯定方面。这种看法至少与那些立志描写人民生活的艺术家有关，与所谓民粹派小说家有关。七十年代的许多读者认为兹拉托弗拉茨基比乌斯宾斯基高明，只是因为他们觉得兹拉托弗拉茨基在自己的著作中让民粹派所喜欢的农民生活现象（描写农民参加村社的本能）占有很多位置，而乌斯宾斯基则较多地谈到可悲的现象（描写在农民中间日益发展起来的个人主义）。因此，无论七十年代的读者或“先进的”批评家——如我们马上就 376
会在一个非常明显的例子上看到的那样——对待我们过去十年内描写人民生活的小说都是不公正的。他们认为，这种小说不仅不尊重人民，而且甚至蔑视人民。事情并不如此，这是明显的误会。但是这种误会是极其具有代表性的，因此我们应该揭示出它的心理原因。

如果说，七十年代的民粹派要求小说描写农民生活的可喜现象，那么，部分地用圣书的语言来说，就可以把这称为唯物主义的睿智的起点。民粹派已经意识到——非常模糊地意识到，但毕竟已经意识到，至少是开始意识到——只有表现这个世界的客观发展进程的那些意见，才统治着世界。这也就说明了民粹派对农民生活的"可喜"现象的日益关心，因为他们希望到这些现象中去寻找使他们的理想在未来取得胜利的客观保证。乌斯宾斯基所以使他们感到不快，是因为他向他们指明，这种客观保证远不像他们所希望的那样可靠。但六十年代的"启蒙运动者"却不去寻找使理想取得胜利的任何客观保证，因为在他看来，真理的力量、"意见"的抽象的正确性就是这种胜利的完全充分的保证。他当时的小说越是无情地揭露了人民生活和国民性格的缺陷，他就越是愿意对它表示欢迎，因为他越是在小说里看出应该由他"启蒙运动者"来纠正的东西。这种"启蒙运动"心理的特征，也表现在批评中。

1861 年出版了乌斯宾斯基短篇小说集的单行本，车尔尼雪夫斯基写了"是不是转变的开始？"一文来评论这些短篇小说，这篇文章发表在那一年的《同时代人》杂志 11 月号。他赞扬乌斯宾斯基的短篇小说丝毫没有"渲染人民的习俗和概念"。用他的话来说，屠格涅夫和格里果罗维奇在他们描写人民生活的中篇小说里，都犯了这种渲染的毛病。他把这两位作家对人民的态度比作果戈理对阿卡基·阿卡基耶维奇的态度。果戈理避而不谈自己主人公的缺点，因为他认为自己主人公的缺点是根本无法补救的。"阿卡基·阿卡基耶维奇是个可笑的白痴……但是说出阿卡基·阿卡基耶维奇的全部真相却是无益的、昧着良心的……他什么也不能替自己干，我们将说服别人去同情他。但假如我们告诉别人关于他可以说的一切，那么他们对他的怜悯就将由于知道他的缺点而减少。让我们不去谈他的缺点吧。”[①]格里果罗维奇、屠格涅夫和他们所 377
有的模仿者，都完全是这样对待人民的。在他们那里，人民以阿卡基·阿卡基耶维奇的面貌出现，只能对他表示怜悯，责备他就会是残酷的。他们只谈他的不幸：“请看，他是多么温顺和驯服，他是多么顺从地忍受欺凌和苦难！他怎样不得不放弃一个人有权要求的一切！他只有多么菲薄的愿望！这个备受压制的人多么恭敬地望着我们，我们只要给他一点极小的帮助，对他表示极小的注意，说一句温存的话，他就会对我们满怀无限的感激，只要给他多么微不足道的补助，就足以使他满足和感到幸福！请读一下格里果罗维奇先生和屠格涅夫先生描写人民生活的中篇小说以及他们所有摹仿者的作品——所有这一切都彻头彻尾充满着阿卡基·阿卡基耶维奇的‘外套’的气味。”[②]所有这一切都极其优雅。但是这对人民却毫无益处。只有对我们这些由于意识到自己的仁慈而感到快乐的人，才有益处。车尔尼雪夫斯基通过乌斯宾斯基对有教养的俄国人中间的新阶层的出现表示欢迎，这些人对待人民的态度，已经不像多情善感、宽宏大量的贵族老爷对待人民的态度了。车尔尼雪夫斯基一般说来对这个阶层，包括对这个阶层可能创造的文学，寄予很大的期望。这种文学将用冷静的眼光来看农民，就像它看

---

① 《车尔尼雪夫斯基全集》，第八卷，第 342 页。[520]

② 同上书，第 342 页。[521]

其他身份和社会地位的人一样。车尔尼雪夫斯基力求使他的读者相信,事情也应当这样。他说,“请你们忘掉谁是上等人,谁是商人或小市民,谁是庄稼汉吧,请你们把所有人都只看做人,并且只根据人的心理来评判每一个人,而不要允许自己为了农民的身份而向自己隐瞒真理吧。”①

车尔尼雪夫斯基承认,乌斯宾斯基“把俄国老百姓看成糊涂虫”,说他们很难在头脑中把两个独立的思想联系起来。他问道:“但是哪个庄稼汉在理解事物的速度方面胜过我们的庄稼汉呢?关于德国农民是人人意见一致的,关于法国农民也可以这么说,英国农民大概还不如他们。法国农民由于头脑非常迟钝而博得了全世界的名声。意大利农民则由于对意大利的事业完全漠不关心而闻名于世。”②但是谈论农民就是多余的:用车尔尼雪夫斯基的话来说,他们“在历史上当然只起粗野的作用”,因为他们还“没有脱
378 离留下荷马的史诗、《艾达》③和我们歌颂勇士的诗歌的那个历史时期”。④ 一切等级和一切国家的大多数人都墨守成规地生活着,并且显得极其迟钝,他们几乎从不超出自己通常的观念范围:“在每一次争论之后,你们随便问哪一个参加争论的人,他的论敌们是否说了什么聪明的话,他们对他的思想是否很快理解,是否容易领会。只有在千分之一的场合下,那个人才会告诉你们说,人们聪明

---

① 《车尔尼雪夫斯基全集》,第八卷,第345页。[522]

② 同上书,第356页。[523]

③ 《艾达》是十三世纪冰岛的文学名著。——译者

④ 《车尔尼雪夫斯基全集》,第八卷,第356页。[524]我们提请伊万诺夫-拉佐姆尼克先生注意这些话,因为他认为车尔尼雪夫斯基是俄国民粹主义的鼻祖之一。

地、有条有理地反对他的意见。这就是说，在其余的场合只可能有以下这两种情况：不是跟被问的人争论的那些人实在头脑糊涂，便是被问的那个人自己头脑糊涂。要知道这种二者择一的抉择适用于一切场合，只有千分之一的例外。”①

我们在这儿看到的是把群众看做作战部队中的落伍分子的同一种观点，我们在前面的一节中已经详细地了解了这种观点。只有进行思维的少数人——按最近的术语来说，就是知识分子——才真正参加运动，他们必须知道群众所固有的一切缺点，以便在将来消灭这些缺点。车尔尼雪夫斯基犯了一个错误，他竟认为这种对群众的态度并无任何傲慢之处。但这种态度无疑带有甚至非常强烈的傲慢的因素，可是对一切持有历史唯心主义观点的人来说，这却是完全无法避免的。

但是，不管怎样，极其令人感兴趣的是，过去十年内最著名的批评家之一、我们前面已经引过他的话的斯卡比切夫斯基先生，对于乌斯宾斯基短篇小说的评价，却和车尔尼雪夫斯基有着根本的分歧。斯卡比切夫斯基先生发现，在这些短篇小说中，人民是以难以想象的丑恶面貌出现的。他说：“当你们读乌斯宾斯基的特写的时候，他的主人公身上的奴性、迟钝和缺乏任何人的形象和模样，会使你们头昏眼花。你们所看到的是这样的人，他们在自己生活中只遵循粗野的、兽性的肉欲，他们的欲望只是赚钱，或是把钱花在小酒馆里；而且在满足这种欲望时，只要一迈步就会做出任何难

① 《车尔尼雪夫斯基全集》，第八卷，第356页。[525]

以想象的蠢事来。”[1]

斯卡比切夫斯基先生的这个评论——像他的其他许许多多评
379 论一样——是完全错误的。乌斯宾斯基的作品有某些夸张之处。这是事实。但是这离开斯卡比切夫斯基先生强加于他的那种对农民的观点还很远。譬如说，我们要问他，难道乌斯宾斯基在短篇小说《老太婆》[2]中所描写的那位农民母亲，真的是非常愚蠢、粗野和像牲畜那样的吗？我们要问他，难道在短篇小说《卡特琳娜》[3]中出现的那位农妇，真的是“难以想象的丑恶”吗？奇怪的是，斯卡比切夫斯基先生没有注意到《萨莎》[4]这篇较长的短篇小说中某些深深感动人的、确实是卓越的情节。当然，乌斯宾斯基在我们文学中并未占有像泰涅尔和奥斯塔德在荷兰绘画史上所占的那种地位（如安年柯夫所想的那样）。首先，他在才能方面不如他们，而其次，他对他描写的现实所采取的态度和他们完全不同。这是一个从事描写人民生活的六十年代时期的典型代表者。他并不打算在自己的作品中嘲弄俄国农民。任何一个花过一番功夫仔细读过他的作品的人，都很容易相信，他以自己的方式对俄国农民表示了强烈的同情。但他正是以自己的方式，即作为一个“启蒙运动者”，即作为一个感到毫无必要把落后群众加以美化的人，而对人民表示同情的。假如他在农民的性格中看到了一些丑恶的特征，那么他一点也不会感到惶惑不安，而在自己的描写中表现出这些特征，并

---

① 斯卡比切夫斯基：《现代俄国文学史》，第 227 页。

② 《乌斯宾斯基全集》，莫斯科 1881 年版，第一卷。

③ 同上书，第二卷。

④ 同上书，第一卷，第 417、512 页。

把它们归咎于车尔尼雪夫斯基经常谈到的那些“条件”。他在《一个农业经理人的札记》中说道：“显然，受奴隶教育的农民，不可能突然变成名副其实的自由人；农奴制的迷雾和乌烟瘴气刚刚消散的时候，我们所看到的我国农民是畸形的……农民依然贫穷——而且在粉碎农奴制以后还需要很长的时间来使他们复元……但怎样复元呢？从一无所有开始，这是一件很不容易的事。”[①]发表这样的意见，决不是意味着嘲弄人民。但是，民粹主义者——或是传染到民粹派的一切偏见的“主观主义者”——却不可能对这种意见发生好感，因为民粹主义者坚信，农民不是“从一无所有”开始，而是从村社开始的，而村社只要得到热爱人民的知识分子的有益推动，使会开始朝着社会主义理想的方向迅速发展起来。然而乌斯宾斯基有时讲得更坚决。例如，他写道：“对于现在的农民，即不久前农奴制的牺牲者，没有什么可期望的：他们不会 380
觉醒！……医学将来也未必能医治好萎靡症，因为这种病的病根是机体的损毁……”[②]对于这一点，“七十年代的人”已经很难同意。这个时期的批评界对乌斯宾斯基的敌视态度主要是由此产生的。

读者或许要问，既然车尔尼雪夫斯基看来当时已认为在不满废除农奴制的条件的人民中可能发生广泛的运动，他是否易于同意乌斯宾斯基对于“现在的农民”完全绝望的观点呢？我们对于这一点的答复是：当然，如果他认为自己必须无条件地同意乌斯宾斯

---

① 《乌斯宾斯基全集》，莫斯科 1881 年版，第二卷，第 201 页。

② 同上书，第 202 页。

基，那么这对他来说是不容易的。可是问题在于，他不是无条件地同意。[526]他认为乌斯宾斯基的特写是十分真实的，但并没有从此得出绝望的结论。他说："在普通人民中间像在其他一切等级中间一样，因循守旧的习惯统治着一般人的日常生活进程；在普通人民中间像在其他一切等级中间一样，因循守旧的习惯是同样愚蠢的、可卑的。乌斯宾斯基先生的功绩就在于，他敢于毫无掩饰、毫不夸张地向我们描绘出普通人的守旧的思想和行为、感情和习惯。描绘出的图景是毫不动人的：到处是荒唐和腐败、无聊和愚蠢。

"但是，您不要急于由此做出结论说，您的希望可靠或不可靠，如果您希望人民的命运得到改善的话；或者说您的描述有根据或没有根据，如果您一直从人民的愚昧和萎靡中得到利益的话。您找一个最普通、最平庸、最软弱、最庸俗的人来看一下，不管他的生活过得多么平淡无味、庸庸碌碌，但在他的生活里总还有另一种色彩完全不同的时刻，精神奋发、刚强果敢的时刻。每一个民族的历史上都可以遇到同样的情况。"①

最终决定一切的条件可能是这样安排的：甚至冷漠的群众也能精神奋发和刚强果敢。但在期待这些条件开始有好转的时刻到来的过程中，需要仔细地研究落后的群众。大胆的决定总不会是平民群众倡议的；但是必须了解组成群众的人们的特性，"以便知道倡议以什么激动人心的方法才能对他们起作用"②。文学作品

---

① 《车尔尼雪夫斯基全集》，第八卷，第357页。[527]

② 同上书，第346页。[528]

对人民群众的特性再现得越正确，那么它就越能促进那些在顺利 381
条件下倡议重大决定的人们的事业。

现在我们请读者回想一下，车尔尼雪夫斯基在他的学位论文的一个论题中曾指出，再现生活是艺术的主要标志，而后补充说："艺术作品常常还有另一个作用——说明生活；它们常常还有一个作用，对生活现象下判断。"我们所引证的话，虽然只是从"是不是转变的开始？"这篇文章中引来的，但也清楚地表明：以车尔尼雪夫斯基为代表的文学批评多么珍视生活的再现，主要把这当作解释生活和评判生活（对生活现象下判断）的材料。车尔尼雪夫斯基的这种倾向也完全表现在他的其他一切文学论文中。例如，他在对普列谢耶夫诗集的评论中所说的就是这样（《同时代人》，1861 年 3 月号）。[529]

他不满地回忆起我们轻蔑地、甚至怀有敌意地批评普列谢耶夫的那个时期。他说："现在回想起来真是荒唐。在普列谢耶夫先生这本小集子的每一页上所浮现着的高尚的感情、高尚的思想，真是当时俄国诗歌方面的极常见的现象，难道可以把它们轻蔑地抛弃吗？而且什么时候可以允许这样做呢？"用普列谢耶夫的话来说，他写诗的才能不强，他的意向和希望相当不确定。他有很多真诚的心意，但由于他受那些不以他为转移的条件的影响，不能很确切地表达自己的希望。最后，我们所有人都绝没有发展到这样高度完善无瑕的程度，以致可以把真诚的呼声叫作无益的东西，虽然这种真诚的呼声只是大体上为人的本性中的美好方面辩护。我们的作者作出结论说："有许多最平常的概念、人生来就有的感情，是必须不断提醒，才能使它们不被人忘记的。这是在任何地方都需要这样做的，更不用说我们这个没有成熟的社会了。具有像普列谢耶夫先生的趋向那样高尚而真诚的趋向的诗人，将永远有益于社会教育，并将找到通往年轻人心灵的途径。很难比他更好地利用他所拥有的那种写诗的才能了。”①

382 诗歌应该为了美好的未来而对人们进行教育，它应该唤起人们的朝气和对自己力量的信心。车尔尼雪夫斯基就是这样看的。因此，不足为奇，用他的话来说，他在普列谢耶夫的书中特别满意地再三阅读了一首优美的颂诗，这首诗是以下面这几句有名的话开头的：

前进，朋友们，莫畏惧，莫犹疑，
去建立英勇的功勋！
我已经在天上看到了
神圣的苦尽甘来的曙光！[531]

“启蒙运动者”不能不喜爱这样的诗。大家知道，他们偏爱这样的诗，引起了自以为是敏锐的艺术作品鉴赏家的那些人的嘲笑。顺便提一下，看来目前在我们这里，对普列谢耶夫的颂诗中所表达的感情采取鄙视态度的时代又一次来到了。

因此，我们认为有必要就纯艺术的拥护者对我们文学批评中的“启蒙运动”倾向所提出的责难说几句话。纯艺术的拥护者先生们断言——他们现在似乎也并不反对重复这一点，——我们的“启蒙运动者”轻视人类的精神需要，而把肠胃的需要置于一切之上。

---

① 《车尔尼雪夫斯基全集》，第八卷，第121页。[530]

我们已经在别处说过，这简直是荒谬绝伦的谎话。“启蒙运动者”认为，艺术促进正确概念在社会中的传布，因而首先使人得到智力方面的益处。他们最珍视这种益处。在他们看来，物质利益是人民的智力发展的简单结果：大家知道，当鲫鱼不在“瞌睡”的时候，梭鱼并不这么容易吞食它。为了使鲫鱼提前醒来，“启蒙运动者”准备作任何的自我牺牲，而人们却指责他们说，他们只珍视“煮东西的沙锅”。这种荒谬绝伦的谎话只有这样的人才能说得出口，他们多少有点不安地担心，当醒来的鲫鱼开始采取措施来反对梭鱼的行为的时候，他们自己沙锅里所盛的东西就不会再这样可口和丰盛了。在车尔尼雪夫斯基时代，情况是如此；直到目前为止，情况也仍然如此。目前嘲笑诗歌的民间主题的那些人，往往——我们不说“总是”，因为有着由于单纯的考虑不周而造成的例外情况——在“超人”的外衣下掩盖着最粗俗的剥削者的欲望。

然而，在这样说的时候，我们决不想否认：作为六十年代文学批评的基础的、主要由车尔尼雪夫斯基所制定的那些原则，在极度的发展中可能导致极为片面的结论。以皮萨列夫为代表，六十年 383
代的批评曾不止一次地达到了这样的结论。但是，首先，决不能要车尔尼雪夫斯基为皮萨列夫负责；而其次，甚至皮萨列夫也同他的“美学的”论敌经常强加于他的胡言谰语相距很远。

皮萨列夫的两篇以“普希金和别林斯基”为标题的文章引起了人们许多议论，他在其中第一篇文章的结尾时说道：“我们在对个别事实的评价方面与别林斯基有所分歧，指出他过分轻信和有着过于强烈的感受性，但同时我们却比我们的论敌们更远为接近于他的基本信念。”①

他在这两篇文章中的第二篇文章开头时重复说道：“别林斯基的批评、杜勃罗留波夫的批评和《俄罗斯语言》的批评，原来是同一个思想的发展，这个思想逐年地越来越清除掉一切不相干的杂质。”②

什么是别林斯基的“基本信念”呢？什么是皮萨列夫所说的与这些信念“不相干的杂质”呢？要回答这个问题，就必须作一个小小的历史调查。

别林斯基在论杰尔查文的文章里说道：“真正美学的任务不在于解决艺术应该是怎样的问题，而在于确定什么是艺术的问题。换句话说：美学不应该把艺术说成是某种假想的东西，说成是某种只有按照它的理论才能实现的理想，不，它应该把艺术看做在它以前早就存在的事物，而且它本身的存在也有赖于艺术的存在。”这是完全不愧为以黑格尔辩证法教育出来的人所发表的真正天才的思想。但是，思想是一回事，而实现这个思想则是另一回事。要解决别林斯基向美学提出的这个任务，就必须从各方面去揭露艺术与社会生活的联系，必须善于用科学的、即唯物主义的观点去解释社会生活。但连黑格尔本人也不能做到这一点。别林斯基讽刺地和黑格尔的帽子永别以后，在他自己的文学见解方面有时开始离开了他在论杰尔查文的文章里所说的金科玉律；他有时已经与其说是谈论什么是艺术的问题，毋宁说是谈论艺术应该是怎样的问

① 《皮萨列夫全集》，圣彼得堡，1894年，第五卷，第63页。[532]

② 同上书，第66页。[533]

题。简言之:他有时开始作为“启蒙运动者”而发表意见。从这方面来说,车尔尼雪夫斯基是他的事业的最卓越的继承者。作为一个“启蒙运动者”,车尔尼雪夫斯基对艺术理论的兴趣,远不及他对 384
从艺术理论中可能作出的那些实际结论的兴趣。但是,据他看来,费尔巴哈哲学提供了调和实践与理论的可能性;有可能把关于艺术应该是怎样的问题的实际思考,放在阐明艺术的真正本质的那种理论的坚实基础之上。美学的实际任务就在于恢复现实界的权利。车尔尼雪夫斯基在所有的批评意见中,都遵循了他借助于费尔巴哈哲学来论证的这个原理。这个原理本身——即假如抛开别林斯基过去曾向美学提出的那个纯理论的任务不谈的话——完全没有任何的错误。但是,既然承认了这个原理,那就可以毫不违反逻辑地自问一下:为了恢复现实界的权利,就恰恰需要美学、即关于美的科学吗?难道不能借助于其他科学,譬如说自然科学来达到那个目的吗?而且是否可能有美学这门科学呢?

皮萨列夫也提出了这些问题。而且大家都知道,他对这些问题的解决是完全不利于美学的。他宣称,美学这门科学是不可能存在的,假如车尔尼雪夫斯基的学位论文正是讨论美学的话,那么他之所以这样做,“只是为了要彻底消灭美学,并使那些被研究哲学的、不劳而食的庸人所愚弄的人永远清醒过来”。①

皮萨列夫提出下面这个理由来否认美学这门科学的可能性,他觉得这个理由是不可动摇的。“美学或关于美的科学,只有在美

---

① 《皮萨列夫全集》,圣彼得堡,1894 年,第四卷,第 499 页。[534]

具有不以无限多样化的个人趣味为转移的某种独立意义的情况下，才有合理的存在权利。假如美只是我们所喜爱的东西，假如由于这个缘故，所有关于美的形形色色的概念都是同样合理的，那么美学就化为灰烬了。每一个人都建立他自己的美学，因此，把各种个人趣味强制地统一起来的那种普遍的美学，是不可能存在的。《艺术与现实的审美关系》一书的作者正是要把自己的读者引向这个结论，虽然他并没有十分坦白地说出这个结论。"[①]在唯心主义者看来，这个理由真的好像应该是不可动摇的。假如艺术作品仅仅使我们想起生活中使我们感兴趣的那种东西，假如美的东西就是人在其中看到他所理解的那种生活的东西，那么，在唯心主义者
385 看来，下面这个结论就是完全合乎情理的：美的概念归根到底仅仅以个人趣味为转移，而个人趣味的无限多样性，就使人不可能用科学的观点，即用个人趣味发展的规律性的观点去看待个人趣味。皮萨列夫在这个场合是作为纯粹的唯心主义者而下论断的，他只是忽视了下面这一点，即车尔尼雪夫斯基抱定决心要把费尔巴哈的唯物主义哲学运用于美学。而对唯物主义者来说（只要他始终是一个唯物主义者并在自己的观点中不向唯心主义让步），"意见"并不是社会生活中所发生的那些变化的最深刻的原因。"意见"的变化和多样性本身是由社会生活中的某些变化所决定的。这就使人也可能用规律性的观点去看待意见的发展。无论一般地说人的意见怎么多种多样，但断言每一个人都有自己特殊的世界观和自己对所有社会现象的不同的观点，那就是错误的。不，在每个特定

---

① 《皮萨列夫全集》，圣彼得堡，1894年，第四卷，第499页。

的时期，属于某个阶级的人都有着在一定的范围内同样的世界观，
并且也是在一定的范围内，对社会现象采取同样的看法。如果在
某个时代的某个阶级内部也出现不同的意见，如果在某个阶级的
人们中间可以看到世界观方面的各种细微差别，或是发生新旧世
界观的斗争，那么这种在历史上常见的情况，并不妨碍我们用科学
的观点，即规律性、必然性的观点，去看待意见的发展。人们的意
识决定于他们的存在，他们的意见决定于他们的社会关系。作为
唯物主义哲学的信徒，车尔尼雪夫斯基承认意识对存在的因果依
赖关系，他在自己的学位论文中就证明：作为美的概念的基础的
“美好生活”的概念、应当如此生活的概念，在人们那里是依他们在
社会中的阶级地位而变化的。他这样做不仅不破坏美学这门科
学，而相反，倒是把美学放在坚实的唯物主义基础上，至少是大体
上指出了应当到哪里去寻找解决早由别林斯基向关心美学理论的
人提出的那个任务的关键。诚然，车尔尼雪夫斯基只是十分概略
地指出了解决这个任务的关键，他在自己的文学批评中并没有回
到这个问题上来，因为他正致力于为了“现实”而对“虚幻的梦想”
进行斗争。[535]他在自己的文学批评中，是一个彻头彻尾的“启蒙
运动者”，或者像皮萨列夫谈到十八世纪法国“启蒙运动者”时所说
的那样，是一个否定学说的普及者。他在这里也像在他的历史论
断中一样，抛弃了唯物主义而转到唯心主义观点上去了。希望保 386
卫和进一步发展他的观点的皮萨列夫，仅仅把他看做一个“启蒙运
动者”，即仅仅把他看做一个唯心主义者。因此，皮萨列夫在车尔
尼雪夫斯基的学位论文中，除了看到美学的毁灭以外，真的不能看
到任何其他东西。他没有怀疑而且也不可能怀疑，车尔尼雪夫斯

基对艺术和现实的审美关系的观点，还有其唯物主义的一面，而这一面则有利于认为审美这门科学是可能存在的。假如不论哪一个向他指出这一点，他大概会鄙薄地耸耸肩膀说道，在这个场合车尔尼雪夫斯基还没有能够抛弃掉黑格尔主义的糟粕，正如别林斯基在当时未能抛弃掉黑格尔主义的糟粕一样。①

毫无疑问，皮萨列夫进一步发展了车尔尼雪夫斯基以及别林斯基的观点；但他只是从他们犯唯心主义错误最多的那个方面去发展了他们的观点。下面就有一个例子。

我们已经知道，车尔尼雪夫斯基在关于社会生活的见解中，非常乐意采用人性的观点。但因为人性还解释不了社会现象中的任何东西，所以车尔尼雪夫斯基虽然对人性采取唯物主义的观点，却通常不得不转上唯心主义的基地，遵循"意见支配世界"这个原则来下论断。而当他遵循这个唯心主义原则而下论断的时候，他就再也不愿记起社会人的意识决定于他的存在，并且他不得不坚持说，所有的人按其本性来说都是完全一样的。在他论乌斯宾斯基的著作的一篇文章里，他援引了这样一个场面，在这个场面中，乌斯宾斯基笔下的农家姑娘阿连娜·格拉西莫夫娜同办事员谢明·彼得罗维奇作了如下的谈话：

"——喂，谢明·彼得罗维奇，人的身体里有些什么东西呢？

——人的身体里面是不同的。这要看他吃什么东西：有一个人吃的是谷糠，那在他身体里就有谷糠。据说，有一个鞋匠被解剖

---

①　参阅"普希金和别林斯基"一文，载《皮萨列夫全集》，圣彼得堡，1894年，第五卷，第78－79页。[536]

时还在他身体里发现带有木片的鞋掌呢。

——多么可怕！……请您向我解释一下，普通人和军人的身体里是不是一样的？

——嗯，关于这一点，阿连娜·格拉西莫夫娜，可以再告诉您一件事。首先，应当说，没有任何一样的东西。

办事员挨着姑娘身旁坐下，开始向她作解释。"①

车尔尼雪夫斯基自己则在这篇文章里证明，"人的身体里面 387
是一样的"，并且正像我们已看到的那样，请求他的读者忘记，谁是上等人，谁是商人，谁是庄稼汉，而根据人类心理去评判每一个人。

皮萨列夫愿意响应这个请求，但由此作出了这样的结论：

"我们的批评如果不以旷野里的呼声去作关于人民性和国民生活问题的说教（它们是很有分寸的美文学所避而不谈的），而去更多地注意全人类的问题、个人道德和日常生活关系问题，也许倒会做出很好的成绩。任何人都需要弄清楚这些问题；各种陈旧的废物把这些问题弄得模糊而且混乱，不妨把这种废物推往一旁，以便使所有人和每个人都可以用没有成见的眼光去看神的世界和善良的人们。"②

这已经是纯粹的"皮萨列夫主义"了，它的特征是："个人道德"问题比"国民生活"问题更使它感兴趣得多。人们有时认为，"皮萨列夫主义"是一个与车尔尼雪夫斯基和杜勃罗留波夫的派别完全

① 《车尔尼雪夫斯基全集》，第八卷，第 346 页。[537]

② 《皮萨列夫全集》，圣彼得堡，1894 年，第一卷，第 347 页。[538]

没有任何共同之处的思想流派。这是一个很大的错误[①]。实际上,“皮萨列夫主义”不是别的,而只是从某些不正确的前提中作出的一系列正确的、虽然也是非常走极端的结论,这些前提是车尔尼
388 雪夫斯基在他的不够完善的唯物主义背叛了他(或者如果您愿意的话,可以说他背叛了这种唯物主义),并且他自己不知不觉地转到了唯心主义观点的场合下提出的。皮萨列夫有巨大的文学天才。但是,不管他的论文的文学光辉给没有偏见的读者带来多么大的愉快,但还必须承认:“皮萨列夫主义”是某种使我们的“启蒙运动者”产生唯心主义谬论的东西。

他对诗人与思想家的区别何在的问题的态度,使人可以最清楚地看出这一点。

别林斯基曾说:“每一篇诗作都是掌握了诗人的强有力思想的成果。如果我们假定,这种思想仅仅是他的理智活动的结果,那么

---

① 我们的现代俄国文学史家斯卡比切夫斯基先生,在对我们的思想史发表错误观点的事情上照例打破记录。他把“皮萨列夫主义”描写成同十八世纪感觉主义非常相像的感觉主义。“正像在摄政时代的法国那样,凡尔赛的花花公子、侯爵和子爵们争先恐后地以自己思想的新颖互相炫耀,他们读伏尔泰和百科全书派的著作入了迷,并且在这些著作中找到了为自己的轻率行为辩解的充分理由,而他们的轻率行为却把他们引向完全破产,后来还把他们引向了断头台,——我们在六十年代的我国也可以看到某种类似的情况,区别仅在于:费尔巴哈和毕希纳代替了伏尔泰,而布克尔、路易斯、伏格特、摩莱萧特等人则代替了百科全书派。同样地,许多贵族子弟宣称自己是新人物,他们在从心爱的作家那儿摘来的引文中,在有声有色地否定所谓‘权威’方面,在蔑视上流社会的习惯和礼节方面,在完全放纵无论什么样的淫欲和怪脾气方面,表现了自己的全部新创造”(所引书,第88页)。不言而喻,这位前《祖国纪事》杂志的公认的批评家,根本一点也不了解车尔尼雪夫斯基本人的唯物主义哲学距离“十八世纪的感觉主义”到底有多远。但与他争论是毫无益处的。我们所以要充分地着重指出他的错误,仅仅是为了说明不应当怎样写我国文学史。

我们这样就不仅会消灭艺术，而且也会消灭艺术本身的可能性。真的，要成为一个诗人是很不容易的，假如要当一个诗人只须想出任何一个思想，并把它装进一个臆想出来的形式，那么根据需要、利益或癖好，谁不能成为一个诗人呢？不，按禀性和天赋说来，一个诗人不是这样造成的！一个人要是没有诗人的禀性，那么不管他想出来的思想多么深刻、真实、甚至神圣，他的作品却仍然是浅薄的、不真实的、虚伪的、畸形的、死板的，它不能说服任何人，而毋宁说会使每个人对他所表达的思想感到失望，尽管这个思想十分真实！可是，一般人却正是这样理解艺术的，他们也正是这样要求诗人的！在闲暇的时候想出一个较好的思想，然后把它加工成为某种虚构，如同钻石镶金似的。就这样了事！”

他的这段议论只不过是他的基本主题的新的变调而已，根据这个主题的完全正确的含义，艺术家是用形象而不是用三段论法来进行思想的。皮萨列夫肯定说他只是进一步发展了别林斯基的基本信念，但他却把诗人和思想家之间的这种区别仅仅看作“对美学神秘主义的非常丰盛的贡赋，这种美学神秘主义在诗人和普通的死人之间划下明显的分界线”①。他认为别林斯基深深地沾染了美学神秘主义，照他说来，甚至杜勃罗留波夫也没有完全摆脱美学神秘主义。但是他以为，为了驱散这种“神秘主义的迷雾”，只要接触一下冷静的批评就够了。他得到的结论是：任何一个聪明人，只要他愿意费点力去取得一定的技巧，就能成为一个诗人，正如他能成为一个批评家或“一般的语文能手”一样。他坦率地说出这一 389

① 《皮萨列夫全集》，圣彼得堡，1894年，第五卷，第75页。[539]

点:“如果一个人在头脑里有聪明的思想,在自己头脑里善于抓住和研究这些思想并经过锻炼而成为语文能手,——我说,这样的人,只要他愿意的话,便能成为一个诗人,也就是能够创造出一些这样的作品来,它们对读者的影响与真正的、地道的诗人所创造的作品对读者的影响完全一样。”①事情并不如此,并非任何一个聪明人都能成为诗人,这点是用不着证明的,这是不言而喻的。但是,为什么皮萨列夫在发表这个错误思想时认为他只是进一步发展别林斯基的“基本信念”呢?这是因为别林斯基本人有时用“启蒙运动者”的抽象观点去看艺术。例如,他曾说,“莎士比亚通过诗来表达一切,但他所表达的却远非仅仅属于诗。”②这使人有理由认为,存在着某一个特殊的领域,这个领域只属于诗,并且可能与另一些不属于诗、但可能“通过诗来表达的”领域相对立。皮萨列夫在使他的读者们相信每个聪明人都能成为诗人的时候,他其实也就是这样想的。显然,他想说,假如不是每个聪明人都能成为诗的领域本身中的能手,那么这并不是什么不幸,因为聪明人把自己锻炼成语文能手之后,能够“通过诗来表达”许多东西。如果说这时他毕竟没有在诗的领域本身中显示出巨大的力量来,那么也只有以陈旧的美学概念教育出来的那些庸夫俗子,或者像别林斯基那样还没有彻底抛弃掉“黑格尔主义糟粕”的“半美学家”,才能拿这一点来责备他。皮萨列夫以他所特有的热情和才能来发展和证明这个思想,他有表面上的理由认为自己始终完全忠实于别林斯

---

① 《皮萨列夫全集》,圣彼得堡,1894 年,第五卷,第 78 页。[540]

② 见别林斯基的《一八四七年俄国文学一瞥》第一篇,译文参阅《别林斯基选集》,第二卷,1952 年,第 426 页。——译者

基的批评。但在实际上，我们再说一遍，他只是忠实于这种批评的软弱的方面，只是忠实于由于它的某些原理不够完善而引起的缺陷。例如，别林斯基在分析纯艺术论时犯的逻辑错误所产生的结果，竟被皮萨列夫当做否定学说的最新成就。

假如别林斯基在热烈的论战中没有修改他自己的理论；假如他懂得，诗的内容和哲学的内容是一样的，而且诗人和思想家之间的区别仅在于一个是以形象来思索，而另一个则以三段论法来进 390
行思索，那么他就会用完全不同的观点来看整个“纯艺术”论问题了。在那时他就会说，没有任何专门的诗的领域；诗永远是社会生活的反映，希望保持“纯洁”的那种诗，只是反映着创作这种诗的社会阶层对社会漠不关心的态度。假如他再前进一步，力求弄清楚这种漠不关心的态度是由什么原因引起的，那么他就会看到，在不同的历史时代里，这种漠不关心的态度是由极不相同的、甚至是直接相反的原因所引起的，但是所有这些原因全都根源于社会关系，无论与艺术的本质，艺术的“规律”或艺术的技巧都完全没有直接的关系。要阐明所有这一切，别林斯基就必须彻底地运用唯物主义辩证法去研究人类的美学发展。但在当时俄国的条件下，他却不能做到这一点，尽管他有了不起的天才。因此，我们在他那里只发现唯物主义艺术观的因素。他不能使这些唯物主义的因素得到应有的发展，所以他在同纯艺术的捍卫者进行争论时，就不得不拿起通常存放在“启蒙运动者”武库里的武器。而在他们的武库里通常只有纯粹唯心主义的论据。这些首先带有抽象性毛病的唯心主义论据，也就是皮萨列夫的论断的基础，这些论断如果在逻辑上贯彻到底，就会使美学遭到“毁灭”。我们在前面说过，决不能要车尔尼雪夫斯基为皮萨列夫负责。我们现在要重复说，这一点也适用于别林斯基：皮萨列夫对他的文学观点所做的修正也同样不能归咎于他。但是，我们还要更进一步，并且说，假如皮萨列夫有时达到荒谬的结论（我们说："有时"，因为他也并不总是"毁灭"美学的），那么他本人也并没有什么罪过：在这方面有罪过的是唯心主义艺术观站不住脚，这种艺术观事实上或是导致"纯艺术"论者的"神秘主义的迷雾"，或是导致多少会"毁灭"美学的"启蒙运动者"的结论。我们还要说一句话。正因为皮萨列夫把我们六十年代"启蒙运动者"的某些唯心主义的前提引向了荒谬的结论，所以他才成为我们声名狼藉的"主观"方法的创始人。他在为卡尔·伏格特的 *Physiologische Briefe*[①] 一书而写的"生命的过程"一文中说道：

391 "自然科学不是历史学，完全不是历史学，虽然布克尔也企图把它们归纳为一类。在历史学中，全部问题在于观点，在于作家本人的人道的个性；在自然科学中，则全部问题在于事实……历史学是用作者个人的观点去理解事件的意义的；每一个政党都可能有自己的世界史，并且确实有自己的世界史（虽说当然不是所有这些历史都被记录下来），正如任何一个哲学学派都有自己的哲学辞典一样。历史学现在是并将永远是对于通过生活而形成的、在目前有其积极意义的某些实际信念的理论证明。关于自然科学当然就决不能这样说；自然界与您对它的想法毫无任何关系；假如您弄错了的话，它就会压伤您或是完全把您压死，正像您在巨大的机器充

① 《生理学书信集》。——译者

分运转时离它太近，它的轮子就会把您压伤或压死一样。”[①]

如果在这段话中用“社会学”这个词来代替“历史学”这个词，那么你们就会得到声名狼藉的“主观”方法的理论证明。皮萨列夫在把历史学同自然科学对立起来时，重犯了把他引向“美学的毁灭”的那个理论错误。他没有注意到，意识是由存在所决定的，并且假如历史学现在是并将永远是某些实际信念的理论证明，那么实际信念也不是从天而降的，而是由一定的社会关系所制约的，这些社会关系的发展也像动物和植物的种的发展一样，是合乎规律的。以米海洛夫斯基为首的我国主观主义者的全部臆造出来的社会学的深奥道理，就建立在这个理论错误的基础之上。斯卡比切夫斯基先生照例没有看到这一点，所以他一面对皮萨列夫在美学领域内的“破坏性的”功绩采取否定态度，一面却非常兴奋地评论米海洛夫斯基的“主观的”发现。他说：“他关于斯宾塞、达尔文和一般社会学方面的文章，不仅具有政论的意义，而且对科学作了重大的贡献，假如这些文章被翻译成一种外国文字的话，它们就会迅速地使它们的作者获得全欧洲的声誉。”[②]

米海洛夫斯基的某些社会学论文现在已译成法文，如果我们没有弄错的话，还译成了德文。应当认为，这些文章永远不会给他带来全欧洲的声誉。然而很可能，在那些由于仇视马克思主义而“回到康德那里去”的欧洲思想家中间，这些文章会得到其中某个 392
人的赞赏。与我们这位现代文学史家的见解相反，在这些赞赏中

① 《皮萨列夫全集》，圣彼得堡，1894 年，第一卷，第 311 页。

② 所引书，第 120 页。

没有什么可夸奖的地方。但是，最值得注意的，倒是这种对于把比较进步的空想主义中的无辜的理论错误变为反动派的理论工具的历史的讽刺。

最后，我们认为必须作以下这个在我们看来是极其重要的附带说明。

假如“六十年代人”是用“启蒙运动者”的眼光去看文学艺术，即首先要求它“对生活现象下判断”，那么这还不是意味着他们没有艺术鉴别力。至少关于他们的最杰出和最光辉的代表人物如车尔尼雪夫斯基、杜勃罗留波夫和皮萨列夫，是决不能这样说的。在他们每个人的著作中——有时恰恰在他们比谁都偏重理性的地方——可以看到一些最无疑义的证据，说明他们有敏锐的文学鉴赏力。即使我们以皮萨列夫来说吧。在他偏重理性可以说达到极点的同一篇文章里，他顺便发表了下面这个评语：“《暗礁》这部在文学价值方面毫无可取的长篇小说，得到了巨大的成功，而列夫·托尔斯泰伯爵的《幼年、少年、青年》这部在心理分析的精辟和忠实方面非常卓越的作品，却受到人们的冷遇，几乎没有引起人们的注意。”①托尔斯泰是对所有那些使“六十年代人”强烈地激动的社会问题和个人问题完全漠不关心的人，对托尔斯泰的艺术作品的这个评论表明，皮萨列夫能够做一个很好的“审美”批评家。甚至在他力求使普希金声誉扫地的那些文章里，我们也可以发现类似的评论。甚至在这些文章里也可以看出，皮萨列夫虽然坚决反对“我们的小巧可爱的普希金”的“庸人”观点，却也意识到他的作品的形

① 《皮萨列夫全集》，第三卷，圣彼得堡，1894年，第270页。[541]

式的美妙。

如果我们没有弄错的话，现在甚至那些对我们的“六十年代人”很少好感的人也都承认，杜勃罗留波夫的“政论的批评”对他所分析的作品的艺术上的优点是极其敏感的。但是，这些人中间有某些人虽然为杜勃罗留波夫说了这种公道话，然而在车尔尼雪夫斯基的批评文章里却连艺术敏感的迹象都看不到。可是这说的是那些对我们的“六十年代人”很少好感的人。甚至斯卡比切夫斯基先生作为《祖国纪事》杂志的公认的批评家，有意把自己看做全心 393
全意忠实于我们所谓六十年代优秀遗训的作家，也对车尔尼雪夫斯基的批评作了这样的评论：

“至于说到车尔尼雪夫斯基，那么是他首先提供了根据自己的理论来进行政论批评的例子。老实说，他的批评文章远不如杜勃罗留波夫的文章。首先你们可以看到，他的批评文章缺乏那种他的学位论文也同样缺少的东西，即缺乏审美的敏感，因而也就缺乏批评的敏感，而这个缺陷就造成了一系列惊人的失策。例如，车尔尼雪夫斯基由于纯粹的党派仇恨，对奥斯特罗夫斯基的剧本《贫非罪》采取非常轻蔑和敌视的态度，同时却非常兴奋地欢迎尼古拉·乌斯宾斯基的短篇小说的发表，把这些短篇小说看作对人民的温情的理想化的终结和对人民采取现实的清醒态度的开始，而没有看到尼古拉·乌斯宾斯基的夸张的描写是十分肤浅和粗糙的。”①

我们已经说过，尼古拉·乌斯宾斯基的“夸张的描写”远不像斯卡比切夫斯基先生所想的那样坏。现在我们说，车尔尼雪夫斯

① 斯卡比切夫斯基：《现代俄国文学史》，第66页。

基对《贫非罪》这部剧本的轻蔑的批评，并没有妨碍他对奥斯特罗夫斯基的“卓越的才能”（他的原话）作应有的评价，而且对《自己人——好算账》这部喜剧备加赞扬。假如对《贫非罪》这部剧本的评论含有“党派仇恨”的话，那么应当记住，车尔尼雪夫斯基在这个场合所仇视的是决不值得同情的东西。他对那些把《贫非罪》置于《哈姆雷特》和《奥赛罗》之上的批评家，采取嘲笑的态度。难道这种荒谬的钟情不应该受到嘲笑吗？他讽刺抱有斯拉夫主义情绪的一部分观众，他们把留比姆·托尔卓夫看做“俄罗斯精神”的美的表现，并且以为奥斯特罗夫斯基在创造出这个典型之后就达到了一个新阶段。的确，车尔尼雪夫斯基说应该把《贫非罪》归入与阿勃列西莫夫的《磨坊主》同类的作品之列，说它是单纯的民歌和习俗的汇集，[①]这些话他是说得过分了。然而他说在上述剧本里奥斯特罗夫斯基过分渲染了那种不能渲染而且也不应该渲染的东西，[②]他这样说终究是完全正确的。现在批评也应该承认这一点。
394 正像现在批评也同样应该承认，车尔尼雪夫斯基一下子就对列夫·托尔斯泰作品的伟大艺术意义作了非常正确的评价。但是不仅他一下子就对这种意义作了正确的评价。可以毫不夸大地说，车尔尼雪夫斯基一下子就确定了列夫·托尔斯泰的艺术才能的主要特征。在他关于列夫·托尔斯泰的《幼年、少年、青年》和《战争短篇小说集》所写的书评里，我们可以找到下面这段话：

“托尔斯泰伯爵最注意某些感情和思想怎样从另一些感情和

---

① 《车尔尼雪夫斯基全集》，第一卷，第129页。[542]

② 同上书，第130页。[543]

思想中发展出来；使他感兴趣的是去观察：直接从某种状况或印象中产生出的感情，服从于回忆的影响和由想象力所提供的综合能力，怎样转化为另一些感情，怎样重新回到原来的出发点，怎样一次又一次地飘忽无常，由于一连串的回忆而发生变化；由最初的感觉所产生的思想怎样导致另一些思想，怎样越来越入神，怎样把幻想同真实的感觉、把关于未来的梦想同关于现在的反省联在一起。心理分析可能采取不同的方向：某一个诗人最感兴趣的是对性格的刻画；另一个诗人最感兴趣的是社会关系和日常生活的冲突对性格的影响；第三个诗人最感兴趣的是感情与行动的联系；第四个诗人最感兴趣的是对激情的分析；而托尔斯泰伯爵最感兴趣的，则是心理过程本身，它的形态，它的规律，如果要用明确的术语来表达的话，便是心灵的辩证法。”①

这是一个极其精辟的评论。这个评论也不是我们这位作者顺便发表的，而是在他那里得到了十分详尽的发挥的。车尔尼雪夫斯基说，在我们其他杰出的诗人中间，莱蒙托夫对他所指出的心理分析方面作了最大的发展，但即使在莱蒙托夫那里，这个方面也仍然只起十分次要的作用，并且很少显示出来。在一些伟大的外国艺术家那里也很少看到这个方面，他们大部分人向我们介绍的不是思想和感情的辩证法，不是从一种感情到另一种感情、从一种思想到另一种思想的转化，而只是这个心理过程的两个终极的环节，即只是它的起点和终点。车尔尼雪夫斯基又一次极其精辟地说：“这是由于在才能中具有戏剧性因素的大多数诗人，主要关心的是

① 《车尔尼雪夫斯基全集》，第二卷，第 639 页。[544]

内心生活表现的结果、内心生活的冲突、人们之间的冲突、行动，而
395 不是思想或感情所借以形成的奥秘的过程；甚至在看来多半应该表现这个过程的独白中，也几乎总是只表现出各种感情的斗争，而这种热闹的斗争就使我们的注意力离开了把各种表象联结起来的规律和转化过程——我们注意的是它们的对比，而不是它们产生的形式，——即使独白所包含的并不是对死板的感情的简单解剖，独白与对白也差不多总是只有表面上的区别：在哈姆雷特的著名的反省中，他的人格似乎分裂了，自己同自己进行争论；他的独白在本质上是同浮士德和靡非斯特①的对白或波萨侯爵和堂·卡洛尔斯②的争论属于同一类舞台场面。”③托尔斯泰并不局限于描写一些成熟的情感的心理过程的结果；前面已经说过，他感兴趣的是这种过程本身；他无疑是描写这种过程的能手。据车尔尼雪夫斯基的意见，托尔斯泰的才能的独创的特征正在于此。车尔尼雪夫斯基说，大概托尔斯泰还将写许多这样的作品，还将以其他更动人的品质如思想的深刻性、日常生活的鲜明描写等等来感染每一个读者；但是，对一个真正的内行来说，总会看出，正是上面所指出的那种品质才使他的才能真正有力和扎实可靠。

这是再公正不过的了。并且有一点极其值得注意：当托尔斯泰——从比留科夫在不久以前发表的托尔斯泰的传记④中就可以

---

① 浮士德和靡非斯特是歌德的诗剧《浮士德》中的人物。——译者

② 波萨侯爵和堂·卡洛尔斯是席勒的诗剧《堂·卡洛尔斯》中的人物。——译者

③ 《车尔尼雪夫斯基全集》，第二卷，第642页。[545]

④ 指巴·伊·比留科夫所著的四大卷《托尔斯泰传》（1906－1923年；1922－1923年曾重印）。这部传记有不少材料，但作者是托尔斯泰主义的信徒，观点应加批判。——译者

清楚地看到——对车尔尼雪夫斯基及其同道们采取完全否定的态度，并且完全不理解他们的时候，车尔尼雪夫斯基本人却不仅能够评价托尔斯泰的才能，而且还能够敏锐地看出他的最卓越的特征。这真正是一个巨大的文学功绩。我们以为，“启蒙运动”时代一般所特有的那种偏重理性的倾向本身，帮助了车尔尼雪夫斯基去完成这个文学功绩，虽然由于偏重理性的缘故，六十年代的批评有时对其所分析的作品的美学方面注意得不够。不管托尔斯泰与“六十年代人”的一切观点和意图怎样格格不入，但连他也没有逃避得了自己时代的影响。在他身上偏重理性的倾向也得到了极其强烈的发展，只不过这种倾向在他那里采取了另一个方向：托尔斯泰不去分析人们的相互关系，他在实质上是对这种关系完全漠不关心的，他只对自身感兴趣，只分析自己本人的心理生活，从而发展了事实上构成他的艺术才能的主要特征的那种能力。 396

车尔尼雪夫斯基还替托尔斯泰辩护，使他免受这样的责难，即在《幼年、少年、青年》里没有描写社会生活。他讥讽地说，这些作品里还没有其他许多东西，例如没有战争场面、历史的回忆和意大利自然风景的描写等等。他公正地指出：“作者想把我们带进孩子们的生活中去，难道一个孩子会懂得社会问题吗？难道他会了解社会生活吗？这整个因素，像军营生活一样，与儿童生活是多么格格不入，假如在《幼年、少年、青年》中描写了社会生活的话，那么艺术性的条件就会遭到破坏，正像在这部中篇小说里描写军事生活或历史生活，艺术性的条件就会遭到破坏一样。我们喜欢在小说里描写社会生活绝不在他人之下；但是，我们应该懂得，并不是任何诗的观念都容许把社会问题带进作品；不应该忘记，艺术性的首要规律就是作品的统一性，因此，在描写‘幼年’时描写的正应该是幼年，而不是任何其他东西，不是社会问题，不是战争场面，不是彼得大帝和浮士德，不是印地安那，不是罗亭，而是有他自己的感情和概念的孩子。”①

车尔尼雪夫斯基重复地说，托尔斯泰有真正的才能，并且在这点上向我们暗示，他认为怎样的作品才真正富有艺术性。托尔斯泰的著作富有艺术性，——这意思就是说，“在每一部作品里，都非常充分地体现了他想在这部作品里体现的观念。他从来不说什么多余的话，因为这违反艺术性的条件，他也从来不把与作品的观念格格不入的场面和人物混杂进去，使自己的作品变得面目全非。艺术性的主要要求之一也正在于此。”②

所有这一切都说明，以车尔尼雪夫斯基为代表的六十年代的批评，虽然一般地说也具有偏重理性的特点，但毕竟与它的敌人所揭发它的、甚至它的古怪而愚钝的半心半意的朋友斯卡比切夫斯基先生也不反对强加于它的那种荒谬的片面性，相距极远。③ 我们深信不疑地说，期望托尔斯泰在将来写出许多伟大作品的车尔
397 尼雪夫斯基，绝不会就《战争与和平》写出像斯卡比切夫斯基先生所写的那种不可饶恕的真正片面的——片面到极其滑稽可笑

① 《车尔尼雪夫斯基全集》，第二卷，第645－646页。[546]

② 同上书，第647页。[547]

③ 应当指出，车尔尼雪夫斯基同时非常坚决地、甚至苛刻地驳斥了列夫·托尔斯泰伯爵的社会观点。参阅他关于《雅斯纳雅·波良纳》的书评，载《车尔尼雪夫斯基全集》，第九卷，第117页及以下各页。[548]

的——文章来。也许，有的读者会对我们说，由于车尔尼雪夫斯基和斯卡比切夫斯基先生之间所隔的“距离”，这一点是不言自明的。我们不准备来争论和反驳。他们之间事实上是有一个“非常大的距离”。但是，要知道斯卡比切夫斯基先生还以为他能批判车尔尼雪夫斯基呢！

第二部

尼·加·车尔尼雪夫斯基的政治观点和政治经济学观点

第一篇　尼·加·车尔尼雪夫斯基的政治观点

第一章　空想社会主义

在我们以前的叙述中已经不止一次说过，车尔尼雪夫斯基在自己的社会观方面是采取空想社会主义观点的。现在我们要更详细地论证这个看法。

在哲学上，车尔尼雪夫斯基是费尔巴哈的信徒。马克思也是通过费尔巴哈哲学走过来的，但对它作了根本的改造。别林斯基曾多少知道一点马克思的观点——诚然，别林斯基所知道的是马克思在他和费尔巴哈的观点几乎还没有什么区别的那个发展时期内的观点，从别林斯基的通信中可以看到，读到如今很有名的*Deutsch-Französische Jahrbücher*[①]使他感到很大的满足。但是，刚诞生不久的马克思主义当时对俄国读者的影响还太微弱，不能决定刚诞生不久的俄国社会主义思想的方向。俄国社会主义思想很久没有接受马克思、恩格斯著作的决定性影响，遗憾的是那段时

① 《德法年鉴》。——译者

间实在太长久了。车尔尼雪夫斯基在制定自己的社会主义观点时，完全没有考虑到科学社会主义，但科学社会主义早在四十年代末就已在德国工人运动史上起很大的作用，而在六十年代——自从国际工人协会创建以来——则逐渐对整个欧洲无产阶级发生持久不衰的影响。在他的全部著作中，我们简直找不到任何迹象说明他读过、哪怕很零散地读过马克思和恩格斯的著作。他的思想还没有超出空想社会主义的范围，虽然在这范围内它显示出高度明确性、大胆创造精神和批判力量。

在说了这些话之后，我们要赶紧提醒读者记起我们在序言里说过的话，那就是我们对处于某一发展阶段上的社会主义所加的"空想"这个形容词，在我们来说毫无指摘的意思。在我们笔下，它不过是用来说明社会主义在发展初期借以观察社会生活的那种观点的性质。自从社会主义有赖于马克思和恩格斯而过渡到科学的观点时候起，那种空想的观点就成为不能令人满意的了。可是，在当时空想社会主义曾经为社会思想发展事业出过一番力；在它的代表者中间，我们可以遇见许多真正富有天才的人物，只有毫不理解人类思想如何发展起来的那些自负的庸人，才会对他们采取轻视的态度。由于同样的原因，抱怨我们把我们这位伟大的"启蒙者"归入空想主义者之列，如某些头脑不清、懒于思考的车尔尼雪夫斯基崇拜者所抱怨的那样，是毫无道理的。圣西门、傅立叶、欧文也都是空想主义者，而我们敢于认为，加入他们这一群也就是意味着加入一个非常之好的团体。

伊万诺夫-拉佐姆尼克先生在《俄国社会思想史》一书中断言，

车尔尼雪夫斯基从来也不是一个空想社会主义者[①]。伊万诺夫-拉佐姆尼克先生引证《俄国文学果戈理时期概观》第六章和车尔尼雪夫斯基关于哈克斯特豪森的名著的书评，来加强自己的这一见解。他还得出结论说，车尔尼雪夫斯基认为空想社会主义"已经过时"，因此没有必要去同它进行战斗。

在评价伊万诺夫-拉佐姆尼克先生的著作时，我们已经分析过他的这个观点；[②]但是，在这里我们仍不得不回到这一点上来。

伊万诺夫-拉佐姆尼克先生不理解空想社会主义一词的意思是什么。在他的著作里，与他的这种不理解相一致，他还不理解别人关于车尔尼雪夫斯基的空想社会主义究竟说了些什么。

车尔尼雪夫斯基在《俄国文学果戈理时期概观》第六章里断言，当奥格辽夫和赫尔岑的世界观形成的时候，即在三十年代，新的科学在法国出现了（这里的着重点是车尔尼雪夫斯基自己加的），它的原理还是以幻想的形式表现出来的，但在实际上则包含着"深刻而有益的真理"。他还极为赞扬地指出，赫尔岑和奥格辽夫注意到了这些真理，而没有听信那些不了解这些真理的意义并把它们嘲笑为无法实现的空想的经济学家们的偏颇而又肤浅的意见[③]。由此可见，车尔尼雪夫斯基认为已经过时的仅仅是空想社会主义者用以表现自己的思想的那种形式。至于这些思想的内容，则并没有引起他的反对。相反地，他认为它是"新的科学"，而且他也没有看到作为一些最深刻的空想主义体系的特点的那种根

① 《俄国社会思想史》，第二版，第二卷，第8页。

② 参阅我们的"当代的小市民思想体系"一文，载于《现代世界》1908年7月号。

③ 《车尔尼雪夫斯基全集》，第二卷，第194页。

本缺陷，而实际上正是那种根本缺陷妨碍这些体系转到科学的基础上去。

伊万诺夫-拉佐姆尼克先生引证关于哈克斯特豪森的著作的评论，也是不成功的。车尔尼雪夫斯基在这篇评论里写道，哈克斯特豪森以为，似乎在1847年当他的著作出版的时候，在法国还有一些赞同圣西门体系的严肃认真的人，这是十分错误的。实际上，这个“确实是虚幻而不能实现的”体系的时代，“早在1847年以前很久就已经过去了，在这一年，法国也许只有老处女才赞同圣西门的体系了。”[①]

这个评语使人毫不怀疑，车尔尼雪夫斯基不是圣西门的信徒。事情确实如此。

但是，要知道空想社会主义并不仅限于圣西门主义。车尔尼雪夫斯基在驳斥圣西门主义时，仍然可能是其他任何一个法国的、英国的或德国的空想主义体系的信徒。最后，他在驳斥在他以前存在过的一切空想主义体系时，能够构想出他自己的空想主义体系。因此，对于明白事理的人来说，主要问题不在于车尔尼雪夫斯基是否赞同这个或那个空想社会主义者的学说，而在于他是否看到了毫无区别地为一切空想社会主义体系所固有的根本错误。但是，能够这样地提出问题，却必须是明白事理的人，也就是必须懂得空想社会主义的薄弱方面究竟何在。伊万诺夫-拉佐姆尼克先生不懂得这一点。他试图向我们评述车尔尼雪夫斯基的社会主义观点，除了引起混乱之外，不会得到别的什么结果，这是不足为

① 《车尔尼雪夫斯基全集》，第三卷，第293页。

奇的。

从车尔尼雪夫斯基的“梅尼尔蒙坦家族诉讼案”一文(《同时代人》,1860 年第 5 期)中,可以再清楚不过地看出他对圣西门和圣西门主义的态度。在这篇文章里,车尔尼雪夫斯基认为,圣西门是一个具有非凡的才智、罕见的高尚品质并对人民极为同情的人[①]。他认为以下这个“简明而又纯正”的思想就足以抵消圣西门理论的一切错误和妄诞之处,这个基本思想就是:“为了社会的安宁,必须最迅速地尽可能改善人数最多而又最贫困的阶级的物质和精神生活。每个好公民、每个正直的人的职责在于为这个事业贡献出全部力量。”根据车尔尼雪夫斯基的意见,圣西门的主要错误则在于他对天主教(他是以天主教的思想教育出来的)的历史作用有着错误的理解,不很清楚权威的意义。车尔尼雪夫斯基说:“权威存在于墨守成规中,即存在于理智所不参与的事情中,理智认识事实,相信证据,但却不是根据权威来接受任何东西。在人的行动中往往可能没有什么理性,但假如这些行动是在理性参与下完成的,那么它们就是对情况和证据进行个人独立思考的结果,而不是出于权威的授意。只有听了有关过去天主教行善的虚假故事而极度兴奋的热心人,才能抱另一种想法,相信可能有一种发达的理性所自由地服从的权威。”[②]但是,不管圣西门所犯的这个错误有多大,车尔尼雪夫斯基并不认为可以嘲笑他的天真幼稚;他认为,严肃认真的人不应该停留在圣西门的个别失策上,而应该注意他的正确的

① 《车尔尼雪夫斯基全集》,第六卷,第 128 页。

② 同上书,第 134 页。

基本思想。

至于说到圣西门主义者,我们这位作者援引了他们用来表述自己的历史研究成果的以下“三个公式”。

“人类正走向建立以爱为基础的普遍性协社。他们正走向使每一个人按自己的能力来获取报酬,使每一种能力按自己所做的事情来获取报酬。他们正走向工业组织。”[①]

车尔尼雪夫斯基认为,在这些公式里圣西门主义的基本思想表达得不十分成功,于是他对它们进行了这样的批判。

的确,人类是在走向以友谊或联盟来代替在工业中以竞争的形式出现的那种仇恨。但是,这种联盟的基础不是爱,而是利益、利害打算:“只有在罕见的时刻,只有在少数特别易于极度兴奋的人身上,爱才会对利害打算占优势,而且只有在一两件个别事情中爱才能战胜利害打算,而行动的一般性质毕竟是受利害打算或陈规、习俗所支配的,陈规、习俗也是一种利害打算,但它不是由我们个人,而是由整个社会所作的利害打算,不是在这个时刻所作的、而是我们老早就已通过教育而学会了的利害打算。”[②]圣西门主义者像他们的老师一样,自己是一些热心人,他们认为,热情对一切人都能起到像它对他们所起的那种支配作用。

他们受到热情的迷惑,因此也就没有看到他们的第二个公式是极其片面的。他们想使每一个人都按自己的能力来享受生活福

---

① 《车尔尼雪夫斯基全集》,第六卷,第137页。

② 同上。

利。这是不公正的。在这种情况下,牛顿会获得亿万的收入,而才能极有限的任何一个教会小学的算术教师则依然是穷光蛋。车尔尼雪夫斯基问道:“任何阶层的大多数人除了机械地完成老一套的工作外表现不出任何别的能力,他们完全没有任何智力方面的权利,那么这些人的情况将会怎样呢?”①但是,这还不是一切。因为在圣西门主义者看来,每一种能力是按自己所做的事情来获取报酬的,所以车尔尼雪夫斯基还问道,在实现他们的计划时对病人或一般由于某种原因而丧失劳动能力的人将怎么办呢?与圣西门主义者相反,他提出了另一个原则,他说:“假如社会拥有这样多的资料,在充分满足每个人的所有正当需求之外还有剩余,那就让它根据它所乐意采用的随便哪一种方式去分配这些剩余物:或者按能力去分配,或者按活动的成果去分配,或者可以按对社会福利更有益的其他考虑去分配;但是,首先是每一个人都有权利满足自己的人的需求;社会之所以存在,仅仅是因为需要它去保证它的每一个成员能够最充分地满足人的需要。”②

圣西门主义者的第三个公式——工业组织,也使他感到不满。根据他的意见,这样的组织是必要的,甚至是不可避免的。全部问题在于怎样去建立这种组织和怎样去支援它。圣西门主义者想凭借权威来进行活动。他们认为,被授以政权的那些人将站在任何规则之上,正如在他们看来,教皇的意志在中世纪对天主教徒来说是最高的法律一样。车尔尼雪夫斯基在说了有关圣西门的那些话

① 《车尔尼雪夫斯基全集》,第六卷,第138页。

② 同上。

之后，认为没有必要再对这种“明显的谬误”提出任何新的意见。[①]

接着他在文章中叙述圣西门主义者在极度兴奋时竟做出了多么奇怪的、有时是可笑的行为。他称他们为患了慈善狂的沙龙英雄。但是，他在对他们做出这种严峻的判决时，却有所保留。圣西门主义的运动第一次表现了改造社会的思想，而这种思想的第一次表现具有重大的历史意义。它表明，社会已经到必须考虑那些改革思想的时候了，这些思想最初是以圣西门主义的不能令人满意的形式表现出来的。

最后车尔尼雪夫斯基关于这些改革思想说道：“不久我们就会看到，它们会通过更合理的形式表现出来，并且传到那些不再把它们当做狂喜的娱乐而是当做切身需要的事业的人们手里，而当圣西门主义者想要用来演出木偶喜剧的那个阶级开始理智地关心自己的幸福时，大概它在世界上会比目前生活得好一些。”[②]这是一个极为重要的意见。它表明，车尔尼雪夫斯基在论述西欧社会主义的前途时，很接近于阶级斗争的理论。但是我们已经知道，这个理论在他的历史观点中起了什么作用。这个理论有时帮助他很成功地阐明某些个别的历史现象；但是，与其说他把阶级斗争看成阶级社会进步的必要条件，不如说把它看成对进步的非常重要的障碍。读者记得，车尔尼雪夫斯基曾把西班牙的阶级斗争的薄弱发展看成这个国家未来进步发展的保证之一。在关于 1848 年法兰西事件的言论中，同在刚刚我们所引的那段话中一样，他又似乎倾

---

① 《车尔尼雪夫斯基全集》，第六卷，第 138－139 页。

② 同上书，第 150 页。

向于这样一种思想:无产阶级的解放运动目前成了西欧社会进步的主要动力。但是,这个思想只是他的唯物主义历史观的萌芽之一,我们在讲到我们作者的历史观点时曾不止一次地提醒读者注意这些萌芽。在发表"梅尼尔蒙坦家族诉讼案"一文的同一年,车尔尼雪夫斯基在我们很熟悉的《哲学中的人本主义原理》一文中这样表述了自己对西欧社会的劳动阶级的看法:

"西欧的平民,由于具有健全的本性,严酷的生活经验,在理解事物方面实质上要比那些更幸福的阶级的人们正确、确实、深刻得多。但他还不知道最符合他的地位、习惯、需要和同知识的现状相适合的那些科学概念。因为他不熟悉这些科学概念,所以他不得不根据非常有害的和陈旧不堪的书本来学习,不得不受那些在所谓有教养的公众中(在这里只有在科学上已经过了时的东西才获得支配地位)占统治地位的错误意见的影响,不得不用尽自己的力量去和那些已被他还不知道的真正现代的科学所揭露的偏见作斗争,或者便只好屈从这些偏见,从对它们愤怒变为对它们驯服,而不去把它们当作已被揭发的谎言而凛然地加以清除,因为一旦他把这种谎言看成纯粹的胡说,就不再对他有任何危险了。"①

这里车尔尼雪夫斯基说的是什么样的"平民"呢?他指的是农民、独立小手工业者,还是本来意义上的无产者呢?他说的既是农民、独立小手工业者,也是无产者。他一般地谈论所有这些人,而没有指出劳动人民的各个不同阶级之间的任何区别。这是由于唯物主义历史观的萌芽在他那里始终只是萌芽而已,整个说来,他仍

① 《车尔尼雪夫斯基全集》,第六卷,第193页。

然是从这样一种观点去观察历史，这种观点是以“意见统治世界”这句话为特征的。他把欧洲“平民”的落后说成是由于人民还没有掌握某些科学概念而造成的。当人民掌握了这些科学概念，“平民”了解到“符合他们的要求的”哲学观点的时候，西方社会生活中新原则的胜利就不远了。[①] 车尔尼雪夫斯基没有问自己：在这个生活中是否有一些现象可以成为“平民”最终真正掌握新哲学思想的客观保证。他不需要这种保证，因为在他的心目中，这些新原则的本性以及人的本性，就完全足以保证这些原则的胜利。在1861年的《同时代人》3月号上，发表了评述布鲁诺·希尔德布兰德的《现在和将来的政治经济学》一书的书评。在这篇书评里他写道：“凡是真正合乎人性的、真正合理的东西，会在一切民族中间得到同情……理性只有一个，它不论在什么地方，不论在黑皮肤和浅黄色头发的人那里总是相同的。当然，在美国草原上生活的人，和俄国农村中生活的人有所不同，而在散得维齿群岛上居住的老爷们，也和英国绅士不一样；但是我们认为，俄国庄稼汉和野蛮人也像极可尊敬的罗马主教一样，都要吃饭，而且为了吃饭就想要有点什么东西。希望改善自己的状况的意愿，是整个人类的本质特性。假如新的理论违背人性，那么它们就不能超出需要杜撰这种理论的那个国家和那些人的范围，文明世界的一切民族也就不会追求这种理论。”

当我们在1889年秋撰写论车尔尼雪夫斯基的第一篇文章的时候，我们是把这篇书评当做无疑是出于他的手笔的文章而加以

① 《车尔尼雪夫斯基全集》，第六卷，第205－206页。

引证的，但是我们在米·尼·车尔尼雪夫斯基所出版的《车尔尼雪夫斯基全集》里却找不到这篇书评。当然，可以假定这篇书评没有收入全集纯粹是由于某种偶然的原因。但是，我们愿意承认，更可能的是，我们把上面所说的这篇书评认作车尔尼雪夫斯基的作品是弄错了。然而，这篇书评所表达的思想对当时《同时代人》杂志的观点来说仍然是很有代表性的，而车尔尼雪夫斯基在《同时代人》的工作人员中间则起着如此卓越而又有威信的作用。同时，这篇 en question[①] 书评，只是以更明显的形式重复了在我们前面引证过的、收入《车尔尼雪夫斯基全集》第六卷的那篇关于诺维茨基的著作的书评中所说过的话，即真理一经获得就可以无条件地为人人所懂得。

我们假定，在六十年代当车尔尼雪夫斯基已经享有非常杰出的经济学家的声誉的时候，任何一篇违反他的经济观点和社会观点的文章只有附加编辑部的批判性的按语才可能在《同时代人》上发表。因此，我们还要引证另一篇文章，这篇文章大概也不是车尔尼雪夫斯基写的，但却很可以代表整个《同时代人》集团、因而其中也包括车尔尼雪夫斯基对社会问题的观点。这篇文章刊载于该杂志 1861 年 5 月号的外国文学栏。

这篇文章一开始就很精辟地指出，无产阶级是近代史上所独有的一种现象。作者说道："只有在本世纪，无产阶级才作为自觉的、独立的整体而出现于西欧。在十九世纪以前，贫苦的、需要一般救济的人也许比现在更多，但却谈不上有无产阶级。无产阶级

---

① 成问题的。——译者

是近代史的产物。”接着,作者又正确地指出,妇女参加工业劳动乃是妇女家庭解放的保证。读到这一点,人们可能认为作者是完全站在现代科学社会主义观点上的。但是,一谈到改善无产阶级命运的实际手段时,就立即可以看清楚事情完全不是这样。作者正是在谈到里昂的丝织工人时认为,拯救他们的办法在于“使生产分散”,在城市以外开设作坊,使织工劳动和农业结合起来。根据作者的意见,纺织业和农业的结合会大大地增进工人的福利。他认为,降低农村中的原料的价格是可能增进织工福利的另一个泉源。他的原话是这样的:“对里昂的工人来说,在城市以外建立自己的作坊,就是把他们从老板那里解放出来的开端。但是怎样开设作坊呢?用谁的资金去开设呢?只有在例外的情况下才能指靠老板和工厂主,因此必须要求政府支持,要求政府给钱。只有在政府向里昂的无产者发放信贷的情况下,他们才能摆脱资本家对他们的劳动的剥削,而有可能自立。”可是,作者担心工人不愿意迁往农村。“对他们之中的许多人来说,城市生活具有他们在农村生活中所找不到的那些令人愉快的特点……然而这是一种暂时的烦恼。当然,决不能期望所有的工人一下子都从里昂迁往里昂郊区,但也没有任何根据认为,工人不会越来越意识到这种迁移的好处。只要有几个成功的范例,工人就会看到摆脱他们目前的悲惨处境的出路。开始时只要先建立一些由个别家庭组成的小农场和小作坊,就不难过渡到协作社和由大家出钱建立并拥有机械动力的工厂。”

假如我们是在当时的《祖国纪事》杂志上看到这样的计划的话,那是一点也不会感到惊讶的,当时B.B.先生正在米海洛夫斯基的赞同下在这个杂志上阐述自己关于“俄国资本主义的前途”的看法。但是，在车尔尼雪夫斯基的杂志上，这样的计划却产生了预料不到的——应该说真话，——甚至是令人感到沉重的印象。看来，想出这个计划的人以及有权决定是否在《同时代人》上发表它的那些人，都还完全不理解无产阶级的经济解放的可能性取决于具备什么样的政治条件。计划的作者认为，里昂织工的经济解放可能由于拿破仑第三的政府的倡导而得到实现。计划的作者和赞同这个计划的《同时代人》编辑们似乎还不懂得，工人阶级的解放应该是工人阶级本身的事业。而即使他们知道这个真理的话，他们对它的解释也是我们在现代所绝对不能同意的。

不过这并没有什么奇怪。车尔尼雪夫斯基的世界观形成的年代，正当欧洲历史上的黑暗时期，当时无产阶级在 1848 到 1849 年后备受镇压，没有表现出任何自觉生活的征象。[①] 因此车尔尼雪夫斯基对于这个阶级采取政治主动的能力，也不可能有什么太高的评价。要知道他毕竟把无产阶级看做“平民”群众中最先进的阶层。我们已经知道，他把整个欧洲的农民看做真正的野蛮人。而且就我们所知，他直至临终也没有抛弃自己的这一看法。在任何情况下都可以断定，他在六十年代里是坚持这种看法的。顺便提一下，这一点从他的“七月的君主制”一文(《同时代人》1860 年 1 月号、2 月号)中也可以看得出来。

在那篇文章里，车尔尼雪夫斯基向这样一些“优秀人物”呼吁，这些人在看到法国普选法的实施受到反动派和蒙昧主义者的利用

① 我们要提醒读者，车尔尼雪夫斯基生于 1829 年。

后，便认为它没有什么意义了。他不是用这样的理由来安抚他们，即反动派和蒙昧主义者只有在屠杀六月武装起义者以后才能利用普选法的成果。他不是对他们说，普选法对工人阶级的自我政治教育来说是绝对必要的。他只是指出"农民"的愚昧无知。他说，"法令(在法国实行上述法律的法令)的直接结果违背了所有正直的法国人的期望。但是由此应该得出什么结论呢？难道这个事实毕竟不是对法国社会有所裨益么？现在人们看到，农民的愚昧无知毁灭了法国。在他们没有投票权的时候，谁也不去关心这种可怕的不幸。谁也没有看出，农民的愚昧无知永远是一切法国历史事件的基础。疾病是隐蔽的，一直没有得到治疗；但它毕竟使整个机体虚弱衰竭了。当农民在选举中出现时，就最后看出了问题的本质所在。人们看到，在正直的人没有着手教育农民的时候，任何真正有益的东西都不可能在法国实现。现在正在进行这个工作，这种努力终究不会始终是完全毫无成效的。迟早农民会变得更加明白事理，那时法国的进步就会更容易些。我们将从以下这一点得到安慰：尽管在恢复法国的法制时普选制没有站住脚，尽管普选制的法令所带来的苦果迫使社会舆论暂时拒绝普选制，但是，普选制的法令在造成重大的直接危害的同时，却毕竟间接地带来了更大得多的益处。"①

我们看到，车尔尼雪夫斯基把全部希望寄托于从事教育农民的"优秀人物"身上，由于进行这种教育，"法国的进步就会更容易些"。这仍然还是一种纯粹的唯心主义观点，在这种观点看来，知

① 《车尔尼雪夫斯基全集》，第六卷，第182页。

识分子仿佛是历史的创造主。这种观点虽然没有妨碍我们的作者去发现圣西门和圣西门主义者的学说的某些薄弱方面,但却使他不可能去揭露这种学说以及其他一切空想主义体系所固有的根本缺陷,而这种根本缺陷也就在于,在考察某一个社会制度的理想时,其观点是看它是否合乎某一群知识分子的愿望,而不是从它对客观社会发展进程的关系出发,不是从多少由这种社会发展所激励起来的人民首创精神出发。在批判圣西门主义者的理想时,车尔尼雪夫斯基并不自问,客观社会发展进程是否保证这个理想的实现。他的兴趣仅限于考察这个理想本身究竟好到什么程度,从关于社会利益、正义等等的概念(某一群知识分子的概念)看来这个理想究竟令人满意到什么程度。这种特征是他和一切空想社会主义者所特有的。我们还要再说一遍,在他那个时代的情况下,他的批评方式的这种特征是完全不可避免的。要相信这一点,只须看一下譬如说他怎样描述他那时的西欧的状况就行了。"西欧的人民群众也还陷于愚昧和贫困之中;因此他们无论对富裕阶级的人用生命去获得的成就,或是对富裕阶级的精神需要,都还没有明智地、经常地表示同情。富有的、文化程度高的居民阶级并不依靠人民群众始终不渝的同情,他们置身于对人民群众的火山般的力量的恐惧和利用人们墨守成规和愚昧无知的那些阴谋家的诡计之间,由于不可能实现自己的理想而沉湎于自私自利的目的,或是投身于各种无节制的行为,以压制自己的苦闷。欧洲许多优秀人物由于这种不幸而忧伤到这等地步,以致放弃了对将来的一切希望。"车尔尼雪夫斯基本人当然不属于这一类优秀人物之列:他完全没有放弃对将来的一切希望。但是,十分自然的是,他把自己的全部希望寄托于另一类优秀人物，他们对美好的未来保持着信心，从事于研究“新的科学”并在群众中尽力传播它的结论。这一类人的全部力量在于抽象真理的力量，在于他们所提出的这些或那些“公式”的正确性。因此，车尔尼雪夫斯基也就把注意力集中于批判那些公式，如他对圣西门和圣西门主义者的学说所做的分析清楚地表明的那样。

当车尔尼雪夫斯基捍卫俄国村社的时候，他指出这种土地所有制的有利方面之一就是它把我们从“无产阶级化的疾病”中解救出来[①]。只有把“无产阶级化”仅仅看做一种疾病而还没有学会把它看做历史上曾经有过的最伟大的历史运动的泉源的人，才可能抱有这样的看法。诚然，很可能，当他谈到这种疾病时，他有时回想起迁果波尔斯基或哈克斯特豪森男爵之类的反动分子的意见，这些人也担心“无产阶级化”，但他们之所以担心，主要是由于它使他们所珍贵的旧制度变得不巩固。也许，他有时对我们这里没有上述疾病仿佛会带来什么好处这一点发生怀疑。我们认为，大概他的以下这段话就正是为了回答自己的这种怀疑而说的：“农民阶级虽然在我们这里总是按村社的惯例来使用土地，但他们在俄国历史上却并不总是具有迁果波尔斯基凭想象加在他们身上的那种固定不变的性格，迁果波尔斯基过于相信那些关于西欧农民固定不变的一般老生常谈，并把这种无稽之谈应用于俄国农民。我们在这里没有必要去解释西欧农民的性格如何。我们只想提醒大

---

① 《车尔尼雪夫斯基全集》，第三卷，第151页（我们所摘引的这篇文章写于1857年）。

家，哥萨克大部分出身于农民，而从十七世纪初期起，俄国人民历史上的几乎一切戏剧性的情节，都是靠了农民的力量来实现的。”在这里，农民战争就其意义来说和现代无产阶级运动混为一谈了——这种混淆在现代是完全不可能发生的。现在谁还看不出哥萨克的历史作用和工人阶级的历史作用是毫无共同之处的呢。

第二章　空想社会主义(续)

车尔尼雪夫斯基对于社会主义问题也像对于所有其他历史发展的一般问题一样，是从唯心主义观点来考察的。而这种对待最重要的历史现象的唯心主义态度，是各国社会主义在空想的发展阶段所特有的。空想社会主义的这一特点具有重要的意义，所以不管这里很可能有某些重复，关于这个特点必须讲一讲。

对自然现象和社会生活现象的科学态度，是以关于这些现象的合乎规律性的概念作为主要标志的。思想史表明，人们掌握关于自然现象的合乎规律性的概念，要比掌握关于社会现象的合乎规律性的概念更早和更容易。十八世纪启蒙运动者充分掌握了前一种概念。这种概念成了他们的整个世界观的基础，是他们同持有陈旧思想方式的人们进行论战的主要论据。但是，只要想起绝大多数启蒙运动者的历史观点，就能看到他们离开关于社会发展的合乎规律性的正确概念有多么远了。在他们看来，人的社会活动好像是自由选择的领域，好像是以理智判断为根据来作出决定的领域，而理智则只服从于形式逻辑的规律。假如在整个历史过程中人类一直生活在贫困和压迫之下，那么其原因就在于他们由于自己的愚昧不懂得应该怎样去建立正常的社会关系。因此，历史原来只是简单的理智错误。我们已经知道，资产阶级经济学家——一部分人自己属于启蒙运动者之列，一部分人则继承了启蒙运动者对历史的观点——正是这样地观察人类经济生活的：过去人们所以生活在不正常的经济条件下，是因为他们缺乏关于国民经济的自然规律的正确概念。而我们在本世纪上半叶的社会主义者那里所看到的，也正是这种对社会关系的起源的看法。他们认为资产阶级制度是不公正的和不合理的，用思想的失策和人类的错误打算去解释这种制度在历史上的出现。对于人类为什么犯了错误这一问题，他们总是这样回答说：由于他们的愚昧，普通人的愚昧或学者的愚昧。至于为什么人类正是犯这种错误而不是犯任何别一种错误，这个问题或是完全没有进入那些社会主义者的头脑，或是被他们借助于援引各种历史偶然性的办法加以解决了。

他们对社会生活的观点就是这样。他们坚持这种观点，虽然在他们的理论中已经有了许多正确地、科学地解释人类历史运动的因素。这些因素还没有形成严整的体系，因此它们在社会主义者的世界观中还是某种不连贯的、偶然的东西。例如，傅立叶说，人类在自己的经济发展中必须经过一定的阶段(在傅立叶看来，共有四个阶段，即蒙昧状态、野蛮、宗法制和文明。往下的各个时期则将是协社原则的不同程度的运用)。然而，请看傅立叶认为他自己的社会理论是怎样偶然地产生的。他写道："人们反驳我说，这样一来直到如今所有的人和每一个人都犯了错误，而你一个人就比所有一切世纪的所有一切学者懂得更多吗？所有的人和每一个人都犯了错误！为什么不是这样呢？难道这种事情还是第一次发生吗？难道人们不是同样地反驳过哥伦布和实际上证明以前所有人都犯了错误的所有一切发明家吗？在数千年间，'所有的人和每一个人'对于例如马镫那样简单而又必需的东西都犯了错误。看来似乎任何人都能轻而易举地完成这个如此简单而又如此可贵的发明，但是人们却忘了发明它，在这个问题上错误一直延至十二世纪。单是这个例子就足以说明，无论是关于琐碎的小事，或是关于重大的事物，'所有的人和每一个人'都可能是愚蠢的和盲目的。但是，协社的例子还更能令人信服地说明这一点。如果人们尽管作了辛勤的研究而仍然未能发现协社的原则，那么单是这一点就已证明人类的笨拙，因为正如我所指出的那样，人们可以通过十六条不同的途径去发现这一原则。但是，当没有一个人甚至想去走其中任何一条途径，没有一个人去关心发现他们的幸福所依赖的那个原则时，关于人们的迷惘又有什么好说的呢？……'所有的人和每一个人'关于社会的前途都犯了错误，这是不足为奇的……不是天才也能轻而易举地比'所有的人和每一个人'懂得更多，特别是在类似有关协社那样的、人们从来没有研究过的知识领域内。在这个领域内，简直是任何一个人只要想去进行研究，就能处于第一批到达秘鲁的欧洲人的地位；他就能轻而易举地发现金矿。"接着傅立叶叙述，1799 年一个从埃及抵达伦敦的黑人怎样成功地制服一匹使英国的优秀驯马师感到毫无办法的野马，并且说，这件事情仿佛是那些地道的学者在他的发现以后所陷入的那种处境的象征。他补充说道，"天赋的能力能够超过一切科学的巧计，并使一个完全没有学问的人完成到那时为止一直被学者们的富有经验的眼睛所疏忽过去的宝贵发现。自然胡乱地分配发明天才、科学和艺术的本能。因此，在愚昧无知的人们中间有人有能力去完成社会机构方面的发现，这是不足为奇的。”①

的确，根据傅立叶的天真的自白，这一番“亲切的教导”是为了在不从事于科学研究的那些“善意的读者”中间引起对他的信任。因此，也许有人可能认为，他在这里故意把事情描述得过分简单。但是事情并非如此。虽然傅立叶在作这番“亲切的教导”时使自己的叙述适合于未受教育的读者们的智力水平，但是他所表述的却正是他所永远遵循的那种观点。他总是以为他的发现是不依赖于一定历史条件的偶然事件。他不理解为什么人们在过去许多世纪内没有作出这样的发现。正如我们所看到的，他单纯用人们的迷惘去解释这种情况。这种观点和前面所说的傅立叶关于人类历史运动的不同阶段的学说是不易一致起来的。可是理智却具有令人惊奇的能力在一些完全不可调和的概念之间建立起巩固持久的和平。傅立叶说：“如果人们在文明制度面前这样长久地坚持赞美的态度，那么这是由于谁也没有听从培根的劝告，谁也没有批判地分析每一种职业的缺点和每一种制度的缺陷。”②在这里，人类长期停留于文明的阶段被说成是人类不够机灵的简单的结果，并且仿佛是对此的惩罚。人类在不同发展阶段上的一切历史性的彷徨，也可能被傅立叶看成是思想的这种偶然失策和错误的结果。这种彷徨之所以不可避免，仅仅是由于人们不够机灵，正如以色列的儿女们之所以必须在沙漠中彷徨流浪四十年，仅仅是因为他们犯了

① 《傅立叶全集》，第四卷。《宇宙统一论》，第一版，第3、4、5页。

② 同上书，第121页。

罪一样。假如人们在若干世纪以前就领悟到从事于协社原则的研究，那么历史就会采取完全另一种令人可喜得多的外貌了。人们是很容易做到这一点的，可是他们却偏没有做到这一点，因而历史也就走上了我们所知道的那条道路。在傅立叶的世界观中，科学的历史哲学的萌芽就是这样地或大致就是这样地和偶然性概念相妥协的。

文明的人类之所以保持现存的社会制度，仅仅是由于谁也没有费力去指出这种制度的荒谬性和用更好的制度去代替它们的可能性。如果事情真是这样，那么任何一个发现了或掌握了真正的社会生活原则的真诚的人类之友的任务就自然而然地确定下来了。这种任务自然就分为两部分：首先是应该向人们指明他们的错误究竟何在，而其次是教他们怎样才能纠正错误。为了达到第一个目的，必须"批判地分析"现代社会中存在的"每一种制度的缺陷"。但因为社会制度的缺陷反映在人的性格上是作为人的缺点出现的——十八世纪启蒙运动者就已弄清楚这一点，——所以，除了批判地分析上述缺陷外，还要分析人们在现存社会中所从事的每一种职业所特有的缺点。在批判社会制度之后，应该紧接着去描写和批判这种制度所造成的风俗习惯。在做了这些之后，必须转入第二部分的任务，即指出究竟应该用怎样的社会制度去代替现存的社会制度。对这点必须极其谨慎小心；未来社会组织的方案应当详详细细地制订；历史表明，在这方面完全不可能信赖人们的机智：他们确实犯了许多重大的错误，然而每一个甚至看来完全是微不足道的错误也可能从根本上损害整个社会机构。改革家不应当忽视任何东西：生产组织和产品分配、食物和衣服、家庭关系和教育、娱乐和接待宾客、房屋建筑，——一句话，他应当预见到一切的一切，连安慰不幸的失恋者都包括在内。社会关系取决于人们的观点。人们选择的是他们正确地或错误地认为最合理和最有益的社会制度。因此，去实现一个详细地制订的社会改革方案，只要它本身是合理的、符合人类利益的，那就不可能遇到任何不可克服的障碍。当然，由于因循守旧和头脑不灵，"文明人"不能一下子认清向他们建议的社会制度的优越性，他们将会嘲笑、甚至迫害改革家。同这样的障碍进行斗争并不容易，但毕竟克服这些障碍是完全可能的：只须坚决地捍卫自己的事业，并且不放过每一个机会对人们清楚说明向他们建议的社会制度的有益的、令人喜爱的方面就行了。而因为人们不仅听从理智的呼声，而且也屈从于想象力的诱惑，所以向他们描绘未来社会的图景时不应吝惜色彩。未来社会的图景必须是光辉而诱人的。但这还不是全部。很难预见具有什么样性格的人较快地和最容易被这幅图景所诱惑。因此，应当注意使这幅图景尽可能符合各式各样具有细微差别的趣味和嗜好。假定您是吝啬的，或者说句不客气的话，甚至是贪婪的，您不妨去放高利贷，——这没有什么不得了，您可以促使新制度最快地实现：它将使您有可能在不损害别人的情况下靠您的资本去获得您在现今社会中从未获得过的那样多的利息；为了证明这一点，向您算一笔小小的示范性的账就行了。您喜爱无常，时常改换您所热爱的东西，——这也没有什么不得了；在未来社会里，各种最古怪的爱好都将得到最充分的满足；只要请您帮助我们去建立这个社会就行了，——您想必是不会吃亏的。也许，或者您喜欢美味把肚子吃得饱饱的吧？我们这里也将会有连最讲究的"文明的"美食家们都想象不到的那样高明的厨房。请站到我们这方面来吧，这正是为了你们的利益。最后，如果您十分喜爱水果或者蔬菜，比如说喜爱朝鲜蓟或香瓜。在现今的西欧，没有比弄到好香瓜更困难的事了，而相反地，在未来社会里任何人都将得到最好的香瓜。因此，我们的思想的胜利将使你们获得许多令人喜爱的东西①。

这是可笑的。但是我们所以提到这一点，并不是为了去取笑这些十分值得尊敬的人。我们只想指出，缺乏严密地制定出来的关于社会发展规律性的概念怎样使旧时代的社会主义者成为空想主义者。可是，不仅是社会主义者缺少这种概念。十八世纪启蒙运动者和资产阶级经济学家也缺少这种概念。如果说，启蒙运动者和资产阶级经济学家并不倾向于空想，那这是有其特殊原因的，这些原因和他们的世界观的科学性程度如何毫无关系。无论是启蒙运动者或是经济学家都不需要空想，因为在他们看来已经完全成熟或几乎已经完全成熟的资产阶级秩序就是事物的正常秩序。社会主义者则需要空想，因为他们开始对他们周围的社会秩序采取否定态度。但是，否定资产阶级制度并不是错误，而是他们的一个巨大功绩。因此，嘲笑他们的空想也是不公正的、不合理的。讥笑空想社会主义者的那些庸人，正是以此证明了自己的资产阶级局限性，而绝不是证明自己的观点清醒而科学。我们不能为了空想社会主义者的世界观的这样一些缺陷而责备他们，因为这样的缺陷不单是他们所特有的，而是他们的一切同时代人(除了极少数

① 参阅前面已经引证过的那一卷《傅立叶全集》，第 43－46 页注 B。

的例外)所特有的。在关于社会发展规律性的概念没有成为社会科学的基石之前,任何一个改革家,只要他所建议的改革不限于改变现存制度的细节而扩及它的整个基础,那他就必然会成为一个空想主义者。全部政治学说史和社会学说史都证明了这一点。什么是空想呢?它是被假定为适合于一切民族而不问其生存的历史条件的一种理想的社会制度。但是,在到人们的概念和感觉中去寻找一切社会现象之谜的时代里,人们一般是很少去注意各民族的生存的历史条件的。

我们已经看到,车尔尼雪夫斯基认为,真理一经发现,那它对于一切理解它会有物质利益的人就成为明白易解的东西。这是我们现在已经很熟悉的一种对问题的空想主义观点。而这种空想主义观点是和这样一种对任何问题的研究态度完全不相容的,用车尔尼雪夫斯基自己的话来说,这种研究态度是黑格尔的辩证法哲学遗赠给我们的,并且是这种哲学的主要理论成果。“在现实之中,一切都取决于情况,取决于地点和时间的条件,——因此,黑格尔承认,过去人们只是用一般文句来判断善恶,但却并不观察某一个现象所从而产生的情况和原因,这些一般的、抽象的箴言是不能令人满意的。抽象的真理是没有的,真理是具体的,也就是说,只有在考察了某一特定的事实所依赖的一切情况之后,才能对这一事实做出肯定的判断。”的确如此,但是对现实采取这样的态度,就不得不坚决地斥责任何关于理想社会制度的计划的随心所欲的理论体系。我们周围的现实是由于一定的地点和时间的条件而存在的。在现实中发生的和曾经发生过的变化,并不是我们觉得是最有益的或最符合于我们的“理想”的变化,而是由特定的、十分确定的时间和地点的条件所引起的变化。如果认识到这些条件，我们就能够预见到取决于这些条件的我们周围现实的变化，而如果预见到这些变化，我们也就能够而且应该依照它们来指导自己的社会活动。但是，只有在我们估计我们周围的现实时不犯错误的情况下，我们的活动才能适合于目的。还必须指出，这里说的不是把现实同我们的“理想”进行比较的那种对现实的肤浅的估计。现实不能满足理想的要求，——这是不言而喻的，否则理想也就不成其为理想了。全部问题在于，按照地点和时间的条件，现实走向何处：走我们的理想所在的方向，还是走任何一个别的方向？如果它走的是我们的理想的方向，换句话说，如果我们的理想符合现实的历史进程，那么我们就将成为历史的有效的工作者；否则的话，我们就注定会成为堂吉诃德。这还不是一切。一个社会活动家甚至在现实正好走向他的理想所在之处的情况下，也仍然可能毕生始终充当堂吉诃德。每当一个人正确地确定了自己的目标后而不会去寻找达到目标的正确手段时，总是会发生这样的事。这时他的活动就是一个虚假的因素，虽然生活走向他希望把生活引向的地方，但生活走向那里却完全不取决于他所作的努力。我们的农民在发生旱灾时作祈祷，并求神甫念经预先保护白菜免遭“蠕虫”之害。有时在祈祷后下了雨；有时在神甫念经之后，“蠕虫”就消失了。但是，下雨是否是由于农民作了祈祷呢？蠕虫消失是否是由于神甫念经呢？这一切之所以发生，既丝毫不取决于神甫，也丝毫不取决于祈祷。社会发展也同样如此。有时它实现着社会活动家的“秘藏在心中的念头和日夜渴望的幻想”。但如果他的念头不是依据对现实的仔细研究，如果他的幻想仅仅起源于他喜欢幻想，那么他可以袖起双手安静地坐着：事情没有他也会走向同样的结局。要对现实发生影响，就必须对它采取像自然科学家对自然界所采取的那样的态度：研究它的规律，完全服从于这些规律，又迫使它们为我们的目的服务。

但是，我们周围社会生活的规律的根源何在呢？在社会生活本身之中，而且仅仅是在它本身之中，在地点和时间的条件之中，而且仅仅是在地点和时间的条件之中。而这些条件是有着自己特殊的、不依人的逻辑和意志为转移的内在逻辑的。确实是这样，我们就拿经济关系来说吧。在商品生产发展的一定阶段上人的劳动力本身就成为商品，不管这是好是坏，反正只要存在着商品生产，过去就发生过而且将来还会发生这样的事。在资本主义制度下，产业活动的高潮常被危机所代替，不管这是好是坏，反正过去发生过而且将来还会发生这样的事，直到资本主义本身的没落。大资本家击败小资本家，不管这是好是坏，反正大资本家过去曾经击败小资本家，而且在目前的经济制度没有消亡之前还将继续击败小资本家。而目前的经济制度之所以将要消亡，也仍然不是由于我们确信它是不中用的，而是由于它所固有的特殊的发展规律，这些规律的不可避免的作用也就导致它的消灭。我们认为它不中用的这种信念本身，只不过是这种资本主义发展的内在规律的作用的结果而已。

一般地说，所有的概念和现象的辩证的（在某种意义上也可以说是前进的）运动，是由于根据内部发展规律而在这些概念或现象中产生的矛盾而实现的。某一概念的各个组成部分之间的相互矛盾，某一现象的各种内在力量之间的相互对抗，构成了我们在任何地方，无论是在自然界、在逻辑中或是在历史上所观察到的一切发展的最主要的推动力。阶级斗争催促着文明社会前进，使它免于停滞不前。我们知道，基佐早已说过，整个法国都是由阶级的战争所创造的。然而空想社会主义者却不理解阶级斗争的历史意义。这也是完全可以理解的。他们从自己的唯心主义观点出发，只能认为一种斗争是正当的，那就是"真理"同"谬误"的斗争。我们现在知道，"抽象的真理是没有的"，"真理是具体的"，对某个时代来说是真理的东西，对另一个时代来说却成为错误的东西。德国哲学向我们阐明了这一点，它采取这一新的、具体的观点之后，便在科学中引起了整个的变革。萨伊认为，研究亚当·斯密以前的经济学说史是徒劳无益的，因为它们全都是错误的。黑格尔则赋予哲学史以巨大的意义，因为在他看来每个哲学体系都是自己时代的合法的产儿。只要把这个观点推广到社会科学史，就可以得出这样一个简单而又明确的结论：不同的社会和政治体系，只不过是它们当时的社会，或者甚至只是一个阶级、一个社会阶层的实际关系和需要的理论表现。而这就已经和以下这种理解相距不远了，即："真理"和"谬误"的斗争，在历史上只不过是社会关系的发展和与之相连的阶级斗争的理论表现，这些阶级力求取得统治或只是单纯地要求更充分地满足自己的需要和需求。既然用发展的观点去看社会关系，那就决不能借助于一个固定不变的尺度去评判它们：某些关系对某一个发展阶段来说是好的，对另一个发展阶段来说就成为不适用的了，在这里全部事情也取决于特定的时间和地点的条件。

但是，只有在马克思和恩格斯把社会主义置于坚实的唯物历史观的基础上，使社会主义成为科学之后，以上所有这一切道理才变得明确起来。而当社会主义还仍然是空想的时候，当它的信奉者还继续站在历史唯心主义观点上的时候，现在对我们来说已成为如此简单的真理的所有这一切道理，对当时的社会主义信奉者来说还是完全不清楚的。车尔尼雪夫斯基并不是超出一般常规的例外。像其他所有的空想社会主义者一样，他也喜欢忘记时间和地点的条件。虽然他完全不认为各种不同的空想主义体系的创始者们醉心于幻想是正当的，虽然他力图把一切看作出于利害打算，但是在大部分情况下，他仍然是在朦胧的空想主义抽象概念中进行这种利害打算的。因此，正如我们在下面将要看到的那样，他也不能不对关于未来正确地建立的社会应该是什么样子的论断，赋予过分夸大的意义。

第三章 车尔尼雪夫斯基“本人的”计划和土地村社问题

我们在结束前一章时指出，车尔尼雪夫斯基像其他所有的空想社会主义者一样，在朦胧的抽象概念中，不问时间和地点的条件去考察社会改造问题。假如有这么一位新的伊万诺夫-拉佐姆尼克先生，他更熟悉车尔尼雪夫斯基的著作而与《俄国社会思想史》的作者有所不同，但又顽固地不理解这些著作的内容而和这位作者相同，那他在读到我们的这些话后也许会向我们指出“资本和劳动”这篇文章，并提请我们注意引自该文的以下这段话。

“指令做某一件事和力求做到某一件事的思想，总之，带有实践性质的思想，按其运用的广泛性而言，可以分为两类。一类具有一般的意义，它们要求用于任何一定的场合下，而不拘时间和地点。例如，人务必寻求真理，做事诚实，社会务必力求确立公平合理的原则，就是这样。行动的目的受着这些原则的指示；但它们是否谈到应该用什么方法达到这一目的呢？不，它们丝毫没有规定完成这一任务的方法。思想一经指明完成的方法，它就丧失了普遍的、无例外的适用性的性质……实际活动的目的是被人的本性所决定的，也就是被一些经常存在的因素所决定的。行动方法是依环境为转移的因素，而环境具有时间的和地域的、多种多样的和变幻无常的性质。”①

请看，我们这位想象出来的虽已大有改进、但却尚未彻底改正过来的伊万诺夫-拉佐姆尼克先生对我们这样说：车尔尼雪夫斯基很清楚地知道，行动方法是依环境为转移的，而环境则是变幻无常的。但是，我们回答说，在这里全部问题在于，车尔尼雪夫斯基因为什么才谈到环境的变幻无常。他谈到这一点是由于思想“具有一般的、绝对的意义，它们要求用于任何一定的场合下，而不拘时间和地点”。在他那里，社会主义的全部本质也就在于这些一般的真理之中。一定社会中的“优秀人物”——社会的一群或几群知识分子——发现这些真理，并开始从事于传播这些真理，然后则争取实现这些真理。在这个实现过程中，他们自然要考虑到时间和地点的条件。但是，且不说他们所实现的真理始终是绝对的，而且实现真理的历史可能性本身归根到底也取决于真理本身的绝对的、

① 《车尔尼雪夫斯基全集》，第六卷，第8页。

抽象的本性。车尔尼雪夫斯基坚决地拒绝选定任何一种实现社会主义理想的办法。但他自己为什么要拒绝呢？回答是这样的："办法系于人民的风尚及其国家生活的情况。英国人认为两层楼或三层楼的住宅是舒服的，其他民族并没有这种想法。如果按照俄国人或法国人的一种图样来盖他的房子，就等于平白无故地打乱他的习惯。只可能笼统地说，每一座房子都应该清洁、干燥而温暖。"[①]而这一回答就解决了我们和想象出来的伊万诺夫-拉佐姆尼克先生的全部争论：房子的图样依环境为转移；但是建筑房子的意图本身是不依赖于环境而产生的，而只是因为一下子就获得的真理的绝对的本性要求这样。建筑房屋的一般历史可能性也很少取决于变幻无常的环境：我们已经清楚地知道，它决定于那个抽象真理的本性，还决定于一般的人的本性。无怪乎马克思说道(参阅他关于费尔巴哈的提纲第三条)，空想社会主义者认为自己站在社会之上。也无怪乎车尔尼雪夫斯基在结束自己关于实现社会主义理想的办法的议论时说出了这样的话："有许多不同的实现新理论要求的方案，如果您喜欢这一个方案而不爱另一个方案，几乎都是一样，因为其中每一个在其本质特点上都与其他的类似，都是令人满意的；并且很容易从每一种方案中找出一些细微末节的东西，这些东西成为这个方案的信徒和其他方案的拥护者之间争辩的理由。"[②]

不要以为，在这里车尔尼雪夫斯基是作为这样的一个折衷主

① 《车尔尼雪夫斯基全集》，第六卷，第44页。

② 同上书，第45页。

义者而发表议论的，即从每一种空想主义体系中选择他认为是其中优秀的东西，但却不善于把他从各个不同的体系中所采用的东西归纳到一个无所不包的原则中去。毫无疑问，车尔尼雪夫斯基是有他自己的统一的原则的；可是这个原则恰好在于：主要的问题完全不在于时间和地点的变幻无常的情况，而在于某些抽象真理的抽象的优点。他是作为一个从事研究“社会问题”的“启蒙运动者”而发表议论的，而我们已经知道，“启蒙运动者”总是抽象地发表议论。车尔尼雪夫斯基自己在同一篇文章里就证实了这一点，他说，启蒙指的是真理在个人身上的主观的发展。[①] 当一个人以真理在个人身上的主观的发展作为目的时，他就必然会抛开使个人学会去掌握某些真理的那个客观过程，或者换句话说，抛开制约着社会意识使之适合于某种社会存在的那个客观过程。

车尔尼雪夫斯基在社会主义问题上的观点越是抽象，他也就越是容易抛开每一个特定的社会主义体系的个别特点，而只去不偏不倚地捍卫在他看来是构成所有这些体系的一般本质的那种东西，亦即这样的一些抽象原理，如科学应该关心的是劳动群众的利益而不是剥削这些群众的人们的利益等等。对他来说，也就越是出于自然地、丝毫也不自相矛盾地阐述这个或那个多少是偶然选定的空想社会主义者的计划，把它充作自己的社会改造计划。例如，在“资本和劳动”一文中，他阐述了路易·布朗的计划，使自己

---

① 《车尔尼雪夫斯基全集》，第六卷，第 11 页。在另一个地方，他是这样证明真理在个人身上的主观的发展的必要性：“以某种原则为基础的某种生活制度的圆满性和理论的阐述，是很必要的东西：必须知道，什么东西真的是好的和正义的……”(《约·斯·穆勒的政治经济学原理》，附注。《车尔尼雪夫斯基全集》，第七卷，第 634 页)

的阐述带有极其抽象的性质[①]——这也是应该预料得到的。而在另一个地方,他说明当时他为什么想到要以路易·布朗作为例子。他说:“我们只想说,由于本身的历史情况,他的思想获得了在另一种情况下不会具有的历史重要性,因为在他的思想中很少独创性的东西。”[②]因此,实际上路易·布朗的计划决不是车尔尼雪夫斯基“本人的”计划。在另一种情况下,他就会把自己本人的计划叫做其他任何一个社会主义者的计划。我们已经说过,在他看来,重要的不是构成这个或那个计划的特点的那种东西,而是构成所有这些计划的共同基础的那种东西,即对现存的经济制度采取否定态度,深信可能建立一个以劳动者联合起来共同劳动为基础的经济制度。他在同“落后学派”的经济学家们进行的论战中,热情地捍卫了一切社会主义体系所共有的这些基本特点。他谈到那些“落后学派”的经济学家时说道,他们每一个人“宁愿同意去当黑人并且叫自己所有的同胞们都去当黑人”,也不愿说在这个或那个社会主义计划中并没有任何太坏的或不容易实行的东西。诚然,对这还可以补充一点,由于他的才智的主要特点是偏重理性,所以他对伟大的社会主义体系创始人之中较少地醉心于幻想的人表示更大的同情。例如,罗伯特·欧文就无疑要比傅立叶更和他接近。

---

① 在车尔尼雪夫斯基那里,这个计划的主要特点是:实现这个计划不会限制任何人的自由:在任何地方都没有任何强迫性,“谁愿意做什么,谁就做什么”(《车尔尼雪夫斯基全集》,第六卷,第47页),“住在你愿意住的地方,过着你愿意过的生活,只不过使你生活得又舒服又便宜,使你除了平常的报酬外还得到红利。如果说这是限制人的,那么没有人禁止你放弃红利”(同前书,第49页)。

② 《车尔尼雪夫斯基全集》,第七卷,第640页。

但是，我们应当赶紧指出，虽然车尔尼雪夫斯基的社会主义思想带有抽象的性质，可是他却具有清醒的头脑和要求从事实际活动的一贯愿望，所以不可能属于这样一种空想主义者之列，这种空想主义者要求人类完全接受他们的空想，认为一切局部性的经济改革都是毫无效果的、甚至是有害的。例如，无政府主义者就是这样的空想主义者。车尔尼雪夫斯基辛辣地嘲笑这种幻想家。"为了崇高的理想而拒绝对现实进行某种哪怕不十分完善的改良——这就等于把毫无成果的理论过分理想化并用这些理论来作消遣。"根据他的意见，在喜欢这样消遣的人那里，"事情大部分是这样结束的：他们在作了紧张的努力而上升到自己的理想之后，就坐下来了，好像他们面前已经完全没有任何理想。"这对无政府主义者来说真是一针见血，而且说实话，这也不仅仅适用于无政府主义者……

在说了这一切之后就容易明白，合乎车尔尼雪夫斯基愿望的局部性改革的纲领不可能具有什么确定性：在他的概念里，这个纲领在很大程度上是依时间和地点的变幻无常的条件为转移的，因而它必然会失去我们在现代西方工人政党的纲领中可以看到的那种同最终目标的密切的有机联系。但是，一般地可以说，因为车尔尼雪夫斯基的理想是生产者的共同劳动，所以他准备支持一切在其中可以看到协社原则的最微小迹象的东西。他的小说《怎么办?》中的女主人公薇拉·巴夫洛芙娜也从事于建立协社，为此罗普霍夫这样热烈地赞扬她："我们全都说了，但却什么也没有做。而你想这个问题比我们大家都晚，下决心去做却比大家都早。"[①]

有一个历史事实很有意思，那就是当时关于协社的宣传是在俄国和德国同时进行的。车尔尼雪夫斯基的小说发表于 1863 年，该书出版后在我国就开始有人作建立生产协社的一系列尝试。在同一年拉萨尔向德国工人介绍说，协社是哪怕只是稍微改善他们生活的唯一手段。但是，在我国和德国，这个问题的提法是多么不同！在一时成为俄国社会主义者的纲领的车尔尼雪夫斯基的小说里，从事于建立协社的是个别具有人道精神的、有教养的人：薇拉·巴夫洛芙娜和她的朋友们。甚至开明神甫梅察洛夫也热衷于这个事业，用他自己的话来说，他在薇拉·巴夫洛芙娜的作坊中起着"盾牌"的作用。这部小说丝毫没有谈到与建立这样的协社有利害关系的那个阶级的政治独创精神。企图实现车尔尼雪夫斯基所提出的纲领的那些六十年代的人，也都丝毫没有谈到这一点。相反地，拉萨尔进行鼓动时的第一句话，就向工人指出了发挥他们的政治独创精神的必要性。拉萨尔要求工人团结在一个特殊的政党中，并影响国内的事变进程，迫使政府拨给他们举办协社所必需的资金。在拉萨尔的计划中，举办协社的事业带有广泛的社会性。拉萨尔认为，靠个别开明人士的努力而举办的协社，完全没有任何意义。与拉萨尔相比，车尔尼雪夫斯基在自己的小说里是一个真正的空想主义者。与车尔尼雪夫斯基相比，拉萨尔在进行鼓动时则是现代社会主义的真正代表者。产生这种区别，并不是由于拉萨尔在智力方面高于车尔尼雪夫斯基。可以有把握地说，在智力

① 《车尔尼雪夫斯基全集》，第九卷，第 103 页。

方面，车尔尼雪夫斯基比之拉萨尔毫无逊色。但是，这位伟大的俄国社会主义者是自己国家的儿子，而这个国家在政治上和经济上的落后性，则使他的一切实际计划、甚至许多理论观点都具有空想的性质。他在举办协社的实际计划方面，与其说接近于拉萨尔，毋宁说远为接近于舒尔采-德里奇。但是，另一方面，我们也要指出，只是与车尔尼雪夫斯基相比之下，拉萨尔才在自己的实际计划方面是现代社会主义的真正代表者。实际上，马克思和恩格斯才是现代社会主义的真正代表者和创始人，他们发现拉萨尔的计划也只不过是空想而已。他们所以拒绝支持这位有名的鼓动家，正是因为他们不愿意在德国工人阶级中助长经济空想的倾向。

从建立协社十分容易的观点出发，车尔尼雪夫斯基也捍卫了俄国的村社土地所有制。他不止一次地说过，他丝毫不希望为了人民群众将来的利益而牺牲他们目前的经济利益。当然，他说这些话是完全真诚的。如果他不认为，至少是如果在某个时期内不认为——我们将会看到，后来他就不再这样想了，——村社的毁灭是对农民的利益有害的，那他就不会起来保卫它了。但是，究竟是什么东西把他引向这样的想法，认为土地村社能够给我国人民群众带来利益呢？对这一问题我们可以毫不犹疑地回答说：是这样的一种心理学上的考虑，即认为村社可以扶持和培养未来合理的经济所必需的协社精神。例如，我们这位作者的以下这些话就再清楚不过地表明了这一点："在西欧，个人权利的无限扩大使建立更好的制度遇到极大的困难……要抛弃人们已经习惯于享受的东西的哪怕一小部分，都是不容易的，而在西方，个人却已习惯于享有无限的私人权利。只有痛苦的经验和长期的思考，才能教会人们懂得互谅互让的好处和必要性。在西方，建立更好的经济关系制度是免不了有所牺牲的，所以建立这种制度是很困难的。它违反英国和法国农民的习惯。”[①]

把村社看做培养协社精神的设施的这种观点，使车尔尼雪夫斯基接近于斯拉夫主义者，大家都知道，斯拉夫主义者也是村社的始终不渝的保卫者。斯拉夫主义者对村社的同情态度，使他们在车尔尼雪夫斯基心目中“高于许多最重要的西欧主义者”。[②] 至少在他的文学活动初期是抱有这种看法的。[③] 考察一下使他在这一场合下把斯拉夫主义者看得比某一部分西欧主义者更高的那个逻辑途程，倒是很有意思的。

他的论断的出发点是以下这些论点，它们与卡维林关于西欧个人权利的发展的著名理论非常相似。

保证个人的私人权利，是近几个世纪的西欧历史的本质内容。如今这个目的已经在很大程度上达到了。在西方，所有权几乎已经完全转入私人之手，并得到巩固可靠的保障。在那里，司法独立和人身不受侵犯的权利也得到同样巩固可靠的保障。但是，个人权利的这种特殊的发展有着它的不利的方面，这些不利的方面在农业和工业中特别明显。出现了经济上的不平等，发生了“无产阶级化”，资本集中在企业家之手。最后，经济活动的一切部门都处于个别企业家之间漫无止境的互相竞争的统治下。这种严重的、

① 《车尔尼雪夫斯基全集》，第三卷，第183页。

② 同上书，第181页。

③ 我们在这里的引文均引自他的“关于各种杂志的简评”一文，该文于1857年4月发表于《同时代人》杂志。

照车尔尼雪夫斯基说来是违反自然的状况，使人产生了想消除过去片面的理想的薄弱方面的新意愿。产生了联合使用生产资料和联合组织生产的思想。在农业中，联合使用生产资料就等于实行村社土地所有制。车尔尼雪夫斯基证明，这种联合使用和联合生产的意愿，只是对于过去要求保障个人权利的意愿的一种补充。他说："真的，不应该忘记，人不是抽象的法人，而是活生生的生物，在他的生活和幸福中，物质的方面（经济生活）具有很大的重要性；因此，如果说为了他的幸福必须保障他在法律上的权利，那么也同样必须保障他的生活的物质方面。甚至法律上的权利实际上也只是由于履行了这后一个条件才得到保障，因为在物质生活资料方面处于依赖地位的人，事实上就不可能是一个独立的人，虽然按法律来说是宣布他独立的。"①

直到这时为止，车尔尼雪夫斯基是以彻底的西欧主义的精神来发表议论的。不但如此，人们甚至可能认为，他在发表这种议论时完全转到了唯物主义历史观的观点，因为他指出新的社会理想是怎样在新的经济生活条件的影响下在西方产生的。② 然而往后

① 《车尔尼雪大斯基全集》，第三卷，第183页。

② 在车尔尼雪夫斯基那里，我们甚至看到现在著名的"贫困化理论"。他写道："一方面，在英国和法国出现了几千个富翁，另一方面，却出现了几百万贫民。按照无限竞争的命中注定的规律，前一种人的财富必然会日益增长，日益集中于越来越少的人之手，而贫民的状况则必然越来越困苦"（《车尔尼雪夫斯基全集》，第三卷，第182页）。几乎所有注意经济问题的杰出的空想社会主义者，都有这种理论。马克思发现这种理论现成存在着，对它进行了这样的改造，使它完全不再是原来旧的意义上的贫困化理论了（参阅我们在《对我们的批判者的批判》这一文集中反对司徒卢威的第三篇文章）。但是，为了政治目的而把空想社会主义文献中所存在的那种贫困化理论硬说成是马克思的理论，现在这是对马克思的"批评者"先生们有利的。

车尔尼雪夫斯基却开始接近于斯拉夫主义者，于是就可以看清楚，他在本质上始终遵循着“启蒙运动者”的唯心主义原则：“意见支配世界”。

他说：“在一个国家里看起来好像是空想的东西，在另一个国家里却作为事实而存在着……我们这里有着拥有英法地主那样的法律上充分权力的地主……但是，他们同人民群众相比还只是一个人数很少的阶级，这个阶级关于个人对土地的充分所有权的概念还没有深入我们这个民族群众的意识……人民群众直到如今仍把土地理解为村社的财产，而村社所拥有的土地面积或村社所耕种的土地面积是这样大，以致从其中完全划分出来成为个人充分私有财产的许多小块土地与它相比是微不足道的。如今在西方要通过如此艰难而漫长的途径力求建立的那种制度，在我们这里还存在于我们农村生活的强有力的民间习俗中。”[①]

由此得出了这样的结论：因为“我们看到了西方村社的毁灭的悲惨后果，所以我们应该在俄国保存村社。我们不应该因西方的榜样而意气消沉。”[②]

“我们看到”……这里所说的我们是什么人呢？还是那批知识分子，还是那支研究历史并采用历史教训的人类进步的唯一作战部队。但是，俄国知识分子是没有权力的。他们怎么能利用西方的榜样呢？假如他们能成功地影响那些拥有权力的人，他们就可能利用西方的榜样。因此，车尔尼雪夫斯基也就力图向这些人说

① 《车尔尼雪夫斯基全集》，第三卷，第184页。

② 同上书，第185页。

明，俄国保存土地村社会得到多么大的利益。

这已经是对问题的完全唯心的观点了。但是，这种观点本身暂且还完全没有包含任何斯拉夫主义的因素。只有车尔尼雪夫斯基的这样一种看法，即认为西方还只是在追求的、并且在许多西方人看来好像只不过是空想的那种制度在我们这里已经作为事实而存在着，才使他的观点带有强烈的斯拉夫主义色彩。这种看法几乎是逐字逐句地重复着从前斯拉夫主义者萨马林反驳西欧主义者卡维林时所提出的论据，这一论据可以归结为："西方世界现在表现出把个性的原则和客观的、所有人都必须遵守的规范的原则有机地调和起来的要求——村社的要求"（作者把它了解为最新的社会运动），这种要求"符合于我们的本质"，"我们拿生活来证明公式的正确"，而我们的历史和西方历史的接触点也就在这里。①

正如我们已经看到的那样，车尔尼雪夫斯基喜欢这种斯拉夫主义的观点达到这样的程度，以致他在心目中准备把斯拉夫主义者置于许多重要的西欧主义者之上。应该认为，他并不知道别林斯基的意见，别林斯基在自已临终前坚决地反对他的朋友们在关于村社的问题上对斯拉夫主义者的让步。假如我们的作者知道别林斯基的这个意见的话，那他大概不会这样坚决地说斯拉夫主义者比那些对村社不抱任何希望的西欧主义者高明了。

但是，暂且抛开这种或多或少是可能的假设，我们应该承认这

① 由于手头没有萨马林的著作，我们是根据贝平的《文学见解评述》一书第298页转引他的这一观点的。

一历史事实，即从来不是一个民粹主义者的车尔尼雪夫斯基，[①]乃是民粹派向之借取自己最有力的论据的作家之一。他们最喜欢引证——至少是在制定他们的学说的时期内——著名的“对反对村社所有制的哲学偏见的批判”一文，该文最初发表于1858年《同时代人》杂志12月号。我们现在看出，其实他们只是由于误解才引证这篇文章，因为车尔尼雪夫斯基写这篇文章的时候，他已经对俄国村社不再抱什么希望了。然而我们毕竟认为在这里有必要关于这篇文章说几句话，这篇文章在许多方面是非常出色的。

车尔尼雪夫斯基在这篇文章中与“落后学派的经济学家们”进行争论，那些经济学家认为村社土地所有制只配得上蒙昧或野蛮的部落。他引证黑格尔关于任何一个现象的发展中的第三个即最后一个阶段在其形式上与第一个阶段相似的著名思想，来驳斥这种看法。各民族都从村社土地所有制开始，它们在以后的发展中又会重新回到村社土地所有制。对这一点可以指出，车尔尼雪夫斯基在这里走得比黑格尔更远得多。黑格尔谈到第三个发展阶段和第一个发展阶段在形式上的相似，但他并没有说这两个阶段完全等同。车尔尼雪夫斯基则似乎是假定它们是完全等同的。按照黑格尔的说法，确实可以假定，各民族从公有制开始，然后又回到

---

① 阿利斯托夫在论夏波夫的著作中说道，车尔尼雪夫斯基对夏波夫的著作发生兴趣之后，设法与他结识，而在一个共同的朋友家里遇见他以后，却同他进行了一次长时间的争论。这次争论向车尔尼雪夫斯基表明，夏波夫不可能成为《同时代人》的撰稿人，因为他们的观点有着巨大的分歧。可是后来那些自认为是车尔尼雪夫斯基的热烈崇拜者的人，是怎样看待夏波夫的呢？夏波夫对俄国历史的看法是民粹主义学说的组成部分，而我们的民粹派虽然继续“尊敬”车尔尼雪夫斯基，却甚至不肯自问一下，究竟他的观点同夏波夫把古代人民生活理想化的观点是否存在着矛盾？

公有制，但决不能说，各民族正是回到它们由之开始发展的那种村社所有制形式。而如果可以这样期待，那么为什么要停留在重新分配土地的村社上呢？在这种情况下，应该假定，各民族会回到原始的氏族制度去，因为原始的共产主义是血缘结盟的共产主义。可是现在未必有人敢于作这样的假定。在引证黑格尔时，车尔尼雪夫斯基忽略了黑格尔哲学的两个最重要的特点。第一，在黑格尔那里，任何发展——无论在逻辑、自然界或社会关系中——都是靠自己内部的、"内在"辩证法的力量自行实现的。车尔尼雪夫斯基应当指明，在俄国村社中正是存在着这样一种内在的关系的逻辑，它在将来必然会把俄国村社从村社拥有土地导向村社耕种土地和村社享受土地的生产物。要知道正是为了这种公有制形式的利益，他才捍卫村社土地所有制，因为在他看来，村社将促进向这种形式的过渡。但是，车尔尼雪夫斯基并没有做到这一点，因为一般地说他把自己的希望寄托于主观的、而不是客观的发展因素，寄托于知识的传播、而不是社会关系的内在逻辑。但这样他就违背了他同村社的反对者进行论战时所引证的那种哲学本身的精神。

车尔尼雪夫斯基正确地认为，私有制只不过是经济关系的历史发展中的一个过渡形式，他有力地强调了以下这一点，即：根据黑格尔的意见，在一定的情况下，发展的过渡阶段可以大大缩短，或者甚至可以完全没有。后来我们的民粹派特别抓住这点不放，他们的全部纲领正是以这样一个假设作为基础：资本主义这一文明社会的经济发展中的过渡阶段将不会在俄国发生。

抽象地说，过渡阶段的这种缩短是完全可能的。但是，第一，说到缩短一定的发展阶段，车尔尼雪夫斯基自己就清楚地了解，某个阶段在缩短的情况下并不总是导致它在大大延长的情况下所导致的同样结果。在“论战之花”中，他指出雪茄在发生缓慢地干燥和与之有关的化学变化的过程时，会获得吸烟者所特别珍视的质地。可是试试看把这种干燥过程的时间缩短而把新鲜的雪茄烟叶一下子用人工烤干吧。用我们作者的话来说，这种雪茄烟的优点就将不多了。这是什么意思呢？这就是说，不同的过程会导致不同的化学结果。在社会生活中不也是一样吗？难道没有理由认为，或长或短的资本主义发展过程会创造出劳动阶级的这样一些政治的、思想的和道德的品质，这些品质是我们从那种在自己整个历史过程中没有抛弃陈腐生活“基础”的民族中所根本看不到的。难道没有理由担心，没有掌握资本主义阶段的文化成果的人民，会完全没有能力以现代生产力的巨大发展所要求的那种规模去组织社会生产。但是，抓住车尔尼雪夫斯基的论据不放的民粹派，却甚至完全没有料到这种论据有软弱的方面。

第二，一种现象的可能性离开它的现实性还很远。为了使某种在理论上可能的现象在实际生活中实现，就需要具备某些具体的条件。试问，在当时俄国是否具备这样一些具体的条件，使俄国人民可以不经过资本主义而从村社一下子过渡到社会主义的社会生活形式去呢？我们所以提出这个问题，并不是因为生活本身在嘲笑了民粹派的希望之后早已回答了这个问题，而是因为车尔尼雪夫斯基在同一篇文章里回答这个问题时，非常清楚地说明了他的有利于村社的那些论据的纯粹假设的性质。

真的，这篇文章一开始就使读者对以下这段具有重要意义的话感到惊讶——更确切地说是应该感到惊讶，虽然民粹派竟然能够不去注意这段话。这段话是这样的："在重新发表我关于村社所有制的言论时，我应该先承认我的第一个论敌维尔那茨基先生的一些话是十分公正的，他在争论一发生时就宣布，说我枉然选择了这个题目，说我并未为自己的健全的理性增光。我对自己过去的鲁莽很懊悔，假如我以屈辱地请求谢罪的代价，就能买到对既成事实的忘怀的话，我便毫不踌躇地向论敌们请求饶恕，只用我的这种屈辱来终止那由我所发端而如此令人不快的争论。"[①]

这是什么意思？问题在哪里？难道是论敌们的论据使车尔尼雪夫斯基感到羞愧么？当然不是。他说："村社所有制的反对者们所引证的论据，竟如此脆弱，不待我这方面的任何反驳，那些最初曾坚决反对村社所有制的杂志已开始一个个地相继对村社的土地原则做愈来愈多的让步了。"[②]使他羞愧的是和抽象的村社土地所有制原则毫无关涉的完全另一种情况。车尔尼雪夫斯基声明说："我觉得，关于保存村社所有制问题无论如何重要，但它毕竟只是它所涉及的那个问题的一方面。作为与这个原则有关的人们的最高幸福保障来说，只有具备了使这个原则得以发挥作用所需要的其他较低级的幸福保障时，这个原则才获得意义。有两个条件应认作是这样的保障。第一，地租属于参与村社所有权者本人。但这还不够。还必须指出，只有当获得地租的人不因获得地租而担负沉重债务时，地租才能真正名符其实……当一个人已经没有这样的幸运去获得摆脱任何债务的纯粹地租时，这些债务方面的付

① 《车尔尼雪夫斯基全集》，第四卷，第 304－305 页。

② 同上书，第 306 页。

出，同地租比较起来，至少应该为数不很大才行……只有在保持了这第二个条件时，关心自己幸福的人才会希望自己获得地租。”[①]但是，在被解放农民的事业中却不可能保持这个条件，因此车尔尼雪夫斯基也就认为，不仅保卫村社土地所有制是无益的，而且主张农民分地本身也是无益的。如果谁仍对这一点有任何怀疑的话，那么我们的作者所引证的下面这个例子就能使他完全信服。他用他喜欢用的以“譬喻”来说明问题的方法讲道：“譬如说，我热心地想办法储备为您准备饭食用的粮食。自然，如果我这样做纯粹是出自对您的好意，那么我的热心所根据的是一种设想，即粮食会归您所有，而且用它做出的饭食有益于您的健康。可是，当我发觉，粮食完全不归您所有，用粮食做成的每顿饭都要您付钱，而不仅饭食本身不值那些钱，并且这笔钱您付起来也极为困难，您想想看，那时我的感觉会是怎样的呢？这样奇怪的发现会使我的头脑中产生什么样的思想呢？……我为一件事操心了一番，但使它起有利作用的条件却没有予以保证，这样做我是多么傻啊！不事先弄确实，一笔财产真的会为某人得到并且在有利的条件下得到，而就去为这笔财产保持在这个人手中操心，除了傻子，谁会这样做呢？……最好让这些只能给我所喜爱的人带来损害的粮食完蛋吧！最好让那种只能使您破产的事情完蛋吧！为您而懊丧，为自己的笨拙而羞耻，——这就是我的感觉。”[②]

我们还要指出《序幕的序幕》中伏尔庚同尼维尔津和索柯洛夫

---

① 《车尔尼雪夫斯基全集》，第四卷，第306页。

② 同上书，第307页。

斯基的谈话。谈话涉及到农民解放："让解放农民的事由地主党去办吧。区别反正不大，——伏尔庚对索柯洛夫斯基说。而相反地，他的交谈者却认为区别是很大的，因为地主党反对把土地分给农民。伏尔庚断然地对这种看法回答说：不，区别不是很大，而是很小的。如果农民不付赎金而获得土地，那么区别就大得很。拿走某人的东西或是把东西留给他，这是有区别的；但是要他花钱来买这个东西，那就是一样了。地主党的计划不同于进步分子的计划的地方只在于它更简单些，更简短些。因此，它甚至更好些。愈少拖延，农民的负担也一定愈轻些。[①] 农民中谁有钱，谁就买土地。谁没有钱，就根本用不着强迫他买土地。这只会使他们破产。赎也就是买。说句老实话，倒不如让农民不要土地而得到解放吧……问题是这样摆着：我甚至找不出理由去为农民是否会得到解放而焦急，尤其是去为谁解放他们，是自由派还是地主解放他们而焦急。在我看来，反正都是一样。地主甚至还要好些。"[②]

在同尼维尔津的谈话中，伏尔庚显出他对当时农民问题提法的态度的另一方面。他感叹道："人们都在说，解放农民。但是，做这件事情的力量在哪里呢？还不存在。在没有力量做一件事情的时候去做，这是荒谬的。可您看事情竟走到了这一步：要实行解放。结果会怎样，——您自己推想一下吧，一个人做一件不可能做到的事情，会有什么样的结果……会把事情弄糟，闹出一场丑事。唉，我们的解放者老爷们，我们的所有这些里雅桑采夫之流及其伙

---

① 在这段引文中，着重点都是我加的。

② 《车尔尼雪夫斯基全集》，第十卷，第一部，第164页。

伴们！这些吹牛家；这些空谈家；这些蠢货！……”[①]

伏尔庚的这些谈话以及我们从“对哲学偏见的批判”一文中引证的长篇摘录，包含着珍贵的材料可以用来判断车尔尼雪夫斯基怎样回答自己以下这个问题：在当时的俄国是否具备使土地村社能够一下子过渡到社会主义生产方式所必需的那些具体条件。那些条件是不存在的，而车尔尼雪夫斯基看到这一点时已经在1858年末了。在看到了这一点之后，他显得要比民粹派更有远见得多，那些民粹派在九十年代中期还竭力长篇大论地胡说什么俄国能够避免资本主义。十分自然，一个非常高大的人要比非常渺小的人高大得多；因此如果对车尔尼雪夫斯基显得比B.B.先生更有远见得多这一点感到惊讶，那是奇怪的事。但是毕竟使人会对以下这点感到惊讶，即车尔尼雪夫斯基居然能在某个时期内对村社的可能的前途抱有幻想。而这只能由这样的原因来解释，即对他来说，如对一个持有空想社会主义观点的人来说那样，主要的问题永远在于原则的抽象的正确性，而不在于使原则能够得到实现的那些具体条件。直到上世纪末，而在某种程度上直到我们今天，俄国社会主义者之中的极大一部分人都重复了他在这个场合下所犯的错误。而由于这个不可争辩的事实，必须给车尔尼雪夫斯基说句公道话，早在他的文学活动初期，他在关于村社的论述中就表现了比许许多多甚至九十年代中期的“俄国社会主义者”要多得多的深思熟虑；而在九十年代中期，大概只有瞎子才会看不到，我们的声名狼藉的“古老的基础”已在动摇。早在1857年4月他写道：“然

① 《车尔尼雪夫斯基全集》，第四卷，第91页。

而不能向自己掩饰这样的情况：俄国以往很少参加经济运动，而现在正迅速地卷入经济运动；我们的生活以往几乎不受那些只有在经济活动和商业活动加强的情况下才能表现出自己威力的经济规律的影响，而现在正开始迅速地屈从于它们的威力。大概，我们不久也会卷入竞争规律充分起作用的范围里去。”[①]

这正是在车尔尼雪夫斯基死后我们的民粹主义的理论家们长期力图对自己也对读者掩饰的东西。《圣经》讲的是实话：这星和那星的荣光也有分别……车尔尼雪夫斯基确信我们这里没有那些能使村社土地所有制成为人民幸福泉源的条件，他一定会看到，他对村社的同情和斯拉夫主义者对村社的好感实际上很少有共同之处。他在“罗马衰亡的原因”一文中说，尽管村社可能给俄国的进一步发展带来一定的好处，但是用它来炫耀毕竟是可笑的，因为它终究是我们经济落后的标志。他举例说：欧洲的工程师现在利用应用力学来建筑吊桥。可是在某个落后的亚洲国家，他自己也记不大清楚是在哪个国家，当地的工程师早已在适于造吊桥的地方建筑过吊桥。这是不是说，可以把亚洲的应用力学和欧洲的摆在同一个水平上呢？桥与桥不同，亚洲工程师造的吊桥远比欧洲的吊桥落后。自然，当欧洲技师出现在早已熟悉吊桥的亚洲国家时，他们会比较容易地使某个官吏确信最新式的吊桥不是不信神的计谋。仅如此而已。虽然亚洲国家有自己的吊桥，它仍然是落后的国家，而欧洲仍然是它的老师。俄国的村社也是这样。可能，它对我们祖国的发展有所帮助；但是主要的动力还是来自西方，至于要

① 《车尔尼雪夫斯基全集》，第三卷，第185页。

使人类复兴，即使我们有村社的帮助，也仍然不配这样做。

这已经完全不是按斯拉夫主义的方式说话了。但现在车尔尼雪夫斯基已不再宽恕斯拉夫主义者。他直截了当地说，根本不值得同像他们那样的怪人去争论关于西方前途的问题。而当他仍然还要谈论他们的时候，也已说得十分不恭敬了。例如，他在1851年发表于《同时代人》杂志10月号的“人民的糊涂”一文中，因他们对斯拉夫人的态度而教训了他们一番。他解释他所选择的这个标题之所以粗野，是由于他深知斯拉夫主义者的论据，因此决定避免使用外来语，而外来语虽然不会在本质上改变这篇文章的标题，却会使它具有较斯文的形式。按照伊万·阿克萨柯夫的斯拉夫主义报纸《日报》的意见，俄国应当首先赠送给斯拉夫人“在俄罗斯双头鹰羽翼庇护下独立生活的礼品”。车尔尼雪夫斯基证明说，俄罗斯双头鹰有很多自己的内务。他说，“如果您希望发动战争，那么请考虑一下，我们的情况是否允许我们想到战争。”[①]此外，他认为，如果斯拉夫主义者确实希望土耳其统治下的斯拉夫人得到幸福，那么他们就应竭力使西方强国相信，欧洲的土耳其政权的崩溃不会使俄国吞并多瑙河诸公国，也不会使君士坦丁堡变成俄国的一个省城。如果斯拉夫主义者做到了这一点，那么即使没有我们的援助，土耳其统治下的斯拉夫人也会得到解放。对于奥地利统治下的斯拉夫人也可以这样说：“正如你们关于用俄罗斯双头鹰的强有力的羽翼去庇护土耳其统治下的斯拉夫人的言论，刺激英国和法国去支持土耳其人一样，你们关于奥地利统治下的斯拉夫人的

---

① 《车尔尼雪夫斯基全集》，第八卷，第328页。

类似言论，也刺激德国去支持奥地利人。难道你们认为，在现今德国人渴望政治统一的情况下，假如德国人不是担心在奥地利帝国崩溃时它的东半部会落入俄国的统治之下，他们真的会对作为达成德国统一的最大障碍的现今奥地利帝国的存在表示好感吗？他们真的会好意地支持奥地利吗？你们是在使德国人反对奥地利统治下的斯拉夫人得到解放。"[①]接着车尔尼雪夫斯基又补充指出，伊·阿克萨柯夫的斯拉夫主义报纸的战争狂热，并不是由对斯拉夫人的同情所激起的，而是由使斯拉夫人诸部族服从俄国统治的企图所激起的。他顺便还驳斥了斯拉夫主义者关于西方仿佛对俄国抱着阴险和恶意的态度的高谈阔论。他说，所有重要的欧洲报刊都对俄国的一些最重要的改革表示巨大的同情，而对任何一个国家的社会生活的成就表示同情，就完全不是意味着希望它遭殃。

所有这一切再正确不过地说明，虽然车尔尼雪夫斯基对村社的可能的前途有过暂时的幻想，但他像别林斯基一样，始终是一个坚定不移的、富有远见的西欧主义者。

第四章　社会主义和政治

如果有人想根据车尔尼雪夫斯基的著作去了解他的政治观点，只要这个人对政治不是漠不关心，开始总会感觉到有些困惑不解。的确，作为别林斯基去世以后我们文坛上的进步倾向的最杰

---

① 《车尔尼雪夫斯基全集》，第八卷，第328－329页。

出的代表，初看起来却是一个政治上的冷淡派。不过这不是由于他的笔下出现了某些不恰当的语句，也不是由于某种笔误，而是由于他有时用来评判西欧生活中一些最重要现象的一般原则有问题。为了证明这一点，我们可以引用“路易十八世和查理十世时期法国的党派斗争”一文(《同时代人》1858年8月号、9月号)。在那里我们读到：

“自由派和民主派的根本愿望和主要动机是有本质差别的。民主派所关心的是尽可能消除在国家机构中上层阶级比下层阶级占优势的情况，减少上层等级的力量和财富，增加下层等级的势力和福利。至于用什么方法在这方面改变法律和支持新的社会制度，对他们来说几乎是无所谓的。与此相反，自由派无论如何不会同意让下层等级在社会中占优势，因为这些等级由于缺乏教养和物质上的贫乏而不关心自由派政党视为高于一切的利益，即言论自由权和立宪制。民主派认为，平民享受物质福利的我国西伯利亚，比大部分人民忍受极大困苦的英国要好得多。在一切政治制度中，民主派仅仅同贵族政治是不共戴天的；自由派却几乎时刻认为，只有保持一定程度的贵族政治，才能使社会达到自由主义制度。因此自由派往往对民主派深恶痛绝，说民主主义会导致独裁政治，对自由有致命的危险。”①

这里首先引人注意的是，车尔尼雪夫斯基并不是在真正的意义上使用民主派这个词的。民主派竭力争取“民权”，而对竭力争取“民权”的人来说，关于任何一个国家的政治制度的问题决不可

---

① 《车尔尼雪夫斯基全集》，第四卷，第157页。

能是次要的问题。要不借助于一定的政治改革，能否消除在“国家机构”中上层阶级比下层阶级占优势的情况呢？最后，认为在一切政治制度中民主派仅仅同贵族政治不共戴天，这种看法是不正确的。很难想象民主派能够同专制制度和睦相处。车尔尼雪夫斯基是一个很有教养的人，他不可能不知道所有这一切。因此，必须回想起俄国作家怎样经常被迫使用伊索寓言式的语言。假如我们在刚才引证的那一段话里用“社会主义者”、“社会主义者们”这些词去代替“民主主义者”、“民主主义者们”那些词，并且假如我们在“社会主义者”、“社会主义者们”这些词前面加上“空想的”这一形容词，那么问题全都清楚明白了。实际上，空想社会主义者除了少数例外，完全或几乎完全对政治漠不关心，在什么样的政治条件下开始实行新的社会制度，实际上对他们来说“几乎是无所谓的”。因此，本人采取空想社会主义观点的车尔尼雪夫斯基，在丝毫也不违背自己的进步倾向的同时，把政治制度问题放到最后面，甚至认为我国西伯利亚比英国要好得多，也是可以理解的了。

接着车尔尼雪夫斯基又用了一些论据来阐明自己的思想，这些论据更加证实了我们的假定，即他所说的民主派是指社会主义者。他说：“从理论方面来说，自由主义对于一个有运气摆脱了物质贫困的人可能是诱人的：自由是很好的东西。但是，自由主义是很狭隘地、纯粹形式地理解自由的。在它看来，自由就是抽象的权利、纸上的准许、没有法律的禁止。它不愿了解，对一个人来说，法律上的准许只有当他拥有利用这种准许的物质手段时才有价值。”①人民没有享受政治自由的物质可能。几乎在一切国家中，人民中的大部分人是文盲。他们何必珍视言论自由权呢？贫困和愚昧注定他们完全不了解国家大事。他们又何必去关心议会里的辩论呢？车尔尼雪夫斯基斩钉截铁地说道：“没有一个这样的欧洲国家，其中绝大多数人民对于自由主义所希望和操心的原则不是完全漠不关心的。”②这说明为什么自由主义在任何地方都是软弱无力的。“把自由理解为仅仅没有禁令的这种自由主义概念的理论上的狭隘性，就产生出自由主义在实践上的软弱性，自由主义在人民群众中间得不到可靠的支持，人民群众对他们由于缺乏手段而不可能享受的权利并不珍视。”③

群众不仅不珍视、而且也不可能珍视政治权利。他们的贫困的物质状况使他们完全不可能显示出多少有点重要的政治主动性。这就是车尔尼雪夫斯基用来作为依据去评判他当时的欧洲政治生活的那些基本原则。这也就是研究空想社会主义史的人几乎到处都能遇到的那些原则。空想社会主义永远不可能解决这样一种二律背反，它的第一个命题说，群众不可能对政治感兴趣，而第二个命题则断言，重大的政治改革只有在得到群众有力支持的情况下才能实现。因此，空想社会主义者的实际计划从来不带有广泛的——在西方说来就是全民族的——性质：它们总是归结为借私人资金建立农业移民区、生产协社等等。在“法国的党派斗争”一文发表以后过了不过十年，甚至还不到十年，欧洲无产阶级以他

① 《车尔尼雪夫斯基全集》，第四卷，第157页。

② 同上书，第158页。

③ 同上。

们的最有觉悟的分子为代表，宣布把政治运动看作达到自己的经济目的的手段，从而就解决了上述的二律背反。国际工人协会的第一次宣言说道："工人阶级的首要职责在于夺取政权。"非常有意思的是，在车尔尼雪夫斯基开始进行文学活动以前，甚至某些空想社会主义者也开始或多或少地积极参与政治生活。例如，关于许多法国的傅立叶主义者就可以这样说。但是，车尔尼雪夫斯基看来还没有看清楚社会主义思想的这一转变，这一转变在当时也确乎还不大明显。实际上，他从来也不是政治上的冷淡派；相反，他总是对政治非常感兴趣。然而由于他不相信"平民"具有采取政治主动的能力，他就不可能考虑为他们制定多少有些明确的政治纲领。这也就说明为什么在他的文章结束时要对从波旁家族复辟到七月革命的法国国内生活时期作这样的评述："复辟时期的历史可以用简短的几句话来概括：王朝对丝毫无损于帝政的利益的那些新兴的利益进行徒劳无益的斗争；王朝同它不可能期望从其胜利中为自己获得任何好处的政党结成徒劳无益的联盟，去反对真诚地希望同王朝结成有利于王朝的联盟的政党；由于王朝同封建主结成反常的联盟，人民依然处于无保护的、无希望的境地；灰心失望使人民向往着起义，但王朝的覆灭却对人民不利。反动派遭到了他们的利己主义所应得的惩罚；但是，王朝为了满足这些没有心肝的利己主义者而替自己准备了不必要的覆灭，这是很可悲的。"①

难道车尔尼雪夫斯基真的会在1858年末对波旁王朝为了满

① 《车尔尼雪夫斯基全集》，第四卷，第219页。

足法国贵族而遭覆灭一事感到悲伤吗？当然，这是很可怀疑的。最合乎情理的是作这样的推测，即车尔尼雪夫斯基的文章的这个结论，其专门目的是为了向俄国政府指出，假如它把君主制的利益同在废除农奴制的时候顽固地维护自己阶级利益的贵族们的利益等同起来，那它就犯了一个很大的错误。同样地，前面提到过的关于在什么意义上“民主派”认为西伯利亚比英国好的议论，大概也是向人们暗示，只要政府能够避免上述错误，我们的激进党派就准备坚决支持政府。大家知道，当时巴枯宁和赫尔岑就曾作过类似的声明。请读者不要认为我们是责备我们这位作者在政治上伪善诡谲。完全不是！我们证明，车尔尼雪夫斯基在发表这样的意见时毫无必要昧着良心说话。

下面这个事实说明这种意见和他的基本社会观点有着多么紧密的联系。早在1860年，当时车尔尼雪夫斯基本人也已坚信，我们的激进的知识分子对政府所进的忠告，对政府在农民问题上的政策简直毫无影响，但他仍然认为有必要在《同时代人》10月号上详细地证明，意大利的激进党派的领导人虽然珍惜共和政体，但只要君主制能认真地保护人民的利益，他们还不至于不肯向君主制作出让步。他说：“在理论上，他们确实是共和派，但是在实践上却总是准备全力支持充满民族感情的国王。在他们看来，意大利的政体问题远没有民族统一问题那样具有重要的意义。不仅现在他们这样认为，而且他们永远是这样想的，他们永远准备成为君主制政府的最热烈的拥护者，假如借助于这个政府能够获得意大利的国家统一的话。所谓意大利共和派的领袖马志尼本人也是这样行动的。”[1]

我们不是说，马志尼是按另一方式或力求按另一方式行动的。我们只是断定，我们这位作者经常指出激进党派同这个或那个王朝结成联盟的可能性，这就为说明他本人的政治观点提供了极重要的材料。假如他对法国波旁家族为自己准备了“不必要的”覆灭这一点感到“悲伤”，那么这仅仅是因为在他看来法国人民群众参与1830年7月事变对他们的利益来说是完全无益的。甚至他好像还对人民群众表示愿意支持自由派这一点感到遗憾。关于这个问题，他还提出了一个很有意思的、不是局部性的而是一般性的策略上的意见。他说：“我们的敌人的敌人就是我们的朋友。这个结论常常把人们引向极痛苦的失望；人们以它为指导就往往历尽一难又一难，或者用俄国俗话来说，才离龙潭，又入虎穴；但是，甚至连像外交家那样在政治上富有经验的、谨慎而不轻信的人，也难免不犯这样的错误。如果普通的人民渐渐地接受了这种思想，那又有什么奇怪的呢？封建主攻击人民所珍视的新制度，而自由派则维护这些制度——还有什么更多的话好说呢？群众开始信任他们。诚然，自由派绝不是以同样的精神和为了过去曾经抱过的同样的目的而去捍卫这些制度；同样的一些言论的意义在十八世纪二十年代已经和三、四十年前不同了。但是，人民哪里能分析这样一些微妙之处呢？然而，不是在人民那里，而是在大多数受过教育的人那里，精神生活中的最有力的因素是墨守成规；人民习惯于喜

[1] 《车尔尼雪夫斯基全集》，第六卷，第691页。

爱某些言论,而对保卫了这些言论的人却没有好感。”[①]

那么,是否只是由于墨守成规法国人民才在1830年支持自由派呢?假如他们不受陈规的束缚,他们会怎样行动呢?我们可以在车尔尼雪夫斯基的下面这些话里找到答复:“普通人民进行战斗时并没有任何明确的自己的要求;他们由于自己处境困苦而热衷于同他们的利益无关的问题;他们在参加这一方或那一方之前,并不预先设法善价而沽自己的帮助,并不为自己要价还价争得任何条件。当然,他们什么也得不到。”[②]

从这里首先可以得出这样的结论:1830年7月巴黎人民应该只有在一定的条件下才支持自由派。对这一点是无法反驳的。当两个活动家把自己的力量联合起来反对第三者的时候,他们显然应该预先商定他们这样做是根据什么样的相互条件。但是车尔尼雪夫斯基说的不仅是这一点。他还断言,一般说来政治问题是同巴黎人民的“利益无关”的。因而,根据车尔尼雪夫斯基的意见,巴黎人民应该向自由派提出纯粹经济性质的要求。这里我们又一次看到一种独特的“经济主义”——正如十年或八年之后在我国表现出来的那样,——这种“经济主义”是一切空想社会主义者共有的特点,但它的错误却只有从科学社会主义的观点才能看清楚。马克思早在1848年革命前夜同卡尔·海因岑进行争论时就曾写道:“工人非常清楚:资产阶级不仅在政治上必将比君主专制对他们作出更大的让步,而且为了自己的工商业它还会违背自己的意旨为

① 《车尔尼雪夫斯基全集》,第六卷,第206页。

② 同上书,第219页。

工人阶级创造团结的条件，工人阶级的团结就是工人胜利的首要前提。工人知道，要消灭资产阶级的财产关系不能通过保存封建的财产关系来实现。他们知道，资产阶级反对封建等级和反对君主专制的革命运动[只能使他们自己的革命运动加速进展。他们知道，他们自己同资产阶级的斗争]只有在资产阶级胜利之日才能开始。"①

科学社会主义的奠基人清楚地知道，工人阶级不止一次地不得不在资产阶级的率领下登上历史舞台，并且同自己敌人的敌人进行斗争。但是，他们并不把这看做无产阶级仅仅由于自己发展不足、仅仅由于自己在精神生活方面多半是"墨守成规"而犯的值得遗憾的错误。相反地，他们认为，无产阶级在同自己的敌人的敌人进行斗争时，也就完成了自己本身的政治教育。他们在宣言中写道："旧社会内部的冲突在许多方面都促进了无产阶级的发展。资产阶级进行不断的斗争：最初是反对贵族，后来又反对其利益同工业进步相抵触的一部分资产阶级，并且经常反对一切外国的资产阶级。在这一切斗争中，资产阶级都不免要向无产阶级呼吁，不免要向无产阶级求援，因而不免要把无产阶级卷进政治运动里。于是，资产阶级自己就把自己的一部分[政治]知识授予了无产阶级，也就是把反对自身的武器授予了无产阶级。"②

车尔尼雪夫斯基的错误可以简短地用一句话来说明：他不了

---

① 马克思：《道德化的批评和批评化的道德》，载于《马克思恩格斯全集》，第四卷，人民出版社，第346－347页。引文内的方括号是普列汉诺夫原文中加的。——译者

② 《共产党宣言》，载于《马克思恩格斯全集》，第四卷，人民出版社，第476页。方括号内的文字是根据普列汉诺夫的译文加的。——译者

解无产阶级的经济利益和它的政治任务的联系。我们已经不止一次地说过，这种错误是一切空想社会主义所特有的[①]，它不仅具有历史的意义。直到如今，由于这种或那种原因而未能理解政治与经济的联系的那些无产阶级思想家——而有时还有规模或大或小的整个工人组织，——还在这里那里重犯这种错误。近年来主要在法国和意大利颇为流行的所谓革命工团主义的理论，就可以作为这种理论上的模糊含混的最清楚的例子。因为车尔尼雪夫斯基认为，政治问题与群众的利益无关，所以他在信守自己的看法的同时，不仅能够把西伯利亚置于英国之上，而且能对以下这个实际上毫不令人奇怪的事情感到奇怪，即法国没有一个政党企图依靠社会主义去巩固自己的统治。他说："某个政党所喜欢的无论什么样的政治制度的形式反正都是一样的，只有解决了那些注意探求满足群众需求的手段的思想家们所研究的问题，这种形式才能得到巩固。但是，所有的政党——专制制度拥护者、立宪派、共和派——都同样反对这些开辟通向社会安宁的唯一途径的尝试。共和派在1848年犯了这样的错误；如今在七月君主制度下保守派和温和的自由派也犯了这样的错误。"[②]

我们这位作者的疑惑很快就能得到解决，假如他注意到，所有旧的政党都是表现这样一些法国社会阶级或阶层的意图的政党，

---

① 我们要提醒读者，欧文曾警告自己的信徒们不要醉心于政治鼓动。他认为，争取普选权决不能推进建立劳动协社的事业（参阅都兰：《欧文》，巴黎，1905年，第208－209页）。叶林娜·西蒙很好地描述了欧文关于在选举出来的"社会长老"管理下的宗法制度的幻想（《欧文》，耶拿，1905年，第255页）。大家知道，欧文经常请求他当时的政府帮助他实现他的社会主义计划。

② 《车尔尼雪夫斯基全集》，第六卷，第126页。

这些阶级或阶层的利益是同无产阶级的利益相对立的，或者至少是和它大不相同的，然而，社会主义甚至在自己的空想阶段上也正是无产阶级利益的表现，诚然，有时候是十分虚幻的表现。所有旧的政党都清楚地了解这一点，因此它们全都反对社会主义。在这种情况下只有一条出路：出现一个为无产阶级利益服务的独立的政党。历史找到了这条出路，在欧洲所有的先进国家里都逐渐出现了工人政党。但是，看来车尔尼雪夫斯基还没有丧失从一个旧政党和社会主义取得和解中寻找出路的希望。

我们要提醒读者，我们所以要指出车尔尼雪夫斯基的错误，决不是为了攻击这位极其卓越的人物，而仅仅是为了尽可能更好地弄清楚他的世界观的强大的和薄弱的方面。车尔尼雪夫斯基的错误并不是他个人的错误：这些错误的产生不是由于他对事物缺乏注意或者缺乏逻辑的一贯性，而是世界各国最有天才的空想时期社会主义者所采取的观点的一般性缺陷。这种不能令人满意的东西在车尔尼雪夫斯基的著作里有时特别有力地显露出来，正是因为他是一位才智极为卓越的人物。他既然把自己的历史哲学建立在意见支配世界这一唯心主义原则上，他也就不能不把这个原则应用于政治。只有充分理解他的政治观点的人才能理解，这位虽然信奉唯物主义哲学、但却一般地抱有唯心主义历史观的人，究竟遇到了什么。下面有一个很明显的典型例子，说明车尔尼雪夫斯基的历史唯心主义怎样深入贯彻到他的政治论断中。

他说："凡是世界上的一切要实现自己就需要力量。坏的东西和好的东西在软弱无力的时候都同样是微不足道的。什么是力量呢？在理论中，逻辑提供力量。谁有十分明确的原则，谁能始终一贯地发挥这些原则，那他在理论争论中就总是胜过不能始终一贯的、在同一个时候对同一事物既说'是'又说'否'的那些人。所有伟大的理论家都是持有极端见解的人。但是，实际生活却是另一回事。在实际生活中，重要的是多数人站在谁的那一边。而在多数人那里，统治的原则是墨守成规。一个强有力的观念掌握住社会的时刻是很少有的，社会很快就会被它所不习惯的智力的紧张弄得疲乏不堪，于是又重新落到墨守成规；墨守成规绝不是旧东西和新东西的合乎逻辑的混合物，而是属于完全不同的原则的那些思想的混合物，这些原则绝不能在一个首尾一贯的理论中和睦相处，但却可以很好地一起装进不善于思维的头脑。在社会里有多数人追随的人才有力量。因此，在立宪国家里政权通常属于所谓温和人士——即思想不能始终一贯、对追求的一切东西只希望得到一半的那些人——的党派。"①

车尔尼雪夫斯基本人由此得出这样的结论：持有极端见解的人的工作始终不是对自己有利，而是对温和的党派有利，尽管历史的真正推动者正是他们这些持有极端见解的人。但是，对我们来说，在这里重要的是问题的另一方面。对我们来说，指出以下这一点具有非常重要的意义：在车尔尼雪夫斯基的一切政治论断的这些所谓"序论"中，他的全部唯物主义仅仅被归结为这样一个论点，即世界上的一切都要靠力量来实现。但只要一提出什么是力量的问题，我们这位作者就立即转向唯心主义观点了。有多数人追随

① 《车尔尼雪夫斯基全集》，第八卷，第208页。

的人就有力量，而多数人则总是墨守成规，总是赞成温和的、落后的意见。因此，在立宪国家里，政权属于温和人士。“意见支配世界”，而群众却不会分析辨别各种意见——世界历史进程之谜正在于此，对我们现时代的政治事件的解释也在于此。我们的前一段引文摘自“加富尔伯爵”一文。请看，在这段引文结尾时提出来的一般原则，怎样被应用于意大利在争取解放的最后斗争时期内所发生的事件。

“在民族问题上，在意大利也像在任何地方一样，存在着两种各自始终不渝地信守自己原则的对立的思想方式。应当把已故的那不勒斯王费迪南和现今罗马统治者安东涅利称为一种思想方式的代表者；而另一种思想方式的最著名的代表者则是马志尼。不管你们愿意听他们之中哪个人的话，他的论断总比加富尔及其同伙们合乎逻辑得多。可是，一种原则已经不再能满足多数人墨守成规的思想方式，另一种原则则还没有成为陈规。因此，在意大利社会的通常情绪下，无论哪一种原则都不能使它满足。能够使它满足的只有成为陈规的混合物，而那种陈规则是由保全下来的旧原则的片断和已经成为老生常谈的新原则的片断所组成的……那不勒斯王费迪南和安东涅利，以及站在相反的一端的加里波的和马志尼，他们所作的努力都同样有利于加富尔，因为社会群众无论在什么样的领导下都不喜欢走得太远：他们喜欢停留在这样一些人身旁，这些人不论好歹总是说同样的一句话：‘停下来吧，我们已经走得很远了，让我们休息一下，安静一下吧。’”①

① 《车尔尼雪夫斯基全集》，第八卷，第208页。

稍后，车尔尼雪夫斯基说道，假如加富尔和意大利的温和党派的其他领袖自己发起运动，而不是被激进党派所推动，那么群众就会抛弃他们，像抛弃不合乎群众的模糊不清的意向和软弱无力的愿望的那些人一样。他感叹道："拥有经过深思熟虑的明确的纲领，这本身也许是一件好事，这对民族也许是有益的，但是社会群众却从来不把、将来也不会把这样的人作为自己的代表。因而，对加富尔成为这样的人和占有这样的位置，并没有什么可责备的：这个位置就需要这样的人，别人对这个位置来说是不合适的。"①

这里车尔尼雪夫斯基所用的"民族"这个概念和"社会群众"这个概念是不相同的。由于直到现在我们有时把社会理解为所谓有教养的阶级，所以可以认为，前面所引的那种对群众的决非赞扬的评述，只是对这一部分居民而言的。他的其他文章里有一些话也可以用来证实这一思想②。但是，如果由此得出结论说车尔尼雪

① 《车尔尼雪夫斯基全集》，第八卷，第210页。

② 我们只引证一段话。"在1848年2月以前，维克多·雨果不知道他在政治上采取的是什么样的思想方式，他无须乎去考虑这个问题；但他是一个极其卓越的人，一个极好的关怀家庭的人，一个善良的、正直的公民，并且对一切优良的东西表示同情，其中包括：拿破仑一世的荣誉和亚历山大一世的骑士式的宽宏大量，当时国王路易·菲力普的继承人的母亲奥尔良公爵夫人的慈善心肠，以及这位国王和这位继承人的敌手的母亲、高贵的贝里公爵夫人的不幸；他赞许基佐的敌手梯也尔的卓越的才能，基佐（大概是当时最伟大的演说家）的天才的质朴的辩才，基佐和梯也尔的敌人奥狄隆·巴洛的正直，著名天文学家、当时议会中共和派的主要代表者阿拉果的天才和正直，傅立叶主义者的高尚气度，路易-布朗的好心肠，蒲鲁东的出色的辩证法；他喜爱君主制，此外，还喜爱其余一切优良的东西，其中包括斯巴达共和国和威廉·退尔，——这种思想方式是人所周知的，而且单是由于以下这个原因它就很值得人们尊敬，那就是在全世界各国每一百个正直的受过教育的人中间，大概有99人想必是采取这种思想方式的"（《车尔尼雪夫斯基全集》，第十卷，第二部分，第二篇，第95－96页）。在这里车尔尼雪夫斯基自己就已说明，他在评论"社会群众"时其实指的是受过教育的阶级。

夫斯基像我们的民粹派一样把“平民”看得比知识分子高，那就是不正确的了。我们已经知道，他甚至把欧洲最先进的国家的“老百姓”的智力水平想象得多么低；我们看到，他用群众到处都是墨守成规地生活着这一理由去解释 1830 年法国人民对自由资产阶级的支持。这就是说，假如他在评论群众时有时默默地暗示把“平民”除外，那么这样做是由于某种特殊的原因，而绝不是因为他把“平民”置于社会之上。这个原因何在呢？原因在于，在他看来，“平民”一般地说是不问政治的，所以也就没有机会显露出自己墨守成规的倾向。在 1859 年《同时代人》6 月号的政治评论中，他在讲到在德国要求德意志联盟为了奥地利的利益而进行干涉的运动日益加强时指出：“我们讲的不是平民，实际上是阶级，这些阶级集中了社会舆论，它们从事政治事务，阅读报纸并对事件的进程发生影响，——这伙人处处成为自私和阴谋的傀儡。”①

“平民”不读报纸，不从事政治事务，对事件的进程也没有影响。目前的情况是他们还在沉睡。但是一旦“平民”在掌握了现代科学结论的“优秀人物”所组成的历史行动大军的先锋部队影响下觉醒过来，那时他们就会认识到，他们的任务是根本改造社会，那时他们就会着手进行这种改造工作，而这工作和政治制度的形式问题没有直接的关系。这就是车尔尼雪夫斯基的主导观点，在他的许多政治评论中，大部分都表现了这种观点②。如果说，这种本质上是唯心主义的政治观点，有时让位于另一种似乎是唯物主义

① 《车尔尼雪夫斯基全集》，第五卷，第 249 页。

② 这些评论按篇幅来算，至少可以编成他的全集中的两卷。

观点的萌芽的观点，那么，这仅仅是例外，这和我们在研究车尔尼雪夫斯基的历史观点时所遇到的情况完全相同：读者记得，在这些实质上也是唯心主义的观点中，也可以遇到唯物主义历史观的萌芽。现在让我们举两个例子来说明，车尔尼雪夫斯基的政治评论，在我们刚才指出的他对于政治和工人阶级主要任务的关系的主导观点影响下，会具有什么样的性质。

第一个例子。在1862年1月他的政治评论中，他和普鲁士的自由主义的 *National Zeitung*[①] 在奥地利的内政问题上发生了争论。*National Zeitung* 写道："但愿奥地利的命运成为其他各国的教训，愿它们的开支不要超越它们的财政能力。奥地利破产的原因是它用于军队的开支没有限度。"车尔尼雪夫斯基不喜欢 *National Zeitung* 的这种议论。他承认不可能驳倒这种议论所根据的材料。这些材料"很遗憾"是由奥地利政府自己所证实的，它疏忽大意地"公布了自己的赤字"。但是，"幸而"还可以把争论转移到原理的领域和历史必然性的基础上去。这样一转，奥地利政府就成为正确的了。车尔尼雪夫斯基的论断是这样的：

奥地利用于军队的开支的确很大。但是，要知道不这样也是不可能的：奥地利军队的人数比法国军队多，而它的维持费却差不多便宜一半。因而决不能责备奥地利政府过度浪费。诚然可以说，奥地利能够缩减自己的军队。然而车尔尼雪夫斯基断言，奥地利政府绝对不可能这样做。奥地利政府要有缩减军队的可能，它

① 《国民日报》。——译者

就必须放弃威尼斯和满足匈牙利人的要求。但是，哪一个政府曾经自愿地放弃任何领土呢。英国从来没有放弃对爱尔兰的统治；普鲁士从来没有放弃对波兹南的统治。车尔尼雪夫斯基得到了这样的结论："这就是说，奥地利政府的蒙昧主义和专制在这里是完全无关的，自由派的政府也同样会力求保持对威尼斯的统治权。"[①]关于匈牙利也同样如此。劝告奥地利政府去满足匈牙利的愿望，这就等于劝告商人不要赚取商业利润，或是劝告地主不要从自己的土地取得收入，或是劝告 *National Zeitung* 去推掉订户。不但如此，车尔尼雪夫斯基认为，自由派向奥地利政府提出的劝告甚至比这些荒谬的劝告还更为妄诞。奥地利政府是不可能听从这些劝告的。[②]

这种论据一定会使而且的确已使《同时代人》的许多读者吃惊，因为这些论据导致一种结论：奥地利的专制政府的行为完全正确。这些论据造成一种印象：他不只对政治自由问题漠不关心，而且简直对蒙昧主义者表示同情。论敌们就不止一次地指责车尔尼雪夫斯基的这种同情。正是因为这种指责，他在1862年3月的政治评论的末尾作了讥讽性的自供："我们觉得，没有比自由主义更使人开心的东西了，——这真使我们想在什么地方找到些自由派，拿他们来开开心。"但是事实上，他写这些怪异的评论，自然不是为了拿自由派来"开开心"，也不是为了维护专制政府。作为这些评论的基础的思想是：在存在着一定的社会关系的条件下，事情只能

① 《车尔尼雪夫斯基全集》，第九卷，第205页。

② 同上书，第206页。

按照一定的方式进行，而不能以别的方式进行；如果有人希望事情以别的方式进行，他就应该努力去对社会关系进行根本的改造。不然，只是白费自己的时间。自由派之所以遭到车尔尼雪夫斯基的嘲笑，正是因为，在需要治本的地方他们却提供治标的药剂。[①]

第二个例子。同年4月，在谈到普鲁士政府和普鲁士议会的冲突时，车尔尼雪夫斯基又好像是站在和自由主义作斗争的专制政体方面。他说，普鲁士政府没有自愿地对他们让步，而宁愿解散议会，使全国激动，对这一点自由派是不该大惊小怪的。他说："我们认为，普鲁士政府正是应该这样做。"[②]这又一定会使天真的读者吃惊，觉得这是对自由事业的背叛。可是，不言而喻，在这里我们这位作者也不是武装起来捍卫专制政体，而不过是想利用普鲁士的事件告诉最善于领会的读者，怎样正确看待那个最终决定一切大规模社会冲突的结局的主要条件。下面他关于这一点说道：

"正如不同国家之间的争论最初通过外交的途径进行一样，在本国内部因原则不同而产生的斗争，最初是通过国内舆论的手段

---

① 车尔尼雪夫斯基在《政治经济学概论》中指出现存经济制度不符合"健全理论的要求"，在叙述中他有时加进一个问题："使这种不协调现象可能存在的生活，是否应该保持下去？"（例如，见《车尔尼雪夫斯基全集》，第七卷，第513页）。他的政治评论，特别是那些产生"不适当的"结论的评论，也会使读者发生这样的问题；所谓"不适当的"结论就是：正确的不是专制政治的敌人，而是它的维护者。这种结论在车尔尼雪夫斯基那里，不过是反对现存"生活"的又一个论据而已。但是自由派往往不能理解这一点。

② 《车尔尼雪夫斯基全集》，第九卷，第236页。

或所谓法律的途径进行的。在不同国家之间，如果争论非常重要，结果总会导致军事威胁；同样，在国家内部事务中，如果问题相当重大，情况也会这样。如果发生争论的两国的力量悬殊太大，问题往往就只靠军事威胁来解决：弱国履行强国的意志，从而避免了真正的战争。在重要的国内事务中情况也是这样，如果争论的一方觉得自己的力量比起对方来过于软弱，一旦它发现敌对的党派真的决定采用军事措施时，它就会屈服，也只有这样，战争才能避免。但是，如果争论的两国力量不太悬殊，弱国不是没有希望打退进攻，事情就会从威胁转为战争。防御者是很有利的，所以只要它不是过于软弱，那么它不会因为比它强大的敌人决心向它进攻而气馁。"①

他正是从这种观点来考察当时在普鲁士发生的一切。必须注意，他所以维护并赞扬普鲁士政府，仅仅是因为这个政府"所作所为对民族的进步最有利不过了"，它打破了那些天真的普鲁士人的政治幻想，他们毫无根据地认为，真正的立宪政体在他们那里会自行建立起来，而不必和旧制度作斗争。如果说，他对普鲁士的自由派毫不同情，甚至于还拿他们来寻开心，那么，这是因为，根据他的正确的见解，自由派想不通过和他们的政治敌人作坚决的斗争就达到自己的目的。在讲到议会和政府的冲突的可能的结局时，他很有远见地指出，"根据普鲁士目前舆论的情绪来判断，应该认为，现存制度的敌人看到自己过于软弱，无力进行军事斗争，他们在政

① 《车尔尼雪夫斯基全集》，第九卷，第241页。

府一旦要采用军事措施来进行坚决的威胁时,就准备屈服。”[①]情况果然是这样。车尔尼雪夫斯基鄙视普鲁士的自由派,这是正确的。他们的确希望立宪制度在普鲁士会自行确立起来。他们不仅没有采取坚决的行动——倒不能因为这一点而责备他们,因为在当时的社会力量的对比下这是不可能的,——而且从原则上斥责关于这种行动的任何想法,就是说,他们尽力阻碍社会力量向着对将来采取这种行动有利的方向转变。车尔尼雪夫斯基不能宽恕他们的这种行为,拉萨尔也没有宽恕他们。很妙的是,正当车尔尼雪夫斯基在他的政论中嘲笑普鲁士自由派的时候,拉萨尔在他的讲演里也猛烈地抨击了他们。而更妙的是,这位德国鼓动家在这些讲演中有时使用和车尔尼雪夫斯基相同的词句来说明社会力量的对比是每一个国家的政治制度的基础。在许多方面,拉萨尔和车尔尼雪夫斯基有共同的导师。自然他们两人的政治思想具有共同的趋向并得出部分地互相吻合的结论。我们所以说“部分地”,因为一方面必须指出拉萨尔和车尔尼雪夫斯基的观点之间有很大的相似,另一方面不应当无视他们之间的区别。拉萨尔不限于作出这样的结论,即:每个国家的宪法是这个国家的社会力量对比的法律表现。他还力图找到决定这种对比的原因,而且到社会经济中去寻找这些原因。拉萨尔关于这个问题的讲演充满了唯物主义精神,至于他关于费希特哲学的讲演或他的《既得权利的体系》,就不能这样说了。车尔尼雪夫斯基也没有忽视决定社会力量对比的原因问题,但是他分析到社会自觉就停止了,也就是说,他没有越过

---

① 《车尔尼雪夫斯基全集》,第九卷,第241页。

历史唯心主义和历史唯物主义的分界线。和拉萨尔相反，他在有关普鲁士问题的论文中所表现的唯心主义，比在他的许多其他政治内容或历史内容的论文中所表现的要彻底得多。他们的这个差别同样应该完全算在“社会力量对比”的账上。在普鲁士，尽管当时的资本主义和现在的比较起来还很软弱，最新意义上的工人运动毕竟是已经开始了；而在俄国，一般称为知识分子运动的那种平民知识分子运动刚刚开始发展。在工人运动的需要的影响下甚至唯心主义者也往往不得不按唯物主义方式来议论。工人运动的需要产生这种影响的例子在现代的法国可以找到不少。相反，知识分子运动有时甚至把唯物主义者推向纯粹唯心主义论断的道路。这在目前的俄国看得特别清楚。

车尔尼雪夫斯基的政治评论是为“优秀人物”而写的，这些人需要了解他们应该教给落后群众什么。“优秀人物”的事业主要地归结为宣传。但不完全是宣传。一般说来，“平民”并不出现于政治舞台。同样一般说来，政治舞台上所发生的一切很少涉及他们的利益。但是有一些非常时期，那时人民群众从他们平时的冬眠状态中觉醒过来并热情地、虽然有时是不大自觉地试图改善自己的命运。在这种非常时期中，“优秀人物”的活动多少要失去主要是宣传的性质并变成鼓动。车尔尼雪夫斯基关于这样的时期说道：

“历史进步的实现是缓慢而艰难的……竟如此缓慢，假如我们仅仅局限在极短暂的时期内，那么历史进程中偶然情况所造成的波动会使我们看不清一般规律的作用。要确信一般规律的不变，必须考虑相当长的时期内的历史进程……比较一下 1700 年和现在的法国的社会机构和法律的情况，——差别是异常大的，而全部差别都有利于当前的情况；然而几乎整个这一个半世纪都是很艰难而昏暗的。英国情况也是如此。差别是从哪里来的呢？差别是这样不断地造成的：每一代的优秀人物都发现自己时代的生活是艰难的；他们的愿望，尽管是其中不多的一些愿望，渐渐地为社会所理解，而后经过多少年，在某个幸运的时刻，社会在半年、一年，至多三年或四年内去实现优秀人物灌输给它的不多的愿望，尽管是其中的某些愿望。这种活动从来不是成功的，在半途上热情枯竭，社会失去力量，于是社会的现实生活又陷入长期的停滞状态；而优秀人物，只要他们经历了他们所引起的活动，仍然会看到他们的愿望远没有实现，并且仍然要为生活的艰难而忧伤。然而在意气奋发的短暂时期内改造了很多东西。当然，改造进行得很仓促，无暇考虑新增建筑的修饰，没有把它们修饰整洁，也无暇考虑到使新增部分和旧建筑的残余达到建筑上的协调的细微要求，因此停滞时期所接受的是改造过的建筑物，但它还有许多细少的不合理和不美观的地方。但是在这个缓慢的时期，社会有空闲时间仔细考察每一个细节，并且由于修改它所不喜欢的细节并不要求特别的努力，所以这些细节就逐渐被修改了；而在精疲力竭的社会研究细节的时候，优秀人物声称改建尚未完成，他们证明建筑物的旧的部分日益衰颓，并且证明必须重新大规模地展开工作。开始时疲惫不堪的社会不听他们的呼声，认为这是妨碍休息的令人心烦的喊叫；后来在力量恢复了以后，社会又开始日益倾听那以前厌恶过的意见，逐渐相信其中有几分真理，一年年越来越多地承认这几分真理，最后就愿意同意先进人物所说的必须进行新的改造的意见，并且一遇到适当的条件就以新的热情开始工作，并且不等结束就又抛弃了这工作，又昏睡，然后又开始工作。”[①]

车尔尼雪夫斯基的政治评论的目的就在于向“优秀人物”说明现时社会制度的旧建筑日益衰颓，必须“重新大规模地展开工作”。而且根据一切情况可以看出，在他的文学活动第一阶段（即西伯利亚流放前的时期）的末期，他开始觉得社会日益倾听他的意见并日益同意他的意见。换句话说，他开始想到，就是在俄国历史上一个有益的飞跃也正在逼近，这种飞跃在历史上是不常发生的，但却会促使社会发展进程大大地前进一步。俄国社会进步阶层的情绪的确是迅速地高涨起来了，与此同时车尔尼雪夫斯基的情绪也高涨起来了。他曾经认为，向政府说明农民的解放对政府本身有利，是可能而且有益的，而现在他根本不想对政府说什么了。他觉得对于政府的任何指望都是有害的自我陶醉。车尔尼雪夫斯基在“俄国的改革家”一文中（此文是他针对尼·科尔夫所著《斯伯兰斯基伯爵的生平》一书的出版而写的，刊载于1861年10月的《同时代人》）详细地证明说，任何改革家在我国不应当陶醉于这种指望。敌人们称斯伯兰斯基是革命者。这种说法使车尔尼雪夫斯基觉得可笑。斯伯兰斯基的确制定了一个很广泛的改革计划，但是根据他想用来实现自己计划的那些手段的范围来说，称他为革命者，是可笑的。斯伯兰斯基只掌握了一点，就是他取得了亚历山大一世皇帝的信任。他想依靠这种信任来实现他的计划。正因为这一点车尔尼雪夫斯基才把他叫做幻想家。他是一个富有睿智的人，但

① 《车尔尼雪夫斯基全集》，第五卷，第490－491页。

他的热烈的渴望却把他引向了错误。幻想家往往是可笑的；可是当他们迷恋于重大的事业时，他们就对社会有害了。车尔尼雪夫斯基说："他们在错误的道路上兴高采烈地忙碌奔波，似乎得到了某种成就，从而就把许多从这种虚假的成就中汲取思想的人弄糊涂而走上同一条错误的道路。从这方面来说，斯伯兰斯基的活动可以说是有害的。"①

只有经常记着社会生活的进程决定于社会力量对比的人，才能在政治上不会陷入有害的迷途。凡是希望按照这一基本原理行动的人，往往不得不经历一番艰巨的道义斗争。车尔尼雪夫斯基力图向当时的"优秀人物"预先说明这一点，这是由于他认为飞跃正在临近。例如，早在 1861 年 1 月他在对美国著名的经济学家凯里的一本书进行分析的时候（顺便指出，他最出色地揭露了这个人的微末渺小），出人意料地转而谈到著名的犹太女英雄犹滴并热烈地为她的行为辩护。他说："历史的道路不是涅瓦大街的人行道；它完全是在田野中穿过的，时而尘土飞扬，时而泥泞难行，时而通过沼泽，时而穿过密林。谁怕满身尘土，玷污靴子，他就不要从事社会活动：对于那些真正关心人们的福利的人来说，社会活动是高尚的事业，但不是完全一尘不染的事业。的确，话又得说回来，对于道德的纯洁可以有不同的理解：可能有人认为犹滴并没有玷污自己……只要扩大你们的思考范围，在许多个别问题上就会出现你们所应尽的义务，它们和孤立地提出同样一些问题时所应尽的

---

① 《车尔尼雪夫斯基全集》，第八卷，第 319 页。

义务是不同的。”①

在六十年代初政府曾打算稍微放松书报检查的限制。决定订出新的书报检查条例，并允许刊物对自己的管制问题发表意见。车尔尼雪夫斯基毫不迟疑地对这点表示了自己的看法，他的看法照例和一般自由派的观点很不一致。的确，车尔尼雪夫斯基本人尖刻地嘲笑了一些人，他们认为印刷机具有类似颠茄、硫酸、雷酸银等等所具有的某种独特作用。“我个人的意见并不指望那些无力制造灾难的对象和行动产生违反本性的有害的结果。我们觉得，要造成社会灾难，印刷机太软弱无力。因为它既没有那么多的油墨可以涌出来淹没全国，也没有那么有力的弹簧可以弹出来，打在铅字上，把铅字像榴霰弹那样发射出去。”但车尔尼雪夫斯基承认，在某些时代刊物对于一国政府的危险性并不比榴霰弹小。这指的是这样的时代，当时政府的利益和社会的利益背道而驰，而革命的爆发正在逼近。处于这种状况的政府有一切根据压制出版事业，因为出版事业和其他各种社会力量一样，都促使这个政府垮台。本世纪经常改组的法国政府几乎都是一直处于这种状况中。车尔尼雪夫斯基非常详尽而冷静地叙述这一切。对于俄国政府，直到文章末尾也没有说什么。但在文章结束时车尔尼雪夫斯基突然问读者：可是，假如说出版法在我国的确是需要的，那会怎样呢？“那么我们就又要像以往曾遭到过许多次的责难一样，被称为蒙昧主义者、进步的敌人、自由的仇敌、专制制度的颂扬者等等。”因此他不想研究关于专门出版法在我国是否需要的问题。他说道：“我

① 《车尔尼雪夫斯基全集》，第八卷，第37－38页。

担心认真的研究会使我们得到这样的答复：是的，它们是需要的。"[①]结论很清楚：它们所以是需要的，因为在俄国也在接近一个"飞跃"的时期。

就在那份刊登了我们刚才引证过的文章的3月号《同时代人》上，还发表了一篇针对1861年有名的大学学潮而写的论战性的短评："学会了吗？"在这篇短评中车尔尼雪夫斯基保护了大学生，驳斥了我们的这些"卫道士"说大学生不愿学习的指责，并且还顺便说出了许多对政府来说是辛辣的真理。引起这场论战的近因是在《圣彼得堡科学院消息报》上发表了某个匿名作者的一篇文章："学习还是不学习？"车尔尼雪夫斯基回答说，这个问题对学生来说是毫无意义的，因为他们总是愿意学习的，但是大学里的清规戒律却妨碍他们学习。根据我国的法律，大学生已经到了可以结婚、担任国家机关的职务和"军队指挥官"的年龄时，大学的校规却还要使他们处于幼童的地位。他们抗议，这是不足为奇的。甚至一些完全没有害处的组织，如在大部分学生缺乏物质保障的情况下无疑是必需的互助会，也被禁止。学生们不能不反抗这种制度，因为这里问题关系到"面包和能否听课。而面包和听课的可能被剥夺了"。车尔尼雪夫斯基直截了当地说，制定大学校规的人正是想使考进大学的大部分人没有学习的可能。"如果该文作者或他的同道认为有必要证明，在制定这些校规时丝毫没有考虑这种目的，那就请他们把制定校规的那些会议的有关文件公布出来吧！""学习还是不学习？"一文的匿名作者不仅指责大学生，而且还指责整个

① 《车尔尼雪夫斯基全集》，第九卷，第130、155－156页。

俄国社会不愿学习。车尔尼雪夫斯基就利用这一点把关于大学里的学潮的争论引到更广泛的基础上。他的论敌也承认俄国社会有希望学习的某些征象。他认为我国“几百”种新杂志、“几十”个星期学校就是这一点的证明。车尔尼雪夫斯基不胜感喟地说：“几百种新杂志，作者是从哪里计算出来的呢？可是的确需要有几百种新杂志，而这个作者是否愿意知道，为什么不能像需要的那样创办几百种新杂志呢？这是因为，在我国的书报检查的条件下，除了几个大城市以外，在别的地方不可能存在稍微有生气的期刊。本来每个富裕的商业城市都需要有几种哪怕篇幅不大的报纸；每个省都应该出版几份地方小报。但这样的报刊却没有，因为它们不能存在……几十个星期学校……这倒不像几百种新杂志那样被夸大，在拥有六千万人口的帝国的确只有几十个星期学校。可是这种学校本来应该有几万个，应该尽快在不久之后确实建立几万个，在目前就起码要有几千个。为什么它们只有几十个呢？因为它们受到怀疑、排挤和束缚，因而连其中最热心于教育事业的人也失去了教学的愿望。”

经车尔尼雪夫斯基分析过的这篇文章的作者以存在有“几百”种新杂志和“几十”个星期学校为根据，说明社会有希望学习的表面征象，接着就赶紧补充说，这种征象是不真实的。这位作者忧郁地说：“你听大街上的叫声，有人告诉你，就在那里发生了某某事件，你不由得垂头丧气，非常扫兴”……车尔尼雪夫斯基反驳道：“请问作者先生，您在大街上听到什么叫声？如果是巡警和警官的叫声，那么我们也听到了。您讲的是否就是这些叫声？有人告诉你，就在那里发生了某某事件……——能举个例子来说明发生了什么事吗？不是那里发生了盗窃就是这里越出了权限，不是那里压迫弱者，就是这里纵容强者，——关于这一切，人们议论纷纷。实际上由于这些大家都听到的喊叫，以及这些日常的议论，才不由得垂头丧气，非常扫兴。”

这个指责学生的人无中生有地攻击他们不能容忍别人的意见，指责他们在抗议时采用了哨子、烂苹果和其他类似的“街头武器”。车尔尼雪夫斯基反驳他说：“哨子和烂苹果不能当作街头武器来使用：刺刀、枪托、军刀才是街头武器。”他建议对方回想一下，“是学生使用这些街头武器来对付别人，还是别人使用这些武器来对付学生……以及有没有必要用这些武器来对付学生”。

车尔尼雪夫斯基的这种文章对俄国学生界会造成什么样的印象，这是不言而喻的。后来在六十年代又发生学潮时，“学会了吗？”这篇短文被看作是学生要求的有力辩护而常常在学生的会议上被诵读。同样，“卫道士”先生们会如何对付这种挑战性文章，这也是不言而喻的。对他们说来，这位伟大作家给青年学生的“危险”影响是越来越无可怀疑了。我们已经知道，这种影响是怎样被消除的。

车尔尼雪夫斯基由于抱着空想社会主义的观点，认为他的西方同道所力求实现的那些计划是可以在极其不同的政治形式下实现的。理论是这样说的。当车尔尼雪夫斯基还没有越出理论范围的时候，他毫不犹豫地发表了自己的这种看法。在他的文学活动初期，我国社会生活似乎有希望提供某种证据，尽管是间接的证据，来说明这种观点的正确：那时在我国进步人士中产生了一种希望,即希望政府会自己开始公平地解决农民问题。这是不能实现的希望,车尔尼雪夫斯基几乎比任何人都更早地抛弃了这种希望。在理论方面他后来没有清楚地看到经济和政治的联系,但他在实践活动中(讲到这一点时我们所指的是他作为政论家的活动)却是我国旧制度的不可调和的敌人,尽管他的独特的讽刺手法继续使许多自由派读者在这一点上没有搞明白。实际上(如果不从理论方面来说)他是主张不可调和的政治斗争的人,而且对斗争的渴望几乎在1861年、特别是在决定他的命运的1862年所写的每篇文章的每一行里都表现出来。

第二篇　尼·加·车尔尼雪夫斯基的政治经济学观点

第一章　概论。——假设法

在我们这位作者的历史观点中，一般地给予偶然性很宽广的范围。我们在本书前面的一篇里已经看到了这一点。

现在我们说，甚至我们当时的经济制度在车尔尼雪夫斯基看来也好像是历史偶然性的产物。他在我们已经引证过的关于罗雪尔的著作的书评中说道："根据历史可以看出，如今这些经济形式是在这样一些关系的影响下产生的：这些关系与经济科学的要求相抵触，它们既不符合劳动的成效，也不符合消费的节约性；一言以蔽之，如今这些经济形式乃是既有害于劳动，又有损于物质福利的那些原因所造成的后果。举一个例，在西欧，经济生活是建立在征服、没收、垄断的基础之上的。"当然，谁也没有说，在西欧没有发生过征服、没收和垄断。但由于车尔尼雪夫斯基硬加于征服的那种决定性的意义，使我们不由自主地想起恩格斯的话："即使我们排除任何掠夺、任何暴力和任何欺骗的可能性，即使假定一切私有财产起初都基于占有者自己的劳动，而且在往后的全部进程中，都只是相等的价值和相等的价值进行交换，那么，在生产和交换的进一步发展中也必然要产生现代资本主义的生产方式，出现生产资料和生活资料被一个人数很少的阶级所垄断，而另一个构成人口绝大多数的阶级被降低到无产者的地位，出现狂热生产和商业危机的周期交替，出现整个现在的生产无政府状态。”我们这位作者既然把征服看做经济生活的各种历史形式的原因，并认为这些形式与“经济科学的要求”相抵触，那么他就当然不可能认为研究这些形式有什么重大价值。他对所谓经济科学中的历史方法的了解，只是根据它的这样一些代表如威廉·罗雪尔和其他 Citaten-Professoren[①] 的著作，他对这种方法非常蔑视，认为它是反动派反对工人阶级的解放意愿的产物。[②]

我们的作者否定历史方法，在自己的经济学研究中使用了另一种方法，他把它称为假设法。我们用车尔尼雪夫斯基本人的话

---

① 喜欢引证的教授们。——译者

② 罗雪尔及其同道在依据历史的同时，却坚决反对“飞跃”；他们认为，进化没有为飞跃留下位置。这种观点和反对——现在大概更正确地说是从前曾经反对——进化的某些革命家的观点同样错误。这两种极端的看法都完全排斥正确的历史观。实际上，“飞跃”是进化的必然环节，缓慢的变化为“飞跃”作准备，飞跃则替以后的缓慢的变化扫清道路。特别是德国学者们所采用的历史方法，完全任意地把自己的视野局限于进化的环节中的一个环节，即缓慢的渐变的环节。关于这种历史方法的代表者，马克思早在 1844 年就有充分的权利这样写道：“他们以昨天的卑鄙行为来为今天的卑鄙行为进行辩护；把农奴反抗鞭子（只要它是历史性的鞭子）的每个呼声宣布为叛乱；……（此处普列汉诺夫漏引一句：‘历史对他们，正像以色列上帝对摩西一样，只是表明了自己的“过去”。’——译者）这些奴仆式的夏洛克要凭历史的期票来索取从人民心上剜下来的每一块肉”等等。但是，马克思虽然用这些有力而一针见血的话去揭露“历史方法”的官方代表人物的奴性，他本人却不仅不轻视历史的进化，而且还首先发现了历史进化的最深刻的动力。

来说明这种方法。他在对穆勒的《政治经济学》第一部的评注中说道："这种方法在于：当我们必需确定某种因素的性质时，我们应该把复杂的问题暂时搁置一旁，而去探索我们感兴趣的那种因素在其中最明显地暴露出它的性质来的那些问题，去探索最简单的问题。当我们认清了我们所研究的那个因素的性质以后，我们就能很容易地认识它在被我们暂时搁置一旁的复杂问题中所起的作用。例如，上世纪末和本世纪初的对法战争对英国是否有益这样一个很复杂的问题，可以用一个极简单的问题来代替：战争是否可能不是对某一伙人有益，而是对人数众多的民族有益？现在怎样来解决这个问题呢？问题谈的是利益，即福利或财富的数量、财富的减少或增加，也就是可以用数字来计算的量。我们从哪里得到这些数字呢？任何历史事实都不能以我们所需要的那种形式，即以最简单的形式向我们提供这些数字，使这些数字仅仅取决于我们所规定的因素，即仅仅取决于战争……因此，我们应该从历史事件的领域转移到抽象思维的领域，因为抽象思维所思考的不是历史提供的统计材料，而是抽象的数字，而抽象数字的意义是假定的，而且简直可以随意规定。例如，它（抽象思维）是这样进行思考的。我们假定，一个社会有五千居民，其中有一千成年男子，整个社会就靠他们的劳动来养活。我们再假定，其中二百人出去参加战争。请问，这次战争在经济上对社会有什么关系？它增加了还是减少了社会的福利？只有当我们把问题弄得这样极其简单，答案才成为如此简单和不容争辩，以致每一个人都能容易地找到解答，并且不可能被任何人和任何东西所驳倒……由于使用'假定'、

‘假设’这种术语，这个方法就称为假设法。”[①]车尔尼雪夫斯基在所有经济学研究著作中都采用这种方法，因此，这些研究著作就带有一种十分独特的、极端抽象的性质。大家知道，我们这位作者的主要经济学著作，一部分是穆勒的《政治经济学》的译文，一部分是对它的阐述，附有内容非常丰富的评注和独立的补充。在阅读这部著作时，仔细观察作者所采用的研究方法怎样经常把他从现实存在着的经济关系领域吸引到抽象思维的领域中去，是很有意思的。在涉及现存关系的地方，车尔尼雪夫斯基很少反驳穆勒。他大部分满足于穆勒的分析，可是大家知道，这种分析由于它的含糊不清和前后矛盾，还有许多不能令人满意的地方。甚至在一些重大问题上，如价值、价格、货币、工资规律等等问题上，他和穆勒的意见也并无分歧。车尔尼雪夫斯基通常总是说，穆勒在涉及现存事物时是完全正确的，但是让我们来看一下，事情是否应当这样，健全的经济理论是否要求这样？“我们假设”等等——通常接着的是对现存关系的出色的批判，然而这种批判却仅仅根据完全抽象的思考和假设。因此，这种方法的缺点就特别刺目，当然任何一个现代资本主义的科学的反对者都不会赞成它，因为这些反对者现在所依据的不是抽象“理论”的要求，而是现存制度的内在矛盾，这些内在矛盾在其进一步的发展中必然会导致现存制度的消灭。

现代社会主义文献是避免空想的。有时会听到说，它的重要缺陷就在于此。但事情并不是这样。只有当社会主义者站在唯心主义观点上的时候，只有当他们认为人们的概念和情感是现存社

① 《车尔尼雪夫斯基全集》，第七卷，第56－57页。

会关系的主要来源的时候，空想才有意义。那时候详细地制定的、装饰得招人喜欢的“正常的”社会制度的计划，能够使人们相信它所建议的改革的好处并对他们的想象力发生作用的那种计划，似乎是社会主义宣传的必要手段。现在，当社会主义者知道“理想的东西”乃是“物质性的东西”在人脑中的反映时，他们就不再相信空想的魔力了。人们将不是像空想请他们行动的那样去行动，而是像无情的经济必然性迫使他们行动的那样去行动。为了要有益地和积极地参与社会历史发展进程，就必须不是用“公正的”社会关系的辉煌景象去诱惑人，而是去理解和说明我们当时的人类生活的物质条件。假如我们研究了这些条件，假如我们能够预言它们以后的发展进程，那么我们也就能够预见到，我们同时代人的概念和情感将会朝什么方向变化。而与此相应，我们也就能够为我们的实践活动确定方向。我们影响以后事变进程的力量，是和我们对我们当时经济关系本质的理解的明确程度成正比的。我们的“纲领”应该是这样一种特殊的哲学，这种哲学要在概念和实际要求中表现出行将到来的社会经济运动的进程。社会主义者应该是新社会的助产士，而新社会的因素是在现存的资产阶级制度内部发展起来的。但是，助产士是和空想主义者直接对立的。他并不议论人类应该怎样诞生。他所观察的是现实中存在的东西；他研究分娩的机械，并且完全服从它的规律，为了自己的实际目的而利用这些规律。

因此，社会主义从空想的变成了批判的。社会主义对资产阶级社会的否定，就和对这种社会的理解，亦即对它的历史意义的阐明，发生极其密切的联系。与此相应，资产阶级古典经济学（亦即唯一配称为科学的那种经济学)在社会主义者眼里就获得完全不同的意义。它就向他们呈现出它实际上的真面目,也就是说,不是把人类弄糊涂的谎言和诡辩的凑合,而是关于支配着一定社会发展阶段上的社会经济生活的规律的学说。资产阶级经济学家的理论,被社会主义者用来作为研究那种为社会主义革命准备条件的社会制度时的必要参考材料。马克思对空想感到不满,他在四十年代以对资产阶级经济的细心研究来开始进行自己的批判工作。从这时起,经济科学史上的一个新时代也就开始了。马克思的辩证的批判排除了资产阶级经济学家的片面的形而上学观点,弥补了空白点,纠正了他们的理论的错误,并把政治经济学置于崭新的基础之上。社会主义的迅速的理论胜利,同时也就是经济科学的理论胜利。现在,政治经济学已成为关于社会经济发展的科学了。至于资产阶级制度,那么政治经济学研究它的历史和它的规律,指出这些规律的经常的、不可避免的作用怎样破坏这种制度,并为新的社会制度准备物质条件。换言之,资产阶级政治经济学研究了在它认为是固定不变的现成的、已完成了的形式下的资产阶级制度。我们现代的政治经济学则从发展的观点、从其产生和消火的观点去研究资产阶级制度。

车尔尼雪夫斯基没有留下对社会主义社会的任何描述;只是在小说《怎么办?》中,通过薇拉·巴甫洛芙娜的一个梦,在我们面前掠过未来社会生活的一些丰富多彩的情景。幼稚的伊凡诺夫-拉佐姆尼克先生从这种情况作出了这样一个极其可笑的结论,说车尔尼雪夫斯基只是在上述小说中,而且还是由于对读者的蔑视,才转到空想社会主义观点上去。在这里对这个结论提出异议是无益的。我们已经知道，如果说车尔尼雪夫斯基准备承认这个或那个卓越的空想社会主义者的计划是他“本人的”计划，那么，这仅仅是因为在他看来所有这一类计划大体上都是相同的。我们也知道，他用空想社会主义者的眼光去看全部社会科学，其中也包括政治经济学在内。而这意思就是说，在他看来，也像其他一切空想社会主义者看来一样，科学的主要任务不在于研究现社会的客观发展进程，而在于研究未来社会应该是什么样子。他在自己的《政治经济学纲要》的最后一段话里坦率地说出了这一点："在我们看来是科学中最重要的那一部分理论，没有来得及加入到我们的纲要中去。我们借助于对居于统治地位的概念的批判，成功地把读者引向对人们最有利的制度的一般原则。但是，我们来不及叙述，这些原则在不定什么时候实现时应该具有哪些主要的细节，现在人们已经能够通过哪些过渡阶段去接近自己物质关系方面的最好的制度。在这方面，我们只好满足于穆勒在关于工人阶层可能的前途的那一章里所作的含糊的叙述。他的思想是正确的，但却过于模糊。我们觉得非常遗憾，来不及用更为精确的叙述去补充它们。但又有什么办法呢！”①在车尔尼雪夫斯基看来，对现代社会中的

---

① 《车尔尼雪夫斯基全集》，第七卷，第616页。在该卷中的另一处，车尔尼雪夫斯基这样确定“经济学理论”的任务：在把产品分成与不同的“生产要素”相应的份额后，“它应该去探求，这些要素和份额应如何组合才能提供最有利的实际结果。任务即在于此，每个人都懂得，必须寻找在怎样的生产要素的组合下一定数量的生产力才能提供最大量的产品。当理论在寻找这样的组合形式时，那么不言而喻，一个人不仅现在而且任何时候也决不可能在实现这种形式方面达到绝对完善；这就是任何科学的一切要求的一般特性；无论哪一个要求都不可能实现得绝对完善，因为一般地说绝对完善是从来没有过而且也不可能有的”等等。同前书，第364页。

经济现象的分析和对资产阶级经济规律的阐述，只具有主要是由论战目的所决定的次要意义："对居于统治地位的概念的批判"应该"把读者引向对人们最有利的制度的一般原则"，应该更清楚地说明这些原则。与此相应，车尔尼雪夫斯基对穆勒在叙述最重要的政治经济学理论时所陷入的那些矛盾采取漠不关心的态度。很难想象，他在具有清楚的头脑的情况下，对这些矛盾加以注意后，会看不出这些矛盾。但是，他不大关心这些矛盾。使他抱怨的并不是穆勒不很理解现代文明社会的经济生活，而是穆勒过多地研究这种生活，而过少地考虑"健全的理论"的要求，亦即未来社会制度的原则。车尔尼雪夫斯基把穆勒比作这样一个人，这个人在决定离开彼得堡后，却不知道他应该上哪里去，去柏林还是去喀山，而最后甚至在他承认去柏林较为合理之后，仍然还是转去喀山。这是一个很巧妙的比喻。但是，它只是说明穆勒对无产阶级和资产阶级之间的巨大争论所采取的实际态度。它完全没有指出这位英国经济学家的理论错误，而且也没有注意到这些错误。虽然穆勒的经济学概念十分模糊，但他在车尔尼雪夫斯基看来却仍然是"李嘉图的可尊敬的学生"。

穆勒在当时的工人运动的影响下，已经不把资产阶级社会看作永恒不变的东西。他承认，资产阶级社会制度看来可能被另一种更符合于群众利益的社会制度所代替。关于"工人阶层"的前途，他甚至说出了在社会主义者车尔尼雪夫斯基看来好像是正确的思想。因此，我们的作者才选定把穆勒的著作译成俄文。但是，穆勒的"正确的"思想，首先是过于"模糊"，而其次，他仅仅是在几乎只研究"属于以私有制为基础的社会的那些生活和进步的条件"

(穆勒语)时,顺便说出了这些思想。因此,车尔尼雪夫斯基决定在穆勒著作的译本上附加一些说明更正确的社会生活原则的补充和注释。我们这位作者的主要经济学著作的来历就是这样。

车尔尼雪夫斯基关于公债的以下这个意见,可以作为说明他对资产阶级经济学家的有争议的理论采取什么态度的典型例子。他说:"当然,有各种各样的公债,就像有各种各样的赋税一样,而且其中某几种公债对民族的负担比其他几种公债更为繁重。但是,篇幅不允许我们在这里深入谈论这些细节,其实,假如我们坚信以公债去代替赋税的原则本身一般是没有好处的,那么这些细节就对理论研究失去自己的很大一部分重要性了。理论说明,不应当发公债;在这以后,关于在什么情况下可以发多少公债的论断,又能有什么重要意义呢?"[1]这样下论断的话,就可以漠不关心地忽视资产阶级经济的一些最重要的问题。假如我们坚信现代的交换一般是没有根据的,那么我们关于价值的论断又能有什么重要意义呢?假如理论说明劳动力不应该在市场上出售,那么关于工资规律的争论又能有什么重要意义呢?读者已经知道,空想社会主义者们正是这样下论断的,他们对资产阶级经济学的这种态度,曾经是阻碍社会科学进一步发展的空想社会主义的主要错误之一。

1866年在英国 *Common Wealth*[2] 杂志上,开始发表工人乔

---

① 《车尔尼雪夫斯基全集》,第七卷,第585页。本版("野玫瑰"出版社版)附注:我们看到,他在自己的政治评论中也时常像这样下论断;理论说明,现在的制度一般是非常不好的。在这以后,关于这种制度的细节的论断和争论又有什么意义呢?

② 《共同财富》。——译者

治·埃卡留斯的一系列文章，目的在于详细分析穆勒的经济学说。埃卡留斯的文章用德文出版了单行本小册子，其标题为 *Eines Arbeiters Widerlegung der national-ökonomischen Ansichten John Stuart Mill's*[①]。埃卡留斯是国际工人协会的一个积极的会员，并长期处于马克思的强烈影响下。[②] 根据他对穆勒的态度，可以判断我们现代的社会主义者、亦即马克思的信徒们对这个作家采取怎样的态度。埃卡留斯攻击穆勒时的出发点和车尔尼雪夫斯基攻击穆勒时的出发点完全相反。使他愤慨的不是穆勒关于未来社会谈得太少，而是这位英国经济学家太不理解现代资产阶级制度的规律。根据埃卡留斯的意见，穆勒的著作的主要缺陷在于它的作者未能站到历史的观点上去，而从历史的观点看来，资产阶级经济学的一切范畴都是暂时的、历史的范畴。埃卡留斯力图"从工人的观点"去说明"穆勒经济学的反动意图"。他对穆勒只能采取论战的态度。对埃卡留斯来说，以补充穆勒理论的形式来叙述自己本人的观点无论在逻辑方面或是在心理方面都是不可能的，因为他和穆勒的意见离得太远，分歧也太尖锐了。这两个社会主义者差不多同时写到穆勒，他们对穆勒的态度上的这种差别是从何而来的呢？这两个同时代的社会主义者，按自己的观点来说，是属于社会主义史上的不同时期的。埃卡留斯是马克思主义者；车尔尼雪夫斯基则抱着马克思以前的空想主义时代的观点。

车尔尼雪夫斯基所从事的"对居于统治地位的概念的批判"，

---

① 《一个工人对约翰·斯图亚特·穆勒的国民经济学观点的反驳》。——译者

② 后来他不同意马克思的意见了，顺便提一下，从马克思、恩格斯同左尔格的通信中可以看到这一点。

按其方法和按其结果来说，是和比如说傅立叶这样积极地进行的那种对社会“制度”的批判完全一致的。但什么是社会制度呢？这是耸立在一定的经济基础之上的法律的上层建筑，它的性质是由社会生产力的发展程度所决定的。在一定的生产力发展程度上，从事生产的人们必然会形成某些一定的相互关系。而正如我们所知道的那样，生产者在生产过程中的这些相互关系决定着他们的一切社会关系，从而也就是说决定着一切社会制度。对一定的制度进行批判，就是意味着要力求认清，生产力发展到怎样的程度使这种制度产生，到怎样的程度使它巩固起来，到怎样的程度导致它的衰落。现代社会主义者就是这样去看自己的批判任务的。甚至在鼓动演说中，他们反对这种或那种制度的主要论据，也是指出它与人类现在的经济需要不相适应。但是，现代社会主义者所以这样看，是因为现在已经弄清楚社会制度对经济发展进程的依赖关系。对空想时期的社会主义者来说，这种依赖关系还完全没有弄清楚，而最经常的是他们完全没有料想到它的存在。因此，他们把“制度”看作某种完全依赖于人们的意志的东西，某种由该社会的成员们的或多或少合理的选择所决定的东西。因此，在他们看来，对社会制度的批判就归结为查明这些制度的不利的方面，这些制度实际上只是在一定的经济发展程度上才出现，而在他们看来则好像是完全无条件的。在空想主义的批判中缺乏最重要的、亦即历史的因素。我们在车尔尼雪夫斯基那里也看到完全同样的情况。

在《政治经济学》第二卷的头两章里，穆勒对私有制发表了冗长的议论。车尔尼雪夫斯基在叙述了这个英国经济学家的观点之后，照例用自己的意见去补充这些观点。但是，他一句话也没有谈到私有制的历史意义。他只是力求说明，私有制和与之相连的财产继承的原则是没有好处的，因为它们导致财产的不平等。根据他的正确的意见，私有制就像一种破坏性的革命力量那样发生影响，使少数幸运儿致富，而使大多数人遭到物质上的奴役。但假如私有制和财产继承的原则是这样永远地、"不停地、每时每日地"发生影响，假如它们的害处是这样显而易见，那么不禁要问，它们在历史上是怎样产生的呢？车尔尼雪夫斯基对这个问题的回答也像所有空想社会主义者一样：是由于人们缺少合理的经济计算。

我们的作者用缺少计算或恶的意志——暴力、征服——的影响，去解释整个现代的不公正的产品分配。"因循守旧的政治经济学家把经济生活的一切部分都说成按其特征来说同样地不依赖于人关于最好的人类生活制度的想法。实际上，只有一部分经济生活的原则，即生产，是以物理规律的必然性加之于人的，经济生活的其余因素则是由人自己安排的，并且完全受他支配。"①如果说直到现在人们把自己的生产品一直分配得不好，那么，所以发生这种情况，是因为他们不知道真正的经济原则，或者他们使自己失去了考虑这些原则的实际可能性。车尔尼雪夫斯基问道："在罗马帝国被野蛮人征服时，或是在封建主义的时代，或是甚至在最近的、哪怕是我们现在的时代，难道社会生活是根据政治经济学原理建立起来的吗？难道社会生活还不是屈服于那些比合理的经济打算更强有力得多的势力的统治吗？难道在拿破仑一世时所进行的战

① 《车尔尼雪夫斯基全集》，第七卷，第617页；参阅第307页。

争——其结局决定欧洲经济生活的那些战争，是出于合理的经济打算吗？难道法国是根据经济打算才侵占并想继续占有阿尔及利亚吗？难道是根据合理的经济打算，英国的土地关系才得到巩固和被保持下来吗？”[①]正常的人类关系制度在物质上的客观可能性从很久以来就存在着，也许甚至从历史刚开始起就存在了。车尔尼雪夫斯基说：“不仅是在文明社会里，而且甚至是在一切至少做到脱离最粗野的野蛮状态而变成定居的、农业的社会里，不仅是在现在的英国或德国，而且甚至是在九世纪的英国、十世纪的德国、现在的波斯和现在的小亚细亚，劳动按其内在的成效来说已经能够供养全社会，使之享受福利。既然事情的结果不好是由于一个人行动时不会打算，鲁莽从事，那人类的本性还是没有罪责的，因为这里的罪责只能归之于缺乏打算。”[②]因此，在车尔尼雪夫斯基看来，也像所有的空想社会主义者看来一样，人类的全部经济史可以用简单的“打算”错误去解释。

这种观点使车尔尼雪夫斯基像穆勒一样认为可以完全不顾分配和交换而去考察生产的规律。研究生产的规律，就是意味着——用穆勒和车尔尼雪夫斯基的语言来说——不顾生产的社会条件，亦即不顾产品生产者们所结成的相互关系，而去考察生产。因此，整个生产问题在他们那里归结为人对自然力的关系问题，也就是归结为多多少少适当地利用自然力去满足人的需要的问题，而且还可以归结为关于劳动成效的某些工艺条件的问题。而因为

① 《车尔尼雪夫斯基全集》，第七卷，第309－310页。

② 同上书，第333页。

政治经济学的一切最重要的范畴——"资本"、"劳动"等等——只是表现出生产者的相互关系——并且不是在作坊里的相互关系，而是在社会生产过程中的相互关系，——所以不顾生产的社会条件而去考察生产，就是意味着自愿地使自己难于理解上述范畴。下面我们将更清楚地看到这一点。我们还将看到，在对待许多政治经济学范畴的态度上，我们的作者是同意资产阶级经济学家们的观点的。[①]

因为分配的规律与生产的规律相反，完全以人们的意志为转移，所以根据车尔尼雪夫斯基的意见，经济学家特别是在关于分配的学说中应该说明健全的理论的要求。斯密学派不是这样做的。它满足于研究现存的分配规律。这也就阻碍了经济科学的胜利。由于这个缘故，斯密学派的分配理论"不是严格的科学分析的结果，而只是对相当丑恶的陈规的叙述，这种陈规的物质基础是征服的事实，它迄今以其后果统治着那种事物状况下的经济领域，而这种陈规的精神支柱则是群众的愚昧无知"[②]；分配理论要成为科学的理论，就应该变为按照理性和正义的要求去进行产品分配的学说。

一般地说，研究者借以观察现象的那种观点就暗示出他对现象的研究方法。马克思从社会现象的内在发展的观点，从它们所

---

① 本版("野玫瑰"出版社版)附注：参阅《资本论》第三卷中"Distributionsverhältnisse und Productionsverhältnisse"〔"分配关系和生产关系"〕这一章(德文本，第二篇，第413－421页)；俄文译作"分配条件和生产条件"，俄译本(圣彼得堡1896年)第727页及以下各页。

② 《车尔尼雪夫斯基全集》，第七卷，第29页。

固有的辩证法的观点,去观察社会现象。因此,他也就采用了具体的、辩证的方法。空想社会主义者从抽象的“健全的理论”的观点,也就是从他们以为是正常的那种社会制度的观点,去观察社会生活。因此,他们在自己的研究中遵循了把现实和理想作比较的抽象的方法。被车尔尼雪夫斯基称为假设法的那种方法正是这样。读者大概记得,车尔尼雪夫斯基怎样说明自己的方法的性质。用他的话来说,要正确地判断经济现象,我们就应该“从历史事件的领域转移到抽象思维的领域,因为抽象思维所思考的不是历史提供的统计材料,而是抽象的数字,而抽象数字的意义是假定的,而且简直可以随意规定”。[①] 因此,车尔尼雪夫斯基的方法在于把特定的现象从一切具体条件中抽象出来。但这样就不可能研究任何现象了。车尔尼雪夫斯基认为,他借助于自己的方法彻底解决了“上世纪末和本世纪初的对法战争对英国是否有益”的问题。他借助于说明战争总是使生产力离开有益的使用这样一些很简单的理由而解答说,“战争是对社会福利有害的”。从抽象的观点也绝不能对战争的效用的问题作另一种回答。但是,历史的现实却对这种抽象的解答作了很重大的修正。它向我们指出,第一,对整个社会有害的现象,可能是对这个社会的统治阶级非常有利的。而因为文明社会的对外政策总是取决于它们的统治阶级,所以上世纪末和本世纪初在英国出现的那种好战精神的谜底,必须到当时英国贵族和英国资产阶级的利益中去寻找,而绝不能到英国人进行经济打算的拙劣的能力中去寻找。第二,詹姆斯·斯图亚特

① 《车尔尼雪夫斯基全集》,第七卷,第56页。

(James Steuart)在斯密的《国富论》一书出版前十年发表的名著 *Inquiry into the Principles of Political Economy*[①] 中，就已正确地指出，一个商业国家能够进行长期的战争并获得光辉的胜利，而不使自己本国的公民流一滴血。在这种情况下，全部问题在于或多或少地大量花费资金，商业民族借助于这些资金可以迫使自己的同盟者或雇佣军来为自己作战。这种花费对它来说是否有利呢？可能是无利的，可能是有利的；一切都取决于战争的实际进程和结局，而不是取决于关于战争所花费的钱可能被用来对人类带来巨大利益的抽象思考。假如我们想要同车尔尼雪夫斯基争论的话，那么我们会用他自己的话说，在这里也像在任何地方一样，一切都由时间和地点的条件所决定。但是我们不需要同他争论，因为现在未必有人想要捍卫他的方法。现在任何人都已同意，车尔尼雪夫斯基犯了错误；要进行争论的只能是这样的问题，那就是为什么他犯错误，为什么正是朝这个方向、而不是朝另一个方向犯错误。而这一点可以完全令人满意地用空想社会主义者对人类社会生活的一般观点去解释。

我们已经看到，在文字宣传中，空想社会主义者给自己提出了十分明确的、虽然也是很片面的任务：正如车尔尼雪夫斯基所说，他们首先必须“借助于对居于统治地位的概念的批判，把读者引向对人们最有利的制度的一般原则”。而借助于抽象的计算、示范的数学方法的计算可以最方便地做到这一点。傅立叶就很喜欢这种计算，实际上车尔尼雪夫斯基的全部假设法也归结为这种计算。

① 《政治经济学原理的探究》。——译者

借助于这种方法，是难以发现什么东西的，但是，依据这种方法，却非常便于说明用其他在本质上决非“假设的”方法所发现的真理，特别是当这些真理具有抽象的、数学的性质的时候，当——用我们的作者的话来说——全部问题仅仅在于“某种比例由于我们想要知道其性质的那个因素的数目的变化而增大或缩小”的时候，或者当——如他所说——“将会多些，将会少些，这就是我们需要知道的一切，这就是我们认为重要的一切”的时候，空想社会主义者也正是只需要指出，在他们之中这个人或那个人所推荐的理想社会中，什么东西“将会多些”，而在现代的制度下则“将会少些”。为了达到这个目的，想不出比车尔尼雪夫斯基所乐意使用的这种证明方法更方便的了。假设法——在他理解它的那种形式下——作为研究方法来说，根本没有任何意义，但在社会主义的某个发展阶段上，它却是说明(对自己或对别人，反正都是一样)社会主义学说的最好的方法。只有傅立叶所特有的讽刺的方法，才能在说服力方面同它进行较量。

车尔尼雪夫斯基认为，一些最著名的经济学家都采用假设法。他把它说成是大卫·李嘉图的方法。李嘉图确实喜欢使用“假设”。但是，在他那里，这些“假设”恰恰只是说明概念的方法，而不是研究现象的方法。对李嘉图说来，他周围的资产阶级的现实是这种或那种理论的正确性的标准。对车尔尼雪夫斯基和他的老师们说来，则是抽象理论的要求决定一切问题。李嘉图从来没有离开现实的基地。车尔尼雪夫斯基和一切空想社会主义者则至少在“理论”上并不认为必须保持现实的基地。勃鲁姆爵士谈到李嘉图说，他仿佛是从另一个行星上来观察地球。关于空想社会主义者则可以说，地球离开了他们的视野，而让位给另一些更诱人的行星。

第二章　价　　值

一

大家知道，在资产阶级社会里分工达到很高的程度。资产阶级经济学家是以分工来夸耀的。尽管如此，直到马克思的主要著作出现以前，现代社会中的分工的作用和性质却始终没有被弄清楚。问题在于，在大多数情况下，资产阶级经济学家都完全不是从应该首先予以注意的那个方面去观察分工问题。人们可以从不同的观点去看分工。马克思说："单就劳动本身来说，可以把社会生产分为农业、工业等大类，叫做一般的分工；把这些生产大类分为种和亚种，叫做特殊的分工；把工场内部的分工，叫做个别的分工。"①资产阶级经济学家在研究他们称之为生产规律的东西时，主要指的只是工场内部的分工，亦即"个别的"分工。但是，在资产阶级经济制度下，"个别的"分工是与"一般的"分工和"特殊的"分工不同的。换句话说，在这种制度下，工场内部的分工具有完全不同于社会分工的另一种性质和另一种经济意义。

在社会分工之下，从事于制造任何一种产品的每一个生产者，

① 参阅《资本论》俄译本（1892 年）第 306 页，见《马克思恩格斯全集》，第 23 卷，第 389 页。

他所生产的不是他个人需要用来满足他自己的需求的物品，而是和他同时从事于制造其他物品的别的生产者所需要的物品①。生产者的相互依赖就在于此。但是，从另一方面来说，在资产阶级制度下生产者是完全互相独立的。生产资料是生产者的私有财产，正像借助于生产资料而制成的产品是生产者的私有财产一样。在这种情况下，交换就是生产者之间的唯一社会联系。只有把自己的产品运到市场上去，用它去交换别的产品，生产者才有可能满足自己本人的需求。因此，资产阶级生产者的产品就成为商品。商品互相交换是根据一定比例的：一定数量的商品甲可以换得某种数量的商品乙、商品丙、商品丁等等。每个生产者自然首先关心和最关心这样的问题，即他用自己的商品可以交换到多少别的商品，换句话说，他的商品有多少交换价值。当一个以商品生产为基础的社会里出现一些学者，从事于研究这个社会的经济生活规律时，关于交换价值的问题就取得了重大的理论意义，它成为资产阶级政治经济学的基本问题之一。我们就来看一下，商品的交换比例是由什么决定的。

伊万致力于生产家具，谢明致力于生产呢绒。他们交换自己的产品。伊万用一把椅子换得一俄尺呢绒。因此，在我们这里就出现了等价：1把椅子＝1俄尺呢绒。这种等价说明什么呢？在什么意义上和为什么一把椅子可以等于一俄尺呢绒呢？显然，在这个场合下，相互比较的既不是这些物品的物理属性，也不是椅子的

① 在工场内部的分工之下，工人生产的不是个别的物品，而是工场所制造的物品的个别部分。

使用价值和呢绒的使用价值，而是某些不以刚才所说的东西为转移的其他属性。那究竟是什么呢？椅子是伊万劳动的产品；呢绒是谢明劳动的产品。假如一把椅子相等于一俄尺或二俄尺呢绒，那么这意思就是说，生产一把椅子所需的劳动相等于生产一俄尺或二俄尺呢绒所需的劳动。因此，椅子对呢绒的比例只是表现出伊万的劳动对谢明的劳动的比例。如果以更一般的形式来表现这一点，就可以说，商品的交换关系表现出人们（他们的生产活动）在社会生产过程中的相互关系。现在接着就产生了这样的问题：木匠的劳动怎么能够和呢绒工人的劳动相比较呢？要知道这是完全不同的两种生产活动。它们之间有什么共同点呢？它们之间的共同点在于，无论这种或那种生产活动，虽然各有不同，但在本质上都归结为同一个东西，即人力的某种支出、筋肉和神经的某种劳动。因此，1把椅子＝1俄尺呢绒这一等价说明，制造一把椅子所耗费的人力和制造一俄尺呢绒所耗费的人力一样多。总之，商品的交换关系表现出它们的生产者的相互社会关系，或者如马克思所说，“交换价值是用于任何物品的劳动的某种社会表现方式”。而这显然就是意味着劳动是交换价值的唯一泉源，劳动时间的长短则是交换价值的尺度。但是，只有当我们从生产者的社会关系的观点去看关于交换价值的问题时，这一点才显而易见。假如我们离开人们的相互关系，想到交换物的属性中去寻找理解交换价值的钥匙，那就必然会达到极其荒谬的结论。正因为这样，所以人们关于交换价值写过大量难于置信的各式各样的废话：简单的废话、学究式的废话、娓娓动听的废话、天真幼稚的废话、意志善良的废话，以及甚至如我们在蒲鲁东那里看到的带有某种震撼基础的倾向的废话。可是,科学的优秀代表们在关于交换价值的问题上至多只能弄清楚事情的量的方面。李嘉图比其他所有人更坚决而明确地说出了这样的思想,即物品的交换价值的大小是由生产该物品所需的劳动量所决定的。亚当·斯密也接近于这个思想,但是现代社会中的产品分配却把他弄糊涂了。他认为,在原始社会里(in early and rude state of society[①]),产品的交换价值只是由生产这些产品所花费的劳动量所决定,然而自从出现了资本家和地主以后,事情就不是这样了[②]。"亚当用商品中所包含的劳动时间来决定商品价值,但是,他又把这种价值规定的现实性推到亚当以前的时代。"[③]无论如何,在李嘉图之后,关于交换价值量的问题可以认为至少是接近于解决了。对李嘉图的价值学说有过很多的非难,但却没有一个人提出过认真的反驳,诚然,也没有一个人能够提出这样的反驳。

例如,有时人们反对价值大小决定于劳动量,说什么在这种情况下生产者越不敏捷,他的商品就会获得越大的价值,因为他制造商品所花费的时间也越多。但是,这当然是最纯粹的无稽之谈。"只有社会必要的劳动时间才能被认为是形成价值的劳动。社会必要劳动时间是现有的社会正常的生产条件下,在社会平均的劳动熟练程度和劳动强度下制造某种使用价值所需要的劳动时间。例如,在英国采用蒸汽织布机以后,把一定量的纱织成布所需要的

---

① 在早期未开化的社会状态下。——译者

② *Wealth of Nations*(《国富论》),第一卷,第六章。

③ 卡尔·马克思:《政治经济学批判》,第 37 页。还可以参阅马克思的《剩余价值学说》,斯特莱尔斯基译,普列汉诺夫编,圣彼得堡,1906 年,第 140 页及以下各页。

劳动可能比过去少一半。实际上,英国的手工织布工人把纱织成布仍旧要用从前那样多的劳动时间,但这时他一小时的个人劳动的产品只代表半小时的社会劳动,因此价值也降到了它以前的一半。”①

我们看到,这个误解是很容易消除的。但是,劳动决定价值有时还导致另一些误解,要解决它们就稍微困难些。某些著作家这样地下论断:生产商品所花费的劳动决定商品的价值,劳动时间是价值的内在尺度。那么为什么一切商品都要用称作货币的那种特殊的商品来计量自己的价值呢?为什么它们不是根据它们所花费的劳动时间量来直接相互交换呢?这情况是不是由于一种不管什么样的错误和滥用才发生的呢?假如是这样的话,那么可不可以纠正这种错误,消除这种滥用呢?从表面上看问题,这似乎是可能的。由此就产生了“交换组织”的计划,这种组织应该使货币丧失现今属于它的“特权”。但是,要看出诸如此类的计划多么缺乏根据,只须理解资本主义制度所特有的生产者之间的关系就够了。

我们就拿马克思在上述引文中所说的那个英国手工织布工人来说吧。由于蒸汽织布机的采用,织布工人的一小时劳动的产品就只代表半小时的社会劳动,因此它的价值也就减少了一半。织布工人的个人劳动怎样折合为社会必要劳动时间的标准呢?这是人们有意识的活动吗?在资产阶级关系所特有的社会生产缺乏任何计划性的情况下,这不是也不可能是人们有意识的活动。在资

① 《资本论》,俄译本,第4页(《马克思恩格斯全集》,第23卷,第52页)。

产阶级社会里,生产者是相互独立地进行工作的,他们每一个人都随他愿意、如他可能和尽他所能,由他自己担着风险,由他自己斟酌而进行劳动。[①] 因此,他们每一个人的劳动与整个社会生产结构的关系,用马克思的话来说,是背着人们在市场上由名为竞争的那种盲目的经济力量的活动所决定的。但这还不是事情的全部。每个生产者当然力求制造任何人都需要的、具有社会使用价值的产品。假如他的产品不能满足这个条件,那它就不能成为商品,而它所花费的劳动也就不是"形成价值的"劳动。但是,无论从量的方面,或是甚至从质的方面,资产阶级生产者都不了解也不可能准确地了解社会的需要。由此也就产生了在市场上威胁着资产阶级生产者的产品的许许多多危险。也许,某个生产者的产品"是一种新的劳动方式的产品,它声称要去满足一种新产生的需要,或者想靠它自己去唤起一种需要。一种特殊的劳动操作,昨日还是同一个商品生产者许多职能中的一种职能,今天就可能脱离这种联系,独立起来,从而把它的局部产品当作独立商品送到市场上去。这个分离过程的条件可能已经成熟,或者可能尚未成熟。某种产品今天满足一种社会需要,明天就可能全部地或部分地被一种类似的产品排挤掉。"[②]当然,有一些产品永远是社会所需要的,马克思把它们称之为社会分工的特权分子。这些产品的生产者关于社会需要的质的方面是不可能犯错误的。但是,他们是否了解社会需要的量的方面呢?一般地说,他们是否全都知道社会需要多少他

---

① 读者明白,我们在这里所说的不是雇佣工人,而是独立生产者,即小业主和企业主。关于工人的经济"独立性"将在以后再谈。

② 《资本论》,第 53 页,见《马克思恩格斯全集》,第 23 卷,第 125 页。

们的产品呢？个别地说，每一个生产者是否知道其他生产者、他的敌手们生产多少数量呢？不，是不知道的，因此，他们生产的产品正好等于对该产品所需要的数量，这种情况只是偶然地才可能出现；而这种产品或者多于需要、或者少于需要的情况却是时常有的，很常见的。我们假定，生产出来的产品超过应有的数量。这种情况怎样影响我们产品今后的命运呢？它的价格就会下降，而这就说明，在全部社会劳动时间中有过多的一部分花费在生产我们这种产品的形式上了。“其结果就像每一个生产者花在他个人的产品上的时间都超过了社会必要劳动时间一样。”[①]受到产品价格下降的惩罚的那些生产者，力求往后更好地适应他们所满足的社会需要；他们将不得不关心使生产他们的产品所花费的社会总劳动时间的那一部分，恰好相等于在现存情况下应该花费的部分。我们假定，在痛苦经验的影响下，他们后来生产的产品太少了。结果就将和刚才所指出的情况相反：产品价格上升，而价格上升则迫使他们生产比以前更多的产品，或者吸引新的生产者参加他们的行业。因此，价格的波动表明资产阶级生产的无政府状态；但同时它也是资产阶级生产的调节器，而且还是唯一的、必要的调节器。假如价格不发生波动，假如每个个别的生产者能够直截了当地根据他在产品上花费的时间量以自己的产品去交换别的产品，那么资产阶级社会就将完全不可能存在了：它立刻就会成为生产极度混乱的牺牲品。

---

① 《资本论》，第54页，见《马克思恩格斯全集》，第23卷，第126页。引文中的“生产者”在原文中应为“织布者”。

只有在社会生产按一定的计划组织和进行的情况下，产品才能按制造它们所花费的时间量去同其他产品直接进行交换。那时每个个别生产者的劳动永远具有社会性，因为他所创造的永远只是社会所需要的产品，只是“社会的消费价值”。那时他们每个人的劳动将直接具有“形成价值的”性质。但是，问题在于，那时市场上的商品交换将不复存在。那时产品怎样进行分配——这是另一个问题。产品的分配将与“生产者的历史发展高度”相适应。但是，毫无疑问，那时产品不会成为商品，而在市场上买卖产品将毫无意义、也毫无必要。在不存在交换的那种社会里，也就不可能谈什么“交换组织”。因而很明显，所有关于不经货币的中介而进行产品交换的议论，对这样的社会也是不适用的，正如它们对于现代资产阶级制度来说是站不住脚的一样。

资产阶级制度所特有的生产者的社会关系是在这样的时候产生的，即生产力已经足够地巨大到使社会的广泛分工成为必要，但却还没有足够地巨大到使社会占有生产资料和与之相应的有计划的生产组织成为必要。在资产阶级制度下，只有在工场内，劳动才有计划地组织起来，社会分工则是受偶然机会和盲目的经济必然性支配的事情。资产阶级经济学家以工场里的有计划的劳动组织自豪。但是，当谈到整个社会劳动组织的时候，他们就非常害怕地说，这样的组织会使整个社会变成一个大工场。

资产阶级制度在前所未有的程度上促进了生产力的发展。现在生产力已经发展到资产阶级生产关系不再与它相适应的地步。现在越来越表现出社会占有生产资料的必要性，即消灭资产阶级关系本身。而生产力越是增长，资产阶级关系的灭亡也就越加成熟。在某一生产力发展阶段上曾经是必然的那种资产阶级关系，在另一个更高的阶段上就成为不可能的了。

但是我们应该回到价值问题上来，为了结束这个问题，请读者再注意片刻。

商品的价格仅仅是它的价值的货币表现。任何人都不会反对这一点。但是，从另一方面来说，商品价格不断变动着，因此商品在交换中经常离开价值规律，而基于这个价值规律，商品是应该根据生产它们所花费的劳动量来进行交换的。商品价格的变动说明，任何一个商品生产者的个别的劳动对整个社会生产结构的关系是经常发生变化的；这种劳动所占的比重有时接近于正常情况，有时则忽左忽右地偏离正常情况。我们已经知道，在资产阶级社会里，事情也不能不是这样。既然知道了这点，那我们就能毫不费力地回答这样一个问题：交换价值的规律是怎样表现的？

交换价值的规律只是通过不断的"变革"，通过不断的偏离常规，通过自己本身的对立面而表现出来的。"彼此独立进行的、但作为自然形成的社会分工部分而互相全面依赖的私人劳动，不断地被化为它们的社会的比例尺度，这是因为在私人劳动产品的偶然的不断变动的交换关系中，生产这些产品的社会必要劳动时间作为起调节作用的自然规律强制地为自己开辟道路，就像房屋倒在人的头上时重力定律强制地为自己开辟道路一样。"①"商品的价值规律决定社会在它所支配的全部劳动时间中能够用多少时间去生产每一种特殊商品。但是不同生产领域的这种保持平衡的经

① 《资本论》，第 31 页，见《马克思恩格斯全集》，第 23 卷，第 92 页。

常趋势,只不过是对这种平衡经常遭到破坏的一种反作用。”[①]因此,有些经济学家想援引价格变动为理由来推翻价值规律,这是很可笑的,其实价值规律却正是通过价格变动而表现出来的。

二

车尔尼雪夫斯基阐述了和补充了约·斯·穆勒的观点,那么穆勒是怎样看待价值的呢?

穆勒很喜欢把互相完全不能调和的概念调和起来。因此,在他的头脑里,甚至他所正确地理解的理论也和其他大概也是正确地理解的、但却与之直接相反的理论结合在一起。结果就产生了某种完全不可思议的东西。你们极其费力地咽下这种在逻辑上不能成立的混合药水,就会亲眼看到那些折衷主义的先生们是多么糟糕的人。坚持错误观点比企图调和错误观点和正确观点还好些。假如穆勒坚定地、始终不逾地抱定某一种错误的价值学说,那当然不好,但却比较容易纠正。在理解了他的论断后,读者对价值就会有一种虽然是错误的、但却毕竟是明确的观点。将来读者可能会知道另一种同样是明确的、而且还是正确的对价值的观点。把这两种观点作一比较,他就可以自愿地、不大费力地达到真理。但是,你看,穆勒却奉献给自己的读者一盘杂拌,其中起初占首要地位的是一种错误的理论,然后这种错误的理论似乎又稍微逐渐

---

① 《资本论》,第310页,见《马克思恩格斯全集》,第23卷,第394页。马克思在《资本论》第二卷中(德文版第496页)指出,在商品生产方式下,由于这种方式的无政府性质,“平衡本身只是一种偶然性”。

由浓转淡：透露出某种似乎像真理的东西；末尾则企图把真理和胡言谰语归纳为一类，结果得到某种折衷的学说，其中正确的东西完全被错误的东西糟蹋了，而错误的东西则由于和真理非法同居而变本加厉了。随便你进行分析吧，——你永远不能完全弄清楚问题究竟在哪里。跟穆勒去学政治经济学，你根本什么也学不到，虽然你会认为你了解了对某个经济问题的所有最主要的观点，因为所有主要的观点都向你叙述过了。在价值学说中也许比其他任何地方都能更清楚地看到，穆勒是如何难于达到对事物的清楚明确的观点。

穆勒知道，根据李嘉图的学说，劳动是商品价值的唯一源泉。他不能完全忽视这位伟大的经济学家。但同时他按自己智能的性质来说又不能完全同意李嘉图。因此他就力图按自己的方式去改造李嘉图的学说。他说，“读者看到李嘉图是这样说的，好像生产一个物品并把它运上市场所花费的劳动量，乃是决定商品价值的唯一的东西。但是，对资本家来说，生产费用不是归结于劳动，而是归结于工资，而不论工资高低，劳动量却始终是一样的。”那怎样呢？这说明李嘉图错了吗？不，他没有错：接下来就有一些看来应该是为李嘉图的理论辩护的议论。那么，这样说来李嘉图是正确的了？是的，他是正确的，但仅仅是在这样的意义上才是正确的，即劳动是价值的主要因素，而除此之外，还有其他次要的因素。归根到底，穆勒顺利地达到了以下这个论点：“假如把价值的偶然性因素搁下不提，那么数量可以不定地增长的那些物品，是自然地和经常地按生产它们所必须花费的工资数量的比例以及付出这笔工资的资本家们所应当获得的利润数量，来互相进行交换的。”在这里已经连李嘉图的价值学说的痕迹都没有了；它在折衷主义的迷雾里藏匿得无影无踪了，因为折衷主义让企业家的利润都归入生产费用中去了。企业家的利润是工人的无偿劳动所创造的价值的一部分。这个价值的大小是否依赖于它在工人和企业家之间的分配呢？它并不依赖于分配，正如收获量的大小并不依赖于收获物在地主和佃农之间的分配一样，或者正如打死的熊的毛皮的大小并不依赖于参加围猎的猎人之间的相互关系一样。谁都懂得，不管怎样去分熊皮，它的总面积既不会比原来的大，也不会比原来的小。但是，当问题说到价值的大小时，那么经济学家们就开始以为它——虽然是"在不大的程度上"，虽然只是"部分地"——依赖于交换或分配。在这种情况下，个别企业家的营业观点把经济学家们弄糊涂了。个别企业家在自己的核算中所注意的确实"不是劳动"，即不是人力的消耗，而是生产费用(顺便指出，生产费用绝不仅仅归结为工资)和利润。但是，何必去管个别企业家注意什么和不注意什么呢！要知道，根据穆勒本人的意见，"财富"一词就具有两种意义："它应用于个人的财产时具有一种意义，而它应用于国家或人类的财产时则具有另一种意义。"也许，"生产费用"这个用语也是在应用于个别企业家时具有"一种意义"，而应用于"国家"时则具有"另一种意义"吧？假如这个用语确实具有两种意义，那么谈论 wealth of nations[①] 的经济学家究竟应该注意哪一种意义呢？个别企业家甚至可能去注意罚款，罚款使他可以减少他用于劳动力的支出。难道我们也必须把罚款列入价值的"偶然的"(负

① 国家财富。——译者

数的）因素吗？就我们所知，直到如今还没有人这样做过。但是，我们看不出为什么那些不能和个别企业家的观点分手的经济学家没有这样做。

大概有人会向我们指出，穆勒离开李嘉图并不像我们所认为的那样远。李嘉图自己承认，利润在一切企业中趋于同一水平的那种倾向，使它的价值规律的作用发生变化。穆勒把利润称之为价值的"因素"，也许只是以另一种方式表达了自己老师的思想。但是，事情并非如此。绝不能说，穆勒只是以另一种方式表达了李嘉图对两种经济规律的矛盾的观点。他在本质上是歪曲了这一观点。李嘉图看到，利润平均化规律是和价值规律相矛盾的，因此他尽可能力求解决这个矛盾。但是，他并没有放弃自己对价值的观点。他懂得，如果放弃这个观点，他自己就不可能去阐明利润本身的本质和起源。穆勒则恰好相反。他从价值规律和利润平均化规律的冲突中找到了某种折衷的价值规律，这种规律无论对价值的本质或是利润的本质都作了完全错误的解释。李嘉图所指出的两种规律的矛盾，在穆勒的头脑里竟表现为两个概念的混乱。

但是，我们姑且假定穆勒是正确的；假定各种物品是"按工资数量的比例……和利润数量"等等来进行交换的。那么穆勒所确信的"价值是相对的现象"这一点又怎样和这个观点相一致呢？为什么是"相对的"呢？难道"生产费用"（就穆勒把它们所理解的那样）不能作为价值的内在尺度吗？过去生产某一个产品需要两个劳动日，假定说，企业家为两个劳动日付出 2 卢布。他的利润则等于 a 卢布。在穆勒看来，产品的价值就是 2 卢布 + a 卢布。现在生产这个产品只需要一天。如果工资水平依然不变，那么制造这个产品他就只要付给工人1卢布。在这个卢布上他已不能获得a卢布的利润，而只能获得假定说1/2a卢布的利润。这意思就是说，现在他的产品的价值将等于1卢布+1/2a卢布。他虽然丝毫不知道自己的产品对其他商品的交换比例，但是他看到它的价值下降了一半。你们仍然还要说价值是完全相对的“现象”吗？这一点甚至在穆勒的错误观点中也是没有任何逻辑根据的。

如果资产阶级经济的规律在车尔尼雪夫斯基眼里具有独立的意义，那他对它们的理解当然会比穆勒更好得多、更深刻得多。按他的智能的性质来说，他总是和折衷主义有着天壤之别。假如他注意这个问题，他就会容易地看出，穆勒的价值学说是多么站不住脚。但是，我们已经知道，他几乎只对未来社会结构的问题感兴趣。因此，在他看来穆勒的学说是令人满意的，虽然也是不完全的。他满意地着重指出他和这个英国经济学家意见一致。他说，“在关于分配的理论方面，我们看到有些部分曾经得到占统治地位的理论的创始人的充分研究，并且由穆勒作了令人满意的叙述。在关于交换的理论方面，我们还发现有更多这样的部分。”[①]我们的作者在列举穆勒用来归纳自己的价值学说的十七条原理时指出，它们全部都是完全正确的，但还需要用另一些同样重要的原理来补充它们。他是这样补充穆勒的结论的：

“十八、前面所有的结论都只和交换价值[②]有关。当人的劳动成为商品的时候，交换价值是与内在价值有别的。但是，在雇佣劳

① 《车尔尼雪夫斯基全集》，第七卷，第416页。

② 车尔尼雪夫斯基到处都用“денность”这个用语去代替 стоимость。车尔尼雪夫斯基把经济学家称之为生产费用的东西理解为商品的 стоимость。

动的质量低于为自己的劳动的情况下，事物的这种状态无论对工人本身或是对社会都是不利的。

“十九、假如劳动不被认为是商品，那么交换价值就与内在价值相一致，而需求、供应、生产价值等概念直接起源于经济活动的基本因素，起源于人的需要，从而就取得极其精确的性质。在这里，供应的规模是由生产力数量所决定的；需求的规模是由生产者对产品的需要的强度所决定的；生产价值则是直接由劳动量所决定的。供求之间的平衡，是通过计算为了最好地满足人的需要应该按什么比例在不同的行业中分配生产力而获得的。”①

在车尔尼雪夫斯基的这两个补充的论题中包含着许多完全正确的思想。但是，这些正确的思想有一部分在其中表述得不完全确切，有一部分则伴随着对事物的空想主义观点。

读者懂得，车尔尼雪夫斯基的“假如劳动不被认为是商品”这句话究竟想说什么。在这句不妥当的用语中，隐藏着对现代经济的特征的完全正确的观点。当然，这种经济的性质并不由于我们是否将“认为”劳动是商品而发生变化。但是，如果劳动真的不再是商品，那么资产阶级社会就将成为不可想象的了。资产阶级社会是建立在占有者阶级对生产者阶级的剥削之上的，后一种人把自己的劳动力作为商品送上市场，而前一种人则购买这种商品并利用它来生产其他商品；简言之，资产阶级社会是建立在资产阶级对无产阶级的剥削之上的。虽然商品生产者的社会不一定是资本主义社会，但是只有在转化成为资本主义方式、即劳动成为商品的

① 《车尔尼雪夫斯基全集》，第七卷，第452页。

时候，商品生产方式才达到自己的充分发展。因此，资产阶级经济学家们的结论也几乎只是与建立在劳动的买卖之上的资本主义社会有关。只有在产品成为商品的地方，关于商品的交换价值的问题才具有意义。车尔尼雪夫斯基懂得，商品生产不是自始至终伴随着经济发展的，在经济发展的低级阶段上它并不存在，在较高的阶段上它又将不再存在。而当商品生产不再存在的时候，那么"计算为了最好地满足人的需要应该按什么比例在不同的行业中分配生产力"，确实应该成为有意识地组织的国民经济的基础。

这是不容置疑的。但是，这并不向我们说明商品交换的规律。我们即使知道在过去和未来产品并不总是成为商品，却仍然还不知道，当产品作为商品而出现时，或者如车尔尼雪夫斯基所说，当交换价值有别于内在价值时，产品交换是怎样进行的。什么是交换价值呢？虽然我们的作者也承认穆勒对交换价值的分析是完全令人满意的，但也许他对交换价值的看法终究有一点不同吧？

车尔尼雪夫斯基说，"尽管交换价值的概念十分抽象，但借助于一种方法可以很容易地掌握这个概念。[①] 物品的价格是什么，这是每个人都明白的。现在知道，物品的价格也就是以货币计算表现出来的它的交换价值。你们用抽象的数字去代替卢布和戈比的名，简单地说，抛开卢布和戈比这些词，只留下它们前面的数字，那么你们就将得到物品的交换价值。假定说，在某时某地一俄石小麦价值五卢布，对木匠的一个劳动日付给一卢布，对一立方俄丈的桦木柴付给十五卢布。这就是价格。现在抛开卢布这个词，在

① 我们要提醒读者，按照车尔尼雪夫斯基的术语，денность 指的是商品价值。

你们手里就剩下表现为五、一、十五这些数字的交换价值。光有这些数字，你将会看到的就不再是需要多少货币去购买某个物品，而是一个物品按什么比例同另一个物品进行交换。货币的概念诱使你们的注意力离开这样一个事实，即一俄石小麦（五）可以同木匠的五个劳动日（一）或三分之一立方俄丈的桦木柴（十五）进行交换。而问题的本质也就在于这种关系本身，在于这种比例。物品的交换价值就是物品的购买力，就是在换掉这个物品时获得其他物品的权力。在目前的社会制度下，交换价值一般地说是和价格相一致的，因而很久以来这两个概念不仅由于实践、而且甚至也由于理论而混淆在一起了。但是，科学应该力求把任何复杂概念分解为基本概念。我们看到，价格的概念是由交换价值和货币这两个概念构成的。因此，科学应当对这两个概念之中的每一个概念单个地进行研究。”①

从这里我们看到，车尔尼雪夫斯基和穆勒一样，认为商品价值是某种完全相对的东西，或者换句话说，在他看来，关于物品的价值的概念是和关于它的相对价值的概念完全相一致的。但是，这后一个概念是极其空洞的。它不仅不能说明价值的本质，而且甚至也不能说明价值的大小。“一俄石小麦（五）可以同木匠的五个劳动日（一）或三分之一立方俄丈的桦木柴（十五）进行交换……而问题的本质也就在于这种比例。”我们且假定事情就是这样。但是，这种比例是从哪里得出的呢？为什么一俄石小麦交换到木匠的五个劳动日，而不是三个、六个、十个劳动日？为什么不是交换

① 《车尔尼雪夫斯基全集》，第七卷，第418页。

到三分之二或八分之一立方俄丈的桦木柴呢？车尔尼雪夫斯基到“基本价值规律”中去寻找对这些不可避免的问题的答案。

他说：“如果某种物品的数量可以随意增加，那么它的交换价值就决定于供求的平衡，亦即该物品的交换价值的大小，就是能使供求相等的那个大小……由于价值的上升，需求减少，而供应则增多；由于价值的下降，情况就相反。因此，如果价值达到一定的水平，需求将大于供应，那么物品的价值就会上升，直至供应增加而需求减少到使这两个因素取得平衡。相反，如果供应将大于需求，那么价值的下降将产生同样的结果。这就是基本价值规律。”①

这样一来，物的交换价值的大小就是当供求相等时的大小。这个虚假的答案实质上只不过是以肯定的方式表达出来的这样的一个问题，即当供求平衡的时候价值的大小是由什么决定的。车尔尼雪夫斯基自己也感觉到，关于这一点他的“基本规律”还什么都没有说明，因此他就作了一些附带说明。用他的话来说，基本价值规律“只有在为数不多的几种数量绝对不能增加的商品方面，才是直接地以物理的必然性而起作用的。但是，在垄断的情况下任何物品都可能被人为地置于它的直接作用之下，假如垄断者有可能不去生产或出售他能够生产或出售的全部数量的商品，而只去生产或出售能在扣除生产费用外给予他最大纯利润的那个数量的商品。而其余一切商品则间接地通过所谓生产价值的因素而处于供求平衡的力量之下。”②

---

① 《车尔尼雪夫斯基全集》，第七卷，第420页。

② 同上书，第421页。

这样,基本价值规律现在就获得了另一种形态。现在发现原来物品的交换价值是由它的生产费用所决定的。这稍微向真理接近了一点,但毕竟离真理还很远。可是,为什么我们的作者不直接转向生产费用呢？为什么他宁愿绕供求的弯路而走到生产费用呢？难道他没有觉察到,当他绕这个弯路的时候偏到萨伊这一边去了么？而他对萨伊却总是十分鄙视的——他当然有充分的权利这样做。车尔尼雪夫斯基在表述"基本价值规律"时,考虑得较多的是未来的社会制度,而不是现存的经济关系。他所考虑的只是,如果按应有的方式去理解,"供求平衡"的规律就能够是而且确实是社会主义社会的基础。

"什么是需求,什么是供应呢?"我们的作者这样自问。他回答说,"需求是推动人去获得物品的某种动力,供应则是推动人去生产物品的某种动力。因此,一切都可以归结为一类,即归结为推动人的动力。这里我们也就找到了一切经济核算的根本形式;这种形式即在于人的动机、意向和需求。根据这一分析,供求平衡不多不少正是表明这样一个事实,即推动人们去生产一个物品的力量是和推动人们去享用一个物品的力量相称的。人对一个产品的需要或欲望越强烈,那他就越是强烈地动手去生产它。不过如此而已。而这个事实是每个人从日常生活经验中都知道的。"①

车尔尼雪夫斯基把生产品按其对需要的关系而分为三类:(1)必需品,(2)舒适用品,(3)奢侈品。在没有足够数量的必需品以前,一个进行正确的经济核算的社会是不会把自己的生产力花

① 《车尔尼雪夫斯基全集》,第七卷,第439－440页。

费在舒适用品上的；在没有足够数量的舒适用品以前，是不会去生产奢侈品的。"推动人们去享用一个物品的力量"和"推动人们去生产它的力量"之间，亦即需求和供应之间的必然的适应，就是这样建立起来的。因循守旧的政治经济学家也承认，"一切经济现象的基本推动力和根本准则在于人的需要"。每一本政治经济学教程都是从这个真理开始的。但是，在因循守旧的教程中，这个真理在第一节以后就得不到贯彻了。车尔尼雪夫斯基关于自己说道："我们的问题仅在于，我们没有忘记这个基本原则，并力求把每一个问题提高到这个原则，而因循守旧的学派则完全忘记这个原则，并且在每个个别问题上都用一种因循守旧的幻想去代替它。"①

因此，供求平衡之所以是基本的交换价值规律，换言之，它之所以是整个资产阶级经济的基本规律之一，乃是因为在社会主义社会里生产将以物品和需要的正确分类为基础。这种解决资产阶级经济理论争执的方式，再好不过地说明了车尔尼雪夫斯基的空想主义观点。

他关于交换价值的其余一切论断，也都说明他对事物的空想主义观点。在他看来，"按事情的本质来说，交换价值应该是和内在价值相一致的，只是由于把劳动错误地认作商品②，交换价值才偏离开内在价值，而劳动却决不应该成为商品。因此，把交换价值和内在价值区分开的可能性，只是证明其中存在着它们之间的区别的那种生活方式在经济上是不能令人满意的。理论应该看待交

① 《车尔尼雪夫斯基全集》，第七卷，第440页。

② 着重点是我们加的。

换价值和内在价值的分离，像看待奴隶地位、垄断和保护关税政策一样。它可以而且应该研究这些现象和各种各样的细节，但是不应该忘记，它在这里描述的是离开自然秩序的偏差。它可以认为，要消灭这些经济生活现象中的这种或那种现象，需要很长的时间和很大的努力；但是，无论治好这种或那种经济病症的时间看来好像多么遥远，它总不应该被看作应该如此的健康的事物状态。我们谈论交换价值和内在价值的分离，也正像谈论被理论所批驳的病态现象一样……在任何一个民族的生活方式和习俗中是否很快就能发生这样一些变化，在发生这些变化后劳动就不再成为商品，交换价值就和内在价值相一致，——这是一个有关未来的问题，我们不打算去叙述这个带有时代标志的问题的经过了。"[①]不言而喻，无论对谁都绝不能要求他作这种叙述。但却可以自问一下，车尔尼雪夫斯基是怎样想象"交换价值和内在价值的一致"呢？真正地说，假如把产品的内在价值理解为现在称之为它的使用价值的那个东西，那么这种一致是完全不可能的：面包的交换价值决不可能与它的营养性质相"一致"，蓖麻油的交换价值不可能与它在肠胃方面造成人所共知的一些现象的能力相一致。但是，问题在于，车尔尼雪夫斯基把"内在价值"一词使用得很不清楚。他说，"一个物品要有交换价值，那它在购买者看来必须要适合于某种用途。任何人都绝不会花钱去买对他毫无用处的东西。用政治经济学的语言来说就是：只有具有内在价值的物品才有交换价值。"[②]这里

---

① 《车尔尼雪夫斯基全集》，第七卷，第441页。

② 同上书，第420页。

他把内在价值理解为物品的使用价值。但有时他的说法完全不一样，把内在价值叫作生产价值（即费用）[①]。他在谈到社会主义社会中交换价值与内在价值的一致时，说的就是这种“生产价值”。如果我们想要弄清楚他的经济观点，那就应该对此多加注意。

在未来社会中生产价值将是怎样决定的呢，——以下这一示范的计算对此作了说明：

“我们假定有一个家庭比如说是由二十个人组成的，他们的总劳动量等于十个工人的劳动。如果每年按三百个劳动日计算，那我们将有三千个劳动日。我们再假定，全部必需品可分为以下四类：

“1.食物以小麦来计算，全家每年需要小麦六十俄石；生产这一数量的小麦要用一千五百个劳动日的劳动。

“2.衣服以多少俄尺的呢料来计算，全家每年需要一百俄尺；它们要花费五百天的劳动。

“3.燃料以多少立方俄丈的木柴来计算，共需十立方俄丈，要花费五百天的劳动。

“4.住房及什物用具以多少千块砖头来计算：每年需要五千块，要花费五百天的劳动。

“所有的三千个劳动日都用于这些必需品；舒适用品是从来不生产的；它们没有任何价值，因为它们是不存在的。你愿意知道必需品的价值吗？你自己就能看出它是怎样决定的：

一俄石小麦价值（1500：60）——25劳动日。

---

① 《车尔尼雪夫斯基全集》，第七卷，第489页。

一俄尺呢料(500：100)——5劳动日。

一立方俄丈木柴(500：10)——50劳动日。

一千块砖头(500：5)——100劳动日。

“现在假定,由于技术的改进,生产必需品所花费的劳动量比以前减少了五分之一。在用于这些物品的三千个劳动日中只需要二千四百个劳动日;其余的六百个劳动日可以(而且现在为什么不应该?)用于生产舒适用品。为了简便起见,我们把舒适用品归为以沙发来计算的优质家具这一类,并假定生产一张沙发要用六十个劳动日;于是价值的计算就将如下:

一俄石小麦 ………………………………………………… 20

一俄尺呢料………………………………………………… 4

一立方俄丈木柴 …………………………………………… 40

一千块砖头 ………………………………………………… 80

一张沙发　……………………………………………… 60”[①]。

我们就引到这里,不再跟着车尔尼雪夫斯基去考察如何决定奢侈品的生产价值了。读者自己也能看出它将是由什么决定的:它完全是由决定其他一切物品的生产价值的那个东西所决定的,即是由劳动日数量、制造它们所需的劳动量所决定的。

在社会主义社会里情况就将是如此。但是,难道现在事情不是这样进行的吗?难道现在一个物品的“生产价值”不是同过去和将来一样总是归结为制成该物品所必需的劳动量吗?车尔尼雪夫斯基回答说,不。第一,在现时,生产价值“是由用于物品的劳动的

① 《车尔尼雪夫斯基全集》,第七卷,第447－448页。

交换价值以及靠这种劳动而得的利润所组成的。"[①]第二,现在一般地说完全不知道制成这个或那个物品究竟需要多少劳动。"随便你问什么人,他都不能告诉你,要为一定数量的人生产所有迫切需要的丰富的供应品,需用多少劳动日。只有在房屋建筑方面,建筑师可以作这一类的预算,然而即使在这方面也不能彻底进行计算:直接为建筑一座房屋而劳动的石工、木工、房盖工和一般雇工,应该用多少劳动日来建筑这座房屋,这是可以计算的,然而谁也没法说,修理他们所使用的工具和生产建筑材料要花费多少劳动量:在预算中,砖、木料和铁材都不是以它们所花费的劳动力的数量,而是以它们的市场价格来计算的;工具的修理并不列为一个特别的项目,而是不加任何核算地包括在工资的估价中的。因而,即使在房屋建筑方面也不能按科学所要求的方式来进行核算……而在满足家常生活的其他需要方面,无论是亚当·斯密学派的经济学家中间,或是对社会事务有直接影响的人们中间,都还没有一个人考虑过诸如此类的问题。"[②]在社会主义社会里,一方面将准确地知道生产任何一个物品所必需的劳动量,因此就将出现正确无误地确定生产价值的客观可能性。而另一方面,社会主义社会将既不会有在市场上出售劳动的事,也不会有企业利润,因为在那里将没有企业家。因此,"余留下来的只有关于劳动量的根本概念"[③]。

所有这一切都是有关生产价值的。现在我们来看一下,准确

---

① 《车尔尼雪夫斯基全集》,第七卷,第 438 页。

② 同上书,第 333 页。

③ 同上书,第 438－438 页。

地确定生产价值怎样影响到产品的交换价值。

在这里，读者可以看出，用我们自己的话来说，车尔尼雪夫斯基认为在社会主义社会里交换是不可能存在的。实际上，他好几次很明确地谈到了这一点。但是，我们认为，在这种场合下，他所使用的明确的言辞是与不很明确的概念相适应的。

在他的改革计划中，生产单位是巨大的劳动村社——傅立叶的法朗吉或者欧文或路易·布朗的协社，——这种村社不是为了在市场上销售自己的产品而工作，而是为了满足自己本身的需求而工作。在村社内部是没有交换的。但是在村社之间仍继续存在着交换。“在它们之间怎能没有交换和为什么没有交换呢？要知道在所有的国家之间也都进行着产品交换，——而为了个别省份、城市和村镇之间的方便就更加需要交换……理论要求在每一个生产者集团中产品的主要部分应为这个集团自己内部使用而生产；而如果在这之后有某一部分产品用于进行交换，那这是没有什么妨碍的，——相反，这可能是很有益的。”[①]这种交换将在什么基础上进行呢？“交换价值不是和内在价值不同的东西，内在价值毫无增减地直接转化为交换价值。”[②]因此，在车尔尼雪夫斯基那里，在村社之间的产品交换中就出现某种类似蒲鲁东的“valeur constituée”[③]的东西，蒲鲁东的名著对他显然不是没有强烈影响的。

下面这段话表明，“交换价值与内在价值的一致”是以多么模

① 《车尔尼雪夫斯基全集》，第七卷，第450页。

② 同上书，第492页。

③ 构成价值。——译者

糊的形式呈现在车尔尼雪夫斯基面前。他议论说：

“假如交换价值应该与内在价值相一致，而内在价值则以人的需求来计量，那么就不难达到以下的结论。只有同类的需求，例如与有机体的物质福利有关的各种不同的需求，才能直接地互相衡量。所以必需品应该有互相的交换价值。但是，完全不同类的需求不应该直接地互相比较。譬如说，你将怎样去确定对食物的需求和对读物的需求之间的比例，或对鞋的需求和对音乐的需求之间的比例呢？所以用于满足不同种类的需求的产品简直不应该有相互的交换价值。人对小提琴的需要比对靴子的需要小几倍或大几倍呢？人对青铜器的需要比对住房的需要小几倍或大几倍呢？这是一些直接不可比的事物。”然后车尔尼雪夫斯基又补充了自己对需求的分类，并且指出，“从经济观点来看”，它们可分为物质福利的需求、精神活动的需求和审美享受的需求，他继续说道：“审美享受的需求本身无论如何也不能同物质福利的需求相比。一个人只有当他的物质需求得到满足时，才宜于欣赏任何优美的东西。这也许说得太严厉，但应该这样说才完全正确：只有当一个人或者由于没有任何的需要，或者由于以前的劳动耗尽了力量，因而已经不能把时间用来干别的事的时候，才适宜于作审美的享受；审美享受永远是一种休息或悠闲。但是，休息和悠闲当然是不应该有什么交换价值的。所以审美享受的对象也不应当有交换价值。自然，我们很清楚地知道，现在它们是有交换价值的：进剧院要收费，绘画或塑像在出售。但我们说，这是使这类事物的本性受到侮辱的……生产审美享受对象的那种活动，除了从事于那种活动的人自己感到的满足以外，不应该有任何其他报酬。在这儿交换价值连提都不应该提……”脑力活动、学者的活动和学生的活动也要从这样的观点去看:他们的劳动不应该有交换价值。“但有另外一种脑力活动,它对从事于这种活动的人来说不是自我享受,而是牺牲。这就是教育活动……教师是像挖土工人或裁缝一样的作粗活的工人。他的劳动应该具有经济价值。”①

应该承认,所有这一切都相当含糊。我们已经知道,“内在价值”不是以“人的需求”、而是以制造一个物品所必需的劳动量来计量的。前面所引的车尔尼雪夫斯基的计算,对这点没有留下丝毫怀疑的余地。但是,这一次我们却假定内在价值是以人的需求来计量。从需求的观点无法断定“人对小提琴的需要比对靴子的需要小几倍或大几倍”。但是要知道小提琴是生产品。制造小提琴也像制造靴子一样需要一定数量的劳动时间。为什么小提琴对靴子而论“不应该有交换价值”呢？这只可能有一个理由:在社会主义社会中将没有交换,因而生产物品所花费的劳动也将不是作为它们的交换价值而表现出来。这是很充足的理由。但是这个理由只有在这样的情况下才是充足的,那就是无论哪一个产品对其他产品“而论”都没有交换价值,而不管它们满足的是哪一种需求。然而车尔尼雪夫斯基的结论却是另一样:“必需品应该有互相的交换价值”,但是满足不同种类需求的物品则不能有互相的交换价值。不管“从经济观点来看”需求是怎样分类,有一点是很明显的,那就是既然谈的是物品具有交换价值的那种社会制度,那么它们的交换比例就绝对不应该决定于这些物品所满足的需求的性质。

---

① 《车尔尼雪夫斯基全集》,第七卷,第 444－445 页。

车尔尼雪夫斯基说满足不同种类需求的物品不能有“互相的交换价值”，这实质上只是说出他不赞成这种现象：他不愿意让它在社会主义社会中享有一席地位。但是，某种现象在经济上不可能存在和它不符合具有这种或那种思想方式的人的心意——这是完全不同的两回事，然而空想社会主义者们却经常把它们混淆在一起。

一般说来，刚才引证的车尔尼雪夫斯基的论断可以归结为：所谓精神活动应该到自身中去寻找自己的报酬，——大概，它还可以归结为：在没有必需品的时候，就不应当去想令人愉快的东西。这当然是正确的。但是，在阐明这个正确的思想时，车尔尼雪夫斯基最后却把关于“物品的交换价值与内在价值的一致”的经济后果的问题弄模糊了。

我们再说一遍，蒲鲁东的《经济矛盾的体系》[①]对车尔尼雪夫斯基的观点不是没有强烈影响的。如果亚当·斯密如马克思所说把劳动决定价值这一点归于亚当以前的时期，那么车尔尼雪夫斯基就和蒲鲁东一起把它归于美好未来的时期。然而我们已经知道，劳动决定价值这一点恰好符合于我们现时代丑恶的资产阶级现实。车尔尼雪夫斯基以为，在一个除了利润之外别无关心的、把“劳动”[②]当作单纯的商品来看待的企业主的社会里，要使劳动能够成为价值的唯一源泉，这是不可思议的。正如我们所知，他说，

---

① 该书一般简译为《贫困的哲学》，全名应为《经济矛盾的体系或贫困的哲学》。——译者

② 其实是指劳动力。

在资产阶级社会里谁也不知道制造产品所必需的劳动量。[①]

此外，商品价格的变动也把车尔尼雪夫斯基弄糊涂了。他知道，“物的价格正就是以货币表现出来的它的交换价值”。但是他也知道，价格是不断变动的，而每一个生产者则总是千方百计地力求以自己的商品获得尽可能高的价钱，而不受关于所谓“合法利润”的念头的拘束。这一方面迫使我们的作者仿效穆勒的榜样承认价值是“相对的现象”，而另一方面则为他攻击资产阶级社会提

---

① 我们没有对这一点提出异议，因为我们认为读者自己也能看出车尔尼雪夫斯基的错误。但是，为了避免误会，我们将在这里谈一点意见。经济学家和“对社会事务有直接影响的人们”，不知道“要为一定数量的人生产所有迫切需要的丰富的供应品，需要多少劳动日”——这是很可能的，然而这也是完全容易明白的，因为他们没有必要去知道这一点；但是，每个工人、每个工长、每个工厂或制造厂的经理（如果不是每个工厂主和制造厂老板的话）都清楚地知道，制造一个他们工场所生产的产品平均需要多少时间。他们可能对他们所加工的材料或他们所使用的劳动工具没有这种知识，但是这些材料和这些工具的生产者却很熟悉这方面的情形。因此，假如人们不知道用于某一产品的总劳动量的话，那么却清楚地知道个别的组成部分，亦即在产品生产的每个阶段上增加到产品中去的劳动量。细纱工知道，要多少时间可以制造一磅纱，织布工人知道，要多少时间可以把它织成布，裁缝工人知道，他用这块布料做一套衣服需要多少劳动日，等等。细纱工人把自己的纱销售给织布工人时，他应该考虑的只是他自己增加到产品中去的那个组成部分、那个劳动量，他与其余的事是丝毫无关的。

诚然，我们说过，个别生产者的劳动也可能不是平均的社会必要劳动。但这是由竞争来解决的：假如某甲制造自己的商品所花的时间，比按社会生产条件所需的时间多一倍，那么这种商品的其他生产者的竞争立刻会向他指出，他多么严重地落后于“时代”。值得注意的是，车尔尼雪夫斯基正是在论竞争的文章里发表我们所分析的这个思想。即使没有竞争也可能进行生产这一想法把他的注意力吸引住了。车尔尼雪夫斯基从空想主义观点去批判竞争，也就是说，更强调它对社会不利的后果，而完全不触及关于它的历史起源和意义的问题，他当然就没有注意到事情的最重要的方面，即竞争在把商品的交换价值引向社会必要劳动时间标准额的事情上所起的那种作用。单是这一个错误就足以把他的全部经济观点都弄混乱了。

在这里我们还要指出，他有一个见解，即认为交换价值不可能由生产每一个物品所需的劳动量所决定（因为现在谁也不能准确地知道这种量），很像罗勃妥斯的类似的见解。有一个被罗勃妥斯的论据所折服的德国建筑师决心要纠正资产阶级社会的这个重要缺陷，而着手去计算出从事建筑业的工人（泥水匠、木匠、细木工等等）的平均劳动生产率。没有必要补充说，这个建筑师兼罗勃妥斯主义者的这一举动没有取得任何重要的结果。

供了新的理由。他指出:“要按产品的价值来对产品进行估价,就必须没有一个人会由于物品的估价高于它的价值而占到便宜,也就是说,还必须消费者本人就是生产者。而在目前的经济制度下,这纯粹是不可能的。”实际上把商品引向劳动时间标准额的那种竞争本身,在车尔尼雪夫斯基看来乃是不让劳动决定价值的主要障碍。[①] 根据他的意见,“竞争的根本缺陷是:它不是把事物的本质、而是把它的表面上的附属品,不是把价值、而是把价格作为计算的标准”。[②] 穆勒在说明李嘉图这一方与斯密和马尔萨斯那一方对价值的看法的区别时,提出了一个很公正的意见:“当李嘉图和其他政治经济学家说物的价值决定于劳动量的时候,他们所说的不是该物可以交换到的劳动量,而是生产该物所需的劳动量……但是,当亚当·斯密和马尔萨斯说劳动是价值的尺度时,他们所指的不是用来制成或可以用来制造一个物的那种劳动,而是指可以交换到或购买到这个物的劳动量。”车尔尼雪夫斯基对此补充说,亚当·斯密和马尔萨斯到劳动中去寻找的“不是交换价值、而是内在价值或生产价值的准确的尺度”,因此接近于“问题的真正含义,而他们的追随者却把这个问题理解为关于交换价值的问题”[③]。因此,李嘉图只是由于他对亚当·斯密和马尔萨斯的错误理解,才去寻找劳动和交换价值之间的因果联系!这已经是对政治经济学史的完全不正确的理解了。

---

① 不言而喻,说这一点的时候,我们指的是简单的商品生产。

② 即:不是把生产费用、而是把价格作为计算的标准,《车尔尼雪夫斯基全集》,第七卷,第326页。

③ 《车尔尼雪夫斯基全集》,第七卷,第439页。

第三章　货币和货币经济

我们已经详细地叙述和分析了车尔尼雪夫斯基的价值学说，把它同现代对这个问题的科学观点作了对比。我们认为需要这样做，因为价值学说被人公平地看作关于资产阶级经济规律的科学的基石。谁要是对这个最简单的资产阶级经济范畴抱有错误的看法，那他也就必然会对其他资产阶级经济范畴抱有错误的看法。交换价值表现出生产者在社会生产过程中的最简单的关系。另一些范畴，例如资本，则表现更复杂得多的、同时又是派生出来的关系。因此，如果不正确地理解价值就不可能正确地理解那些范畴。车尔尼雪夫斯基用空想主义者的眼光去看资产阶级经济学，他不认为有必要去仔细地和冷静地研究资产阶级社会的经济规律，而把资产阶级社会看做只是离开“自然秩序”的一种可悲的偏差和“违背一切理论要求”的东西，——他自然就在有关现存经济关系以及它们未来的前途问题上得出错误的结论。他关于社会主义社会中“交换价值与内在价值”相一致的看法的自相矛盾，乃是从作为这种看法的基础的错误前提中得出的合乎逻辑的结果。他在批判资产阶级的现实时，认为可以把穆勒的政治经济学理论作为出发点。毫不奇怪，他在自己关于未来的计划方面接近于蒲鲁东。他的价值学说非常突出地证明这一点。无疑地，车尔尼雪夫斯基在自己的主要经济著作的其他部分中和蒲鲁东很少有共同之点。但是，即使在那些部分中，也使人非常强烈地感觉到他用来观察社会生活的那种观点的根本缺陷。在那里他也没有充分地批判自己的前提，而得出了错误的空想主义的结论。

我们不打算多谈他关于“购买力”的学说、即货币学说。一个读者哪怕只要稍微了解一点政治经济学，他自己就能明白，车尔尼雪夫斯基既然赞同穆勒对交换价值的观点，那他在阐明货币的经济作用时就不可能超过穆勒。实际上他也同意穆勒关于货币所说的一切。像其他资产阶级经济学家一样，穆勒关于货币说了许多没有道理的话。车尔尼雪夫斯基并未觉察出这些话没有道理。他认为，货币问题差不多已经被资产阶级经济学所完全解决了。“占统治地位的理论很清楚地指出了产品直接交换的困难和货币这种一切产品的共同交换工具的必要性。它很好地说明了良好的交换工具或货币所必需的特性，并且很有充分根据地证明，贵金属比其他一切产品和物品更适宜于扮演货币的角色。他们关于问题的这些方面所说的一切，我们假定读者都已经知道，或者可以让读者到普通的政治经济学教程中去了解。”①

我们这位作者既然对货币抱有这样的观点，那么对他就始终只有一个批判的领域是开放的了，这个领域也就仍然是对资产阶级关系的空想主义的批判：更清楚地说明货币经济的不利的方面，指出这种经济不符合“理论”的要求。在这方面，他提出了一些极其中肯的意见，但是，由于他关于货币的一般概念不能令人满意，所以这些意见就不可能不伴随着一些完全错误的看法。他正确地断言，在自然经济下，由于这种关系的逻辑，是不可能发生像在货币经济下所产生的那种人对人的经济隶属关系的。他按照自己的

① 《车尔尼雪夫斯基全集》，第七卷，第 452－453 页。

习惯举例说明自己的思想。

他说："我们想象一下，在同'货币'经济相对立的、货币在其中不起重要作用的所谓'自然'经济之下，一个非常富有的人和一个生活富裕的人之间的关系是怎样的。吉尔吉斯人阿布达拉的马群有一万匹马，吉尔吉斯人尤苏夫的整个马群有一百匹马。假如他们在货币经济尚未渗透进去的那片草原上游牧，那么阿布达拉靠自己的财富能够对尤苏夫拥有什么样的经济统治权呢？假定尤苏夫是个具有普通性格的人，那我们就不能不说，他没有丝毫的念头想在经济上依赖于自己富有的同族人。阿布达拉能够给他什么他所特别需要的东西呢？尤苏夫有足够的马和马奶，他并不需要这些东西。而除了这些东西之外，阿布达拉也不能给他什么别的东西。现在我们再假定货币经济已经在这个部族中确立。姑且照整数计算每匹马价值十卢布。阿布达拉拥有总数达十万卢布的财产。尤苏夫只有一千卢布的财产。每个人从日常经验中都知道，在货币经济下一个并不富有的人同财富百倍于他的邻人之间的关系是怎样的。这是一种依赖的关系。这种依赖关系是从何产生的呢？它是从以下这点产生的，即货币是一种普遍的购买力，它不像直接用于消费的产品那样只提供满足某一种需要的可能性，而是提供满足任何一切嗜好和愿望的一般可能性。一个人可能感到，他不需要这种或那种东西，某一种东西对他来说是无用的，但是他决不可能感到有这样的把握，就是他任何时候也不需要任何东西。而如果不想要货币，那就必须要有这样的把握，而且不仅是对现在或最近的将来有把握，还要对自己的全部未来都有把握。"[①]车尔

① 《车尔尼雪夫斯基全集》，第七卷，第 453－454 页。

尼雪夫斯基在进一步发挥这一思想时说道，“人只有在货币中才能获得从事于完全无所事事的享乐所需的经济来源”。这句话在以下这个意义上是完全正确的，那就是货币经济、亦即商品生产的发展在自己的一定发展阶段上必然会导致把劳动力转化为商品，从而导致一个阶级剥削另一个阶级。但是，“货币”的经济属性只不过是表示人们在社会生产过程中的相互关系。然而车尔尼雪夫斯基却显然想用制成货币所用的那种材料的属性去说明货币的经济属性。他是这样发表议论的：“几乎所有直接用于消费的东西都是很不耐久的。只有贵金属这种制成货币所用的材料才能称作出乎这种常规的重要的例外，货币和金银块很少有所区别，虽然金块或银块并不带有使它们成为严格意义下的货币（车尔尼雪夫斯基想说的是硬币）的纹章。在经济方面有重要意义的其余物品都没有自身持久的属性，——这种属性只是货币才具有的。有许多种产品无论怎样用心也不可能储存几年以上。粮食这种在所有农业国家里按其价值来说是最主要的产品就是如此。这些产品只有依靠再生产才能保存下来，也就是只有通过使用第一次生产所需的同样的劳动量对产品进行改制才能保存下来。另一些东西可以长期保持完整——例如石砌的建筑，——但却需要修理，而几年内修理所花费的劳动量合计起来就相等于最初生产这些东西所需的劳动量。如果不加修理，它们很快就会变成不中用而失去价值。因此，一般说来，货币和其他产品的区别在于：货币本身可以继续存在下去而不需要进一步的生产劳动，它使拥有货币的人完全免除劳动，而保存其他一切物品则需要继续进行最初获取它们所用的劳动。”①

① 《车尔尼雪夫斯基全集》，第七卷，第454页。

这种解释之不能令人满意是几乎没有必要去证明的。没有我们的指点，读者大概也能看出这一点。读者看到，在这里车尔尼雪夫斯基是重复着许许多多经济学家的错误，他们把实际上属于社会关系的那些属性归之于物。货币的意义很少决定于贵金属的物理属性，正如商品的交换价值很少决定于它的物质特性。贵金属的物理属性仅仅使它们显得比较适宜于担任货币的角色。正如人屈从于人的现象一样，在货币经济下产生一个阶级对另一个阶级的经济奴役，并不是由于货币不需要它们的拥有者为了保存它们而花费任何劳动，而是由于我们在前面已经说过的那样，商品生产的发展导致把劳动力转化为商品，导致出售和购买劳动力，亦即导致对劳动力的剥削。只是由于这种剥削，货币才可能成为不仅是个人、而且也是整个阶级从事于“无所事事的享乐的来源”；相反地，不依靠这种剥削，货币就只有在以下这种情况下才能成为“无所事事的享乐”的来源，即一个生产者靠了毕生的劳动终于做到为自己积蓄起养老的“一小笔钱”。但是，车尔尼雪夫斯基说的当然不是这种“无所事事的享乐”。

对于赞同功利主义道德学说的车尔尼雪夫斯基来说，有一点是很有代表性的，那就是他在攻击货币经济时，恐怕人们怀疑他过于温和。他预先说明：“在承认个人利益的原则是基本动机和人的全部经济活动的最高准则这一点上，我们不亚于亚当·斯密学派的任何一个作家，并且比那些跟在道德学家背后谈论理想意图的必要性的大多数因循守旧的政治经济学家走得更远得多……我们认为，个人利益打算是指导一个人行动的主要指针之一，我们所议论的只是什么东西最符合人的个人利益，并且仅仅希望使人们变得更会精打细算……我们之所以认为货币统治一切的那种制度不能令人满意,并不是因为人们在那种制度下自私自利——人们将永远是自私自利的,而且也应该首先考虑自己的个人利益,——而只是因为在那种制度下绝大多数人的物质福利的需要满足得太差,只是因为那种制度对绝大多数人是不利的。"①

根据车尔尼雪夫斯基的意见,究竟应该以怎样的经济制度去代替不利于大多数人的货币经济——这点我们在叙述他的价值学说时已经说过了。巨大规模的经济单位,靠自己的力量来满足自己的大部分需要,只以自己为数不多的少量产品进行交换——这就是我们的作者的理想。但是,在各个经济单位之间交换这少量产品却应该借助于货币来进行。"否则进行交换就太不方便了,而且使用货币或意义相等于货币的一般的价值符号,本身是很有益的事。反对它们就等于反对手帕一样,手帕本身也是一种极好的东西,并且在上流社会里就它的用途来说是必需的东西。我们决不希望使人们回到他们习惯于不使用手帕的那种状态。但是,伤风(在伤风时手帕的作用非常大)是不是好东西却完全是另一个问题。我们认为,人应该医治伤风,当伤风治好以后,手帕会自行失去那种过错完全不在于它自己的多余的用途。"②因此,根据车尔尼雪夫斯基的学说,社会主义生产组织并不消灭货币,而只是缩小它们的作用,为它们的作用划定适当的范围。

我们还要顺便指出,车尔尼雪夫斯基赞同这样一种在资产阶

---

① 《车尔尼雪夫斯基全集》,第七卷,第455页。

② 同上书,第455-456页。

级经济学家中间长期占着统治地位的意见，这种意见认为，商品价格是由国内的货币流通量所决定的。实际上却正好相反：货币流通量是由商品价格所决定的。但这已经是过于专门的问题了，我们在这里不可能对它进行考察。①

第四章　资　　本

现在我们转到车尔尼雪夫斯基的资本学说上来。

什么是资本？马克思说，资本是社会生产关系，——这样的回答使资产阶级经济学家感到极大的惊异，而且也是非常真诚的惊异。② 他们觉得困惑莫解：资本怎么能是社会关系呢？资本，这或者是货币，或者是商品，或者是一般的生产资料；资本，这是一个物

---

① 关于这个问题请参阅 *Zur Kritik der politischen Oekonomie*〔《政治经济学批判》〕，第 138－170 页。

② "各个人借以进行生产的社会关系，即社会生产关系，是随着物质生产资料、生产力的变化和发展而变化和改变的。生产关系总合起来就构成为所谓社会关系，构成为所谓社会，并且是构成为一个处于一定历史发展阶段上的社会，具有独特的特征的社会。古代社会、封建社会和资产阶级社会都是这样的生产关系的总和，而其中每一个生产关系的总和同时又标志着人类历史发展中的一个特殊阶段。"

"资本也是一种社会生产关系。这是资产阶级的生产关系，是资产阶级社会的生产关系。"

"一定数量的商品、交换价值成为资本，是由于它们作为一种独立的社会力量，即作为一种属于社会一部分的力量，借交换直接的、活的劳动力而保存下来并增殖起来。除劳动能力以外一无所有的阶级的存在是资本的存在的必要前提。"

"只是由于积累起来的、过去的、物化的劳动支配直接的、活的劳动，积累起来的劳动才变为资本。"

"资本的实质并不在于积累起来的劳动是替活劳动充当进行新生产的手段。它的实质在于活劳动是替积累起来的劳动充当保存自己并增加其交换价值的手段"（卡尔·马克思：《雇佣劳动与资本》，第 29，31 页）。

或一些物，而绝不是“关系”。资产阶级经济学家们甚至不想反驳这样的定义，像例如他们反驳商品价值的大小决定于生产该商品所需的劳动量那样；他们只是耸耸肩膀，深信这位著名的社会主义者只是想以出乎人们意外的乖僻议论来使自己的读者感到惊讶。[①]

但是，让我们来看一下，这种臆想的乖僻议论究竟意味着什么。

“资本”的特征是什么？大家都知道，它的最主要的特征就是它能够带来“收入”，定期产生利润，就像绵羊生长羊毛一样。当“资本”不带来收入时，它便被人认为是“死资本”，不再符合于自己的真实概念的丧失了灵魂的资本。现在请问，当资产阶级经济学家们说资本是用作新生产资料的蓄积起来的劳动时，他们有没有指出资本的这个主要特征呢？一点也没有。然而这个定义却是最通行而又最站不住脚的定义。我们说它是最站不住脚的——因为不可能承认它是站得住脚的：好一个忽略事物的主要特征的定义啊！但是，如果这个定义是站不住脚的，如果我们知道它为什么站不住脚，那么我们将用什么样的新定义来代替它呢？我们首先要

---

① 本版（“野玫瑰”出版社版）附注：不久以前出版的华尔脱·雅可比博士的一部有趣的著作：*Der Streit um den Kapitalsbegriff, seine geschichtliche Entwicklung und Versuche seiner Lösung*（《有关资本概念的争论，其历史发展和解答的尝试》，耶拿，1908年），说明现代经济学家要掌握把资本看作社会生产关系的观点是多么困难。特别可以参阅该书第115页，在那里雅可比提出了他自己的资本定义。这个定义的错误正在于它忽略了这样的一些生产关系，这些生产关系使“自然人和法人的财产”具有某种能为它的拥有者带来“收入”的能力。雅可比看不见最重要的东西。但是，应该承认，看到“最重要的东西”就将意味着违反“优良风度”。

指出以下这个极其重要的情况："不论我们是以棉花代替羊毛也好，是以米代替小麦也好，是以轮船代替铁路也好，只要这些体现资本的棉花、米和轮船同原先体现资本的羊毛、小麦和铁路具有同样的交换价值……那么资本依然还是资本。资本的肉体可以经常改变，但不会使资本性质有丝毫改变。"[①]资本的肉体不仅可以改变而不会使资本性质有所改变，而且为了使资本依然是资本，资本的肉体还是必须改变的。在生产过程中，资本最初是作为一定数量的货币而出现的，它也就构成资本的转化的第一个阶段。然后货币被用于购买事业所必需的生产资料；这些生产资料构成资本的转化的第二个阶段。当生产资料已经具备时就开始生产，结果就生产出一定的产品——这是转化的第三个阶段：产品运到市场出售，而从市场上资本又重新以货币的形式回到它的拥有者的口袋里。所有这些变形对资本的存在来说都是必需的，正如动物机体中的新陈代谢对动物的生命来说是必需的一样。而且资本在自己转化的每一个新阶段上始终是以前所有阶段上的那个资本。用什么去解释它的这种属性呢？用这点去解释，即任何资本都是某种交换价值，而对交换价值来说，什么商品作为它的体现者完全都是一样的："一卷《普罗佩尔提乌斯歌集》和八盎司鼻烟可以是同一交换价值，虽然烟草和哀歌的使用价值大不相同。"[②]但是，如果任何资本都必定是交换价值，那么并不是任何交换价值都是资本，因为并不是任何交换价值都有产生"收入"的能力。资本是具有看来

① 马克思：《雇佣劳动与资本》，见《马克思恩格斯全集》，第6卷，第487－488页。

② 马克思：《政治经济学批判》，第4页。

是完全任意的增殖能力的交换价值。它以一定的数量A进入生产过程，在离开生产过程时成为新的数量A+a。我们已经说过，资本的这种属性是它的主要特征。现在我们必须来看一下，这种属性是从哪里来的。

我们已经知道，交换价值是生产物品所使用的劳动的一定的社会形式。商品的交换关系表现出生产者在社会生产过程中的相互关系。但如果事情是这样，那么资本这种获得了新的增殖的属性的交换价值，也就不能不是某种生产者的社会关系。它的一切属性，正如交换价值的一切属性一样，都必然来自生产过程中生产者之间的关系所具有的特点。马克思也就是在这个意义上说“资本是社会生产关系”，亦即资产阶级社会所特有的关系、“资产阶级的生产关系”。

这种关系的特点是什么？它的特点是：工人把自己的劳动力出售给企业主去交换生活资料，而劳动力所使用的则是劳动力购买者所储存起来的生产资料。企业主所购得的劳动力成为他的财产，完全像棉纱、机器或任何其他“生产资料”一样。工人陷于资本的统治下。这样，“蓄积起来的”、物化为生活资料的劳动就统治着工人的活劳动，只有这种情况才使蓄积起来的劳动成为资本。资本家购买劳动力的目的是什么——这是一切人和每一个人都知道的。在生产过程中，工人以自己的劳动创造出来的价值，超过购买他的劳动力所花的费用，或者也就是说，超过他的工资的价值。工人所创造的新价值和他的工资的价值之间的差额，就叫做剩余价值。这种剩余价值属于企业主所有，并且是资本带给资本拥有者的那种“收入”的泉源。从这里又一次看出，资本的属性实际上是由人们的关系所决定的，而不是由用于以后生产的、在政治经济学中称之为生产资料的那些物的任何神秘属性所决定的。我们也看到，“资本是社会生产关系”这个仿佛是乖僻的定义，完全符合于资产阶级社会里的实际情况。假如这个定义使资产阶级经济学家感到惊异，那么这只不过是因为：他们由于自己的偏见，不能或不愿深入资本主义关系的本质。认为资产阶级制度是最好的和最符合于“人性”的那种人，很不容易得出这样的结论，即承认资本的令人喜爱的、值得赞扬的属性实质上是起源于一个社会阶级对另一个社会阶级的剥削，而这种剥削至少对其中的一个阶级来说是一点也不值得赞扬的和完全不令人喜爱的。资产阶级经济学家们对马克思所提出的资本定义的攻击，可以从康德称之为心理逻辑的那种观点得到说明。从形式逻辑的观点看来，进行这些攻击只是由于资产阶级经济学家们只看到社会经济生活的表面，所以他们几乎从来也不能彻底探究社会经济现象的相互联系。① 例如，我们已经知道，穆勒认为完全不管生产者的社会关系去考察“生产规律”是可能的，甚至是必需的。但是，采取这样的研究方法，他就只能满足于丝毫也不确定的资本定义。而他也确实满足于这种定义了。用他的话来说，“用作新生产资料的那些劳动产品，就叫做资本”。用于新生产的劳动产品是否总是创造剩余价值——这对穆勒来说是没有弄明白的，而且这个问题本身也未必已经在他面前

① 本版（“野玫瑰”出版社版）附注：在谈到这一点时，我们指的不是资产阶级古典经济学家，而主要是他们的庸俗的模仿者。至于现代主观主义经济学家，那么他们的方法似乎是特意为了使人不可能揭露经济现象之间的因果联系而想出来的，这些科学的明灯正是为了使什么都看不到而点燃的。

直截了当地提出来。

如果不管生产者的社会关系去考察“资本”，那就可以预料得到，我们在其中绝对发现不了任何一种无产阶级所必须注意到的令人厌恶的属性。作为“使用于以后生产的产品”，资本不仅是某种完全无害的东西，而且是某种必需的、有益的、“永恒的”和“合理的”东西。从这个观点看来，对“资本”的任何攻击都显得是不可容许的谬论。车尔尼雪夫斯基遵循穆勒的资本定义。但同时他作为一个社会主义者却不能不承认雇佣劳动同资本进行斗争是正当的。从他这方面来说，这是一个矛盾，这个矛盾他是这样来解决的，他说：“落后的学派滔滔不绝地替资本吹嘘，进步的学派则滔滔不绝地诅咒它。但是，读者不难看出，在这里说的不是在严格的科学中称之为资本的那种生产的要素，而其实只是在某种社会条件下资本家所起的作用。”[①]这很像罗勃妥斯企图在资本“自身”(Kapital an sich)和“历史的资本”之间所确立的那种区别。我们已经知道，实际上资本的性质和属性，正是由资本家在使他们成为资本家的社会条件下所起的那种经济作用所决定的。撇开他们的这种作用，就是意味着自愿地闭眼不看资本的本性。车尔尼雪夫斯基自己大概也感到，他所采纳的资本定义并不完全令人满意。他想用一个什么别的名词去代替“资本”这个词。如果他没有这样做，那仅仅是因为他事先不知道，他的著作是否会“在群众中具有这样的意义，使群众公认可以采用这样重大的新办法，如用一个什

① 《车尔尼雪夫斯基全集》，第五卷，第132页。

么别的名词去代替资本这个词”。[1] 当然，我们不知道车尔尼雪夫斯基会使用什么新名词，但从上面已经可以看出，这个新名词未必能表达出资本的社会本性。我们的作者需要这个新名词，正是为了使资产阶级经济学家借以把资本的概念归结为生产资料的概念的那种抽象法得到更合适的表达。

第五章　工　资

一

车尔尼雪夫斯基的资本定义是追随穆勒的，他在工资学说方面也追随穆勒。他完全同意，“工资主要取决于劳动的供求关系，或者像人们常常说的那样，取决于人口和资本之间的关系”。稍微熟悉经济文献史的读者都知道，以“工资基金”学说之名为人所共知的这种学说在历史上起了怎样的作用。它是有利于证明劳动的利益和资本的利益一致的主要论据。庸俗经济学家说，当资本增长的时候，工资基金、亦即用来雇佣工人的那部分资本也在增长，对劳动的需求也就增加，而工资也就提高；因此，资本的迅速增长是工人阶级福利的最必要条件。对前者有害的一切东西，也对后者带来可怕的危害。意识到自己利益的工人阶级，正是为了这些利益，应该关心地保护资本家的利益。工人反对资本的斗争，甚至那种毫无破坏性的空想、而仅限于要求更高的工资的斗争，都是对

① 《车尔尼雪夫斯基全集》，第五卷，第135页。

工人本身有害的，同时也是完全没有希望的斗争。只有增加全国工资基金才能提高工资，而这种工资基金的增加当然不能通过罢工和抵抗同盟来达到，罢工和抵抗同盟对资本是有害的，它们导致完全相反的结果：使工资基金缩减，从而引起工资的降低。进一步发挥这个主题，看来还能证明，工人为了本阶级的利益应该满足于尽可能低的工资。说实在，我们假定，在某个国家中工资基金相等于 a 卢布。如果这个国家的工人平均工资相等于 B 卢布，那么能够找到工作的工人数就将等于 a：B。显然，假如这个分数的分母、亦即平均工资减少的话，那么由这个分数所代表的数、亦即被雇佣的工人数就将增加。假如平均工资减少一半，那么能够找到工作的工人数就将比以前多一倍。因此，工人满足于低工资，首先是有利于自己的弟兄——工人。关于本阶级利益的日益增长的意识和同志友爱的感情，一定会使工人对工资采取越来越克制的态度。如果说实际上事情正好相反，那么在这点上有罪过的是某些带有破坏性的学说，令人遗憾的是，这些学说对工人阶级的影响太大了。——甜言蜜语的巴斯夏差不多完全达到了上面这样的结论。

二

工资基金学说是为了使工人驯服而想出来的。车尔尼雪夫斯基怎么能看不到它的明显的倾向性呢？像他这样具有强有力的逻辑头脑的人，怎么能看不出这种学说所特有的不可容许的诡辩和毫不知耻的牵强附会呢？对这些问题的答案在于我们已经指出过的空想社会主义者对资产阶级经济学的态度。车尔尼雪夫斯基在一劳永逸地对使劳动作为商品出现于市场的那种制度作出判决之后，很少去注意决定这种商品的价格的那些规律。他的逻辑力量被完全用于证明这样一个论点，即劳动不应该是商品。[①]

的确，要借助于我们的作者所特有的"假设"法去揭露资产阶级的"工资基金"学说站不住脚，也是会感到困难的。示范的算术计算是这种方法的主要工具。这种计算必然是极其抽象的。在进行这种计算时，我们离开了被研究的现象所赖以产生的一切现实条件。而全部问题却正在于那些条件。"工资基金"学说本身只不

① 车尔尼雪夫斯基在希望证明劳动不应该是商品的时候引用了这样的一些论据，这些论据远远地超出它们预定的目的，而对他想要消灭的那种现象的可能性本身提出异议。他说："我们发现，劳动的概念不应该和交换价值的概念联系起来……认为劳动具有交换价值，就等于把它和一些对人不相干的概念相提并论。比如说，我们假定，一俄石小麦值五个按十二小时计算的工作日。这意思就是说，我们认为六十小时的人类劳动等于一俄石小麦。让读者去判断，在这样的概念之间加上等号是否合适吧。劳动是一种人类机体的活动，它不能够和这种机体的活动之外的其他东西归纳为一类……可以把劳动产品作相互比较；但决不能把劳动产品和劳动相比，因为这是不可比的东西。我们假定，劳动转化成为产品，但仍然不应该把它们互相作比较，正如不应该把钢琴的声音和产生这种声音的木和铁相比一样。当然，劳动越多，产品也就越多；当然，劳动越好，产品也就越好，但同样地，弦越粗，声音也就越强，金属和木料越好，声音也就越好。何必要管什么东西转化成为什么别的东西，或者什么现象转化成为别的现象，虽然一个东西起源于另一个东西，但仍然不能把它们相比，如果它们是完全不同类的话"（《车尔尼雪夫斯基全集》，第五卷，第 439 页）。总之，决不能把劳动（更正确地说，也就是劳动力）和劳动产品相比。但是，另一方面，我们却看到，劳动力在市场上出售时经常和劳动产品"相比"。我们的作者怎样解释资产阶级的实践和"健全理论"的论据之间的这种矛盾呢？有时他用理智的错误去解释这种矛盾："交换价值应该和内在价值相一致，只是由于错误地认为劳动是商品，交换价值才脱离内在价值"（同前书，第 438 页）。而有时他只是指出，理论不应该由于实践脱离理论的要求而感到困惑。他说："不必去管在实践中什么东西成为商品，爱情成为商品，劳动也成为商品。但是，理论应该承认人的机体的这两种机能是他的这样一些附属品，人自己不应该剥夺自己对这些附属品的支配权、正如他不能放弃拥有自己的意见或按自己的信念行动的权利一样"（同前书，第 438 页）。

过是为了保护资产阶级而进行的一种示范的算术计算。算术并不能揭穿这种学说的诡辩。相反，只要我们离开抽象思维的领域而站到现实的基地上去，这种学说的错误就立刻暴露在人们眼前了。工资基金理论说，对劳动的需求以及工资的高低都取决于这个基金的大小。从抽象的观点来看，这好像是不容争论的。但是，让我们来看一下现实的情况。在某个国家内在某个时间存在着一定数量的生产资料，要使它们发生作用就需要一定数量的劳动；究竟需要多少——这取决于技术发展程度：劳动生产率越高，完成某个工作所需的劳动量就越少。但是，在某种确定的技术状况下，这个劳动量是完全确定的。现在请问，在这些条件下能否认为使用生产资料所需的工人数是确定的呢？绝对不能。工人总数将取决于企业主从每个个别的工人身上所能榨取的劳动量：从每个个别的工人身上榨取的劳动越多，那么使用“资本”所需的工人数就越少；相反，随着从每个个别的工人身上榨取的劳动量的减少，资本家所“需求的”“人手”数就会增加。而从每个个别的工人身上榨取的劳动量又是什么决定的呢？不言而喻，它是由劳动强度和工作日的长短所决定的。于是我们就看到，实际上劳动的利益绝不像资产阶级经济学家力图使我们相信的那样同资本的利益相一致。延长工作日的时间和增加劳动强度（当然，不是增加资本家自己的劳动强度，而是增加他的工人们的劳动强度），更有利于资本家，而缩短工作日和减轻工人的劳动强度，则更有利于工人：如果这样办，它们就会增加对“人手”的需求，而对“人手”的需求的增加则会导致工资的提高。在这里，劳动的利益和资本的利益没有任何一致之处，而只有这两种利益的直接对立，——这种对立已经被双方或多或少清楚地意识到了，而完全同无论哪一种“带有破坏性的”学说无关。资本家在力求从自己的工人身上榨取尽可能多的劳动量、即减少他们所需的“人手”数量时，完全不受这样一个思想的束缚，即“全国工资基金”照他们的辩护士、经济学家说来，乃是似乎应该完全用于购买劳动力的一个固定的价值总额。资本家不怕把他们在缩减用于劳动“人手”方面的费用时可能剩下的钱“储蓄”起来。他们善于寻找适当地使用这种“储蓄”的办法。他们或者花掉这些钱，或者用于扩大自己的“企业”，最后，或者把它们存放国外。

大概有人可能会指出，扩大国民生产和资本输出国外在以下的意义上是对工人阶级有利的，即它们会在这里或那里增加对劳动力的需求。事情是这样的。但是，这些结论是否符合于“工资基金”理论向无产阶级许诺的东西呢？为了扩大国民生产，不仅仅需要可变资本，即用来购买劳动力的资本。为此还需要不变资本，还需要生产资料。因此，在扩大生产的场合下，资本家靠缩减工资而“储蓄”起来的钱，绝不会完全重新回到工人阶级手里。它们只有一部分重新回到工人阶级手里，而且这一部分随着技术成就使不变资本的比例相对地增加而日益减少。而且为了扩大生产，除了加强对工人的剥削以外也还另有来源。上层阶级只要缩减自己的非生产性消费，就能为扩大生产找到新的资金。读者知道，如今在科学中什么叫做剩余价值。它就是工人的无偿劳动的产品，就是在工人已经作工偿还了自己工资的价值之后从他身上榨取的劳动的产品。剩余价值的相对量越大，那么工资的相对量就越小，反之亦然。“工资基金”理论丝毫不谈这种情况，然而任何一个人都明白，这种情况使这整个理论都化为乌有了。这种情况说明，“工资基金”绝不是一个不变的量。它的数额取决于剩余价值的相对额：剩余价值的相对额增加，工资以及工资“基金”就会减少；这种相对额减少，“基金”就会由于工资的增加而增加。因此，资产阶级经济学臆造出来的“自然律”，又一次归结为对工人的剥削程度问题。

当我们从生产者和占有者、无产阶级和资产阶级之间的现实关系的观点去观察问题时，事情就是这样。从这个观点看来，关于出售劳动力的问题本身完全不像它在车尔尼雪夫斯基面前所显现的那样。车尔尼雪夫斯基认为，劳动力和它在市场上所交换到的产品是不可比的。但是，事情并非如此。劳动力具有交换价值，正如任何其他商品一样。资产阶级经济学家就已经弄清楚，劳动力这种商品的价值是由什么决定的。它是由“维持工人生活和工人的种的延续所必需的”劳动量所决定的。劳动力的交换价值和任何其他商品的交换价值是完全可以比的。当然，在人的劳动力和其他商品并列着一起出现于市场的那种制度中，没有多少好东西。但是，我们在斥责它的时候，不应该闭眼不看它的规律。如果否认劳动力和其他商品的可比性，那么我们丝毫也改变不了劳动力拥有者的实际状况，但却使自己难以理解这种实际状况。车尔尼雪夫斯基希望使劳动力不再成为商品。从他这方面来说，这是很好的。但是，基于自己的这种值得赞扬的愿望，他开始否认事实，而对工资问题的科学研究却应该从确认事实开始。从他这方面来说，这已经是重大的错误了。但是，这个错误丝毫也不令人感到惊奇。正如我们看到的那样，他的一般价值概念是混乱的，由于这个缘故，他自然也就会在其中的劳动力价值问题上犯错误。只要指出这样一点就够了，就是他和穆勒一起认为对工资问题的叙述可以先于和不依赖于价值学说。

三

当一个信宗教的人遭受沉重的不断失败而感到苦恼时，他就用对未来生活的希望来安慰自己。信宗教的人议论说，“我在这个尘世间忍耐一会儿，上帝就将在天上奖赏我”；而且他也确实忍受了他在丧失自己的信仰后所不可能忍受的那么多的痛苦。但是，即使没有宗教，也仍可能有使人安于痛苦的命运的对于未来生活的信仰。至少庸俗经济学家就是这样想的。当备受资本家的剥削和压迫的工人开始显露出对自己命运的不满时，庸俗经济学家就向他们讲述关于“进步”的异常美妙的神话。这些神话的意思就是说，工人阶级只要在目前稍微忍受一下，就能为自己保证未来的美满境况。如果他们不以革命的尝试使进步的步伐放慢，那么进步就必定为了他们所忍受的一切苦难而奖赏他们。庸俗经济学家在自己对进步的颂辞中常常喜欢引证历史。把过去同现在相比，他们自然认为“进步”已经为改善工人阶级的命运而做了非常多的事情。这样的结论目的是用来巩固无产阶级对进步的未来恩赐的信心。在所有这一切之中有许多招摇撞骗的东西，但也有不少单纯的幼稚想法。眼光短浅、但却怀有感激之情的资产者，相信自己的恩人——进步是无所不能的，他们真地以为，它能够使工人得到幸福，同时又不破坏资产阶级的利益。

车尔尼雪夫斯基清楚地知道，这些安定人心的议论多么没有价值。他既没有被庸俗经济学家的幼稚想法、也没有被他们的诡辩所欺骗。他嘲笑他们的乐观主义的保证，并力图证明在目前的社会制度下经济进步是力求降低工资的。当然,他在这个场合是完全正确的;可是他为了证明自己的意见而作的论证却总是过于抽象,因而并不总是具有说服力。

在提醒读者注意按穆勒的说法工资的高低取决于工人阶级的习惯和要求后,他问道,工人的习惯和要求的水平又是由什么决定的呢?“这个水平超出体力上必需的限度的所有剩余部分,仅仅是由于工人对自身的尊重和工人的自尊感而产生的,正如我们从穆勒本人对工资律的分析中所知道的那样。在目前这种把地租和利润同工资分开的制度下,经济进步对工人的社会状况造成什么结果呢?从技术的方面来说,经济进步的根本特征是:生产单位随着劳动配合的成就而扩大,所有的生产部门都逐步采取工厂的规模……由于这个缘故,与经济进步相适应,雇佣工人的比例增加了,工人阶级中的独立小业主的比例则减少了。现在要问,独立的人和依赖的人、小业主和雇佣工人在自尊的程度上是否存在着显著的差别呢?是的,这种差别是很显著的,任何一个观察生活的人都不能怀疑这一点。假如一个人从自己的事业得到一千卢布的收入,那他就感到自己要比从任何一个主人那里得到同样的工资更令人敬重得多,更高尚得多……因此,如果我们拿一个工人兼小业主和另一个从工资获得同样收入的工人来看,那么工人兼小业主(在其他条件相同的情况下)就一定会有较多的自尊心。但如果是这样的话,那么雇佣工人的工资就不会保持在工人兼小业主所获得的收入的水平上:工资是和雇佣工人自尊心的减少成比例地从这种水平下降的……但是,事情在这第一个阶段上并不就此了结……只要开始下降,不管个人也好,整个阶层也好,在道德品质方面也好，在物质福利方面也好，反正都是一样，——一旦开始以后，趋于恶化的运动就自行发展，正如相反地趋于改良的任何运动一旦开始就会自行发展一样。工人阶级一旦开始降低自己的严格要求，丧失自己的一部分自尊心，他们就会走上让步和降低到最后极限的道路，而且在达到不能忍受的束缚之前不会停止，如果其他的力量不能使他在这条光滑的路上站住的话。既然工人必须习惯于比以前更坏的处境，那么在以工资来代替自己的独立经营收入的情况下，他也就易于容忍自己的收入通过工资逐渐下降而进一步减少。"①

在我们看来，这种论据是车尔尼雪夫斯基所特有的抽象研究方法的最好的例子；它可以说是"假设法"的胜利。在这里，全部论断归结为这样一种三段论法：工资的大小取决于工人自尊的程度；当工人成为雇佣工人时，他对自己的尊重就开始减少；因此随着雇佣劳动制度的发展，工资趋于下降。这个三段论法的小前提达到了抽象的极限，而脱离了不同社会阶层的生活和习惯发展的一切具体条件。首先，说独立的手工业者的自尊心比雇佣工人更多，这是否正确呢？也许，这对工人还缺乏阶级意识的雇佣劳动制度发展阶段来说是正确的。但是绝不能说，在资本主义生产发达的国家里，无产者的自尊心少于小资产者或小手工业者。我们甚至认为，相反地，前者的自尊心比后者要多得多。但是我们将不去争论这个问题。我们姑且假定充分意识到自己经济独立性的小资产者比无产者更尊敬自己。但是，这种对自己的尊敬态度还绝不是真

---

① 《车尔尼雪夫斯基全集》，第五卷，第523－524页。

正的自尊心，请问，它怎样去影响小资产者的需求的水平呢？怎样去影响他的 standard of life[①] 呢？小资产者所固有的“自尊心”使他“俭省节约”，缩减自己的开支，变得吝啬。当然，这种吝啬能够维持他的经济独立性到一定的程度，但是它在任何情况下都不能提高他的需求的水平。小资产者只有一种需求，那就是保持自己作为一个小资产者而生存下去的需求。为了满足这一需求，他愿意哪怕像中国人那样没有任何其他的需求。相反，无产者在绝大多数情况下丝毫没有希望成为一个独立的小业主，他自己的地位本身就使他摆脱吝啬的最主要的动机之一。在获得相等的工资的情况下，无产者大概会比小资产者花费更多的开支，也就是说会有更高的需求水平。因此小资产者总是责备无产者乱花钱。假如随着资本主义的发展只有车尔尼雪夫斯基所提到的丧失自尊心对工人有危险，那么就可以有把握地说，他的工资是完全有保证不会下降的。但是，问题却在于，在资本主义发展的情况下，等着他的是其他一些灾难，这些灾难具有更现实得多的、不是心理的而是经济的性质。我们现在就会看到这是一些什么样的灾难，但我们先去注意看一下车尔尼雪夫斯基所确立的比例：“雇佣工人的工资不会保持在工人兼小业主所获得的收入的水平上：工资是和雇佣工人自尊心的减少成比例地从这种水平下降的。”这个比例式中的两项完全属于心理的领域，另两项则属于经济的领域。且不说在心理现象和经济现象之间是无法确立数学比例的，我们还要指出，“自尊心”以及一切诸如此类的东西本质上是非常复杂而又无限多变

① 生活标准。——译者

的感觉，无论它的产生或它的实际表现都必须以政治经济学所应该分析的这种或那种社会环境为前提。就其自身而言，这些感觉还不能说明任何东西。

假如车尔尼雪夫斯基不满足于心理的抽象概念，而把更多的注意力放在劳动成为商品的那种社会的经济发展规律上的话，那他就会看到，工资下降的趋向可以完全不去引证雇佣工人的自尊心而得到证明。他自己说，“从技术的方面来说，经济进步的根本特征是：生产单位随着劳动配合的成就而扩大”，“所有的生产部门都逐步采取工厂的规模”。他应该抓住的也正是事情的这一方面。他应该看一下，大工业的不断发展怎样影响社会中雇佣劳动的状况。他应该问一问自己，“经济进步”是否导致简单劳动代替所谓熟练劳动，几乎完全没有受过训练的工人代替多少受过训练的工人，妇女劳动代替男人劳动，儿童代替成人。其次，他还应当考虑到，进步的技术方面改变着不变资本和可变资本之间的比例（后者相对地缩减），机器在排挤工人，而对劳动力的需求的减少以及因而引起的工资的下降的一个新原因即在于此。如果他这样地站在最不容争辩的经济现象的坚实基础之上，那他就不仅会加重他关于工资的结论的分量，而且会获得新的、极其有价值的资料去评价马尔萨斯的学说。他对马尔萨斯学说的反驳非常巧妙，但同时却过于抽象。不过这一点我们留待以后再谈吧。

无论车尔尼雪夫斯基借助于什么样的理由去证明在目前制度下经济进步导致工资的下降，——这些理由在他看来好像是无法反驳的。然而他毕竟没有下决心肯定地说，在近几个世纪内工资真的是下降了。他说，“经济生活史还研究得很差，以致很难说究竟哪一个结论更符合于真理:是那些因循守旧的经济学家关于工资在近几个世纪内大量提高的议论呢,还是进步学派的学者们所提出的关于目前工资平均水平低于一二百年、三百年以前的论证。”他自己无疑是属于进步的(即社会主义的)学派的,那么究竟是什么东西阻碍他赞同进步学派的学者呢?究竟是什么东西阻碍他赞同那些看来完全与他自己的结论相一致的结论呢?在这里是关于进步的一般概念阻止他作出果断的结论,而这种概念对六十年代俄国进步思想的代表们来说是很有代表性的。

我们已经指出,他对资本的看法类似把“资本自身”与“历史的资本”区别开的罗勃妥斯对资本的看法。在车尔尼雪夫斯基关于进步的概念中,也存在着与这种区别相类似的某种东西。他仿佛是把进步“自身”与经济进步区别开。假如经济进步力图降低工资,那么进步“自身”却阻碍这种企图的实现。关于这一点,车尔尼雪夫斯基是这样说的。“也许,尽管存在着我们所指出的那种趋势,但由于那些与下降的趋势相对抗的情况的力量,在近几个世纪内文明国家里工人阶级的福利没有下降,而是有所提高。要知道这些情况是存在的,而且是很强有力的。它们的基本来源是知识的发展和概念的改进、文明或进步本身的一般精神,而进步本身个别应用于建立在与它不相适合的基础上的生活时,则暴露出与自己的本质完全相反的趋势。由于概念和知识的进步,法律和制度才得到改进。要知道如今法律不允许任何人对乞丐二流子采取像十六世纪每个特权人物对富裕的农民私有主所采取的那种态度。在法国或英国审问可疑的流浪汉时,不再用二、三百年前在那里同受人敬重的平民谈话时所用的那些粗鲁的言辞了,而那时甚至还认为这种谈话是给平民荣誉呢。我们对人道精神的这个成就或其他类似的成就并不怎么赞叹，因为这些成就仍然还太少和太慢。可是不管能否满足于这些成就，这些成就毕竟是有目共睹的。尊重人，把人单纯地当作一个人而不管他的社会作用如何，这毕竟是由于教育普及所造成的立法改革和习俗的改进而发展起来的……男人对妇女、双亲对子女不像过去那样粗暴了。而不殴打妻子的丈夫比殴打妻子的丈夫还更尊重自己。蒙受侮辱较少的儿童，会成长为更加意识到自己的尊严的人。因此，如果说由于工人丧失小业主的地位时丧失了基于自己的社会作用的一部分自尊心，所以他的收入就受到下降趋势的影响，那么，一般说来，随着每一代人的进展，把自己单纯地当作一个人的那种自尊心却在他身上发展着，与此相应而显示出提高他的收入的进步趋势。”[①]

四

总之，经济进步使工资下降，而文明、一般的进步（进步“本身”）则使工资上升。车尔尼雪夫斯基不知道，这两种力量之中哪一种力量在欧洲近代史上占优势，因此他下不了决心说，现在的工资是高于还是低于一百年、二百年、三百年以前。我们曾经指出，车尔尼雪夫斯基对一般进步的看法，对他来说，如同对六十年代俄国进步思想的代表们一样，是很有代表性的。而且说真的，在我们这儿谈论进步从来没有像在六十年代里谈得那么多，我们关于进步的概念也从来没有像在那个时代那样抽象。或者不这样说，我

① 《车尔尼雪夫斯基全集》，第五卷，第524页。

们将更公正地对待六十年代这个伟大的时代；说得更确切一点：在那时我们谈论进步比任何时候要多，因此在那时比任何时候都更多地暴露出我们关于进步的概念模糊不清。车尔尼雪夫斯基是这个时代最卓越的文学活动家，由于这个缘故，这个时代所特有的世界观的优点和缺点在他身上也就更为明显。什么是不依赖于社会经济发展的一般进步呢？"知识的发展和概念的改进"，车尔尼雪夫斯基这样说；文明使工人的习气得到改进，习气的改进提高他的自尊心，而他身上的自尊心的发展则导致他的收入的上升。我们关于作为提高工资的因素的自尊心要说的话，和我们关于作为降低工资的因素的自尊心所说过的话一样。自尊心的积极表现，甚至连它本身的存在都必需要有社会环境。如果不借助于肌肉和神经，自尊心是不能推动个人的机体的。不管一个人怎样"尊重"自己，假如他得了麻痹症，他就不能支配患病的器官。"自尊心"不借助于某个解剖学上的器官就不能移动人的一只手，难道它不借助于社会关系就能够影响人的社会状况么？或者——在一定的场合——它不借助于经济关系就能够影响他的"收入"么？而假如它非有它们的帮助不可，那么在谈论一般进步对工资的影响时，就必须提到它们。诚然，我们在谈论这些关系时就会越出上述这种进步的范围而进入经济进步的范围。而因为我们知道，这后一种进步是力求降低工资的，所以我们就已经不能够局限于赤裸裸的自相矛盾：我们就不能说，它同时也力求使工资上升。这样的矛盾会使我们的全部研究都化为乌有。当然，我们可以指出，在降低工资的同时，经济进步也为工人创造了通过工会和罢工、通过对资本家的"节俭"加以某种约束的阶级政治斗争，同这种降低工资进行斗争的机会。这是完全符合实际情况的；但是，在说出所有这一切的时候，我们就将停留在现实关系的基础上，大概会完全忘掉任何心理学的抽象概念，这对我们的研究当然也是很有益的。

车尔尼雪夫斯基断言，现代社会生活是建立在与进步不相适合的基础上的，然而进步还是违反着这种生活而得到实现。毫无疑问，资产阶级制度在许许多多方面是现今进步的障碍。但是，它并不总是阻碍进步的，而且即使在今天，它在某些方面阻碍进步的同时，在另一些方面却造成进步。如果不是这样，如果资产阶级制度从来就在一切意义上阻碍进步，那么进步本身又是从何而来的呢？我们已经知道车尔尼雪夫斯基的回答：进步是由知识的进步所造成的。但是，要知道社会生活和社会思想、社会制度和社会中的知识状况是相适应的。在一个与进步完全不相适合的社会里，知识的进步是不可能的，“概念的改进”是不可能的，习气的改进也是不可能的。一般说来，在我们没有学会到社会关系的内部发展中去寻找进步的源泉以前，我们关于进步的概念就始终是抽象的，因而也是错误的和片面的。车尔尼雪夫斯基则把进步看做一种不依赖于社会关系的逻辑并且甚至还能违反它而起作用的特殊历史力量。俄国人不仅长期不能摆脱这种错误，而且还以关于进步过程的各种“主观的”想法加深了这种错误。正因为如此，所以把关于这方面的最错误的观点归咎于六十年代这个时代是完全不公平的。

但是，有人可能会向我们指出，车尔尼雪夫斯基把自尊心说成是工资向这方面或那方面变化的主要原因时，也并没有完全忽略资本主义社会的经济关系。例如，关于工业进步对于作为消费者的工人的状况的影响,他是这样说的:"在工业进步的情况下,与农产品相比,纺织品具有价值下降的趋势:换句话说,农产品的价值与衣服和诸如此类的物品相比具有上升的趋势。[①] 由于食物价格高昂,在平民中间就发展起尽可能削减自己的食品的趋向,而将来这种在食物方面对自己的吝啬就会达到过分的程度。在国家处于一定的工业发展的情况下,工人可以说是过着半饥半饱的生活。"在这里,的确我们所碰到的并不是心理学的抽象概念。在这里指出了一个极其重要的经济事实,这个事实无疑地在工资史上起了很重要的作用。但是,我们的作者不是联系工人生活的其他经济条件去探究这个事实对工资的影响,而是立刻离开经济的基地,以便再一次转向心理学的思考。他议论道:"一个人既然放弃了丰富的食物,他也就会很快地习惯于在其他一切方面屈服于贫困。他的一般需要水平就会下降。他开始认为自己并且社会也将认为他是一个应当缩减自己的全部开支的人,他只要不管怎么样活下去就行,而用不到生活得相当好。穆勒告诉我们,工资的大小决定于工人要求的程度。随着工人要求程度的下降,工资也就下降。这个理论结论是完全符合事实的。"[②]

这个理论结论真的是完全符合事实的:工人的工资确实是在逐渐下降,但工资下降的原因却并不在车尔尼雪夫斯基所指出的地方。工资下降绝不是因为工人认为自己是注定只能拿低工资的

---

① 同时车尔尼雪夫斯基说道:"问题不在于农产品生产的绝对价值是否上升。就算它没有上升,就算它甚至还下降了,这反正都是一样:重要之点在于,纺织品生产的价值比食品生产的价值下降得更快。"

② 《车尔尼雪夫斯基全集》,第五卷,第527－529页。

人，而是因为经济的必然性迫使他满足于低工资。假如全部问题在于工人认为自己是什么样的人和如何看待自己，那么他的工资就想必会很高，因为他在任何情况下都认为自己是必须尽可能按高价出售自己劳动力的人。他的全部不幸仅仅在于，随着资本主义的发展，他的这种可能性是越来越小了。这种情况之所以发生，是由于纯粹的经济原因，而不是由于心理原因。

我们在前面已经列举其中的某几个原因。我们说，工业进步导致可变资本、即用于购买劳动力的资本的相对缩减。“因此，随着积累的进程，资本的不变部分和可变部分的比例会发生变化；假定原来是1∶1，后来会变成2∶1、3∶1、4∶1、5∶1、7∶1等等，因而随着资本的增长，资本总价值转化为劳动力的部分不是$\frac{1}{2}$，而是递减为$\frac{1}{3}$、$\frac{1}{4}$、$\frac{1}{5}$、$\frac{1}{6}$、$\frac{1}{7}$等等，转化为生产资料的部分则递增为$\frac{2}{3}$、$\frac{3}{4}$、$\frac{4}{5}$、$\frac{5}{6}$、$\frac{1}{8}$等等。因为对劳动的需求，不是由总资本的大小决定的，而是由总资本可变组成部分的大小决定的，所以它随着总资本的增长而递减……对劳动的需求，同总资本量相比相对地减少，并且随着总资本量的增长以递增的速度减少。诚然，随着总资本的增长，总资本的可变组成部分即并入总资本的劳动力也会增加，但是增加的比例越来越小……总资本的可变组成部分的相对减少随着总资本的增长而加快，而且比总资本本身的增长还要快这一事实，在另一方面却相反地表现为，好像工人人口的绝对增长总是比可变资本即工人人口的就业手段增长得快。事实是，资本主义积累不断地并且同它的能力和规模成比例地生产出相对的，即超过资本增殖的平均需要的,因而是过剩的或追加的工人人口。"[①]恩格斯非常恰当地把这种过剩的工人人口称之为产业后备军。

资本的各个组成部分之间的这种不断变化着的比率,怎样影响和怎样能够影响工资的变动呢?不言而喻,只是有时偶尔参与生产过程的产业后备军,在降低工资方面对常备军施加不断的压力。而既然事情是这样,那么工资下降的趋向就显然不依赖于无论什么样的抽象的心理学思考。但是,只有从现时代社会主义者用来观察社会经济生活的那种具体的观点去看,这一点才成为显而易见。从车尔尼雪夫斯基的抽象的观点看来——这种观点是和庸俗经济学家的同样抽象的观点相对立的,——事情则呈现为另一个样子。在缺乏实际资料的情况下,就不得不陷入抽象的、因而也是随意的猜测,这种猜测的性质不是决定于事物的本质,而是决定于研究者的智能的性质和思想习惯。[②]

在谈到经济进步对工资的影响时,车尔尼雪夫斯基按照穆勒的看法,处处假定现代工业是以同样平稳的步伐前进而不受任何干扰。这样的假定本身就是一种非常任意的抽象。实际上在资产阶级社会里生产过程从来也不是以平稳的步伐行进的:它经受着革命,这些革命以天文现象的正确性重复出现并且对雇佣工人的

---

① 《资本论》,第 645-646 页,见《马克思恩格斯全集》,第 23 卷,第 690-691 页。

② 本版("野玫瑰"出版社版)附注:我们认为应该警告读者,在这里我们说的是作为全国生产品的一部分的工资的下降。在发生这种相对缩减的情况下,工人阶级可能获得比以前更多的金钱,可能用每个货币单位购买到比以前更多的商品,然而却仍然比他过去相对地更为贫困。美国的例子清楚地说明了这一点。参阅我们的《对我们的批判者的批判》文集,第 40-96 页。

状况发生深刻的影响。现代工业轮番地通过繁荣、停滞和危机等阶段，因为这种各阶段的更替早已成为资本主义工业的规律，所以不注意工业革命，就不能谈工资问题。马克思早在1847年的“关于自由贸易的演说”[①]中就已注意到这一点。在《资本论》中，他很详细地谈到了这一点。我们在那里读到：“大体说来，工资的一般变动仅仅由同工业周期各个时期的更替相适应的产业后备军的膨胀和收缩来调节。因此，决定工资的一般变动的，不是工人人口绝对数量的变动，而是工人阶级分为现役军和后备军的比例的变动，是过剩人口相对量的增减，是过剩人口时而被吸收、时而又被游离的程度。现代工业具有十年一次的周期，每次周期又有各个周期性的阶段，而且这些阶段在积累进程中被越来越频繁地相继发生的不规则的波动所打断。对于这个现代工业来说，如果有下面这样的规律，那确实是太好了：劳动的供求不是通过资本的膨胀和收缩，因而不是按照资本当时的增殖需要来调节，以致劳动市场忽而由于资本膨胀而显得相对不足，忽而由于资本收缩而显得过剩，而是相反，资本的运动依存于人口量的绝对运动。然而，这正是经济学的教条。按照这个教条，工资因资本的积累而提高。工资的提高刺激工人人口更快地增加，这种增加一直持续到劳动市场充斥，因而资本同工人的供给比较相对不足时为止。工资下降，于是事情走向反面。由于工资的下降，工人人口逐渐减少，以致资本同工

① “关于自由贸易的演说”发表于1848年1月9日，出版于该年2月，此处普列汉诺夫有误。——译者

人人口比较又相对过剩了，或者像另一些人所说的那样，工资的降低和对工人剥削的相应提高，会重新加速积累，而与此同时，低工资又会抑制工人阶级的增长。这样一来，就又出现劳动供不应求、工资提高等等情况。这对于发达的资本主义生产是一个多么美好的运动方法啊！可是，在真正有劳动能力的人口因工资提高而可能出现某种实际增长以前，已经一再经过了这样一个时期，在这个时期必然发生工业战，展开断杀，并且决出胜负。"①

在车尔尼雪夫斯基关于工资的研究中，我们甚至连对于所有这些思想的暗示都找不到。他在关于工资的论断中完全满足于"占统治地位的经济学说"，这种学说只注意到某个国家的资本和它的绝对工人人口的一般比率。其实，他很清楚地知道，现代工业绝不是沿着平坦的道路前进的。他没有忘记危机；他对危机的看法要比穆勒的看法深刻得多、正确得多，而穆勒的看法在这一场合是浅薄已极的。但是，他没有把现代工业的波动和工资的变动相对照。不过，他同时代的许多社会主义者都犯了这种错误。拉萨尔的有名的"铁的工资律"，只是车尔尼雪夫斯基所遵循的同一个学说的另一种表述而已。拉萨尔只是更着重说明这个学说的另一些方面。这两个卓越人物都同样对现存资产阶级制度采取否定态度，那么他们对同一个规律的表述上的差别是从何而来的呢？这是由于他们周围的社会环境不同。拉萨尔所追求的是直接鼓动的

① 《资本论》，第三版，第 654 - 656 页。为了准确起见，我们引证的是德文原文本。见《马克思恩格斯全集》，第 23 卷，第 699 页。

目的，他面向工人群众说话，因此把占统治地位的经济学说表述成那样，以致使资产阶级经济学家们觉得好像他们平生第一次听到它似的。他们叫嚣说，拉萨尔歪曲了科学的结论；但他不难指出，在他的“铁的规律”中除了“铁的”这个形容词以外没有任何新东西。车尔尼雪夫斯基不能够向群众说话，他是为上层阶级中的“聪明和善良的人”写作，所以他与其说诉诸于他们的情感，不如说诉诸于他们的理智，与其说进行鼓动，不如说进行推理。他主要不是去着重说明工资律的“铁的”性质，而是去指出这样一种制度一般地是站不住脚的，在这种制度下，劳动者为了不论什么样的工资而出售自己的劳力，这种工资或高或低，经常发生波动，或者按照“进步”的一般进程而逐渐改变自己的水平。

五

顺便提一下，车尔尼雪夫斯基对工资所作的分析的结束语也说明他在进行这种分析时是为了解决什么问题。他说：“对三方面分配制（即国民收入在地主、资本家和雇佣工人之间分配）的因素之一（即工资）所作的分析，给我们提供了一大堆有利于这种制度的介绍材料。让我们来看一下，在对其余两个因素（即利润和地租）的分析中可以发现些什么。”[①]他正是力求寻找尽可能多的有利于资产阶级社会的“介绍材料”，也就是说，力求说明资产阶级社会多么不符合于“理论”的要求。他并未感到有必要去审查经济学家们所发现的资产阶级经济规律。在这方面，他完全可以满足于

---

① 《车尔尼雪夫斯基全集》，第五卷，第392页。

资产阶级经济学的发现，因为这些发现本身已经足以很好地“介绍”资产阶级社会。

可是，在“介绍”这个社会时我们的作者的话真正是滔滔不绝的。在这儿他充分地运用自己的论战才能，在这儿他借助于这种才能进行了毒辣的讽刺，这种讽刺的力量是他的文学论敌们都清楚地知道的。他感叹说：“这个三方面分配的原则真是非常可爱的东西！你越是仔细地看它，就越是清楚地显示出它极其美妙地符合于经济科学的根本观念。假如丈夫一个人工作，他获得一定的工资。假如妻子不再在无谓的争吵上白白浪费时间，而像丈夫一样能干地工作，她和丈夫一起将获得的工资，也不会多于过去付给丈夫一人的工资。假如孩子们开始去帮助父母，那父母和孩子们的状况也丝毫不会改善。这对于使每个有能力工作的人去从事干练的工作是多么好的奖励啊，是对劳动的多么好的刺激啊，是多么公平合理的符合劳动量的报酬啊！”①

车尔尼雪夫斯基用资产阶级经济学家所吹捧的分工原则转过来反对他们，他讥讽地指出，这个原则还没有被充分地应用于工资。他说：“在工人所获得的工资中，除了在精确的意义上应该称之为工资的那个成分以外，还有其他许多成分。第一，付给雇佣工人的工资，通常在或多或少的程度上包括保险费在内。在付给水手的工资中，有一部分是因为他的职业不无危险而给予他的酬金。在付给在街道拐角或市场上等待雇主的搬运工人的工资中，有一部分酬金是为了他有危险在另一天找不到工作而付给他的。第

① 《车尔尼雪夫斯基全集》，第五卷，第392页。

二，在工资中总是有一部分是为培养工人的工作能力而花费的资本所付的报酬……成年工人获得的某一部分工资，其实只是为了成年工人一般地说应该花费自己的一部分工资去教育子女。这里仿佛是世代的连环保：每一代人在劳动年代里都由于上一代人曾花费资本去教育他们而获得报酬……如果认为经济制度的完善在于人们的某一阶级为参与生产的每个因素而存在的话，那就不应该停留在三方面分配产品上，而应当采取更复杂得多的分配法：三个主要生产因素中的每一个，又可分为几个因素。保险费和对资本的报酬，是被居于统治地位的理论归入利润这一类的因素。[①]我们现在看到，它们也包含在工资中。难道不应该希望把它们从工资中分离出来，使雇佣工人所获得的只是工资、只是严格意义上的工资吗？可以想出一种使事情这样进行的制度。可以由一个特殊的企业主阶级来从事儿童教育和青年人的专门职业训练，这些企业主以后将收回为此所花费的资本，让他们所训练的工人受雇于人，条件是工人要从获得的工资中拿出一定的部分交给他们。如果用因循守旧的经济学家们所理解的分工原则的意义去理解这一原则，即从事每种职业的应该是其他什么也不干的人们的个别阶层，那么这样的制度岂不是将会更加符合于分工原则吗？你们自己想一想吧：雇佣工人除了劳动以外还要教育子女，这还像话么？一种职业不是一定会妨碍另一种职业吗？”

他还带着这种讽刺口吻谈到把保险费从工资中区分出来。他

① 读者看到，车尔尼雪夫斯基在这里表达得并不确切。像保险费那样的“因素”无论如何也不能归入生产的因素。但问题不在于此。

建议成立特别的公司，这个公司担保那些同意把自己的一部分工资分给它的工人有工作做。“否则雇佣工人仍然还不仅仅是雇佣工人，而是工人和投保人、企业主的某种混合体。完全的分工还仍然没有达到。假如实现了完全的分工，那么当然雇佣工人就会变成训练他的资本家和替他保险的资本家所奴役的人。但是，不应该为这一点感到困惑：这是为了满足对分工原则的因循守旧的观点所必需的。因循守旧的政治经济学家们，对于使工人从较独立的地位转到较不独立的地位那样的琐碎小事，是不会感到困惑的。但是，不幸的是，彻底地贯彻他们对分工原则的观点，会把雇佣工人阶级也消灭掉。不管怎样被别人所奴役的人，总是带有奴隶的经济性质……当然，过去还没有达到这个地步，而且将来也不会达到这个地步，因为向另一种制度的转变正在开始，而那种制度是与居于统治地位的理论所颂扬备至的这种形式相对立的。不等到这种形式达到充分的发展，它就将被一种完全不同性质的原则从科学和生活中排除出去。但假如这种形式不遇到这个敌人，它也会由于自身的发展而消灭自己。它会导致奴隶生活在某种新的形式下的恢复。”①

在结束对车尔尼雪夫斯基的工资观点的分析时，我们认为有必要指出我们在前面没有提到的他的观点的一个特征。我们这位作者在任何地方也没有涉及到关于工作日的长短和工厂法的问题。这个问题对他来说似乎是完全不存在的。对于劳动和资本之间每天不断进行的实际斗争以及这个斗争的一切波折和极为重要

① 《车尔尼雪夫斯基全集》，第四卷，第390－398页。

的历史后果，他未必见得比其他空想社会主义者更感兴趣。[①] 甚至在研究过程本身把他可以说是紧紧地引向这种斗争的地方，他也没有谈到这种斗争。例如，他这样地描述企业主怎样利用找工作做的工人之间的竞争来降低工资。他说："假定说，在英国劳动涨价了。劳动雇佣者寻找廉价的工人，于是把德国人或比利时人招到英国来。这是在三方面分配产品的情况下人所共知的、不可避免的事实。每当某个产业部门的工人要求提高工资的时候，英国的劳动雇佣者就回答他们说：我们去招募廉价的工人，——而每当英国工人坚持不肯放弃要求的时候，劳动雇佣者确实是招募廉价工人的。"[②]这是不错的。英国资本家像其他一切资本家一样，确实喜欢采用上述的手段，而且一般说来他们还喜欢以廉价的、要求不高的"人手"去代替高价的、要求较高的"人手"。但是，英国的 Trade-Unions[③] 就能够以自己的榜样提醒车尔尼雪夫斯基，在发达国家里工人采用自己的措施来对抗资本家的策略。这些措施本身自然是远远不够的。但是它们教育工人，启发他们的阶级意识，从而为他们未来的胜利作准备。早在 1847 年马克思对蒲鲁东的

---

① 本版（"野玫瑰"出版社版）附注．在这方面，他和欧文有着极其明显的区别，但他从欧文那里借用了对"劳动成效的条件"的许多观点。人们可以很公平地把欧文称为英国工厂法的倡议者（参阅 Edouard Dolléans，*Robert Owen*〔爱德华·杜兰著《罗伯特·欧文》〕，巴黎，1905 年，第 91 页以下；还可以参阅 Helene Simom，*Robert Owen*〔海伦·西蒙著《罗伯特·欧文》〕，耶拿，1905 年，第 96 页以下）。但是，很清楚，在刚刚摆脱农奴制和只拥有很不发达的资本主义工业的俄国，关于工厂法的问题不可能具有像它在英国早从十九世纪初期起所具有的那种实际意义。因此，它在理论上也没有引起车尔尼雪夫斯基的注意。

② 《车尔尼雪夫斯基全集》，第四卷，第 388 页。

③ 工会。——译者

答复中,就详细地说明了工人抵抗同盟的巨大历史意义。在六十年代初,正当在旧世界和新世界的无产阶级的历史上开辟新时代的国际工人协会诞生的前夕,车尔尼雪夫斯基避而不谈这些措施。这里我们又一次看到环境对他的不可避免的影响、俄国社会关系落后的影响。

第六章　剩余价值

一

车尔尼雪夫斯基说:"在三方面分配产品的情况下,资本家承担生产费用;除了这些开支之外,他还可以从产品中得到称之为利润的一个份额。利润是由几个成分组成的。有一部分利润是为了资本家把自己的资本投入生产而给他的报酬;这部分在严格的意义上说可以称之为资本的利息。除了这种利息之外,余留下来的利润中有一部分是为了担当企业风险而给的报酬。另一部分余留下来的利润则是对于经营管理的劳动的报酬。利润的这三种成分中的每一种往往是和其他成分区别开的。有时资本家雇佣管理人,他自己已经完全不过问业务;这个管理人就获得经营业务的报酬,而资本家则只能得到资本的利息和保险费。但企业主也经常向别的资本家借资本来经营事业,那么这个资本家就分得利息,而企业主本人就只能得到保险费和经营管理的报酬,——假如他还雇佣管理人,那就只能得到保险费。要在三方面分配产品的制度下使工业生产得以进行,利润的大小就应该足以在特定时间的特定社会状况所必需的规模上构成利润的所有这三种成分。但是，在不同的社会状况下，利润的三种成分中的每一种的大小是差别很大的。”[①]

我们这位作者在往下几页中说，地租“只不过是某些情况下在某些生产部门中剩余下来的利润的余额”。[②] 后来从他的说明中可以看到，他还把商业资本的利润看作一般利润的一部分。

从所有这一切中可以得出结论，他把企业利润理解为剩余价值本身，亦即在占有他人无酬劳动的果实的不同类别的人之间以不同的名义分配的那一部分工人创造的价值。因此，我们在叙述他的观点时，将用剩余价值这一更精确的用语来代替利润这个用词。

在不同类别的企业主中间怎样瓜分剩余价值，关于这点车尔尼雪夫斯基谈得很少。在他那里我们只能找到关于地租的较为详细的说明。至于其他的“利润成分”，我们只能看到某些一般性的意见，类如“在风险较大的行业中，保险费高于平均的水平；在特别令人喜爱的行业中，管理人的报酬低于平均的水平”。[③] 他甚至认为没有必要去说明，这是一些什么样的工业企业如此令人喜爱，以至于它们的管理人会满足于低于平均水平的报酬。他把主要注意力放在关于剩余价值的水平的问题上。他说，“这种平均水平本身有时下降，有时上升。”它的大小取决于什么呢？他从穆勒那儿借取对这个问题的答案，他认为，“这个问题由英国经济学家们、特别

---

① 《车尔尼雪夫斯基全集》，第七卷，第 383 页。

② 同上书，第 401 页。

③ 同上书，第 394 页。

是李嘉图的著作做了极好的说明，而在不愧为李嘉图门生的穆勒那里，这个问题叙述得再好也没有了。”[①]

但是，穆勒是怎样叙述这个问题的呢？在车尔尼雪夫斯基所摘引的话中，穆勒的说明一开始就指出剩余价值的起源。“在不熟悉科学的人看来，似乎商业利润是依赖于价格的。生产者或商人之所以获得自己的利润，看来是由于他以自己的商品卖得的钱多于他为它所花费的代价，因而可能认为似乎利润是买卖的结果。不熟悉科学的人以为，似乎生产者之所以获得利润，仅仅是由于有着商品的购买者；似乎需求、购买者和商品市场就是资本家所获得的利益的原因，这些资本家通过出售自己的商品来更新自己的资本并使资本增殖。但是，抱这样的想法就是意味着只看社会经济结构的表面现象。”

我们请读者记起穆勒是怎样确定商品交换价值的。“假如把价值的偶然因素搁下不提，那么数量可以不定地增长的那些物品，是自然地和经常地按生产它们所必须花费的工资数量的比例（根据穆勒的意见，一切生产费用都归结为工资），以及付出这笔工资的资本家所应该获得的利润数量，来互相进行交换的。”[②]换句话说，“一般的常规是这样的：物品具有按这样的价值来互相交换的倾向，它们的价值要足以付给每个生产者以生产价值和通常的利润。”这是什么意思呢？这意思恰恰就是说，“生产者之所以获得自己的利润，是由于他以自己的商品卖得的钱多于他为它所花费的

---

① 《车尔尼雪夫斯基全集》，第七卷，第394页。

② 我们摘引的这个定义，用的是车尔尼雪夫斯基的译文（《车尔尼雪夫斯基全集》，第七卷，第451页）。

代价”，而利润则是“买卖的结果”。但是，难道不是只有“不熟悉科学”的人才会有这种观点吗?！是的，穆勒在论利润的那一章里是这样说的，而在论价值的那一章里，他所发表的却正好就是这种科学界人士所不应有的观点。怎样去解决这种奇怪的、不可容许的矛盾呢？对这个矛盾的合乎逻辑的解决是没有的，而且也是不可能有的，但却有心理学上的解释，这解释就在于，正如我们在前面已经说过的那样，穆勒的头脑里，对于同一个对象的完全自相矛盾的观点往往非常和睦地共处。

剩余价值的原因不在于交换，这是不言自明的，因为交换根本不创造任何价值。但是，由此还绝不能作出结论说，在研究剩余价值的起源时，我们可以忽视交换的规律，也就是说因而可以忽视商品的交换价值。穆勒告诉我们说，“利润的原因在于，劳动所生产的东西多于维持劳动所需要的东西……假如一个资本家以获得产品为条件去供养一批工人，那么除去偿还他的花费外，他还能获得一些(Sic[①])多余下的东西。”“多余下的东西”究竟是什么呢？是产品吗？但是，要知道工人所创造的产品在自己直接的物的形式下和工人的“伙食”是不可比的。如果我们说，工人所生产的细平布多于他们所吃的面包或他们所穿的鞋子，那该怎样使我们理解呢？我们想把几俄尺细平布同几普特面包或几双鞋子相比吗？显然，要把工人的“伙食”同他们的劳动力所创造的产品相比，就须转向前者和后者的价值（下面我们看到，穆勒本人也并不认为有可能不去诉诸于价值而应付过去）。因此，我们应该说，剩余价值或（按车

① 原文如此。——译者

尔尼雪夫斯基和穆勒的说法）利润，是一定的劳动力所创造的价值和我们为生产这种劳动力所花费的“伙食”的价值之间的差额；而如果我们想说得更精确一点的话，我们说，剩余价值（“利润”）是一定的劳动力所创造的价值和这种劳动力的价值之间的差额。但是，我们这样说的时候又转到了是什么决定价值这一问题。穆勒告诉我们说，价值决定于该商品的生产费用加上这些费用应该带给企业主的利润。运用这个定义来解决使我们感兴趣的关于“利润”（剩余价值）的问题，我们就达到以下这个大有教益的结论：利润的大小决定于工人所生产的超过自己“伙食”的价值的那个“多余下的东西”的价值的大小；而这种“多余下的东西”的价值，也像任何其他商品一样，决定于它的生产费用和这些费用应该带来的利润。利润依赖于价值，而价值则依赖于利润。这本身已经是不易了解的了；但是，当我们想起，使我们感兴趣的这种“多余下的东西”是企业主超过他支付的费用而获得的，因此也就根本谈不到生产这种“多余下的东西”的任何费用，那整个事情在我们看来就更加不易了解了。因此，遵循穆勒的定义，我们不仅没有走上解决“利润”问题的捷径，而且是在沿着逻辑上的曲线漫游，这种曲线可以称之为双重弯曲的曲线。

在穆勒关于“利润”的全部研究中只有一点是正确的，那就是为了生产利润就必需具备一定程度的劳动生产率，使工人能生产出比维持他们的生活所需更多的东西。但是，假如这向我们指明——而且这也是透过矛盾的浓雾向我们指明的——“利润”是由工人的无酬劳动生产出来的，那我们还是完全看不出“利润”的生产是怎样以资产阶级社会结构为条件的。在这方面，穆勒远远地落在李嘉图之后，因为李嘉图已能把生产剩余价值的问题和一般的价值问题联系起来。车尔尼雪夫斯基没有看出穆勒的这些错误。由于穆勒承认企业主对工人的剥削而博得了他的好感，他就原谅穆勒在承认这一点的同时所作的那些紊乱的解释以及其他的一些荒谬言论，如说什么“在以原料和劳动工具开始而以制成品结束的整个生产过程中，全部费用都只是由工资构成的”，“最后成品中不作为利润的那整个部分，是把用于工资的费用归还给资本家”。车尔尼雪夫斯基以为，在现实中一切事情也就是这样。他在关于利润的起源的问题上赞同穆勒的意见，在指明利润水平所依赖的原因方面也和穆勒意见一致。

二

据穆勒说，“资本家的赢利仅仅取决于两种情况：第一，取决于产品的数量，换言之，取决于劳动的生产力；第二，取决于工人自己在这产品中获得多大的部分，取决于工人的报酬和他们所生产的总量之间的比例。这两个因素是决定在国内全体资本家之间以利润形式分配的总额的条件。但是，利润的大小（穆勒想说的是利润的水平）、利润对资本的百分比则仅仅由第二个因素所决定，即决定于工人获得多大的份额，而不是决定于在工人和资本家之间分配的总额。如果劳动产品增加一倍，而工人也将从产品中获得像以前一样的比例的份额，也就是说，如果他们的报酬也增加一倍，那么资本家所获得的诚然比以前多一倍，可是因为他们的花费也比以前多一倍，所以他们的利润大小并未增加，而仍和以前一样。”然后穆勒指出，对于决定剩余价值（“利润”）的水平来说，起作用的其实不是工资，而是劳动的价值，亦即劳动力的价值。他说："廉价的劳动可能是无成效的……爱尔兰西部农业工人的报酬，不超过英国工人所获得的最低工资——多塞特郡的工人工资——的一半。但是，假如由于技能较差和较不努力，爱尔兰人在两个劳动日内所完成的工作并不多于英国工人在一天内所完成的工作，那么爱尔兰人的劳动就并不比英国人的劳动便宜，虽然爱尔兰人自己的收入要少得多。"我们现在看到，穆勒本人并不认为在决定剩余价值的水平时可以不去诉诸于一般的价值。当然，晚做总比永远不做好，但糟糕的是，他仅限于考虑"劳动的价值"，而忘记了劳动所创造的产品的价值。用他的话说，"劳动的生产力"是决定利润(剩余价值)总额的条件之一。这是不确切的。作为价值而言，剩余价值按自己的本性来说和任何其他的价值毫无不同。剩余这个形容词所指明的不是它的本性，而是它的起源。这是不用解释就明白的。某个商品的价值是由什么决定的呢？是由生产它所必需的劳动量决定的。假如由于技术的改进，亦即由于劳动生产率的增长，这种劳动量减少一半，那么商品的价值也就下降一半。某个商品的价值的大小，是和生产这个商品的工业部门中的劳动生产率成反比例的。因此，劳动生产率并不为我们决定剩余价值的大小。以劳动生产率为转移的是代表这种价值的物品的数量，而不是价值本身的大小。在这种情况下，剩余价值的大小是由什么决定的呢？是由决定一般价值的大小的那个东西决定的，也就是由劳动决定的。在剩余价值中体现的劳动，只具有这样的一个特点，即它是无酬的劳动，——被企业主白白地占有的劳动。但是，这并不改变劳动的本性：不管是有酬的或无酬的，它同样是价值的唯一源泉。因此,剩余价值的大小取决于企业主得以从工人身上榨取的无酬劳动的数量。如果我们假定,这种劳动量是不变的,那么剩余价值的大小也将不变,哪怕劳动生产率增长得不能再快。

穆勒肯定地说:“如果劳动产品增加一倍,而工人也将从产品中获得像以前一样比例的份额,也就是说,如果他们的报酬也增加一倍,那么资本家所获得的诚然比以前多一倍,可是因为他们的花费也比以前多一倍,所以他们的利润大小并未增加,而仍和以前一样。”这整个论断乃是造成一切混乱的症结所在。穆勒说的产品增加一倍是什么样的呢?这从前面所述可以看得很清楚:他说的是由于劳动生产率的增长而产品增加一倍。但是,假如这种生产率的增长是在其他相同的条件下发生的,那么它无论在剩余价值的大小上或是在劳动力价值的大小上都不会引起丝毫的变化。这样说来,资本家“获得的比以前多一倍”究竟是什么呢?如果不是剩余价值的话,那……又是什么呢?是他们用来交换自己的剩余价值的那些产品。换句话说,在剩余价值数额相同、由工人身上榨取的无酬劳动量相同的情况下,这些用亚当·斯密的话来说是在不播种的地方收割的人,就有可能生活得比以前好一倍,正如一个从事自然经济的地主会有可能生活得比以前好一倍,如果他的农奴们像以前一样每周为他工作一定的天数,而在这些天里所生产的东西则比以前多一倍的话。但是,既然事情是这样,那么资本家又怎样竟然会在生产上比以前多花费一倍呢?相反,按我们的假设的全部涵义来说,他们所花费的价值仍然不变,这不是一清二楚的么?穆勒想说,工人有可能生活得比以前好一倍(要知道在他看来一切生产费用归根到底都归结为用于购买劳动力的费用)。这样理解问题的话，他自然是正确的。但是，工人物质状况的改善将是劳动生产率提高的结果，而不是资本家的花费增加的结果。

或许，穆勒在谈到产品（亦即一般的全国总生产品）的增加时，指的是它的价值的增加？在这种情况下，他关于劳动生产率的增加的假定就归结为这样一个假设，即这个国家的工人生产出来的产品具有更大一倍的价值。我们就来研究一下这个假设。[①]

为了要生产出更大一倍的价值，工人就必须花费更多一倍的劳动。这在两个不同的条件下是可能做到的：或是第一，被剥削的工人数增加一倍，或是第二，工人人数虽不增加，而他们的劳动却比以前多一倍。当然，还可能有第三种情况：工人人数有或多或少的增加，同时每个工人分担的劳动也有或多或少的增加；但是考虑这种情况完全是徒劳的，因为它丝毫无补于对事物的理解。那么，我们来看一下，假如具有两倍价值的产品将由人数两倍的工人的劳动去生产，将会发生什么情况。穆勒假定，随着产品的增加，产品中工资和价值[②]所分占的部分是不变的：假如以前剩余价值占譬如说产品总量的一半，那么现在也仍将一样。因此，现在工资也仍将像以前一样占产品的一半。因为全部产品价值增加了一倍，产品中代表工资的那一部分也将具有更大一倍的价值。但是，这更大一倍的价值是在人数多一倍的工人中分配的。因此，每个个别的工人所得的工资就其价值来说仍然是不变的。而资本家的情

---

① 在当年的产品价值中，总是包含着作为一个很大的组成部分的由往年劳动所创造的生产资料的价值在内。但是，我们为了使论断简单化，不去管这一部分，也就是说，仅仅把由当年劳动所生产的那一部分全国年产值称之为当年的产品。

② 此处原文疑有遗漏，似应为“工资和剩余价值”。——译者

况将怎样呢？他们所占有的剩余价值将比以前大一倍；换言之，现在他们占有的他人无酬劳动量将多一倍。剩余价值率仍然不变，但是对工人阶级的剥削就受剥削的活材料的数量来说却增加了百分之一百。在穆勒那里，这个不可避免的结论是隐藏在这样一个论断背后的，即虽然资本家所获得的多一倍，“可是因为他们的花费也比以前多一倍（即购买更多一倍的劳动力），所以他们的利润大小（利润率）并未增加”。的确，如果剩余价值对工资的比率不变的话，剩余价值率是不变的。但什么是剩余价值对工资的比率呢？这也正是剩余价值率。这意思就是说，剩余价值率是不变的，假如它始终是不变的话。要断言这说出了很多意思，那真是太不应当了。

现在我们来看另一种情况。人数和以前一样的工人，劳动比以前多一倍，生产出来的价值也大一倍。剩余价值对工资的比率不变。现在工人以工资的形式获得的价值多一倍，资本家获得的剩余价值也多一倍。关于这种情况，穆勒又告诉我们说，因为资本家的花费多一倍，所以他们就如此等等，等等，一句话，利润率是不变的。但是，即使他不说，我们本来也知道，因为这是问题的条件所决定的。使我们感兴趣的是要知道在我们所假定的“产品增加”的情况下会导致怎样的后果。让我们来仔细地考虑一下后果吧。剩余价值是由工人的无酬劳动所创造的。在上述情况下，剩余价值比以前大一倍。因此，资本家先生们从工人身上榨取的无酬劳动量也多一倍。工人人数不变。因此，资本家先生们现在从每个工人身上榨取的不花钱的劳动也多一倍。这是至关重要的情况。但是，穆勒连一句话都没有暗示，全国产品的增长或许正是有赖于这种劳动"生产率"的增长，即有赖于对剥削有利的方面的增长。

马克思会说，穆勒把作为物质财富源泉的劳动和作为价值源泉的劳动混为一谈了。为了说明资产阶级经济的最根本的规律，把这两个概念区分开是极其重要的。诚然，只有马克思才能完全阐明这些概念的区别；他以前的经济学家们经常混淆这些概念，自己不知不觉地用一个概念去代替另一个概念。但是，在这个场合下，穆勒也比资产阶级经济学的古典代表者们更混乱得多。

劳动生产率的增长对剩余价值率的历史性增长起了很重要的作用。它使工人生活必需品降低价格，从而降低了劳动力的价值，并使这种劳动力的出售者、即无产者有实际可能去满足于全国产品中越来越小的份额。但是，不言而喻，如果我们把物质财富的概念和价值的概念混在一起，那我们就一点也弄不清楚这种现象了。

三

车尔尼雪夫斯基阐述了穆勒的"利润"学说并赞同穆勒的意见，但他认为有必要对它作一点他认为是非常重要的补充。这个补充的实质可以归结如下。

根据马尔萨斯的学说，工人阶级的贫困是由于过度的繁殖而造成的，是由于人们繁殖得比他们的生活资料更快。但可以想象这样的情况：生活资料增长得非常快，国家的全部财富也增长得非常快；人口的繁殖则远不是这样快，或者甚至完全不繁殖，然而工资下降，工人阶级越来越贫困。如果剩余价值增长的速度比全国产品总额增长的速度更快，那么在这种场合下就必然会出现这样的情况。在这种场合下，剩余价值很快地吞噬掉国民财富的全部增长额，开始越来越多地侵占归工人阶级所得的那个部分。因此，在这种场合下，工人阶级的贫困将不是由于产品太少，而是由于产品分配得太不均衡，不是由于生产力薄弱，而是由于分配不能令人满意。骤然看来，这种情况好像纯粹是假设的。但是，只要注视一下文明国家里的日常生活，就能看到这种假设是多么符合于现实了。在所有的文明国家里，剩余价值"具有一种固定的发展趋势，要侵占工资基金中尽可能大的部分；它力求吞噬掉这全部基金，只是由于工人没有一定数量的工资就在物质上不可能生存，才使它抑制住这样的企图"。当工人阶级的贫困完全是因为别的原因所造成的时候，把这种贫困归咎于工人阶级的过度繁殖是很荒诞的；把完全足以用现代的产品分配去解释并必然由分配而产生的那种贫困归咎于繁殖，是很荒诞的。在斯密学派的经济学家中间，谁也没有去注意问题的这一方面，因此，他们谁也不会正确地对待马尔萨斯的学说。

我们叙述车尔尼雪夫斯基的思想，用的不是他自己在叙述时所用的原话。但是我们完全确信，我们正确地转述了他的思想。任何人只要哪怕对目前的经济科学状况有些了解的话，那他一般说来就不能不赞同他的思想。现在对以下这一点已不可能有任何怀疑了，即无产阶级的贫困不是由自然规律、而是由社会关系所制约的。假如工人阶级完全停止繁殖，那么资本主义的发展也仍然会导致相对过剩人口的形成和与之相联系的一切贫困[①]。现代无

① 本版（"野玫瑰"出版社版）附注：正如我们在现代法国所看到的那样，在那里繁殖完全停止了，但却绝对没有消灭这种"贫困"。

产阶级的贫困是一种十分特殊的贫困。它是伴随着国民财富的发展并且是由于国民财富的发展而发展起来的。人口繁殖的规律不仅不能解释这种贫困，而且既然问题是关于现存社会中的繁殖，所以这些规律本身还要由这种贫困来解释，因为出生的人数到处都和社会关系有着紧密的联系，"抽象的繁殖规律只有对动物和植物才存在"。至少是李嘉图以前的斯密学派的经济学家们确实丝毫也没有料想到这一点，李嘉图则已经对资本主义社会中相对人口过剩的原因有了某种理解。因此，车尔尼雪夫斯基一般说来是正确的。然而在他思想的细节方面的发展中，却包含不少错误。

四

工人阶级的贫困取决于剩余价值侵占全国产品中越来越大的份额。事情就是这样。但是，这种正确地指出的情况又是取决于什么呢？车尔尼雪夫斯基回答说，取决于剩余价值具有按几何比例增长的特性。"每个人都知道，当利息附加上原先的本金又重新自己生出利息的时候，资本是以多么强大的力量增长起来的。"接着就列表说明资本在利润大小从10%至40%的不同情况下的增长。车尔尼雪夫斯基问道："商人是否可能获得40%的纯利润呢？是的，这是很可能的；否则就不会有这样的例子，即有人在20岁时以不过一百卢布开始自己的商业周转，而到50岁时就成为百万富翁……但我们将不采取40%，将不采取35%、30%、25%，甚至不采取20%，而只采取15%的纯利润率……在这种低于通常情况的利率下，资本在一个世代的期间可以增长到66倍之多。现在我们要问，是否曾经有过这样的情况，属于全民族的财富总额在任何一个30年内且不说增长到66倍,而哪怕是增长到30倍、增长到20倍呢?"对这个问题的回答是否定的:国民财富不可能增长得这样迅速。车尔尼雪夫斯基得出结论说,因此,利润经常在吞噬掉越来越多的大部分产品。他的原话是这样的:"我们知道,利润数量(应该说:利润)是扣除工资后剩余的产品……我们看到,产品的两个部分之中的一个部分增长得比产品总额要快得多。这意思就是说,产品的另一个部分是在减少。"①

为了使自己的论据更明显些,车尔尼雪夫斯基列了一张新表,从这张表可以看出,每十年全国产品——它起初等于10,000——的分配将发生怎样的变化,如果它每年的增长率为6.15,而每年的利润率则为10.5;并且利润起初仅为产品的十分之一,即1,000。这张表如下。②

年代	产品总额	利润总额	产品总额中留作工资的数额	利润总额在产品总额中所占份额	产品总额中留给工资的份额
第1年	10,000	1,000	9,000	10%	90%
第11年	18,171	2,714	15,457	15%	85%
第21年	33,019	7,681	25,338	22%	78%
第31年	60,000	20,000	40,000	33%	67%
第41年	109,030	54,288	54,492	48%	52%
第51年	198,120	147,360	50,760	74%	36%
第61年	360,000	400,000	-40,000	111%	-11%

关于这张表,车尔尼雪夫斯基指出,无论是在人口不繁殖的情

① 《车尔尼雪夫斯基全集》,第七卷,第400页。

② 同上书,第401页。

况下，还是当人口始终不变的时候，[①]这张表所表达的事物进程在本质上将是一样的。“区别仅在于，在人口不繁殖的情况下，工资起初要比人口繁殖的情况下提高得多一些。”[②]要理解这个意见，就必须记住，在他那里工资的大小是由什么决定的：它是工资基金除工人人数所得的商数。工资基金则是国家全年产品减去利润后所得的差数。显然，工人人数并不影响利润的大小，然而全部问题也就在于利润的大小：工资基金之所以减少，只是因为利润对它的侵占越来越大。为了使计算简单化，我们选择人口不繁殖的情况。但是，在开始进行任何计算以前，我们请读者细想一下我们这位作者的论据的一般性质。

资本的利息是从何而来的呢？是从剩余价值来的。在资本家中间作为资本利息分配的那一部分剩余价值的大小，以及利率的高低，是依赖于许多条件的，在这儿我们不打算去考察这些条件[③]。对我们来说重要的只是，为贷款而付给的利息的提高还并不表明剩余价值总额的增加。假如在任何一个国家里，通常的利率从三增加到六，那这当然并不意味着在这个国家里剩余价值总额增加了一倍。这种变动可能单纯是由于剩余价值总额的分配发生了变化而造成的：从剩余价值总额中作为资本利息分出来的部分比以前大了一倍。这是明显的。我们再往下看。假如在某个国

---

① 此处原文疑有误，似应为“无论是在人口繁殖的情况下，或是当人口始终不变的时候”。——译者

② 《车尔尼雪夫斯基全集》，第七卷，第403页。

③ 本版（“野玫瑰”出版社版）附注：参阅 *Das Kapital*（《资本论》），第三卷，第一篇，第322页及以下各页。

家里，为贷款而付给的利率等于十，那么这是否意味着这个国家的资本每年增加百分之十呢？假如获取这种利息的人花费掉自己的全部收入，假如除此之外剩余价值的所有其余的部分（地租、企业利润、商业资本的利润）也被自己的获得者所花费掉，那么国民资本的增长就没有任何根据了。诚然，尽管如此，单是由于他们从工人身上榨取的不花钱的劳动的相对量有所增加，他们所得到的剩余价值是可能增长的。但是，我们暂且不去注意这种情况，我们暂且假定，剩余价值总额仅仅依赖于资本总额，车尔尼雪夫斯基也是作这样的假定的。那么，假如全部剩余价值都被占有者先生们花费掉的话，我们的事情又将怎样呢？国民资本将不增长，因而剩余价值总额也将不会增加，而不管它分为利息、商业利润等等的各个部分发生了怎样的变化……但是，假如这一年的一部分剩余价值加入到下一年的资本中去，那么根据我们的假设，它所带来的剩余价值也就会增加。第二年的剩余价值将大于第一年的剩余价值吗？剩余价值增加的数学规律是怎样的呢？第二年的资本比第一年的资本大多少倍，那么第二年的剩余价值也就比第一年的剩余价值大多少倍。而第二年的资本比第一年的资本大多少倍呢？这点我们是不知道的，这取决于加入第二年资本的那部分剩余价值有多大。假定说，在第一年年底占有者所获得的剩余价值为十亿卢布。我们假定，我们的这十亿卢布构成全部国民资本的50%[①]。再假定，这十亿卢布全部被占有者先生们用于“腐化生活”的非生产性事业上了，在这笔浩大的花费中只剩下一百卢布加入国民资

① 我们故意假定这种很高的剩余价值率。

本。按照我们的假设，第二年的剩余价值必将增加五十卢布（即一百卢布新资本的50%）。这就是说，十亿加一百比十亿大多少，那么第二年的剩余价值也就比第一年的剩余价值大多少。假如您不是懒于使用"数学的方法"，那您就能够轻而易举地计算出这种增加的百分率。您就会看到，这个百分率比您把剩余价值总额和资本总额作比较时所获得的百分率要小许多许多倍。这后一个百分率等于五十，而前一个百分率则将等于一万分之一（0.0001）。这是什么意思呢？这意思就是说，在我们所假设的条件下，剩余价值每年增长的百分率绝对不等于剩余价值总额对国民资本总额的百分比。在什么样的情况下二者可能相等呢？只有在这样的情况下，即假如这一年的全部剩余价值都加入到下一年的资本中去。事情是这样的吗？我们会看到，事情不完全是这样，但车尔尼雪夫斯基却假定，事情是这样的，而我们暂且也不打算和他争论。然而我们仍然要请大家注意我们的结论：只有在这一年的全部剩余价值都加入到下一年的资本中去的时候，剩余价值增长的百分率才等于剩余价值总额对资本总额的百分比。我们记住这个结论，再来看我们的作者所列的表。

我们在这张表中看到什么呢？我们看到，剩余价值起初等于一千，过了四十年就已达到147,360。在什么样的条件下才可能有这样的增长呢？只有在我们刚才指出的那种条件下，即当剩余价值完全加入到资本中去的时候。但是，这意思就是说，资本家们在自己的生活上什么也不花费，而且是在四十年的期间内什么也不花费。他们靠什么生活，他们怎样维持自己罪恶的生存呢？不知道；然而事实是他们在这个时期内没有为自己花费剩余价值的一个原子。但是，要在四十年的期间内为自己什么也不花费，那资本家们就必须没有任何的需求。而谁要是没有任何需求的话，那他也就没有必要去剥削工人了。

可是，也许我们是错误的吧？让我们再来看一下车尔尼雪夫斯基的表。在这张表中，起初的剩余价值为一千。这意思就是说有一笔资本带来这一千。这笔资本有多大呢？车尔尼雪夫斯基丝毫没有谈到这一点。但是，假定剩余价值每年增长率等于以百分率表现出来的剩余价值总额对资本总额的比率，那我们就发现，带来剩余价值一千的这笔资本为 9523.8。在我们的表中，这笔资本弄到哪里去了呢？显然，它不再带来剩余价值，因为在表中只列入由于起初的剩余价值增长到一千(按复利计算)而获得的那种剩余价值。这意思就是说资本家们不再把这笔资本用于生产。那他们把它怎么办呢？也许它被用来在与车尔尼雪夫斯基的计算有关的整整几十年间维持资本家们的生活？假如是这样的话，那么试问，这笔所谓死资本的拥有者又怎样保存和以什么形式去消费它呢？要知道任何一种“生产资本”的很大的一部分是由生产资料，即原料、生产工具等等所构成的。但是，假定说，资本家们在几十年间是依靠消费工人借以创造出起初的一千剩余价值的那些生产资料而过活的。就是这样，以下的情况仍然令人难以理解。资本带来了一千剩余价值后，就退出了生产性消费，用于周转的就只有这一千单位的剩余价值。因此，第二年的全部生产资本等于一千。然而根据这张表的意思就可以得出，第二年的工资为 9510。什么是工资呢？它是资本的一部分，用现代的术语来说，我们说它是资本的可变的部分。可变资本、即国民资本的一部分等于九千五百一十(见表),而全部国民资本却总共只有一千,这怎么可能呢?这显然是不合理的。但事情并不只是这种不合理的现象。根据这张表的意思,第二年的剩余价值等于一千一百零五单位。因此,相等于一千单位的资本却带来一千一百零五单位的剩余价值。这意思就是说,剩余价值率已经不再是10.5%,而是110.5%,并且在第三年我们用于营业的资本已达二千一百零五(即1,000+1,105)。在这种资本增长进程中,资本的增加将比车尔尼雪夫斯基的表中所假设的更快得多。怎样解释这种新的不合理现象呢?大概我们又犯了错误吧。大概第二年的资本是一万,即其中包括工人所再现的第一年的工资的价值(九千)和他们的劳动所创造的剩余价值。假如这笔资本带来10.5%的剩余价值,那么到这一年底它应该增长到一万一千零五十个单位(11,050)。这一万一千零五十个单位也就将构成这一年的产品。但是根据车尔尼雪夫斯基的计算,结果却不是这样。根据他的计算,第二年的产品仅等于一万零六百十五个单位(10,615)。假如从这产品总额中除去一万资本,那么留下作为剩余价值的就只有6.15%的"利润"。但这还不是全部。我们从车尔尼雪夫斯基的表中看到,第二年的工资已经不是9000,而是9510。工资只能依靠牺牲剩余价值而增长。从剩余价值中扣除工资的增加额:615-510=105。这样一来,我们的"利润"就只剩下一百零五单位。但假如一万资本带来一百零五单位的"利润",那么这意思就是说每一百单位只带来一点零五,换句话说,也就是我们的资本只带来1.05%的利润。而这是违背我们的假设的,按照假设,资本应带来10.5%的利润。要信守这个假设,我们就应该假定第二年的产品等于一万一千零五十单位;换句话说,它的价值等于被花费的资本的价值加上剩余价值,或者如车尔尼雪夫斯基所说,加上利润,而利润本身则为资本的10.5%。不这样也是不可能的。假如我们说,这笔资本带来10.5%的利润,那么这意思就是说,在产品的价值中,第一,再现着资本的价值,而第二,这个再现的资本的价值还要加上新的价值:“利润”。但如果事情是这样,那么车尔尼雪夫斯基的表所指明的“在产品总额”和“利润总额之间”的那种不适应现象也就不可能发生了。而编制这张表的目的,也就是为了证明这种不适应现象是不可避免的。我们现在看到,这张表碰到自己本身的逻辑而被推翻了,而且可以说是从不同的方面和以不同的方式被推翻的:一个项目(假定说,“利润总额”的项目)的逻辑从一个方面和以一种方式来推翻它,而另一个项目(比如说,“产品总额”的项目)的逻辑则以另一种方式和从完全另一个方面来推翻它。这说明在这张表的基础本身中有着某些错误。而且这些错误是不难发现的。

五

车尔尼雪夫斯基的表是怎样编制的呢?产品每年增长的百分率假定为6.15;利润总额每年增长的百分率则假定为10.5。在这两个项目之间是否有任何联系呢?没有丝毫的联系。产品的增长完全不依赖于利润的增长,因而也不依赖于资本的增长;利润以及资本,也完全不依赖于产品的增长。诚然,利润每年都是从产品中扣除的,但它是由自己本身并且本身按照特殊的规律增长的,我们想到国民生产进程中去寻找对于这种特殊规律的解释是徒劳的。车尔尼雪夫斯基是这样考虑的:假如起初的一千单位的利润存放在银行里，每年带来这么多的利息，而且这些利息不断地利上加利，那么它就会是这样地增长的；这样一来，它的增长规律就被发现了，剩下的事只要每年从产品中扣除它的不断增长的数额，以便确定每一年工资基金的大小。这种基金迟早会开始非常迅速地减少，因为产品不可能增长得像资本那样快。因此，利润增长的“假设”是完全不管资本的生产和再生产的具体条件而成立的。复利的算术规则是它的唯一根据。而因为“工资基金”的大小依赖于“利润总额”的大小，所以工资的规律归根到底也是由这种利息的规律所决定的。我们从表中看到，在整整几十年内工资基金增长得很快。在第41年，它比最初高出五倍之多。为什么它增长这样多呢？只是因为从产品总额中扣除利润总额后所得的差数增长了。资本家们为自己算出他们所应得的份额，然后把余下的全部都给工人，自己不从其中侵占一个戈比。算术决定整个问题，全部产品分配都取决于算术；劳动和资本的真实关系完全从我们的视野中消失了。而产品的增长依赖于什么，国民生产进程是由什么决定的呢？它也是由算术决定的：产品也是按复利增长的，不过它的增长的百分率只是小于利润总额增长的百分率而已。整个事情被描写成这样，似乎我们有两家银行，其中一家银行以存款的形式接受最初的产品总额，每年为它付给6.15%，而另一家银行则接受最初的利润总额，并为它付给10.5%。我们只要知道这些业务，就能看到，增长着的利润以多么惊人的速度赶上甚至超过产品。但是，要知道资本如果不使用于生产就不可能带来利润，而如果使用于生产，它就在产品的价值中再现自己的价值；而在产品的价值中再现自己的价值的同时，还再生产出一定的利润——也就是说，它永远只构成产品价值的一个部分，——它不可能超过整体，不可能具有比产品更大的价值。由此可见，不管实际上“利润的趋向”是什么样，它并不是由车尔尼雪夫斯基所指出的那种原因所造成的。只要我们离开抽象的领域而考虑到资本再生产的现实条件，这一点就立刻成为显而易见的了。

但是，读者说，对不起。您从哪里得出结论说资本不可能超过全国每年产品价值。资本的价值不仅可能、而且必定是应当大于产品的价值。您知道，资本分为不变资本和可变资本(工资)。可变资本确实是完全再现在产品价值中的。但是，至于不变资本，那么它只把自己价值的一部分转移到产品中去。劳动工具、工厂建筑和不变资本本身的诸如此类的部分，是在许多年内为生产服务的；它们每年的磨损比较地说是不大的；因此它们转移到当年产品中去的那部分价值也是不大的。只要哪怕对资本主义国家的经济有某些了解，就可以知道，任何一个国家的全年产品比它所有的资本总额要小得多。假如车尔尼雪夫斯基在断言国民资本增长得比国民生产品快的时候，指的是这个众所周知的事实，那他就是完全正确的。

毫无疑问，如果车尔尼雪夫斯基考虑到资本的各个组成部分的本质区别，那他就会避免许多错误。但是，他的做法恰好相反。他在自己的示范计算中，完全忘记了不变资本。在这个场合下，穆勒把他引向了错误。根据穆勒的意见，在全部生产过程中，“一切费用都只是由工资组成的”。很明显，如果对“生产费用”采取这样的观点，那么任何一个商品的价值就归结于以下的公式：工资(穆勒会把它叫做生产费用，我们则把它叫做可变资本)＋利润(即剩余价值)。在这个公式中,没有为不变资本,或者更正确地说,没有为不变资本中转移到这一产品中去的那部分价值,划定明确的地位。车尔尼雪夫斯基不作任何修正就毫无保留地接受了这个公式,但对这个公式却很需要作修正和保留。当穆勒说商品价值只包括两个因素、即工资和利润时,他至少是有时候把工资不仅仅理解为在当年为生产这个商品而劳动的工人的工资。它也指事先准备好原料和其他生产资料的那些工人的工资。而所有这些生产资料可能是前一年或者甚至前几年的劳动的产品。对利润来说也同样如此。在工资+利润这一公式中,应该考虑到生产资料在其制作过程中经过所有企业主的手的利润。这样了解的话,这个公式就显出对生产资料的价值转移到一个商品的价值中去的事实不太理解;但它毕竟还注意到这个事实。车尔尼雪夫斯基在编制自己的表时则赋予这个公式以另一种意义。在运用这个公式时,他把利润和工资理解为单是与他的计算有关的那一年的生产参加者所获得的工资和利润。这已经是一个很大的错误,虽然应当承认,在以上所分析的价值公式的错误形式下是不容易避免这种错误的。我们就来看一下,车尔尼雪夫斯基的错误把他引导到哪里去。

六

国民财富是由价值构成的。这些价值的总额可以用一般的价值公式表达出来。在这个一般的公式中,我们只有两个“因素”:工资和利润,而工资和利润则被理解为每一年当年的工资和利润。因此,每个国家的每一年的国民财富,等于这一年工人所获得的工资加上剥削者所攫取的剩余价值。车尔尼雪夫斯基在编制自己的表时处处都采用这个等式。这张表全部建立在这样的想法上，即“国家财富总额”不可能增长得像“利润”那样快；“国家财富总额”则总是被认为相等于当年的“产品总额”。任何人都知道，当年的“产品总额”远不等于“国家财富总额”。然而车尔尼雪夫斯基的这个错误不会把他引向新的错误，假如他不把当年的“国民产品总额”同这一年的“工资”和“利润”（剩余价值）的总额等同起来的话。但是，从他的价值公式中却必然产生这个新的等式。这个公式没有注意到不变资本。因此，在国民产品价值中只有“利润”和工资的位置。正因为如此，我们从车尔尼雪夫斯基的前提中作出这些或那些结论时，也没有考虑到不变资本。

但是，什么是工资呢？这就是可变资本。它是否再现在产品价值中呢？毫无疑问是再现的。假如国内全部资本都化为流动资本，那么产品总额的价值是否可能小于生产它所花费的资本总额呢？在任何情况下都不可能。“产品总额”的价值将等于资本总额+利润总额。资本将永远只构成产品价值的一个部分。部分能否超过整体呢？不能。这意思就是说，在资本的增长和产品的增长或“国家财富总额”的增长之间的不相适应的现象，也是不可能发生的。

可能有人还会向我们指出，车尔尼雪夫斯基其实说的是“利润总额”的增长，而不是资本的增长。就算是这样。但是，要知道在他那里利润不断地附加到资本上去，亦即不断地转化为资本。一年的利润变成下一年的资本。只有在这种条件下，它也才能成为利润的源泉。而因为此外车尔尼雪夫斯基还假定利润率不变，所以很明显，利润“总额”的增长是和资本的增长相一致的。

车尔尼雪夫斯基所采纳的价值公式就其直接意义来说绝不证明劳动和资本的利益的对立。商品的价值等于工资+利润。假如工资低的话，那么资本的辩护人就准备好一个很好的诡辩的理由：利润越高，那么资本也就增长得或者至少是可能增长得越快。而资本则是全部花费在工资上的。因此，利润越高，那么工资基金的增长、亦即提高工资的条件就越具备。这样，资本就成为这样的一种矛，似乎它自己能治好它所造成的创伤：如果现在工人在资本的羁轭下困苦地生活，那么正是他们目前的困苦处境带来了美好将来的保证。车尔尼雪夫斯基的任务正在于驳斥这种辩护性的结论，这点是不必提醒大家了。但是，他只有在一种条件下才能驳斥这种结论，那就是从最抽象和片面的观点去考察他所采纳的价值公式。这个公式的错误在于，其中只给可变资本划定了位置。这本身已经是够片面的了，只是由于对资本的这种片面的观点，才能断言资本的全部增长额都用来增加“工资基金”。但是，当我们说资本的全部增长额都用来增加工资基金时，我们就必须以资本的再生产为前提。我们的前提是抽象的和片面的。你们瞧，我们再在抽象性的意义上向前走几步。以前我们没有注意不变资本，即生产的必要条件之一。而现在则我们没有注意资本的生产和再生产的整个过程。我们的价值公式变成了什么呢？最后的生活气息都离开了它；它成为僵死的抽象，不仅不能使我们想起现实的经济过程的运动，而且仿佛请大家忘掉这种运动，把我们引向一个又一个的新的错误。商品价值，因而也就是国民财富，也就是“产品总额”=工资+利润，这就是这个公式所告诉我们的一切。国民产品是怎样创造出来的呢？从公式中看不到这一点，而我们不深入到问题中去，却“假定”“产品总额”每年增长6.15%。加入到资本中去并自身也成为利润源泉的那种利润，经历着什么样的转化呢？换言之，在什么样的条件下利润变为资本？从我们的公式中又看不到这一点，而我们不深入到问题中去，却又一次用简单的假设去解决问题，假定“利润总额”增加得比产品总额快，每年增长10.5%。什么是“工资基金”？它和资本的关系怎样？它是资本的一部分，还是资本的全部？或者，也许必须把它看作一个特殊的经济范畴？我们的公式是建立在这样的假设上的，即“全部费用都由工资所组成”，换句话说也就是，资本和工资基金是同一个东西。但是，假如不管再生产的过程而去考察这个公式的话，那么它甚至不会使人想起资本和“工资基金”之间的这种实际上表达得不正确的联系。在这种情况下，我们的公式只告诉我们，随着“利润总额”的增加，“工资基金”便减少。这一点用不着任何假设就已是显而易见的：对每一年来说，“产品总额”是一个一定的量，因此，扣除额即利润越大，则余下的差数即工人阶级的份额就越小。但是，我们早已假定，产品总额这个被减数增长得比扣除额慢。很明显，工资基金迟早必然会化为乌有，也就是说，利润的增长会把我们引向“不可能有的社会状况”。现在我们只要用示范的算术计算来说明我们的结论，——我们的事情就完成了：我们证明了无论哪一个斯密学派的经济学家都没有注意到的东西。不言而喻，我们用来说明的计算，像我们对价值公式的全部分析一样，将具有抽象性的特点：算术不可能使我们想起生产的经济过程的具体条件。于是在这里我们写下一列数字，表明产品的增长；在它旁边则安排另一列数字，表现“利润总额”的增长。作为每一列数字的基础的只是我们的假设；这两列数字相互间没有任何内在的依赖关系把它们联系起来；它们的相互关系是扣除额对被减数的纯粹外在的关系。扣除的结果得到了表现差数即“工资基金”的新的一列数字，它和其他几列数字仍然是靠一种算术上的依赖关系联系在一起，而丝毫不顾生产和再生产的现实进程。但是，无论如何，我们的目的看来是已经达到了，劳动和资本的利益的对立“在数学上”得到了证明；资产阶级雇佣文人被驳倒了。然而我们使用什么样的方法去驳倒他们呢？我们所用的是某些非常片面的、因而是错误的前提。我们承认这些错误前提的正确性，但为了避免由这些前提产生的辩护性结论，我们却犯了新的错误，我们提出了对错误的价值公式的错误分析。我们借助于新的、更大的抽象概念来同抽象概念进行斗争。我们的论断是不正确的；我们所编制的表则时时刻刻碰到自己本身的这一列数字或那一列数字的逻辑而被推翻，这都是毫不奇怪的。

七

从下面顺便可以看出，车尔尼雪夫斯基关于利润增长的全部论断是以对价值公式的错误分析为基础的。用他的话来说，现实是和“数学规律”不一致的；实际上“利润总额”增长得并不像根据这张表所能预期的那样快。而产生这种情况的原因则在于“人的本性”。任何一个“商业性企业”的资本增长得越多，业务范围越广，经营业务的细节也就越是脱离老板的直接控制。越来越大的一部分对业务进行情况的监督工作，转入了雇佣的管理人员之手。

"谁不知道,雇佣的管理人员的工作是怎样进行的呢？几乎总是疏忽大意,而且差不多在大多数情况下都是敷衍塞责的……但是,在老板自己身上也多半与他的资本的增加相应地发展起疏忽大意的毛病。照我们的俗话来说,爱惜一个戈比就像一个卢布一样;但是对由过去几个卢布增加到成千上万卢布的人来说,牢牢地注视着戈比是会感到无聊的……随着获致利润的财产的增加,利润率便会下降。这是事实,它带有这样的普遍性,以致在英国假如您说:商人从他的资本所获得的利润率同他的资本的大小成反比例,对此已经没有一个人会同您进行争论了……然而这还不是全部。当一个人的物质福利增加到适合他的合理需要的程度时,他会变得越来越审慎。但是,有了一笔财产,这就超越了人类通常明白事理的力量。每个人都知道,'饱暖思淫欲'这句俗话对不对……随着发财致富变得愚蠢的人的例子是屡见不鲜的……不过,往往也可以看到一些相反的例子,一些靠自己的努力致富的人始终是节俭而审慎的,他们的儿女们就很难做到这样了:父亲积蓄的财产被儿子挥霍荡尽,——这是平常的事。"[①]

对所有这些论据可以提出不少异议。但是我们不同车尔尼雪夫斯基争论,而力求阐明他的观点。因此我们请读者只注意我们这位作者的一般思想。假如我们没有弄错的话,那么他的一般思想可以归结为:"利润总额"没有以它所可能达到的全部速度增长起来,仅仅是由于企业主自己的过错,或者如果您愿意这样说的话,是由于人的本性的过错,而人的本性在特定的环境下是不可能

① 《车尔尼雪夫斯基全集》,第七卷,第 404 页。

不是这样的。“利润总额”的增长由于随着资产阶级的富有各种各样的非生产性花费增多而放慢速度。这是正确的。但是，我们想起了我们的表。这张表指出，“利润总额”越大，工资基金就越小。非生产性花费使“利润总额”的增长放慢，因此，它们也使工资基金的缩减放慢。因此，资产阶级的非生产性花费、奢华和挥霍，是对工人阶级有利的：挥霍越多，工资基金的增长或者至少是较慢地缩减的可能性就越大。车尔尼雪夫斯基是否想说这一点呢？他是否想用工人福利的理由来替上层阶级的奢华辩护呢？绝对不是。在他的著作中可以找到不少精彩的篇幅，用以证明正好相反的观点。但是，说上层阶级的挥霍对工人有利，我们难道不是——难道不对吗？——从车尔尼雪夫斯基的表中作出来的完全正确的结论吗？那么，他又一次陷入自相矛盾么？也对，也不对。在他头脑里简直没有想到有可能得出我们所作出的那种结论，而所以没有想到是由于这样一个简单的原因，即他在编制自己的表时忘记了一切现实的生产关系，而只记得，既然规定了产品总额，那么利润越小，工人阶级的份额就将越大，反之亦然。您试试看在分析产品总额＝工资＋利润这个公式时忘记资本的再生产。您自己也就会说，不管利润总额由于什么原因而减少，它的减少总是对工人阶级有利的。要知道关于上层阶级的挥霍的问题正就是关于资本以较大或较小的规模再生产的问题。您忽视再生产，也就自然会忽视关于挥霍的经济意义的问题。而当您想起资本再生产的时候，那也就会想起挥霍、资产阶级和贵族地主的“腐化生活”的有害作用。那时您就不会说，不管“利润总额”由于什么原因而减少，这种减少在任何情况下总是对工人有利的。您将会记得，假如“利润总额”是由于国民资本额的缩减而减少的话，那么它的减少在其他条件相同的情况下就意味着产品总额的减少。这种产品总额的增长，就不再以抽象的形式呈现在您面前，像车尔尼雪夫斯基的表把它表现的那样。您现在就会看到，在产品的增长和资本的增长之间存在着紧密的联系，这种联系一点也不是由被减数和扣除额的外在关系来表现的。

但究竟是什么样的联系呢？至于这个问题，您对它的回答仍然还是决定于您对生产关系和资本再生产条件的理解。假如您用譬如说穆勒的眼光去看这些关系和这些条件，那么您在这方面也就会说出穆勒所说过的话。而假如您按不管什么样的另一种方式去看它们，那么您就必然会和穆勒意见不一致了。但是，无论在这种或那种情况下，您忘记了资本再生产之后在这里所达到的那些结论，对您来说将是完全无益的。这些结论来源于不适当的抽象，只要您离开片面的抽象的领域，哪怕只有一只脚踏上现实的经济基础，这些结论大概就将立刻被您忘掉的。

至少车尔尼雪夫斯基就发生了这样的事。在“利润”这一章里，他把资本和“工资基金”对立起来，并断言，资本增长得越快，那么利润就越是力图吞噬掉工资，而且无论是在人口繁殖或是不繁殖的情况下都同样会发生这种情况。他在“地租”这一章里也是这样说的。但转到关于“经济进步对工资的影响”问题时，他就已经用完全不同的精神发表意见了。他写道，“假如在资本增加的情况下人口不增加的话，那么工资就会开始上升；因此，利润就会开始与所花费的资本相比占越来越小的百分数，因为利润是从产品中扣除工资后的余额……要制止利润的这种下降的趋势，或是靠资本的非生产性浪费，或是靠资本转移到其他国家，或是靠生产过程的改善。由于资本的非生产性浪费（例如由于游手好闲的奢侈生活或是由于商业危机），资本的数额缩减了，这意思就是说，工资也缩减了；而如果工资减少的话，那么构成利润的产品余额当然就增加了。资本转移到国外也完全同样地使留在国内的资本总额减少。最后，由于生产过程的改善，生产价值下降了，而生产价值的下降在目前的生活方式下通常会引起工资的下降，如果工资减少的话，那么在扣除工资后资本家们所获得的产品余额就会增加。"①

总之，资本越是增长，那么在其他条件相同的情况下工资基金也就越是增加。假如您想起前面引证的那张表而对这一点提出异议说，资本的迅速增长也意味着"利润总额"的迅速增长以及"工资基金"的减少，那么车尔尼雪夫斯基就会向您指出利润率的下降，由于利润率的下降，虽然国民资本的数额是增加了，但利润总额却仍然可能不变。利润率下降的必然性，只要援引利润是"从产品中扣除工资后的余额"这一点便可得到证明，正如工资基金额的减少的必然性，可以用工资是从产品中扣除利润后的余额这一理由来加以证明一样。这一切使人非常难以理解车尔尼雪夫斯基的思想。您问自己，他的最后结论如何：在资本迅速增长和人口不繁殖的情况下，"利润总额"是否力图吞噬掉工资呢？任何一个仔细读过《政治经济学纲要》的人大概都感到过的这种困难，却解决得很简单。在谈利润问题的那一章里，他忘掉了资本的再生产，而在谈

---

① 《车尔尼雪夫斯基全集》，第七卷，第533－534页。

经济过程对工资的影响问题的那一章里，他却回想起资本的再生产，而把这个新因素引入自己的论断时，他当然就达到了新的结论。但是，他回想起资本的再生产后，绝没有放弃自己的价值公式。他只是在运动中去考察它，然而却像以前一样以抽象的、静止的形式去考察它。他离开抽象的领域，因此接近于对事物的正确观点。但是，他并没有完全离开抽象的领域：他的价值公式本身也只不过是一种错误的抽象。因此，虽然他现在是从较为正确的观点去分析这个公式，他却仍然达到了完全错误的结论。实际上，国民资本的增长远不是永远伴随着对劳动力的需求的增加。这种需求不是依赖于一般的资本"总额"，而是依赖于可变资本、即用于购买劳动力的那种资本的大小。假如随着一般的资本总额的增加，它的可变部分减少了，那么对劳动力的需求就会下降。西欧各国、特别是英国的统计不容置辩地证明，在一定的资本主义发展阶段上，资本的增长是和相对过剩的工人人口的增长同时进行的。其实，车尔尼雪夫斯基完全承认这种现象的可能性，而且他也不能不承认这种可能性，因为李嘉图就已经证明过这种可能性了。车尔尼雪夫斯基主张把资本分为"由一种生产业务所使用和再生产的流通资本以及为整整一系列生产业务服务的固定资本"。按照这种划分的意思可以看出，现在的所谓可变资本，或车尔尼雪夫斯基所说的"工人的食品"，构成"流通资本"的一个相当大的或者甚至是"主要的部分"。随着机器生产的发展，流通资本的一部分转化为固定资本，而"这意思就是说，工人每天所消费和再生产的那么多的食品数量从他们的消费中被取走了，使以后只能再生产更小得多的部分”[①]。由此已经完全可以看清楚，资本的增长既可能导致“工资基金”的增加，也可能导致“工资基金”的减少，视情况而定。然而车尔尼雪夫斯基并没有从这个极其重要的想法中作出任何结论。关于这个想法，他仅限于指出：“只有以前的流通资本以及与国内人口增长相适应的一定百分率的流通资本增加额被完全再生产出来以后，把剩余的每年新储金投入到固定资本中去，才不至于对工人造成危害。”[②]这是他在分析穆勒对“作为生产要素的劳动和资本”的看法时说的。在关于分配（他把分配看作完全不依赖于生产）的学说中，正如我们所看到的那样，他不仅忘记了固定资本对流通资本的关系，而且也忘记了固定资本以及不是用于购买劳动力的那部分流通资本本身的存在。在他那里，全部资本都归结为“工人的食品”。因此，在那里也就根本谈不到资本的各个组成部分的相对量的变化。但是，甚至在那里，在关于分配的学说中，他也没有把自己对剩余价值的看法归结为一个整体。在论利润的那一章里，他对资产阶级的利润学说作了我们已经知道的补充，他认为这一补充是非常重要的。而在论经济进步对工资的影响的那一章里，他却完全忘记了这一补充，并且他所重复的正是似乎已经被这一“补充”所彻底驳倒了的经济学家们对剩余价值运动的那些观点。

八

事情不这样也是不可能的。价值理论被认为是关于资产阶级

---

① 《车尔尼雪夫斯基全集》，第七卷，第155－156页。

② 同上。

社会经济的科学的基石，并不是没有原因的。车尔尼雪夫斯基对一般的价值没有清楚的理解，他就不能对庸俗经济学家们的剩余价值学说进行切实认真的批判。单是他对资产阶级经济学的态度，就已经排除了进行这种批判的可能性。他反对庸俗经济学家，同时却又不经任何审查就接受了资产阶级经济学的许多基本"定理"，而且他不是从资产阶级古典经济学家而是从充满矛盾的穆勒那里接受这些定理。对穆勒的理论，他也作了自己的补充。这些补充往往是以一些很重要而敏锐的思想为基础的，这些思想既证明了车尔尼雪夫斯基的卓越而罕见的才智，也证明了他对工人阶级的热烈同情。但是，在发挥这些思想时，车尔尼雪夫斯基仍然是——而且也不可能不是——一个空想主义者。他所作的补充具有完全空想主义的性质。这些补充在进一步的叙述中与基本定理发生冲突时，它们很快就对车尔尼雪夫斯基的论断失去任何影响，因此在以后的几章里他不得不重复资产阶级经济学家们的结论，而这些结论在前几章里却看来已经被他这样辉煌地，以这样的热情、讥讽和机智加以驳斥了的。我们已经不止一次地说过，在所有这些情况下他的抽象的假设法对他造成了多大的损害，这种假设法允许人们在考察各种经济现象时，抛开它们之间的活生生的相互联系，一个接一个地、一个独立于另一个地去进行考察。我们在第一章里指出，借助于这种方法很难发现任何什么东西。现在我们要补说一句——并希望读者同意我们的意见，——使用这种方法容易造成许多最出乎意外的错误。车尔尼雪夫斯基在补充穆勒时偏爱"数学的"方法，而达到了最空洞无物的抽象，从自己的思考中排除了一切现实的生产关系。他只依据算术，可以说是陷入了某种经济学中的毕达哥拉斯主义，到“数学规律”中去寻找经济现象的原因。但是，数学却不可能指出、而且也并不妄想去指出社会生活或自然界的原因。它只是帮助我们去确定这些原因的作用的量的方面。光的强度是和距离的平方成反比例的。数学是否能解释这种现象的原因呢？不，它只能帮助表述这种现象的规律，而让物理学去回答在富于求知欲的人的头脑里可能产生的“为什么？”的问题。当物理学企图说出自己的“因为”时，数学再一次甘愿效劳地去帮助它，但在这里也仍然让物理学拥有最后决定权。假如说的是任何一种经济现象，那么数学对待政治经济学也同样如此。数学是一门很可敬的、很有用的、很乐于为人效劳的科学。但是，不应该滥用它的甘愿效劳的精神，不应该要它担负它所不可能解决的任务。假如您想要向它提出轻率的要求，那它就会对此进行残酷的报复，把您引入抽象的密林中去，而您没有使您感兴趣的现象所属的那一门科学的及时帮助，就难以走出这个密林。而且也不单是数学具有这种报复性的特点。它深深地植根于其他一切科学的本性之中。譬如说，研究历史哲学的人有时起了这样的念头，想把关于自然界对社会关系发展的影响问题的解答归结为生理学规律，——部分地归结为生长过程生理学规律，而主要是归结为神经系统生理学规律。而结果是什么呢？像孟德斯鸠那样的一些聪明人，却说了许多骇人的、完全幼稚的胡言乱语，诚然，直到今天也还有一些极有见识的人偶尔在重复着这些胡言乱语，但实际上它们只是阻碍着对极其重要的科学问题的解决。出现这种胡言乱语也是不足为奇的。对生理学提出同它没有、也不可能有任何直接关系的历史任务，把生理学的“因为”应用于完全不适当的场合,那就会得出社会科学唯恐不及摆脱的那种荒谬之谈。这是很自然的情况。

九

一种在数学上可能出现的现象,还绝不能保证它在自然界或社会生活中可能出现。车尔尼雪夫斯基清楚地知道而且很机智地证明了这一点。他对马尔萨斯所引证的德国作家宙斯米尔赫的著作是这样说的:"顺便提一下,宙斯米尔赫要求艾勒编制在出生和死亡的不同比例下的人数增长表。艾勒采用了不同的数字,在某些情况下,人数增加一倍的周期拖得很长,而在另一些情况下不用说是很短的,从六百余年直到七年挂零。当然,还可以计算出更短的周期。假如问一下什么样的增长百分率为人类机体构造本身所容许的话,那就是另一回事了。能否假定,实际上人们不论在什么样的条件下都能按10%、或8%、或哪怕5%的每年增长率来进行繁殖?但是,宙斯米尔赫却没有向艾勒提出这个问题;他只是要求艾勒编制在不同的百分率的情况下按复利计算增加一倍的表,正如可能要求艾勒去计算一下,从一英尺到二十俄丈的不同体高的人每天需要多少食物一样。艾勒会告诉说,体高十俄丈、十一俄丈等等的人需要多少食物。一句话,在这里艾勒解答的那种问题,就如同在数学教程或物理学教程中往往可以见到的问题一样。例如:一个以发射的第一秒时的速度飞行的圆形炮弹要多少时间可以达到太阳;或者例如:一块铁逐渐地放进一个挖通到地球中心的坑井中去,它将成为怎样?数学很正确地回答,圆形炮弹在多少时间内飞到太阳,铁块在地面下多少俄里会达到赤热的程度,在多少俄里会达到白热的程度，最后，在多少俄里会熔化掉。这时数学毫不关心去分析是否存在这种假设的坑井，是否存在使发射出去的圆形炮弹能够飞到区区几俄里之外去的大炮；不言而喻，数学只是类集数字，而绝不保证它们的现实性。但是，我们试想一下，一个忘记了或者不懂得这一点真正含义的人，看到了这些问题的解答。我们试想一下，他以为似乎代数教程的作者不单是类集数字，而坦率地说，似乎所有这些结论实际上都能够实现。那么，在这种人的头脑里可能产生多么惊人的理论！例如他会建议，不用熔铁炉去熔铁，而简单地把铁放到地面下二十俄里去，或者他会建议用圆形炮弹把月亮打掉一块，使这块东西掉到地球上来，那时我们就会知道月亮是由什么构成的。马尔萨斯发生的就是这一类事情。他看了艾勒的表上的数字以后，也就坦率地这样认为，人口可能在二十五年、二十年、十五年、十年内增加一倍，甚至还会更快些，像艾勒在宙斯米尔赫那里编制的表那样。假如他头脑中不是一心一意想寻找反驳葛德文理论的论据，[①]那他当然就不会犯这种冒失的错误；但是，在宙斯米尔赫（艾勒）的表中，他看到了他所需要的论据，艾勒的名字保证了计算的准确性，此外还要什么呢？”[②]所有这一切都说得很好，但是，暂且不提马尔萨斯发生了什么事情的问题，我们看到，车尔尼雪夫斯基所发生的也正是这一类事情。在对穆勒的剩余价值学说作补充时，他恰好只是“类集数字”，而完全忘掉了经济的现实。所以发生这种事情，在颇大程度上是由于引起如

① 大家知道，马尔萨斯写自己的《人口论》一书的目的，是为了反驳当时的“平等制度”，主要是葛德文在 *Political Justice*（《政治正义论》）一书中叙述的观点。

② 《车尔尼雪夫斯基全集》，第七卷，第248页。

他所说马尔萨斯的冒失的错误的同一个原因：车尔尼雪夫斯基只注意到论战的目的，只抱着想更清楚地说明现存制度的不良方面的愿望。看来，数学保证了他所作的全部计算的准确性。他也满足于这种保证。而现实的剩余价值运动是怎样进行的和为什么而进行的，这个问题他却连想也没有想去询问一下。

车尔尼雪夫斯基对马尔萨斯学说的分析是在他对利润的研究之前。因此他重复了他指责马尔萨斯所犯的那种错误，而且他重复那种错误已经是在他本人指出了那种错误之后。我们还看到，他不仅是在关于利润的研究中重复这种错误。他对马尔萨斯的主要反驳，是建立在类似的数学抽象之上的。

车尔尼雪夫斯基不愿用这样一种"有趣的计算"来使读者觉得可笑，即证明"假如亚当在银行里存了一个戈比，那么现在我们每一个人都会从银行获得大量的黄金，其数量比一支直径相当于到海王星的轨道为止的太阳系直径的球形口袋所能装下的还要多得多"。[①] 为什么不能呢？因为这种计算在经济学上的荒谬性过于触目了。但是，在把完全类似的计算应用于现代经济生活的事实时，车尔尼雪夫斯基却并不觉得荒谬，而且还把它作为某种完全有根有据的东西来加以应用。然而，在这里全部区别纯粹在于时间。车尔尼雪夫斯基着手编制自己的表时说道："要使我们的想法能够与我们将获得的数字相核实，我们就应该把计算限于相当于一代人的活动的时间，即三十年。"[②]但是，没有根据的计算始终一样是

① 《车尔尼雪夫斯基全集》，第七卷，第393页。

② 同上书，第400页。

没有根据的，不管与它相关的时间间隔多么短。在时间间隔长的情况下，数字本身由于它们的大小与任何东西都不相适应而使我们想起了现实。在时间间隔短的情况下，它们不能使我们想起现实，从而使我们仍然对我们的论断的正确性得到错误的认识。时间间隔短的全部好处（或害处）就在于此。

在车尔尼雪夫斯基的全部计算中，对经济现实的唯一引证就在于指出这样的情况，即某些个别的资本是“按几何级数”非常迅速地增长的。“有人以不过一百卢布开始自己的商业周转，而到五十岁时就成为百万富翁。”但是，现代读者大概不需要人去提醒他，个别的资本、特别是商业资本的增长，可能由国民收入和一般国民财富的分配方面的变化所造成，而同时并不伴随着国民资本总额以及利润总额的增长。资产阶级国家的国民财富的增长，不能用别的方式而必须用资本再生产的条件去解释。

车尔尼雪夫斯基在自己的表中假定，“产品总额”起初等于一万，而过了六十年则增加到三十六万。而产品总额的这种增长，则被假定为无论在人口繁殖的情况下，或是在人口不繁殖的情况下，即工人人数不变的情况下，都是同样可能发生的。属于产品总额这一项目的不同数字表明什么呢？它们除了产品总额的价值以外任何东西都不能说明。但是要知道价值是由劳动所创造的。假如商品A的价值比商品B的价值大三十五倍，那么这就是说，生产商品B所需的劳动比生产商品A所需的劳动要少三十五倍。假如在工人人数不变的情况下，他们的劳动产品的价值比以前大三十五倍，那么这就是说，现在每个工人在产品中投入的劳动比起初投入的劳动要多三十五倍。[①] 而不增加劳动强度和工作日长度的话，这一点无论如何也是不可能的。无论关于前者或后者，车尔尼雪夫斯基都什么也没有谈。甚至还不止于此。正如在穆勒那里，在李嘉图那里或是在其他许多经济学家那里一样，工作日长短和劳动强度在他那里也到处默默地被当作固定不变的量。[②] 但是，在劳动强度和工作日长短不变的情况下，一定数量的工人的产品价值也始终是不变的。车尔尼雪夫斯基怎么会没有看出这一点呢？问题在于，他自己也未必清楚地意识到，他在谈到"产品总额"的增长时指的是什么：是产品的价值呢，还是它所代表的物质财富？而且从他编制自己的表时所采取的抽象的观点去看，也是看不到有什么必要去把这些有着本质区别的概念严格地区别开的。

还有一个——最后的一个——意见。当车尔尼雪夫斯基指责斯密学派的经济学家们没有看到利润按复利增长的本性时，他把自己的思想表达得并不正确。在他的表中，"产品总额"也是按复利增长的。然而，假如在表中利润吞噬了全部产品，那么所以发生这种情况，只是因为利润增长的百分率大于产品增长的百分率。这意思就是说，问题不在于级数，而在于级数的分母。这种小事情也可以不谈。但是，我们还看到，我们这位作者的用语的不准确，往往导致绝不是微小的后果，而造成他的论断中的错误。

---

① 我们再一次提醒大家，在车尔尼雪夫斯基那里，产品价值并不包括在其中再生产出来的那一部分不变资本的价值。

② 因此他也没有想到对工作日实行法律限制的必要性。

一〇

但是，再重复一遍，车尔尼雪夫斯基想要证明的那个基本思想是完全正确的。随着资本主义的发展，工资确实成为国民产品中越来越小的部分。现在这一点已经极其令人信服地得到了证明，但是，这当然不是由算术、而是由统计来加以证明的。那些愿意深信我们的话的正确性的人，也应该去看看统计。[①] 而谁要是对这种现象的本质并不怀疑，希望找到对这种现象的令人满意的解释，那他就应该从资本再生产的不断变化的条件，从工人和资本家的关系，去看关于剩余价值相对增长的问题。“利润”（剩余价值）力图“吞噬工资”，因为随着资本主义的发展，工人和资本家的关系越来越变得对企业主有利。“资本的迅速增长对雇佣劳动是最有利的条件。”[②]工人由于资本主义历史发展中的任何停滞而首先遭到损害，并且比所有人都更深切地感觉到痛苦。然而，“资本的增长引起竞争的无比迅速的增长，也就是说，导致工人阶级的工资和生活资料的来源的无比迅速的相对缩小”[③]。资本总额的增长伴随着它的可变部分的缩减，而这种情况是发生在劳动力的供应甚至与人口的增长无关而增加的时候：在“劳动市场”上，成年工人旁边出现了儿童，男子旁边出现了妇女。劳动力出售者之间的竞争大

① 本版（“野玫瑰”出版社版）附注：参阅我们在《对我们的批评者的批评》这一文集中对司徒卢威的答复。

② 卡尔·马克思：《雇佣劳动与资本》。

③ 同上。

大地降低了它的价格，现在它的价格已经下降到它的价值之下。资本家们感到快乐极了。人手又便宜又听话。对工人的剥削增加到空前的程度。而资本家的发财致富就是建立在这种剥削上的。和剥削的增加一起，剩余价值率也增加了，剩余价值成为国民产品中越来越大的部分。而这还不是全部。我们说过，劳动力的价格下降到它的价值之下。但是，假如没有发生这种情况，假如资本家按劳动力的实际价值去购买劳动力，那么在那时候工人阶级在国民产品中的份额的相对缩减也是不可避免的。资本主义的发展伴随着劳动生产率的提高。随着劳动生产率的提高，工人的生活费下降了，而因为劳动力的价值是由这种生活费的价值所决定的，所以十分明显，随着劳动生产率的提高，扣除劳动力的价值后留在资本家手里的那一部分国民产品就必然增加。这样，随着资本主义的发展，生产关系越来越变得有利于资本家而不利于工人。因此，假如"利润吞噬工资"的话，那么造成这种情况的原因在于人们的关系，而不在于物的性质，也不在于这个或那个经济范畴的抽象特性。说利润具有按这种或那种级数增加的特性，我们只是以某种方式表达了一个经济的事实，而这个事实却仍然要求我们对它作出解释。某些资产阶级经济学家把自己关于交换价值的论断仅限于指出，物品具有按一定的比例互相进行交换的能力。因此，交换价值原来是物的特性之一。车尔尼雪夫斯基则到利润的特性、即一个经济范畴的特性中去寻找工资的相对缩减的原因。但是，经济范畴本身所表现的不是别的，而只是社会生产过程中人们的相互关系或人们的各个阶级之间的相互关系。经济科学只有当它明白了这一点，并且着手去研究隐藏在物的虚假性质和经济范畴的神秘特性背后的那些相互关系时，才能站到正确的观点上去。但是，不论穆勒或他的翻译者和批判者车尔尼雪夫斯基，都还没有料想到经济科学发展中必然要迈出这极其重要的一步。

我们回到剩余价值问题上来。我们说过，剩余价值率随着资本主义的发展而提高。车尔尼雪夫斯基在论利润的那一章里企图证明同样的思想，在以后几章里却断言，工业进步的后果是利润的下降。“在先进国家中，利润一般说来相当地接近于 minimum[①]，而由于达到这个 minimum，资本停止增长，于是所谓静止状态就降临了。”[②]我们这位作者的最后结论就是这样。我们已经说过，这个结论是与现实相抵触的。但是为了要从所有各方面弄清楚车尔尼雪夫斯基的观点，我们应该把他的利润学说和他的地租学说作一对照。

第七章　地　　租

一

在地租学说方面，车尔尼雪夫斯基看来是严格地遵循李嘉图的观点的。他辛辣地嘲笑企图推翻这位著名英国经济学家的理论

① 最小限度。——译者

② 《车尔尼雪夫斯基全集》，第七卷，第 536 页。

的凯里。[①] 但是，在叙述和保卫李嘉图的学说时，车尔尼雪夫斯基也没有忘记自己的主要目的，即更清楚地说明现存经济制度的有害方面。他指出，地主在地租的形式下攫取无酬劳动的产品。他说："如果愿意的话，您可以证明，地租不包括在生产费用中，它不是多余的开支，而只是表明在较好的条件下劳动比在较差的条件下劳动的节约。我们假定，全部事情是这样的；但是，无论如何，地租是产品的一部分；假如地租是从工资中分出来的，那么这意思就是说，从产品中分出多少地租，从事生产的人就少得多少产品。"[②] 这自然是完全正确的。但是，几乎紧接在这之后，车尔尼雪夫斯基说道，"地租像利润一样具有从产品中侵占越来越大的份额的趋势"，因此"地租对于利润和工资所起的作用，正好就是利润对于工资所起的那种作用"，这时他又暴露出自己的经济学概念是颇为模糊的。其实车尔尼雪夫斯基在关于利润的研究中说的不是企业利润，而是一般的全部剩余价值。他自己预先说明，"在这儿没有把地租考虑在内，因为它本身只是在某些情况下、在某些生产部门中留下的利润的剩余部分。"的确，地租只是剩余价值的一部分。但

① 本版（"野玫瑰"出版社版）附注：但是，应当指出，车尔尼雪夫斯基在一篇早期的文章中，表示他在极重要的一点上不同意李嘉图的意见。在关于李沃夫的《土地是财富的要素》一书（莫斯科，1853 年）的书评中，他说："李嘉图的理论是完全有充分根据的，但并不完全圆满，它只是解释了不同土地的地租的差别的原因，而没有假定，最坏的土地也带来地租，并且也没有解释这一点；他把地租算得低于它的实际数量，因为他只在生产充分的情况下而不是在生产不充分的情况下计算地租"（《车尔尼雪夫斯基全集》，第一卷，第 138 页）。这很像罗勃妥斯和马克思的绝对地租理论。但是，车尔尼雪夫斯基完全没有继续发挥对地租的这种观点，在《政治经济学纲要》中，他已经不再回到这种观点。

② 《车尔尼雪夫斯基全集》，第七卷，第 411 页。

如果是这样，那么车尔尼雪夫斯基关于地租增长的意见就必须表达如下：地主所获得的这部分剩余价值对于一般的全部剩余价值和工资所起的作用，正好就是剩余价值对于工资所起的那种作用：剩余价值的一部分，即地租的增长，导致扣除地租后留作一般的全部剩余价值和工资的那部分产品的缩减。这是显然不合情理的，其所以产生这种情况，只能用以下这点来解释，那就是在论地租的那一章里，车尔尼雪夫斯基所用的"利润"一词的意思已经不是指一般的全部剩余价值，而其实是指所谓企业利润，即仍然只是剩余价值的一部分。在这种情况下，他的思想看来就完全明白易懂了。但是，这也并不完全如此。假如在论地租的那一章里，车尔尼雪夫斯基把利润仅仅理解为企业主的利润，而不是一般的剩余价值，那么他就没有权利把地租的趋势比作企业利润的趋势，因为他关于剩余价值增长的论断和后者本来没有直接的关系。显然，车尔尼雪夫斯基把一些完全不同的概念和"利润"这个词联系在一起时，自己不知不觉地——因而也就毫无保留地——从其中的一个概念转到另一个概念，这就无论在叙述中或是在对问题的研究本身中都带来了混乱。由于他的用语的这种不确切，会不由自主地产生这样的想法，即当他论述"经济进步对工资的影响"而把"下降的趋势"归咎于利润的时候，也许他完全不是自相矛盾：也许，他在那里指的不是一般的全部剩余价值，而只是企业主的收入。为了要消除这种怀疑，我们就请大家回忆一下我们作者的原话。"假如在资本增长的情况下人口不增长的话，那么工资就会提高；因而与所花费的资本相比利润就会占越来越小的百分比，因为利润是产品扣除工资后的剩余。而假如人口繁殖的话，那就必须增加食物的数量，也就是说，农业必须下降到耕种肥力较差的土地，农业劳动就会成为成效较小的劳动，而扣除工人生活费以后留给企业主的份额也仍然会减少。”[①]如果我们没有弄错的话，那么在这段话里是把“利润”这个词理解为一般的剩余价值，亦即车尔尼雪夫斯基认为具有按几何级数增长的特性的那一部分产品。但是，假如和我们预期的相反，在这里必须在企业主收入的意义上去理解“利润”这个词，那么我们的作者就仍然会陷于自相矛盾。甚至在人口并不繁殖，对食物的需求并不增加，农业并不转向肥力较差的地段，因而地租也不增长的情况下，利润的下降在这里也是不可避免的。在这里，利润下降的原因仅在于对劳动的需求的增加和工资的提高，而工资的提高则被认为是资本增长的不可避免的后果，可是以前车尔尼雪夫斯基却曾证明，甚至在人口不繁殖的情况下，资本的增长所意味的不是利润率的下降，而是工资基金的缩减。

二

但是，车尔尼雪夫斯基把利润率这一用语理解成什么呢？由于在他那里有两个不同的概念和利润这个词联系在一起，所以利润率这一用语本身在他那里就有着双重的含义：有时它的意思是指剩余价值总额对资本的比率，而有时只是指企业利润本身对资本的比率。这是不言自明的。但是要问一下，车尔尼雪夫斯基说的究竟是什么资本呢？假如在每个生产过程中企业主的全部费用

① 《车尔尼雪夫斯基全集》，第七卷，第533页。

"都归结为工资",那么全部资本就变为现在称之为可变资本的那种东西。这意思就是说,我们的作者至少是有时把利润率这一用语理解为现在所理解的完全同一个意思,即剩余价值对劳动力价值的比率。关于这种"利润率",可以无条件地说,它不仅没有下降,而且是随着经济进步的过程不断提高的。假如车尔尼雪夫斯基在谈到"利润率"时想起,实际上远不是企业主的全部费用都归结为工资,假如他考虑到不变资本的话,那么在这种情况下就必须看到,"利润率"的下降是可以同对工人的剥削程度的增加很好地和睦相处的。为了说明这一点,我们也来采用"假设"。假定说,我们这里的不变资本和可变资本各等于10个单位;剩余价值也等于10。资本总额对剩余价值之比为20比10。因此,"利润率"就等于(10∶20)50%。再假定,我们的资本增长了,同时它的增长伴随着它的各个部分的相对量的变化;现在不变资本等于35单位;可变资本和以前一样——10,而剩余价值则增至15。现在的"利润率"等于(15∶45)$33\frac{1}{3}$%。正如你们看到的那样,"利润率"是下降了,但是对劳动的剥削程度却大大地增加了:以前工人以工资的形式获得10单位的价值,用自己的无酬劳动也为企业主创造10单位。对劳动的剥削程度等于(10∶10)100%。而现在则等于(15∶10)150%。现在资本家获得年产品中的份额相对地说要更大得多。但因为这个份额对资本总额的百分比大大地缩减了,所以人们可以认为,现在不是"利润力图吞噬"工资,而是相反,工资吞噬了一部分剩余价值。车尔尼雪夫斯基没有注意到发生这种复杂情况的可能性。

至于地租,那么按李嘉图的理论来说,它只是由于农业转向肥力越来越差的地段而增长的。但是，在其他条件相同的情况下，农业转向肥力较差的地段意味着工人生活费的价值的增长，换句话说，也就是劳动力价值的增长。劳动力价值的增长则等于剥削者在国民产品中所占的份额的缩减，以及对劳动的剥削程度和“利润”（剩余价值）率的降低。假如车尔尼雪夫斯基说，由于农业转向肥力较差的地段而引起的地租的增长，伴随着剩余价值的相对缩减，那他就会是完全正确的。然而他所说的却完全不是这一点。从他的话可以得出，地租的增长是和剩余价值的相对增加同时进行的，但增长得比后者快，由于这个缘故，企业主和工人一起获得的产品份额就很迅速地缩减着。但是，这样的事物进程是和他自己的前提相矛盾的，也就是和李嘉图的理论本身相矛盾的，而李嘉图的理论则是他关于地租的增长对国民产品分配的影响的论断的基础。

可是，在这里应当作一点附带说明。许多资产阶级经济学家认为，伴随着人口和资本的增长而发生的农业劳动生产率的逐步下降，完全是不容争辩的现象。车尔尼雪夫斯基只是有条件地承认这种下降。他认为，假如在农业中不进行改良的话，那是必定会发生这种下降的。但是，农业改良是在不断地进行，而这就抑制着地租的增长。作者告诉我们说，“任何一种进步的一般公式在于，它减少了不平等的力量。[①] 每一种改良措施在应用于农业生产时，在较好的条件下会提高工作的成效，通常在较差的条件下还会更大地提高工作的成效，而无论如何是消灭了在过去最坏的

① 我们曾经在前面考察过这种意见。

条件下进行工作的需要。譬如说，假如由于用好犁去代替旧式犁在头等土地上生产的将不是以前的十俄石，而是十二俄石，那么在大多数情况下，第五等土地的产量，代替以前的六俄石的将不是八俄石，而是九俄石；而无论如何由于这前五等土地的产品大大增加，就不需要再去耕种过去所耕种的只产五俄石的第六等土地了。这样，工作成效的最低标准、决定地租的标准就大大地放宽了。”①

根据车尔尼雪夫斯基的意见，还有另一种抑制地租增长的力量。这种力量在于“地租渴望增长太过分了：地租趋向于吞噬利润和工资，也就是说，趋向于推翻三方面分配产品的制度，用更不能令人满意的制度形式去代替它，——在这种形式下，企业主和工人都将丧失独立性，成为地主的附属品，成为地主的财产的一部分。在这种制度下，利润使工人从属于资本家，而地租则使工人和资本家一起从属于地主。不言而喻，这种反动倒退的倾向由于降低生产成效而影响到生产，也就是说，在三方面分配的制度下，地租不仅导致留作工资和利润的产品份额的缩减，而且也导致产品总额本身的缩减，亦即导致人口的缩减；而在人口缩减的情况下，当然就不再需要去耕种过去的耕地中的末等土地了，而由于这个缘故，地租就损害了自己。地租的这种使产品总额缩减的倾向，当然和力求使产品总额增加的进步力量进行着斗争，在近代进步力量已经壮大到经常地占优势的地步，而地租在近代史上的作

① 《车尔尼雪夫斯基全集》，第七卷，第413页。

用已不是使产品减少,而只是减少产品的增长”。[1]

三

在论地租的那一章里,车尔尼雪夫斯基只是顺便涉及关于农业劳动生产率的虚假的下降问题。他在评论马尔萨斯的人口学说时以及在论经济进步对工资的影响的那一章里,更详尽地考察了这个问题。他反驳马尔萨斯的主要论据是:由于农业转向较差的地段而造成的农业劳动生产率的下降,在本质上是微不足道的,甚至在最黑暗的中世纪的停滞时期,农业改良也能够轻而易举地克服这个原因所起的作用。我们将来还要回到车尔尼雪夫斯基的这个论据上来,而暂时只去研究他的以下的见解。无论在纺织工业或是在农业中,生产产品所必需的劳动量都在减少。但是在农业中它减少得不像在纺织工业中那样快。因此,农产品的价值比起纺织品的价值来是增加了。请问,为什么农业落后于纺织工业呢?穆勒说道,“农业技能和知识增长得缓慢,而普及得还要更慢。”车尔尼雪夫斯基正确地指出,“这个非常正确的回答还绝不是什么回答,而只是提出了新的问题。”他问道,“为什么农业技能和知识增长得缓慢,而普及得还要更慢呢?”大家知道,“农业生产是比任何一种产品制造都要复杂得多的过程;当然,改良最简单的事业的任务比改良较复杂的事业需要的思考较少。但要知道这也还不是什么回答。假如一个任务比另一个任务更困难些,那么应该预期,最有天才的思想家们将着手研究前者,而让第二流的思想家们去研

---

① 《车尔尼雪夫斯基全集》,第七卷,第 414 页。

究后者。”但是，天才的思想家们仿佛是商量好的一样，都回避农业问题。“天才人物准备着手研究一切：绘画和数学、历史和医学，而现在他们之中只有一个人——李比希研究农业，而且他也几乎只是在其他工作之余的空闲时间内才研究农业；而在李比希之前，您简直指不出一个农业理论方面的伟大科学家。”车尔尼雪夫斯基力求指出科学的发展和统治阶级的利益之间所存在的密切联系，用以解释这种现象。他说：“迄今为止其利益左右科学的方向的那些阶级，是并不需要面包的。他们和一切人共有的那种求知欲，把人类思维引向抽象的科学；在实际知识方面，它把人类思维引向改良使上层阶级或中层阶级所需的任何东西尚感缺乏的一切事业。我们学会了怎样建造船只、房屋，怎样织布；这些技艺达到了惊人的成就，因为如果没有这些技艺的高度发展，有钱人或生活富裕的人就会在生活中感到不便。但是，即使在农业极其幼稚的状况下，这种人的食物是否会低劣或不足呢？——谢天谢地，他吃的东西既可口，又吃得饱。自然，每一个人应当从事自己的事业，考虑自己的需要。只有平民才需要农业改良。暂时平民在历史上还不起任何作用，只有他们带着自己的无知在忙于农业的改进。泰埃尔是第一个合理地研究农业的人，他出现在上个世纪末是不无原因的，那时正当平民企图申明自己在历史上的权利。李比希是伟大的科学家中间第一个研究农业的人，他成为所谓空想主义者的同时代人并不是偶然的。”①

关于车尔尼雪夫斯基对农业落后问题的这种“基本答案”应该

① 《车尔尼雪夫斯基全集》，第七卷，第530－531页。

说的话，几乎就是我们关于他对资产阶级经济学家们的学说的其他一切补充所说过的话。这个答案很机智。我们的作者在提出这个答案时显示出来的对科学史和一般地对思想运动的看法，比那些似乎是深刻的思想家们要正确得多，按照那些思想家的意见，科学和思想是靠自己的力量、为了自己本身而发展起来的，既不依赖于生活的影响，也同社会的经济利益没有任何关系。但是，车尔尼雪夫斯基作出这个机智的答复，毕竟没有足够地注意到具体的经济关系，因而无论如何不能被认为是"基本答案"。这毕竟还是很抽象的、片面的，因而也是错误的答案。大家知道，目前棉纺织工业是资本主义国家最重要的生产部门之一。但什么阶级穿棉织品的衣服呢？是穷人；有钱人则比较喜欢其他的织物。普鲁士的容克地主努力研究马铃薯酒的制造。这种有用的产品是预备供谁饮用的呢？当然，不是供富裕阶级饮用的，因为他们比较喜欢其他的饮料。而且一般地能否说现代工业主要指望有钱的和富裕的消费者呢？能否说现代工业只从事生产奢侈品和舒适用品呢？远不能这样说。现代工业首先注意到生产本身的需要，这就是制铁工业、机器制造工业和煤矿业；其次力求为自己保证尽可能大的市场，它首先注意到人民群众，亦即在车尔尼雪夫斯基看来被它完全忘记了的那些贫穷的人。这种对大量销售的追求使现代工业和譬如说东方民族的工业有着本质的区别，东方民族的工业确实几乎只注意到上层阶级的需要，因为在那里下层阶级生活在自然经济的条件下，用自己的制品来满足自己的需要。在古希腊罗马世界，事情在颇大程度上也曾经是这样，正因为如此，所以普卢塔克在叙述阿基米德的力学发明时，请读者们原谅阿基米德，说这位著名的数学家之所以从事于这种不配哲学家去做的研究工作，只是为了保卫自己的祖国抵御罗马人。在希腊和罗马，社会关系的性质确实把人类思维几乎只引向抽象科学。但现在事情已发生了根本的变化。在资本主义社会里，剥削者本身的利益把人类思维引向技术发明，如果这些技术发明只能应用于奢侈品和舒适用品的生产，那它们就不会有任何实际意义。而且对资本家来说，什么人消费他的工人的制品，是财主还是穷人，对他又有什么关系呢？一个工厂老板制造质量低劣的印花布，像制作奢侈的银器的这个或那个企业主一样成功地为自己钱袋的利益服务。对棉纺织业大王来说，这一点就完全足够了。“金钱没有气味”。而且，请看一下，究竟是谁能更多地利用技术发明，或至少是谁有更多的机会去利用技术发明呢？是制造大众消费品的工厂主，还是制造奢侈品的企业主？您会看到，在技术方面为满足穷人需要的工业所做的事，比为生产奢侈品的工业所做的事要多得多。为什么会是这样的呢？是因为技术员先生们很关心穷人的利益么？不，这单纯是因为，正如我们已经说过的那样，现在对企业主本人来说前一种工业比后一种工业更重要得多。① 前一种工业居于领导地位，因此科学也就更辛

① “为什么棉花、马铃薯和烧酒是资产阶级社会的基石呢？因为生产这些东西需要的劳动最少，因此它们的价格也就最低。为什么价格的最低额决定消费的最高额呢？是不是由于廉价物品的绝对的、内在的效用，由于它们最能满足作为人的工人，而不是作为工人的人的种种需要呢？不，这是因为在建立在贫困上的社会中，最粗劣的产品就必然具有供给群众使用的特权。”卡尔·马克思：《哲学的贫困》，普列汉诺夫编、查苏利奇译的俄译本，第33页，见《马克思恩格斯全集》，第4卷，第105页。

勤地为它服务。

但是,在这种情况下,为什么农业落后于纺织工业呢?这部分地是因为农业比工厂生产要复杂得多,而主要是因为农业是在与纺织工业不同的生产关系下发展的。技术的成就是和资本主义的成就并肩前进的。技术的成就是以资本主义的成就为前提的,并且是由后者所促成的。资本主义在什么地方发源,在什么地方首先发展和巩固起来呢?在城市,还是在农村?大家都知道,是在城市。更准确地说,大家知道,资本主义首先掌握了在城市与农村分离时属于城里人所有的那些生产部门。纺织工业在农业之前采取了资本主义的性质,受到了竞争的鼓励的影响。它远远地超过了农业,这是不足为奇的。

国际的交换是朝着这个方向进行的。当英国和俄国建立贸易关系时,它能向俄国提供的只有纺织品。尽管俄国十分落后,它的农产品是足够的。但是,英国的纺织品输出的发展促进了它们的生产的扩大,把新的资本和新的人才吸收到纺织工业中去。这样就为这一门工业创造了新的成功的条件。相反,先进国家的农业因为它没有采用保护关税税率,受到来自落后国家的农产品输入的影响,它的销售范围缩小了,而这至少在某些情况下阻碍它取得成功。对于把自己的农产品投入国际市场的落后国家来说,交换起了革命的推动力的作用,摇撼和破坏了它们历来继承下来的社会制度。这为落后国家中资本主义的发展准备了基础。但是,在那里由于封建关系或农奴制关系在农村中的统治,纺织工业通常为刚诞生的资本的应用提供了更多的方便。[①]

车尔尼雪夫斯基在力求说明农业知识普及缓慢时热烈地攻击那些"守旧派",那些人说,农民反对新办法,农民喜欢墨守旧习。他感叹道,"这是许多最愚蠢的箴言中的一个,这些最愚蠢的箴言顽强地存在于有教养的社会的书籍和思想中,使人不得不认为,正是它这个有教养的、进步的社会发狂地喜欢保存盘踞在这个社会里的一切荒谬的东西。"根据车尔尼雪夫斯基的意见,问题不在于农民敌视改良,而只在于他们的贫困。"一个很穷的人当然没有钱去办任何事,其中也包括农业改良生产。"[②]我们丝毫不想为"有教养的、进步的社会"辩护,但仍然要从自己这方面指出,单是用农民的贫困还远不能说明他们的落后。产业工人也是贫穷的,然而他们远比农民更多地和更容易醉心于各种"新办法"。农民的落后是由于他们在其中生活的那些经济条件的一般落后所造成的。人是他周围社会环境的产物。车尔尼雪夫斯基经常重复和卓越地证明了这一原理。但是,他并不总是善于在研究这个或那个社会现象

---

① 本版("野玫瑰"出版社版)附注:后来我们满意地证实了我们对农业中的劳动生产率的增长和工业中的劳动生产率的增长的关系的看法,是和马克思对这个问题的看法相一致的(参阅 *Theorien über den Mehrwert*, zweiter Band, erster Teil〔《剩余价值学说》,第二卷,第一部分〕,第 172 页及以下各页)。在这几页上(特别是在第 174 页),马克思答复了这样一些经济学家,这些经济学家像马斯洛夫一样,至今还承认农业劳动生产率递减论。但是,无论如何,有一点是没有疑问的:现在当欧洲的粮食生产者这样苦恼地抱怨粮食生产过剩的时候,已经完全不能用农业劳动生产率低下去解释工人阶级的困苦状况了。关于十九世纪西欧农业劳动生产率如何增长的问题,请参阅奥本海默的 *Das Bevölkerungsgesetz des R. T. Malthus und der neuren Nationalökonomie*(《马尔萨斯的人口律和新的国民经济学》)一书,柏林,1901 年,第 48 页及以下各页。

② 《车尔尼雪夫斯基全集》,第七卷,第 531－532 页。

时适当地利用这个原理。正因为如此，所以——正如我们已经看到的那样——车尔尼雪夫斯基的唯物主义在他的“人本学”观点中比在他的历史观点中要明显得多，也就是说，在他对个别的人的观点中比在他对整个社会的观点中要明显得多。

第八章　人口律——马尔萨斯

一

人口问题是和马尔萨斯的名字紧密地联系在一起的。不熟悉政治经济学史的人通常甚至认为，马尔萨斯第一个在科学中提出这个问题。这是很大的错误。远在马尔萨斯之前，人们就论述过人口问题，而且——这是最重要的——论述得比他要切实得多。在这里完全不打算详尽地探究在马尔萨斯以前的有关这个题目的全部文献，我们只是想起，十八世纪的某些作家是怎样看待这个问题的。

富兰克林在一篇短文 *Observations Concerning the Increase of Mankind*① 及其他文章中说，无论植物或动物，包括人在内，都能够以惊人的速度繁殖起来，假如地球上“没有其他居民的话，它在短期内就能被任何一个民族，譬如说英国人完全住满”。人类的繁殖由于遇到一系列的障碍而停止，例如管理不善、战争，特别是生活资料的不足。政府的任务就在于为人民保证这些生活资料，

① “对人类的增长问题的考察”，见《富兰克林全集》，第二卷，第384－391页。

因为人口的迅速增长意味着国家的实力和财富的迅速增长。根据富兰克林的意见，北美的白种人口每二十年就增加一倍。但是，为了举例，他假定增加一倍的周期为“仅仅二十五年”，然后指出，移居美国的那一百万英国人会变成一个多么强大的民族。他非常兴奋地说道：“不列颠帝国在海上和陆上的力量会有怎样的增长！工业和航海业会有怎样的发展！会有多少船只和水手！”

像美国人富兰克林一样，英国人华莱士也立意要说明，只要不受不利条件的阻碍，人类便能够非常迅速地繁殖起来，而在他看来，这些不利条件首先就是生活资料的不足。“在任何一个国家中，您总是发现，在其他条件相同的情况下，它所生产的食物数量越多，那它的人口也就越多，因为对人民群众来说，食物丰富是对结婚的鼓励。”华莱士赞成这样的意见，即认为在古代世界里人口比现代要稠密得多。他指出：“最好是更关心地注意所有国家中人口的巨大不足，力求制定改善这种状况的适当计划，因为自然界的乐善好施的创造主预先指定地球主要供作人的住所，因为在适当地耕种的情况下，地球能够养活的人数将大大超过现在居住在地球上的人数。”①

休谟关于人的繁殖能力发表了完全同样的观点。人类可能每一代都把自己的人数增加一倍以上，假如不是某些障碍（some difficulties in men's situation②）迫使人们抑制自己生育子女的愿望的话。英明的政府应该注意观察和消除这些障碍（difficulties

① *Essai sur la différence du nombre des hommes dans les temps anciens et modernes*（《论古代和现代的人口数的差异》），伦敦，1954 年，第 271、272 页。

② 人们的处境中的某些困难。——译者

which it belongs to a wise legislature carefully to observe and remove)。[①] 休谟顺便提出了一系列的看法(例如,关于奴隶的繁殖能力,关于杀死婴儿),后来马尔萨斯转述了这些看法,但却没有说明来源。

著名的米拉波神父认为以下这个思想是一个古老的公理,那就是"假如人们有生活资料的话,他们就会像谷仓里的老鼠那样地繁殖起来"。生活资料的限度就是人口的限度。但是,正因为如此,阻碍人口增长的不是战争,也不是瘟疫(它们所造成的损失非常容易弥补),而是毁灭生活资料的那种奢华;"在国内养一匹多余的马,您就可以确信,您这样就至少杀死四个人。"米拉波远不认为一个国家人口的增加是它贫困的根源:"把人给国家吧;如果他们没有钱,他们会把钱招来的。"[②]

孟德斯鸠懂得,在植物和动物的繁殖与人的繁殖之间,有着巨大的差别。他说:"雌性动物的特点是具有差不多不变的繁殖力。但是,在人类中,观点、性格、激情、幻想、任性、保持美貌的愿望、怀孕的不舒服和人口过多的家庭,却以一千种方式去破坏繁殖。"[③]这是完全正确的思想。然而,孟德斯鸠不善于把"以一千种方式去破坏"人类繁殖的许多条件归结为一个根本的原因。在这一场合下,他仍然忠实于自己思维的通常性质。他一般说来不善于从关

---

① "On the populousness of Ancient Nations", in *Essays and treatises*(《论古代国家的人口稠密》,载于《休谟论文集》),伦敦,1754 年,第一卷,第 139 页。

② *L'ami des hommes ou traité de la population*, Nouvelle édition, Paris 1758, première partie(《人类之友或论人口的专著》),新版,巴黎,1758 年,第一部分,第 20、21、22、191 页。

③ *L'esprit des lois*, LXXIII, ch. I. (《法的精神》),1773 年,第一章。

于社会现象的相互作用的概念提高到关于社会现象的一般基础的概念,从他论罗马的伟大和衰亡的著作中可以最清楚地看出这一点。

詹姆斯·斯图亚特爵士在他于1767年出版的*Inquiry into the Principles of Political Economy*[①]一书中,发表了对人口的更深刻的看法。他懂得,在一个国家的经济和它的人口密度之间存在着密切的联系。[②]他把一定的国家在实际上不可能养活一定的人数和由社会关系所制约的在道德上不可能养活一定的人数这两件事区别开。随着社会关系的变化,使一个国家在"道德"意义上成为人口过多的那个极限也在发生变动。瑞士人格伦希范德进一步发展了斯图亚特的这些思想,他的卓越的著作[③]在马尔萨斯的《人口论》第一版出版以前几年出版于巴黎。

格伦希范德在指出人类繁殖的极限有实际上的极限和道德上

---

① 《对政治经济学原理的探究》。——译者

② 斯图亚特的问题提法本身是很好的。他说:"我们将会看到工业的规律怎样影响到繁殖和农业"(1780年法译本,第一卷,第二章,第29页)。斯图亚特不认为可以从抽象的观点去考察人口问题,他说:"我发现,一般的比例总是错误的。实质上没有一个完全住满了人的国家,假如把这理解为不管居民对国家产品的消费而加以考察的国家居民人数的话。""在自由的民族那里(斯图亚特指的是生活在资产阶级生产条件下的民族),农业只是在这样的限度内使人口增加,那就是使穷人有可能用自己的劳动去购买自己的食物"(第50页)。斯图亚特甚至谈到某种经济选择,它和后来达尔文所说的自然选择有着本质的区别。斯图亚特错误地确立经济选择的规律,他认为特权分子的繁殖是和他们的生活资料成正比例的。譬如现代法国的例子就充分驳斥了这一点(参阅Ar. Dumont, *Population et civilisation*〔杜蒙著《人口与文明》〕)。但是,对达尔文来说,读斯图亚特的著作会比读马尔萨斯的著作有益得多。

③ *De l'économie politique moderne. Discours fondamental sur la population*, A Paris, l'an. Ⅲ de la République(《现代政治经济学。论人口》,巴黎,共和国三年)。

的极限这两种以后，按生产方式——或者像他所说的那样，按协作方式——把人类分为几乎像"独立的种族"那样互相区别开的三个"阶级"：(1)猎人，(2)牧民，(3)农民。"农业民族有能力迫使他们所到的任何地方生产出他们的食物，此外，这种食物可以远距离搬运；这就使他们具有这样的优越性，即他们能够在他们想去的地方、并且可以说以他们想要的规模把人口集中起来。农业民族的这种状况和人类的其他两部分人的状况完全相反，这就使他们有可能在生活方式和满足自身需要的方式方面保持不同的制度；而这种制度的不同，在他们那里消灭了主宰着猎人和牧民的那种单调生活，把他们造成几个仿佛是独立的种族。一般地说，农业使植物、动物和人同他们的原始状态相比变形到这样的程度，以致"自然界难以在自己的创造物中认出它自己来"。[①] 由于不同的农业民族在满足自身需要的方式方面遵循不同的制度(即不同的生产方式)，因此他们服从于不同的人口律。[②] 而且就是在同一种环境下，对于不同的阶级，例如对于奴隶和对于自由民来说，人口律也是不同的。格伦希范德把他当时的资产阶级制度叫做以工场制度为基础的农业制度，认为它是"只有人类为了保障自己的生活才能想出来的最大胆的制度"。在其他一切制度下，"为一切人保障可靠的生活，但是在以工场制度为基础的农业制度下，民族的一半人却处于最没有保障的状况……没有固定的生活资料，对靠劳动去

① 《现代政治经济学。论人口》，第16，286页。

② 一般地说，根据格伦希范德的意见，满足需要的方式、经济关系的制度对民族的一切习俗和爱好发生深刻的影响。例如，他认为古罗马人好战的原因在于小土地所有制(第23页)。

获得生活资料的可能性没有把握，今天有面包，而明天也许会饿死”[①]。民族中的这一部分人的命运以世界市场的变动为转移。“当对外贸易对任何一个工业部门来说逐渐缩减或突然停止的时候，在这个工业部门中工作的那些人就逐渐地或突然地陷于只有向政府求助的处境。假如政府既没有能力、也不愿意为他们的制品寻找新的消费者，——那他们就只好或者离开自己的国家，到其他地方去糊口，或者请求赒济，或者由于贫困而死亡，因为那时农民将停止生产预定供他们食用的食物或者把这些食物向国外输出。”[②]古典的资本主义国家英国，以大量没有工作的“贫民和流浪汉”使格伦希范德感到惊讶。他说，这些人的数量的增加，既不能用英国人民的懒惰去解释，也不能用关于穷人的荒谬法律的作用去解释，也不能(“更不能”)用过度的繁殖去解释，因为英国远没有达到它能够养活的人口数。他甚至提出了这样一个推测，即英国应该把赤贫现象归咎于机器生产的发展[③]。无论如何，他必须把英国政府看作造成这种状况的主要祸首。用他的话来说，每当一个民族没有生产它可能获得的全部食物和它的领土可能供养的全部人口的时候，政府总是暴露出自己的无能。而用他的话来说，当时整个欧洲都处于这种状况，欧洲的农业甚至没有生产出它可能生产的一半。[④]

够了。我们来对以上所引证的那些作家关于人口问题对我们

① 《现代政治经济学。论人口》，第41页。

② 同上书，第60－61页。

③ 同上书，第69－70页和第246－247页。

④ 同上书，第284，289页。

所说的一切作一总结。众多的人口是国家的实力和财富的源泉。生活资料是人口的尺度;因此,假如"政府"不关心生活资料的增长,那它就没有履行自己真正的职责。在每个国家中获得的食物数量,不仅依赖于它的土地肥力和它所支配的生产力,而且也依赖于使用这些生产力的社会关系。现代的社会关系——照格伦希范德的说法,是一切可能的社会关系中最大胆的——把很大一部分人民置于完全没有保障的状况,由于这种状况,他们经常有饿死的危险,尽管农业能够养活的人口要多得多……机器生产的发展,亦即生产力的增长,在现代的制度下,可能成为工人阶级贫困的原因。最后,对每一种社会关系的制度来说,甚至对每一个社会阶级来说,都存在着自己特殊的人口律和人口过剩律。只有植物和动物才具有几乎不变的繁殖力。

从所有这一切中可以得出这样的结论:虽然十八世纪的作家们有意从非常抽象的观点去观察社会生活,但是他们也已经或多或少清楚地懂得,人口问题主要是历史性的问题,没有一种全人类所共同的人口律,而只有人类发展的不同阶段所特有的各种规律。

二

关于人口问题的情况就是这样,暂且人们谈论这个问题并没有别的用意,sine ira et studio[①]。后来人们就已经不能冷静地谈论这个问题了,它开始激起论战的热情。为什么发生这种情况,这

① 无爱亦无憎(语出古罗马历史家塔西陀)。——译者

是不难理解的。人民群众的贫困化和资本主义的发展携手并进。“劳动贫民”的状况变得越来越困苦，而同时他们的人数也以惊人的速度增长起来。

如所周知，在英国早从伊丽莎白的时代起就规定了有利于穷人而非常不合乎有产阶级口味的赋税。这种赋税自然随着需要社会救济的人数的增加而增加。而这就出现了这样的念头，想说明这种赋税完全达不到目的（它也确实不能消灭贫困），而最好还是让穷人听任命运和“自然规律”的摆布。但这还不是全部。法国革命表明，和“劳动贫民”闹着玩是危险的，他们有时能够给有产阶级造成许多烦恼。应该力求把穷人遏止在道德之路上。应该向他们指出，那些把粮食缺乏归咎于不良的政治制度或社会制度的人是弄错了。应该证明，在工人阶级的贫困这件事情上有罪的是自然界，而不是社会关系。有关人口问题的大量文献，如果加以巧妙的利用，是能够使人得到很好的材料去证实这个思想的。的确，直到现在人们总是说，人类能够非常迅速地繁殖，但是不良的社会制度或管理不善却阻碍人类达到土地的自然肥力所能容许的限度。我们试试看以另一种方式去下论断。人类力图非常迅速地繁殖；生活资料则远远不能以这样的速度增长。由此就造成了贫困，由此就造成了种种缺陷，由此就造成了不安分的人归咎于政府和统治阶级的一切不幸。贫困是上帝的法则的结果，而不是人的法则的结果。假如在一个国家里有许多贫民，那么除了归罪于繁殖过多的贫民自己以外，不能归罪于任何人。不可能想出任何措施来大大地改善他们的命运。假如在今年我们竟然能够做到从我们的国家里驱除贫困，那么过了二十五年、二十年，要不然就是过了十五年,它的人口将增加一倍,那时又将出现贫困及与之相连的一切灾难。

贫民的命运只取决于他们自己。但愿他们停止繁殖,——贫困现象就会自行地逐渐消失。

在十八世纪末的英国,有产阶级利益的保卫者就是这样地提出人口问题的。

约瑟夫・汤盛德说:“断言在一个人口稠密的国家里谁也不感到贫苦,这是荒谬的;假如能够补充穷人所缺少的东西的话,那么我们就会使穷人人数增加一倍,并促使他们无限地繁殖,而这是和原来打算达到的目的相抵触的。诚然,可能摆脱饥饿,满足这种需求而损害另一种需求(汤盛德把这另一种需求了解为性爱的需求),但在这种情况下,就必须规定结婚的有限人数,因为没有其他的办法去限制居民总数。由于这种困难就无法作任何努力,而人们除了让一种需求去限制另一种需求之外,从来也找不到在一切方面都更自然和更好的办法。”[1]汤盛德的最后几句话是想说,在本质上应该让贫民像他们所愿意和能够的那样去摆脱贫穷。在他和类似他的“研究者”看来,全部问题在于这个仿佛是从“自然”规律中得出的自然结论。

为了更好地阐明这些规律,汤盛德举了以下这个例子:

“航海家们谈到太平洋上的胡安斐南德斯岛,这个岛是以发现它的那个船长的名字命名的。那个船长把公山羊和母山羊放到这个岛上。这幸福的一对找到了丰盛的牧场,毫无困难地履行了首

---

① *Voyage en Espagne*(《西班牙游记》),皮克特-马勒译,第二卷,第348页。

要的训谕——生殖和繁殖，——直到它们住满这整个小岛。直到那时为止，动物既不知道贫穷，也不知道饥饿，而仿佛以自己数目众多自豪；但是，在这个不幸的时代来临后，它们就开始感到食物不足，而因为它们仍继续生殖，所以假如只要赋予理性的话，它们就会有充分的理由担心遭受饥饿的一切灾祸。在这种新的条件下，它们之中最软弱的就死去了，于是以前的那种富裕状况又建立起来了。这样，动物轮番地有时经受繁荣，有时经受贫困，这要看它们的数目的增加或减少而定，而它们的数目则跟随着它们的食物数量的变动。这种平衡有时由于疫病，有时由于需要食物的任何船只的到达而遭到破坏。在这些情况下死去了大量的山羊；但活下来的山羊却由于在它们的同伴们死去后恢复的富裕生活和不再担心饥饿而找到了某种安慰。这样，一切都正常了，它们也不再互相怒目而视了；全都有足够的食物，全都心满意足，全都感到幸福。这样一来，看来可能好像是灾难的那种东西，对它们来说却成为幸福的源泉；至少是局部的灾祸招致了普遍的福利。

“当西班牙人得悉英国私掠船在这个岛上得到食物供应时，他们就决定完全消灭岛上的山羊，为了这个目的而把一公一母的一对狗放到岛上去。狗也同样按它们所能找到的食物数量的多少而繁殖起来了；因此，山羊的数目如西班牙人所预料的那样减少了。如果它们被完全消灭了，那么狗也将死去；但因为许多山羊躲上山去，而狗却不能到那里去追踪它们，因为山羊只是为了寻找食物而难得下山，所以只有较不谨慎和较鲁莽的山羊才成为狗的猎获物，而在狗中间也只有最有力、最灵活和精力最强的狗才能为自己获得足够的食物。这样就出现了一种新的平衡：

两种动物中最弱的动物就成为新的条件下的最初牺牲者，精力较强和较有力的动物则保全了下来。食物的数量也是这样地决定人类的数目。”[①]

我们特意全部摘录这个相当长的譬喻性的劝诫故事，因为它包含着“马尔萨斯主义”的全部本质。正如你们看到的那样，它并没有什么说服力。汤盛德想要证明，某一种动物的数目是由食物的数量决定的。但是，只有这个譬喻性的劝诫故事的前一半，才不和这个思想相矛盾。从人们把狗放上岛的时候起，山羊的繁殖就不再由食物的数量所决定：狗不让山羊繁殖到这个海岛的大自然所容许的那种程度。[②] 如果愿意的话，可以换另一种说法，——可以说，虽然山羊的繁殖已不再由食物的数量所决定，[③]但是，这一数量现在不是取决于海岛的大自然，而是取决于狗对山羊的袭击的成效。假如山羊在自己的山上忍受食物的缺乏时，想去研究一下人口问题，那它们就一定会得出这样的结论，认为它们的穷困不是由实际的原因、而是由“道德的”原因所造成的，也就是说，不是由植物的缺乏所造成，而是由妨碍它们去享用岛上所有的全部食物的狗的入侵所造成的。在得出这样的结论时，山羊或许会思考，它们怎样去扩展它们的繁殖的“道德上的”限度，怎样更好地保护自己不受狗的攻击。假定说，它们成功地想出了一种办法，借助于这种办法可以把岛上的狗完全肃清。它们会感到兴高采烈，而狗

① 《西班牙游记》，第二卷，第 341－344 页。还可以参阅马尔萨斯的《人口论》俄译本附录。

② 马尔萨斯著作的俄译者皮皮可夫已经指出了这一点。

③ 虽然这也不完全确切：除了食物以外，繁殖大概还由其他的自然条件所决定。

则会感到悲观失望：山羊的臆想以完全破坏一切“自然规律”来威胁狗。于是，为了开导那些不安分的动物，狗也着手去研究人口。它们证明，山羊的无法无天的企图不会给任何人带来任何利益。在摆脱开狗以后，山羊会很快地繁殖起来，住满整个海岛，那时就又会感到食物不足。由于这个原因，让一切保持原状要合理得多。如果说现在狗确实有时候吃羊，那这自然是很令人伤心的。但怎么办呢？山羊注定要在这个世界上受苦。自然规律就是这样。并且山羊只要愿意改善自己的命运就行了，而不必要求无益的变革。它们只须限制自己的繁殖。山羊越少，任何一头个别的山羊就会越长命，吃得越饱。我们并不认为，这种说教能够消除行将到来的革命。当“山羊”在现在已经因食物不足而受苦的时候，用未来的食物不足去吓唬它们是令人可笑的。把“狗”驱逐掉哪怕只给山羊带来几年的福利，这就已经足以使它们不会放弃驱逐狗的念头了。

政治经济学的问题不是用譬喻性的劝诫故事和寓言去解决的。譬喻性的劝诫故事和寓言根本什么也证明不了。我们详细叙述汤盛德所引证的例子，只是为了说明十八世纪末关于人口的研究具有什么样的性质。这些研究的主要目的是捏造出一些论据，帮助有产阶级推卸使工人贫困的责任，并使“贫民”相信他们之所以忍受贫苦只是由于他们自己不顾将来。传说中的梅涅尼·阿格里巴用自己出色的寓言平息了激动的贫民。从十八世纪末期起，关于人口问题的“试作”应该起的正是这种寓言的作用。

还在法国革命以前从事写作的汤盛德的议论中，就已经透露出对于来自“劳动贫民”方面的十分严重的伤脑筋事件的担忧。他力图指出以“财产公有”为基础的社会制度的种种不方便。在谈到雷翁(在西班牙)时,他发表了后来被马尔萨斯所利用的以下这个见解。“这个国家的居民人数应该按照他们的生活资料去加以限制。假定他们建立了财产公有,那就必须或者以抽签决定谁和谁应当迁移,或者饿死。但是,为了避免这样的结局,他们可以经大家一致同意而规定,每家只有两个人可以结婚……”[①]汤盛德不是无意地指出这后一种似是而非的出路。“经大家一致同意”去限制可以结婚的人数的社会,必然会对读者产生极其可怕的暴政的印象,使他心里对任何关于财产公有的思想发生有效的厌恶之情。但是,不妨记住汤盛德认为什么是同现代社会中的贫困作斗争的最有效手段。这不是别的,而正是限制结婚和一般繁殖的人数;这就是他关于用另一种需求(对食物的需求)去限制某一种需求(性爱)的话的含义。但是,限制结婚人数难道不是最可恨的暴政吗?也是,也不是!当它“经大家一致同意”而确立并在全社会推行,因而可能涉及到最“可敬的”人的时候,它就是可恨的暴政。当“某一种需求”的限制对于生活在经常不断的饿死的威胁之下、由于贫穷的父母把他们生在世界上而困苦的贫民来说是必要的时候,那就是另一回事了。那时上述的限制就是最合乎理智的、完全合乎自然的措施了。庸俗经济学家们的逻辑从不由于这样的矛盾而感到困惑。但是,它对无产阶级来说能有说服力吗?

汤盛德的观点完全被转述在马尔萨斯的著作中,马尔萨斯的

① 《西班牙游记》,第一卷,第321页。

功绩仅在于对人口问题的提法带来了新的混乱。[①]

三

马尔萨斯很轻易地赢得了学术名望，并不比萨伊赢得学术名望所花的代价更高。甚至那些热烈地攻击他的人口学说的人，例如车尔尼雪夫斯基，都认为他是一个卓越的经济学家，把他的名字同斯密和李嘉图的名字并列在一起。但是，只要读一读他的《政治经济学原理》，就可以看出这种意见是完全靠不住的。像萨伊一样，马尔萨斯是李嘉图的反对者，并且也像萨伊一样，他不仅对李嘉图的反驳非常软弱无力，而且他简直不能理解这位确实卓越的经济学家的观点。对他来说，李嘉图的观点永远是不会达到的科

---

① 大家知道，马克思把马尔萨斯叫作剽窃者。对所有"严肃的"学者来说，这样尖锐的评语好像是太不成体统了。甚至朗格也难以容忍这个评语。更不用说那些更"受人敬重的"人了。例如，蔡特贝尔先生就力图在他的 *Die Stellung der Sozialisten zur Malthusschen Bevölkerungslehre*（《社会主义者对马尔萨斯人口论的态度》）一书中（该书获得了哥丁根大学的奖金），保卫马尔萨斯的名誉。根据他的意见，只要看一下马尔萨斯《人口论》的第一版，就可以彻底解决由马克思的尖锐指责所引起的争论（蔡特贝尔先生却未能弄到这一版）。他天真地补充说道："暂时我们没有任何根据去相信马克思更甚于相信马尔萨斯"（第 34 页）。但是，马克思当时未必想请德国"学者们"去相信他的话。他可能要求他们做的，仅仅是去了解他们想谈的那些事物。蔡特贝尔先生指出："不明白，有关剽窃的指责是否适用于和在何等程度上适用于马尔萨斯著作的最后几版。如果是的，那么无论是从第二版序言中所引的（蔡特贝尔先生所引的）几个地方（在那里马尔萨斯说明了自己的渊源），或是研究整理问题的方式，都显示出这种指责是没有根据的。"首先，我们不知道，蔡特贝尔先生怎能不明白马克思关于第一版所说的十分明白的话；而其次，我们要问他，他是否认为马尔萨斯在以后"研究整理问题"时显示出很大的独创性？蔡特贝尔先生是否读过马尔萨斯的前辈们的著作？如果是的，那么请他指出这个作家的哪怕一个——只要一个！——思想不是从任何一个前辈那里抄袭得来的。从我们这方面来说，我们正是能够从最后几版中引证许多例子，说明马尔萨斯的令人吃惊的、一直贯彻到各个细节中去的无独创性。

学思维阶段。他反对李嘉图而说的一切，就其价值来说，也许只能相等于萨伊对这位作家的反驳，或现在地道的学者为了打击马克思主义而大量地捏造出来的那些论据。[1] 马尔萨斯的头脑——典型的庸俗经济学家的头脑——从来没有超出过表面现象，也从来不具有哪怕最起码的始终一贯性。无论这个人研究什么问题，他总是由于这样一个简单的原因而把问题搞糊涂，那就是他不善于明白地向自己提出问题并坚持他所采用的提法。他自己不知不觉地从一种提法跳到另一种提法，把根据不同的问题提法而得出的不同结论混为一谈，结果连自己也未必了解，他在某时某地所说的究竟是什么。这自然是很大的缺陷。但是，妙不可言的是，正是这个缺陷在“研究”人口问题时给他帮了大忙。

我们看到，马尔萨斯的许多前辈曾把繁殖的实际上的极限和以社会关系为转移的“道德上的”极限严格地区别开。我们也看到，他们之中的某些人怎样清楚地理解到人口律在不同的社会发展阶段上是不同的。问题的这种提法，对于那些想从这个问题中制造出反对无产阶级要求的武器的人来说，是很不方便的。这些人力图证明，无产者的灾难来源于人口过剩。但是，甚至在赞同他们的意见时，也可以——记住以前的研究者的结论——要求他们说明，人口过剩究竟是由什么样的原因造成的：是实际的原因，还是“道德的”原因？人口过剩是由于国家的土地不能养活一定的人数而产生的，还是仅仅由于社会条件阻碍人们去适当地利用土地

① 我们可以举出他在上述著作以及 *Definitions in Political Economy*（《政治经济学中的定义》）一书第八章中关于价值的论断作为例子。

的肥力而产生的？为了所谓社会安宁的利益，无论如何必须避免这样不知分寸和不适时机的问长问短。而用从研究领域中消除一切社会性因素的办法就可以再容易不过地达到这个目的，可是，实际上问题的解决却是依赖于这些社会性因素的。人口的历史规律应该让位于在一切时代和一切民族那里都起作用的统一的抽象规律。我们知道，汤盛德就已经很巧妙地把问题引到这个抽象的基地上去。但是，汤盛德也仅限于此。他犯了一个很大的错误，因为他没有为自己保证退路，没有为了引起深刻的印象而提出这样的历史材料，这种材料会妨碍论敌们去注意阵地的弱点，——完全缺乏对事物的历史的观点。马尔萨斯弥补了这个漏洞。

他的《人口论》一书起初是以十分单薄的小册子的形式出现的，后来逐渐地（在以后几版中）取得了充满各式各样的实际资料的非常严肃而认真的研究著作的形式。

看来，这些丰富的资料应该会妨碍他去完成自己的任务：去建立抽象人口的抽象规律。但是，有赖于前面已经指出过的他的头脑，他平安地通过了一重重难关。

马尔萨斯自己承认，他从事于人口律的研究，是希望应用这种规律去“阐明某些关于人和社会可以改进的理论，——当时社会注意力所集中的那些理论”。他自己向我们说明，这些理论究竟是什么理论：其中最主要的是葛德文的理论，它的目的是要指明“平等制度的巨大益处”。马尔萨斯在“阐明”这种理论时，提出以下的论据去反对它：“葛德文的主要错误在于，他把引起社会愤懑的一切缺陷和一切灾难都归咎于人类的制度。在他看来，一切灾难和一切罪行的源泉就在政治制度和有关财产的法律之中。但是，假如这种观点是正确的话,那么就可能不会失去这样的希望:总有一天将会把灾难从我们周围的世界彻底地驱逐出去,而人类理性确实就将成为这种有益的改造的工具。但是,问题在于,由人类的制度(其中某些制度看起来无疑是有害的)所造成的灾祸,比起由自然规律和人类的情欲所引起的不幸,是极其微不足道和表面的。”[①]他用这样一个抽象的规律去证明这个思想,由于这个规律,人口仿佛永远力图超越生活资料的限度。《人口论》第一篇第一章就是叙述这个规律的。在那儿我们遇见了臭名昭著的级数,[②]它们看来使人不容怀疑这个规律的正确性,以及这样一个思想的正确性,即不良的社会制度的影响“比起由自然规律和人类的情欲所引起的不幸,是极其微不足道和表面的”。读者从这一章所得到的也正是这样的印象。但是,以后他就转入占整整两个篇章的关于不同的社会发展阶段上“人口繁殖的障碍”的广泛研究。在这里他接触到人种志学、历史学和统计学的资料,这些资料是由作者毫不吝惜地散布在各处的。他仔细考察这些资料,——而他看到了什么呢?难道马尔萨斯忘记了自己的基本原理么?人类制度的影响原来远不像作者想要把它说成的那样微不足道。有时事情发展到这样的程度,以致制度看来是居民所遭受的经济灾难的最主要

① 《人口论》,第二卷,第三篇,第二章,第 90－91 页。我们所有的引文都引自皮皮可夫的《人口论》俄译本。

② 谁要是说,至少这些级数是马尔萨斯自己想出来的,那他就犯了很大的错误。在马尔萨斯以前就有人(富兰克林、华莱士、汤盛德)谈过人类按几何级数繁殖的能力。算术级数看来倒确实是马尔萨斯本人想出来的。但是,比如说,在汤盛德提出了按几何级数繁殖的人口力求超过生活资料的论断之后,要想出算术级数来是否困难呢?难道简单的算术的比拟,也可以称之为发现吗?

原因。

您是否愿意深思一下譬如说以下这些现象的意义。

“蒙果·派克向我们介绍，他所访问的那些非洲地区是耕种得不好和人烟稀少的。这个旅行家遇到了完全没有居民的广阔而壮丽的荒漠。他所走过的各个不同国家的边境地区，或者人口稀少，或者渺无人烟。冈比亚河、塞内加尔河和其他许多河流的多沼泽地的两岸地带，靠近海洋，看来由于它们的气候对健康不利而完全被抛弃了。但是，关于这些国家的其他地区却决不能这么说。看到这些地区的令人惊讶的肥沃，看到布满这些地区的既可用来役使、又可用作食物的无数畜群；考虑到利用内陆的水道似乎很容易使这些地区的交通便利起来，那就不能不觉得惋惜，——蒙果·派克说道，——大自然的所有这些丰富的礼物始终没有得到利用，而人也没有为自己的利益去利用这个荒野的、未开垦的大自然在他面前白白浪费的财富。”[1]

“土耳其的人口比起它的面积来显得稀少的主要原因，无疑是在于它的政府的性质。暴虐、无能、可恶的法律、更加恶劣的行政机关，以及因而造成的财产毫无保障的状态，都是农业的障碍，使农业逐年衰落，而人口也随农业而缩减。”[2]

马尔萨斯根据勃留斯的游记描述了阿比西尼亚[3]的情况后指出：“在这样的自然条件和政治条件下，高度的预见性、勤劳和安全当然可以改善人民的状况，从而使它的人口增加。但是，只有出生

---

① 《人口论》，第一卷，第一篇，第八章，第194页。

② 同上书，第十章，第219页。

③ 埃塞俄比亚的旧称。——译者

人数的增加而没有其他措施的协助，就只能增加贫困，而居民从这里什么好处也得不到。”

“关于从前有个时候曾经如此繁荣和人烟稠密的埃及，也可以同样这么说。在这个国家里，不是人口繁殖的规律发生了变化；不是这个规律的削弱引起了使我们感到惊讶的衰落；而是它的勤劳和预见性减退了。应该认为这个著名的国家的现状就是由于这样一些原因所造成的，也是由于缺乏安全和压制人的政府的压迫所造成的。繁殖的规律在埃及仍像以前一样起作用；它使人口正好保持在生活资料的水平上。假使这个规律的力量再强十倍，它也不能有更多的作为了。”①

四

现在我们来看一看这个作者的《政治经济学原理》。在那里他根据洪保尔特的口述描述了当时西班牙属下的美洲的状况。原来这些土地的肥沃是惊人的。每周两天的劳动就足以养活全家。玉蜀黍的收成有时达种子的八百倍。在伐利亚多利德近郊，玉蜀黍的平均收成为种子的130倍至150倍。在产量最低的地方，它的收成为种子的60倍、80倍。在生长香蕉的地方，获得食物的困难还更少。在那里，一个人“只要砍下那些果实已经成熟了的树枝，每年在树根周围松土一两次就行了”。

在不大关心农业的情况下，墨西哥就能养活人数十倍的居民。

① 《人口论》，第一卷，第一篇，第八章，第205页。

然而在西班牙属下的美洲却有着可怕的贫困现象，人口极其稀少。“在好几平方里的区域内只有两座茅舍，半野生的牛群在它们周围游荡。”

住在中央高地的少数几个有势力的家庭，拥有维拉克鲁斯和圣路易波托西的军需站的沿岸一带的大部分土地。“假使这些富有的所有主自己不想耕种属于他们的大量土地，那么在这种情况下任何土地法都不强迫他们出售他们的由长子继承的不动产。”这是洪保尔特所说的话。关于这一点，马尔萨斯指出，虽然上述的地主“有充分的可能在自己的土地上供养远为更多的人口，但是，他们可以期望由于人口增多而得到的各种财富的增加却是有问题的，无论如何是过于微不足道的，这种财富的增加只有在很少的情况下才能使他们放弃无忧无虑的生活，并且抵消与财富增加联系在一起的不便和麻烦”……当地人是乐意为自己耕种土地的，但是他们不能支付高额的地租，因此主人宁愿把土地留作牧场。“由于这个缘故，本来能够养活成千上万居民的土地，却仅仅用来饲养牲畜。”归根结底，马尔萨斯达到了这样的结论：“供养工人的手段可能要比供养他们的愿望大得多”(that the power of supporting labour may exist to a much greater extent than the will)，而西班牙属下的美洲人口稀少正是由于上述的财产关系，即由于不平等(by this inequality)而造成的。更好地分配财产并在国内以欧洲的方式逐步发展工业，就可能使情况得到改善。其实要达到这种结论也不需要深入西班牙属下的美洲：西班牙本国、甚至大多数欧洲国家的状况，就可以导致这种结论。[①]

马尔萨斯清楚地知道，在工业中没有工人就寸步难行。在西班牙属下的美洲，这个问题远不像从资产阶级概念看来所希望的那样。不管当地人多么贫穷，可是要使他们习惯于雇佣劳动却非常困难。洪保尔特引证这个国家的某个受过教育的居民的意见，那个人认为，只有根本灭绝香蕉树才能有益地推动当地人热爱劳动[②]。马尔萨斯引证这个意见，一点也不感到愤懑。像任何一个庸俗经济学家一样，他对各种现象应用两种尺度。当谈的是落后的半封建国家时(当时甚至许多欧洲国家就是这样的国家)，他准备承认甚至像“土地法”和强迫人民群众变成无产阶级那样的措施的有益意义。对于这样的国家来说，毫无疑问，“供养工人的手段可能要比供养他们的愿望大得多”。那时他也就准备反对“inequality”[③]。那时他并不认为社会关系只有微不足道的、表面的意义。那时他准备把人们的灾难的责任加于社会关系。那时借他之口说话的，是仇视中世纪制度并准备差点儿用雅各宾派的措施去破坏这种制度的资产者。但是，当谈的是他内心所珍贵的资产阶级制度时，当攻击这种制度所固有的不平等现象的呼声高涨时，事情就转向另一个反面：马尔萨斯变成了极端的保守分子，假仁假义地眼睛朝天，力求引证“自然规律或即上帝的规律”(The law of

---

① *Principles of Political Economy Considered with a View to Their Practical Application*(《考虑到实际应用的政治经济学原理》)，伦敦，1820 年，第 375 - 401 页。

② 也就是说，夺去他们自己的谋生手段，使他们变成无产者。

③ 不平等。——译者

nature being a law of God)去开导现代的平等拥护者,这种规律使人们注定要缺少食物,要有贫困和各种缺陷,并且和社会制度没有任何关系。

这就是马尔萨斯的论断的心理逻辑。从形式逻辑的观点看来,在他那里还可以看到更令人惊讶的怪事。

读者记得,马尔萨斯关于埃及说了些什么:"在这个国家里,不是人口繁殖的规律发生了变化,不是这个规律的削弱引起了使我们感到惊讶的衰落;而是它的勤劳和预见性减退了……繁殖的规律在埃及仍像以前一样起作用;它使人口正好保持在生活资料的水平上。"这意思就是说:有过一个时候在埃及生产许多粮食,那时在埃及曾经有稠密的人口;现在由于社会的、政治的原因,埃及生产的粮食要少得多,因此埃及的人口也就稀少得多。这是完全明白易懂的现象,但它和繁殖的规律有什么联系呢?这个规律"使人口正好保持在生活资料的水平上",换句话就是说,这个臭名远扬的规律宣称,人们不能没有食物而活下去。这是一个陈旧的真理,为了证明这个真理,未必值得去写一部篇幅很大的《人口论》!

但是,用这种庸俗之谈是难以驳倒"平等的拥护者"的。马尔萨斯知道这一点,因而在同他们论战时赋予自己的规律以完全另一种含义。在这里,他依据赫赫有名的级数而反复地说,人口总是力图超过生活资料,而贫困的根本原因就在于此。在这里,"马尔萨斯的规律"是以自己的抽象形式出现的。在这里,一句话也没有谈到马尔萨斯在自己的研究著作的实际部分中所谈的那些对于生活资料增长的障碍,而那些障碍则清楚地表明,食物的不足不是由于实际的原因、而是由于“道德的”原因所造成的。我们的这个可敬的说教者就是这样地从问题的一种提法跳到另一种提法，不可救药地把自己本人和自己的读者都弄糊涂了。这是一种很巧妙的诡辩，假如它不仅仅是庸俗经济学家的头脑所如此喜爱的那些悖论之中的一种的话。在马尔萨斯的《政治经济学原理》中，这种悖论可以数出几百处。

我们说过，马尔萨斯作为一个人口律的研究者的主要力量就在于这些悖论。真的，往往有些比他要聪明得多的人，不能成功地同他进行论战，只是因为他们未能把他所造成的概念混乱弄清楚。请您和这样的一个人进行争论吧，他把各式各样的问题提法凑成乱七八糟的一堆，而美其名曰研究著作。使您最感到惊讶的是这样一个思想，即认为社会关系在获得食物这件事情上只有微不足道的、表面上的意义。您反对这个思想，引证种种社会的、人种志学的和历史的事实。——别人回答您说，得了吧！马尔萨斯自己清楚地知道这一切，他还引证了一些更惊人的例子：您是否愿意去看一下他的《人口论》中的某处某处。——假如您想要从另一方面去看问题，假如您说，马尔萨斯自己指出，社会关系往往在何等程度上阻碍人们去利用他们所支配的全部生产力，那么人们又会指给您看“马尔萨斯的规律”，但这一次已经是以它的抽象形式出现了：人们会对您说，人口总是力图超过生活资料，而在这里社会关系则完全无关。随便您往哪个方向走——马尔萨斯的悖论所设下的无法通行的泥坑总是挡着您的路。

反对马尔萨斯的那些“平等的拥护者”比较容易陷入这些泥坑，因为他们本人关于社会问题的提法远不是无可指摘的。当他们站在空想主义观点上的时候，他们不喜欢考虑历史的实际情况。他们比较喜欢适合于一切时代和一切民族的对社会问题的抽象解答。由于这个缘故，他们在关于人口律的争论中容易陷入马尔萨斯所布置好的逻辑陷阱。他们不是集中自己的一切力量去保卫对他们有利的批判现存社会关系的立场，而是急速地冲向关于抽象人类的抽象繁殖的抽象研究的寸草不长的荒漠中去。在这个荒漠中漫游消耗了不少的力量，但是直到《资本论》出现以前，问题却就是这样始终没有得到解决。

看来，在《资本论》里，人口问题完全是顺便地用几句话来加以分析的。现代的德国学者根据叙述一个科学思想所需的卷数去评定它的价值，他们甚至觉得，马克思对待这个问题不够认真。但是，马克思在《资本论》里关于人口问题究竟说了些什么呢？他说，首先，抽象的人口律只有对动物和植物来说才存在，而且这也仅仅是在这些规律尚未由于人的活动而有所改变之前。关于这一点，朗格在自己的名著《工人问题》中指出，动物和植物的繁殖规律也不是抽象的，因为它们是按照对繁殖较有利或较不利的物理条件而发生改变的。但是很显然，他没有很好地了解马克思的思想。在马克思看来，动物和植物的繁殖规律在以下这个意义上是"抽象的"，即它们仅仅依赖于"自然条件"。因而，朗格在反驳《资本论》的作者时只是证实了他的思想。其次马克思说，对历史上每一种生产方式来说都存在着自己特殊的人口律，它的作用局限于这个历史时代。第一，这个思想完全符合于在汤盛德和马尔萨斯之类的雇佣文人出现以前的时代经济科学所达到的那些结论。而第二，它由于现代关于人口的统计学方面的研究而辉煌地得到了证实。[①]此外,马克思还判明了资本主义社会所特有的人口律,这个人口律可以表述如下:生产力的发展导致相对地过剩的(即没有工作的)人口、工人后备军(恩格斯早在四十年代就这样称呼这种人口)的形成和增长。这个规律是否符合于实际情形呢?统计表明,是符合的。从政治经济学史可以看到,关于这个规律的存在,十八世纪的经济学家们已经作出了或多或少是侥幸的猜测(请读者回想一下斯图亚特和格伦希范德的观点)。而且也不单是经济学家作出了这种猜测。十九世纪最伟大的唯心主义哲学家黑格尔就直截了当地说,在文明社会里,财富的发展是和贫困的发展携手并进的。[②] 这意思就是说,马克思没有说出什么可以称之为离奇的话。这意思就是说,他在这方面也仍然忠于经济科学的优良传统。他只是对他的前辈们所猜到了的东西提出科学的说法和证明。但如果事情是这样的话,那么为什么他对人口问题的看法,在从多少是没有偏心的朗格起直到偏心很强的蔡特贝尔先生为止的现代经济学家中间,引起了这么多的误解呢?这是因为,在他的看法中含有对现存经济制度的过于尖锐的指摘,而这个制度的拥护者们是不可能喜欢这种指摘的,并且在那些对这个制度的好处还没有完全改变信念的人看来,这种指摘是过于危险的。

鉴于以上所说的一切,怎么能表述未来社会的人口律呢?暂

---

① 譬如我们指出法国的人口统计。在有关这个题目的许多著作中,我们要提出小贝尔梯利翁和杜蒙的研究著作(*Dépopulation et civilisation*〔《人口减少与文明》〕,巴黎,1890年)。

② 关于这一点,可参阅“Zu Hegel's sechzigstem Todestag”(“黑格尔逝世六十周年”)一文,该文最初发表于1891年11月14日的 *Neue Zeit*(《新时代》)。它的俄译文转载于《对我们的批判者的批判》这一文集中。

时还无法表述。我们不可能去发现还不存在的社会所特有的人口律。想要这样做的任何尝试都是为时过早的，因而是空想的，而不是科学的。我们能够而且应该有充分的把握这样说。而假如有人根据这个理由要想用人口过剩来吓唬我们，因为根据马尔萨斯主义者的意见，在一个没有阶级区分的社会里人口过剩是不可避免的，那么我们就回答说，第一，现代的生产力状况已经为文明国家远远地扩展了繁殖的实际的限度，而第二，如果人类总有一天要和人口过剩进行斗争的话，——这种可能性极少，——那么，他们在存在着合理地组织起来的生产和全面地发展的生产者的情况下和人口过剩作斗争，将比在以对工人群众的压迫和产品对生产者的统治为基础的现存社会制度下和人口过剩作斗争，要方便得多。①

五

马尔萨斯在自己的《政治经济学原理》中比较成功地向我们说明了他的规律的真正含义。他在那里说道，“假如工人阶级获得生活所必需的和有用的东西的简单需要或愿望，是生产的充分的动机，那么，在欧洲或者甚至在全世界，没有一个国家会遇到除了自

---

① 洛里亚在自己的小册子 *La legge di popolazione ed il sistema sociale*（《人口律和社会制度》）（西纳，1882 年）中，想把马克思的观点（可是他没有指出马克思的名字）和马尔萨斯的观点结合起来。他得出结论说，人口的繁殖——它的规律是随着社会制度的变化而变化的——也是社会关系的一切变动的积极的原因。当然，这里有一部分不容置辩的真理；但是，洛里亚忘记了最后决定一切的社会生产力的发展，这个简单的情况就说明这种折衷主义观点是多么不能令人满意。可是，洛里亚先生在他的似乎是意义深刻的、然而实际上却是极其肤浅的、一点也不机智的研究著作中，却经常发生这种不幸。

己的生产力以外的其他影响财富增长的障碍；而且早从很久以前的时候起，地球就会供养十倍于现在所供养的居民了。”但是，工人阶级的“需要”是一回事，经济学中所谓的实际需求是另一回事，而整个问题也正在于此。“除了自己的劳动（马尔萨斯想说的是自己的劳动力）以外一无所有的人，只是因为产品的拥有者需要他的劳动（即他的劳动力），所以他才是对产品的需求的代表者。假如生产劳动的产品的价值不是大于劳动（仍然是指劳动力）本身的价值的话，那么对生产劳动的需求就永远不可能发生。”[①]这是很明显的和完全正确的：劳动力被人购买只是为了去生产剩余价值，但是这个正确的意见却使人口律具有一种完全新的形态；现在人口律已经是这样宣称：完全与自己的生产力无关，一个国家每当它的工人多于资本家老爷们需要他们的数量时，就会出现人口过剩。没有生产剩余价值的福气的那些工人，就只得饿死。这就是“自然的规律或即上帝的规律”。这个新的“规律”根本推翻了马尔萨斯的整个臭名昭著的人口学说。很好，我们把这一点存案备查，然后继续前进。马尔萨斯在《人口论》中劝告工人尽可能更少地繁殖。他这样说是希望推卸掉有产阶级对无产阶级的贫困所负的责任，尽可能减轻他们为穷人而付的赋税的负担。在《政治经济学原理》中，他却从另一方面去看问题。他想起了，无论怎么说，工人是剩余价值的唯一生产者；于是他指出，假如工人阶级繁殖得太慢，那

---

① 在这里我们不得不根据法译本引证，因为目前手头没有英文原本。参阅 *Principles* etc., traduit de l'anglais par M. F. S. Constancio（《原理》，康斯坦西奥译自英文），巴黎，1820 年，第二卷，第 17－19 页。

么这可能使一个仅仅从事于贸易和纺织工业的国家遭到破产。[①]这又是一个完全正确的思想,也需要把它存案备查。可是,遗憾得很,它也推翻了以马尔萨斯学说之名而为人周知的那种学说。现在已经只好这样地表述这个学说:与自己的生产力状况完全无关,一个国家每当它的工人多于剩余价值的生产所需的数量时,就会出现人口过剩。这无论在经济方面或政治方面都是非常令人不快的:有产阶级只好为了穷人的利益而支付讨厌的赋税,而没有财产的人却可能对"平等的拥护者"的学说表现出危险的爱好。相反,一个国家每当它的工人少于资本家老爷们需要他们的数量时,就会显得人口不足。这种情况可能把国家引向破产。人口的正常的增长额,就是由资本对劳动力的需要所决定的那种增长额。工人应该注意到这一点。假如他们在生孩子的时候不能确定,当他们的孩子达到可以劳动的年龄时资本究竟需要多少人手,那么对他们来说就更糟了。多余的人手将必然作为贫困的牺牲品而死去;在人手显得太少的情况下,则国家会遭到破产,而对劳动力的需求又会由于这个原因而减少。这就是"自然的规律或即上帝的规律"。

马尔萨斯想要驳斥"平等的拥护者"并指出财产公有的害处。他从来不能超出资产阶级经济学概念的范围,只要根据这一点就可以判断,这个人对共产主义的反驳可能有多少力量了。他非常

---

① 在这里我们不得不根据法译本引证,因为目前手头没有英文原本。参阅*Principles* etc., traduit de l'anglais par M. F. S. Constancio(《原理》,康斯坦西奥译自英文),巴黎,1820年,第一卷,第340页。

严肃地谈到野蛮人那里的利润率。他知道，譬如说，在秘鲁有过共产主义制度。但是，他把这种制度叫作“奇怪的”制度，看到这个形容词就可以摆脱他的进一步的评价了。正如我们知道的那样，甚至那个时代的优秀经济学家们都有这种目光狭隘的缺点，但是无论在谁那里，它都没有达到像《人口论》的作者所达到的那样“奇怪的”、可以说是可笑的程度。要确信这一点，只要哪怕想起他怎样给生产性消费下定义就够了。[①]

六

在《人口论》中，马尔萨斯不得不谈人口过剩；而在《政治经济学原理》中，他也不得不顾及到生产过剩。他说，“不管生产力多么巨大，它们本身还不能保证财富与之相应地增长。要使这些力量得到充分的发展，看来还需要某种别的东西。产品应该这样地适合于消费者的需要，以便在消费者中间分配产品时使产品总量的总交换价值增长起来。”[②]换言之：资本家站在生产力和需要产品的人们之间，他说，只有在给他一定的利润的情况下他才同意去使用生产力。但是，在现代社会里，这些力量是这样地巨大，以致产品往往充斥市场，找不到自己的销路。而由于这个缘故，资本家们

---

① “毫无疑问，工人把自己的一部分工资用来维持自己的生活，而不是把它作为具有生产目的(马尔萨斯想说：以从别人身上榨取剩余价值为目的)的资本。对于给他工作做的人来说，和对于国家来说，他是生产性的消费者，但是严格说来，对于他自己来说，他就不是生产性的消费者”(《定义》，第 258－259 页)。

因为我不可能剥削自己，所以对于自己来说，我永远不可能是生产性的消费者。——多么惊人的深刻思想呵！

② *Principes d'économie politique*(《政治经济学原理》)，第二卷，第 121 页。

就得不到预期的利润。那时他们就停止生产，解雇自己的工人，而在工人中间则到处是贫困现象，关于这种贫困现象，傅立叶就已经正确地指出，它不是由于别的、而是由于过剩而引起的：工人之所以贫穷，正因为他们生产的适用于满足人类需要的物品太多了。怎么办呢？看来，解决问题的最简单的办法是把工人所需要的并在市场上过剩的那些产品转让给工人。但是，这种转让意味着对资本主义所有制的神圣权利的破坏，而马尔萨斯自然是不会同意这种破坏的。他想出了另一种办法：他发现，“最能促进”有利于资本家老爷们的产品销售的“原因”可以分为三类：“1）大地产的分散，2）对外贸易和国内贸易，3）不生产的消费者的存在。”[①]读者记得，根据马尔萨斯的定义，工人的消费在这个词的某种意义上也可能是非生产性的。但是，在这里他要求的是在一切意义上完全是非生产性的消费，即只能由上层阶级的奢侈和军事开支等等所提供的那种消费。马尔萨斯尽心竭力地为这种消费作宣传，并且热烈地替它辩护，使之免遭一切可能的攻击。在《人口论》中，他企图这样去解释工人阶级的贫困，即出生在世界上的胃多于可能生产出来填满它们的面包。在《原理》中则发现，工人的贫穷还可能有另一个可以说是更隐晦和更稀有的起因：每当国内游手好闲的人太少的时候，生产者就会过穷日子。这就是“自然的规律或即上帝的规律”。

但是，马尔萨斯认为也许没有非生产性消费也可能应付过去，假如工人获得高工资，因而可以从自己这方面提出更重要的实际需求的话。然而工人过于迅速的繁殖却妨碍这一点，它导致了他

---

①　*Principes d'économie politique*（《政治经济学原理》），第二卷，第145页。

们之间竞争的加剧和工资的下降。好吧，那么如果每个工人少劳动一些呢？如果缩短工作日呢？马尔萨斯回答说，这是永远不会的，国家没有权利去限制工作日，而工人自己永远也不会商量好去这样做，永远也不会放弃互相的竞争。倒不如希望他们会少生一些孩子。[①] 对这种预言现在已经不需要加以批判评论了。

大家知道，马尔萨斯在《人口论》中关于欧洲先进国家中可能进行的农业改良发表了非常悲观的看法。根据他的计算可以得出结论，劳动生产率必定随着用于耕作一块土地的劳动量的增加而下降。某些经济学家认为这种现象是完全不容争辩的，并把它提升为经济规律。[②] 但是，马尔萨斯本人却远不认为它有重大的实际意义。在《原理》中，关于这一点他是这样说的：农业劳动的生产率当然是在下降，但在世界的目前状况下，这发生得很缓慢；况且，各种各样的改良常常使劳动生产率的下降完全停止，或者甚至使它上升。他说："我深信，耕作一八一三年开垦的土地所花费的资本，比用于耕作一七二七年开垦的土地的资本有更大的成效。"一般说来，"劳动生产率的提高足以抵消新田地的清理所产生的不良后果，提高那种劳动生产率的可能性大到这样的程度，以致在世界上大多数国家的目前状况下，或是在未来几个世纪内这些国家可能发生的状况下，我们都能够在有利的条件下完全把希望寄托在这个原因所起的作用上"[③]。

---

① 《政治经济学原理》，第二卷，第 227 页及以下各页。

② 本版（"野玫瑰"出版社版）附注：我们的马斯洛夫也属于这些经济学家之列，在这方面他很严重地背离了马克思的观点。

③ 《政治经济学原理》，第一卷，第 477－479 页。

这种无稽之谈的意思是这样的：当您和“平等的拥护者”进行争论的时候，说自然界吝啬和农业劳动生产率下降就是非常有益的；而当您打算请有产阶级增加非生产性的消费时，您就可以告诉他们，——对“劳动贫民”和“平等的拥护者”则保守秘密，——至少在几个世纪的时期内，农业生产率不可避免的下降始终是荒谬的臆造。

第九章 人口律——车尔尼雪夫斯基

一

现在我们转到车尔尼雪夫斯基。他对马尔萨斯所提出的反驳，几乎只是与《人口论》第一篇第一章有关。他主要是研究马尔萨斯的级数，而且是从农产品增长的算术级数开始的。

马尔萨斯认为，英国农业总产量可以在 25 年内增加一倍的假设是很大胆的。车尔尼雪夫斯基指出，“这是会使读过现在的农学书籍的人发笑的幼稚言论”。他根据加斯巴伦的计算（在其 *Cours d'Agriculture*[①] 中所作的计算）而断言，“在相当好的作物轮种制的安排下，一百公顷土地的产品可以供养 931 人”，而因为在大不列颠和爱尔兰（根据柯尔勃的说法）适宜于耕种的土地共达六千一百五十万英亩，即将近二千五百万公顷，所以“大不列颠和爱尔兰在相当好的作物轮种制的安排下能够供养二亿三千万人口”，亦即

① 《农业教程》。——译者

使现在的农产品(车尔尼雪夫斯基的计算是根据1860年的产量)增加八倍。[①]

"要在一般地说已经有了比简单的三区轮作制更好得多的经营方式的土地上建立良好的作物轮种制经营方式,二十五年是否足够,——这一点我们让每一个人去判断。

"总之,从现在的农学书籍中可以看出,假如英国希望和需要在二十五年内使自己的农产品不是增加一倍,而是增加四倍或甚至增加八倍,那么在现在的农业知识的状况下,这完全是不难做到的。我们难道没有权利说,影响马尔萨斯、使他认为假定农产品在二十五年内增加一倍是作了极度的让步的那些思想,是太幼稚了么?"[②]

因此,认为农产品难以按人口繁殖所能达到的全部速度增长的这一颇为流行的信念,在车尔尼雪夫斯基看来是没有任何切实根据的。跟在马尔萨斯后面谈论农业劳动生产率下降的那些经济学家,甚至连想也没有想一下,他们不妨用统计去检验自己的观点。正因为如此,所以直到如今人们对这个对象毫不加以考虑地下论断,"像马尔萨斯那样地下论断"。但是,车尔尼雪夫斯基自己承认,"假如耕作土地的方法仍然照旧,那么,随着人口的增多,由于田地扩展到质量越来越差的土地,可耕地的生产率按平均数计算就将越来越低。"[③]问题仅仅在于,马尔萨斯过分夸大了这个因

---

① 在1860年,同样是根据柯尔勃的说法,大不列颠和爱尔兰的全部人口增至二千九百万人。车尔尼雪夫斯基认为,其中由国内农产品养活的不超过二千五百万人。

② 《车尔尼雪夫斯基全集》,第七卷,第246页。

③ 同上书,第191-192页。

素在人类文化史上的意义。车尔尼雪夫斯基肯定地说，不管人口增加一倍的周期多么短，甚至在耕作土地的方法稍有改进的情况下，就能轻而易举地避免食物不足。他引用了长长的一系列算术计算来证明自己的意见。鉴于问题的重要性，我们应该尽可能用车尔尼雪夫斯基自己的原话去叙述他的观点。

这种观点是以对马尔萨斯的级数所作的分析为基础的。

人的繁殖…………1,2,4,8,16,32,64。

产品的增加………1,2,3,4,5,6,7。

车尔尼雪夫斯基说："很明显，第二行的各项数字是按什么比例从第一行的各项数字中产生出来的，按几何级数增长的工人人数增加数，提供每次相同的产品增加数。例如，在第二个周期增加的一个新工人，用自己的劳动使产品增加1；在第三个周期增加的两个工人，也只使产品增加1；第四个周期的四个新工人和第五个周期的八个新工人等等，也使产品增加1。显然，在每个新周期增加的新工人的劳动生产率，是按这些不断增加的工人数借以增长的那种级数下降的……换句话说，马尔萨斯的定理假定，工人的繁殖率就是增加的工人的劳动生产力的下降率。"①

由此出发，车尔尼雪夫斯基作了以下的计算：

"假定说，在第一年一月一日的人口数为一千，而这些人口中的农民生产了足以很好地供应全部一千人的粮食，也就是说，一年生产了许多份粮食，比如说以车来计算。按照我们的情况，要很好地供应粮食的话，每人每年就需要一车粮食。假定说，人口中农民

① 《车尔尼雪夫斯基全集》，第七卷，第254页。

的人数为一百人。按照情况就可以看出，要很好地供应这些人口的粮食，就需要农业劳动具有这样的成效，使每个农民生产十车粮食。

“假定说，在粮食这样丰富的情况下，人口每年增长3%（这个比例略高于马尔萨斯所假定的使人口在二十五年内增加一倍的那个比例），那么在第二年的一月一日人口将达一千零三十人，而假如农民的比例仍然照旧的话，那么他们将达一百零三人。如果一千人需要一千车粮食，那么一千零三十人就将需要一千零三十车粮食。

“假如新增农民的劳动成效不比过去差的话，那么新增的三个农民就会生产出三十车粮食，亦即充分供应新增人口三十人的粮食所需的数量，因而在第二年就有了供一千零三十人食用的一千零三十车粮食。但是，根据马尔萨斯的定理，新增农民的劳动生产率将低于原先农民的劳动生产率；马尔萨斯认为，新增劳动的生产率的下降率等于它的数量的增长率，或者在农民人数和人口数之间的比例不变的情况下，等于人口的增长率。这样，新增劳动的生产率比原先劳动的生产率等于一百比一百零三。按这个比例，如果原先一个农民生产十车粮食，那么一个新增的农民生产多少粮食呢？

X：10＝100：103

“由此可得：

X＝9.7087

“这样，三个新增的农民所生产的不是按原先的数额所需的三十车，而是3×9.7087＝29.1261，而在第二年供给一千零三十人的将不是一千零三十车粮食，而只是1,029.1261车。为了使第二年的收成不是1,029.1261车，而是一千零三十车，原先农民的劳动生产率在这一年就应该有所提高，高于自己过去的数量 10，使产量高于未经改良而获得的收获量 1,029.1261，而达到所要求的收获量 1,030。

X：10＝1.030：1,029.1261

“由此我们得到：

X＝10.00849……

“真的如此，那时我们就将有：

“一百个原先的农民，每人生产 10.00849 车，共生产 1,000.849 车。

“三个新增加的农民，他们的劳动效率较低，按原先的比例 100：103 计算，每人生产：

10.00849×100：103＝9.717 车。

“而三人共生产 3×9.717＝29.151 车。

“第二年的总产量将为 1000.849＋29.151＝1030 车。

“这样，无论是在工具的设备方面，或是在使用工具的方法方面，或是在肥料的质量方面，或是在使用肥料的方法方面，或是在种子的质量方面，是否需要很大程度的改良呢？为了不致发生欠缺，为了使粮食的比例在人口增长的情况下不致下降，是否需要很大程度的改良呢？

“在人口每年增长 3%的情况下，即在比马尔萨斯所假定的更快的增长速度下[①]，所需的每年改良的进度等于 0.000849，即小于

① 在人口每年增长 3%的情况下，过 25 年后 10,000 人的人口会增加到 20,938 人；为了使人口数在 25 年内增加一倍，需要假定的每年增长量仅为 2.81138……%。

一千一百分之一。一百万分之849有多大呢？这种增长是否巨大呢？它的大小等于：在一普特中，它占略大于3¼所洛特尼克[①]（3.2602所洛特尼克）的分量，在共有25普特的一车粮食中，它占81½所洛特尼克……

“这算什么样的可怕的增加量？是否值得害怕它呢？难道农业改良不可能进行得这样快（快！），以便在整整四分之一个世纪内使农业方法改进2⅐％么[②]？在整整25年内增加百分之2⅐——这不是几乎完全静止不动么！

“是的，这是几乎完全静止不动。没有任何疑问，从中世纪末期起，在欧洲历史上还从未有过这样的一个25年，其农业不是按更快的比例得到改进的。在欧洲历史上有过许多社会改良几乎完全停顿的时代，但是，这些时期中的最惨淡、最丑恶的时期也仍然推动农业前进，其速度比在人数每25年增加一倍的那种人口繁殖率下抵消农产品的不足、使农业劳动保持原先的全部生产率所要求的更快。”[③]

往下车尔尼雪夫斯基提出了一个繁殖的一般公式，使人口增加一倍的不同的周期所需要的改良进度，将按这个公式来决定。我们不去引证这个公式了。我们仅仅指出，他借助于这个公式达到了极其令人吃惊的结论。例如，人口在12年的周期内增加一倍的情况下，以最初的农业水平作为一个单位的话，在整整一个世纪内农业改良只须把农业水平提高到1.36958。“例如，假如在1860

---

① 所洛特尼克，旧俄重量单位，等于4.266克。——译者

② 0.000849……在第25级上可得1.021443。

③ 《车尔尼雪夫斯基全集》，第七卷，第258页。

年，一个耕种四俄亩土地的农民从这些土地收获十俄石的粮食，那么在下一个世纪内就应该进行改良，使同样一个农民在1960年有可能从这四俄亩土地收获将近13¾俄石的粮食。在这种改良的比例之下，人们以每12年人数增加一倍的那种速度进行繁殖时，到1960年将不会感到食物不足。当然，在这样的繁殖速度之下，在五俄亩土地上将不是出现一个农民，而是逐步地出现两个农民，尔后是三个、四个、十个、十一个、十二个农民等等；在这四俄亩土地上新增加的每一个农民，将使土地的产品按这样的比例增加，这个比例略低于劳动量由于新增加这个农民而增加的比例。但是，在农业改良的进度在整个世纪内等于37%的情况下，仍然将会不断地从这四俄亩土地收获到按原先耕种这四俄亩土地的每个农民生产十俄石时所提供的总产量。"①

我们再重复一遍，这些结论如此令人吃惊，以致读者不敢相信自己的眼睛。他不由自主地要回过来检验作者的论据。但是作者的论据似乎是反驳不了的。看来，结论是完全合乎逻辑地从前提中得出来的。读者接受了并满怀着这样一个不可动摇的信念，即认为车尔尼雪夫斯基从以往任何一个研究者都没有作为出发点的那个方面出发去看问题，从而彻底地驳倒了马尔萨斯。这种信念在俄国是很普遍的，在俄国，驳倒马尔萨斯被认为是我们这位著名作家的几乎是最重要的、而无论如何是最不容争辩的学术功勋。

但是，我们来看一下这种观点究竟正确到什么程度。

---

① 《车尔尼雪夫斯基全集》，第七卷，第261页。

二

我们首先要指出这样一点：假使车尔尼雪夫斯基的算术计算是完全正确的话，那么甚至在这种情况下，它们能否驳倒马尔萨斯，或者更确切地说，能否驳倒我们在《人口论》第一篇第一章里所遇到的那个马尔萨斯，也还是有疑问的。车尔尼雪夫斯基过于专断地解释马尔萨斯的算术级数。根据他的解释可以得出，算术级数只是表现在农业不进行改良的情况下不可避免地出现的农业劳动生产率的下降。“要知道问题也正在于，为了抵消由于新增农民的劳动生产率低于原先农民而造成的产品缺额，需要多大的改良。人们通常以为，假如人口繁殖将以可能的全部速度进行的话，那么要抵消这种产品缺额就需要进行规模过于巨大的改良。”[1]车尔尼雪夫斯基的计算则表明情况正好相反。但是，他把自己对算术级数的解释置于什么基础之上呢？他说，“我们在非常忠实地转述马尔萨斯思想的穆勒那儿，就看到了这一点。”[2]但这个保证还是不充分的。我们最好是转向马尔萨斯本人，其实也就是转向我们在谈到级数的《人口论》第一篇第一章里所遇到的那个马尔萨斯，车尔尼雪夫斯基与之进行争论的也就是那个马尔萨斯，他看来完全没有考虑到另一个马尔萨斯、即《政治经济学原理》的作者马尔萨斯的存在。

我们在《人口论》中读到：“在英格兰和苏格兰，有许多人从事

---

① 《车尔尼雪夫斯基全集》，第七卷，第255页。

② 同上。

于农业的改良，但是在这些和平的国家里也有未经开垦过的土地。我们来看一下，在只能想象的最有利的条件下，这个岛屿的肥沃能够增加到何等的程度（着重点是我们加的）。如果我们假定，在尽可能优良的管理和对农业的最有力的奖励之下（着重点是我们加的），这个岛屿的土地的产品在起初的26年内能够增加一倍，那么，大概我们是越出了可能的限度；这样的假定大大地超出我们能够合乎理智地指望的产品数量增长的限度。在以后的25年内绝对不能期望，土地的生产率会按这个规律增长，到第二个周期满期时肥力会增至四倍；容许这一点的话，就意味着把我们关于土地生产率的一切概念都弄混乱了。改良贫瘠的土地（着重点是我们加的）需要许多劳动和时间。对多多少少了解这种事情的人来说，毫无疑问地懂得，随着耕耘的扩大，每年平均生产增加量在按某种规律性不断地下降……我们试想一下，每年平均生产增加量并不下降，而始终不变，以致在每个25年的周期内大不列颠的年产量都增加上相等于这个年收入的产量。大概任何一种热烈的想象力都下不了决心去作更广泛的假设，因为这已经足以在几个世纪内使这个岛屿的全部土地变成一个富饶的花园了。我们把这个假设应用于全球"以及如此等等。①

我们现在将不回到马尔萨斯究竟错误到什么程度这个问题上去。我们只需要弄清楚他在前面所引的那段话中究竟想说什么。而关于这一点大概不可能有什么疑问：他说的是"对农业的最有力的奖励"，说的是"只能想象的"对农业最有利的条件，说的是"改良

① 《人口论》，第一篇，第一章，第100－101页。

贫瘠的土地”，说的是使这个岛屿的全部土地（然后是整个地球）变成“一个富饶的花园”。而在这所有的情况下，他都没有考虑到土地耕作方法的改良吗？在所有的情况下，他都假定农业方法在他所谈的“几个世纪”内始终不变吗？不，不管马尔萨斯是正确的还是不正确的，在这个场合下他的思想是明白的：他想说，尽管有着明理的人所能指望的一切改良，农产品将只能以算术级数增加。在建立自己的级数时，他考虑到（更正确地说，是假装考虑到）未来农业改良的影响。因此，车尔尼雪夫斯基的全部计算原来都是多余的。不管这些计算多么正确，它们不能推翻“马尔萨斯定理”，原因很简单，因为它们是建立在对这一定理的错误解释之上的。

但是，主要的问题在于，这些计算本身并不完全正确。只要细想一下它们的基本原则，便能确信这一点。车尔尼雪夫斯基在把马尔萨斯的级数加以比较时发现，“工人的繁殖率就是新增工人的劳动生产力的下降率”。事情是这样的吗？遗憾的是，完全不是这样。

为了方便起见，我们重新抄下车尔尼雪夫斯基所分析的级数：

人的繁殖…………1，2，4，8，16，32，64。

产品的增加………1，2，3，4，5，6，7。

在这里，“工人的繁殖率或——也就是[①]——人口总数的增长率”有多大呢？我们根本不知道这一点；关于这一点一句话也没有

---

① 所以说“也就是”，是因为车尔尼雪夫斯基假定农业工人数对人口总数的比例是不变的。

谈。“工人的繁殖率”依赖于人口增加一倍的周期的长短。在人口增加一倍的周期为25年的情况下，这种繁殖率将和周期为15年、35年等等的情况下完全不同。马尔萨斯提出一个一般的公式，根据他的意见，所有一切个别的情况都应该适合于这个公式。假如已经谈到工人数增加率，那么我们应该这样说：在以后每个周期末，工人数都增加100%，而产品的增加则遵循着完全不同的规律：在第二个周期末，它增加100%，在第三个周期末增加50%，在第四个周期末增加33⅓%，在第五个周期末增加25%，在第六个周期末增加20%，以及如此等等。这是否意味着，工人数增加率“就是工人的劳动生产力的下降率”呢？绝对不是！工人数增加率始终是不变的，然而新增工人的生产力的下降率则不断地而且很快地增大。由此可见，二者必居其一：或者是车尔尼雪夫斯基错了，或者是他把自己的思想表达得不准确。我们现在来看一下，这两个假设中哪一个符合于实际情况。在第二个周期增加的一个新工人，用自己的劳动使产品增加1；在第三个周期增加的两个工人，也使产品增加1；第四个周期的四个新工人和第五个周期的八个新工人等等，也使产品增加1。这就是我们的作者想以一个一般的公式去表现的那种现象。这是否需要，乃是另一个问题，但是，既然我们想要找到这个公式，那就必须采用这样的说法：每个特定的周期内新增的工人数比第二个周期内新增的工人数大多少倍，他们的劳动生产率也就比第二个周期新增的工人的劳动生产率低多少倍。这就是一切。由此可以得出什么结论呢？可以得出我们已经知道的那个结论：新增工人数的增加率始终是不变的，而他们的生产力的下降率则迅速地增大。而这意思就是说，把这两种百分率混为一谈是没有丝毫根据的。好吧，假如我们仍然不顾显见的事实把它们混为一谈，那会产生什么结果呢？要推测这一点毫不困难：我们会得出错误的结论。

繁殖率不变，而劳动生产率的下降率则迅速增大。把这两种百分率混为一谈，就是意味着假定劳动生产率的下降远不像从我们所考察的级数中可以看出的那样快。这将是使问题的条件根本改变的一个十分专断的假定。也许，这个假定更符合于实际的事实，但是无论如何，采取这个假定，就决不能坚定地说我们仍旧忠实于“马尔萨斯定理”的原意，就决不能坚定地说，“我们以无论马尔萨斯本人或是他的任何一个信徒都从未有过的那种准确性，叙述了从马尔萨斯的级数中得出结论的过程。”[①]我们所叙述的只不过是从我们自己专断地假定的条件中得出的结论罢了。

农产品的缩减是由新增农民的劳动生产率的下降所决定的。[②]假定劳动生产率的下降比从级数的含义中可以看出的要慢，我们从而也就假定产品的缩减比马尔萨斯的算术级数所指明的要慢。这意思就是说，“农产品的不足”将比级数所说的要少，而在这种情况下，为了消灭这种不足而必需进行的改良的规模，也远不像把几何级数和算术级数相对照时可能认为的那样大。因此，我们只要假定不同的“工人繁殖率”（换句话说，人口增加一倍的不同周期），计算出这种改良的规模，以便把我们的“正确计算”的结果同马尔萨斯的“不正确计算”的结果对立起来。实质上，这种对

① 《车尔尼雪夫斯基全集》，第七卷，第256页。

② 也就是说，在纸面上，我们的事情是这样进行的；在实际上事情是怎样进行的，这是另一个问题，在这里与我们无关。

立只能证明这样一个古老的真理，即人们从不同的前提出发会获得不同的结论。但是，我们在自己不知不觉地改变了问题的条件之后，将会认为我们是在严格地遵守马尔萨斯自己的“定理”的原意的情况下驳倒了他。

但是，这还不是一切。况且，车尔尼雪夫斯基认为劳动生产率的迅速增大的下降率是不变的，换句话说，也就是把经常变化的量看作固定不变的量，——在他那里，这个虚假的固定不变的量本身也比它根据“马尔萨斯定理”的原意所应有的大小要小得多。按照最夸大的计算，人们的繁殖率不可能超过百分之七（在人口增加一倍的周期为12年的情况下，繁殖率略低于百分之六）。根据“马尔萨斯定理”的原意，劳动生产率在第三个周期内就已经下降百分之五十。（车尔尼雪夫斯基也知道这一点：“在第二个周期增加的一个新工人，使产品增加1；在第三个周期增加的两个工人，也只使产品增加1。”）您承认这是一个巨大的差数，它完全足以说明车尔尼雪夫斯基所达到的那些惊人的结论。再重复说一遍，我们谈的并不是他的假设是否符合于经济的现实（他自己也丝毫没有谈到这一点）；我们只是肯定地说，这些假设完全与“马尔萨斯定理”的原意相抵触（而他却认为，它们是完全忠实于原意的，所有认为车尔尼雪夫斯基的论据是无法反驳的人，也都这样想）。

假如工人（以及全部人口）数的增长率等于新增工人的劳动生产率的下降率，那么，就没有比确定所需的改良的规模更容易的事了。假定说，人口每12年增加一倍。在这种情况下，繁殖率等于5.94631。与此相应，新增工人的劳动生产率也将准确地下降5.94631%。往下最简单的计算就可以向我们提供未知的改良率。

由于前面所指出的原因，它将是微不足道的。然而我们看来是对自己的论敌作了极度的让步：人口 12 年增加一倍的周期已经完全难于置信的了。但是，问题在于，无论这时繁殖率——以及劳动生产率的下降率——有多大，后者仍然下降得比它在真正“准确的计算”下应该下降的要慢。车尔尼雪夫斯基认为，在人口 12 年增加一倍的周期下，农业在一个世纪内应该提高的水平不超过 1.36958%。我们将不去检查他的计算是否准确。我们就假定它是完全准确的。但是，不要忘记，根据他的假设，劳动生产率的下降率仅为 5.94631%（亦即繁殖率）。而在真正“准确的计算”下，结果是这样的吗？在 96 年内人口就已增至 16 倍。我们看一下，过 48 年后或在第四个周期内新增工人的劳动生产率将多大。每个特定的周期内新增的工人数比第二个周期内新增的工人数大多少倍，他们的劳动生产率也就比第二个周期新增工人的劳动生产率低多少倍。在第四个周期内增加的工人数比第二个周期新增的工人数多三倍。因此，第四个周期新增工人的劳动生产率就比第二个周期内新增工人的劳动生产率低三倍。在第五个周期内，它将会低七倍。

您承认，这和车尔尼雪夫斯基所假定的那种固定不变的百分率（5.94631%），亦即看来好像是极其夸大的假设（人口在 12 年中增加一倍）的结果的那种百分率，是相距很远的。

但是，难道车尔尼雪夫斯基真的是以上述方式下论断的吗？是的，试问您还要什么凭据呢，要知道是他自己在进行计算时这样宣布的：“马尔萨斯认为，新劳动生产率的下降率等于劳动数量的增长率,或……人口的增长率。”①但也许他毕竟是离开了自己的原则?

是的,他是离开了自己的原则;我们现在来看,他是朝什么方向走的。

在可以说是在读者眼前进行的车尔尼雪夫斯基的最初示范计算中,繁殖率被假定为3%。与此相应,劳动生产率的下降率也应该等于3%。农民人数为一百,他们每人生产10车粮食。计算是按年度进行的。试问,第二年每个新增的农民生产多少粮食呢?按我们的条件来说,他应当生产9.7车。在车尔尼雪夫斯基那儿,则他生产9.7087车,也就是说略多一些。这种差额是从何而来的呢?是从这里来的。

我们是这样计算的:每个农民以前生产十车;新增加的农民的劳动生产率下降3%。10的3%等于0.3。从10减去这个分数,我们便得出9.7——这个数字也就表明第二年每个新增加的农民的劳动生产率,——车尔尼雪夫斯基则以另一种方式下论断。以前有一百个农民,现在有一百零三个农民。“这样,新劳动生产率比原先的生产率就等于100比103。由此我们得出:

X=9.7087。”②

这个论断是否正确呢?它是否合乎问题的条件呢?当我们说劳动生产率的下降率等于繁殖率的时候,我们是想要说,人口增加百分之几,劳动生产率也就下降百分之几。而当我们说某些农民

① 《车尔尼雪夫斯基全集》,第七卷,第208页。

② 同上书,第257页。

的劳动生产率比另一些农民的劳动生产率等于某数比某数时，我们是确定一种生产率比另一种生产率大多少倍。2 比 3 小多少，等于 3 比 4 小多少。能否把这一点用 2∶3＝3∶4 这样的比例去表现呢？显然不能，因为三分之二不等于四分之三。算术比例是一回事，几何比例是另一回事。车尔尼雪夫斯基起初说，他将遵循第一种比例(第二年的人口比第一年的人口多百分之几，新增加的农民的劳动生产率也就下降百分之几，如此等等)，而后来却突然转到第二种比例。这怎样影响到他的计算进程呢？劳动生产率的下降，比前面所分析的把读者知道的两种百分率相等起来的错误假设中劳动生产率的下降还要少。从前面所引的数字中就已经可以看出这一点。而且繁殖率越高，这种错误所造成的影响也就越加明显。[①] 换句话说，车尔尼雪夫斯基对自己的论敌所作的让步越大，他的第二个错误也就越是帮助他减轻这种让步的逻辑上的后果，虽然第二个错误的影响当然比第一个错误的影响要小得多。

还有一个意见。假定说，上面指出的那些错误并不存在；假定说，按“马尔萨斯定理”的原意，劳动生产率的下降率等于繁殖率，然后我们再回到车尔尼雪夫斯基的示范计算上来。在第二年，我们有一百个农民，在第二年，他们已经有一百零三人了。新增农民的劳动生产率比原先的生产率低 3%。看来，不这样也是不可能的。但是，这仅仅是看来这样而已。新增加的农民怎样分布在各

① 车尔尼雪夫斯基在计算中不止一次地把“多少倍”的概念和“多少”的概念混为一谈。例如，他说：要求的收获量大多少，这一年的劳动生产率就应该比原先的劳动生产率提高多少……以及如此等等，而接着就为此而建立几何比例(《车尔尼雪夫斯基全集》，第七卷，第 257 页)。

个地段上呢？这当然要看情况来决定。以前每个农民耕种四俄亩土地，而每两个农民则耕种八俄亩的地段。假定说，新农民是这样分布的，以致现在在三块八俄亩的地段上工作的已各有三人，而不像以前那样各有两人。在这些地段上，农民的“繁殖”将等于50%。因此，他们的生产力会下降一半。他们每人只生产5车粮食，而不像原先所推测的那样生产9.7车。农产品的不足以及必需进行的改良的规模也与此相应地扩大了。但在这种情况下，车尔尼雪夫斯基在自己的计算中达到的结论就将丧失任何说服力，甚至即使它们是有充分根据的话。

把一位经济学家所作的示范说明的计算中发生的偶然的错误去责难他，是令人可笑的。即使最有天才的数学专家也不能保险不犯这种由于疏忽大意而产生的错误。但是，当一位经济学家的全部“方法”都归结为这种计算时（车尔尼雪夫斯基的“假设的”或“数学的”方法也正是归结为这种计算），事情就走向另一个反面。那时就二者必居其一：或者对这位经济学家疏忽大意地应用自己的方法觉得惋惜（因为他的数学上的错误影响到他的结论，这些结论不仅是借助于示范计算来加以说明的，而且完全是根据这种计算而得出来的），或者劝告他采用另一种更科学的、因而也是更有成效的方法。

三

车尔尼雪夫斯基对“人的繁殖”的观点已经远远地摆脱了错误，虽说它当然也不是没有这位著名启蒙运动者的全部社会政治观点的一般缺陷，即极端的抽象性。实质上，车尔尼雪夫斯基把全部问题归结为人类或多或少地迅速繁殖的生理上的可能性。他问道："问题究竟何在呢？是指用外来的强力迫使人的机体可能达到的那种生育数字呢，还是指作为摆脱贫困对繁殖的任何阻碍的自然结果的那种生育数字呢？大家知道，任何生物，其中也包括人在内，是可以用强力去迫使他进行超出他的正常能力的活动的……可以迫使妇女的机体去生育超出她的能力的人数；但是……这对繁殖的速度将是不利的。虚弱不堪的母亲将生出没有能力活下去的婴儿。同时，妇女的这种地位只有在不文明的风俗下，亦即在愚昧无知的情况下，在不利于繁殖的恶劣的社会状况下，才有可能存在。我们当然不是要去探求在不利于繁殖的条件下能够生育多少孩子，——我们想要知道，社会在存在着最有利于繁殖的一切条件的情况下可能有怎样的出生率。"①

贫困和不文明的风俗，使出生人数增加，使出生人数达到他们在繁荣和温和的风俗下达不到的数量。在大多数欧洲国家中，出生人数摇摆于（更正确地说，是曾经摇摆于，因为车尔尼雪夫斯基是在将近五十年以前写的）千分之三十五至四十之间；出生人数只有在很少有的、例外的情况下才达到千分之四十五；只有在统计报告不可靠的那些国家中才超过千分之四十五，最后，没有任何一个多多少少值得相信的数字达到千分之四十八。② 车尔尼雪夫斯基认为，千分之四十的出生率，是"在不进行繁殖的人口中不去强制地使妇女的体力衰竭而为人的机体构造所容许的最高数字；在迅

① 《车尔尼雪夫斯基全集》，第七卷，第270页。

② 这些数字是车尔尼雪夫斯基从基略尔的 *Eléments de statistique humaine*（《人口统计原理》）中引用的。

速地进行繁殖的人口中，这个数字将会小些"（因为在人口的一般组成中成人的人数将会相对地较少）。随着妇女地位的改善，出生人数将降至千分之四十以下。从出生人数中减去死亡人数便可得繁殖率。可能的出生人数是我们所知道的；可能的死亡率是多少呢？根据车尔尼雪夫斯基的意见，"新生婴儿中间的最低的死亡率在目前社会具备的各种福利的情况下达到千分之二十，而五岁以上的人中间的最低的死亡率则大概不低于1.47（1.4724）%，无论如何不低于1.24（1.2425）%。"[①]

根据"在贫困不会是任何一次死亡的原因也不会阻止任何一次生育的社会中"的这些最高出生人数最和低死亡人数的极限，车尔尼雪夫斯基认为，15年或12年人口倍增的周期，是仅仅由于忘记了实际可能的最高出生人数而产生的纯粹空想，因为人口倍增的周期未必会少于、而大概会多于35年。但是，这是在把出生率

---

① 《车尔尼雪夫斯基全集》，第七卷，第275－276页。车尔尼雪夫斯基是这样得到这些数字的：英国统计学家切特维克的研究表明，英国地主的儿童在五岁前的死亡率为20%。车尔尼雪夫斯基认为，这种死亡率是按人类机体构造本身来说有可能达到的最低的死亡率，因为英国地主不受任何物质困苦，同时以关心和合理安排自己儿童的体育教育而驰名于世。

至于五岁以上的人的最低死亡率，他是以稍微复杂些的方式来确定的。根据基略尔的说法，在法国，每一千名不足五岁的儿童中死亡274名。因为正常的死亡率为二百人，所以74人的死亡就是贫困的后果。决不能认为，在五岁以上死去的人中间的不必要死亡的比例大于这个数字。相反地，车尔尼雪夫斯基认为，它将比这个数字小一倍，"五岁以上的人中发生一次不必要的死亡，那么在婴儿中就会发生二次不必要的死亡"。但是，为了以防万一，他作了双重的计算，根据两种假设去确定不必要死亡的相对人数，一种假设是成人中间的不必要死亡少于儿童中间的不必要死亡，另一种假设是成人机体对贫困的致命影响的抵抗力比儿童强一倍。他是根据法国死亡人数统计材料来进行计算的。

车尔尼雪夫斯基求得不必要死亡人数后，就毫无困难地得到正常的死亡率。

提高到超出正常标准之上的目前的习俗之下所发生的情况。"风俗的改进会延长人口倍增的周期,而且我们也没有一处可以说,在风俗得到某种改进的情况下,周期会越来越缩短;相反,有根据认为,在借助于普及教育去消除家庭关系方面过度的不文明现象的情况下,繁殖将会停止,而人口数只是由于社会的需要才会增加;在没有需要的时候,也就不会繁殖。人的机体的构成使人可以怀疑,假如他不是受到舆论影响、亦即利害打算的刺激,他甚至是否能维持现有的人口数。"①

马尔萨斯认为人口倍增的周期可能很短,因此,他从自己的观点有权利说,移民对由于过度繁殖而造成的灾难是无济于事的:在20年人口倍增的周期下,繁殖率为3.6%。假如在这种繁殖的情况下,每年把1.5%的人口迁居外国,那么也仍然会有每年2.1%的增长率,因而人口会在33年内增加一倍。当人口倍增的周期——正如我们从前面所看到的那样——由于人的机体的特性而证明是比马尔萨斯所想的要长得多的时候,那就完全是另一回事了。那时候向外移民就应该被看作是与人口过剩作斗争的强大手段。由于向外移民,留在国内的人口倍增的周期就可能延长到骤然看来似乎是完全难以置信的数字。车尔尼雪夫斯基照例用示范计算去说明自己的思想,而且——正如在他那儿时常发生的那样——计算并不完全准确。②

---

① 《车尔尼雪夫斯基全集》,第七卷,第280页。

② 例如,车尔尼雪夫斯基认为,在以前每过52.6年公民人数增加一倍的社会中,每年向外移民人数达人口的1.5%,就将使人口倍增的周期延长到894.8年。然而从他的表中可以看出,在这样的社会中最初的繁殖率仅为1.3275%。在向外移民的百分率超过最初的繁殖率的情况下,人口会发生缩减,因而假如情况不改变的话,人口永远也不会增加一倍。

但是,在当前的场合下这并不重要。车尔尼雪夫斯基自己并不认为他所得到的数字有什么意义,这些数字“因它们大得超出任何经济可能性的计算并荒谬地自以为准确,而公然嘲笑我们”。这些数字不是以细节、而是以其一般的意义来说服人。它们“向我们说:不要怕,谁要想吓唬你们,你们就把我们搬出来对付他,——我们是驳不倒的,然而我们是建立在你们目前的习俗和概念的基础上的,——难道你们想用你们的习俗、概念和生产方式去衡量遥远的未来吗?难道你们认为,你们的玄孙将是像你们一样的人吗?不要怕,他们将比你们聪明。请你们考虑你们怎样去安排自己的生活吧,而让玄孙们去关心他们自己的命运……”①

是否需要去详细分析车尔尼雪夫斯基的这些论据呢?我们认为这是不必要的。我们只是重复说一下前面提出过的意见,即他对人的繁殖的观点,也像他的全部社会政治观点一样,带有极其抽象的性质。这种情况必然会怎样影响他的研究,这是不言而喻的。它使他的研究不大有说服力。在应当更细心地注意周围现实的地方,车尔尼雪夫斯基却满足于自己的三段论法的形式上的正确性。但是,三段论法的形式上的正确性还不能保证结论的正确。一切都取决于前提。车尔尼雪夫斯基的前提通常是建立在一些数字上面的,这些数字往往得到很机智的解释,但却远没有完全包括所考

---

① 《车尔尼雪夫斯基全集》,第七卷,第 279－280 页。本版(“野玫瑰”出版社版)附注:这完全是合乎费尔巴哈口味的,费尔巴哈说:“Ueberlass jeder Zeit ihre Aufgaben und wünsche nicht Alles zu verschlingen. Löse die Forderungen welche deine Zeit an dich stellt.”(让每个时代解决它自己的任务,而不要想一口吞掉一切。你就解决你的时代向你提出的要求吧!)

察的现象的全部多样性。因此,与其把他对马尔萨斯的反驳看作对事物的科学考察的范例,倒不如把它看作论战的机巧的范例(正如我们所看到的那样,在某种程度上还带有某种冒失的成分)。例如,车尔尼雪夫斯基的最后结论是不应该有什么疑问的:造成工人阶级贫困的不是自然规律,而是人们的相互关系、社会关系。但是,当问题在于正确地指出引起所谓人口过剩的现代社会关系的那些方面时,我们的作者所下的论断就相当自相矛盾了。我们看到,在论剩余价值(或利润)的那一章里,他把工人阶级的贫困化归咎于剩余价值按几何级数增长的趋向。在论"农产品不足的实际根源"的那一章里,他却把自己的注意力转向其他两种情况,即:"固定资本与利润的关系"和"农业人口在总的人口组成中的比例"。

四

随着人口的增加,用于土地的劳动的生产率就下降了。为了避免农产品的不足,就需要改良土地耕作方法。车尔尼雪夫斯基力图证明,必需进行的改良的百分率很小,从这方面说来人类没有什么可担心的。但他在自己的计算中,却假定农民对总的人口组成的比例是不变的。随着这种比例的改变,随着"农民的比例"的下降——为了弥补不足而必需进行的改良的百分率就迅速上升。而这意思就是说,人们与农产品不足进行斗争将越来越感到困难。事情最后弄到改良已经不再能弥补不足。根据他的意见,我们在一切进步国家的历史上所看到的也正是这种情况。随着文明的发展,城市人口和一般非农业人口靠牺牲乡村的农业人口而增加起来。农业被剥夺的人手，超过了农艺的成就所能容许的限度。由此就造成了粮食不足，这种情况无疑是存在于现代文明社会中的。“马尔萨斯说，随着人口的繁殖，就出现任何农业改良所不能克服的、产生贫困及其各种后果的农产品不足现象；他这样说是正确的。马尔萨斯之所以犯错误，仅仅是由于他停留在这两种现象同时发生这一点上，并且毫无根据地把其中的一种现象叫做另一种现象的原因，然而它们之间的联系却只是同时发生，而不是因果联系，它们也不是一个起源于另一个，而是各有自己特殊的原因。”①

假如我们所说的是从事自然经济的奴隶主，那么，在他那儿出现的粮食不足自然可以在“农民的比例”的不相称的下降中求得完全令人满意的解释。但在那时也仍然需要自问一下——主人是否确实缺少粮食？也许，他借口说粮食不足，仅仅是为了证明他自己不让奴隶们吃饱的那种贪婪心是正当的。在资本主义经济中，一切现象更为复杂得多，而且正是由于它们的复杂性，它们就被人用这种或那种抽象的理由解释得很糟。这里使我们想起李嘉图，车尔尼雪夫斯基这样热烈地为他辩护，使他不受凯里的攻击。那么就请李嘉图向我们说明，在由于“农民的比例”下降而引起的粮食不足的情况下会发生什么事吧。

李嘉图回答我们说，假如粮食少的原因在于从事粮食生产的人手太少，那么粮食的价格就会上涨，而这就会把新的资本，从而也就是把新的劳动人手吸引到农业上来；“农民的比例”将会增加，直到它达到由粮食的需求所决定的适当程度。在农业中，也像在

① 《车尔尼雪夫斯基全集》，第七卷，第290页。

任何地方一样,劳动者的“比例”不是取决于别的,而正是取决于对他们的产品的需求。我在自己的《政治经济学原理》中详细地说明了这一点。

其实,在我之前人们就清楚地知道了这一点,而且在我之后人们也从来没有对这一点提出异议。

况且——看来,李嘉图还会补充说,——这样一些人是犯了很大的错误,他们认为国内生产的粮食数量必定会随着农业劳动生产率的提高而增加,换句话说,也就是必定会随着农业技术方面所实现的改良的百分率的增长而增加。实际上却完全可能产生相反的现象:生产出来的粮食的数量将随着劳动生产率的提高而减少。在一个有着一定的“农民的比例”的国家中进行了“农业方法的改良”,这种改良使耕作每俄亩土地所需的人手可以减少一半。一半的人手就找不到工作。没有工作,他们就没有可能去购买粮食。因此,粮食的消费就减少了,而且正是由于“农业方法的改良”而减少的;粮食消费的缩减则导致新的生产的缩减。假如说农产品的不足是由这个国家中存在的挨饿的肚子的数目决定的,那么可以得出这样的结论:农产品不足是同劳动生产率的增长一起增长的。

马尔萨斯也很清楚地知道这一点。“凯里的小农场[①]也许能够养活有几个成年劳动者的大家庭。但是,农场上的劳动需要的人手很少;妇女完成了大部分劳动。男子分担的劳动是这样少,甚至总算起来不到每周一天。”[②]

---

① 亦即由佃农自己耕种的农场,而不是资本主义的农场。

② *Principes*(《原理》),第二卷,第 95 页。

在马尔萨斯看来，小农场的这种情况其结果就是男子游手好闲；但是，他了解，在资本主义大农场上情况不是这样：多余的人手被驱逐出去了。正是关于这一点，他指出："供养工人的能力可能比供养工人的愿望大得多。"

当然，可以说，农业改良会有可能开始或加紧向国外输出粮食，而向国外输出粮食则能在土地上保持原先的劳动者人数。但是，首先，这种反对意见可以归结为说什么使用机器不会使劳动者状况恶化的陈词滥调。车尔尼雪夫斯基是不会去唱这种陈词滥调的。而其次，假如在土地上仍然有着原先数量的人手的话，那么要知道粮食的消费比起它的生产来毕竟是大大地缩减了。

也许，假如我们决定要使我们这里所有过着半饥半饱生活的人都吃饱的话，就不能向国外输出粮食了。但要知道这些人没有钱，他们的需要和对粮食的"实际"需求没有丝毫共同之处。而在资产阶级社会里却只有这种"实际"需求才被人考虑。

俄国在获得通常收成的情况下向国外输出许多粮食；在这种条件下离开绝对的"农产品不足"是很远的。但是，这并不妨碍俄国农民挨饿，并不妨碍相对不足的存在。

总之，在关于现代的贫困及其后果的问题上，"农民的比例"是什么也不能解释的。这种比例本身是由对粮食的需求决定的。需求是由购买力的分配所决定的。购买力的分配，首先依赖于工资和剩余价值的比例，而其次则依赖于剩余价值在剥削者的不同阶层及其非生产性工作人员中间是怎样分配的。最后，工资和剩余价值之间的比例，随着劳动生产率的提高，越来越变得使工人受到损害，而不是对他们有利，正如根据车尔尼雪夫斯基的论断可以预期的那样。

以“农民的比例”为借口是不大有说服力的，正如读者所知道的车尔尼雪夫斯基以下这个想法不大有说服力一样，他认为农业改良较慢的原因在于只有穷人才由于粮食不足而受苦，而在大多数情况下，现代科学只是按照上层阶级的需要去指导自己的研究。读者已经知道，这种抽象的意见不大能表达具体的社会关系的实际意义。

我们现在来看一下，在贫困和“固定资本与利润的关系”之间存在着怎样的联系。

“农业改良像其他任何技术改良一样，主要在于增加固定资本。我们在穆勒那里看到，固定资本……通常不外是由于利润和地租转化为资本而增长起来的。但是，利润和地租当它们实际上和工资分开时，不外是在这样的情况下才转化为资本，即如果收入的利率对一个希望不是靠工资、而是靠资本的收入生活的人具有足够的诱惑力。能诱惑人把利润和地租转化为资本的那个利率的大小，在不同的国家里有所不同；但是从来还没有过降到2%以下的例子，——通常甚至在最先进的国家里，那个利率也要比这高得多。然而，为了弥补产品的不足而把资本花费在农业改良上，对民族将是有利的，虽然收入与投资相比要小得多，要小几十倍。因此，一个民族往往会出现农业改良的需要，但农业改良为投资所提供的收入，却远低于必要的水平，而这样的收入水平则是使投资对那些靠地租或利润生活、而不是靠工资生活的人具有诱惑力所必需的。在这种情况下，地租和利润就不会转化为资本，而以非生产的方式被消费掉，为了预防农产品不足而必需的农业改良，则始终不能够进行。”[①]

不应该有任何怀疑，当资本家站在社会和它的生产力之间的时候，对生产力的利用永远也不能达到如果没有资本家就能达到的那种程度。正如我们看到的那样，马尔萨斯自己是知道这一点的。但是，车尔尼雪夫斯基却得出结论说，只有在新地段上的劳动生产率将大大地低于老地段的情况下，资本主义制度才可能成为把农业扩展到新地段上去的障碍；并且车尔尼雪夫斯基所谈的仅仅是农业劳动。马尔萨斯更广泛地提出问题，对问题的回答也更正确些。根据读者已经知道的马尔萨斯的意见，不管农业和其他生产部门中的生产力怎么样，——它们只有在资本家指望获得足够利润的时候才被加以利用[②]。这是一个重大的差别。在市场充溢的时候，资本家就缩减生产，因为进行生产甚至收不回为生产所花的费用。生产力越是发展，市场的周期性充溢的规模也就越大。因此，生产力越是发展，资本主义制度也就越是成为对生产力的利用的严重障碍。这是与车尔尼雪夫斯基的结论正好相反的结论[③]。

请注意车尔尼雪夫斯基借以证明自己思想正确所举的例子。

一个社会拥有人口一万人或有两千个男子的两千个家庭。一

① 《车尔尼雪夫斯基全集》，第七卷，第 302 页。

② *Principes*（《原理》），第二卷，第 121 页。我们上面引证的是马尔萨斯的原话。

③ 本版（“野玫瑰”出版社版）附注：不久以前的“农业危机”也在农业经营者的利润的下降中表现出来。但是，它的原因完全不在于向肥力较差的地段过渡，也不在于世界市场上的粮食太少，而在于粮食太多。克尔什维茨基先生公正地说，“供应超过需求，生产过剩的趋势越来越加强，并且采取越来越令人感觉得到的形式”（《土地问题》，第 214－215 页）。

半男子耕种土地，其余的男子一部分人从事于其他生产劳动部门的工作，一部分人委身于非生产性劳动，而另一部分人则把自己的时间用于剥削别人（地主和资本家）。每人需要四俄石粮食，而一千个农民生产四万俄石，每人生产四十俄石。地租和利润占产品的四分之一，亦即一万俄石。其余的三万俄石作为工资，每个工人分得三十俄石。[①]

第一年的情况就是这样。在下一年，由于人口的繁殖，在农产品方面出现为数达十六俄石的缺额，也就是说，结果是缺少四个人的粮食。必需进行改良。其所以必需改良——是从需要粮食的人的观点来看，而不是从资本家们的观点来看的。那些资本家有自己的打算。从他们的观点看来，"问题取决于为了使产品增加十六俄石而进行的改良需要多少劳动"。假定说，为了弥补缺额必须把一小块土地的水排除掉。这样做需要两个工人的一年劳动。雇用他们要花六十俄石（按照前面的假设，每人要三十俄石）。因此，资本的花费为六十俄石，把它们转化为固定资本能提供十六俄石的收入。"在欧洲没有一个明白事理的地主或资本家不会高兴地去实行这种改良。假如需要的仅仅是这种改良的话，那么在欧洲就不会存在贫困现象了。"（着重点是我们加的）但可能有另一种情况。很可能，为了把这块土地的水排除掉，需要挖掘一条很大的水渠，要耗费两百个人一年的劳动。雇用他们需要花六千俄石。排干了水的地段将每年收入十六俄石。利率略大于0.25%。"不论

① 车尔尼雪夫斯基指出，"为了使假设简单化，除了农业和粮食之外，我们不提其他一切生产部门和其他一切工资要素。"《车尔尼雪夫斯基全集》，第七卷，第292页。

一个民族怎样愿意节俭，不论储蓄的渴望怎样高，这种储蓄的渴望从来也不可能强化到使0.25%的利润对明白事理的人具有诱惑力。"①这意思就是说，改良将不能实现。然而，假如社会自己使用自己的生产力的话，那么这种改良大概是会实现的。因为对社会来说，弥补不足的问题是一个生死问题。

在这个例子中，有许多经济方面的不正确之处。我们不想详细地谈论这些地方。没有我们的帮助，读者也会看到这些不正确的地方，而假如没有看到的话，——那也只是小小的不幸：这些不正确之处只是再一次说明车尔尼雪夫斯基的"假设"法站不住脚，而这一点即使没有这种情况也是很明显的。② 我们请读者注意的只是以下这一点。在上面所分析的例子中，每个农民原先生产四十俄石粮食。排干了水的地段只收获十六俄石。作者没有说，耕种这块土地需要多少劳动(耕种完全被忽略了)。但是，如果注意到这块土地占四俄亩，那么应该认为，耕种它就需要至少相等于一个工人半年劳动的劳动量。但是，我们甚至假定，每个工人能够耕种十六俄亩，因此耕种这块土地只需要花费一个人的三个月劳动。这个地段上的劳动生产率仍然大大地低于旧地段：在那里，一个工

---

① 《车尔尼雪夫斯基全集》，第七卷，第293页。

② 为了以备万一，我们指出其中的一个不正确之处：根据车尔尼雪夫斯基的假设，应该进行改良的地段为四俄亩。因此，一俄亩将平均生产四俄石。排干了水的地段如果不加耕种是不会有收成的。为了耕种这块土地，就需要假定说一个人一年的劳动。这种劳动产品的一部分作为工资归工人所有，另一部分则构成剩余价值。请问，剩余价值有多大呢？它将等于产品扣除工资后剩下的量。根据车尔尼雪夫斯基的假设，工资达三十俄石。这就是说，剩下的剩余价值为负十四俄石。但是，负的剩余价值不可能对以前花费的固定资本支付哪怕0.25%的利率。

人的三个月劳动可以生产十俄石。这首先证明，正是只有在劳动生产率下降的情况下，按车尔尼雪夫斯基的意见，资本主义制度才可能成为生产力利用的障碍。其次，这对从数学上驳斥马尔萨斯作了新的说明。

车尔尼雪夫斯基在自己的例子中指出，他所设想的社会拥有多少居民，甚至还说出它的人口繁殖率有多大。这看来是没有任何必要的。要证明自己的思想，他只要指明新地段上的劳动生产率下降到什么程度就可以了。但是，他需要确定为了弥补在第二年出现的不足而必需的“改良的百分率”。“根据马尔萨斯定理”，这种百分率等于 0.0385，或——如车尔尼雪夫斯基“为了容易计算”而假定的那样——0.04。读者知道，不预先确定农业劳动生产率下降多少，就不能确定这种百分率。“马尔萨斯定理”正是帮助了车尔尼雪夫斯基去寻找这个未知数：新工人的劳动生产率的下降率等于繁殖率，亦即 2%。关于这一点，可以作两种假设：1）这是正确的，2）这是不正确的。当然，车尔尼雪夫斯基会说，这是完全正确的。假定说，他是对的。结果会怎样呢？必需进行的改良的百分率很小。表现这种百分率的数字以它的渺小“来公然嘲笑我们”；它对我们说：“不要怕，——谁想要吓唬你们，你们就把我搬出来反对他，我是驳不倒的。”我们相信数字，于是我们关于未来的任何怀疑都消失了。但是，当问题是如何实现规模很小的改良时，这就显得我们（按著名的德国的说法）是没有当家人而瞎算账。原来在实现这些改良的事情上可能有很不同的情况。很可能，为了获得较微小的“收入”，需要花费大量的劳动。这意思就是说，必需进行的改良的百分率的大小还根本什么也不能保证。甚至在车尔尼雪夫斯基的"假设的"实际情况下,也可能一面是这种微不足道的百分率,一面是各种极大的实际困难和应该弥补我们不足的地段上的劳动生产率的极大下降。而这意思就是说,决不能相信嘲弄人的数字!

第十章　危　机

在看了前面所说的一切之后,应该预料得到,真正的危机的原因对车尔尼雪夫斯基来说想必仍然是不清楚的。实际上情况也正是这样。

怎样去解释危机,这种"摧毁商号、破坏工厂、使成千过去的财主和成百万工人没有饭吃的经济地震"呢?

车尔尼雪夫斯基从穆勒讨论危机的篇章中作了简短的摘引。从这段摘引可以看出,危机的原因在于"为了投机而购买,或单纯地在于投机"。在车尔尼雪夫斯基看来,穆勒的意见足以驳斥那种认为危机是由信用证券发行过多所引起的观点。"商业危机和信用证券的联系在实质上仅仅是那样的,即迅速进行大规模的购买当然只有在以交换为基础的经济生活的高度发展程度上才有可能,而在这种发展程度上也必定存在着信用的高度发展,在它的其他形式下也必定存在着所谓信用证券的高度发展。"①但由此还不能得出结论说,马尔萨斯的观点是正确的。"问题在于,马尔萨斯只谈到过程的一个商业的方面,而不认为需要提到它对生产和消

① 《车尔尼雪夫斯基全集》,第七卷,第478页。

费的影响。”[①]危机是和“所谓供应过剩的问题相联系的”。与马尔萨斯、乔默斯和西斯蒙第相反，穆勒竭力想要指出这种过剩是不可能发生的。用车尔尼雪夫斯基的话来说，“真正地说明这件极其重要的事情的功绩首先属于两位著名人物：在大陆上属于富有远见的萨伊，而在英国则属于詹姆斯·穆勒”。车尔尼雪夫斯基指出，“穆勒所说的一切，是纯粹的真理。但是，难道像西斯蒙第和马尔萨斯那样的人不能理解那种叫做商业危机的东西吗？他们达到了完全错误的思想，而当他们为了防止商业危机的灾难而力劝财主们增加非生产性消费时，他们就达到极其令人惊讶的荒谬地步。难道他们用这种简单的看法，如认为商业危机起源于过度的投机性购买的想法，就能够摆脱自己的荒唐的谬误么？但是，要知道他们确实是很清楚地了解这种看法的。穆勒所驳斥的那些荒谬之见怎么能留在这些人的头脑中呢？”马尔萨斯、乔默斯和西斯蒙第实在不是从穆勒看问题的那个方面去看问题的。那种称之为危机的现象的真正进程是这样的：在事情的前半部，当价格上涨的时候，生产者指望可以极其有利而容易地把东西销售出去，他们异常地加紧进行自己的活动，正如人们异常地加紧购买一样。在两、三个月内，工厂就制成了在通常情况下要半年才能制成的商品。但是，要知道销售只是由于投机性购买的增加，而不是由于消费本身的增加而加紧进行的；相反地，消费甚至可能由于过度涨价而缩减。当价格开始下降时，生产会发生什么情况呢？在前个时期，三个月内储备了半年的商品；显然，生产应当要停止三个月，以便使储存

① 《车尔尼雪夫斯基全集》，第七卷，第484页。

品靠日常的消费而减少到平常的规模。但是，在危机的时代，尽管价格下跌，消费仍比平常少，因为在所有的人那里金钱事务都陷于混乱。由于这个缘故，过多的储存品在更长的时间内还消费不掉。而当它们没有被消费掉、没有减少到平常规模的时候，新的产品是找不到销路的。因此，商业危机总是和工业危机联系在一起，在发生工业危机时，生产由于制成的储存品过多和销售不足而减少。使马尔萨斯、乔默斯和西斯蒙第不安的也就是事情的这一方面。穆勒是完全正确的，他反对他们而证明说，生产不可能超出人的需求[①]，资本……不可能增长得太快，无论资本以怎样的速度增长，总是可以希望它增长得更快，因为总是可以替它找到需要的事做等等，——所有这一切都是完全的真理，而在马尔萨斯、乔默斯和西斯蒙第的言论中，则有的地方与一些不容置辩的经济理论原理相矛盾。但是，这种矛盾之所以产生，仅仅是由于西斯蒙第和马尔萨斯停留在半路上，没有查明在现实本身中造成与经济理论的矛盾的那些基本事实”……归根到底，车尔尼雪夫斯基认为，“生产任何时候也不可能超出人类需求的规模，但可能暂时地超出通常的消费水平，这种过度的努力不是由消费的发展、而只是由投机所引起的，其必然后果就是生产暂时衰落、工作停顿。这种灾难的根源在于把购买力与生产和消费分开，亦即正是从纯粹生产性的事业中独立出来、被我们叫做商业的那种东西。”[②]

要证明马尔萨斯的人口论站不住脚，应当首先指出，在马尔萨

---

①　应该指出，穆勒完全没有想到要去证明这一点。他证明了生产不可能超出商品所有者的需求，而这并不是同一回事。——普列汉诺夫注

②　《车尔尼雪夫斯基全集》，第七卷，第485页。

斯看来，资产阶级社会同时既由于生产过剩而受苦，也由于人口过剩、即由于生产不足而受苦。这种反驳，用数学家们的说法，就会是必然的和充分的了。车尔尼雪夫斯基宁愿用另一种武器来进行斗争，这种武器的优点是我们已经知道的。他连想也没有想过，“关于供应过多的问题”可以用来“说明马尔萨斯理论的含意”。他甚至倾向于赞扬马尔萨斯，因为马尔萨斯虽然在关于“供应过多”的问题上停留在半路上，但毕竟是选择了一条解决这个问题的正确道路。问题的解答本身可以用寥寥数语来表达：灾难的根源在于商业。在这里我们看到空想社会主义者对资产阶级“进步”学派政治经济学家的观点所采取的态度的一个有趣的样板。约·斯·穆勒说，祸害的根源在于投机。空想社会主义者指出，您完全正确，但是您没有从您自己的前提作出应有的结论。我走得比您更远，我不怕把该说的都说出来，祸害的根源不在于投机，而在于投机本身所发源的地方，亦即在于商业。一般说来，资产阶级经济学家是完全正确的。他们只是胆小和不彻底而已。

祸害的根源在于商业。没有商业的话，商品生产是不可想象的。因此，祸害的根子扎得还要更深一些：它和商品生产是紧密相联的。但是商品生产很久以前就存在了，却并没有引起危机。这意思就是说，引起危机的不是商品生产，而是某种别的东西，它也许和商品生产有联系，但却只有在商品生产的高度发展阶段上才暴露出来。对于危机的真正原因的说明，已经包含在车尔尼雪夫斯基自己的话里。投机这样地推动生产，以致在两三个月内制成足够半年消费的商品。实际上，生产可能超过消费的程度，比车尔尼雪夫斯基所想的还要更远。于是，现在要问，在商品生产下是否永远存在着出现这种现象的可能性？大家知道，这种可能性并不是永远存在的，它只是由把社会生产力扩大到前所未有规模的现代大工业的发展所造成的。那么，"祸害的根源"就在于大工业，在于生产力的过于巨大的发展吗？显然是的。但是，同样明显的是，生产力的高度发展不可能是一种祸害。因此下这个断言，就会意味着真正荒谬绝伦。所以，应该注意现在利用高度发展的生产力时所处的那些条件。我们已经知道，资本家站在社会和社会生产力之间，他每当自己的"工作"不能许给他必需的和足够的利润时便停止"工作"。而每当市场充斥着商品时，获得利润的希望便告消失。而生产力越是发展，市场也就越是经常地、越是严重地充斥着商品。资本家陷入了这样一种荒谬的、矛盾的处境：一方面，竞争迫使他应用尽可能更完善的生产方法；而另一方面，应用这些方法却有使市场充溢、发生危机、失去利润、遭到破产的危险。这种矛盾表明，生产力已经发展得超过了资本主义的生产关系。[①] 消灭这种关系，乃是我们所处的历史关头的最重要的"迫切问题"。当资本主义生产关系让位给社会主义生产关系时，高度发展的生产力就不再引起"经济地震"，它们将成为人们的顺从的奴隶，成为社会财富不断增加的源泉。

现代生产力和现代生产关系的矛盾，是现代经济现实所特有的矛盾。车尔尼雪夫斯基到现实"与不容置辩的经济理论原理"的

---

① 本版（"野玫瑰"出版社版）附注：参阅马克思：*Theorien über den Mehrwert*，（《剩余价值学说史》），第二卷，第二篇，第 263－318 页，特别是第 273、298、309 和 318 页。关于马克思的危机理论，可参阅布定：《马克思的理论体系》，译自英文，查苏利奇编，圣彼得堡，1908 年，第 260－264 页。

矛盾中去寻找"灾难的根源"。这对于他的抽象观点是极有代表性的。站在这种观点上，能够容易地发现事实与"理论"、现实与理性的要求之间的许多矛盾。但是，现实与"理论"、亦即与人们的观点的矛盾本身是社会生活历史辩证法的产物。为了使人有可能不仅去指责现实，而且还要指明在过去产生这种现实和在未来消灭这种现实的历史条件，就必须发现这种辩证法的规律。遗憾的是，用抽象观点去看社会生活的人，恰好不可能做到这一点。作为一个理论家，这种人只能抓住与理论相矛盾的现实；作为一个力图消灭他所仇恨的现实的实际行动家，他可能把自己的希望仅仅寄托在迟早会向人们指明现实的全部丑恶和荒谬性的那种理论的说服力上。

第十一章　结　论

车尔尼雪夫斯基本人用寥寥数语对应该作为未来经济制度的基础的那些原则作了这样的表述。这些原则"在于，劳动不应当是商品；一个人只有当他为自己工作而不是为别人工作的时候，才工作得有充分的成效；自尊心仅仅由于具有独立业主的地位才发展起来；因此只有当一个工人成为业主时才会去追求应有的福利；此外，劳动结合的原则和经过改进的生产过程的性质要求建立很大规模的生产单位，而生理条件和其他自然条件则要求许许多多不同种类的生产在这个单位中结合起来；因此，独立的业主兼工人应该联合起来成立协作社"。

这些原则通过什么途径才能实现呢？车尔尼雪夫斯基感到非

常遗憾，因为他未能指明导致社会主义思想完全实现的那些过渡阶段。这确实是很可惜的，因为这些措施的性质会使我们更清楚地了解我们这位作者的社会政治观点。但是，我们力求借助于散布在《政治经济学纲要》一书中的个别意见来弥补这个空白点。遗憾的是，这种意见很少。

我们已经知道，车尔尼雪夫斯基热烈地反对某个派别的庸俗经济学家所如此珍贵的“Laissez faire，laissez passer”[①]的原则。但是，在反对这个原则时，他远不是无条件地赞成相反的原则：他并没肯定说，“社会问题”能够仅仅借助于国家的干预而得到解决，而且他在规定这种干预的界限方面是很谨慎的。他在主要的经济学著作中[②]说道：“在每一件事情上，实现的方式在很大程度上是以情况为转移的。同样的一个目标在某些情况下可以由个人的自由行动去达到，在另一些情况下却可以靠社会政权下命令去达到。究竟哪种方式本身较好，说实在也不需要告诉我们：我们关于这个问题怎样想，对于多多少少希望研究我们的思想方式的读者来说应当是清楚的；而且问题本身也是非常清楚的。但是在历史上问题往往不在于哪一条道路最好，而在于在一定的情况下哪一条道路是可能走得通的。假如我自己有力量去推开一个不公正地阻碍我走自己道路的人，我自己就把他推开；但假如我一个人没有力量去保卫自己的权利，我就吁请社会政权进行干预去反对不正确地阻碍我的人。由此还不能得出结论说，我喜欢警察迫害或法院争

① 自由地做，自由地通过（意即自由放任）。——译者

② 《车尔尼雪夫斯基全集》，第七卷，第337页。

讼……但是,要是处在我的地位,不这样做我又怎么办呢?很可能,在像英国人和北美人那样人民拥有权利的某些国家中,事情仅仅是或主要是以个人的方式去实现的……”[①]

但是,车尔尼雪夫斯基认为英国和北美是例外。根据这一切可以看出,他深信“以个人的方式”去解决社会问题在大多数欧洲国家中是不可能的。有根据认为,在这些国家里,国家干预本身在他看来好像是作为被“飞跃”所推进的政府的干预而出现的。他时常发一些离题的议论,引起人作这种推测,在议论中他力求解答,历史仅仅根据 Salus populi lex suprema est[②] 的原则而必然建立的政府,在何等程度上必须遵从健全理论的要求。例如,理论无条件地谴责过多地发行纸币。根据理论可以得出结论,直接而公开地解决问题——收税,是比较好的。一个感到自己稳固的政府也应该这样做。但是,有一些例外的情况,有一些例外的事件,如法国 1848 年的事件。[③] “在这种不稳的形势下只好随机应变,迁就那些占统治地位的成见,不去采取就其本身来说是最好的行动方式,而采取那种对社会产生最轻松的印象的行动方式……怎么办?在这里,实现任务的不是那些能够安心地把希望寄托于自己的未来的人,而是这样的一些人,他们的生命系于一发,而这根头发是会断的,是必定会断的,不是现在断的话,明天也会断的,而假如现在头发断了的话,那么他们的事业和他们一起都会遭到毁灭,

① 不妨回想一下,现在哪一种趋向开始在英国工会中占优势。

② 人民的福利是最高的法律。——译者

③ 不应该忘记,车尔尼雪夫斯基是在受书报检查的刊物上写作的,因此往往必须用暗示来表达。

——要能够有任何作为的话，无论如何必须保持住今天的日子，——是的，请想象一下这种形势，您就会了解为了进行经济生活方式的根本改革而无限地发行纸币的想法了。”

为了组织工人协作社，在这里需要发行纸币：“当然，事业既然开始，就将靠自己的资金来发展；——但是，为了要开办事业，使它有可能开始，毕竟需要很多钱。”①

值得注意的是，在车尔尼雪夫斯基那里，使“经济生活方式”开始发生“有利于工人而不利于资本家”的根本“变化”的政府，竭力不使“社会”、亦即这些资本家感到恐惧，竭力不对他们造成“沉重的印象”。

他关于累进税说道：“我们举出了一些理由，根据这些理由，某些经济学家认为这样一种与现在的生活方式有着本质区别的生活方式是最好的制度，人们可以促进这种较好的生活方式的实施，而又不明显地破坏任何非常重要的利益；可是大量的累进税却显然违反富裕阶层的利益，这些阶层会以全力去反对它，然而一个稳固而明理的政府却能够丝毫也不去刺激他们而进行根本改革生活方式的事业。”②

光是这段话就能够使我们深信，在车尔尼雪夫斯基身上，我们看到的是一个空想社会主义者。

对社会生活的空想主义观点——这就是我们的作者的致命弱点。我们在他的研究中所见到的所有那些为数众多的缺陷和为数

---

① 《车尔尼雪夫斯基全集》，第七卷，第475－476页。

② 同上书，第四卷，第566页。

不少的错误,都发源于这个总的源泉。车尔尼雪夫斯基时常犯错误,因为他在对资产阶级社会下论断时,不是到这个社会的现实生活中、而是到“健全理论的要求”中去为自己的结论寻找根据。

正如读者所看到的那样,车尔尼雪夫斯基所反对的那些资产阶级经济学家的学说,是这种“健全理论的要求”的基础。但是,他根据关于拥有几百到几千人口的想象中的社会主义社会的经济生活的考虑,修改了和补充了这些学说。示范性的算术计算——想象中的社会的会计学——构成了他的“假设”法的全部本质。借助于这种方法,决不能在科学中做出任何可靠的成就。车尔尼雪夫斯基拥有这样巨大的、真正少有的才能,他的例子比任何其他的例子都更好地说明空想主义观点是站不住脚的。

1894年德文版增补
〔1890年〕

"我们的生命是属于历史的；几百年后，我们的名字还会使人们感到亲切；虽然到那时候我们的同时代人已经不在世上，但人们还会怀着感激的心情回想起我们的名字。"

（引自1862年10月5日车尔尼雪夫斯基自彼得保罗要塞写给他妻子的信）[19]

1889年10月17日，尼古拉·加甫利洛维奇·车尔尼雪夫斯基与世长辞了。我们的一些"合法"刊物仅仅用简短而枯燥无味的讣闻送他入墓。[20]对这位作家的文字追悼也就以这些讣闻草草结束，而这位作家的活动却构成了我国文学史上的整整一个时代。我们的"独立"报刊——我们在这里且不谈"保守"报刊——用懦怯而吞吞吐吐的语调关于他说了三言两语之后，看来就把他完全遗忘了，仿佛急于要转换一个更有趣的题目。在旁观者看来，譬如说，在懂得俄国语言和熟悉俄国文学的外国人看来，这大概是非常奇怪的。的确，感谢上帝，现在我们已经没有一家杂志可以称得上是完全赞同已故的车尔尼雪夫斯基的倾向和观点的。比起五十年代末和六十年代初，俄国思想已大大地前进了，我们现在已变得这样冷静、稳健和慎重，以致《怎么办？》这部小说的著名作者在我们看来只不过是个有天才的、可是过于脱离实际的、甚至带有一些危险性的幻想家。现在我们已经知道，应该做的完全不是车尔尼雪夫斯基所曾经想做的。他谈论社会主义的问题，而我们却认为，只要听凭地方自治机关自生自灭和从富农血口下救出农村公社的尾巴就够了。我们就这样由于饱经世故而变得心平气和了。但这还不够。主要的是，现在我们做起事来（当我们做的时候）完全不像车尔尼雪夫斯基那样。我们做事主张不慌不忙，而他却仿佛没有听说过这条英明的规则。他有时采取了这样一些不审慎的步骤，让自己说出一些未经深思熟虑的大胆的话，现在差不多已经过了三十年，但只要一回想起这些话，还能使冷静持重、具有自由主义 71
精神或稳健而又激进的“某君”害热病。这一切就是这样，这一切丝毫不容怀疑。但要知道，为了在杂志上用几个印刷页来评论一位作家的活动，并不需要完全赞同他的观点和倾向。为了做到这一点，只要知道他由于某些原因而在当时文学中起了显著的作用就够了。哪一个具有自由主义精神的“某君”能够同意卡特柯夫的观点呢？但是，在他死后关于他的吵嚷难道还少吗？或者，也许米哈伊尔·尼基佛罗维奇·卡特柯夫的活动比尼古拉·加甫利洛维奇·车尔尼雪夫斯基的活动值得予以更大的注意吧？我们不见得会明智到想出这种念头的地步。

事情的原因极其简单。尼古拉·加甫利洛维奇·车尔尼雪夫斯基是政府方面最毒辣、最残酷迫害的牺牲者。在谈到牺牲者的时候，我国的“独立”报刊尽管具有饱经沧桑的明智，也不能不向刽子手说出几句沉痛的真理。但因为书报检查的戒尺[21]正是掌握在这些刽子手的手里，所以难怪我们的期刊认为最好还是完全回避这个棘手的问题了。我们民间的贤哲有言："勿与强者相斗"，在这个场合下，这句名言是同俄国报刊的高见完全一致的。

真的，我们不能不为这两种高见的不谋而合表示惋惜。把现在这个时代和过去那个时代比较一下是有教益的；分析一下车尔尼雪夫斯基的著作，便可以非常明显地向读者表明，我们现在离开这位社会主义者和革命家的错误学说有多么远。只要确信了这一点，读者便会再一次为了俄国社会思想的迅速发展而感谢苍天的。

书报检查的戒尺只能间接地通过各种外交"压力"来麻烦我们这些在国外写作的人。同时，我们之所以要在国外写作，是因为我们还不够明智，而直到目前仍然认为，有时也不妨对强者进行斗争，并提醒刽子手想起他们手下的牺牲者。因此，我们认为有义务在我们杂志的第一期[22]上对车尔尼雪夫斯基的文学活动作一个尽可能全面的、不偏不倚的评价。

不管对我们来说履行这个义务是多么愉快，这工作总不是一
72 件容易的事。我们且不说我们的能力不足以担任这件重要的工作。这是不言而喻的。但是，除此而外，我们还要请求读者记住，直到目前为止还没有一部车尔尼雪夫斯基全集。国外出版的他的论文（由艾尔皮丁先生出版，一部分由热马诺夫先生出版），远不及他所写的全部著作的一半。[23]因此，我们不得不求助于原始资料，即求助于《同时代人》杂志，因为尼古拉·加甫利洛维奇主要是在这个杂志上写文章的。大家都知道，在国外是否容易弄到俄国的旧杂志。我们只能部分地克服这个困难。我们不能得到车尔尼雪夫斯基撰稿的年代里的某几年的《同时代人》杂志。在阅读我们所

得到的他的那些著作的时候，我们遇到了新的困难。有许多车尔尼雪夫斯基的文章——即发表在“新书”栏、“政治”栏和“文学”（俄国文学和外国文学）栏的全部文章——在发表时都没有署名。因此，我们不得不把批评家的工作与传记家的工作结合起来，反复阅读那些没有署名的文章，以便根据文体和叙述手法来确定它们是否出于车尔尼雪夫斯基的手笔。显然，在这里可能有一些疑问、甚至错误。不管车尔尼雪夫斯基的风格多么独特，也不管他的文体对任何哪怕只仔细读过他的少数著作的人来说是多么容易识别，但终究有几篇文章我们总是不能决定它们是否出于他的手笔。一般地说，我们避免引证这种可疑的文章。只是在一种情况下（在那里我们将指出这一点），我们才决定放弃这个原则，引证一篇可能不是、甚至多半不是我们这位作者写的文章，但这篇文章对于评价《同时代人》集团对社会问题的观点却是极其重要的。我们所引证的其余一切文章都无疑是车尔尼雪夫斯基写的，任何一个用心阅读这些文章的人都容易相信这一点。

在预先作了这个必要的、但很少令人感到兴趣的说明之后，我们似乎可以言归正传了。可是很遗憾，我们还得预先作一个新的说明。我们希望读者原谅，我们的评论将以一段相当长的引文开始。谁不知道，这样开头是不美观的和带学究气的呢？但是我们容忍了这一点，因为我们所引的话清楚地表明了我们对事情的态度。当令人惬意的东西同有益的东西相抵触的时候，人们往往不得不为了有益的东西而牺牲令人惬意的东西。可是，我们所摘录的这一段话引自很好的资料，引自我们所谈的这位作者本人的著作，即引自他的《果戈理时期俄国文学概观》。

73 他在转到果戈理时期的批评时在这部概观中说道："我们每个人都有一种内心感到十分亲切而可贵的事物，他在谈到它时，他总努力使自己保持冷淡和平静，竭力避免其中可以使人听到他的过分强烈的热爱的说法，因为他预先知道，在谨守一切对他说来可能做到的冷静，他的言语就会变得更加热烈了，——如果我们说，我们每个人都有这种内心引为可贵的事物，那么果戈理时期的批评，就在他们中间据有一个重要的跟果戈理本人相当的位置……因此我们要尽可能冷静地谈论果戈理时期的批评：在目前这个场合，夸大之言对我们是无用的，而且是格格不入的：因为尊敬和同情可以发展到这个境界，在那时候，一切赞美，都会被人们当作一种不能表达感情的全部丰美性的东西而加以摈弃"。[24]我们对果戈理时期的天才批评家别林斯基抱着深挚的尊敬和热爱，正像我们所引的《概观》的作者对他所抱的尊敬和热爱一样。在这方面，我们既不能对这段引文增一分，也不能减一分。但是，我们要指出，在目前，对任何一个俄国社会主义者来说，车尔尼雪夫斯基本人就是这种热爱和这种深挚的尊敬的对象。这就是为什么我们要遵循他本人的榜样，在谈论他的时候要尽可能更冷静一些，因为的确"尊敬和同情可以发展到这个境界，在那时候，一切赞美，都会被人们当作一种不能表达感情的全部丰美性的东西而加以摈弃"。

一

我们不打算写一部车尔尼雪夫斯基的传记。我们还没有为此所需的足够的材料。迄今为止，我们关于他的生平知道得极少。

我们在这方面关于他所知的很少的材料，都包含在他的著作的国外版所附的一篇小传略里（请参阅小册子《莱辛》和小说《怎么办？》的第二版。[25]）这篇传略很简短。但其中有某些年表材料，而更重要的是，其中刊载了有关审判车尔尼雪夫斯基的文件。当然，我们在利用这些材料时，还从我们这位作者本人的著作中借用了某些事实来作为补充。但是所有这一切还是少得可怜的，因此不能不希望那些比我们更熟悉车尔尼雪夫斯基的人，尽快发表他们关于他的回忆录以及他们所拥有的他的书信和文件。这样，他们就将 74
为公众和文学界做出重大的贡献。

但在等待他们这样做的时候，我们不得不暂时满足于我们已有的资料。这些资料可以概述如下。尼古拉·加甫利洛维奇是萨拉托夫大教堂的一位神甫的儿子，生于 1829 年。[26]他起初在萨拉托夫正教中学读书，后来在彼得堡大学学习，于 1850 年从该校语文系毕业。毕业后曾在彼得堡第二士官学校担任一个时期的教员，后来转任萨拉托夫中学的教员。他在自己故乡城市，如果我们没有弄错，很快就和现在非常有名的博学的作家贝平的姐姐结了婚。[27]但是，年轻的车尔尼雪夫斯基显然很难忍受外省的沉闷空气，因此他在 1853 年又到了彼得堡，在那里重新在第二士官学校任教，同时从事翻译工作，并为当时由克拉耶夫斯基和杜德希金出版的《祖国纪事》杂志写新书评论。我们大概没有弄错，我们这位作者在他一生中的这个过渡时期内曾不得不忍受贫穷和困苦。当时他是一个普通的文学杂工，大家知道，在我国文学界，打杂劳动的报酬是极不令人羡慕的。车尔尼雪夫斯基从来也没有其他的生活来源。但是，他年轻而且健康，不怕任何劳动，不怕作任何努力。

除了维持生活所必需的文学工作以外，他还从事写作《艺术与现实的美学关系》这篇硕士论文。他为学位论文所挑选的题目足以说明，他为自己未来的活动提出了怎样的任务。以他的教养、才能、无比的勤劳和通俗地阐述最枯燥而艰深的题目的卓越才干来说，他可以指望在学术上取得辉煌的前程。只要他愿意，他就保险能够取得教授的职位。但他却希望另一种职业。他向往批评家和政论家的活动。不管俄国的书报检查多么严厉，别林斯基的范例还是留在所有人的记忆里；别林斯基不顾书报检查机关的刁难，不仅能通过文学来传播许多最重要的真理，而且还使我们的批评建立在崭新的理论基础上。我们已经知道，车尔尼雪夫斯基怎样热爱并深深尊敬这位作家。因此，他希望循着别林斯基的足迹前进，以便尽自己的力量和可能来继承他的事业，是不足为奇的。同时，尼古拉皇帝的前途看来已接近结束，他的统治的摇摇欲坠在所有的
75 人看来都已是显而易见的了，以致人们可以指望在新皇朝治下会有某种政治上的解冻，可以指望普希金所戏称的那种

虔诚的老傻瓜，
我们的死板的书报检查[28]

的风气会有所缓和。刚开始写作的作家可以这样并非毫无根据地指望较好的未来。最后，尼古拉·加甫利洛维奇对那些愿意为俄国的幸福而劳动的人的任务，产生了一种非常独特的看法。由于持有这样的看法，他就不可能认为他的同胞们的纯学术活动具有重大的意义。在我们已经引证过的《果戈理时期俄国文学概观》一书中，他很明确地谈到这一点。他说："有许多极伟大的科学家、诗

人和艺术家，曾经一心献身于纯科学或者纯艺术，而不是单单为自己祖国的某种特殊需要效劳。培根、笛卡儿、伽利略、莱布尼茨、牛顿，以及今天的洪堡尔特、李比希、居维叶和法拉第，他们过去和现在都为着科学的一般利益操劳，而并不考虑在特定的时期必须为了某个曾是他们祖国的国家的幸福而操劳……作为智力世界的活动家，他们都是世界主义者。”[29]但是，根据他的意见，俄国的智力世界活动家却并不处于这种地位。他们还不能做世界主义者，也就是说，还不能考虑纯科学或纯艺术的利益。在这个意义上，根据他们国家的条件，他们只能做一个“爱国主义者”，即必须首先考虑自己祖国的特殊需要。在这个意义上，彼得大帝这个立志要把欧洲文明的一切成果输入俄国的人，在车尔尼雪夫斯基看来乃是“爱国主义者”的理想。他认为，甚至在他的时代这个目的也远没有完全达到。“到现在为止，俄国人在真理、艺术、科学的这些崇高观念之前唯一可以做到的功绩——就是帮助它们在祖国传播开来。随着时序的推移，在我们这里的思想家和艺术家，也将像在其他民族那里一样，纯粹为了科学与艺术的利益而行动；但是，当我们就本身的教养说来还不能跟最有成就的民族并驾齐驱的时候，我们每个人都有另一种内心感到更加切近的事业——尽力促进彼得大帝所创始的事业继续发展。这个事业直到现在还在要求着，而且看来还将长久要求着我们祖国最有才禀的儿子，献出他所赋有的一切智慧和道德的力量。”①车尔尼雪夫斯基正是希望致力于在自己

① 参阅《同时代人》，1856年4月号，批评栏，第29－31页。[30]

76 的祖国传播真理、艺术和科学的崇高观念。① 他怎样理解这些观念,——这本来只有分析他的著作才能加以说明。但是在进行这种分析以前,我们希望说明他的一般观点,并指出他和他的文学前驱们的关系。在这样做之后,我们就可以不很费力地来评价他的某些个别的观点了。而且我们现在这样做是更合适的,因为我们现在正是谈论他生活中的这样一个时期,那时他还没有特别积极地参加文学活动,还正在形成自己的观点,吸收和分析"真理、艺术和科学的崇高观念"。

在所有的文学前驱者中间,车尔尼雪夫斯基最尊敬别林斯基及其团体。[31]因此,我们或许可以设想,他正是从别林斯基及其团体的著作中受到教育的,他从这个泉源汲取了他对真理、科学和艺术的观念的理解。但是事实并不完全如此。虽然车尔尼雪夫斯基在自己的著作中根本没有涉及自己的思想发展史,但是,他有一段关于杜勃罗留波夫的简短的议论,对他自己的思想发展史可以透露出某些消息。我们指的是他在杜勃罗留波夫逝世后为了答复某个3-H先生的文章而写的一封信,这封信刊载在1862年《同时代人》杂志二月号上。顺便提一下,那位3-H先生在自己的文章中说,已故的杜勃罗留波夫是车尔尼雪夫斯基的学生,并且受到他极其有力的影响。车尔尼雪夫斯基激烈地、甚至非常愤慨地否认这一点。他说,杜勃罗留波夫完全是独立地达到自己的观点的,并且无论按其智力或文学才能来说都远远胜过他。我们现在不需要做出判断,这个谦虚的声明究竟有几分符合真情。在车尔尼雪夫斯

① 〔参阅德文版对这处的补充,见本书第168页(指本书页边码,下同)及以下几页。〕

基的整篇信中，我们现在只对下面一点感到兴趣。在提到杜勃罗留波夫懂得德文和法文，因此能够从原著来阅读法国和德国的一些最卓越的文学作品之后，车尔尼雪夫斯基说道："如果一个有才华的俄国人在他本身发展的关键年代要阅读我们共同的西方伟大导师们的书籍，那么，用俄文写成的书籍和文章也可能使他喜爱、使他赞赏……但无论如何，对他来说，用俄文写成的书籍和文章却不能成为他通过阅读所汲取的那些知识和概念的最重要的来
源。"①这是完全正确的。但要知道车尔尼雪夫斯基也懂外国文， 77
也在他本身发展的关键年代里读过我们共同的西方伟大导师们的书籍。因此可以设想，用俄文写成的某些文章和书籍也只能使他叹赏，但同时对他来说，它们也不是他的概念和知识的最初来源。[33]现在要问，这个最初的来源究竟是什么？我们究竟应当到什么样的文献和这种文献的哪些部门中去寻找这个来源？

顺便提一下，在三十和四十年代，对我国青年人来说，在他们发展的关键年代里德国哲学曾经是最重要的教材之一。在以后几十年内，这种情况起了变化。在五十年代，我们对德国哲学似乎简直是漠不关心的。在六十年代，则开始对它表示仇恨和蔑视。德国哲学被人宣布为"有思想的实在论者"[34]不值得为之浪费时间的"形而上学"。在西欧哲学家中间，只有实证主义者受到他们的宽容。反对德国哲学的斗争在我们这里进行得这样成功，以致我们的"有思想的实在论者"能够为他们战胜"形而上学"而感到自豪；他们可以带着正当的骄傲感说，他们对德国哲学根本一无所

① 《致谢》(给 3-H 先生的信)，《同时代人》，1862 年 2 月号。[32]

知。但是，无论车尔尼雪夫斯基或是他的最亲密的朋友，都不属于这些洋洋得意的实在论者之列。他们对德国哲学感兴趣，并且用心地研究过德国哲学史。德国哲学的发展和当时的状况无疑对他们发生了非常有力的影响，正像它曾影响过别林斯基的友人一样。但是，德国哲学家中究竟是谁能使车尔尼雪夫斯基为之倾倒呢？

当然，不是费希特，不是谢林，也不是黑格尔。他们在当时曾经使别林斯基为之倾倒，但即使对别林斯基来说，在他的批评活动的后半期，这些哲学家的体系，也已经如德国人所说的，是 ein überwundener Standpunkt[①]了。对车尔尼雪夫斯基尤其可以这样说。在他的发展的关键年代里，哲学已经永远抛弃了唯心主义的一切变种。但如果事情就是这样，那么德国哲学家中间究竟有什么人能对他发生最大的影响呢？我们将再一次到他本人的著作中去寻找回答这个问题的暗示。车尔尼雪夫斯基为了答复《俄罗斯通报》和《祖国纪事》这两家杂志对他的整个倾向和他的论文《哲学中的人本主义原理》的猛烈攻击，曾经写了“论战之花”一文，他
78 在这篇文章中断然地说，他赞同一个哲学体系，这个体系“组成一系列哲学体系中的最后一个环节”，并且“发源于黑格尔的体系，正像黑格尔的体系发源于谢林的体系一样”。熟悉哲学史的人从这里就可看出他说的是哪一个体系。对那些还没有把问题弄清楚的人，我们不妨再摘引一段话。车尔尼雪夫斯基在这篇文章里向杜德希金问道：“大概您要想知道我所说的这位导师是谁吧？为了使您便于寻找起见，我要告诉您，他不是俄国人，不是法国人，不是英

① 〔一种陈旧的观点〕

国人,不是毕希纳,不是麦克斯·施蒂纳,不是布鲁诺·鲍威尔,不是摩莱萧特,也不是伏格特,——那么他是谁呢?您在开始猜测吗?……”[35]的确,不能不猜到:车尔尼雪夫斯基说的是费尔巴哈。车尔尼雪夫斯基所写的唯一哲学论文的标题本身就指明了费尔巴哈:第一个谈论哲学中的**人本主义**观点的正是费尔巴哈。我们可以从车尔尼雪夫斯基的论文中援引许多证据,证明他对费尔巴哈抱着最深挚的崇敬。在他看来,费尔巴哈不比黑格尔差,而这一点就说明许多问题,因为车尔尼雪夫斯基认为黑格尔是最有天才的思想家之一。这样,我们这位作者的哲学观点就被我们找到了。作为费尔巴哈的信徒,车尔尼雪夫斯基是一位唯物主义者。他在上面提到的那篇《哲学中的人本主义原理》一文中写道:“自然科学所制定的关于人类机体统一性的思想,是哲学对于人类生命及其全部现象的观点的原则;生理学家、动物学家和医学家的观察消除了一切关于人的二元论的思想。哲学所看到的人,和医学、生理学、化学所看到的一样;这些科学证明,在人身上看不到任何二元的东西,而哲学则另外还说,如果人除了他的实在的本性外,还有另一种本性的话,那么,这另一种本性就一定显现在什么东西之中,但是它并没有显现在任何东西之中,人体所发生的和表现出来的一切都是按照他的一个实在的本性进行的,所以,人就没有其他的本性。”[36]这是不需要再加解释的。

二

但我们不妨指出我们这位作者的导师在哲学史上所占的地位。费尔巴哈的学说发源于黑格尔的学说。但黑格尔是一个唯心

主义者，而费尔巴哈却是一个坚决的唯物主义者。费尔巴哈的主
79 要功绩在于，哲学以他为代表永远推翻了唯心主义。不过在这里应该预先说明一点。在费尔巴哈之前也有过唯物主义者。为了不必老远地去找例子，我们只要指出上世纪末期的法国唯物主义者就行了。*Système de la Nature*①——完全是唯物主义的著作。可是能不能说，费尔巴哈只不过使哲学回到霍尔巴赫男爵及其友人的观点呢？这是不正确的。最新的唯物主义与上世纪末的唯物主义有极大的不同；这种区别主要在于思维方法本身。现代唯物主义——当然是指它的优秀的、成熟的代表——持有一种特殊的思维方法，它被称为辩证的思维方法，这种思维方法在上世纪的法国唯物主义者那里要比例如在自然神论者卢梭那里更少得多。[37]我们没有必要向读者说明现代辩证思维方法的特点是什么，因为这早已由一位比我们远为内行的人做过了。弗里德里希·恩格斯（他的著作大大地促进了费尔巴哈观点的进一步的系统发展）关于这一点是这样说的："在形而上学者看来，事物及其思维的形象即概念乃是个别的、不变的、固定的、永久如斯的东西，应当一个个地、彼此独立地受到研究。他是在完成的、绝对不能相容的对立中思维着；他的说法是：'是——是，否——否，除此以外，即为鬼话'。在他看来，一个事物或是存在，或是不存在；同样，事物不能同时是自己而又是其他事物。正与反是绝对互相排除的；原因与结果相互间也同样是处于完全的对立中。"辩证论者不是这样思想的。他观察事物和概念，即事物在头脑中的反映，是从"它们的相互联系，

① 《自然体系》。——译者

它们的结合，它们的运动，它们的产生和消灭”去观察的。因此，在辩证论者眼中，一切现象和一切概念都与在形而上学者那里具有完全不同的性质。他不像形而上学者那样总是不容反驳地武断说，一个事物在每一特定时刻或是存在，或是不存在。在日常生活中，形而上学者当然是正确的，但在更仔细地、更科学地进行研究时，他就完全糊涂了，那时辩证论者就开始取胜。“例如，在日常生活中，我们可以确信地说某种动物是存在或是不存在，但在进行较精确的研究时，我们却发现这有时是极度复杂的事情，律师们很熟 80
知这点，他们竭力要发现在母亲子宫内杀死胎儿究竟超出何种合理界限时才算是谋害，结果总是徒劳无益。同样，死的时刻也不可能绝对确定，因为生理学证明，死并不是突然的倏忽间的行为，而是一种非常缓慢地完成的现象。”其次，在辩证论者看来，显而易见，一个事物完全可能既是本身，同时又是其他某物，因为事物在不断变化着，而变化也就是一个过程，由于这个过程，一个事物不再是本身而变成其他某物。“任何一个有机体，在每一瞬间既是它本身，又不是它本身；在每一瞬间，它消化着自外间摄取来的物质而排泄出他种物质，它的机体中有一部分细胞在死亡，而另一部分细胞则在诞生，因而在一定时期以后，这个机体的物质便完全更新了，由别的原子成分代替了。正因为如此，所以每个有机体永远是它本身，同时又不是它本身。”完全同样地，在辩证论者那里，关于正面和反面、原因和结果的概念具有与形而上学者看来完全不同的意义。“在进行较精确的研究时，我们看到，某种对立的两极——正面与反面——彼此不可分离，也如它们彼此对立一样，而且不管它们之间的对立**多大**，它们是互相渗透的。我们又看到，原因和结果，作为概念，只有在应用于一定的个别场合时才有因果意义；可是当我们一把这种个别场合放在它和世界整体的总联系中来考察时，我们就确信，原因和结果就重合在一起，在普遍交互作用的直观之下它们的对立性消失了，原因和结果在这种直观中经常地交替位置；在此时或此地是结果的，在彼时或彼地就成了原因，反之亦然。”[38]

在说了上面这些话之后，如果我们来看一看上世纪[①]末法国唯物主义者所采用的方法（应当记住，方法是任何哲学体系的灵魂），那么我们马上就能看出，他们与现代唯物主义者的共同点是多么少。与现代唯物主义者相反，他们只能被称为**形而上学者**。为了确信这一点，请读者读一读譬如说前面提到的那本 *Système de la Nature*[②]，并注意一下霍尔巴赫及其友人如何处理那些他们
81 自己在对敌斗争中提出的、但为他们或他们当时的科学所不能解决的问题。这些问题涉及到人类知识的一些最主要的对象：宇宙的发展，人及其各种概念的起源，以及人在社会中的相互关系。在现时，科学——自然科学和历史学——借助于**进化**学说，即实质上借助于现代唯物主义者所说的那种辩证方法，来解决这一切问题，但是，甚至那些作出了最光辉的发现的最卓越的科学家，也往往对于辩证方法缺乏明确概念。霍尔巴赫及其友人似乎是抱定目的要从自己的所有议论中完全排除进化概念。他们正是撇开事物的相互联系，一个一个地、互相独立地来对它们进行考察的。他们的说

① 这里以及以下多次出现的上世纪，指的是十八世纪，因为普列汉诺夫这篇文章写于 1890 年。——译者

② 《自然体系》。——译者

法正是："是——是，否——否，除此以外，即为鬼话。"因此，他们不仅不能解决他们所提出的许多问题，而且实际上甚至并不始终信守自己的唯物主义观点，而往往为了完全唯心主义的论断而抛弃这种观点。在涉及人的相互关系和人类思想史的一切方面，他们都是道地的和科学概念背道而驰的唯心主义者。在他们眼里，人类的历史只不过是头脑简单的老实人犯错误和自私自利的恶棍玩弄阴谋的历史。人类所以蒙受苦难和陷于贫困，是因为他们愚昧无知；但在十八世纪，理性的太阳终于升起，人类开始受到启蒙教育，因而成为幸福的人——他们的全部历史哲学就是如此。但是，这种哲学缺乏科学性的最基本条件，即**关于规律性的概念**。人类由于愚昧无知而蒙受苦难，并由于受到十八世纪所带来的启蒙教育而不再蒙受苦难……这好极了，但是请问，是什么东西决定了人类在过去许多世纪中的蒙昧，而十八世纪的启蒙运动又从何而来？要知道它并不是从天而降的。作为唯物主义者，我们已经不承认天赋观念，并且我们说，人的概念只不过是他周围的事物和在他面前发生的那些现象在头脑中的反映。但既然我们抱着这种观点，那么我们就应该坚持它，而且在谈到人类思想史时也不忘记这种观点。在人类思想史方面，我们也很少能谈论偶然性，正像很少能谈论神意一样。这种概念完全是不科学的，是唯物主义者所完全不应该有的。在唯物主义者看来，人类思想史也像太阳系的发展
一样是一个合乎规律的、必然的过程。那么请解释一下这个过程 82
的进程和条件吧，因为在思想史上以思想的蒙昧作论据，实无异于医生说"您的女儿所以痛苦是因为她感到痛苦"。[39]但是，如果您把人类思想史看作一个合乎规律的、必然的过程，那么您就不再会

把人类思想的成就看成是社会发展的最初的、最主要的原因了。那时您就不由得要想起辩证法的因果学说，那时您就会对自己说：是的，原因和结果的确经常交替位置；在此时或此地是结果的东西，在彼时或彼地会成为原因，反之亦然。人类思想的成就确定无疑地影响到人们的社会关系，但同时它们本身又依赖于这些关系，它们在一种社会结构中一日千里地前进，而在另一种社会结构中则长期地（如果不是永远地）停滞不前。并且，某一种社会关系之所以产生，完全不是因为该社会的成员觉得它们是最合理和最公正的。相反，人们相信他们的社会关系的公正和合理，往往是他们习惯于这些关系以及在它们的影响下受到教育和成长起来这一情况的简单结果。特定的社会关系是怎样产生和发展起来的呢？它们在历史上的产生、发展和消灭，大部分是人们在生存斗争中结成集团的无意识的过程。人们的生存斗争的条件发生变化，他们所结成的社会集团也就发生变化，他们的社会关系也就采取新的形态，虽然人们往往完全没有注意到这种变化，或者只是部分地注意到这种变化，最后，或者为它想出最没有根据的解释——例如，把它归之于神的训诫，归之于事物的自然秩序以及诸如此类的东西。黑格尔曾经正确地指出，在社会关系史上，"密纳娃的猫头鹰只在半夜里才开始飞翔"，[40]也就是说，人们只有在一种社会制度已经过时、并在新的历史条件下成为不适当和有害的时候，才开始对它进行深思。那时人们就力求建立新制度，在这种情况下他们几乎总是觉得新制度是最自然和最合理的，但实际上新制度却只有这样一种不可缺少的优越性，即在人们的生存斗争的已经变化的新条件下，它对人们来说是最合适的。

现在自然要问自己：人类的生存斗争的条件是取决于什么并 83
怎样变化的？首先，这些条件是由自然界给与的，其次，它们是由人们创造的，但大部分是由人们无意识地创造的。地理条件——土壤、气候、动物区系、植物区系、地表特性、河流系统、海岸线等等——对人类社会发展的影响，现在多少已经由科学所阐明，因此不需要再举任何例子来加以说明。但是，由人们无意识地创造的那些生存斗争的条件的性质和本性，迄今仍有许多人没有了解清楚。因此，在这里举一个例子将不是不适当的。我们且假定有这样一个社会，其中自然经济已经消灭，产品都是为了销售，为了在市场上进行交换而生产，换句话说，就是产品已变成为商品。不言而喻，生产者很少考虑到他们产品的商品性质，正像莫里哀笔下的资产者很少考虑到自己平时的谈话具有散文的性质一样。[41]他们之所以生产商品，并不是因为他们以为商品生产是最自然和最合理的：他们听凭那些被称为经济学家的特别的一类人去议论这个问题。他们自己所以使他们的产品成为商品，只是因为在特定的条件下不能不使这些产品成为商品。他们把产品运往市场，是因为他们必须用它们去交换他们所必需的其他产品。当这些产品仍然不过是产品的时候，它们是驯服地、一动也不动地躺在作坊里的，但当它们一旦出现在市场上并取得**商品**的名称，它们就开始变得行动古怪、胡作妄为起来。有时某一种商品“值钱”，于是它的生产者就大发利市。但有时这种商品突然没有任何正当的理由而成为“冷货”，很少有人问津，于是它就跌价。生产者垂头丧气。有时某种商品还会完全没有买主，如果它的生产者没有为这种不幸的日子积攒几个钱，他就一定会大倒其霉。但是，在商品生产者的社会里，事情并不仅限于这种看来是偶然的物价波动。在他们之间开始逐渐产生不平等现象：一个人的事业经营得比另一个人顺利，于是这个人就发了财，而另一个人破了产。这种不平等现象——顺便提一下，这也是由于技术的成就而产生的——逐渐达到在市场上出现了被称为劳动力的新商品的程度。一部分穷途潦倒的商品生产者已经不能再靠自力来进行生产，因而受雇于主人。这样，
84 我们这里就出现了主人和工人，而商品社会就成为**资本主义**社会。是谁造成了这个资本主义社会？为什么要造成这种社会？是否因为人们认为它是最合理和最“自然的”？人们之所以造成这种社会，是因为他们过去的相互关系是后来发展出资本主义关系的那种商品生产者的关系。但他们是无意识地造成了这种社会的：无论伊凡、彼得或阿历克赛都完全没有考虑到商品生产所造成的后果，他们甚至没有考虑生产的商品性质意味着什么。但是，我们已经承认，无论伊凡、彼得或阿历克赛都没有天赋观念。他们的思想方式是由周围环境的影响所造成的。当他们生活在资本主义社会里时，他们就开始想，生活在这个社会里也不坏，人们不这样就不能生活，资本主义制度是最“自然的”和最“公正的”。并且他们也只在很少的场合下才这样想，而大部分人则根本不去想自己的社会制度：他们原封不动地接受这种制度，而不去自问这种制度能否改变。但是资本主义制度终究影响到他们的思想方式，影响到他们的感情和习惯。他们并不使自己的概念形成一个体系。但他们的不成体系的、零零散散的概念，却彻底浸透着资本主义精神。一切东西都浸透着资本主义精神：民法和国家法、艺术和文学、自然科学和社会科学。至于说到社会科学，那么这是显而易见的：资本

主义社会里的社会科学，只不过是把资本主义关系提升为理论。
把我们的思想应用于自然科学，骤然看来可能使人感到很奇怪。
人们对氧气或感应电流的见解怎么可能浸透着资本主义精神呢？
但我们也没有说这是可能的。我们只是想说，人们并不是一向就
知道氧气和感应电流的。有过一个时期，他们对这些东西毫无所
知。什么时候他们才开始对这些东西感兴趣呢？很久以前，一个
天才的意大利人曾经说过："观念的进程符合于事物的进程，一切
科学都是由人民的社会需要和要求中产生出来的。"[42] 人们按照
自己在其中生活的那个社会的需要，而注意这些或那些自然现象
领域。在任何一种科学中，实践总是先于理论，并且总是对理论发
生最重大的影响。在资本主义社会里存在着怎样的需要和怎样的
实践呢？显然是资本主义社会的需要和实践，而不是任何其他社
会的需要和实践。这种需要和实践不仅导致某些理论的产生，而且 85
还给这些理论打上自己的烙印，并有时妨碍、有时加速这些理论的
完成。要知道，不管怎么说，下面这个情况总是极其耐人寻味的，即
在资本主义理论家——经济学家——把关于生存斗争具有重大意
义的思想提高到原则之后，这种思想才在动物学家那里出现。

然而资本主义制度也并不是永恒的。在许多原因的影响下（不过也不经过人们**有意识的**参与），在这种制度中逐渐地出现许多缺点，出现许多阴暗面和不利面。资本主义的害处开始超过它的益处。它的历史时期便趋于终结。"黑夜"来临了，——于是"密纳娃的猫头鹰"便出外飞翔：有人开始对资本主义关系进行批判。人们自问：难道不能实行另一种制度吗？那些因为资本主义日益增长的缺点而特别深受其苦的人，便开始认真考虑这个问题，并且

吃惊地发现，建立另一种制度不仅是可能的，而且是必需的。于是就产生了一些被称为有害的共产主义学说和社会主义学说的理论。所有不幸的、受现存制度压迫的人，都集结在这些理论的旗帜之下。但是，为什么过去从来没有过这种理论呢？难道过去的理论家如配第、斯密和李嘉图这些科学界的巨擘，都只不过是保卫一小撮幸运儿的事业的奸诈之徒吗？完全不是这样，他们是诚实的思想家，但是您怎么能要求他们发现现实中还没有出现的东西呢？在他们的时代，历史运动还没有暴露出，或者更正确地说，还没有造成现在社会主义者所攻击的那些资本主义的缺点，因此他们也没有料到可能发生这些缺点。“一天的难处一天就够了”[①]——在研究人类思想史的时候永远不应该忘记这一点。

也许，有人会问我们，前面所指出的人类发展的自然地理条件和人们在产品生产过程中无意识地创造的那些条件，彼此之间有无联系？这种联系无疑是存在的。人类的经济发展是在地理条件的影响下进行的。正是由于某个社会的地理环境的这种或那种性质，经济发展才以或快或慢的速度进行，并采取这种或那种方向。在中国和阿提喀，在北美洲平原和尼罗河沿岸，发展初期的社会关
86 系形式是完全一样的，可以说是相同的。研究原始制度的科学到处都发现譬如说氏族生活方式。显然，人类有着同一个出发点。

---

① 普列汉诺夫此处用的原文是教会斯拉夫语：Довлеет дневи злоба его，语出《新约》《马太福音》第6章。这句话的原意是：一个人只要关心每天的事就够了，“明天自有明天的忧虑”。普列汉诺夫在这里可能是为了用以说明马克思的这句名言：“……人类始终只提出自己能够解决的任务，因为只要仔细考察就可以发现，任务本身，只有在解决它的物质条件已经存在或者至少是在形成过程中的时候，才会产生”（见《马克思恩格斯全集》，第13卷，人民出版社，第9页）。——译者

但是，由于生存斗争的自然条件不同，因此人类共同生活的形式也渐渐地具有不同的性质。到处相同的氏族生活方式让位给各种不同的社会关系。雅典社会的制度不同于中国的制度；西方的经济发展进程根本不同于东方的经济发展进程。当然，这里有许多东西也依赖于该社会的历史环境的影响，但人类发展的“地理背景”毕竟无疑地表现出强烈的影响。

但这一切是为了说明什么呢？这一切就是为了要说明车尔尼雪夫斯基所信奉的最新的唯物主义的某些特点。我们只是想说，最新的唯物主义者正是或差不多是像我们所阐述的那样去理解历史发展进程的，而上世纪末的唯物主义者与这种历史观完全背道而驰。在他们的世界观中还有很多唯心主义的残余。我们已经说过，他们在自己的历史观方面许多地方仍然是唯心主义者。他们否认个别人头脑中有所谓天赋观念存在，但可以说，他们却承认观念在人类社会中的自发的产生和发展。他们也没有想到，人类思想的历史发展是在一些与人的意识和意志根本无关的原因的影响下实现的。因此，直到最新的唯物主义出现的时候，人们才可能科学地理解人类历史。从最新的唯物主义的观点看来，“人类的历史已经不再是一团混乱的荒谬暴力，这种暴力在已经成熟了的哲学理性的法庭面前是一律应加责斥并最好早日加以忘怀的；相反地，人类的历史就是人类本身发展的过程，而现代思想的任务现在就在于……探索这个过程的依次发展的阶段，并且通过一切表面的偶然性证明其内在的规律性”。

这个任务在颇大程度上已经由马克思和恩格斯这两位伟大社会主义者的著作解决了，他们担负了在黑格尔和费尔巴哈之后继续发展哲学思想的事业。但是应该记住，我们正是应当把唯物主义的、即唯一科学的历史观归功于马克思和恩格斯（不过，一部分还应归功于美国作家摩尔根），[43]而不应把它归功于费尔巴哈。
87 在费尔巴哈的时代，哲学思想的任务有所不同。它首先必须消灭唯心主义的一切形态和变种。费尔巴哈的力量也就用在这个方面。因此，他的哲学观点只能看作是现代唯物主义的第一步。他只是提供了某些前提；而另一些必要的前提以及从这些前提作出的许多最光辉的结论，则应当归功于马克思和恩格斯。在费尔巴哈的世界观中，构成现代唯物主义的力量和光荣的那个历史的方面还没有得到发展。这种情况在车尔尼雪夫斯基的思想发展史上具有怎样的意义呢？

如果抽象地进行议论，那么也许可以认为，他作为一个生来具有卓越的、出类拔萃的、非常活跃的头脑的人，能够注意到缺点并补救他老师观点中的缺陷，也就是说，他有能力去做马克思和恩格斯所做的那个工作。但是，要在科学史上开辟一个时代，光有才能还是不够的，还必须有使这种才能用于适当方向的有利的外部条件。在这方面，我们这位作者周围的条件是否有利呢？他生活在一个无论在经济上或政治上都不发达的国家。纯科学思想和哲学思想在这个国家里也不很发展。无论哪一个俄国的学者都还没有说过一句对欧洲的思想和科学的前途具有决定影响的话。[44]我们知道，车尔尼雪夫斯基是怎样解释这种现象的，并且曾向自己祖国的最有才干的儿子提出了怎样的任务。这些任务就是，在俄国传播那些在文明大道上走在我们前面的国家所创立的“真理、科学和艺术的崇高观念”。车尔尼雪夫斯基向他的同胞们提出的正是这些任务，而不是任何其他的任务，这是完全正确的。但是，他所选择的和建议大家去做的那种活动却具有它自己的内在逻辑，甚至最富有才干的人也不能不考虑这种逻辑。一个人传播其他人在其他国家所创立的思想，只要他具有很大才能，也可能作出一些局部的、次要的发现，但他决不能实现科学中的变革，因为他所从事的根本就不是这件事。我们这位作者也正是处于这种地位。他的著作表述了不少重要的意见，这些意见对各种科学问题作了新的说明。这些意见往往与当时西方科学的一些最重要的发现完全一致。但是，这些天才思想的闪光没有得到彻底的发挥，没有形成体系；因此，在这些意见之外，我们还在他那里看到一些当时已被认
为陈旧、而现时则完全被科学抛弃了的观点。归根到底，他未能补 88
救和纠正对他具有最大影响的那位思想家的哲学的缺陷和缺点。在车尔尼雪夫斯基的唯物主义观点中，他的导师没有很好地加以发展的那个方面，也仍然没有得到发展。一般说来，尼古拉·加甫利洛维奇还绝不具有现代的唯物主义历史观，而在他靠了自己的智慧力量接近于现代唯物主义历史观的地方，则往往赋予这种历史观以十分幼稚的形式。

三

车尔尼雪夫斯基的唯物主义，在他的“人本主义”观点中要比在他的历史观点中表现得更为明显得多。车尔尼雪夫斯基把人看做是他周围环境的无意的产物，他甚至以最伟大的人道精神来对待那种堕落的人性的不良表现，而唯心主义者则把那种不良表现

仅仅看做是应该加以严厉惩罚的“恶的意志”。他写道:“一切都取决于社会习惯,取决于环境,也就是说,归根到底一切都仅仅取决于环境,因为社会习惯也是从环境产生的。您谴责一个人有罪,首先必须仔细看一下,究竟是他犯了您所谴责他的那种罪过,还是环境和社会习惯有罪过,好好地看一下吧,也许这完全不是他的罪过,而只是他的不幸。”“卫道者”想把车尔尼雪夫斯基的这些话说成是替道德败坏现象做辩护,当然,这只是证明了他们自己的无知。

车尔尼雪夫斯基的唯物主义观点的不够完善,在他的道德学说的某些特点中也有所表现。正和爱尔维修[45]一样,在他看来,甚至最英勇的自我牺牲行为也只不过是合理的利己主义的一种特殊形式。用他的话来说,“只须稍加留意那些表现为大公无私的行为和情感,我们便可看到,它们的基础依然是那种关于个人利益、个人快乐、个人福利的思想,即依然是称作利己主义的情感”。有时,车尔尼雪夫斯基关于这个问题的论断有点令人奇怪。“卢克莱茨亚在塞克斯特·塔克文尼玷污了她之后,自己刺死了:她同样作
89 得很有打算。”接着他证明卢克莱茨亚所作的打算是正确的。“柯拉金会向妻子说:我认为你是纯洁的,我像从前一样地爱你。但根据当时那种直到现在仍很少改变的看法,他不能用事实来证明自己的话。他有意也好,无意也好,却已经向妻子丧失了先前很大一部分的尊敬和爱情。他会故意对妻子更加温存,来掩饰这种丧失;但这种温存却比冷淡更使人感到难受,却比打骂更痛苦”,等等。[46]但极其令人怀疑的是,卢克莱茨亚在自杀之前,能否作这种有根据的打算。要作这样的打算必须冷静,而她却不可能冷静。

如果假定,在她的行为中,理智所起的作用比她在当时的社会习惯和社会关系的影响下形成的情感所起的作用小得多,这是否更为正确呢?人的情感和习惯通常是适应于现存的社会关系的,以致在这些关系的影响下所做的行为有时看来似乎是经过深思熟虑打算的结果,然而实际上却完全不是出于利害打算的。一般说来,车尔尼雪夫斯基的合理利己主义的观点,很明显地表现出一切"启蒙时期"(Aufklärungsperiode)所特有的一种倾向,即力求从理智中寻找道德的基础,而从个人的某种经过深思熟虑的打算中去寻找关于他的性格和行为的解释。[①] 但是前面所引证的车尔尼雪夫斯基的话,就已包含着对这种偏重理智的极端看法的反驳。个人的行为是社会习惯的结果,社会习惯则不是在理智的打算的影响下形成的,而是由于社会的历史发展而形成的。如果正确地提出问题,那么问题本来是应该在这样的范围内提出的:个别的普通人的道德是什么?是他深思熟虑打算的结果,还是社会关系的无意识的产物?最后,还应该问,由于社会对个人发生怎样的影响,个人对共同福利的兴趣才可能发展起来和正在发展着?这样的问题具有重大的社会意义。我们认为没有必要去争论,这种对社会福利的兴趣应该叫什么——究竟应该叫做利他主义,还是叫做崇高的利己主义。

由于车尔尼雪夫斯基过分夸大了人们的利害打算的意义,他有时还在必须用人们所没有意识到的经济发展的力量来解释历史
事件的地方,用有意识的利害打算去解释这些事件。骤然看来,车 90

① 参阅下面第 171 页[指本书页边码,下同]德文版对这一处的注释。

尔尼雪夫斯基的这种解释可能使人产生这样一种想法，即认为他在自己的历史理论方面完全站在最新的唯物主义立场上。但如果仔细地研究一下，就可以看到事情恰好相反。谁要是在人们的历史活动中只看到有意识的打算的影响，那么他就还远没有理解经济的全部力量和全部意义。实际上，经济的影响甚至扩及到那些根本谈不上什么有意识的打算的、人们的行为和不同社会阶级的习惯。我们已经看到，最主要的、最有影响的经济发展因素，迄今为止一向不受有意识的打算的任何影响。我们还看到，人们的一切社会关系、一切道德习惯和一切思想倾向，都是在经济发展的这种盲目力量的间接影响或直接影响下形成的。顺便提一下，人的各式各样的利害打算，人的利己主义的一切表现，也都是由这种盲目力量决定的。因此，决不能把有意识的利害打算说成是社会发展的首要动力。这样的历史观是与最新的唯物主义学说相矛盾的；这样的历史唯物主义还是非常幼稚的。

不过，车尔尼雪夫斯基的历史观点还没有综合成为一个体系，并且往往自相矛盾。我们不用费多大力气就能从他的著作中找出一些似乎属于完全不同作家的历史观点，并把它们作一对照。这些矛盾决不能用我们这位作者的思想方式逐渐变化这一假设来解释。他是在自己观点的最主要特征已经最后形成的那个思想发展时期开始著述活动的。因此，我们看到的他的历史观点的矛盾和不彻底性，其原因在于他对人类历史的一般观点的不明晰和不坚定。

为了证实上面所说的话，我们来举几个例子。车尔尼雪夫斯基在《政治经济学纲要》一书中说明了存在于现代先进国家中的“三方面分配产品”的规律后，从自己的说明中作出了简短的结论，表述了下面这样一个关于现代欧洲史的内部动力的极为卓越的见解："我们看到，地租的利益是同利润和工资的利益相对立的。**在反对分得地租的那个等级时，中等阶级和普通人民永远是同盟者。**我们看到，利润的利益是同工资的利益相对立的。只要资本家等 91
级和劳动者等级结成联盟对获取地租的阶级占了上风，**中间等级与人民的斗争就成为国家历史的主要内容。**"①任何一个现代的唯物主义辩证论者都会完全同意这段话。他们之所以完全同意，尤其是因为车尔尼雪夫斯基在《纲要》的另一处指出，小工业和小农经济都要灭亡，无论在工业或是在农业中大资本主义企业都必然会取得胜利，以此来说明他关于"中等阶级"和"人民"进行斗争的原因的上述见解。任何一个现代唯物主义的辩证论者只要加以稍许的保留，也同样会承认车尔尼雪夫斯基关于政治和哲学思想史的下面这个见解是正确的。"政治理论以及各种一般的哲学学说，总是在它们的创立者所属的那个社会地位的极其强烈的影响之下创立起来的，[48]而每一位哲学家往往都是当时为了在这位哲学家所属的那个社会上占优势而进行斗争的某一个政党的代表人。我们且不说那些专门从事政治活动的思想家。他们之属于各个政党，对于每一个人都是十分明显的，例如霍布斯是专制主义者，洛克是辉格党人，密尔顿是共和主义者，孟德斯鸠是英国式的自由主义者，卢梭是革命民主主义者，边沁只不过是一个民主主义者，是革命的还是不革命的，看需要而定；关于这些作家是没有什么可说

① 着重点是我加的。《政治经济学纲要》(根据穆勒)，载《车尔尼雪夫斯基全集》，第四卷，第205页。[47]

的。现在我们来看一下那些从事创立比较一般的理论的思想家，看一下形而上学体系的创立者，也就是看一下真正的所谓哲学家。康德所属的政党想用革命的方法在德国树立自由，但又鄙弃恐怖手段。费希特稍微前进了一些，因为他连恐怖手段也不怕了。谢林所代表的政党，是个被革命骇倒了的政党，它在中世纪的制度中寻找安宁，想在德国重建那个被拿破仑一世和以费希特为其喉舌的普鲁士爱国者所破坏了的封建国家。黑格尔是个中庸的自由派，他所作的结论非常保守，但是他一向采取革命的原则来反对极端的反动派，同时希望用来作为他推翻衰朽时代的工具的那种革
92 命精神得不到发展。我们并不只是说，这些人要像常人那样具有一些信仰，——这还不是很重要的事，然而他们的哲学体系却浸透着体系的创立者所属的那些政党的精神”。① 我们姑且不去讨论对于某一个思想家的见解的细节，一般地可以说，上面所引的这些话，表明作者对那些影响哲学和政治思想发展的社会条件有着非常深刻的理解。现代的唯物主义辩证论者对这些话只想作一点补充，那就是决定人类思想方向的政治斗争本身也不是为了某种抽象的见解而进行的，而是在斗争着的政党所属的那些社会阶级或阶层的需要和愿望的直接影响下进行的。车尔尼雪夫斯基恐怕未必会反对这一点。他对经济科学史的观点，十分明显地说明他意识到人们的概念依赖于他们周围的社会环境。在对于罗雪尔的《国民经济原理》一书的书评中，我们这位作者指出这样一条“心理学定律”，由于这条定律，“几乎每一个人——无论是老百姓，是演

① 车尔尼雪夫斯基：《哲学中的人本主义原理》，第2,3页。[49]

说家，还是作家，无论在谈话中，在演说中，还是在书本中，反正都一样——都把实际上对他所代表的那个人们集团有利益的一切东西从理论上说成是良好的、无可怀疑的、永恒的东西。因此，也应当用这条心理学的定律来解释下面这件事实：在亚当·斯密学派的政治经济学家看来，在上一世纪末期和这一世纪初期占过统治地位或力求取得统治地位的那些经济生活的形式，是十分良好的、具有永久占居统治地位的价值的。这一学派的作家乃是广义的经纪人等级或商人等级，亦即银行家、批发商和一般工业家的代表者。对商人等级而言，如今的经济组织形式比其他一切形式更为有利；因此代表这个等级的学派也就认为这些形式从理论上说来是最好的……有些人不代表如今的经济形式所恰好适合的那个等级，而是代表了群众；于是当他们着手考虑政治经济学问题时，在这门科学中就出现了另一个学派，这个学派不知根据什么理由被人叫做空想主义者派别。”①在这里，他意识到阶级斗争对科学发
展的影响，并且说得极其清楚。但是，谁要是从这里得出结论说， 93
车尔尼雪夫斯基从来也没有抛弃过这种认识，那他就大错特错了。简单地理解或承认某一原则与在整个观点体系中彻底贯彻这个原则还相距甚远。车尔尼雪夫斯基虽然清楚地理解阶级斗争在人类社会中的意义，但他对“进步”所持有的观点距离布克尔的学说比距离最新的唯物主义者的学说要近得多。为了使大家了解这种观点，我们将从他为基佐的《欧洲文明史》俄译本的出版而写的一篇极有趣味的论文《论罗马灭亡的原因》中，摘引一段相当长的文字。

---

① 《同时代人》，1861 年 4 月号，新书栏，第 431－432 页。[50]

在这篇论文中，车尔尼雪夫斯基坚决有力地反对一种极其流行的意见，根据这种意见，西罗马帝国是由于它内部无力继续发展而灭亡的，同时蛮族却带来了新的进步的种籽。我们姑且不论我们这位作者攻击这种意见是否正确。对我们来说，目前只有他对进步过程的看法才是重要的。下面就是他的这种看法。我们这位作者大声疾呼地说："只是请你们想一想进步是什么意思和蛮族是什么意思？进步是以智力发展为基础的；它的根本方面也简直就是知识的成就和传播……数学发达，应用力学便因而发达；而一切制造、技艺等等也就因应用力学的发达而得到改进……历史知识被发掘，那些妨碍人们去安排其社会生活的错误概念便因而减少，人们的社会生活也比以前安排得妥当些了。最后，一切精神劳动可以发展人的智力，而国内学会阅读、获得读书的习惯和兴趣的人越多，那么国内能愉快地胜任无论什么样的工作的人就越多，也即是说，国内生活任何方面的进程也就会好转。可见，进步的基本力量是科学；进步的成绩是与知识完善的程度及传播的程度相适应的。进步是什么？进步是知识的成果。那么蛮族又是什么呢？蛮族是还陷在极端愚昧无知状态中的人；是介乎野兽和智力已有少许发展的人之间的人……如果一种制度，不管它是坏的或好的，但毕竟是人类的，毕竟是本身有某种合理的、至少有一点儿合理的制度，一旦为兽类的习惯所代替时，那对于社会生活有什么益处呢？"[51]

我们可以看到，这里所说的既不是基佐在 *Essais sur*
94 *l'histoire de France*① 的第一篇论文中所指出的那些使罗马衰弱

① 《法国史论文集》。——译者

的罗马内部的社会关系，也不是使入侵西罗马帝国时代的日耳曼蛮族强大有力的那些共同生活方式。车尔尼雪夫斯基甚至忘了下面这句名言：latifundia perdidere Italiam（大地产毁灭了意大利）①。在他的关于进步的公式中（正如我们在后面要加以说明的），某个“正在进步的”国家的内部关系是不占独立地位的。全部问题都被归结为知识的数量和传播，在这里，他甚至连想也没想自问一下，知识的历史是否依赖于文明国家的社会关系史。他继续发表议论说：“人们说，社会为根深蒂固的形式所限制，这就是说，社会上有进步的力量，进步是需要的。”[52] 但要知道，进步的需要是一回事，社会上存在着能够满足这种需要的“进步力量”却是另一回事。决不能把这两个在性质上和内容上完全不同的概念混淆起来：其中一个概念是纯粹消极的（“进步的需要”只表明现存形式的限制性），而另一个概念则是积极的，因为能够对共同生活方式进行必要改造的进步力量在社会中的存在，是以深受现存形式之害的某个阶级或某些阶级在智力上、精神上和政治上达到一定发展程度为前提的。如果把这两个概念混为一谈，那么人类进步事业就被简单化到极点，而我们也就不会在历史上看到在某些共同生活形式的重压下趋于衰落的那些社会的悲惨景象了。这些共同生活形式虽然无疑是有害的，但却没有能够被消灭，因为在人民中还没有能够完成这个事业的有生力量。不言而喻，我们这里所谈

① 这句话是罗马博物学家和历史家老普林尼（Gaius Plinius Secundus，23－79）在他的名著《自然史》（*Historia Naturalis*．共 37 卷）第 18 卷第 7 章中所说，车尔尼雪夫斯基在《资本和劳动》（见《车尔尼雪夫斯基选集》，下卷，三联书店，第 317 页）中曾加以引用。参见注 414。——译者

的不是对某个社会的一切阶级都绝对有害的形式。可以说，这样的形式是会自行消灭的。但是，对社会的继续进步特别有害的，往往是不利于大多数人、而非常有利于少数特权分子的另一些形式。只有在受苦受难的大多数人哪怕只具有一点儿政治上独立自主的能力的情况下，才可能消灭这种形式。然而大多数人却并不经常具有这种能力。这种能力绝不是受压迫的大多数人所必备的属性。它本身是由特定社会的**经济**所创造的。大概，对罗马的无产者来说，再没有比支持格拉古兄弟[53]的法案更有利了。但是，他
95 们却并没有支持、而且也不可能支持这些法案，因为罗马的经济发展为他们所造成的社会环境，不仅没有促进他们的政治上的发展，却相反地不断降低了这种发展水平。至于说到各上层阶级，那么，首先，期待他们采取有害于它们的经济利益的政治行动，简直是可笑的；其次，它们自己也在同一个经济发展进程的另一方面的影响下越来越腐化堕落，这个经济发展进程造成了罗马的无产阶级，同时又使他们变成残忍而愚蠢的群氓。到头来事情弄到这样的地步：罗马人、这些全世界的征服者，不能去服军役，而用蛮族人来补充各个军团，也正是这些蛮族人最后结束了这个活活地腐烂了的帝国的存在。因此，与车尔尼雪夫斯基的解释相反，罗马的灭亡绝不是什么偶然的事，因为它的灭亡乃是早已开始的历史经济运动的自然结局。

我们决不愿意像许多人、特别是像德国作家那样断言，日耳曼人具有某种特殊精神和保证他们在以后人类历史上占首要地位的特殊倾向。我们只是说，罗马在对蛮族的斗争中的软弱无力，是由它的经济发展进程所造成和作了准备的，因为它的经济发展消灭

了曾经构成它的力量的小农阶级。小农的土地融合成为居住着成群奴隶的大地产。但是，奴隶是国家的坏支柱：他们来自世界各地，属于不同的部落并说着不同的语言，他们并不组成名副其实的**人民**。他们曾经是、而且始终是**一群乌合之众**（只要对那种并非出于自愿而聚集在一起的人群可以这样称呼的话），当然他们绝不会考虑罗马国家的利益。固然，车尔尼雪夫斯基也曾指出，奴隶制在罗马帝国逐渐地趋于松懈，而最后则开始被隶农制[54]所代替。但是，第一，皇帝有关隶农制的命令，只不过表明国家力求保证自己能获得农民的强制劳动所创造的一部分**剩余生产物**。当罗马社会的一切阶层都简直被国家的苛捐杂税**压得喘不过气**来的时候，过渡到隶农制绝对不能改进农民的状况。① 第二，不言自明，隶农和 96
佃奴[56]都不可能代替自由农。最后，甚至在数量上，奴隶和隶农至少在农村中也少于旧日自由农的意大利的人口。梯特·李维便曾感到惊讶，在他当时只遇到赶着畜群的少数牧童的意大利某些地区，怎样能在独立时期拿出人数众多而勇猛的军队来对罗马进行斗争。事情的原因很简单：在独立时期，这些地区有着完全不同的经济关系，这些地区之所以有人数众多而又强悍的居民，也应当归功于这种经济关系。当时在这些地区，保证村社全体成员安居乐业和使他们具有独立精神和战斗精神的那种氏族制度还很巩固。这样的制度也存在于日耳曼人那里，这些野蛮部落之所以强

① 参阅前面已经提到过的基佐的 *Essais sur l'histoire de France*（《法国史论文集》）中的第一篇论文；还可参阅洛贝尔图斯的 Untersuchungen auf dem Gebiete der National—Oekonomie des klassischen Altertums〔《对古典时代的国民经济领域的研究》〕。[55]

大有力，也应当归功于这种制度。简言之，可以说，当罗马帝国接近灭亡的时候，在罗马帝国中占有统治地位的是把它的抵抗力量降至**最低限度**的那种经济关系。相反，当时日耳曼人的制度却使他们的攻击力量达到**最大限度**。这就是一切：问题在于经济，而不在于精神，也不在于任何神秘的种族特性。

如果我们在解释各个国家的历史命运时，不得不仅限于对这些国家的"进步"和对这些国家中知识积累的数量作抽象的考察，那么我们就永远不能理解譬如说希腊史，因为在希腊，最文明、最"进步"的国家都相继退出舞台，而让位给越来越不文明和不"进步"的国家。用什么来解释这种现象呢？应该用希腊的经济关系、主要是土地关系的发展进程来解释。在最"进步"的国家里，这种发展较早地使地产积聚在少数人手里，使奴隶人数惊人地增加，使自由民中的下层阶级衰弱无力和道德败坏。"进步"的希腊国家的国家力量的削弱，与这种现象成正比例。在较不"进步"的国家里，这个过程开始得较晚，进行得较慢，因此它们的国家力量也就下降得较慢，甚至在这个过程的某些时期内还增长了(像在较"进步"的国家里也发生过的一样)；因此，当较"进步"的国家在当时无出路的阶级斗争(不是在我们的时代，因为现在阶级斗争是有出路的)
97 的毁灭性影响下已经彻底遭到削弱的时候，这些较不"进步"的国家就能够起突出的作用。但是，较不"进步"的国家终于也由于上述的过程而削弱下去；他们相继唱完自己的戏，退出了舞台，直到最后罗马的铁拳结束了希腊的独立存在。当罗马人来到的时候，除了少数例外，**简直没有人起来保卫**希腊国家。波里比和普卢塔克早就指出过这一点。

在我们这位作者的历史观点中，偶然性一般占有很广泛的地位。他在斯密-李嘉图学派之后十分清楚地阐明了我们当代的经济制度的性质、规律和趋向，但在他看来，甚至这种经济制度也是历史偶然性的产物。他在我们已经引证过的那篇关于罗雪尔著作的书评中说道："根据历史可以看出，如今这些经济形式是在这样一些关系的影响下产生的：这些关系与经济科学的要求相抵触，它们既不符合劳动的成效，也不符合消费的节约性，——一言以蔽之，如今这些经济形式乃是既有害于劳动，又有损于物质福利的那些原因所造成的结果。举一个例子，在西欧，经济生活是建立在征服、没收、垄断的基础之上的。"①没有人说，在西欧历史上没有过征服、没收和垄断。但是，要知道它们也曾存在于古希腊、印度和中国，然而这些国家的经济制度无论过去或现在都与现代欧洲的经济制度有着极大的区别。这种区别是由什么造成的呢？是否由于：所有这些征服、没收和"垄断"都远不能决定经济发展的方向，而相反地，它们本身的形式和以后的社会后果都反而由经济发展方向所决定呢？古希腊、印度或中国的经济发展方向和进程，不同于中世纪和近代的欧洲的经济发展方向和进程，——因此，在那里，征服及其一切后果也就导致了不同于西欧的另一种制度。由于车尔尼雪夫斯基认为征服对于建立现代欧洲经济制度具有决定的意义，我们就不由地想起恩格斯说的："甚至在我们除去任何掠夺、暴力及欺骗的可能性的情况下，即使我们假定，一切私有财产起初都建立在占有者的个人劳动之上，而且在往后的全部时期都

---

① 《同时代人》，1861 年 4 月号，新书栏，第 434 页。[57]

是以等价相互交换，纵然如此，那么我们随着生产及交换的往后发
98 展，也不可避免地要进到现代资本主义的生产方式，进到生产资料及生活资料为一个人数极少的阶级所独占，而另一个构成人口最大多数的阶级，降到没有任何财产的无产者的地位；进到投机性的生产兴隆和商业危机的周期交替；进到整个现在的生产无政府状态”①。现代唯物主义的辩证论者就是这样看这个问题的。但车尔尼雪夫斯基却还是抱着完全不同的看法。

我们这位作者既然把征服看作历史上存在的各种经济生活形式的原因，并认为它们违背“经济科学的要求”，那么他就当然不可能认为研究这些经济生活形式有什么重大价值。他对所谓经济科学中的历史方法的了解，只是根据它的这样一些代表如威廉·罗雪尔和其他 Citaten-Professoren② 的著作，他对这种方法非常蔑视，认为它是反动派反对工人阶级的解放意向的产物。“人们……曾以理性的名义反抗过不符合商人等级利益的中世纪制度；可是在这里偏偏不幸又出现了这样一些人，他们开始说：‘的确，按照理性来说，应当有你们所盼望的东西，但除此以外，理性还要求其他许多东西，你们所说的只不过是一个公式的开始，而它的结尾又是怎样的呢’；一言以蔽之，在不彻底的思想家面前出现了彻底的思想家……这该怎么办呢？……如果理性反驳你，你就抓住历史，它会搭救你的。”[59]由于历史方法有着这样的起源，工人阶级的先进代表在他们反对“不彻底的思想家”的斗争中的理论任务，就仅仅

---

① 《科学社会主义的发展》，附录，第58页。[58]

② 〔喜欢引证的教授们〕

在于揭露现代经济制度是从“征服、没收和垄断”产生的。根据车尔尼雪夫斯基的意见，社会主义者也就是这样做的。在他们的手里，“历史正在揭穿它被邀请来辩护的那种现象”。①但是，还在车尔尼雪夫斯基踏上文学活动道路之前，还在他的前驱们、即别林斯基及其团体的时代，工人阶级的优秀理论代表就不是仅仅为了在论战中援引征服和没收而利用历史。马克思和恩格斯说明了经济史的内在必然性和严格的规律性，从而把人类经济史的研究建立
在坚实的科学基础上。②但是，从各方面都可以看出，车尔尼雪夫 99
斯基并不知道这个流派，这个流派是从它的老师费尔巴哈的理论中成长起来的，正像费尔巴哈的理论从黑格尔体系中成长起来一样。

我们的作者否定历史方法，在自己的经济学研究中使用了另

① 《同时代人》，1861 年 4 月号，新书栏，第 432，433，434 页。[60]

② 罗雪尔及其同道者在依据历史的同时，却是革命的行动方式的坚决反对者。他们的**进化**概念是完全排斥**革命**的。这种观点和某些反对进化的革命家的观点同样错误。这两种极端的看法都排斥正确的历史观。用辩证方法武装起来的现代社会主义者对问题的看法与此不同。在他们看来，进化也和**革命**一样，是人类历史发展过程中的必然**环节**。进化为革命作准备，革命则促进进化的继续进行。特别是德国学者们所采用的“历史方法”，完全任意地把科学的视野局限于这些环节中的一个环节，即进化，因此必须认为这种“历史方法”是**反科学的**。关于它的“博学的”代表者们，现在也还能有充分的权利重复马克思在 1844 年关于他们所说的话：他们以昨天的卑鄙行为来为今天的卑鄙行为进行辩护；把农奴反抗鞭子（只要它是历史性的鞭子）的每个呼声宣布为叛乱；历史对他们，正像以色列上帝对摩西一样，只是表明了自己的“过去”；这些奴仆式的夏洛克③要凭历史的期票来索取从人民心上剜下来的每一块肉，等等。[61]这一切真是说得再公正不过了。但是，革命家马克思虽然用这些有力而一针见血的话去揭露“历史方法”的官方代表人物的奴性，他却不仅不轻视历史的进化，而且还首先指出了历史进化的动力和它的严格规律性。

③ 夏洛克是莎士比亚喜剧《威尼斯商人》中的犹太高利贷者。他把钱借贷给对方，要求：若过期一天偿还，就要罚一磅肉。——译者

一种方法，他把它称为**假设法**。我们现在用车尔尼雪夫斯基本人的话来说明这种方法。他在对穆勒的《政治经济学》第一部的评注中说道：“这种方法在于：当我们必需确定某种因素的性质时，我们应该把复杂的问题暂时搁置一旁，而去探索我们感兴趣的那种因素在其中最明显地暴露出它的性质来的那些问题，去探索最简单的问题。当我们认清了我们所研究的那个因素的性质以后，我们就能很容易地认识它在被我们暂时搁置一旁的复杂问题中所起的作用。例如，上世纪末和本世纪初的对法战争对英国是否有益这样一个很复杂的问题，可以用一个极简单的问题来代替[62]：战争是否可能不是对某一伙人有益，而是对人数众多的民族有益？现在怎样来解决这个问题呢？问题谈的是利益，即福利或财富的数量、财富的减少或增加，也就是可以用数字来计算的量。我们从哪里得到这些数字呢？任何历史事实都不能以我们所需要的那种形式，即以最简单的形式向我们提供这些数字，使这些数字仅仅取决
100 于我们所规定的因素，即仅仅取决于战争……因此，我们应该从历史事件的领域转移到抽象思维的领域，因为抽象思维所思考的不是历史提供的统计材料，而是抽象的数字，而抽象数字的意义是假定的，而且简直可以随意规定。例如，它（抽象思维）是这样进行思考的。我们假定，一个社会有五千居民，其中有一千成年男子，整个社会就靠他们的劳动来养活。我们再假定，其中二百人出去参加战争。请问，这次战争在经济上对社会有什么关系？它增加了还是减少了社会的福利？只有当我们把问题弄得这样极其简单，答案才成为如此简单和不容争辩，以致每一个人都能很容易地找到解答，并且不可能被任何人和任何东西所驳倒……由于使用‘假

定’、‘假设’这种术语，这个方法就称为假设法。”①

车尔尼雪夫斯基在所有经济学研究著作中都采用这种方法，因此，这些研究著作就带有一种十分独特的、极端抽象的性质。[64]大家知道，我们这位作者的主要经济学著作，一部分是穆勒的政治经济学的译文，一部分是对它的阐述，附有内容非常丰富的评注和独立的补充。在阅读这部著作时，仔细观察作者所采用的研究方法怎样经常把他从现实存在着的经济关系领域吸引到抽象思维的领域中去，是很有意思的。在涉及现存关系的地方，车尔尼雪夫斯基很少反驳穆勒。他大部分满足于穆勒的分析，可是大家知道，这种分析由于它的含糊不清和前后矛盾，还有许多不能令人满意的地方。甚至在一些重大问题上，如价值、价格、货币、工资规律等等问题上，他和穆勒的意见也并无分歧。车尔尼雪夫斯基通常总是说，穆勒在涉及现存事物时是完全正确的。但是让我们来看一下，事情是否应当这样，健全的经济理论是否要求这样？“我们假设”等等——通常接着的是对现存关系的出色的批判，然而这种批判却仅仅根据完全抽象的思考和假设。因此，这种方法的缺点就特别刺目，当然任何一个现代资本主义的科学的反对者都不会赞成它，因为这些反对者现在所依据的不是抽象“理论”的要求，而是现存制度的内在矛盾，这些内在矛盾在其进一步的发展中必然会导 101
致现存制度的消灭。

车尔尼雪夫斯基自认是某个哲学学派的信徒，可是知道这个哲学学派的方法的读者不难看到，我们这位作者在研究中并不始

① 《车尔尼雪夫斯基全集》，第三卷，第89，90，91页。[63]

终信守这种方法。实际上,“假设法”与车尔尼雪夫斯基的德国老师们的辩证方法毫无共同之处。为了证实这一点,只要想起车尔尼雪夫斯基本人在产生出费尔巴哈学说的黑格尔体系中所看到的那些特征就够了。指出这些特征将使我们便于阐明和批判车尔尼雪夫斯基的观点,因此我们请求读者尽可能注意下面这个材料,也许这个材料很枯燥乏味,然而它的确不是无益的。

在最新的唯物主义辩证论者看来,黑格尔体系和整个德国哲学的最伟大功绩,正如恩格斯关于它所说的,在于它“第一个把整个自然的、历史的及精神的世界想象成一种过程,亦即从不断的运动、变化和发展中来研究它,并且曾企图发现出这种运动和发展的内在联系”。[65]车尔尼雪夫斯基具有卓越的智慧,在哲学方面具有渊博的知识,他当然不可能忽视事情的这一方面。他理解到黑格尔的发展学说的巨大重要性,甚至用有力的、充满感情的言辞阐述了这个学说。他在“对反村社所有制的哲学偏见的批判”一文中感叹说:“形态的不断交替,一定内容或倾向所产生的形态,由于该种倾向的加强、该种内容的高度发展,而在永恒不断地被否定,——谁了解了这个〈伟大〉、永恒而普遍的规律,谁惯于把这个规律应用于任何现象,——啊,他就会是多么平心静气地迎接那种引起别人惊慌不安的遭遇!当跟着诗人重复下列诗句:

Ich hab' mein' Sach auf Nichts gestellt
Und mir gehört die ganze Welt...①[66]

① 〔我凭空建树起自己的事业,
于是整个世界都属于我〕

时，他会毫不惋惜已经过去的事物，并且要说：‘听便吧，任凭怎样，我们终归会有时来运转的日子的！’”①但是，可以看出，他并不认为这条“伟大、永恒而普遍的规律”是黑格尔哲学的主要功绩和最突出的特点。至少，他在《果戈理时期俄国文学概观》中由于提到 102
斯坦凯维奇和别林斯基的小组[68]醉心于黑格尔而详细谈到黑格尔时，他所最注意的是黑格尔哲学的另一方面。在这里，他认为黑格尔的主要功绩是：把哲学从抽象思维的领域中引导出来，而对现实采取关心的态度。“解释现实，变成哲学思维的根本责任了。对现实十分严肃的注意，就从这里开始，而过去对于现实是并不考虑的，为了满足自己的片面的偏见，就往往毫不客气地把它歪曲……然而在现实之中，一切都取决于情况，取决于地点和时间的条件，——因此黑格尔承认，过去人们只是用一般文句来判断善恶，但却并不观察某一个现象所从而产生的情况和原因，——这些一般的、抽象的箴言是不能令人满意的……‘抽象的真理是没有的，真理总是具体的’，也就是说，只有在考察了某一特定的事实所从而产生的一切情况之后，才能对这一事实做出肯定的判断。”②在上面所引证的那一页的注释中，车尔尼雪夫斯基阐明这个思想如下：“例如，‘雨是好呢还是坏？’——这个问题是抽象的；要对它作肯定的回答，是办不到的：有时候雨能够带来好处，有时候即使少，也能带来坏处；应当问得明确一点：‘当谷物播种完毕以后，在接连五小时中，降下一场大雨，——这雨对谷物有好处吗？’——只有在

---

① 《车尔尼雪夫斯基全集》，第五卷，第531页。[67]

② 《同时代人》，1856年9月号，批评栏，第12页。[69]

这等场合，回答才能是明白而且有意义的：‘这种雨是十分有益的。’……‘战争是毁灭呢还是有益的？’一般说来，你不能以肯定方式来回答；必须知道，所谈的是怎样的战争，一切都以时间和地点的情况为依归……马拉松之战[70]是人类史上最高贵的事件”[71]等等。由此可见，在对现实予以一定注意的情况下，甚至像战争是有益还是有害这种看来很简单的问题，也不能借助于某种简单的、完全抽象的“假设”来解决。一切都以地点和时间的条件为转移。这是完全正确的。但遗憾的是，车尔尼雪夫斯基无论在一般的研究中，或是在关于俄国村社土地占有制这样的具体现象的争论中，都确实过于经常地忘记以上这种看法。

我们将在下面看到，常常被他遗忘的现实往往以最不客气的方式提醒人注意它。但现在我们应该继续评述车尔尼雪夫斯基的历史观点，这将帮助我们确定我们这位作者在欧洲哲学思想的一般发展中所占的地位。

103

四

值得注意的是，他虽然认为政治经济学领域中的历史观点并无价值，但却认为历史观点在文学批评的领域内是必要的。在他的一篇早期论文，即关于奥尔丁斯基翻译的亚里士多德的名著《诗学》的论文中，他认为美学的巨大功绩就是：它在我国从来也没有与文学史相敌对。“在我国常常听到人们主张有研究文学史的必要，而且专门从事审美批评的人对文学史的贡献十分巨大，甚至大于我们今日的某作家。我们的美学常常承认应该以精确地研究事实为依据”……“艺术史乃是艺术理论的根据”。[①] 看来，写这一段话的人如果能够始终忠于自己的话，那他就应该毫无保留地承认，人类的经济发展史应该是经济“理论”的根据。但是我们已经看到，他并不是这样来看这种“理论”的。

车尔尼雪夫斯基对艺术理论的看法极为正确。这首先是由于他受到了他的先驱者们的有益影响：在出现黑格尔的《美学》和别林斯基的批评作品（哪怕我们只提起他论普希金的文章）以后，人们根本不可能再轻视艺术理论方面的历史观点了。此外，在美学理论方面，只有主张所谓为艺术而艺术的人，亦即只有那些希望使“永恒的”艺术同现实和迫切的、紧要的现实社会问题不发生任何联系的人，才能反对历史观点。车尔尼雪夫斯基既然与这些人进行斗争，当然就不得不倾向于对艺术的历史观点，因为这种观点使他有可能把艺术的任务同当时最重要的社会倾向联系起来。谢林就已说过：“verschiedenen Zeitaltern wird eine verschiedene Begeisterung zu Theil.”[②]发展这种思想，就不难彻底粉碎“纯”艺术的拥护者。——在政治经济学中却是另一回事。在那里，顽固的罗雪尔和他的一伙是反对车尔尼雪夫斯基最重视的工人阶级的意向的。他们是他所知道的政治经济学中的历史观点的唯一代表者。不足为奇，由于反对他们而造成的反作用，他对这种观点采取 104
了这样一种态度，这种态度的错误只有在另一种条件下才会使他注意到。

---

① 《车尔尼雪夫斯基全集》，第一卷，第3－4页。[72]

② “不同的时代有不同的灵感”。“Ueber das Verhältnis der bildenden Künste zu der Nakur”（“论造型艺术和自然界的关系”）。

但是，决不能说，我们这位作者已经彻底发挥了他对艺术史作为艺术理论的必要基础的意义所抱的观点。我们已经指出，简单地承认某一条原则还远不等于在相应的科学部门中彻底贯彻这条原则。车尔尼雪夫斯基有一个非常好的机会可以在《艺术与现实的美学关系》这篇学位论文中把艺术理论与艺术史联系起来，这篇学位论文是他在 1854 年初为了获取硕士学位而向彼得堡大学语文系提出的。这一著作在我们这位作者的其他许多作品中占据一个重要的地位；因此，它特别清楚地表现出他的观点和思维方式的一切优点和缺点。忠于自己的唯物主义观点的车尔尼雪夫斯基，在学位论文中决心要消灭美学中的唯心主义。他到唯心主义在美学中的一切藏身之处和避难之所去追击唯心主义：从关于艺术的起源和艺术在生活中的意义的一般理论问题开始，直到像关于悲剧和崇高的学说那样的细节为止。我们要引证一下他所提出的某些论题，因为它们恰好清楚地说明了车尔尼雪夫斯基对艺术的唯物主义观点。

他说："真正的美的定义是：'美是生活。'——任何东西，凡是人在那里面看得见如他所理解的那种生活的，在他看来就是美的。美的事物，就是使人想起生活的事物……

崇高之影响人，决不在于它能唤起绝对观念；它几乎任何时候都不会唤起它。

一件东西，凡是比人拿来和它相比的任何东西都大得多，或是比任何现象都强有力得多，那在人看来就是崇高的。

悲剧与命运或必然性的观念并没有本质的联系。在现实生活中，悲剧多半是偶然的，并不是从先行因素的本质中产生的。艺术使悲剧具有的那种必然性的形式，是通常支配艺术作品的‘结局必须从伏线中产生出来’这一原则的结果，或是诗人对命运观念的不适当的服从的结果。

按照新的欧洲文化的概念，悲剧是‘人生中可怕的事物’……

现实比起想象来不但更生动，而且更完美。想象的形象只是 105
现实的一种苍白的、而且几乎总是不成功的改作。

客观现实中的美是彻底地美的。

客观现实中的美是完全令人满意的。

艺术的产生，决不是由于人有弥补现实的缺陷[73]的要求……

产生美学意义上的艺术（美艺术）的要求，是和画人的肖像这件事所明白显露出来的要求相同的……艺术只是用它的再现使我们想起生活中的有兴趣的事物，努力使我们多少认识生活中那些引人兴趣而我们又没有机会在现实中去亲自体验或观察的方面。

再现生活是艺术的一般性格的特点，是它的本质；艺术常常还有另一个意义——说明生活；它们常常还有一个意义：对生活现象下判断……”[74]

我们对这些论题中的某些论题，只有加上某些使它们具有更广泛意义的附带条件后，才能表示同意。而对其中有一个论题，则甚至是绝对不能同意的，即决不能说：“按照新的欧洲文化的概念，悲剧是人生中可怕的事物”。“悲剧与命运观念并没有本质上的联系”，这是完全正确的。但是，它与必然性观念的联系却是毫无疑义的。人生中的一切可怕的事物并不都是悲剧性的。例如，被正在建筑的房子的墙壁倒塌下来压死的人，他的命运是可怕的；但这种命运也许只有对其中某些人来说才是悲剧性的，那些人在生活中具有某些条件(如宏图大志、广泛的政治企图),这些条件才使他们由于砖墙倒塌而遭致的偶然死亡获得悲剧性的意义。但是,在我们所举的例子中,悲剧终究还是与偶然性紧密相联,因此它不是本来意义上的悲剧。真正的悲剧以**历史必然性**的观念作为基础。格拉古兄弟的命运是真正悲剧性的,他们的计划和生命本身都由于罗马无产者不能发挥政治独立精神而毁灭了。罗伯斯庇尔和圣茹斯特的命运是真正悲剧性的,他们由于自己在争夺优势地位而斗争的法国各社会阶级之间所处的历史地位具有不可克服的、无法避免的矛盾而遭到了毁灭。一般地说,真正的悲剧,是由于有限的、多少有点片面的必然性,以一种像自然规律一样起作用的历史
106 运动的盲目力量,由个人的自觉意向的冲突所造成的。车尔尼雪夫斯基没有注意到而且也不可能注意到事情的这一方面,因为他为唯物主义而作的斗争①还只限于抽象的哲学原理的领域。在这个斗争中,他又一次陷于理性的极端,而简单地把悲剧与可怕的事物等同起来。但是,哪怕他只要想起黑格尔以索福克勒斯的《安蒂贡涅》为例对悲剧所作的解释,那么他就会明白,不是唯心主义者也能谈论必然性。黑格尔指出《安蒂贡涅》中两种权利、即宗族权利和国家权利的冲突。安蒂贡涅是第一种权利的代表者,克里翁是第二种权利的代表者。[75]毫无疑问,这两种权利的斗争曾经在历史上起过重大作用,而且人们可以把悲剧同这种斗争联系起来,而丝毫也不犯唯心主义的错误。车尔尼雪夫斯基看不到这一点,因为他似乎在自己的研究中忘记了历史。更可惜的是,假如车尔

① 原文为:“他反对唯物主义的斗争”,疑有误。——译者

尼雪夫斯基及时想起他的下面这个原则,即艺术理论应该以艺术史作为基础,那么也许他就能为美学提供一个崭新的理论基础。他在证明美是生活这个论题时,提出一个极其中肯的意见,即不同的社会阶级以他们的经济生活条件为转移而具有不同的美的理想。这段话极为重要,因此我们几乎把它全部引证在这里。

“在普通人民看来,‘美好的生活’、‘应当如此的生活’就是吃得饱,住得好,睡眠充足;但是在农民,‘生活’这个概念同时总是包括劳动的概念在内:生活而不劳动是不可能的,而且也是无聊的。辛勤劳动、却不致令人精疲力竭那样一种富足生活的结果,使青年农民或农家少女都有非常鲜艳红润的面色——这照普通人民的理解,就是美的第一个条件。农家少女辛勤劳动,因此体格强壮,在有丰盛的食物的情况下就长得很结实,——这也是乡下美人的必要条件。‘弱不禁风’的上流社会美人在乡下人看来是断然‘不漂亮的’,甚至给他不愉快的印象,因为他一向认为‘消瘦’不是疾病就是‘苦命’的结果。但是劳动不会让人发胖:假如一个农家少女长得很胖,这就是一种疾病,体格‘虚弱’的标志,人民认为过分肥胖是个缺点;乡下美人因为辛勤劳动,所以不能有纤细的手足,——在我们的民歌里也是不提这种美的属性的。总之,民歌中 107
关于美人的描写,没有一个美的特征不是表现着旺盛的健康和均衡的体格,而这永远是生活富足而又经常地、认真地,但并不过度地劳动的结果。上流社会的美人就完全不同了:她的历代祖先都是不靠双手劳动而生活过来的;由于无所事事的生活,血液很少流到四肢去;手足的筋肉一代弱似一代,骨骼也愈来愈纤细;而其必然的结果是小手小脚——这是社会的上层阶级觉得唯一值得过的生活，即没有体力劳动的生活的标志；假如上流社会的妇女大手大脚，这不是她长得不好就是她并非出自名门望族的标志……不错，健康在人的心目中永远不会失去它的价值，因为如果不健康，就是大富大贵，穷极奢侈，也生活得不好受，——所以红润的脸色和饱满的精神对于上流社会的人也仍旧是有魅力的；但是病态、柔弱、委顿、慵倦，在他们心目中也有美的价值，只要那是奢侈的无所事事的生活方式的结果。苍白、慵倦、病态对于上流社会的人还有另外的意义：农民寻求休息和安静，而有教养的上流社会的人们，他们不知有物质的缺乏，也不知有肉体的疲劳，却反而因为无所事事和没有物质的忧虑而常常百无聊赖，寻求‘强烈的感觉、激动、热情’，这些东西能赋予他们那本来很单调的、没有色彩的上流社会生活以色彩、多样性和魅力。但是强烈的感觉和炽烈的热情很快就会使人憔悴：既然慵倦和苍白是她‘生活了很多’的标志，他怎能不为美人的慵倦和苍白所迷惑呢？”①

人们的美的概念表现在艺术作品中。我们看到，不同社会阶级的美的概念很不相同，有时甚至恰好相反。某个时期在社会中占统治地位的那个阶级，也在文学和艺术中占统治地位。它把自己的观点和自己的概念带进文学和艺术。但是在不断发展的社会中，不同阶级在不同时期内占统治地位。同时，任何一个阶级都有它自己的历史：它发展起来，达到鼎盛时期而占据统治地位，最后则趋于衰亡。它的文学观点和美学概念，也与此相应地发生变化。
108 因此，我们在历史上可以看到人们的不同的文学观点和不同的美

① 《车尔尼雪夫斯基全集》，第一卷，第44，45，46页。[76]

学概念:在一个时代中占统治地位的概念和观点,到另一个时代就变为陈旧的了。车尔尼雪夫斯基指出,人们的美学概念与他们的经济生活有着密切的因果关系。这是一个真正天才的发现。他留下要做的只是通过不同统治阶级的不断更替的全部人类史,去探索他所发现的这个原理的作用。如果他把艺术理论与最新的唯物主义历史观密切联系起来,他就会在美学中完成最伟大的变革。但是我们知道,他本人在颇大程度上是与这种历史观格格不入的。因此他也就不能完成这样辉煌地开始了的事业;因此在他的《艺术与现实的美学关系》一书中,我们所看到的关于艺术史的真正唯物主义的见解,也比,例如,在"绝对唯心主义者"黑格尔的《美学》中所看到的少得多。[①] 正如我们已经说过的那样,在车尔尼雪夫斯基的学位论文中,特别清楚地反映出他的思维方式的一切缺陷和一切优点。

五

车尔尼雪夫斯基像他的文学前驱者们一样,属于黑格尔学派的左翼,而大家知道,黑格尔学派的左翼在其往后的发展中归附了社会主义。俄国的左翼黑格尔主义者也同样归附了社会主义。大家知道,别林斯基曾经怎样地向往社会主义。在他的著作中有一些文章表明,他对西方无产阶级和资产阶级的关系的理解在当时

① 例如,可参阅黑格尔关于荷兰绘画史的见解,任何一个现代的唯物主义辩证论者几乎都能无条件地赞同他的见解(*Aesthetik*〔《美学》〕,第1卷,第217、218页;第2卷,第217-223页)。还有许多类似的见解散见于他的《美学》中。[77]

来说是非常深刻的。[①] 在这方面，正像在其他一切方面一样，车尔尼雪夫斯基是别林斯基事业的直接继承者。不言而喻，他走得比别林斯基更远一些。他不仅向往社会主义，而且还很好地研究了他所能得到的社会主义著作和经济学著作。他不是仅仅在谈论其
109 他问题的文章中顺便提到社会主义。他的文学活动的目的，几乎完全是为了向俄国读者群众传播社会主义学说。由于这个原因，我们应当尽可能详细地谈一谈车尔尼雪夫斯基对西欧社会主义的态度。

在目前，谁谈论社会主义——他要么就是谈论马克思的学说，要么就是根本不谈任何值得注意的东西。在对于车尔尼雪夫斯基的发展具有决定意义的年代里（四十年代末和五十年代初），情况还不是这样。马克思的学说还远没有取得统治地位，它还刚刚在对其他社会主义理论的斗争中形成、发展和巩固起来。马克思学派的最主要的著作在当时还没有发表。当时还完全可能有人自认为是社会主义者而对马克思却毫无所知。在当时，现在所谓的空想社会主义者、特别是傅立叶和欧文的影响还很强大。当时有才干的社会主义者全都受到这种影响，他们以自己的力量来补充自己老师的理论，并且从这些理论中排除掉不科学的、幻想的成分。车尔尼雪夫斯基正是处于这样的地位。我们已经说过，他对马克思学派的著作毫无所知。的确，别林斯基就已经兴奋地读过巴黎出版的 *Deutsch-Französische Jahrbücher*[②]，这个刊物最初的、也

---

① 例如，可参阅他的《全集》第 7 部分中的他的一篇论欧仁·苏的文章。[78]

② 《德法年鉴》。——译者

是最后的两期是由阿尔诺德·卢格和马克思、恩格斯合作出版的。但是，这本杂志对俄国公众的影响，还没有强烈到足以坚定不移地决定俄国社会主义思想方向的程度。俄国社会主义思想的发展，在长时间内，在很长的时间内，在远远超过应有限度的时间内，一直没有受到马克思的科学著作的任何影响。因此，车尔尼雪夫斯基在创立他的社会主义观点时没有考虑到最新的社会主义派别，这是不足为奇的，虽然这个派别早就在德国工人运动史上起了不小的作用，而从六十年代下半期起已在整个欧洲工人阶级中占有统治地位。作为一个受过正规科学教育的人，车尔尼雪夫斯基完全没有傅立叶学说中那种和关于人类历史和现代生活的天才见解掺杂在一起的奇异幻想。对于圣西门的学说，他总是采取严格批判的态度。被《怎么办?》这部小说中的罗普霍夫叫做神圣老人的那个罗伯特·欧文，则始终得到车尔尼雪夫斯基很大的同情。但是，我们这位作者的清醒头脑使他难得被欧文的希望所迷惑，而欧文是希望头戴皇冠的贵人和上层阶级来帮助大多数被压迫者的。车尔尼雪夫斯基在研究西欧的社会关系时，可以说是无意之中得 110
出了后来成为第一国际纲领基础的那个结论，即宣称工人的解放应当是工人自己的事业。但是，我们的作者对工人阶级历史任务的看法是含糊不清的，这种含糊不清对我们时代的读者来说可能觉得很奇怪。车尔尼雪夫斯基没有把无产阶级从一般受苦受难的被压迫人民群众中区分出来。车尔尼雪夫斯基用了一个俄国作家所通常使用的特别字眼来称呼应该靠本身力量自求解放的工人阶级，这个字眼同时也暴露出他对无产阶级在西欧历史上的作用是认识不清的。车尔尼雪夫斯基把西方工人阶级称为**平民**，他所想象的西方工人阶级的需要和任务，几乎同俄国有教养的慈善家眼中的当时俄国“平民”的需要和任务完全一样。在关于农民解放问题的激烈论战中所写的一篇文章里，我们的作者甚至得出了这样一种关于西欧民主派观点的奇异的概念。他断定说，政治自由对人民群众没有任何意义，因此，人民利益的保卫者可以对政治漠不关心。他就是这样地一方面确定自由派的政治观点，另一方面确定“民主派”的政治观点。[①]“自由派和民主派的根本愿望和主要动机是有本质差别的。民主派所关心的是尽可能消除国家机构中上层阶级对下层阶级的优势：一方面，减少上层等级的力量和财富；另一方面，增加下层等级的势力和福利。至于用什么方法在这方面改变法律和支持新的社会制度，**对他们来说几乎是无所谓的**[②]。与此相反，自由派无论如何不会同意使下层等级在社会中占优势，因为这些等级由于没有教养和物质上的贫困而不关心自由主义政党认为高于一切的那种利益，即言论自由权和立宪制。民主派认为，平民享受物质福利的西伯利亚，比大部分人民忍受极大困苦的英国要好得多。在一切政治制度中，民主派仅仅同一种制度——贵族政治（而不是专制政体？）是不共戴天的；自由派却几乎时刻认为，只有保持一定程度的贵族政治，才能使社会达到自由
111 主义制度。因此自由派往往对民主派深恶痛绝，说民主主义会导致独裁政治，对自由有致命的危险。”[③]

① 不应该忘记，在书报检查的条件下很难谈到社会主义者。

② 着重点是我加的。

③ “路易十八和查理十世时期法国的党派斗争”，转载于《俄国社会民主主义论丛》，第3集，日内瓦，1875年，第5－6页。[79]

我们已经说过，我们从中摘引上面这段话的那篇文章，是在关于农民问题的论战方酣时写成的。很可能，车尔尼雪夫斯基所以用某种 ad usum delphini① 的方式写这篇文章，是希望向俄国政府指出，它不应当害怕俄国民主派，因为俄国民主派的全部注意力在某个时期内实际上集中于被解放的农民的经济状况方面。后来，特别是在《没有地址的信》中，车尔尼雪夫斯基对政治自由对于人民福利的意义发表了新的看法。但是，我们所引证的那种意见在俄国政治思想史上毕竟始终是一个极值得注意的事实。它对正在成长中的俄国民主派无疑发生了影响，因为到七十年代末期为止，俄国民主派一直对"政治"抱十分轻视的态度。当然，这不仅仅是由于车尔尼雪夫斯基的影响，——巴枯宁的无政府主义宣传在这方面也起了很大作用。但是，这位俄国青年所热爱的导师的政治观点的动摇性和含糊不清，的确影响到以后俄国革命家在纲领方面的摇摆不定。[81]车尔尼雪夫斯基关于普选制的意义的意见，再清楚不过地表明他对西欧无产阶级的政治任务的看法从来也不是很明确的。我们可以从他的"七月的君主制"一文中引述这个意见，这篇文章写于1860年，亦即写于他对政府解决农民问题感到彻底失望，因而已经不可能用 ad usum delphini〔为了法国皇太子〕的方式写文章的时期。顺便提一下，车尔尼雪夫斯基在这篇文章中曾向这样一些"优秀人物"呼吁，这些人看到法国实行的普选制被反动分子和蒙昧主义者利用以后，便认为普选制已经毫无意义。车尔尼雪夫斯基不用这样一种理由来安慰他们，即反动分子和蒙

---

① 为了法国皇太子。[80]——译者

昧主义者只有在摧残了六月的武装起义者[82]以后，才可能享受普选制的成果。他并不对他们说，普选制对工人阶级的政治教育来
112 说是绝对必要的。他只是指出“乡下人”的愚昧无知……他说：“法令（在法国实行普选制的法令）的直接后果，违反了一切正直的法国人的期望。但是，从这一点能得出什么结论呢？难道这个法令终究没有使法国社会得到某种利益吗？现在可以看到，乡下人的愚昧无知毁灭了法国。当他们没有选举权的时候，谁也没有去关心这种可怕的不幸。谁也没有注意到，乡下人的愚昧无知始终是法国历史上一切事件的基础。疾病是隐藏的并且一直没有得到医治；但它终究引起了整个机体的衰竭。当乡下人参加了选举的时候，人们最后终于看出了事情的本质。人们看到，当正直的人不去教育乡下人的时候，任何真正有益的东西都不可能在法国实现。现在正在做这种工作，这种努力毕竟不是完全没有成果的。迟早乡下人会变得更聪明些，那时法国就会更加容易进步。我们可以这样地安慰自己：尽管在恢复法国的法制时普选制没有被保留下来，尽管普选制法令所带来的苦果迫使社会舆论暂时反对普选制，但是，普选制法令虽然有很大的直接害处，却仍然间接地带来了无比巨大的益处。”①

我们可以看出，这里既没有谈到法国社会中的阶级斗争，也没有谈到法国无产阶级的革命作用。我们的作者把一切希望都寄托在从事于教育乡下人的某些正直的人身上，认为这样“法国就会更

① “七月的君主制”，载于《俄国社会民主主义论丛》，日内瓦，1875年，第58－59页。[83]

加容易进步”。现在听起来这是非常奇怪的。可是仍然不应当忘
记，无产阶级在车尔尼雪夫斯基看来只是“平民”，他们按本性、意
向和任务来说与其他劳动居民阶层很少区别。如果说车尔尼雪夫
斯基从西欧无产阶级经济状况的特点也看到了一点革命的东西，
那也仅仅是就经济贫困引起工人不满这个意义来说的。由于其他
劳动居民阶层也同样遭受严重的贫困，所以，在他看来他们中间的
革命情绪是与无产阶级中间的革命情绪同样自然的。当车尔尼雪
夫斯基为俄国村社土地占有制辩护的时候，他指出它所带来的好
处之一就是它会拯救我们避免“无产阶级化的溃疡”。的确，这时
他显然曾经不止一次地想起哈克斯特豪森男爵或迁果波尔斯基之
类的反动分子的话，这些人断言：“无产阶级化的溃疡”是西欧革命 113
运动的根源。他也曾经怀疑过消灭上述的“溃疡”是否有利于俄国
进步事业。但他这样地答复自己的这种怀疑：“农民阶级虽然在我
们这里总是按村社的惯例来使用土地，但他们在俄国历史上却并
不总是具有迁果波尔斯基凭想象加在他们身上的那种固定不变的
性格，迁果波尔斯基过于相信那些关于西欧农民固定不变的一般
老生常谈，并把这种无稽之谈应用于俄国农民。我们在这里没有
必要去解释西欧农民的性格如何。我们只想提醒大家，哥萨克大
部分出身于农民，而从十七世纪初期起，俄国人民历史上的几乎一
切戏剧性的情节，都是靠了农民的力量来实现的。”[84]我们看到，
他在这里把农民战争的意义与现代无产阶级的革命运动混为一
谈，——而这对如今的社会主义者来说则是完全不可能的。

在现代社会主义者看来，工人阶级的革命运动乃是建立在大工业基础上的社会中的阶级斗争的结果。现代社会主义者把这种

工业的继续发展看做自己事业取得胜利的保证。车尔尼雪夫斯基却不是这样看这个问题的。他对这个问题的观点强烈地带有最明显的唯心主义色彩。他在关于布鲁诺·希尔德布兰德的《现在和将来的政治经济学》一书的书评中，对这个问题发表了这样的见解："凡是真正合乎人性的、真正合理的东西，会在一切民族中间得到同情……理性只有一个，它不论何时何地在所有黑皮肤和浅黄色头发的人那里总是相同的。当然，在美国草原上生活的人，与俄国农村中生活的人有所不同，而在散得维齿群岛上居住的老爷们，也和英国绅士不一样；但是我们认为，俄国庄稼汉和野蛮人也像极可尊敬的罗马主教一样，都要吃饭，而且为了吃饭就想要有点什么东西。希望改善自己的状况的意愿，是整个人类的本质特性。假如新的理论违背人性，那么它们就不能超出需要杜撰这种理论的那个国家和那些人的范围，文明世界的一切民族也就不会追求这种理论。"①我们未必需要再重复一遍：文明世界的各民族之所以
114 追求社会主义，并不是因为它符合"人性"（因为这还不能证明任何东西），而仅仅是因为它符合我们现代文明人类的经济状况的本性。

车尔尼雪夫斯基既然对社会主义抱着上述的观点，他又怎么能理解社会主义政党的实际任务呢？在书报检查的条件下，他不得不在报刊上很少谈论这些任务，但他关于这一点毕竟说得这样明确，使人只可能对一些细节发生怀疑，而他的实际意图的一般性质是十分明显的。

---

① 《同时代人》，1861 年 3 月号，新书栏，第 71 页。[85]

我们首先要指出，车尔尼雪夫斯基由于他具有清醒的头脑和要求从事实际活动的一贯愿望，所以不可能属于这样一种社会主义者之列，这些社会主义者要求人类完全接受他们的空想，并认为一切局部性的经济改革都是毫无效果的，或者甚至是直接有害的。例如，现代无政府主义者就是这样的人，如果可以把无政府主义者叫做社会主义者(虽然不是在这个名词的严格意义上，而只是在普通谈话的意义上)的话。车尔尼雪夫斯基辛辣地嘲笑了这些幻想家。“为了崇高的理想而拒绝对现实进行某种哪怕不十分完善的改良——这就等于把毫无成果的理论理想化并用这些理论来作消遣。”按照他的意见，在喜欢这样消遣的人那里，“事情大部分是这样结束的：他们在作了紧张的努力而上升到自己的理想之后，就又降落下来，好像他们面前已经完全没有任何的理想。”[86]这正好打中了现代无政府主义者的要害。但问题不在这里。我们来看一下，车尔尼雪夫斯基本人对那些从社会主义观点看来是有益的和可能的改革究竟抱着怎样的看法？

大家都知道，现代社会民主主义者同样不仅不否认局部性经济改革的意义，而且还坚决要求进行这样的改革。他们在不同国家里采用的局部改革纲领或所谓最低要求的纲领，是同他们的最终目的密切相联的。他们希望他们从当前的政府那里争取得来的改革会使他们更易于达到最终目的，会使这些改革成为劳动经济对资本经济的接连不断的胜利。车尔尼雪夫斯基理解到，社会主义者所要求的改革应当符合于他们的最终目的。但是，他对于社会主义的最终目的的看法并不像现代社会民主主义者那样明确。在他看来，社会主义的胜利是十分遥远的将来的事情，是人类“长

115 期试验”的结果。因此，他所希望的局部改革的纲领也就不可能明确。但是，一般说来，由于车尔尼雪夫斯基把社会主义制度想象为协社的形式，所以他捍卫了哪怕具有协社原则的最微小迹象的一切东西。从协社很容易实行的观点出发，车尔尼雪夫斯基也保卫了俄国村社土地占有制。他把村社看成是农业协社的现成历史背景。他在《怎么办？》[87]这部小说里也向俄国社会主义者建议举办协社。关于协社的宣传在俄国和德国同时进行，这个历史事实是很有意思的。车尔尼雪夫斯基的小说出版于 1863 年，随着这部小说的出版，在我国就开始有不少人试图建立生产协社。就在 1863 年，拉萨尔向德国工人介绍说，协社是改善他们的生活（哪怕只是某些改善）的唯一手段。但是，在我国和德国，这个问题的提法多么不同！在一时成为俄国社会主义者的纲领的车尔尼雪夫斯基的小说中，从事于建立协社的是个别具有人道主义精神的、有教养的人：薇拉·巴夫洛芙娜和她的朋友们。甚至开明神甫梅察洛夫也热衷于这个事业，用他自己的话来说，他在薇拉·巴夫洛芙娜的作坊中起着“盾牌”的作用。这部小说丝毫没有谈到与建立这样的协社有利害关系的那个阶级的政治独创精神。企图实现车尔尼雪夫斯基所提出的纲领的那些六十年代的人，也都丝毫没有谈到这一点。相反地，拉萨尔进行鼓动时的第一句话，就向工人指出了发挥他们的政治独创精神的必要性。拉萨尔要求工人团结在一个特殊的政党中，并影响国内的事变进程，迫使政府给他们举办协社所必需的金钱。在拉萨尔的计划中，举办协社的事业带有广泛的社会性。拉萨尔认为，靠个别开明人士的努力而举办的协社，完全没有任何的意义。与拉萨尔相比，车尔尼雪夫斯基在自己的小说中是

一个真正的空想主义者。与车尔尼雪夫斯基相比，拉萨尔在进行
鼓动时则是现代社会主义的真正代表者。[88]产生这种区别，并不
是由于拉萨尔在智力方面高于车尔尼雪夫斯基。可以有把握地
说，在智力方面，车尔尼雪夫斯基比之拉萨尔毫无逊色。但这位俄
国社会主义者是自己国家的儿子，这个国家在政治上和经济上的
落后性，使他的一切实际计划，甚至许多理论观点都具有空想的性
质。他在举办协社的实际计划方面，与其说接近于舒尔采-德里 116
奇，毋宁说远为接近于拉萨尔。但是，另一方面，我们要指出，只是
与车尔尼雪夫斯基相比之下，拉萨尔才在自己的实际计划方面是
现代社会主义的真正代表者。实际上马克思和恩格斯才是现代社
会主义的真正代表者和创始人，他们发现拉萨尔的计划也只不过
是一个空想。他们所以拒绝支持这位有名的鼓动家，正是因为他
们不愿意在德国工人阶级中助长经济空想的倾向。

对车尔尼雪夫斯基的发展具有决定意义的年代，正是 1848 年革命后备受压制的西欧无产阶级在政治生活方面毫无表现的时期。由于车尔尼雪夫斯基只是从旁观察无产阶级，同时没有机会通过亲身观察来了解前一个时代的无产阶级运动，所以自然无从考虑无产阶级的历史作用。车尔尼雪夫斯基虽然在原则上承认无产阶级应当靠自己的努力来自求解放，有时却倾向于采取一种极其奇怪的改善无产阶级命运的实际计划。在谈到这点时，我们指的是刊载于《同时代人》杂志 1861 年 5 月号外国文学栏的一篇文章。很可能这篇文章不是车尔尼雪夫斯基本人写的，甚至多半不是他写的。[89]但是，因为这篇文章涉及经济问题，因为哪怕与这个问题只有一点关系的文章都要通过车尔尼雪夫斯基的手才能在

《同时代人》杂志上发表，所以如果这篇文章违背我们这位作者的观点，它就当然不可能发表。至少，应该承认这篇文章很可以代表《同时代人》集团对社会问题的观点。在这篇文章的开头，作者发表了一些很有道理的见解，说无产阶级不过是近代史所特有的一种现象。“只有在本世纪，它才作为自觉的、独立的整体而出现于西欧。在十九世纪以前，贫苦的、需要一般援助的人也许比现在更多，但却谈不到无产阶级。无产阶级是近代史的产物。”[90]接着，作者又发表了一个正确的意见，说妇女参加工业劳动是妇女家庭解放的保证。读到这一点，人们可能认为作者是完全站在现代社会主义观点上的。但是，一谈到改善无产阶级命运的实际手段时，
117 人们马上就会失望。例如，当作者谈到里昂的丝织工人时，认为拯救他们的办法就在于“取消生产的集中”，在城市以外开办作坊，使织工劳动和农业结合起来。按照作者的意见，织布业和农业的结合会大大地增进工人的福利。他认为，降低农村中的原料的价格是增进织工福利的另一个泉源。以下就是他的原话：“对里昂的工人来说，在城市以外建立自己的作坊，就是把他们从老板那里解放出来的开端。但怎样开办作坊呢？用谁的钱来开办呢？只有在例外情况下才能指靠老板和工厂主，因此必须要求政府支持，要求政府给钱。只有靠政府向里昂的无产者发放贷款，他们才能摆脱资本家对他们的劳动的剥削，并有可能自立。”但是，作者担心工人不愿意迁往农村。“对他们之中的许多人来说，城市生活具有他们在农村生活中所找不到的那些令人愉快的特点……但这是一种暂时性的害处。当然，绝不能期望所有的工人都立刻从里昂迁往里昂郊区；但也没有任何根据认为，这种迁移的益处不会日益深入工人

的一般意识。如果有了几个成功的范例，工人就会看到摆脱自己目前的悲惨处境的出路。开始时只要先建立一些由个别家庭组成的小农场和小作坊，就不难过渡到协作社和由大家出钱建立并拥有机械动力的工厂。”①假如我们是在乌斯宾斯基先生或某个俄国“主观社会学家”[91]的著作中看到这样的计划，我们是一点也不会感到奇怪的。但是，在车尔尼雪夫斯基的杂志上，这种计划却令人产生一种奇特的、沉重的印象。看来，想出这种计划的人，以及那些把它发表在自己杂志上的人，都还完全没有弄清楚工人的解放怎样才能成为工人自己的事业。在现代社会民主主义者看来，事情是十分明显的：无产阶级的经济解放，乃是他们取得政治统治、夺得政权的结果。上述的那个里昂织工经济解放计划的草拟者，认为拿破仑三世的政府在这个解放事业中起主要作用。按照这个计划，政府应该充当发起人，逐步使工人习惯于迁居农村的思想。
因此，工人似乎是消极地承受波拿巴政府的善行的对象。这是与 118
社会民主主义者的观点根本不同的，更不用说这个计划中经不起任何批评的经济方面了。但是，也可以说，在《同时代人》杂志上出现这样的计划是可以理解的、自然的。我们已经看到，车尔尼雪夫斯基怎样看待普选制。他并不认为普选制是无产阶级同资产阶级进行斗争的必要武器。[92]谁不理解普选制在这个斗争中的意义，谁也就根本不理解这个斗争的全部政治任务，谁也就不清楚无产阶级为了在将来夺取政权而团结成一个特殊政党的必要性。而在这样的情况下，甚至工人阶级的最真诚的拥护者，当问题涉及改善

---

① 《同时代人》，1861年5月号，外国文学栏，第22及23页。

工人命运的实际措施的时候，也必然会发生动摇。他会从心里同情工人的革命运动；但在和平时期，他不会拒绝把改善工人命运的全部事业交给现存政府去做：他没有清楚地理解工人的政治任务，也就不可能清楚地理解他们的政治**首创精神**的意义。一般地可以说，对无产阶级的现时任务的理解，最清楚地表现在对这个阶级在**和平平静时期**的策略的见解上。为了同情工人的革命爆发，只须不去支持资产阶级制度就行了。但是，为了要对工人在没有发生革命和还不能预见到革命的时期所应当采取的策略有一个明确的看法，就必须弄清楚工人阶级解放运动的全部任务、全部条件和全部进程。车尔尼雪夫斯基还没有弄清这一切；因此在《同时代人》杂志上就出现了上述的那种计划。

值得注意的是，我们的作者坚决主张国家干预各个社会阶级的经济关系，却在任何地方都没有提到对劳动日的立法限制。看来，他认为事情的这个方面没有任何意义，或者不如说，他完全没有考虑到这个方面。

现在我们已充分阐明了车尔尼雪夫斯基的社会主义观点。对熟悉西方的运动和西欧社会主义著作的那些读者来说，也许在这里指出下面这点将会使他们感到兴趣，那就是我们的作者把蒲鲁东看做"西欧平民所达到的智力状况的地道代表"。车尔尼雪夫斯基绝不是蒲鲁东的崇拜者。他指出了蒲鲁东的弱点、动摇性和不彻底性。"在所有这一切当中，我们又看到了西欧平民现今所处的
119 智力状态的一般特点。西欧的平民，由于具有健全的本性，严酷的生活经验，在理解事物方面实质上要比那些更幸福的阶级的人们正确、确实、深刻得多。但他还不知道最符合他的地位、习惯、需要

和与知识的现状相适合的那些科学概念。”①在这里，车尔尼雪夫斯基谈的是什么“平民”呢？他是否指的是农民、独立小手工业者或名符其实的无产者呢？他一般地谈论他们，而没有在劳动居民的各阶层之间作任何区别，因为正如我们看到的，在他的头脑中他们全都融合成为一个关于“平民”的一般概念。现代的社会主义者不是这样看待这个问题的。早在1848年，马克思和恩格斯在《共产党宣言》中就已指出了农民和手工业者同无产阶级之间的截然不同的区别。在《宣言》的作者看来，当农民和小手工业者保卫他们的特殊经济地位并且没有转到无产阶级观点上来的时候，他们都是力求使历史车轮倒退的反动分子。[94]马克思和恩格斯只把无产阶级看作现代社会中真正革命的阶级。根据这一点，马克思和恩格斯也许可能把蒲鲁东看作西欧平民的代表者，但这是处于特殊的小资产阶级生产条件下的平民。在马克思看来，蒲鲁东的社会主义是小资产阶级的社会主义，或者也可以说，是农民这些农业小资产者的社会主义。马克思认为蒲鲁东思想之所以不彻底和动摇不定，并不是由于他不知道科学的最新成就，而是由于他从小资产阶级中间得到的偏见和成见，使他即便知道了这种成就，也不可能理解这种成就的意义。② 马克思和车尔尼雪夫斯基对蒲鲁东的不同态度，清楚地表明他们对整个西欧工人运动的不同态度。

① 《哲学中的人本主义原理》，第21，24页。[93]

② 参阅《哲学的贫困》（《现代社会主义丛书》，第5分册）。[95]

六

现在我们知道车尔尼雪夫斯基对俄国人目前也应该向之努力
120 学习的“我们共同的伟大西方导师”的态度。我们知道，德国哲学对车尔尼雪夫斯基观点的形成具有重大的影响。我们也知道，我们这位作者在德国哲学的哪一个发展时期研究了德国哲学：这个时期就是从唯心主义向唯物主义过渡的时期。在这个过渡时期，现代唯物主义观点还远没有达到后来在马克思和恩格斯的著作中达到的那样严整、明确和彻底的程度。这种情况很明显地影响了车尔尼雪夫斯基的观点。把他的观点与后来从费尔巴哈学说中发展出来的那个学派的学说比较一下，我们就可以发现他的观点中有许多缺陷、许多含糊和不彻底的地方。从我们现代欧洲科学的观点看来，无论如何不能认为车尔尼雪夫斯基的历史观点和社会主义观点是令人满意的。谁打算在现在保持这种观点，那他就是一个十分落后的人。但是，在谈到这一点时，我们完全不想责备这位伟大的俄国作家。他生活在一个各方面都很落后的国家里，社会科学的最新发现和趋向往往完全达不到这个国家，这种情况大大地妨碍了他的发展。在他周围的环境里，没有任何材料可以使他在这方面作出独立的发现。此外，应该记得，对于马克思和恩格斯在社会科学中完成的变革，甚至最有才干的西欧人也没有立刻给予应有的评价。拉萨尔所处的条件对他的社会和政治发展非常有利，他熟识现代社会主义的创始人，看来他只要掌握别人所制定的思想就够了，而按他的生活环境来说他是完全可以理解这些思

想的，但我们在他的著作中也能看到许多惊人的矛盾。在他的大
部头著作（*Philosophie Heracleitos des Dunkeln*、*System der
erworbenen Rechte*①）中，他是一个最纯粹的唯心主义者，谈论什
么**概念的自己发展**（Selbstentwicklung der Begriffe）。在他的鼓
动性小册子中，他已经远为接近于现代唯物主义，他已经差不多完
全承认它的全部原理，然而在他的这些小册子中也仍有许多含糊
不清和不彻底的地方。现在他的主要论战著作《巴师夏－舒尔
采》[96]需要作多少订正啊！我们应该承认拉萨尔也和车尔尼雪夫
斯基一样是社会主义哲学思想发展上的过渡时期的代表。但是，
拉萨尔观点中的缺陷和矛盾，并没有妨碍他对本国的发展做出重 121
大的贡献。车尔尼雪夫斯基的观点的未尽严整也没有妨碍他做到
这一点。现在我们站在马克思的观点上，可以对车尔尼雪夫斯基
的理论论断和实际计划中的许多东西加以指责。但是，对他的时
代和他的国家来说，甚至现在我们应该认为是错误的他的那些观
点，也终究是极其重要和有益的，因为它们激发了俄国的思想，并
且把俄国思想推上了它在前个时期尚未能走上的道路，即推上了
研究社会问题和经济问题的道路。在政治经济学、历史，甚至美学
和文学批评方面，车尔尼雪夫斯基毕竟发表了许多重要的思想，这
些思想迄今还没有得到俄国文学界充分的领会和应有的研究。为
了用几句话来确定车尔尼雪夫斯基为俄国思想发展所作的一切工
作的意义，只要指出下面这个事实就够了，而任何一个了解近三十
年来文学状况的人都承认这个事实是不容置辩的。这个事实就

---

① 《晦涩哲人赫拉克利特的哲学》、《既得权利的体系》。——译者

是：从车尔尼雪夫斯基停止文学活动以来，无论是属于无数宗派和派别的俄国社会主义者，或是合法的俄国批评和政论，都简直丝毫没有前进一步。在他的文章里，你们可以找到下一个时期的先进作家们由于加以传播而成为他们的光荣的那一切思想和观点。这些作家没有对车尔尼雪夫斯基的观点作任何修订，他们也不可能作任何修订，因为他们的世界观在更大得多的程度上有着车尔尼雪夫斯基的世界观所具有的一切缺陷。[97]车尔尼雪夫斯基观点的软弱方面是由于以下原因造成的：他不了解西欧哲学思想的最新派别，不了解马克思和恩格斯的学说。但下一个时期的文学领袖们是否很好地领会了这种学说呢？他们谈论西欧理论对我们不适用，谈论社会学中的“主观方法”，谈论俄国经济生活的特殊性，谈论西方的错误——一言以蔽之，他们是民粹主义学说的比较自觉的、比较热心的鼓吹者，而这种学说在车尔尼雪夫斯基看来无疑是一种最难了解的神秘主义。① 俄国思想的先进代表既然错误地走向民粹主义方面，他们就甚至连想都不可能想一下对车尔尼雪夫斯基进行认真的批判。相反地，他们往往以应当得到好报的热心去捍卫的，恰恰就是那些构成他的错误并表明他落后于西欧科学的观点。那些对本国的思想发展具有显著影响的天才人物或者甚

---

① 阿利斯托夫在论夏波夫的著作中说道，车尔尼雪夫斯基对夏波夫的著作发生兴趣之后，设法与他结识，而在一个共同的朋友家里遇见他以后，却同他进行了一次长时间的争论。[98]这次争论向车尔尼雪夫斯基表明，夏波夫不可能成为《同时代人》的撰稿人，因为他们的观点有着巨大的分歧。可是后来那些自认为是车尔尼雪夫斯基的热
122 烈崇拜者的人，是怎样看待夏波夫的呢？对俄国历史的夏波夫式的看法是民粹主义学说的组成部分，而我们的民粹派虽然继续“尊敬”车尔尼雪夫斯基，却甚至不肯自问一下，究竟他的观点同夏波夫式的把古代人民生活的美化之间是否存在着矛盾？

至只是有才干的人物，他们的命运都是很奇特的！他们的信徒和崇拜者往往正是接受他们的错误和谬误，然后以他们的伟大名字所激起的全部热情去捍卫这些错误和谬误。人类思想发展史上确乎有很多这样的例子，即学生对他们老师的错误往往抱着骤然看来非常令人奇怪的偏执态度。黑格尔右派抓住的是什么呢？他们抓住的是这位天才哲学家的错误和不彻底的地方。所谓实证主义者特别固执地坚持的是什么呢？是奥古斯特·孔德的学说中的烦琐的部分（请读者原谅我们把孔德和黑格尔作这种确实是大不恭敬的比拟）。什么东西妨碍德国的拉萨尔派同李卜克内西-倍倍尔派联合起来呢？就是对拉萨尔的政治错误和经济空想的偏执态度。的确，蒙昧主义者诋毁人的头脑，硬说它永远向前运动，永远对现状不满！实际上，人的头脑是一切保守分子中最富于惰性的。

但让我们回到我们的作者那里去。现在我们已经知道他的观点的一般性质，知道他对“真理、科学和艺术的崇高观念”的理解所特有的优点和缺点，我们就能容易地对他的文学活动作一个总结。①

我们已经说过，车尔尼雪夫斯基在准备他的学位论文《艺术与现实的美学关系》时，曾主要为《祖国纪事》杂志从事翻译和其他文字工作。他的学位论文的发表，引起了《同时代人》杂志编辑部对他的注意，这家杂志从 1847 年起是由涅克拉索夫和帕纳也夫出版的。他们建议车尔尼雪夫斯基经常为这家杂志撰稿，甚至请他负

① 参阅后面第 172 页德文版对此处的补充。

责整个批评栏。后来，当1859年《同时代人》杂志获准谈论政治时，车尔尼雪夫斯基还负责政治栏。涅克拉索夫和帕纳也夫永远
123 立下了一个巨大的功绩，他们没有回避那些继承别林斯基事业的人，像其他许多“别林斯基的朋友”所做的那样。不言而喻，编辑部不必对它结交车尔尼雪夫斯基这一点感到后悔。早在1855年的《同时代人》杂志12月号上，就发表了前面已经多次提到过的《果戈理时期俄国文学概观》一书中的第一篇论文，该书是车尔尼雪夫斯基的最卓越的著作之一，而且迄今仍然是任何一个希望了解果戈理时期批评的人的最好的参考书。这一系列卓越评论文章中的第二篇刊载于下一年的《同时代人》杂志1月号上，第三篇刊载于2月号上，第四篇刊载于4月号上。在这四篇论文中，对波列伏依、森柯夫斯基、舍维辽夫和纳杰日丁的文学活动作了评价。在7月号上，作者转到了别林斯基，其余的五篇论文都是关于别林斯基的。自从1848年[99]别林斯基被看作违禁的作家以后，在这些文章中他的名字才第一次被提到。随着《概观》的发表，人们能够以愉快的信心毫不夸大地说，别林斯基有了一个无愧于他的继承者。从车尔尼雪夫斯基成为《同时代人》杂志的批评家和政论家的时候起，这家杂志又在俄国期刊中间取得了它在别林斯基生前所享有的那种优越地位。进步读者都怀着兴趣和敬意注视《同时代人》杂志，一切新生的、正在成长的文学力量都自然地趋向于这家杂志。例如，从1856年年中起，年轻的杜勃罗留波夫就开始为这家杂志写稿。我们这个时代的人甚至很难想象，当时的报刊在我国具有多么巨大的意义。现在社会舆论已大大超越了报刊；在四十年代里则社会舆论还没有成长到报刊的水平。五十年代末和六十年代

初，是社会舆论和报刊趋于最大一致，报刊对社会舆论发生最大影
响的时代。只有在这样的条件下，当时所有卓越的作家才可能这
样热中于文学活动和这样真诚地相信文学宣传的意义。简言之，
这是俄国报刊的黄金时代。克里米亚战争的不幸结局使政府不得
不对文明社会做出一些让步，至少不得不实行最迫切的早已成为
必要的改革。不久，农民解放问题就提到日程上来了，这个问题毫
不含糊地涉及到各阶层的利益。是否应该说，尼古拉·加甫利洛 124
维奇热心地研究了这一问题呢？他在 1857—1858 年就已经写了
一些有关农民问题的出色的论文。在国外出版的单行本中，这些
论文编成了排印得很密的一厚册，从这一点就可以看出他在这方
面写了多少文章。[100]关于废除农奴制时代我国社会力量的对比，
目前大家已经了解得够清楚了。所以我们只是顺便谈谈这一点，
来说明当时车尔尼雪夫斯基领导的我国进步报刊在这个事件中所
起的作用。大家知道，进步报刊热烈地捍卫了农民的利益。我们
的这位作者一篇接着一篇地写文章，主张连同土地一起解放农民，
断言赎买分给农民的份地不会给政府造成任何困难。他用一般的
理论推断和极详细的示范计算来证明这个论点。他在“赎买土地
困难吗？”一文中这样写道：“赎买土地实际上怎么会有困难呢？它
怎么能够超过人民的力量呢？这是不可信的。这是违背国民经济
的基本概念的。政治经济学直截了当地说，某一代人从前一代那
里接受的全部物质财富，比起这一代人的劳动所生产的财富总量
来，数目并不太大。例如，属于法国人民的全部土地、一切建筑物
及建筑物内部的一切设备、全部船只和货物、全部牲畜、全部货币
以及属于这个国家的其他一切财产，只值一千亿法郎；而法国人民

的劳动每年生产一百五十亿法郎或更多的财富，就是说，用不了七年，法国人民生产出的财富的总和就等于从英吉利海峡到比利牛斯山脉整个法国的财富了。那么，假使法国人需要向什么人赎买整个法国，他们在一代之内只用自己的五分之一的收入就可以办到了。而我们的问题在哪里呢？难道我们需要赎买整个俄国和它的全部财富吗？不，仅仅是土地。而且，难道是俄国全部的土地吗？不，赎买的只是俄国欧洲部分农奴制根深蒂固的那些省份的
125 土地"，等等。① 然后他指出，要赎买的土地不超过俄国欧洲部分面积的六分之一，他提出了整整八个赎买计划。他说，只要政府采用这些计划之中的一个，那么赎买份地不仅不会给农民造成负担，而且对国库也十分有利。车尔尼雪夫斯基的全部计划都是根据"在确定赎金时必须保持尽量适中的价格"这一想法的。现在我们知道，我们的政府在废除农奴制时究竟对农民的利益考虑了多少，它对车尔尼雪夫斯基关于确定赎金要适中的那些意见听取了多少。统计表明，农民土地的赎金平均额大大超过了农民的收入。它还表明，赎金主要是由过去属于地主的农民的土地负担的。由此可见，我们的政府在解放农民时一刻也没有忘记国库的利益，而对于农民的利益却想得很少。在进行赎买时考虑的纯粹是国库和地主的利益。这是完全可以理解的，因为谁都既不需要、也不乐意去考虑那个自己不能坚定不移地保卫自身利益的等级（这里说的是农民等级）的利益。但是，当关于农民解放的传闻还刚刚开始的时候，俄国最先进人物的想法稍微有点不同。他们以为，政府本身

① 参阅"赎买土地困难吗？"一文，载于国外版《车尔尼雪夫斯基全集》，第五卷。[101]

不费多大力气就能理解，它本身的利益是与农民的利益多么一致。顺便提一下，赫尔岑曾相当长期地抱着这种希望。车尔尼雪夫斯基也曾抱过这种希望。因此他在自己的论文中一再谈到农民问题，并且热心地向政府解释它本身的利益。但是，从时间上来说，车尔尼雪夫斯基是第一个理解到俄国政府在农民解放事业中所扮演的不光彩的伪善角色的俄国作家。早在 1858 年，他就发表了“对反对村社占有制的哲学偏见的批判”一文，这篇文章有一个引自浮士德的意味深长的题词：“wie weh', wie weh', wie we-he!”[①]通常人们把这篇精彩的论文看作对村社土地占有制的最坚决、最成功的辩护，但我们却从连同土地一起解放农民这一原则本身出发来看这篇论文。这篇论文表明，早在 1858 年，车尔尼雪夫斯基
就已经对政府令人满意地解决农民土地问题这一点丧失了任何希 126
望。他在这篇论文开头时说道：“我自己感到羞愧。我很惭愧地回想起我提出关于村社占有制问题时所抱的不合时宜的自信心。这件事我是干得鲁莽了，干脆说，在我自己看来简直是愚蠢……很难说明我羞愧的原因，不过我尽可能这样做去。我觉得，关于保存村社占有制问题无论如何重要，但它毕竟只是它所涉及的那个问题的一方面。作为这个原则所涉及的人们的最高幸福保障，这个原则只有具备了它为发挥效力所需要的其他低级的幸福保障，它才具有意义。两个条件应认作是这种保障。第一，地租属于分享村社所有权者本人。但这还不够。还必须指出，只有当获得地租的人不因获得地租而担负沉重的债务时，地租才能真正名符其实

① “可叹！可叹！可叹！”——译者

……当一个人已经没有福气获得摆脱了任何债务的纯粹地租时，那么，……这些债务方面的支出，同地租比较起来，至少应该为数不很大才行……只有在保持了这第二个条件时，关心自己幸福的人才会希望自己获得地租。"但因待解放的农民不可能保持这个条件，所以车尔尼雪夫斯基认为不仅为村社占有制辩护是无益的，而且为农民分地这件事本身辩护也是无益的。某些人仍然对这一点有某种怀疑，我们的作者引用下面这个例子完全说服了这些人。他使用他所喜欢的那种借助于"比喻"的解释方法，说道："我们假定，我很关心设法保存您所食用的粮食。不言而喻，假如我这样做是出于自己对您的好感，那么，我的热心便是基于这样一种假定：粮食系属于您，用粮食所做成的饭食是对您健康有益和有好处的。当我知道，粮食完全不属于您，而用这种粮食所做成的每一顿饭，人家都要向您要钱，不仅饭食本身不值您所付的钱，而且如不是极端紧缩您就根本付不起那样多，这时候，请您想象我的心情如何。在这些如此奇怪的发现下，使我发生些什么思想呢？……为了功效尚无保证的事情去奔波忙碌，我是如何的愚蠢呀！除了傻子以
127 外，谁会在还没有证明某些人已获得所有权和取得有利条件以前，就来为保存这些人的所有权而奔忙呢？……最好是把这种粮食全部都抛掉，因为这种粮食只会对我所爱的人有害！最好是把那只会使您破产的一切事情都抛掉！"①

如果读者不满足于上面所摘引的这一段话，而想要更清楚地了解车尔尼雪夫斯基在什么程度上和什么时候就对农民"解放"感

---

① 参阅《车尔尼雪夫斯基全集》，日内瓦，第五卷，第 472－478 页。[102]

到绝望，那么我们将向读者介绍《序幕的序幕》这部小说，它是在1877 年由《前进！》杂志编辑部出版的，车尔尼雪夫斯基写这部小说似乎大大早于小说《怎么办？》。[103]《序幕的序幕》——其实并不是一部小说，而是作者在废除农奴制时代所写的笔记。在这部小说中，这个时代的一些著名的文学活动家和政治活动家，都以杜撰的姓名出现，如恰普林伯爵、里雅桑采夫、萨维洛夫、列维茨基、索柯洛夫斯基，等等。[104]此外，车尔尼雪夫斯基用伏尔庚这个名字塑造了他自己，这使他的笔记小说具有很大的传记意味。我们不打算叙述这部小说的内容，而只是指出伏尔庚同尼维尔津和索柯洛夫斯基关于农民解放的谈话。伏尔庚对索柯洛夫斯基说："让解放农民的事由地主党去办吧。区别反正不大"；相反地，对方却认为区别是很大的，因为地主党反对把土地分给农民；伏尔庚断然地回答对方说："不，区别不是很大，而是很小的。如果农民不付赎金而获得土地，那么区别就大得很。拿走某人的东西或是把东西留给他，这是有区别的；但是要他花钱来买这个东西，那就是一样了。地主党的计划不同于进步分子的计划的地方只在于它更简单些。因此，它甚至更好些。愈少拖延，农民的负担也一定愈轻些①。农民中谁有钱，谁就买土地。谁没有钱，就根本用不着强迫他买土地。这只会使他们破产。赎也就是买。说句老实话，倒不如让农民不要土地而得到解放吧……问题是这样摆着：我甚至找不出原因去为农民是否会得到解放而焦急，尤其是去为谁解放他们，是自由派还是地主解放他们而焦急。在我看来，反正都是一样。地主

---

① 在这段引文中，着重点都是我加的。

甚至还要好些。”①

128 在同尼维尔津的谈话中，伏尔庚显出他对当时农民问题提法的态度的另一方面。他感叹道：“人们都在说，解放农民！但是，做这件事情的力量在哪里呢？这样的力量还不存在。在没有力量去做一件事情的时候去做这件事情；这是荒谬的。您看结果会怎样吧：有人会来实行解放。结果会怎样，请你们自己来判断一下，做一件不能做成的事情，结果会怎样……会把事情弄糟，结果会闹出一场丑事。唉，我们的解放者[106]老爷们，我们的所有这些里雅桑采夫之流及其伙伴们！这是一些吹牛家；这是一些空谈家；这是一些蠢货！……”②

当然，伏尔庚关于农民解放为时过早的这些论断是错误的。农奴制是这样巨大的祸害，它这样地限制了当时俄国社会生活的一切方面的发展，以致无论是在什么情况下和在什么条件下废除它都不可能是为时过早的。但是，为了正确理解车尔尼雪夫斯基对这件事情的看法，必须记住，当时的事变可能在他看来有着与在我们今天看来完全不同的前景。大概，他对农民起义抱有某种希望，同时他想必还认为完全站在农民这方面的急进党派可能非常迅速地成长起来。[109]因此，只有就这方面来说他才会认为解放是

---

① 《序幕的序幕》，第199页。[105]

② 《序幕的序幕》，第110页。[107]老实说，根据小说的进程可以看出，伏尔庚的这些议论正是在车尔尼雪夫斯基论赎买的文章发表的时候说的。但这样一来，这些文章的出现就无法解释了：谁会去捍卫他本人认为在当前条件下完全不能实现的那种方案呢？我们觉得比较可能的是，当车尔尼雪夫斯基写他的小说的时候，他不自觉地把他最后对农民解放条件的看法安排到较早的时候去了。[108]

为时过早的：即因为这种解放会平息农奴的骚动，使农民的斧头不能快刀斩乱麻地摧毁地主政权，而另一方面，激进的民主党派又还没有力量对政府施加强大的压力。可能在他看来，这个党派取得这种力量只是几年以内的事，因而他可能认为，既然暂缓解放会产生重要的结果，那么暂缓解放就是有益的。在他看来，在当时俄国完全可能发生革命运动——在他的文章里很明显地暗示了这点，我们还要请读者注意这些暗示，因为它们在很大程度上可以说明他以后的文学活动的方向。

我们的民粹派现在把俄国农民加以极度美化，并且以令人惊
异的轻率态度在农民身上发现所有一切他们想要在农民身上发现 129
的品性和意向。因此，我们一刻也不愿意把他们同车尔尼雪夫斯基相提并论，而必须立刻补充一句，车尔尼雪夫斯基虽然相信农民革命可能爆发，但在本质上毕竟远没有把人民加以虚伪的美化。一般地说，在他看来，当时的俄国并不特别美好诱人。他往往对自己的同胞采取极其明显的否定态度。《序幕的序幕》中的伏尔庚（我们已经说过，车尔尼雪夫斯基用这个名字塑造了他自己）自言自语地感叹道："可怜的民族，可怜的民族！奴隶的民族，从上到下全都是奴隶。"①甚至在较平静的时刻，他也没有放弃过关于俄国农民极度闭塞落后和愚昧无知的想法。在这方面，他是别林斯基观点的直接继承者，别林斯基在临终前说过，与斯拉夫主义者的论战帮助他"抛弃了对人民的神秘信仰"。② 为了不致空口无凭，我

---

① 《序幕的序幕》，第209页。[110]

② 贝平：《别林斯基，他的生平和通信》，第2卷，圣彼得堡，1876年，第324－325页。

们要指出车尔尼雪夫斯基发表于 1861 年《同时代人》杂志 11 月号上的一篇卓越的、非常有教益的文章“是不是转变的开始?”。这篇论文是为了乌斯宾斯基的《短篇小说集》单行本的出版而写的。作者在这篇文章里反对的正是“渲染人民的习俗和概念的不可遏制的趋向”。用他的话来说,屠格涅夫和格里果罗维奇取材于人民生活的中篇小说都带有这种趋向的特色。他把这两位作家对人民的态度比作果戈理对阿卡基·阿卡基耶维奇[①]的态度。果戈理避而不谈自己主人公的缺点,因为他认为自己主人公的缺点是根本无法补救的。“阿卡基·阿卡基耶维奇是个可笑的白痴。但是说出阿卡基·阿卡基耶维奇的全部真相却是无益的、昧着良心的……他什么也不能替自己干,我们将说服别人去同情他……让我们不去谈他的缺点罢。”格里果罗维奇、屠格涅夫和他们所有的摹仿者,都完全是这样对待人民的。人民的一切缺陷,“都被隐瞒了、抹煞了、掩饰起来了,所依据的仅仅是:他是不幸的,十分不幸的。”[②]在我们的作者眼里,乌斯宾斯基的主要功绩是他完全不对人民采取这种态度。车尔尼雪夫斯基指出,乌斯宾斯基“把俄国老百姓看成是糊涂虫”,说他们“很难在头脑中把两个独立的思想联系起来”。但是,用他的话来说,农民不这样也是不可能的。不仅是俄国的农民,而且西欧的农民也极其落后。至于说到“糊涂虫”
130 的品质,他是“准备通过这种人揭露属于一切等级的大多数人”。一切等级和一切国家的大多数人都墨守陈规地生活着,并且显得

① 阿卡基·阿卡基耶维奇是果戈理的短篇小说《外套》中的人物。——译者

② 参阅前面指出的那期杂志,俄国文学栏,第 83 页。[111]

极其愚钝，他们几乎从不超出通常观念的范围。文学要向我们如实地描写人民生活，它就不应该闭眼不看人民性格中的消极面。在乌斯宾斯基的短篇小说中，——我们自己要记住，它们往往描写得过火——车尔尼雪夫斯基看到了文学对人民的态度方面的“转变的开始”。他以欢欣的心情从这些短篇小说的作者看到俄国有教养人士中的一个新阶层的出现，他们能够不是作为善良的和宽厚的老爷，而完全是随随便便地、以平等待人的态度来面向农民并且和农民交谈的。他对这个阶层的出现抱着很大期望。

把农民看作“糊涂虫”等级这种观点，似乎排除了对俄国人民中可能爆发革命运动的任何希望。但车尔尼雪夫斯基却丝毫也没有抛弃这种希望。他曾断然声称，农民是极其落后的，或者干脆说，是愚笨的。“但是，如果你希望改善人民的命运，就不要急忙从这一点作出关于我们的希望有根据或没有根据的任何结论，——他在这篇论文的结尾这样说道。——就拿一个最平凡的……最不足道的人来说：不管他过的是怎样与世无争的微末的生活，在他的生活中总有一些具有完全不同色彩的时刻，即奋发努力和痛下决心的时刻。在每一个民族的历史上也可以遇到同样的情况。”[112]

车尔尼雪夫斯基也就是把他的希望寄托在这种痛下决心的时刻。他以为这个时刻已经不远，那时差不多所有的优秀人物都完全是这样想的。六十年代初期产生的秘密革命团体就是建立在这种信念上面的。[113]人们所以保持这种信念，一部分是由于顽强地要求“真正自由”的那些待解放的农民正在发生骚动，[114]一部分是由于西方的形势。意大利事件、北美战争、奥地利和普鲁士的强烈的政治动荡——所有这一切都使人有理由认为，从 1849 年起占统治地位的反动势力最后将被新的解放运动所战胜。同时人们也有理由希望,欧洲的事变也会把俄国吸引进去。要知道人们总是容易相信他们所愿意相信的东西的!车尔尼雪夫斯基和他的同志们还没有意识到,西方的政治运动只有在一个必要的条件下才能成为俄国内部发展的有益推动力:那就是俄国的内部关系、首先是经济关系与西方的关系要有某种程度的类似。现在已经存在有这
131 种类似之处,而且可以说,它还在每时每刻地增加着。但是,在六十年代初期,离开这一点却还很远。因此,与其说西方的解放运动在当时能促进俄国的进步,倒不如说它能助长俄国的停滞。在六十年代初期,俄国还可能再一次试图担当起它在1848－1849年间曾经辉煌地扮演过的欧洲宪兵的角色。[115]

七

如果说我们的作者虽然非常热爱人民,却善于用冷静的目光去看待人民的缺点,那么可以想象得到,他会怎样去对待贵族和当时叫喊得很厉害的自由主义政党了。在这方面他是毫不留情的。我们已经引述过伏尔庚对于自由主义者里雅桑采夫兄弟的批评。在《序幕的序幕》中有许多这一类的批评。车尔尼雪夫斯基在他的文章里从不放过嘲笑俄国自由派的机会,并且在刊物上声明,无论他或急进党派都与自由派毫无共同之处。胆小如鼠、缺乏远见、目光如豆、懦弱无能和自吹自擂——这就是他在当时自由派身上看到的那些突出的特质。在刊载于1858年《雅典尼》杂志上的"俄国

人 rendez-vous①”一文中，[116]他几乎逐字逐句地作了这样的评述。这篇文章是为了屠格涅夫的中篇小说《阿霞》而写的，但因为《阿霞》发表在《同时代人》杂志上，所以车尔尼雪夫斯基认为不便在自己的杂志上写关于这篇小说的文章。在这篇文章里，关于这篇小说谈得很少，——更正确地说，几乎一点也没有谈到。作者所注意的只是这篇小说的主人公向阿霞表白爱情的场面，并由于这个场面而进入“沉思”。读者当然记得，在决定性的时刻，屠格涅夫的主人公胆怯了，并且后退了。正是这种情况把车尔尼雪夫斯基引入“沉思”。他发现，犹豫和胆小怕事不仅是这位主人公的特性，而且也是我们的优秀文学作品的大部分主人公的特性。他想起罗亭、别尔托夫和涅克拉索夫的《萨莎》中的启蒙者，[117]并在所有这些人身上看到同样的特性。他并不因此而责备那些作家，因为他们仅仅是指出了现实生活中到处都可以遇到的现象。俄国人没有勇气，所以文学作品中的人物也没有勇气。而俄国人没有勇气是由于他们没有参加社会事业的习惯。“当我们走进社交界时，我们在 132
自己的周围看到许多穿着军礼服、常礼服或燕尾服的人；这些人身高五英尺半或六英尺，而有些人还要高些；他们之间有的人在两颊、上唇和下颚留着胡须，有的人则刮得干干净净；我们于是以为我们眼前看到的是些男子汉。这是十足的误解、光学的错觉、迷惘的幻觉，不过如此而已。如果一个男性儿童不养成独立参加社会事业的习惯，不具有公民的感觉，那么他先是成长为中年的阳性生物，然后成长为老年的阳性生物，然而他不会成为一个男子汉，或

① 去幽会。——译者

者至少不会成为一个具有高尚品质的男子汉。”[118]“没有高尚气魄这个缺点在智力发达的、有教养的**自由主义者**那里，比起在愚昧无知的人那里表现得更为触目。因为智力发达的自由主义者喜欢谈论大问题。他谈得津津有味，娓娓动听，但是一当从言论转向行动就不行了。”“只要问题还不涉及行动，而需要的只是用空谈和幻想去充填闲暇的时间、空虚的头脑或空虚的心灵，这样的人物真是机灵透顶；但等事情到了必须直截了当地表示自己的情感的时候——大多数人物就开始动摇，并且感觉到口齿不灵了。很少几个最最勇敢的人还能马马虎虎地集中自己的全部力量，用僵直的舌头说出关于他们思想的某种模糊概念。但是，如果有谁想抓住他们的愿望，对他们说：你们愿意这样，我们非常高兴；你们就开始行动吧，我们支持你们。——在这样的诘问之下，一半最勇敢的人会晕倒，剩下的会很粗暴地责备你，说你使他们陷入了窘境，说他没想到你会提出这样的建议，说他们的头脑全乱了，什么也想不出来了，因为事情怎么能来得这样快呢，况且他们又都是诚实的人，而且不仅是诚实的人，也是非常温和的人，他们不愿给你找烦恼，而且难道真的可以为那些闲着无事才谈谈的一切去操心吗，最好还是什么也不干，因为一切事情都会招来麻烦和不便，而任何好处现在也不会有。因为，已经讲过，他们无论如何没有想到也没有料到，等等。”[119]

我们从来也没有读到过对于俄国自由主义的如此辛辣同时又如此中肯的评述。现在我们这里有不少人自称为革命者，但却把自己的全部希望都放在自由主义的“团体”上，并且不择手
133 段地力图使我们的革命党变成稳健的、温和的自由主义者的政

党。车尔尼雪夫斯基会对这些人说些什么呢？要知道，俄国自由主义者自从《同时代人》杂志对他们大加讽嘲以来是很少有所改变的。

但是，为了公平起见，必须补充一句，我们的作者并不仅仅对俄国自由派采取鄙视态度。在生活失去自由以前为《同时代人》杂志所写的卓越的政治评论中，我们的作者经常对所有的欧洲自由主义者表示最不留情的鄙视态度。特别是奥地利的自由主义者（即奥地利籍德国人的自由主义政党）、普鲁士和意大利的自由主义者，更受到他的非难。大家知道，在有关法国史的文章里，他也没有对自由主义政党表示多大敬意。当然，俄国自由主义的代表们不可能喜欢这一切，他们在对车尔尼雪夫斯基的斗争中，使用了各国自由主义者在同政治上比他们走得更远的人发生冲突时所经常采用的那种手段：他们责备他不爱自由，甚至责备他同情专制制度。当然，自由主义者的这种责备只能惹得车尔尼雪夫斯基发笑。他一点也不害怕这种责备，而有时似乎为了要引起他的敌人对他作新的责备，他故意装出承认他们完全正确的样子。他在晚期的一篇政治评论中说道："对我们来说，没有比自由主义更好的娱乐品了，这真使我们想在什么地方找到些自由派，拿他们来开开心。"①他开始嘲笑普鲁士的自由派，按照他的中肯的评语，这些人为了普鲁士的政治自由"没有自然而然地建立起来"而大发雷霆。②

但是，这样的"寻开心"并不妨碍一个细心的读者理解：车尔尼

① 《同时代人》，1862年3月号，政治栏，第188页。[120]

② 《同时代人》，1862年4月号，政治栏，第357页。[121]

雪夫斯基对自由主义抱鄙视态度，并不是由于他缺乏对自由的热爱。只要哪怕读几篇他的政治评论就可以看到，他怎样热烈地同情一切解放运动，而不论它们在何处发生：在法国还是在意大利，在美国还是在匈牙利。他仅仅认为，自由派在这些运动中所起的作用通常是很不光彩的。自由派自己做得很少，却经常阻挠别人的努力，攻击那些比他们更为勇敢和坚决的人。可是，后来当由于这些坚决的人的努力，斗争将近结束并且胜利看来已毫无疑问的时候，自由派又力求挤上首要地位，坐享“狂信者”从火中取得的栗
134 子。谁不知道，自由派不论何时何地都是这种作风？谁不知道，这些人在政治上也像在经济领域内一样都是剥削者，而他们在经济领域内通常都是属于商人和企业主阶级的？车尔尼雪夫斯基就是为了这些剥削者的癖性而仇恨他们的。而在他的政治评论的字里行间处处都流露出这种对剥削者的仇恨。从我们这方面来说，我们感到惋惜的，不是车尔尼雪夫斯基对这一点清楚而明确地发表了意见，而仅仅是在他以后，在我们的政治评论家中间再没有人这样清楚而明确地发表意见。最近二十五年来，我国进步报刊的政治概念一般说来是非常混乱和堕落的。因此，无论在哪一本俄国杂志上，后来都从未有过像车尔尼雪夫斯基为《同时代人》杂志写的那样精彩的政治评论。在这些评论中，特别清楚地表现出他的卓越的智慧和他对事物的清醒的看法。在这些评论中，他几乎从来没有抛弃这样一个不容争辩的原理，即“历史的进程是由现实的力量对比决定的”，①并且从这个原理出发，对他那个时候的各文

① 大概，读者记得，拉萨尔在他的演说“论宪法的本质”中，差不多用同样的话说到力量对比是每一个国家的政治制度的重要基础。[122]

明国家的政治生活的内部动力作了确切的分析。对车尔尼雪夫斯基的评论文章只能提出一个意见。当然，他在自己的某些政治预言方面犯了错误：例如，他没有想到北美的内战可能拖延很久，还在 1862 年初他就写道，可以认为这场战争已经以北方的完全胜利而告结束。[123]但是，在发表这类预言时谁能不犯错误呢？一般地说，他终究表现出巨大的政治远见，并且极其正确地评价了各个国家和各个政党的相互关系。他所没有预见到和没有预言过的，只是在最近的将来（从 1864 年国际工人协会成立时起）所有先进国家中的工人阶级即将担负起的那种卓越的政治作用。这位原则的革命家断定说，在每个国家的内部事务方面，也像在各个国家之间一样，一切重要的争执归根到底都是以战争来解决的①，但是他还没有看到，现代文明社会中的一切革命力量都团结为单是一个工人阶级至何种程度。他仍然过分倾向于对其他社会阶级中的“优秀人物”寄予过大的希望。在这里，他通常所具有的洞 135
察力由于他把无产阶级看作“平民”这种模糊的观点而变得失灵了。

但是，我们要指出，在谈论我们的作者对自由主义和自由派的态度时，我们是离题过远了。这个有趣的题目使我们忘记了叙述的前后一贯性。我们立刻就来纠正我们的错误。

首先，还是为了公平起见，我们要说，俄国自由派的胆小怕事之所以更为触目，仅仅是由于他们喜欢作不着边际的高谈阔论。实际上，反动的“地主党”也并不更为勇敢。车尔尼雪夫斯基没有

① 《同时代人》，1862 年 4 月号，政治栏，第 364 页。[124]

跟我们的“贵族派”直接交往过。“他从来也不属于狭小的上流社会，而不仅是不属于贵族们的上层的、显贵的社会。但是，哪一个城市或小镇不响彻着他们煊赫的名声呢？他从童年时代起就知道，这是一些粗暴的、厚颜无耻的人。”①在农民解放的时代，这些人曾经把他们认为是自己的最重要利益的一切东西孤注一掷。他们愤愤不平并且大声喊叫说：“我们不允许，我们不答应！——我们不愿意，他们就不敢！——让他们胆大妄为吧，看看触怒俄国贵族意味着什么！”但是，政府刚刚对他们怒叱一声，他们马上夹起了尾巴，——“变得温顺了，仿佛瘫痪了一样。”“作为民主主义者”的车尔尼雪夫斯基，看到这种变化是感到可笑而又痛快的。他不喜欢贵族，但也有过一些时刻，他对他们并没有仇恨。难道能仇恨可怜的奴隶吗？②

八

车尔尼雪夫斯基就是这样对待他当时的俄国的各个等级和各个党派的。他愈是抱有这种否定的态度，他的文章的语气就愈是辛辣，他的嘲笑就愈是无情，他也就愈是频繁地投入论战。一般说来，他很喜欢论战。用他的话来说，甚至他的朋友们也往往指出，他“对于用热烈的论战来解决争论的问题”，有一种特别的、“在他

---

① 车尔尼雪夫斯基在《序幕的序幕》中关于伏尔庚就是这样说的。[125]

② 《序幕的序幕》，第 208-209 页。[126]

们看来甚至是多余的爱好”①。在他看来，为了在社会中传播一个 136
新的概念，论战永远是一种非常合适的、或许甚至是必要的手段。但是，在他的文学活动初期，他似乎是避免论战的。《果戈理时期俄国文学概观》是用平静而和解的语气写成的。只有对舍维辽夫这个别林斯基时期的莫斯科著名批评家，他才予以辛辣的讽嘲。他在谈到森柯夫斯基（布朗贝乌斯男爵）时也表示轻视的惋惜，说他是一个把自己的巨大精力浪费在无聊的舞文弄墨上的人。对果戈理时代的其他作家，他大部分都表示赞扬。甚至在被别林斯基的团体大加嘲笑、而后来又被谢德林称为考古学家兼腹语术者的波果丁的文学活动中，——他也发现一些有益的、值得赞扬的特点。在谈到斯拉夫派时，他是怀着真挚的敬意的。尽管在他看来他们有着一切明显的谬误，但他认为他们是“启蒙运动”的真诚的朋友，并且热烈地同情他们对待俄国土地村社的态度。②

---

① 《车尔尼雪夫斯基全集》，第五卷，第472页。[127] 在《果戈理时期俄国文学概观》中，他为别林斯基的前辈纳杰日丁辩护，因为有许多人责备纳杰日丁喜爱激烈的论战。“纳多乌姆柯（纳杰日丁的笔名）为什么用这样尖锐的声调说话呢？难道他不能够通过温和的形式来说出这同样的东西吗？真是令人奇怪的问题——我们文学上的以及其他各方面的见解要用尖锐的声调来讲。人们老是提出这样的问题，为什么农民要用粗笨的铁犁或是木犁耕田！可是否则又用什么东西来耕种膏腴而又难于翻掘的土壤呢？难道可以不理解，没有战争是解决不了任何重要问题的，而战争总是通过火和剑来进行的，而不是用外交辞令来进行的，外交辞令只有在武力斗争的目的已经达到的时候才有用处。只有攻击手无寸铁、毫无保护的人，只有攻击老弱残废的人，才是不合法的，可是纳杰日丁所反对的诗人和文学家们却并非这样的”（《同时代人》，1856年4月号，批评栏，第41－42页）。[128]

② 他在《概观》的第三篇论文中说道：“关于古代罗斯的‘米尔’、村社比个体更要优越的见解——在斯拉夫派是一个弥足珍贵的见解。”按照他的意见，这种关于个人和社会的关系的学说，“是他们体系中的健全部分，一般说来，在公正方面，是值得每个人尊敬的”（参阅《同时代人》，1856年2月号，批评栏，第80页）。[129] 为了这种关于村社的学说，他有时也为斯拉夫主义的《俄罗斯谈话》辩护，反驳其他期刊对它的攻击（参阅“车尔尼雪夫斯基对杂志的评论”，1857年3月，收入他的《全集》国外版第五卷）。[130]

但是,从关于村社土地所有制展开争论的时候起,他就不得不抛弃了这种心平气和的、善意的语调,而充分地施展出自己的论战才能了。当时自由主义经济学的道地的代表们,特别是《经济指南》杂志[131]的编辑维尔纳茨基很倒霉。车尔尼雪夫斯基确乎使这位"C. C."(顾问官)和"Д-р ист. н. ,пол. эк. и стат."(即历史学、政治经济学和统计学博士;以自己的学位证书自傲的维尔纳茨基就是这样署名的)遗臭万年。这个被打得落花流水的学者不仅逃离了战场,而且丑态百出,开始要人相信他一直尊敬他在争论开始时认为是鲁莽的外行而加以藐视的同一个车尔尼雪夫斯基。应该
137 承认,未必有人能够比车尔尼雪夫斯基保卫村社更加巧妙地保卫无论什么事业。凡是对村社有利的一切,能够说的他都已说了,也许,甚至即使他的论敌比他们实际上表现出来的还要强许多倍,他也会成为论战中的胜利者。如果说我们的"知识分子"迄今为止还这样牢固地抓住村社不放,那么这一点正表明车尔尼雪夫斯基的不可磨灭的影响。①

我们已经看到,我们的作者很早就认为把土地分给农民是没有意义的。他已开始把这一点看做是农民将来遭到破产的根源。在《没有地址的信》[132]中,他已公开地论证说,连同土地一起得到解放的农民的经济状况,比他们处于对地主的农奴依附地位时的经济状况更为恶劣。因此,我们可以完全不去分析他替村社辩护的论据。但因为这些论据迄今在我们这里还有重大的实际意义,

---

① 〔参阅后面第172页德文版对这一处的补充。〕

所以我们认为必须对它们作一个简短的评价。——车尔尼雪夫斯基在他保卫俄国村社土地所有制时，暴露出他的全部经济研究所特有的那同一个缺点。他沉溺于烦冗的**抽象议论**。他实质上谈论的不是俄国村社及其现实状况和继续发展的可能条件，而是村社 an sich①，这种村社只在理论上存在，并且只满足有关定期重分土地的一定的要求。但是，我们既不能以这种方式来谈论村社，也不能以这种方式来谈论其他任何一种人民生活形式。在“对反对村社所有制的哲学偏见的批判”一文中，车尔尼雪夫斯基在驳斥他的论敌时，援引了黑格尔关于任何一个现象的发展中的第三个阶段、即最后阶段在其形式上与第一个阶段相似的著名学说。各民族都从村社土地所有制开始，他们在以后的发展中又会重新回到村社土地所有制。对这一点可以指出，车尔尼雪夫斯基在这里走得比黑格尔更远了。黑格尔谈论第三个发展阶段与第一个发展阶段在形式上的相似，但他并没有说这两个阶段的完全**同一**。车尔尼雪夫斯基则似乎是假定它们完全同一的。按照黑格尔的说法，确实可以假定，各民族从**公**有制开始，然后又回到公有制，但决不能说，各民族正是回到他们由之开始发展的那种村社所有制形式。138
而如果可以这样期待，那么为什么要停留在重新分配土地的村社上呢？在这种情况下，应该假定，各民族会回到原始的氏族制度，因为村社本身乃是原始氏族制度的残余和后来的变形。可是现在未必有谁敢于作这样的假定。在引证黑格尔时，车尔尼雪夫

① 自身。——译者

斯基忽略了黑格尔哲学的两个最重要的特点。第一，在黑格尔那里，无论在逻辑、自然界或社会关系中，任何发展都是靠自己内部的、“内在的”辩证法的力量自行实现的。车尔尼雪夫斯基应该指出，在俄国村社中正是有着这样一种关系的内部逻辑，这种逻辑必然会把俄国村社从村社**拥有**土地导向村社**耕作**土地和村社**享受**土地的生产物。要知道正是为了这种公有制形式的利益，他才捍卫村社土地所有制，因为在他看来，村社将促进向这种形式的过渡。但是，车尔尼雪夫斯基没有做到这一点，因为一般地说他把自己的希望主要寄托在知识的普及上，而很少注意那种**影响人类发展的、社会关系的内部逻辑**。其次，车尔尼雪夫斯基忘记了要时刻注意现实，而用他自己的话来说，这正是黑格尔的特点。我们想一下，他在《果戈理时期俄国文学概观》中是怎样阐述黑格尔的观点的：“‘抽象的真理是没有的，真理总是具体的’，也就是说，只有在考察了某一特定的事实所从而产生的一切情况之后，才能对这一事实做出肯定的判断。战争是有害的还是有益的？一般说来，不能以肯定的方式来回答：必须知道谈的是怎样的战争，一切都以时间和地点的条件为转移。”[133] 关于村社也完全应当这样说：土地村社是好东西还是坏东西？一般说来，这个问题不能以肯定的方式来回答。必须知道谈的是怎样的村社；一切都以时间和地点的条件为转移。但是，车尔尼雪夫斯基却不是这样推论的。他沉溺于抽象的议论，因此就完全违背了他在自己的主要论战文章中所依据的那种哲学的精神。①

车尔尼雪夫斯基正确地认为私有制只不过是经济关系发展中 139
的一个过渡形式，他顽强地坚持这样一点，即按照黑格尔的意见，在一定的条件下，发展的过渡阶段是可以大大缩短的，或者甚至是可以完全没有的。后来我们的民粹派特别抓住这点不放，他们的全部纲领都正是以下面这个假设作为基础：资本主义这个人类发展中的过渡阶段不会在俄国发生。抽象地说，过渡阶段的这种缩短是完全可能的。但是，一种现象的可能性离开它的现实性还很远。为了使某种在理论上可能的现象在实际生活中实现，就需要具备某些具体的条件，换句话说，就需要有使它实现的充分理由。当车尔尼雪夫斯基保卫俄国村社土地所有制的时候，他可能认为俄国政府的善良意志是足以消灭“无产阶级化的溃疡”的充分理

① 看来，车尔尼雪夫斯基是反对连环保的。我们推测一下它的原因。他在对于甘恩的小册子《萨拉托夫省小市民阶层目前的日常生活》的评论中，毫无保留地援引他所评论的这位作者的这样一个意见，即连环保对纳税人的福利发生有害的影响。甘恩说道：“谁认真地缴税，谁也就负担得更多。”看来车尔尼雪夫斯基是完全同意他的（参阅《同时代人》，1861年1月号，俄国文学栏，第64页）。[134]暂且把小市民搁在一旁不论，我们要问，如果没有连环保，那么政府怎么能够保证村社农民十足缴税呢？假如农民土地为村社所有，因而在个别农户无力缴税的情况下不能收归国有，那么整个村社就应该为纳税人无力缴税负责。在这种情况下，连环保不仅是自然的，而且简直是必然的。相反，假如土地归各个农户所有，那么连环保就失去了任何的根据，但在那种情况下就必须容许在农户无力纳税时把土地收归国有。的确，理论上还容许有第三条出路：抽象地说，可以废除连环保，而同时又承认土地属于村社和土地完全不能收归国有。然而实际上这又怎么行得通呢？国家对无力缴税的纳税人怎么办呢？出售他们的动产吗？但要知道，出售动产可能而且如今已经常常使农民完全不能耕种他的份地。难道还应当承认牲畜和一切生产工具都不能收归国有吗？但是，假如我们从动产中除去牲畜和生产工具，那么一个普通俄国农民还有多少可以出售的动产呢？经验表明，在那样的情况下，农民只留下一种动产，即他们自己的身体，而他们的身体也由于欠缴税款而备受折磨。但要知道，不能认为折磨欠税人是对问题的圆满解决，而问题是必须解决的，因为国家当然不能同意使自己失去征收全部税款的任何保障。但是，我们要提醒读者，当车尔尼雪夫斯基认为还有必要保卫村社的时候，他希望它们处于十分有利的经济状况下，在那种经济状况下，纳税问题不会像它在目前那样地紧迫。

由，因为对俄国政府来说，似乎不难理解它本身的利益正是依赖于农民的富裕。但是，政府却没有理解到这一点，因此我们也就没有消灭“无产阶级化的溃疡”和与之相联的经济发展阶段的充分理
140 由。我们知道，车尔尼雪夫斯基本人也很快就懂得了政府方面不理解这一点是完全自然的。他认为不仅保卫村社土地所有制是无益的，而且保卫被解放的农民分取土地的原则也是无益的。按照他的有力的、尖锐而毫不留情的说法，他“在自己看来简直是愚蠢”，并为了他在保卫村社土地所有制时所抱的“不合时宜的自信心而感到羞愧”。但是，使车尔尼雪夫斯基感到羞愧的东西，却并不使现代民粹派感到羞愧。直到目前为止，他们还在谈论人民生活的永恒基础，还在谈论缩短发展阶段，——他们除了自己的“理想”之外，举不出缩短发展阶段的任何理由。但是，无论如何不能承认这种理由是充足的。可是我们却能毫不费力地找到我们的民粹派执迷不悟的充分理由。顺便提一下，这个理由就在于我们前面已经说过的那种小学生对伟大导师的错误所抱的偏执态度。其实，我们还可以看出，车尔尼雪夫斯基本人对俄国村社的看法，是和现代民粹派的看法完全不同的。①

---

① 至于说到缩短一定的发展阶段，那么车尔尼雪夫斯基清楚地了解，某个阶段在缩短的情况下并不总是导致它在大大延长的情况下所导致的同样结果。在“论战之花”（《车尔尼雪夫斯基全集》，俄文版，第一卷，第373页）中，他举雪茄为例，指出雪茄在发生缓慢的干燥和与之有关的化学变化的过程时，会获得吸烟者所特别珍视的质地。可是试试看把这种干燥过程的时间缩短而把新鲜的雪茄烟叶一下子用人工烤干罢。用我们作者的话来说，这种雪茄烟的优点就将不多了。这是什么意思呢？这就是说，不同的过程会导致不同的化学结果。[135]在社会生活中不也是一样吗？难道没有理由认为，或长或短的资本主义发展过程会创造出劳动阶级的这样一些政治的、思想的和道德的品质，这些品质是我们从那种在自己整个历史过程中没有抛弃掉陈腐生活“基础”的民族中所根本看不到的。难道不应担心，这样的民族不仅会拒绝过渡的“发展阶段”，而且也会拒绝任何其他的“发展阶段”，并把劝告他们直接过渡到社会进步的最后阶段的那些人交给长官？民粹派怎样想呢？

车尔尼雪夫斯基与我国自由派经济学家的争论，从村社土地所有制问题开始以后，很快就采取了更广泛的理论性质，并且转到了一般经济政策问题。死守庸俗经济学教条的我国曼彻斯特学派分子（他们的一切观点都是在庸俗经济学的影响下形成的），急急忙忙地把他们主要的科学堡垒，即**国家不干涉的原则**搬上舞台。他们知道，巴师夏及其追随者的全部学说就是以这个原则为基础的，他们天真地认为，世界上再没有胜过巴师夏的人。当然，事情恰好相反，关于国家不干涉人民经济生活的争论，只不过成了车尔 141
尼雪夫斯基取得新胜利的一个机会。他很熟悉经济学著作和社会主义著作，他不费什么力气地就在嘻笑怒骂中把巴师夏的全部谬论批评得体无完肤。他的“**经济活动和立法**”一文，[136]不仅在俄国经济学著作中（在这方面，车尔尼雪夫斯基迄今仍居首位），而且一般说来在欧洲社会主义著作中，都可以看作是对“laisser faire, laisser passer”①理论的一种最巧妙的反驳。在这篇文章里，我们的作者运用了自己的全部辩论才能和论战技巧。他仿佛是以这种论争作为消遣，在斗争中他轻而易举地就击退了论敌的攻击。他戏弄他们，就像猫戏弄老鼠一样。他对他们作各种各样的让步，表示准备同意他们的任何一个原理，接受关于任何一个原理的任何解释——直到看来似乎已经给予他们以一切胜利的机会以后，直到使他们处于最有利于他们取得胜利的条件下以后，他才转入进攻，用三、四个三段论式就把他们导向荒谬的地步。然后又开始作新的让步，对同一个原理作新的、更有利的解释，接着又重新证明

① 自由放任。——译者

这个原理的荒谬。在文章的结尾，车尔尼雪夫斯基照例把他的论敌教训一顿，使他们感觉到他们不仅不懂得严格的科学思维方式，而且也不懂得简单常识的最起码要求。值得注意的是，五十年代末和六十年代初在我国曾经有人热烈拥护的国家不干涉的原则，很快就几乎被俄国经济学家完全抛弃了。这在颇大程度上既是由于我们的工业和贸易的一般状况，也是由于以后德国讲坛社会主义学派[137]对我国理论家的影响。但是，毫无疑问，这个原则还在它刚刚开始在俄国著作中传播时就遇到像车尔尼雪夫斯基那样的劲敌，这一点在这里具有很大的意义。俄国的曼彻斯特学派分子既然上了很好的一课，他们便认为缄默是聪明办法，于是就销声匿迹了。

九

车尔尼雪夫斯基不仅仅在经济问题上进行激烈的论战。而且
142 他的对手也不仅仅是自由派的经济学家。《同时代人》集团在俄国文坛上的影响越大，这个集团、特别是我们这位作者本人所遭到的来自各个不同角落的攻击也越多。《同时代人》杂志的同人被看成是准备推翻一切人所尽知的"原理"的危险人物。某些"别林斯基的友人"开始时还觉得可以和车尔尼雪夫斯基及其同志们（其中杜勃罗留波夫占首要地位）合作，后来也脱离了《同时代人》杂志，把它看作是"虚无主义者"的刊物，并且大叫大嚷地说什么别林斯基在世绝不会赞同车尔尼雪夫斯基所采取的路线。屠格涅夫的做法

就是这样①。甚至激进的赫尔岑也在自己的《钟声》杂志上抱怨那些“胆汁质的人”和“吹口哨的人”，认为这些人是为了否定而否定，为了嘲弄人而嘲弄人，并且似乎对任何东西都决不可能满意。[139]当然，读者知道，自从《哨声》作为特别的附刊出现在《同时代人》杂志上，专门对刚愎自用、泛泛空谈、蒙昧主义和迂腐习气的一切文学表现和社会表现加以无情的嘲笑以后，人们就把《同时代人》杂志的同人叫做“吹口哨的人”或“大吵大闹的骑士”。可是，《哨声》上发表的大部分文章并不是车尔尼雪夫斯基写的；[140]他只是偶尔在这个附刊上写点文章，因为他为其他工作忙得不可开交。他在文学活动的后期，不仅经常地为每一期《同时代人》写文章，而且差不多在每一期上都发表几篇文章。他为杂志各栏写文章，一般是按这样的次序：首先，他写一篇关于某个一般理论问题的长篇论文，然后写政治评论，对俄国文学、有时也对外国文学作一短评，评论几本新书，最后，似乎是为了休息和娱乐，再对自己的论敌来几下论战的袭击。1861年的《同时代人》杂志发表车尔尼雪夫斯基的论战性文章特别多。在这一年他写了有名的“论战之花”、“民族的不策略”(反对李沃夫的《言语》)、“人民的糊涂”(反对阿克萨柯夫的《日报》)，以及发表在俄国文学和外国文学栏的许多论战性的短评。我们必须谈一下这些论战性文章中的某几篇。

我们将不去多谈“论战之花”。这些文章是对《俄罗斯通报》和 143
《祖国纪事》杂志的攻击的答复。当然，回想一下《同时代人》的敌

---

① 车尔尼雪夫斯基讲过，屠格涅夫对他在一定程度上还能容忍，但对杜勃罗留波夫就完全不能容忍了。他曾对车尔尼雪夫斯基说道：“您是一条普通的蛇，而杜勃罗留波夫则是一条眼镜蛇”(参阅前面已经引证过的信《致谢》)。[138]

人们曾经提出了一些什么样的论据，对我国的文学史家来说将是很有趣的；而为了评论车尔尼雪夫斯基，则并不需要详细地叙述卡特柯夫、阿尔勃提尼或杜德希金[141]对他作了什么奇怪的、往往毫无道理的责难。但是，顺便说一下，在一篇针对《俄罗斯通报》的文章里，我们这位作者对他自己的文学活动发表了一个极有趣味的看法。我们现在就把它援引在这里。车尔尼雪夫斯基极清楚地知道，他在俄国文坛占有突出的地位。他的敌人很怕他，有时甚至对他说些奉承话。然而他的蒸蒸日上的名声却丝毫没有使他高兴。他认为俄国文坛水平太低，并不以他在俄国文坛占据的突出地位为荣。他"对于自己的文学声誉完全无动于衷"。他关心的只有一个问题：他能否把生气勃勃的思想和感情保持到我们的文学真正有益于社会的美好时代。"我知道，文学活动的美好时代将会到来，那时文学将给社会带来真正的益处，那时谁有能力，谁就能真正赢得好名声。所以我考虑的是：我为社会好好服务的能力能否保持到那个时候？这需要朝气蓬勃和意气风发。可是我看到我现在已开始走进'可敬的'作家的行列，也就是说，开始走进那些落在社会需要运动之后的老朽作家的行列。这是可悲的。但有什么办法呢？年纪大了。青春不再。我只能对那些比我年轻而有朝气的人感到羡慕。"[142]现在我们看到这种高尚的忧虑是会觉得奇怪的，因为我们知道，当车尔尼雪夫斯基说这番话时，他只有一年的自由生活好过了。上面所引的这一段话刊载在1861年的《同时代人》杂志7月号上，而在下一年的7月，他已被囚禁在彼得保罗要塞了……但是，可以想见，这个人对他的敌人抱着多么轻蔑的态度，他虽然充分意识到自己比他们优越得多，可是却仍然认为他自己的文学功绩也没有多大的价值。的确，几乎“论战之花”的每一页都流露出对《同时代人》的责难者的冷酷的蔑视。特别是给《祖国纪事》的答复更充满这种蔑视。车尔尼雪夫斯基一点也不对来自《祖国纪事》方面的论敌生气。他几乎是在诚恳地开导他们，就像一位良师开导犯了过失的小学生一样。当然，一位良师在责备 144
他的学生时，有时也向他谈一些非常沉痛的真理，并且丝毫也不掩饰自己在智力方面对学生的优越性。但他这样做只是为了学生的利益。车尔尼雪夫斯基也正是这样做的。他不忘记《祖国纪事》的任何一个错误和失策，并且像父亲似地责备编辑部不够机敏。他抱怨他们的，首先是他们在和他斗争时所抱的那种轻率的激昂情绪。他在指出他们对他的这种或那种责难都完全没有根据之后，一再向他们说，你们哪里能够同我进行论战。有时他直截了当地说，他知道得比他们多得多，他对事物的理解比他们深刻得多，他们简直不能够评价他在文学方面所贯彻的新思想。杜德希金用其他杂志的话责备他厚颜无耻、不学无术，他向杜德希金说道：“您想知道我的知识多么渊博吗？对这个问题我只能这样回答您：我要比您的知识渊博得不可比拟。您自己也知道这一点。那您为什么要在刊物上得到这样的答复呢？您把自己引到这上面来是不审慎的，确实是不审慎的。请您不要以为这是骄傲吧：知道得比您多得多，这有什么可以骄傲的！也不要以为我在想说您的知识太少。不，不是这个意思：您多少知道一些东西，并且一般地说您是一个有教养的人。不过您为什么论辩得这样糟呢？”[143]等等。如果这一切话不是绝对公正的，那么也许它们是过于尖刻的。

现在车尔尼雪夫斯基也不再宽恕他以前所尊敬的那些斯拉夫

主义者了。现在这些人在他看来已经不是启蒙运动的真诚的朋友了。斯拉夫主义者的倾向到六十年代初期已经被人看得一清二楚，以致宁可把他们叫做蒙昧主义者。当然，他们仍旧为村社辩护和捍卫农民的土地所有制。但现在车尔尼雪夫斯基已经认为这没有什么意义了。在当时的斯拉夫主义著作中，除了保卫上述的这些原则以外，就只有反对腐朽而狡猾的西方的一些荒唐的敌对行为和一味地颂扬正教、专制制度以及俄国现实的其他诸如此类的独得之妙。于是车尔尼雪夫斯基决定要教训他们一番。伊·阿克萨柯夫的《日报》[144]的出版成为这方面的导火线，因为在《日报》的最初几期上曾经有过某些反对《同时代人》杂志的狂妄行为。车尔尼雪夫斯基在“人民的糊涂”[145]一文中作了回答。他解释他所选择的这个标题之所以粗野，是由于他深知斯拉夫主义者的论据，因此决定避免使用外来语，而外来语虽然不会在本质上改变这篇文章的标题，却会使它具有较斯文的形式。

145　车尔尼雪夫斯基永远是一个最热情的西欧主义者。即使对村社土地所有制的同情曾暂时在一定程度上使他接近斯拉夫主义者，他却总是清楚地理解他们关于西方的衰朽和关于人类借助于拜占庭的传说而复兴的议论是荒唐无稽的。还在《果戈理时期概观》中，他就谈到了这一点，虽然说得很温和，但却说得很坚决。他认为斯拉夫主义作家发表关于西方的腐败和西方哲学的破产的意见，其根源就在于：甚至他们之中的优秀分子也不了解西欧的真情实况和西欧的先进思潮。在车尔尼雪夫斯基看来，西方并不是虚弱的老人；相反，它是一个青年，而且是精神饱满而富有朝气的青年，“他（通过它的先进思想家的嘴）说：我多少知道了一些东西，但我仍然需要学习许多东西，我仍然渴望更多的知识，并且学习得很有成效……我还要作许多努力，才能保证自己持久地、不虞匮乏地生活；但是，我准备埋头苦干，我有足够的力量，请不要对我的未来感到绝望。”①在关于西欧前途的问题上，车尔尼雪夫斯基不仅与斯拉夫主义者有很大的分歧，这是显而易见的，而且甚至也与赫尔岑有很大的分歧。对赫尔岑来说，他和四十年代的莫斯科斯拉夫主义团体[147]的交往依然是有影响的：他往往表示忧虑，认为西方在提出社会主义思想以后，已经没有力量来实现社会主义的纲领了，正像古罗马没有力量来实现基督教的要求一样。不言而喻，由于西方的这种并不存在的软弱无力，俄国就被想象为负有使命使衰颓的人类复兴的社会主义的天国。我们已经引证过的车尔尼雪夫斯基的“论罗马灭亡的原因”一文，很可能就是为了反对赫尔岑的这种观点而写的。作者在这篇文章里直截了当地说，同斯拉夫主义者那样的“怪人”争论西方命运的问题是不值得的，他所以要执笔为文，是为了其他具有人类理智的人。他向这些具有理智的人证明，西欧无论如何不可能已经耗尽它的力量，因为直到最近以前它的历史命运一直仅仅由一个等级，即贵族的活动所决定。甚至中间等级也只是在最近才在欧洲大陆取得统治地位。而在中间等级后面却还有下层阶级，这个阶级直到如今还没有对欧洲的命运发生过直接影响。车尔尼雪夫斯基问道，有什么根据可以认为，这个新的等级在轮到它登上历史舞台以后，不能解决那些上层等 146
级所不可能解决的社会任务呢？这样想是绝对没有任何根据的，

① 《同时代人》，1856年2月号，批评栏，第73－74页。[146]

从而为西方的命运担忧也是没有根据的。由于文明世界力量的巨大优势，害怕野蛮人重新光顾简直是可笑的。最后，在说到俄国及其所谓的复兴人类的使命的时候，车尔尼雪夫斯基毫不留情地揭穿了这种爱国主义的自欺是毫无根据的。他认为村社土地所有制是我们社会生活的唯一值得肯定的特征。但是，在他的批评面前，连村社土地所有制也没有得到宽恕。根据车尔尼雪夫斯基的意见，村社可能给俄国的进一步发展带来一定的好处；但毕竟不能以它为骄傲，因为它是我们的经济落后的标志。车尔尼雪夫斯基喜欢举例说明他的任何思想，在这里他也举例来说明他对俄国村社的见解。他说，欧洲的工程师现在利用应用力学来建造吊桥。可是在某一个——他自己也记不大清楚是哪一个——落后的亚洲国家里，当地的工程师早已在适于造吊桥的地方建造过吊桥。这是不是说，可以把亚洲的应用力学和欧洲的应用力学放在同一个水平上呢？桥与桥不同，亚洲工程师造的吊桥远比欧洲的吊桥落后。当然，当欧洲技师出现在早已熟悉吊桥的亚洲国家时，他们会比较容易使某个官吏确信最新式的吊桥不是亵渎神灵的诡计。但也仅仅如此而已。尽管亚洲国家有自己的吊桥，它仍然是落后国家，而欧洲仍然是它的老师。俄国村社也是这样。可能，它对我们祖国的发展有帮助；但是发展的主要动力还是来自西方，至于要复兴人类，即使我们有村社的帮助，也仍然是谈不到的。

但是，斯拉夫主义的"怪人"却不仅叫嚷要用俄罗斯-拜占庭精神复兴欧洲，而且提出了这种复兴的实际纲领。按照伊·阿克萨柯夫的《日报》的意见，俄国应当先赠予斯拉夫人以"在俄罗斯双头鹰羽翼庇护下独立生活的礼品"。[148]车尔尼雪夫斯基证明说，这种思想只不过是“人民的糊涂”的产物。第一，他觉得强大的俄罗斯双头鹰有很多自己的内务，不管为了哪一种复兴，他都不应该忘记这些内务。他说：“如果您希望发动战争，那么请考虑一下，我们 147
的情况是否允许我们想到战争。”第二，他认为我们的武装干涉会使所有的西方强国都武装起来反对斯拉夫人的解放：“要知道欧洲的土耳其人只有二百万，而斯拉夫人却有七百万或八百万。难道他们真的不能战胜土耳其人吗？……他们所需要的只是确信其他强国不会阻挠他们的解放。”如果斯拉夫主义者确实希望土耳其统治下的斯拉夫人得到幸福，那么他们就应竭力使西方强国相信，欧洲的土耳其政权的崩溃不会使俄国吞并多瑙河诸公国，也不会使君士坦丁堡变成俄国的一个省城。如果斯拉夫主义者做到了这一点，那么即使没有我们的援助，土耳其统治下的斯拉夫人也会得到解放。对于奥地利统治下的斯拉夫人也可以这样说。“假如德国人不是担心在奥地利帝国崩溃时它的东半部会落入俄国的统治之下，难道他们真的会好意地支持奥地利吗？”[149] 车尔尼雪夫斯基对《日报》编辑部说，你们是在唆使德国人反对奥地利统治下的斯拉夫人的解放。他接着补充说，《日报》编辑部的战争热情不是由于同情斯拉夫人而引起的，而是由于企图使斯拉夫人各部落受俄国统治而引起的。

车尔尼雪夫斯基还顺便驳斥了斯拉夫主义者关于西方对俄国抱着阴险恶毒态度的高谈阔论。他说，得了吧，难道欧洲所有的重要报刊不是都对俄国的一些最重要的改革表示很大同情吗？难道对俄国社会生活的成就表示同情是希望俄国遭到不幸吗？

在下一年，车尔尼雪夫斯基不得不更激烈地反对斯拉夫主义者。斯拉夫派的首脑人物起了一个奇怪的念头,想对塞尔维亚人作一些极其幼稚的说教。这些说教包含在《致塞尔维亚人。来自莫斯科的书信》这本小册子里,斯拉夫派的全部卓越的代表人物都在这本小册子上签了名。这本小册子所包含的某些思想简直是可笑的,而另一些思想则不仅可笑,而且极其反动。例如,斯拉夫主义者劝告塞尔维亚人不要给予不信正教的人以政治权利。车尔尼雪夫斯基用一篇辛辣的文章"冒充的老前辈"[150]回答了这部《书信》。

关于某些斯拉夫部落之间的相互关系的争论,也被牵扯到关于俄国与一般斯拉夫人的关系的争论中去了。大家都知道,斯拉夫主义者对加里西亚的乌克兰人反对波兰人的斗争极为赞赏。车
148 尔尼雪夫斯基一直是同情小俄罗斯人的。他认为别林斯基对于新生的小俄罗斯文学采取否定态度是一个大错误。他在1861年1月号的《同时代人》杂志上为小俄罗斯的刊物《基础》[151]的出版写了一篇充满同情的文章。但是对于加里西亚的乌克兰人反对波兰人的斗争,他却不能抱绝对赞同的态度。首先,他不满意乌克兰人从维也纳政府方面寻求支持。其次,他不满意僧侣在加里西亚的乌克兰人的运动中得势。他写道:"世俗的事要由世俗的人来管。"最后,车尔尼雪夫斯基也不满意那些在他看来首先是**经济性质**的问题,被当成是纯粹**民族性质**的问题。在针对李沃夫的《言语》所写的"民族的不知策略"一文(《同时代人》,1861年7月号)中,车尔尼雪夫斯基尖锐地抨击了这个刊物的过火的民族主义。他写道:"很可能,如果更精细地研究一下活生生的关系,李沃夫的《言语》会看到,事情的根源是与部落问题毫不相干的等级问题。

很可能,无论站在哪一方面,它会看见乌克兰人和波兰人都是一些部落不同而社会地位相同的人。我们不能设想波兰农民会反对减轻乌克兰农民的赋税以及改善乌克兰农民的生活。我们不能设想,在这件事情上乌克兰部落的地主和波兰地主的感觉会有很大的差别。假如我们没有看错,那么加里西亚问题的根源是等级关系,而不是部落关系”。[152]

奥地利各部族的相互仇视,在车尔尼雪夫斯基看来尤其是不策略的,因为维也纳政府照例要从这里获得许多好处。他在刊载“民族的不知策略”一文的那一期《同时代人》的政治评论里写道:“只要好好地想一想,就不会对奥地利帝国的国运绵长感到奇怪了;它境内的各民族既然在政治上如此讲究策略,它又怎样会不巩固呢?”[153]车尔尼雪夫斯基觉得奥地利的德意志人、捷克人、克罗地亚人,以及加里西亚的乌克兰人(像我们已经看到的那样),都是“不机灵的”。他担心在 1848－1849 年特别经过试验的斯拉夫人的“不机灵”又要大为发展起来。六十年代初,匈牙利对维也纳的反动集权分子进行了顽强的斗争。匈牙利人的不满情绪竟发展到国内一时可能爆发革命的程度。我们的作者在自己的政治评论中不止一次地表示担心:在匈牙利爆发革命运动时,奥地利的斯拉夫 149
人又将成为反动派的驯服工具。奥地利的许多斯拉夫部落当时所采取的策略,只能使人加深这种顾虑,因为奥地利的斯拉夫人是颇以他们在 1848－1849 年事件中所起的可耻作用自负的。车尔尼雪夫斯基在严厉指责这种策略时指出,如果他们反过来支持维也纳政府的敌人,这对他们会更有利,因为这些人会对他们做出极重大的让步。他是针对克罗地亚人和匈牙利人的关系讲到这一点的，他对加里西亚的乌克兰人又重复了这一点。我们在“民族的不知策略”一文中读到：“仇视加里西亚乌克兰人的、等级的党派现在准备让步……关于这一点李沃夫的《言语》倒不妨考虑一下；可能，这些在它看来是仇敌的人所真心诚意准备做出的让步，也许大到完全可以使乌克兰农民满意；至少有一点是没有疑问的，即：这些让步比乌克兰农民能够从奥地利人那里获得的一切要多得多、重要得多”。[154]

最后，当车尔尼雪夫斯基同《言语》进行论战的时候，在俄属波兰也发生了强大的政治运动，他对这种政治运动表示很大的同情。仅仅由于这一点，哈布斯堡王室的俄罗斯臣民反对波兰人的乖常行为，在他看来就不可能是合乎策略的和适时的。

在彼得堡也有波兰革命组织的分支，而车尔尼雪夫斯基差不多一直住在彼得堡。他和波兰革命家是否有任何确定的、正式的关系呢？目前还没有任何材料可以说明这一点。很可能，那个时代的波兰历史学家能够帮助解释这个问题。由于极易理解的原因，我们决不能对俄国著作界抱任何期望。大概，将来会有某种《俄国往事》出来说话，但这样的刊物还不会很快就出现。我们不愿意猜测，因此我们只能用可以从车尔尼雪夫斯基的著作中得到的材料，来阐明他对波兰事件的一般的同情。但就是这样的材料也不多。

在这里，我们可以完全不涉及小说《序幕的序幕》。这部小说描写了伏尔庚（车尔尼雪夫斯基）和索柯洛夫斯基（谢拉科夫斯基）的友谊关系。伏尔庚喜欢索柯洛夫斯基无限忠于自己的信念，不狭隘自私，既有真正的鼓动家的激情，又善于克制自己。伏尔庚称他为**真正的人**，认为我们的自由派可以从他那里学到许多东西。这一切都很引人注意，但却丝毫不能说明车尔尼雪夫斯基对波兰问题的实际态度，因为在这部小说中一句也没有谈到波兰问 150
题。[155]从我们的作者发表在经过书报检查的《同时代人》杂志上的文章中，只能够看到他在有机会时总是替波兰讲话。他甚至在俄国官方作家攻击古老的波兰国家制度时维护这种制度，尽管他因持有民主观点而不可能对这种制度表示强烈同情。但是，他赞扬这种制度的社会关系的某些方面，而他在自己较早时期所写的文章里却认为这些方面是没有价值的。我们已经知道，在“法国的党派斗争”一文中，他对政治形式表现出完全漠不关心的态度。当他写这篇文章的时候(1858年)，他认为民主主义者所不能容忍的**仅仅是贵族政治**，在他看来，尽管英国有政治自由，但民主主义者却宁肯喜欢西伯利亚，而不喜欢英国，因为在西伯利亚，“平民”似乎生活得比英国更好些。现在，车尔尼雪夫斯基对政治制度问题的看法完全不同了。波兰的古老生活方式以它的政治自由引起他的注意。他在评论当时刚刚出版的《**西南俄罗斯档案**》第二部时说道：“波兰没有官僚主义的中央集权，它力求实现与其他强国(当然，这里指的是莫斯科国家)所建成的社会制度不同的另一种社会制度，——这种制度的基础不是个人对体现权力意志的国家这个抽象观念做出牺牲，而是自由的个人为了相互的幸福而达成协议……在这里，社会事业是社会思想的结果；在这里，概念和信念的永恒斗争从思想和言论的领域直接转为生活的表现。”即使波兰社会完全是贵族式的，“但享有特权的人的范围却能够越来越扩大，而把被人忘却的、被遗弃的、丧失任何权利的人民群众都包括进去,假如国家这个概念变得更广泛一些,而发展成为不受暂时限制其完满性的偏见所约束的全人类观念的话。”①甚至波兰的民主派也没有经常达到这样热衷于维护波兰古老生活方式的程度。要知道,全部问题就在于:怎样才能使波兰的显贵们承认“全人类观念”。

在关于立陶宛大公国与波兰合并的历史后果问题上,车尔尼雪夫斯基也同我们的官方历史学家有很大的分歧。“难道罗斯在奥尔格尔德家族、留巴尔特家族、斯基里盖洛家族、斯维德利盖洛家族统治时期的状况,真的比十六和十七世纪西吉兹蒙特王朝统治下更好一些吗?”——他在回答那些把同波兰合并看作俄国西部
151 一切坏现象的唯一原因的历史学家时发出了这样的感叹。——“现在是我们停止片面地、不公正地对待波兰的时候了,——他继续说,——至少我们要承认它对罗斯的有益影响,哪怕是有关教育方面的影响。我们就拿同波兰合并的俄罗斯世界的那些地区的智力教育程度为例,把它同我们全俄罗斯祖国的始终独立发展的地区(即莫斯科国家)的教育情况比较一下。教育不是从小俄罗斯进入十七世纪的莫斯科的吗?它不是为我们以后的一切教育作了准备吗?它不是在波兰的影响下才在小俄罗斯发展起来的吗?”

按照车尔尼雪夫斯基的意见,俄国西部的波兰化也不应归咎于波兰人。俄国西部的上层阶级既有权利、也有办法来保卫自己的信仰和自己的语言,并把自己的人民从屈辱中拯救出来,而这些人民正是被上层阶级自己所奴役的。如果俄国西部的贵族完全波

① 《同时代人》,1861年4月号,新书栏,第443页以下。[156]

兰化了，那么这应该归咎于这些贵族，而且只应归咎于他们。我们的作者指出："自己不能保全自己，——这就不能把自己的罪推给别人"。[157]

十①

随着俄国急进党派的情绪高涨，波兰社会的革命情绪也高涨起来。青年学生风潮迭起，秘密团体相继成立，它们印发革命的纲领和宣言，盼望那些不满于"非真正的自由"[158]的农民举行起义。我们看到，车尔尼雪夫斯基本人是相信这种起义可能爆发的；遗憾的是，我们有关他和俄国当时秘密团体的关系问题知道得很少，正像有关他和波兰的组织的关系问题知道得很少一样。在这里，我们也只能谈谈车尔尼雪夫斯基在发表于《同时代人》杂志上的文章里用隐语和暗示所表现出来的情绪。毫无疑问，这种情绪变得越来越革命化。车尔尼雪夫斯基曾经认为，向政府说明农民的解放对政府本身有利，是可能而且有益的，而现在却不想再对政府说什么了。他正确地认为，同政府的任何勾结，对政府的任何期望，都是最有害的自欺。车尔尼雪夫斯基在针对科尔夫男爵所著《斯伯
兰斯基伯爵的生平》一书的出版而写的"俄国的改革家"一文中详 152
细地论证说，在我国，任何改革家在重大的社会改革问题上都不能对政府有所期望。革命者则更不能对政府有所期望。敌人把斯伯兰斯基叫做革命者，但是，对他的这种评论使车尔尼雪夫斯基觉得

① 参阅后面第 175 页为德文版所写的这一章的不同的起首。

可笑。斯伯兰斯基的确有一个很广泛的改革计划，但是“根据斯伯兰斯基想用来实现自己计划的那些手段的范围来说，把他叫作革命者是可笑的”。他唯一的依靠，就是他取得了亚历山大皇帝的信任。他想依靠这种信任来实现自己的改革。正因为这个缘故，车尔尼雪夫斯基才把他看成是有害的幻想家。幻想家往往只是可笑的，而他们的自欺也是微不足道的，但是，“当他们在重大问题上自欺的时候，他们就可能危害社会。他们在错误的道路上狂热地奔走忙碌时似乎获得了某种成功，从而把许多人引入迷途，因为这些人根据这种臆造的成功也想走同一条错误的道路。从这方面来说，可以认为斯伯兰斯基的活动是有害的。”①

车尔尼雪夫斯基向青年暗示必须采取革命的行动方式，同时他也向青年说明，一个革命者为了达到他的目的，往往不得不处于追求纯个人目标的正直的人所永远不许自己陷入的那种境地。例如，早在 1861 年 1 月，车尔尼雪夫斯基在分析美国经济学家凯里的一本书的时候，出人意料地转而谈到著名的犹太女英雄犹滴，并且热烈地为她的行为辩护。[160]我们的作者指出：“历史的道路不是涅瓦大街的人行道，它完全是在时而尘土飞扬，时而泥泞难行，时而沼泽遍地，时而丛莽密布的荒野中通过的。谁怕满身尘土，沾污靴子，他就不要从事社会活动。对于那些真正关心人们的福利的人来说，社会活动是高尚的事业，但不是完全一尘不染的事业。的确，对于道德的纯洁可以有种种不同的理解：例如，有的人可能认为犹滴并没有玷污自己……只要扩大你们的思考范围，你们就

① 《同时代人》，1861 年 10 月号，俄国文学栏，第 249－250 页。[159]

会在许多具体问题上承担起一种义务，这种义务是和孤立地提出同样一些问题时所应承担的义务不同的。”[161]

在对俄国政府的态度上，车尔尼雪夫斯基的口气是越来越带挑衅性了。六十年代初，政府曾决定稍微放松书报检查的限制。153
决定制定新的书报检查条例，并允许出版物对出版物的自制问题发表意见。车尔尼雪夫斯基毫不迟疑地对这个问题发表了自己的看法——他的看法和一般自由派的观点很不一致。的确，车尔尼雪夫斯基尖刻地嘲笑了一些人，这些人认为印刷机像颠茄、硫酸和雷酸银等等一样具有某种独特的作用。“我个人并不指望那些无力制造灾难的物体和行动会产生出违反本性的有害的结果。我们觉得，对于造成社会灾难来说，印刷机还太软弱无力。因为它既没有那么多的油墨可以涌出来淹没全国，也没有那么有力的弹簧可以弹出来，打在铅字上，把铅字像榴霰弹一样发射出去。”[162]但车尔尼雪夫斯基承认，在某些时代出版物对于一国政府的危险性并不比霰弹小。这指的是这样的时代，这时政府的利益**和社会的利益背道而驰**，而革命的爆发又正在逼近。处于这种状况下的政府有一切理由压制出版物，因为和其他社会力量一样，出版物也可以促使这个政府垮台。本世纪经常更替的法国政府几乎都是处在这种状况中。车尔尼雪夫斯基非常详尽而冷静地叙述这一切。文章通篇没有片言只语谈到俄国政府。但在文章结束时车尔尼雪夫斯基突然问读者：“可是，假如出版法在我国的确是需要的，那又会怎样呢？那时我们又要像以往许多次一样，被指责为蒙昧主义者、进步的敌人、自由的仇敌、专制制度的颂扬者等等。”因此他不想研究专门的出版法在我国是否需要的问题。他说道：“我们担心认真的研究会使我们得出这样的答案:是的,它是需要的。"①结论很清楚:出版法之所以需要,因为俄国已进入了自己发展中的革命时期。

就在那份刊登我们刚才引证过的文章的3月号《同时代人》杂志上,还发表了一篇针对1861年有名的大学学潮[164]而写的论战性的短评:"学会了吗?"。车尔尼雪夫斯基在这篇短评中为大学生辩护,驳斥了我们的"卫道者"说大学生不愿意学习的指责,并且顺便说出了许多对政府来说是辛辣的真理。一个匿名作者在《圣彼
154 得堡科学院通报》上以"学习还是不学习?"为题发表的一篇文章,是引起这场论战的近因。车尔尼雪夫斯基回答说,这个问题对大学生来就是毫无意义的,因为他们总是愿意学习的,但是大学里的清规戒律却妨碍他们学习。根据我国的法律,大学生已经到了可以结婚、担任国家机关的职务和"任军队指挥官"的年龄,可是大学的校规却还把他们当幼童看待。他们提出抗议,这是不足为奇的。甚至一些完全没有害处的组织,如在大部分学生缺乏物质保障的情况下无疑是必需的互助会,也被禁止。大学生不能不反抗这种制度,因为这里问题关系到"面包和能否听课。而面包和听课的可能却被剥夺了"。车尔尼雪夫斯基直截了当地说,制定大学校规的人正是想使考进大学的大部分人没有学习的可能。"如果该文作者或他的同道认为有必要证明,在制定这些校规时丝毫没有考虑这种目的,那就请他们把制定校规的那些会议的有关文件公布出来吧!"[165]

---

① 《同时代人》,1862年3月号,"法国有关出版事业的法律"一文。[163]

“学习还是不学习?”一文的匿名作者不仅指责大学生,而且还指责整个俄国社会不愿学习。车尔尼雪夫斯基就利用这一点把关于大学里的学潮的争论引到更广泛的基础上。他的论敌也承认俄国社会有着希望学习的某些征象。他认为我国“几百种”新杂志、“几十所”星期学校就是这一点的证明。车尔尼雪夫斯基不胜感喟地说:“**几百种**新杂志,作者是从哪里计算出来的呢? 的确需要有几百种新杂志。可是这位作者是否愿意知道,为什么不能像需要的那样创办出几百种新杂志呢? 这是因为,在我国的书报检查的条件下,除了几个大城市以外,别的地方都不可能存在稍微有生气的期刊。本来每个富裕的商业城市都需要有几种哪怕篇幅不大的报纸;每个省都应该出版几份地方小报。但这样的报刊却没有,因为它们不能存在……**几十所星期学校**……这倒不像**几百种新杂志**那样夸大,在拥有六千多万人口的帝国里的确被认为只有几十所星期学校。可是这种学校本来应该有几万所,应该尽快在不久之后确实建立几万所,在目前就起码要有几千所。为什么它们只有 155
几十所呢? 因为它们受到怀疑、排挤和束缚,因而连其中最热心于教育事业的人也失去了教学的愿望。”

经车尔尼雪夫斯基分析过的这篇论文的作者以存在有“几百种”新杂志和“几十所”星期学校为根据,说明社会有希望学习的表面征象,但他接着就赶紧补充说,这种征象是虚假的。他忧郁地说:“听一听大街上的叫喊声吧,**人们在议论**那里发生了某某事情,这时你就不由得要垂头丧气、非常扫兴了……”车尔尼雪夫斯基反驳道:“请问作者先生,您在大街上听到了什么叫喊声? 如果是巡警和警官的叫喊声那么我们也听到了。您讲的是否就是这些叫喊声？人们在议论那里发生了某某事情……——能举个例子来说明发生了什么事吗？不是那里发生了盗窃就是这里逾越了职权，不是那里压迫弱者，就是这里纵容强者，——关于这一切，人们正在议论纷纷。实际上正是由于这些人人都听得到的喊叫，由于这些日常的议论，才不由得使人垂头丧气、非常扫兴……”[166]

这个指责大学生的人无中生有地攻击他们不能容忍别人的意见，指责他们在抗议时使用了哨子、烂苹果和其他类似的“街头武器”。车尔尼雪夫斯基反驳他说：“被用做街头武器的不是哨子和烂苹果，而是刺刀、枪托和军刀”。他建议对方回想一下，“是大学生使用这些街头武器来对付别人，还是别人使用这些武器来对付大学生……以及有没有必要使用这些武器来对付大学生。”[167]

车尔尼雪夫斯基的这种文章对俄国学生界会造成什么样的印象，这是不言而喻的。后来在六十年代末又发生学潮时，“学会了吗？”这篇短文被看作是对学生的正义要求的最好的辩护而在大学生的集会上被诵读。同样，我们的最高当局会如何对付这种挑战性的文章，这也是不言而喻的。在最高当局看来，这位伟大作家对青年学生的“危险”影响是越来越无可怀疑了。

除了刊物方面的日常工作以外，车尔尼雪夫斯基还热心地宣传他的世界观的基本理论原理。同当时俄国庸俗经济学的代表进行的论战向他表明，俄国有教养社会中的经济学知识是多么贫乏。他决定补救这个缺陷，着手进行穆勒著作的翻译和注释工作。他
156 的许多经济学论文都是在两年时间内（1860－1861年）发表在《同时代人》杂志上的。我们已经谈过我们对车尔尼雪夫斯基所特有的经济学研究方法的看法。在专门讨论这个问题的第二篇论文

中，我们将详细地分析我们这位作者的经济学说。[168]因此，现在我们仅限于提出下面这个意见。我们决不能认为，选择穆勒的书作为在俄国读者中间传播正确的政治经济学观点的教材，是做得成功的。穆勒的经济学观点是这样地模糊和不彻底，尽管车尔尼雪夫斯基作了许多修正和补充，在读者头脑中还是丝毫不能留下明晰的经济学概念。有时车尔尼雪夫斯基本人也显然受到了穆勒所特有的“混合主义”[169]的影响。车尔尼雪夫斯基急于要用健全的“理论”观点去批判现存的社会关系，因而不加分析地[170]接受了穆勒的某些观点，但即使当时的科学也远不能承认这些观点是正确的。有些地方似乎车尔尼雪夫斯基本人也赞同这些错误的概念。[171]但现在我们不去详细地谈论。

车尔尼雪夫斯基本来可以在当时西欧经济学界找到一些更值得注意得多的作家。在关于劳动和资本的关系问题上，洛贝尔图斯比起穆勒来是一个真正的巨人。在其他方面，翻译李嘉图的著作并对它作一些注释和补充，会更有益些。甚至学识渊博的读者也能从李嘉图学习到某种东西，可是在穆勒的影响下，甚至学识渊博的读者也会被弄得糊里糊涂。后来当车尔尼雪夫斯基为穆勒的著作所写的注释和补充被查禁，而只有该书译文可以发售的时候，这个终身力求脚踩两只船的人对我国读者的有害影响就特别明显了。俄国读者既然是从穆勒那里吸取他们的经济学概念，因此就可以说，他们完全没有任何经济学概念。

差不多在普及穆勒学说的同时，车尔尼雪夫斯基还把施洛塞尔的著作译成了俄文，这是他很喜爱的并且确实也是很值得尊敬的一位历史学家。

十一

那时车尔尼雪夫斯基大约三十五岁。他正处在智力充分发展的时候，他本来可以达到怎样高的成就啊！然而他可以自由生活的时间却剩下不多了。他是急进党派的公认的领袖，是唯物主义和社会主义的公开宣传者。人们把他看成是革命青年的“魁首”，
157 革命青年的一切发动和风潮被算作他的罪名。正如在这种情况下常常会发生的那样，传说夸大了事实，甚至把一些车尔尼雪夫斯基从未有过的意图和行动也加在他的头上了。车尔尼雪夫斯基自己在《序幕的序幕》中描写了在彼得堡流行的那些好意的自由派的谣传，说伏尔庚（就是他本人）似乎和伦敦的俄国流亡者小组有联系。这些谣传是根据一些与政治完全无关的小事情而产生的。而且事情还不只限于谣言。“卫道的”报刊早就对车尔尼雪夫斯基进行了文字上的告密。1862年《同时代人》被勒令暂时停刊。此后又出现了非文字上的告密。在车尔尼雪夫斯基案件的起诉书中写道：“枢密院第三厅主管人接到匿名信一封，敦促政府警惕车尔尼雪夫斯基‘这个青年的魁首、狡诈的社会主义者’；他自称永不会被揭破；人们称他为害人的煽动分子，并请求替他们除去这个祸害；车尔尼雪夫斯基的一切故友看到他的倾向已逾越于言论之外而见诸行动，于是自由派都对他疏远了。来信人写道，若不除去车尔尼雪夫斯基，必将招来不幸和流血；这是一伙疯狂的煽动分子——亡命之徒……人们可能会消灭他们，然而为他们却将洒下多少无辜的鲜血……在沃龙涅什、萨拉托夫、唐波夫——到处都有这类社会主

义者的委员会，他们到处蛊惑青年……请将车尔尼雪夫斯基随便打发到什么地方去吧，但要迅速剥夺他活动的可能……。请拯救我们吧，别让车尔尼雪夫斯基扰乱普遍的安宁吧。”[172]

1862 年 7 月 7 日，车尔尼雪夫斯基被捕。因为，用告密者的话来说，他自称永不会被揭破，所以第三厅的蓝衣骑士们就急忙伪造假的罪证。车尔尼雪夫斯基的案件是怎样审理的，从下面这一点就能看出，即检察官甚至在起诉书中都恬不知耻地引证匿名告密者的来信，而俄国法律却规定：“不得根据匿名毁谤书和密投信件的告密进行侦讯”(《俄罗斯帝国法典》，1857 年版，第 15 卷，《刑法》，第 2 部，第 52 页)。尚在逮捕车尔尼雪夫斯基之前，就先抓了某个叫维托希金的人[173]，据说从他那里搜到了赫尔岑给谢尔诺-索洛维也维奇的一封信，信中据说有这样一句附言：“我们打算在这里或在日内瓦和车尔尼雪夫斯基一起出版《同时代人》杂志。”根据这句附言就逮捕了车尔尼雪夫斯基。但是，赫尔岑在《钟声》杂志第 193 期上却断言，他在信上连一句话也没有谈到过他和车尔 158
尼雪夫斯基一起进行文学活动的计划。“我从来没有和车尔尼雪夫斯基通过信。我不可能写信说，我们打算和他一起出版《同时代人》杂志，因为没有一点消息说明他是否想在俄国国外出版《同时代人》杂志……禁止《同时代人》杂志出版是在报上宣布的，我们立刻大声公开地向《同时代人》的出版人建议由我们在国外负责印刷这份杂志。我们的建议从来也没有得到丝毫的答复。我怎么能够肯定地写到这一点，而且把信寄往俄国呢？我如果做了这种事，那我岂不是在替秘密警察服务？”[174]但是，什么时候俄国政府的卖力的奴仆才会停止撒谎和捏造呢？在搜查车尔尼雪夫斯基的住宅时，找到了几份什么都不能证明的文件和书信，把当时已经人所共知的告密者如符谢沃洛德·柯斯托马罗夫之流都拉到这个案件中来，并且甚至抄走了被告的日记。顺便提一下，他早在结婚之前就曾在日记中写道："他每天都可能被捕"，——现在终于制造了这个案件。车尔尼雪夫斯基被交付枢密院法庭审判，他的罪名是：(1)与赫尔岑有来往；(2)写作煽动性的传单《告地主农民书》，这份传单据说是交给告密人柯斯托马罗夫去印刷的；[175]（3）准备举行暴动。有趣的是，"准备举行暴动"的唯一证据是柯斯托马罗夫所弄到的给某个阿历克赛·尼古拉也维奇的一封信，在这封信里极其含糊地说，不可失去时机，"要么就是现在，要么永远不搞"，并说那个身份不明的阿历克赛·尼古拉也维奇缺乏毅力。车尔尼雪夫斯基坚决否认这封信是他写的，但即使假定这封信是他写的，那么根据这封信也只能证明他是在参与创办一个秘密印刷所。"您用自己的印刷机领导我们已经快一年了，现在已经到了这样的时刻，假如要想使我们的事业取得胜利，我们就不能再拖延下去了。"这封信中说的是什么事，——这是完全不知道的。的确，在信中提到印刷某一个宣言，但要知道并不是任何宣言都是"准备暴动的"。甚至第三厅的法律家也似乎应该知道，创办秘密印刷所和印发宣言离开准备暴动还很远。当然，他们也是知道这一点的。但是，他们却更清楚地知道，车尔尼雪夫斯基是一个巨大的、无可代替的革命力量。

认为车尔尼雪夫斯基属于某个革命团体这种推测，并不是不
159 可能的。相反，这种推测甚至是完全可能的。[176]但是，在文明世界里什么地方能把**可能性**看作**法律上的罪证**呢？除了俄国以外，

没有其他地方，而且就是在俄国，也只有在政治案件中才有这种做法。

顺便提一下，下面这个事实也说明检察官对车尔尼雪夫斯基案件的罪证的审查很潦草。起诉书援引了被告已经被关进要塞后写给妻子的信。他在这封信中说，“我们的生命是属于历史的，几百年后，我们的名字还会使人们感到亲切；虽然到那时候我们的同时代人已经不在世上，但人们还会怀着感激的心情回想起我们的名字。”除了这些明显地表明“准备举行暴动”的话以外，起诉书还从同一封信中援引了下面这几句话。车尔尼雪夫斯基在向妻子谈到他打算编写《知识和生活的百科全书》时写道：“从亚里士多德的时代以来，还没有任何人做过我想做的事，我将在多少世纪内成为人们的好老师，就像亚里士多德一样。”[177]这几句话证明什么呢？起诉书的起草者为什么要援引这些话呢？这是明显的事实！准备出版百科全书的人，完全是在准备举行“暴动”！

对车尔尼雪夫斯基案件的审讯拖了将近二年。他倔强地否认加到他身上的罪名，并且看来他希望很快就能挣脱俄国老鹰的魔爪。他打算出版《百科全书》就说明他抱有这种希望。他已经被监禁后写成的小说《怎么办？》，也充满了最光明的希望。但是，在这部小说里，这种希望并不是寄托在因缺乏罪证而不可能判罪这种法律上的考虑上面，而是寄托在俄国解放运动的迅速胜利上面。在这部小说中常常可以看到这种胜利已经逼近的暗示。在尾声中甚至还有某些关于 1866 年（小说是在 1864 年 4 月写成的）[178]的含糊的暗示，说那一年必然会在俄国发生什么特别的事。在这部小说的最后一些场面中出现的一位太太，本来为了显然关在监狱中或被流放的亲人穿着丧服，到 1866 年，却已伴同她的获释的朋友愉快地和欢乐地在彼得堡大街上游逛了。当然，我们只能猜测作者想用这个情节来说些什么。

十二[①]

我们将不去叙述《怎么办？》的内容。谁没有读过和反复读过
160 这部著名的作品呢？谁没有迷恋过它，在它的良好的影响下变得更纯洁、更好、更有朝气和更勇敢呢？谁没有被主人公们的道德上的纯洁所感动呢？在读了这部小说之后，谁不思考自己的生活、不对自己的志趣和倾向加以严格的检查呢？我们全都从这部小说中汲取了精神力量和对美好未来的信心，

以及对无私的劳动的
伟大信托……[179]

我们的蒙昧主义者曾不止一次地指出这部小说缺乏艺术价值，指出它带有明显的倾向性。从表面上来看，这些指责是公正的：这部小说确实很有倾向性，它的艺术价值很少。但是让他们向我们举出哪怕一部最出色的、真正富有艺术性的俄国文学作品，它在对国家的精神和思想发展的影响上能够与《怎么办？》这部小说相匹敌吧！谁都举不出这样的作品来，因为它过去没有，现在没有，将来也不会有。自从俄国有印刷机以来直到如今，在俄国还没

① 〔参阅后面第 177 页为德文版所写的这一章的不同的起首。〕

有一部印刷出来的作品取得像《怎么办?》那样的成功。既然如此,就让他们去指出作者的倾向性吧,就让他们去重复说他不是艺术家吧!读者有充分理由向你们指出,他们毫不关心这一点,任何小说除了枯燥无味的以外都是好的,——而车尔尼雪夫斯基的小说则使读者感到喜悦,而不是使他们感到无味:这对一部小说来说已经完全足够了。最后,蒙昧主义者先生们,要知道你们在自己的文学作品中也并不回避倾向性。你们也并不反对写带有倾向性的长篇小说或中篇小说。全部不幸是在于:谁也不读**你们的**带有倾向性的作品,谁也不对这种作品感到兴趣。你们认为这种差别是从哪里产生的呢?难道这种差别不是说明,倾向各有不同,而有一些倾向丝毫不会妨碍具有这些倾向的作品获得成功吗?

《怎么办?》获得空前巨大的成功的秘密在哪里呢?正是在于它的倾向的性质,在于它完全及时地在我国传播了作者所表述过的思想。这些思想本身并不是新的,这些思想完全是车尔尼雪夫斯基取自西欧文学的。法国的乔治·桑在他以前就宣传过男女之间自由的、主要是真挚的、诚实的爱情关系。① 卢克莱茨亚·弗洛
里安妮[180]在爱情方面所提的道德要求和薇拉·巴夫洛芙娜所提 161
的没有任何区别。乔治·桑的思想早在四十年代就在我们这里得到极其热烈的共鸣。别林斯基就是这位女作家的热情崇拜者。他在自己的文章里曾屡次引证她对爱情关系中的自由和真诚的看

① 顺便指出,歌德的 *Wahlverwandschaften*(《亲和力》)和他的某些剧本,也是支持自由恋爱的。许多德国文学史家对于这一点都知道得很清楚,他们既不敢非难这样一位有声望的作家,同时又因为他们的庸夫俗子的品行而不敢同意他,一般只是吞吞吐吐地说些含混不清的东西,说这位伟大的德国人似乎有些奇谈怪论。

法。大家都知道，他曾经怎样责备普希金笔下的塔吉娅娜，她爱奥涅金，同时却又“委身于别人”，违背着自己的心愿，继续和她所不爱的老丈夫生活在一起。“四十年代人”中间的优秀人物，在对妇女的关系上都遵循着罗普霍夫和吉尔沙诺夫[181]所遵循的那些原则。但在小说《怎么办？》出现以前，这些原则只有少数“**突出人物**”赞同，广大的公众是完全不了解的。甚至赫尔岑在自己的小说《谁的罪过？》里也未敢充分地、明确地说出这些原则。随着《怎么办？》的出版，问题被最清楚而尖锐地提出来了。再没有任何怀疑的余地了。有头脑的人只能这样选择：要不就是在爱情方面遵循罗普霍夫和吉尔沙诺夫的原则；要不就是屈从婚姻的神圣性，当他们心灵中萌发新的感情时，就采用旧的行之有效的秘密偷情办法；要不就是由于自己已**属于**另一个自己并不爱的人而把自己的任何爱情完全抑制下去。究竟采用什么方法，必须由他们完全自觉地进行选择。车尔尼雪夫斯基把这个问题解释得这样透彻，以致过去在爱情关系方面的那种自然的轻率和天真已变成完全不可能的了。意识的控制扩及爱情方面，男女关系上的自觉观点已为广大公众所接受。这在六十年代对我们特别重要。俄国所经历的改革不仅使我们的社会关系，而且使家庭关系也发生了翻天覆地的变化。以前一片黑暗的角落，现在也射进了亮光。俄国人不得不反躬自省，用清醒的眼光看一看自己对亲近的人，对社会和家庭的关系。在家庭关系方面，在爱情和友谊方面，一个新的因素开始起重大作用，这就是**信念**，它在过去只为极少数“理想主义者”所具有。信念的不同成了突然决裂的原因。一个“委身于”著名人物的女子往往
162 会惊讶地发现，她的合法的“占有者”原来是个蒙昧主义者、贪污分

子、在上司面前阿谀逢迎的小人。一个男人过去曾愉快地“占有”一个漂亮的妻子，但出乎他的意料她接触了新的思潮，于是他就常常失望地看到，他这迷人的玩物所关心的却完全不是“新人物”和“新观点”，而是新的服饰和舞蹈，以及丈夫的官衔和薪俸。一切解释和规劝都是徒劳的，只要丈夫稍微透露一下他“乐于服务”，但却“厌恶奉承”[182]，美人马上就会变成真正的泼妇。如何是好？怎么办？这部著名的小说指明了应该怎么办。在它的影响下，过去认为自己是别人的合法财产的人，也开始同它的作者一起重复地说：啊，卑鄙！啊，卑鄙！谁敢占有一个人！——在他们心中，人类尊严的意识已经觉醒了，他们往往在经过极其激烈的内心的和家庭的波澜之后变得坚强起来，按照自己的信念来安排自己的生活，并且自觉地走向合理的人类的目标。仅仅由于这一点就已经可以说，车尔尼雪夫斯基的名字是属于历史的，他的名字将使人们感到亲切，而当那些亲自认识这位伟大的俄国启蒙运动者的人都已去世的时候，人们还会怀着感激的心情回想起他的名字。[183]

蒙昧主义者责备车尔尼雪夫斯基，说他在自己的小说中宣扬“肉欲的解放”。再没有比这种责难更荒谬和更伪善的了！随便拿出任何一部取材于上流社会生活的小说，随便想一想一切国家和一切民族的贵族和资产阶级的爱情猎艳故事，——你们就会看到，车尔尼雪夫斯基根本没有任何必要去宣扬那种早已实现了的肉欲的解放。相反，他的小说所宣扬的是人的精神、人的理性的解放。具有这部小说的思想倾向的人，谁都不会有闺房猎艳的爱好，而对那些伪善地尊重流行道德的“上流社会”人士来说，如果没有这种闺房艳事，那么生活就不成其为生活了。蒙昧主义者先生们清楚地知道车尔尼雪夫斯基的著作的严肃的道德性质，他们对他生气也正是为了他的道德上的严肃性。他们感觉到，像《怎么办？》的主人公那样的人，一定会把他们看做最大的淫棍，并对他们抱着最大的蔑视。

有些人还指出，只有当罗普霍夫和薇拉·巴夫洛芙娜没有孩子的时候，他们才能很好地表现出自己崇高的感情：如果他们有孩子，他们在自己的爱情关系方面就不得不走陈腐的老路了。车尔尼雪夫斯基本人也说，如果薇拉·巴夫洛芙娜有孩子，她也许会按
163 另一方式行事。他清楚地知道，男人对女人的关系问题是同家庭问题密切相联的，而没有家庭，人们就不能在当今的社会中生活。他知道，要使爱情完全自由，就必须改造全部家庭关系，因而也必须改造全部社会关系。但是，他并没有停留在这个思想上，因为人们在以后将会产生的那种爱情关系是一回事，而目前就在先进人们之间的婚姻中可能具有的那种人道和理性却是另一回事。即使薇拉·巴夫洛芙娜和罗普霍夫的子孙像恒河之沙那样繁衍，他们也仍然会是有理性的和有人道精神的人，因而也不会为了不由自主的、不取决于他们意志的感情的偏移而造成彼此生活上的不幸。也许，车尔尼雪夫斯基故意在自己的小说里描写了一个最普通的情节：一个已婚的、没有孩子的妇女产生了新的感情。他阐明了正派人在这种场合下相互之间的义务，希望理解他的那些读者自己来决定，有孩子的配偶在这种情况下应当怎样做：在不同的个人考虑的影响下，他们的做法可能有所不同；但既然他们理解了车尔尼雪夫斯基的观点，他们就永远也不会像旧派的人那样行动了。

十三

我们知道:在俄国传播真理、科学和艺术的崇高观念,是我们这位作者一生的主要的、可以说唯一的目的。他写小说《怎么办?》也是为了传播这些观念。把这部小说仅仅看作宣传爱情方面的理性态度,那是错误的。薇拉·巴夫洛芙娜对罗普霍夫和吉尔沙诺夫的爱情——这不过是借以安排作者的其他更重要的思想的一条主线罢了。我们已经谈到过薇拉·巴夫洛芙娜所创办的协社。作者使她从事这种活动,是为了向他的信徒们指明俄国社会主义者的实际任务。在薇拉·巴夫洛芙娜的梦中,作者的社会主义理想是用鲜明的色彩描绘出来的。他完全按照傅立叶的方式来描绘社会主义公共宿舍的景象。车尔尼雪夫斯基没有给读者提供任何新东西。他只是向他们介绍了西欧思想界早已得出的结论。在这里必须再一次指出,早在四十年代俄国人就知道了傅立叶的观点。"彼得拉舍夫斯基派"[184]就曾因为信奉傅立叶主义而被判罪。但是,车尔尼雪夫斯基使傅立叶思想在我国得到了空前未有的传播。
他向广大群众介绍了这种思想。后来在我国,甚至车尔尼雪夫斯 164
基的崇拜者在谈到薇拉·巴夫洛芙娜的梦的时候都要耸耸肩膀。在某些人看来,她所梦见的法伦斯泰尔①是十分幼稚的幻想。有人说,这位著名的作家本来可以同读者谈些什么对我们更切近、更

① 法伦斯泰尔是法国空想社会主义者傅立叶所主张的社会主义移民区的名称。——译者

实际的东西。甚至有些自称为社会主义者的人也是这样议论的。老实说,我们对这个问题的看法完全不同。我们从薇拉·巴夫洛芙娜的几个梦里可以看出车尔尼雪夫斯基的社会主义观点的一个特征,可惜,这个特征直到如今还没有得到俄国社会主义者的足够重视。这些梦引起我们重视的是:车尔尼雪夫斯基已经完全意识到,要建立社会主义制度,只有把资产阶级时期发展起来的技术力量广泛地运用于生产。在薇拉·巴夫洛芙娜的梦里,劳动大军共同地从事生产,从中亚细亚转到俄罗斯,从气候炎热的国家转到寒冷的国家。所有这一切,当然也可以从傅立叶的著作中读到,但是俄国读者却并不了解这一点,这甚至从后来所谓的俄国社会主义的历史中也可以看得出来。我们的革命者对社会主义社会竟得出这样的概念,即往往把它想象成使用旧式的木犁(还在失明的瓦西里时代用来翻地的木犁)来耕地的农民村社的联盟。① 但是,不言而喻,这样的"社会主义"完全不能算作社会主义。只有把人从"土地的权力"[185]和整个自然界的支配下解放出来,劳动的解放才能实现。为了人的这种解放,无疑地要像车尔尼雪夫斯基在薇拉·巴夫洛芙娜的梦里所讲的那样,必须有劳动大军,必须把现代生产力广泛地应用于生产,而我们在追求"实际"时却把这些完全忘记了。

车尔尼雪夫斯基的许多读者都没有理解他的社会主义观点,这从皮萨列夫的一篇就文笔方面来说非常出色的论文"有思想的无产阶级"[186]中就能看得出来。这篇论文是对《怎么办?》的一个

---

① 〔参阅后面第179页德文版对这处的补充。〕

分析——皮萨列夫由于看到薇拉·巴夫洛芙娜、罗普霍夫和吉尔沙诺夫而喜出望外。在他看来，他们是处于最合适的环境下的“巴扎罗夫型”的真正代表者①，是名符其实的新人物。但是，他怎样 165
想象新人物的性格和活动呢？他首先抓住的是，他们全都研究自然科学。大家知道，在皮萨列夫看来，自然科学就是知识的全部。研究这些真正的科学中的一种罢，努力罢，合理地安排自己对妻子和朋友的关系罢——这样你就会成为“有思想的无产者”，就会为其他一些暂时还不是有思想的无产者的人而工作，就会同他们完全“团结一致”。在这篇论文中一句话也没有谈到，“有思想的”无产者对其余的无产者还可能有其他更广泛的任务。当然，像薇拉·巴夫洛芙娜那样创办这种或那种协社是好的，但主要的不在于此，而在于合理地安排个人的生活和研究自然科学。皮萨列夫甚至完全不理解拉赫美托夫。也许，他也并不反对赞扬拉赫美托夫（因为不能不赞扬他，车尔尼雪夫斯基本人就是赞扬他的），但是他不理解这个典型人物，因此不自觉地暴露出对这个典型人物的反感。对皮萨列夫来说，薇拉·巴夫洛芙娜、罗普霍夫和吉尔沙诺夫始终是真正的、理想的“新人物”。可是，在车尔尼雪夫斯基看来，拉赫美托夫同罗普霍夫及其最亲密的朋友相比，就像巨大的宫殿与普通的房屋相比一样。他引出拉赫美托夫来，是为了表明像罗普霍夫那样的人的相对的平庸。罗普霍夫是关心个人私事的人。他很同情社会主义，但只是顺便地、偶尔地做些社会工作。拉赫美托夫

---

① 可是，车尔尼雪夫斯基本人却未必把自己的主人公看做“巴扎罗夫型”的代表者。《同时代人》认为巴扎罗夫是对“青年一代”的讽刺（参阅马·阿·安东诺维奇的著名论文“当代的阿斯莫捷依”，载于《同时代人》，1862 年 3 月号）。[187]

则把他全部时间和心思都献给社会工作。他完全不知道个人的悲伤和欢乐。他甚至下定决心永远不与妇女亲近。因此，他保险不会发生显露出罗普霍夫和吉尔沙诺夫的性格来的那种故事。这是一个观念的人物。只有为观念服务时才能显露出这种钢铁般的性格的丰富力量。在私人关系上，他是难以相处的，而如果愿意，简直可以说是令人难以忍受的，正如薇拉·巴夫洛芙娜不客气地向他说的那样。他自己也意识到这一点，但丝毫不为了意识到这一点而感到不痛快。大材自有大用。

车尔尼雪夫斯基生活在新型的“新人”的新典型——革命者在我国诞生的时代。他兴高采烈地欢迎这种典型的出现，而且不能不以描绘他那还不清晰的轮廓为乐事。同时他也忧伤地预见到，俄国的革命者要经受多少痛苦和折磨，因为他们的生活必然是严峻的斗争和沉重的自我牺牲的生活。于是车尔尼雪夫斯基通过拉赫美托夫给我们描绘了一个道地的苦行者。拉赫美托夫完全是在
166 折磨自己。用他的女房东的话来说，他简直是个“对自己残忍的人”。他甚至决定试一试能否经得住拷打，为此他整夜睡在插满铁钉的毡子上。很多人，包括皮萨列夫在内，都认为这只是一种怪癖。我们同意，拉赫美托夫性格上的某些细节可以用别的方式来描写。但是他的整个性格还是完全真实的。每一个优秀的俄国革命者身上都有很大一部分拉赫美托夫性格。

现在“知识分子”出身的革命家几乎已经完成了自己的使命。他们已经没有独创精神，而只是人云亦云，变得庸俗渺小。工人出身的革命家、这些真正的“人民之子”应当出来，而且当然会出来代替他们。但是他们有自己的充满光荣的历史，因此我们不能不对

车尔尼雪夫斯基的敏感感到惊异，因为他能这样清楚地看到了和这样忠实地描写了当时刚刚诞生的典型人物的至少是最主要的特征。[188]

十四

枢密院决定褫夺车尔尼雪夫斯基的公权，送往矿山服苦役十四年，然后流放西伯利亚终身。在最后的判决中，服苦役的期限缩短为七年。1864年6月13日，在彼斯克区的梅特宁广场宣读了对这位伟大俄国社会主义者的判决词。他面色苍白、憔悴、疲惫不堪，被人安置在“耻辱”柱旁，背向着宣读判决词的官吏默不作声地站着。举行了在这位被判罪的人头上折断一把剑的仪式，然后他的手被刽子手套进钉在断头台柱上的环里。在这一刹那有一束花掷上了断头台，而在挤满梅特宁广场的人群中响起了对被判罪的人表示同情的呼声……车尔尼雪夫斯基被送往西伯利亚。

有名的刽子手穆拉维约夫曾经想把他拖进卡拉科佐夫案件，但亚历山大二世不知为什么反对这样做，因此车尔尼雪夫斯基仍然留在西伯利亚。他在那里度过了二十年，而且由于宪兵长官舒瓦洛夫伯爵的坚持，他一直没有受到一切减刑法律的处理。在七年苦役满期后，他被流放到亚库梯州的维留依斯克，在那里唯一能同他谈话的只有看守他的哥萨克和宪兵。车尔尼雪夫斯基在这个遥远的、极端有害健康的西伯利亚偏僻地区，在新的监禁状态下一直生活到1883年，[189]才获准迁往阿斯特拉罕居住。真是令人惊奇,这个体格软弱、肺部不健康的人,怎么能经得住加在他身上的这一切迫害。

167 这里我们将不谈营救车尔尼雪夫斯基的许多次尝试,因为它们已经是人所共知的了。[190]

从西伯利亚回来以后,车尔尼雪夫斯基立刻重新积极地从事文字工作。他勤奋地翻译了韦伯的《世界史》,并且为期刊写了几篇文章。值得注意的是,我们的作者在流放前所写的最后的文章之一,是“杜勃罗留波夫的传记材料”,而他在流放归来后最初写的长篇文章之一,就是这些“材料”的续篇。显然,车尔尼雪夫斯基从来也没有忘掉这位过早去世的、有才华的、亲爱的同志。

我们将在第二篇论文中再谈他在流放后写的文章。现在我们只想说,虽然在语言和风格方面能够很容易从这些文章认出车尔尼雪夫斯基来,但是这些文章已经没有过去的光辉和他过去的思想深度了。他的一篇论达尔文的文章确乎是软弱无力的、极其软弱无力的,以致给人造成了最沉重的印象。[191]在读这篇文章的时候,你会感觉到你是在面对着一位已经完全筋疲力尽和备受摧残的作家。在他逝世以前给予他的不大的自由,已经不能使过去的车尔尼雪夫斯基复活了。过去的车尔尼雪夫斯基已经被枢密院的判决所杀害,而俄国政府从来也没有对俄国的思想发展犯过比这更大的罪行。因此在结束这第一篇论文时,我们抱着最大的同感来重述一下赫尔岑在刚刚得悉车尔尼雪夫斯基案件的判决时所写的几句话:“让人们为了这个无比的罪行来诅咒政府和社会,诅咒那挑起这场迫害、由于私人嫌隙而极力火上加油的卑鄙的、被收买的新闻界吧。它教唆政府在波兰屠杀战俘，而在俄国批准枢密院的野蛮的不学无术之徒和国务会议的老年恶棍的判决……而这里却有一些可怜的人，草木不如的人，软体动物一样的人，他们还说不应该咒骂这一伙统治我们的强盗和败类！”[192]

1894年德文版增补附补

对《社会民主党人》文集第93页的补充[①]

〈车尔尼雪夫斯基正是希望致力于在自己的祖国传播真理、艺术和科学的崇高观念〉。[193]

他成为一个作家,他的学位论文的发表,引起了《同时代人》杂志编辑部对他的注意,这家杂志从1847年起是由帕纳也夫和诗人涅克拉索夫出版的。他们建议车尔尼雪夫斯基经常为这家杂志撰稿,甚至请他负责整个批评栏。后来,当1859年准许《同时代人》杂志谈论政治时,车尔尼雪夫斯基还负责政治栏。他真正是不知疲倦地工作着。他为杂志各栏写文章,一般是按这样的次序:首先,他写一篇关于某个理论问题的长文,然后写一篇政治评论,对俄国文学、有时也对外国文学作一短评,评论几本新书,最后,似乎为了休息和娱乐,再对自己的论敌做一些论战性的攻击。这种顽强的劳作在颇大程度上是由于下面这种情况而继续下来的,即甚至在《同时代人》杂志的工作人员中,特别是在车尔尼雪夫斯基从

① 参阅本书第76页。

事文学活动的最初几年内，只有很少的人达到他对待事物的观点的水平。在小说《序幕的序幕》中，作家伏尔庚（车尔尼雪夫斯基用这个姓名来影射他自己①）就公开说，他不得不大量写作，唯恐其他人写出一些蠢话来。但是，自从车尔尼雪夫斯基成为《同时代 169
人》杂志的主要工作人员以后，一切新生的文学力量都自然而然地趋向于这家刊物。例如，很快成名的杜勃罗留波夫早在 1856 年就已开始为这家刊物写稿，车尔尼雪夫斯基把他看得比自己高得多——虽然这是一种过分的谦虚。报刊当时在我国具有十分重大的意义。现在社会舆论已大大超越了（受书报检查约束的）报刊；在四十年代里则社会舆论还没有成长到报刊的水平；五十年代末和六十年代初，是社会舆论和报刊趋于最大一致、报刊对社会舆论发生最大影响的时代。只有在这样的条件下，当时所有卓越的作家才可能这样热烈地醉心于文学工作和这样真诚地相信文学宣传的意义。一切旧的、传统的、从祖先继承下来的东西都受到了批判，一切新东西都被人从“理性”的观点来加以讨论，似乎“理性”的使命就是重新改造俄国读者的一切观点，从最一般的哲学问题起，直到是否应该把摇篮的婴儿包以襁褓和是否应该责打学龄儿童的问题为止。俄国生活上的这个时代与法国的一个时代极其相似，那时代伟大的启蒙运动者伏尔泰也对世界上的一切无所不谈，从牛顿的理论起直到年轻姑娘的教育为止。

车尔尼雪夫斯基的杂志领导了当时俄国的文学运动。所有的“新人”[194]都如饥如渴地阅读它，所有由于某种原因而想阻止这

① 车尔尼雪夫斯基的故乡萨拉托夫位于伏尔加河畔。

个运动的人都非常害怕它。恐惧自然而然地产生了仇恨。《同时代人》杂志的影响越加增长，各方面对这家杂志、特别是对车尔尼雪夫斯基的攻击也就越加厉害。人们开始把《同时代人》杂志的工作人员看成是推翻一切"社会基础"的危险人物。某些四十年代的"先进人士"，过去曾经是当时最有影响的作家别林斯基的朋友，现在也都离开了《同时代人》杂志，把它看作是"虚无主义者"的机关刊物，并且开始大叫大嚷，说什么别林斯基在世绝不会赞同它所采取的方向。屠格涅夫就是这样做的。① 就连斯拉夫主义的急进分子赫尔岑也差不多是这样做的，他在自己在伦敦创办的《钟声》杂志上攻击"胆汁质的人"，说什么任何东西都不可能使这种人满意。[196]《同时代人》方面也马上进行报复。它用尖锐的论战文章
170 来回答这些攻击，此外，还在一个以《哨声》为名的专刊上嘲笑[197]他们。有时车尔尼雪夫斯基也在《哨声》上写文章，但那里的主要工作者是杜勃罗留波夫，他具有写作讽刺"卫道者"的高谈阔论的那种诗歌的卓越才能。"卫道者"试图以同样的武器来对《同时代人》进行斗争，但他们很快就相信，"les rieurs"（笑的人）并不站在他们这一边。

车尔尼雪夫斯基埋头于文学斗争，所以写他这个生活时期的历史——就是写他的文学活动史。不言而喻，我们不能避而不谈这种活动，但是让我们先来看一下，他怎样理解他在《同时代人》杂志上所阐述和捍卫的那些"真理、艺术和科学"的观念。

---

① 车尔尼雪夫斯基讲过，屠格涅夫对他在一定程度上还能容忍，但对杜勃罗留波夫就完全不能忍受了。他曾对车尔尼雪夫斯基说："您是一条普通的蛇，而杜勃罗留波夫则是一条眼镜蛇。"[195]

按他的哲学观点来说，他是费尔巴哈的信徒，他对费尔巴哈抱
着最大的敬意，他把费尔巴哈和黑格尔相提并论，这一点就说明了
许多问题，因为车尔尼雪夫斯基与日益流行的“有思想的无产者”
的偏见相反，认为黑格尔是一切时代和一切民族中最有天才的思
想家之一。① 作为费尔巴哈的信徒，车尔尼雪夫斯基是哲学唯心
主义和二元论的敌人。他在《哲学中的人本主义原理》一文中写
道：“自然科学所制定的关于人类机体统一性的思想，是哲学对于
人类生命……的观点的原则；生理学家、动物学家和医学家的观察
消除了一切关于人的二元论的思想。哲学所看到的人，和医学、生
理学、化学所看到的一样；这些科学证明，在人身上看不到任何二
元的东西，而哲学则另外还说，如果人除了他的实在的本性外，还
有另一种本性的话，那么，这另一种本性就一定显现在什么东西之
中，但是它并没有显现在任何东西之中，人体所发生的和表现出来
的一切都是按照他的一个实在的本性进行的，所以，人就没有其他
的本性。”②[199]这说得十分清楚。但是还不能从这一点得出结论
说，车尔尼雪夫斯基是唯物主义者一词的最新意义上的一个彻底
的唯物主义者。我们都知道，费尔巴哈本人离开这种彻底性也还
很远，老师的错误也在学生的世界观上留下了深刻的痕迹。车尔 171
尼雪夫斯基的唯物主义，表现在他的“人本主义”观点中要比表现

---

① 实际上费尔巴哈要比黑格尔低得多，并且贫乏得多，正如恩格斯清楚地指出的那样，马克思早在给柏林的《社会民主党人》编者的信（在蒲鲁东死后不久发表）中也指出了这点。[198]

② 我们要再一次提醒我们的德国读者，车尔尼雪夫斯基必须说得十分谨慎，因为他是在受书报检查的俄国杂志上写作。

在他的历史观点中更明显得多。车尔尼雪夫斯基把人看作环境的产物，甚至带着极大的人道精神来对待那种邪恶的人性的不良表现，〈而唯心主义者则把这种不良表现仅仅看做应该加以严厉惩罚的“恶的意志”……〉

〔第 105 页的注释〕[①]

〈一般说来，车尔尼雪夫斯基对合理利己主义的观点，很明显地表现出一切“启蒙时期”所特有的一种倾向，即力求从理智中寻找道德的基础，而从个人的某种深思熟虑的利害打算中去寻找他的性格和行为的解释。〉

顺便说一下，Xenophon 在 Erinnerungen an Socrates[②](6,27)中，曾引证这位哲人用来说明同诚实人交朋友比同奸狡者交朋友更好这个思想的如下论据：“Es ist aber vortheilhafter，den Rechtschaffenen gutes zu erweisen，da ihre Zahl geringer ist，als den Schlechteren，deren Zahl grösser ist，denn die Schlechten bedürfen weit mehr Wohltaten，als die Rechtschaffenen.”[③]这已经是理智的完全胜利和最后界限了，超越了这个界限，理智就一定会立刻走向荒谬。

---

① 参阅本书第 89 页。

② 色诺芬……《苏格拉底回忆录》。——译者

③ “……为少数好公民效劳比为多数坏公民效劳更需要得多，因为坏公民要求施惠要比好公民多得多”。——译者[200]

〔第134页的续稿〕①

〈但让我们回到我们的作者那里去。现在我们已经知道他的观点的一般性质，知道他对“真理、科学和艺术的崇高观念”的理解所特有的优点和缺点，我们就能容易地对他的文学活动作一个总结。〉

车尔尼雪夫斯基必然会遇到的第一个实际问题，就是废除农奴制的问题。当这个问题刚刚被亚历山大二世政府提上日程的时候，俄国的先进人士以为不难向这个政府指明，它本身的利益与被 172
解放的农民的利益是多么一致。另一些人甚至认为，这对政府说来是不言自明的。赫尔岑向这位年轻的沙皇写道：“你胜利了，加里利亚人！”②[201]

差不多在这时候，他公开提议为沙皇-解放者干杯。[202]在一段时期内，似乎车尔尼雪夫斯基也陷入了同样的错觉。至少，他曾极力向政府解释，它的正当的利益究竟何在。在国外出版的特别版本中，他所写的有关农民问题的文章就编成了排印得密密的一厚册，从这一点就可以看出他在农民问题方面写了多少文章。[203]当然，他主张连同土地一起解放农民，并且断定说，赎买分给农民

---

① 参阅本书第122页。

② 传说中此语出自罗马皇帝变节者朱理安(Julianus, Flavius Claudius 331－363)。他是坚决反对基督教的，后世史家造谣说他在对波斯战争中临死时高喊：“你胜利了，加里利亚人！”——加里利亚人是指耶稣。整句话的意思是表示对真理屈服、承认自己战败。实际上朱理安至死都是反对基督教的。——译者

的土地，不会给政府造成任何困难。他用了一般的理论推断和极详细的示范计算来证明这个思想。

〔第148页的续稿〕①

〈如果说我们的“知识分子”迄今为止还这样牢固地抓住村社不放，那么这一点正表明车尔尼雪夫斯基的不可磨灭的影响。〉

他拥护村社的主要论据之一，就是指出村社会拯救我们避免“无产阶级化的溃疡”。这时显然他曾经不止一次地回想起哈克斯特豪森男爵之类的反动分子的论断，这些人是把“无产阶级化的溃疡”看作西欧革命运动的主要根源的。他也曾经怀疑过消灭上述的溃疡对俄国进步的事业是否有利。但是他很快就消除了这种怀疑。“农民阶级虽然在我们这里总是按村社的惯例来使用土地，但他们在历史上却并不永远……以固定不变的性格出现……我们……没有必要去解释西欧农民的性格如何。我们只想提醒大家，哥萨克大部分出身于农民，而从十七世纪初期起，俄国人民历史上的几乎一切戏剧性的情节，都是由农民来扮演的。”[204]我们看到，他在这里把农民战争的历史意义与现代无产阶级革命运动混为一谈
173 了，——这对如今的社会主义者来说，是一种完全不可设想的混淆，但对车尔尼雪夫斯基时代的俄国革命者来说，这种混淆却是很不容易觉察的。

自由派经济学家轻视村社，把它看成是只有原始的野蛮民族

① 参阅本书第137页。

才有的一种落后的土地占有制形式。车尔尼雪夫斯基在驳斥这种论据的时候引证了黑格尔的学说。他说,任何一种现象的发展中的第三个阶段、即最后的阶段,总是同它的第一个阶段非常相似的。各民族都从村社土地占有制开始,他们必定迟早要回到村社土地占有制。的确,西欧各国人民曾经从原始的村社土地占有制过渡到、并且必然暂时过渡到土地私有制。但是,踏上历史发展道路较晚并有了西欧经验作借鉴的其他国家,完全可能避免这个过渡时期。俄国就属于这样的国家。它绝对没有任何必要在本国实行已经由西欧历史清楚表明它的荒谬性的那种土地占有制形式。

车尔尼雪夫斯基提出这个论据的那篇文章,[205]写得这样圆满周到,在表面上看来是这样令人信服,使得反对村社的自由派竟然找不到任何理由来反驳它。仅仅这个情况就表明,他们自己对社会问题的观点是多么空洞抽象。只有那些把自己置于"社会之上"的人,只有各种派别的空想主义者,才能为车尔尼雪夫斯基的论据所折服。实际上,在黑格尔那里,任何发展——无论在逻辑学、自然界或社会中——都是以自己内在辩证法的力量自行实现的。如果车尔尼雪夫斯基想从黑格尔的观点来捍卫村社土地占有制,他就应该证明,俄国村社的内部关系本身就会导致这样一种社会制度的建立,这种制度既不会犯西方的"错误",又将接近于社会主义者的理想(西欧各民族以这些社会主义者为代表,认识到了土地私有制是不方便的、站不住脚的)。但是,车尔尼雪夫斯基却连一句话也没有谈到村社土地占有制的这种逻辑。在他那里,了解西欧社会主义(即空想社会主义)并认为俄国必须利用较先进国家的经验的那些"先进的"俄国人的主观逻辑,代替了这种客观逻辑。

黑格尔未必会同意**这样地**运用他的观点。我们且不谈在他那里第
174 三阶段与第一阶段只有形式上的相似，虽然车尔尼雪夫斯基几乎把社会主义社会（空想社会主义者所想象的那种社会主义社会）与俄国农村〔村社〕（这种村社同真正原始的土地占有制形式相去极远）混为一谈。

同一个车尔尼雪夫斯基在另一篇文章里叙述同一个黑格尔的学说时说道："抽象的真理是没有的，真理总是具体的……一切都以时间和地点的条件为转移。"[206] 他要引证黑格尔学说来保卫村社土地占有制，就应当首先记住黑格尔观点的**这个方面**。那时他就会以另一种方式来发表议论。村社土地占有制是好东西还是坏东西？根本不可能以肯定的方式来回答这个问题。首先应当知道，它目前的状况怎样，以及可设想的将来为它准备了怎样的状况。"抽象的真理是没有的，真理总是具体的"……但是车尔尼雪夫斯基却正是想寻找抽象的真理，于是他就违反了他所引证的那种哲学的精神。

下面这个值得注意的情况表明，车尔尼雪夫斯基是怎样地没有觉察到他对村社的抽象观点是站不住脚的。在我们刚才叙述过它的论据的那篇文章前面有一个序言，我们的作者在这个序言中对俄国农民土地占有制的前途发表了读者已经知道的一种黯淡的看法，并且为了他曾经轻率地为村社辩护而"感到羞愧"。骤然看来，这似乎是完全不能理解的：一方面，这个人说，他成了"鲁莽"的人，甚至——"在我自己看来简直是愚蠢"，因为他曾经替村社辩护，而另一方面——他却又一次维护村社，并且在他看来是用不可摧毁的武器来维护村社。[207] 这是什么意思呢？这就是说，在一种

场合下，车尔尼雪夫斯基所谈的是处于一定历史状况下的**现实的**俄国村社。他以为这种村社的事业已经彻底失败了。但是，**作为一个空想主义者**，他不仅注意到**现实的**社会关系，而且也不忘记**可能发生的**关系，而可能发生的关系在任何一个空想主义者的世界观中都是起重大的作用的。从这些可能发生的关系的观点看来，村社依旧是一个美好的东西，维护它不仅不必感到羞愧，而相反地还是一件很好的事。因此，可能性就成为完全不依赖于现实性的一个领域。后来，所有的俄国民粹主义者，包括乌斯宾斯基在内，都经常重复这种逻辑上的错误。但是，车尔尼雪夫斯基对村社土地所有制的看法，毕竟与民粹派的看法有很大的不同。

〔第 160 页的续稿〕[①] 175

随着俄国反对派分子的情绪高涨，波兰社会的革命情绪也高涨起来。大学生风潮迭起，秘密团体相继成立，它们印发传单，盼望那些不满于“解放”的条件的农民普遍举行起义。这一切“骚动”对车尔尼雪夫斯基的命运有直接的影响。

已故的舍尔古诺夫在自己的回忆录中说道：“在当时，一般地说，人们是十分大胆、十分公开地散发传单的。有一次遇到一位衣袋装得满满的熟人，我问他：‘您带的是什么东西？’他十分沉着地回答说：‘传单’，仿佛这是一种合法的、甚至得到许可的印刷品似的。有时，有人来拉你的门铃。你开门看到一个熟人，他一句话也

---

① 参阅本书第 151 页。第 10(8)章的起首。

不说，甚至还装出不认识你的样子，把一卷传单塞到你手里，然后急忙地像一个不认识的人那样走开。传单散放在剧院的座位上，像戏报那样张贴在音乐厅的墙壁上，据说，甚至还把传单塞进人家的衣袋，而有人在谈到《告青年一代书》[208]这份传单时说，有某一位先生骑了一匹白色的快马沿着涅瓦大街向道路两旁散发这份传单。最后，还通过邮局来散发传单。散发《告军官书》[209]这份传单也是特别大胆的。这份传单在基督的晨祷时①散发，据说，甚至还在教堂里散发。"[212]这位舍尔古诺夫还指出，所有这些传单，就其意义来说，"都只不过是一种大胆的举动，给人造成了轰然作响

176 的爆炸筒那样的印象"。这是公正的。彼得堡的劳动人民大概没有从街头散发的传单《告青年一代书》和《青年俄罗斯》中懂得任何东西。但是，单是散发传单的人的大胆行为，就迫使政府料到在他们背后有着一支巨大的革命力量。这使俄国政府有一个很好的借口去采取"驯服措施"，俄国政府通常总是借助于这种措施使它的敌人转上正路的。逮捕开始了。在散发了《告青年一代书》(这发生在1861年秋)以后的第二天，《同时代人》杂志最卓越的撰稿人

---

① 即在基督复活节的晨祷时。《青年俄罗斯》这份传单[210]比当时的其他一切呼吁书都更为出色，它呼吁青年学生("我们的主要希望")准备好在"俄罗斯社会民主共和国万岁"的口号下进行"流血的、无情的革命"。这份传单判处了皇族和整个"帝党"的死刑。它对自由主义立宪派表现了非常大的敌意。传单的作者举出上世纪法国伟大的恐怖主义者作为俄国革命者的范例。革命党应当把政权夺取到自己手中，以便"靠了政权的帮助在尽可能短的时间内实现另一些经济和社会生活的原则"。关于《青年俄罗斯》这份传单，赫尔岑在《钟声》上曾正确地指出，"只有在决战的前夕，才能号召人们拿起武器"，而"任何过早的号召都是向敌人提供暗示和消息，并在敌人面前暴露自己的弱点"。[211]然而问题正在于：当时的俄国革命者觉得他们已经处于"决战的前夕"。他们不懂得，当青年学生是革命者的"主要希望"的时候，是谈不到什么革命的。

之一米哈伊洛夫遭到了逮捕。这个事件引起了彼得堡文学界的很大波动。两三天后，差不多所有的彼得堡作家都集合在《俄国言论》杂志[213]的出版人库雪列夫伯爵家里，讨论他们能够做些什么来援救被捕者。他们决定向国民教育大臣（当时的出版物主管人）递交请愿书，请求他关心米哈伊洛夫的命运。大臣（就是前面已经提到过的海军大将普嘉廷）接受了这份请愿书，虽然他向递交请愿书的代表们指出，俄国并没有作家这个“等级”。自由主义的亚历山大二世则下令把代表们关进禁闭室。[①] 同时米哈伊洛夫则被关在要塞里，并且用他的果断而坦率的回答使审问他的预审官惊慌失色。[214] 他承认自己写过一份传单，并且宣称他衷心痛恨俄国现存的制度，并焦急盼望着推翻沙皇政府那个时刻的到来。枢密院判他在矿山服苦役（最苦的一种徒刑）十五年。沙皇把刑期减至七年。这是非常 grossmütig[②]，同时又并不妨碍他达到这样的目的：消灭革命运动的主要“首领”之一。现在就该轮到最主要的“首领”车尔尼雪夫斯基了。

使整个彼得堡长久不忘的 1861 年的大学生风潮，是由下面这个原因引起的：正如我们已经说过的，亚历山大二世的政府甚至在自己的自由主义蜜月时期，也不能容忍学院自由的甚至很微小的一点儿迹象。1856 年，装扮得宛如自由主义者的谢尔巴托夫公爵，被任命为彼得堡学区的学监。他准许大学生成立互助会、图书馆、阅览室和出版自己的“文集”。为了举办大学生的所有这些事 177

① 可是后来他“宽恕了”他们。

② 宽大的。——译者

业，举行了选举自己的代表的会议。大学生开始过集体生活了。这是政府所不喜欢看到的。1860年，谢尔巴托夫公爵被迫辞职，高加索的菲力浦逊将军被任命为他的继任人。大学生开始受到“整肃”。禁止大学生举行集会，禁止教授们为了募集大学生互助会资金而举行公开演讲，互助会以及大学生图书馆都被封闭了。大学生的集体生活宣告结束，同时学生进大学也受到种种限制（当时彼得堡大学有学生一千五百人；在尼古拉统治时期的最后几年则一共只有三百人）；大学委员会不再能批准大学生免费听课。这就是“开明的航海家”、国民教育大臣、海军大将普嘉廷所想出来的新的大学章程。彼得堡大学的优秀教授都立即纷纷请求辞职，[215]而大学生则不顾禁令，开始举行热闹的集会。去跟学监菲力浦逊说理的大学生甚至还举行了示威游行。相信自己的战斗经验的菲力浦逊求助于军事力量。大学生和士兵在街头上发生了冲突，大学暂时遭到封闭，大批学生被捕，以致彼得保罗要塞都已经人满为患，只好把他们用轮船运往喀琅施塔得。[216]

这一切都发生在1861年，而到下一年春天，在彼得堡开始发生频繁的、接连不断的火灾，政府把这些火灾都归罪于“虚无主义者”。反动报刊叫嚣必须采取严厉的措施，并且名符其实地对车尔尼雪夫斯基和他的同志进行了告发。

车尔尼雪夫斯基的文章也越来越富于革命性。他以前曾经〈认为向政府说明农民解放对政府本身有利，是可能而且有益的，而现在却已不想再对政府说什么了〉。

〔第 168 页的续稿〕①

《怎么办?》这部小说的情节很简单。彼得堡医学院学生罗普
霍夫遇到了一位贫穷的年轻姑娘薇拉·巴夫洛芙娜·罗查利斯卡 178
雅,这位姑娘的父母想强迫她嫁给一个头脑空洞、生活腐化、但却非常富有的军官。为了使她摆脱这种困难的处境,罗普霍夫建议同她秘密地举行假结婚。薇拉·巴夫洛芙娜同意了,这样就摆脱了令人难受的父母的监护。在一段时期内,她一直只是罗普霍夫的假妻子,但后来就爱上了他,于是他就不仅在法律上是她的丈夫了。罗普霍夫夫妇非常幸福。他们过的是"新人"的合乎理性的生活,在他们周围都是一些有理性的和正直的朋友。但是薇拉·巴夫洛芙娜却并不满足于这种生活。她希望实现她想得很多并且经常与朋友谈论的社会主义思想。她和她的朋友都认为成立工人生产协社是实现这种思想的最好途径。于是她就发起组织彼得堡的女缝工。这个事业——车尔尼雪夫斯基在叙述这个事业时,照例总是极为详细地列举新原则的优越性——迅速地发展起来。薇拉·巴夫洛芙娜可以把自己称为十分幸福的人了。但是,一幕沉痛的悲剧却在等待着她。在罗普霍夫的朋友中间,有一位名叫吉尔沙诺夫的年轻的、有着光辉前途的生理学教授。薇拉·巴夫洛芙娜很吃惊地觉察到她对吉尔沙诺夫的爱情,吉尔沙诺夫也同样意外地发现他爱上了薇拉·巴夫洛芙娜。他们俩人都顽强地与自己的

① 参阅本书第 159 页。第 12(10)章的起首。

感情作斗争。但是感情却并不屈服于他们的努力：罗普霍夫也觉察到这一点，他认为，为了朋友和爱妻的幸福，他应该退出舞台。他失踪了；警察和他的几乎所有的朋友都深信，他已经投涅瓦河自尽了。薇拉·巴夫洛芙娜在法律面前得到了自由。现在没有任何东西妨碍她同吉尔沙诺夫结婚了。她在得悉罗普霍夫还活着并且住在美洲以后，也确实同吉尔沙诺夫结了婚。当罗普霍夫看到他已经克服了自己对薇拉·巴夫洛芙娜的感情的时候，他就回到彼得堡，并且同吉尔沙诺夫夫妇的一个女友结了婚。他的新妻子也组织了裁缝工场。罗普霍夫和吉尔沙诺夫两家都生活在极伟大的友谊中。

读者可以看到，几乎小说中的每一个主角都是这样行事的，以致使"卫道者"振振有词地叫嚷说，这是对家庭的神圣的"基础"的动摇，是对道德的凌辱，对法律的破坏等等。卫道者确实一直对这一点叫嚣不止。同时他们还大叫大喊，说什么这部小说没有任何艺术价值，说什么车尔尼雪夫斯基在这部小说中暴露出他完全缺
179 乏艺术才能。这第二种责难只有一部分正确：小说《怎么办?》中的喜剧性人物（例如薇拉·巴夫洛芙娜的父母）描写得很好，充满着生活气息，但是这部小说中的真正主角薇拉·巴夫洛芙娜和她的朋友们，从艺术观点看来确实描写得不很成功。但是，从这一点可以得出什么结论呢？让人们向我们举出〈哪怕一部最出色的、真正富有艺术性的俄国文学作品，在它对国家的道德和精神发展的影响上，能够与《怎么办?》这部小说相匹敌吧〉。

〔第 172 页的续稿〕[1]

〈我们的革命者对社会主义社会竟得出了这样的概念，即往往把它想象成使用旧式木犁（还在失明的瓦西里时代用来翻地的木犁）来耕地的农民村社的联盟。〉

从另一方面看来，毫无疑问，车尔尼雪夫斯基在他的这部著名小说中所表达的那种对实现社会主义思想的实际途径的看法，甚至在他当时来说也应当算是一种落后的看法。当时俄国和德国都在进行关于协社的宣传，这个历史事实是很值得注意的。车尔尼雪夫斯基的小说出版于 1863 年。在同一个 1863 年，拉萨尔向德国工人介绍说，生产协社是改善他们的生活（哪怕只是某些改善）的唯一手段。但是，在我国和德国，这个问题的提法有什么不同呢？在车尔尼雪夫斯基的小说中，〔从事〕建立协社的是个别具有人道主义精神的、有教养的人：薇拉·巴夫洛芙娜和她的朋友们。甚至"开明"神甫梅察洛夫也热衷于这个事业，用他自己的话来说，他在薇拉·巴夫洛芙娜所建立的作坊中起着盾牌的作用。这部小说丝毫没有谈到工人阶级的政治独创精神。企图实现车尔尼雪夫斯基提出的纲领的那些俄国的"六十年代人"，也都丝毫没有谈到这一点。相反地，拉萨尔进行鼓动时的第一句话，就向工人指出了他们进行政治活动的必要性。在拉萨尔的计划中，举办协社的事业是广泛的、全国性的事业。在车尔尼雪夫斯基那里，则它始终是

---

① 参阅本书第 164 页。

私人的事业。拉萨尔会把车尔尼雪夫斯基当作舒尔采-德里奇的信徒。[217]拉萨尔的实际计划和车尔尼雪夫斯基的实际计划之间
180 的差别，清楚地表明了德国和俄国在内部关系方面有多大的差别。当然，我们并不想说，拉萨尔的计划像更老的路易·勃朗的计划一样，不是一个空想。

在《怎么办?》这部小说中，一反车尔尼雪夫斯基的惯例，关于拯救人类的爱谈得很多。这一点清楚地表现出费尔巴哈的影响。

本版（“野玫瑰”出版社1910年圣彼得堡版）附注

车尔尼雪夫斯基在《约·斯·穆勒的政治经济学原理》译本序言中写道：

“所有的经济学家都承认穆勒的著作是对亚当·斯密所创立的理论的一个最好的、最正确的和思想深刻的阐述。在翻译这部著作时，我们想要向读者证明，我们所反对的大部分概念，完全不属于严密的科学，而应该被认为仅仅是现在法国的所谓经济学家由于怯懦的怂恿而对科学所作的歪曲。”（《全集》，第七卷，第1页）

我们的作者抱着这个在极大程度上带有政论性的特殊目的，因而他非常心甘情愿地说，他“只是重复”约·斯·穆勒的话，而假如他和穆勒有意见分歧的话，那么这种分歧也仅在于从经济理论中所得出的结论，而不涉及经济理论的基本原理。鉴于上述特殊目的，这样做可能是方便的；但这对理论本身来说却没有好处。车尔尼雪夫斯基把约·斯·穆勒当作亚·斯密和李嘉图的忠实门徒，这就犯了一个很大错误。虽然约·斯·穆勒对社会主义制度采取似乎不偏不倚的态度，但他自己却受到了庸俗经济学家——假如不是法国的、那就是英国的庸俗经济学家——的影响，而且正如我们看到的那样，他自己不能彻底搞清楚政治经济学的基本概念。假如车尔尼雪夫斯基不是把约·斯·穆勒的《政治经济学原理》,而是把李嘉图的 *Principles of Political Economy and Taxation*[①]——他本人曾对它作了这样高的评价[②],——或者哪怕是把罗勃妥斯的 *Soziale Briefe an v. Kirchmann*[③],作为自己研究的出发点,那么,他自己对资本主义社会经济的观点就会在明确性方面得益很多了。而这当然就会对他的《注释和补充》(为穆勒著作第一卷而作)以及他的《概述》("根据穆勒的思想而作")发生有利影响。

大家知道,上个世纪英国社会主义者——主要是罗·欧文的信徒们——在他们的相当多的并且极其卓越的经济学著作中(关于这些著作,可参阅马克思的《哲学的贫困》和福克斯威尔教授为孟格尔的 *Das Recht auf den vollen Arbeiterstag*[④] 一书英译本所写的序言;这篇序言译成了德文,并用作 1903 年出版的威廉·汤姆森的两卷著作 *An inquiry into the principles of the distribution of wealth*[⑤] 的德译本的导言),是以李嘉图的学说为依据的。最后,已故的乔治·阿德勒教授在他为约翰·格雷的小册子 *Lecture on human happiness*[⑥](出版于 1907 年)德译本所写的"Ein-

① 《政治经济学和赋税的原理》。——译者

② 在我们前面详细地考察过的"生存竞争有益论的来源"一文中,他把李嘉图称作以自己的 *Principles*(《原理》)"重新创造了"经济科学的思想家。

③ 《致克尔希曼的社会信札》。——译者

④ 《对全劳动日的权利》。——译者

⑤ 《对财富分配原理的探究》。——译者

⑥ 《论人的幸福》。——译者

leitung"[①]中,也谈到那些社会主义者。应该承认,那个时代的英国社会主义者——例如汤姆森和格雷——的基本经济观点,往往比车尔尼雪夫斯基的观点更为严整。但是,孟格尔以为似乎在这些著作中包含着科学社会主义原理,这就犯了一个重大的、令人奇怪的错误。按马克思的说法,从李嘉图的经济学说中作出平均财产的结论来的英国社会主义者,双脚仍继续站在空想社会主义的基础上,任何人愿意费一点力去读一下比方说前面所说的汤姆森和格雷的著作(直到现在这些著作的英文本一向非常罕见,但德译本却很普及),那他就能容易地信服这一点。在以李嘉图为依据的英国社会主义者看来——也像在我们这位伟大的启蒙运动者看来一样,——研究的任务在于自己弄清楚和向别人阐明,资本主义制度不符合于"健全的理论的要求"。我们再重复一遍,问题不在于车尔尼雪夫斯基的个别错误——不论这些错误有时多么重大,——而在于他所抱的那种观点的缺陷。

但是,虽然有着自己的一切缺陷——我们现在能够而且应该历史地看待这些缺陷,——我们的作者的观点却并没有妨碍他对我们刚产生的社会思想给予不可估量的帮助。他是一个不仅学识渊博、真正很有学问,而且还是坚定不移和富有才华的政论家,他想要使主要属于平民知识分子阶层的"读者朋友"的注意力转向"社会问题"。而他的这个崇高的目的是完全达到了:我们的读者中间的一切新生的、生气勃勃的分子,都受到了他的有益的影响。他的有时是热情的、有时是愤怒而带刺激性的宣传,大大地促进了

① 序言。——译者

我们文学中的民主派的产生,而俄国"进步人士"是应该把他关于我国人民生活所知道的一切归功于民主派的。当车尔尼雪夫斯基对资本主义社会生活中的个别现象下判断时,他时常犯错误。但是,他对这种社会采取否定态度却是正确的。此外——而且这一点是极其重要的,——当他谈到"怎么办"的时候,他甚至在自己的空想主义计划中显示出那样强有力的逻辑和那样惊人的清醒思想,而我们要想到他离开舞台以后在我们进步政论界占有主要地位的那些人的著作中去寻找这些东西,却会是徒劳的。当他离去的时候,我们的这种政论的水平就大大下降了。单是根据这个不应该有丝毫疑问的情况,就足以判定车尔尼雪夫斯基在我们的文学中起了多么重要和多么富有成果的作用了。他的名字标志着俄国社会思想发展史上的整整一个时代。这个时代就是光荣的、令人永志不忘的"六十年代的时代"。

车尔尼雪夫斯基在西伯利亚① 398

〔1913 年〕

放在我面前的是车尔尼雪夫斯基从西伯利亚写给自己亲属——主要是写给妻子和孩子们——的两卷书信。这两卷收入了到 1877 年为止所写的书信，它们确实是名符其实的珍贵的“人类文献”。对车尔尼雪夫斯基由于被捕和流放而过早地中断的文学活动表示同情的人们，总把他看做一个不仅在智力方面、而且在道德方面也是非常杰出的人。他们很喜欢把他理想化。在这种情况下，把他理想化是极其自然的事。然而这种理想化远不是没有危险的：对理想化了的人物的进一步了解，有时会使人对他感到失望。但是在目前这个场合，却谈不上有这样的危险性。车尔尼雪夫斯基寄自西伯利亚的信表明，人们很难把他加以适当的理想化。俄国读者愈是了解这些书信，他们就会愈加尊敬这位无比高尚的、不屈不挠的坚强的人。俄国读者所应当做的，只是多花些时间去阅读这些书信。但在“目前时期”，是不这么容易保证做到这一点的。

---

① 《车尔尼雪夫斯基在西伯利亚。与友人通信集》，第 1 卷（1865－1875 年），第 2 卷（1876－1877 年）。里雅茨基为文，米·尼·车尔尼雪夫斯基注释，圣彼得堡 1912 年“火焰”出版社出版。

根据法律，被判处苦役的人的妻子有权随他前往。车尔尼雪夫斯基很爱自己的妻子；和她离别无疑对他造成了很大的痛苦。但是，他怕有害健康的遥远边区的生活，对她来说将是非常艰苦的。于是，在他到了西伯利亚之后，就开始考虑怎样安排得使他的妻子不仅不跟随他到那里去，而且尽快地根本把他忘掉。在 1875 年 3 月 8 日从维留依斯克写给贝平的信中，他关于这一点作了极
399 有教育意义的自白：

“几年以前，在贝加尔见面的时候，[550] 我曾力劝奥里珈·索克拉托夫娜另嫁任何哪一位高尚的人，这种高尚的人很多，当然，他们连想也不敢想这一类事情，但是，不论哪一位高尚的人假如听到她说，是我请求她向任何哪一位高尚的人这样说的，那他就会认为自己是世界上最幸福的人了[551]……

我不能说服她。——过了几个月，我就停止给她写信。我整年没有写信。她不能忍受这个。怎么办？——我认为我必须重新开始和她通信”（第一卷，第 140 页）。

但是，和妻子恢复通信以后，车尔尼雪夫斯基并没有放弃自己的计划，而只是延期实行这个计划。他对自己的妻子所抱的宗旨仍然像以前一样。他写信给那同一个贝平说：“问题仅仅在于使她对我没有好感。那时就能像健康所要求的那样好好地生活了”（第 141 页），这里所说的健康是指她的健康。1875 年，他企图用假装同贝平吵架的办法来解决这个任务。事情是性格有点暴躁的奥里珈·索克拉托夫娜·车尔尼雪夫斯卡娅有时同贝平家发生不和，而贝平在车尔尼雪夫斯基流放以后一直照顾着她和她的两个儿子。她把自己同贝平家发生不和的事告诉了丈夫。他也对他们

吹毛求疵，想使奥里珈·索克拉托夫娜对他丧失任何好感。他装出完全站在自己妻子这方面的样子，并且要求他的儿子亚历山大与同住的贝平家人断绝一切关系。后事如何……让车尔尼雪夫斯基自己来说吧。

“应当这样地继续下去：

当我计算到时间合适的时候，也就是再过两个月以后，我将用这样的口气对我的儿子萨沙说：

‘你不同他们断绝关系吗？’——但我知道，这不仅在道义上是不可能的，而且甚至在物质上也是不可能的；且不说萨沙本人的感情和理智，就是奥里珈·索克拉托夫娜也不能容许这样做；……我知道，不仅萨沙不能实行我向他提出的要求，而且奥里珈·索克拉托夫娜也不容许这样做。——那么在四月或五月，我考虑时机成熟，就有理由对萨沙这样说：

‘你不听话吗？这样你就不是我的儿子！’——这些话的词句比对你们说的要更粗暴些。

这是第二部分。而第三部分，也就是对我来说最为重要的部分，就是奥里珈·索克拉托夫娜将写信给我说：

‘你既然变成这样可恶的人，那么对于我和我的孩子来说你就 400
不再存在了’，——她会这样写信给我；这是无疑的，正像 2×2=4 一样。

然而对我来说，使我的良心感到最大轻松的就在于此。我是有良心的。我希望使我亲近的人不再受害”（第一卷，第 139－140 页）。

正如应该预期的那样，这种独出心裁的阴谋诡计完全没有达到车尔尼雪夫斯基想要达到的目的。贝平写给他一封信，信中竭力为自己受奥里珈·索克拉托夫娜指责而辩白。这封信的内容和高尚的语气为他大大增光。[552]车尔尼雪夫斯基这样回答他说：

“亲爱的萨兴卡，

我请你、姊妹们和赛列查原谅我徒然地使你们不快。

我完全同意你信中的每一句话。你所有的意见都是纯粹的真理。但是，当我写那些粗暴地委屈你的话时，我知道这一切是这样的。我知道我写的是什么。现在你明白了么？我不过是企图从你们的感情中根除掉对我的任何好感。

可惜，并没有成功”（第一卷，第139页）。[553]

奥里珈·索克拉托夫娜和贝平家人的不和并未使他发生什么误解，这点从下面这段话中可以看得出来：

“亲爱的朋友，她的性格是急躁的。但她本人也会判断这些冒火的行为。——在她给我的信中经常谈到和你们“不睦”，抱怨你们。——她谈到自己信中的这些地方说：‘这是在烦恼的时刻写的，当时我觉得是这样的；但你知道我的性格；我发脾气是没有理由的。’——我亲爱的，当然我无限地矢忠于她。然而这当然并不妨碍我认为，她对你们的恶感和她严厉批评你们待她的态度，是完全不公正的。她对你们的恶感是不强烈的；她严厉批评你们待她的态度，完全像你的批评一样”（第一卷，第154－155页）。[554]

车尔尼雪夫斯基深信他和贝平吵架的企图不能实现以后，不知道怎样去减轻他使贝平受到的烦恼。他给贝平的信中的下面这段话，具有深刻的、真正感人的印象：

“你的信充满着心灵的光明正大。为了这封信，值得吻你的手；这是失礼的；但是我和一些人在年轻的时候没有拘泥于此”(第一卷，第 147 页)。[555]

在同年 3 月 28 日给贝平的信中几乎全部重复了这些温柔的话：

“我亲爱的，你的信是极其高尚的信。我在第一封回信里对你 401
说，值得为了它而吻你的手。当然，这是不必要的礼貌。请不要放在心上，我不拘泥于礼节，在自己的思想里表示了这个礼貌”(第一卷，第 159 页)。[556]

这不多的几段话已经使我们完全可能来评判一下，车尔尼雪夫斯基在和自己亲人的关系上是怎样的一个人。

不管人们怎样评判他企图使他们不爱他这一点的合理性，而有一点是没有疑问的，即车尔尼雪夫斯基这位六十年代的先进人物(顺便提一下，他们被人指责为宣扬利己主义)的最光辉的代表者，在自己的信里却在我们面前表现为充满最光明正大和最纯粹的利他主义感情的人。这又一次说明，由于某种原因而不赞成六十年代人的观点的那些人，是极不了解他们的。

车尔尼雪夫斯基寄自西伯利亚的信件不单是充满着利他主义。其中还可以强烈地听到坚贞不屈的语调。例如，他这样描述自己在流放中的处境：

“按自己很好的习惯，我十分健康。生活得很好。我的钱和任何必需品都很多，我不需要任何东西。我请求你和孩子们不要寄给我任何东西”(第二卷，第 71 页)。[557]

几乎在他给妻子的全部书信中都重复这一点。读到他关于自己处境的评论，人们可能认为，他在服满苦役以前真的是住在一个即使不是极美好的、至少也是可以过得去的地方。只有当他开始劝说自己的妻子不要到他那里去的时候，他关于住地的评论才有所改变。

他在1872年5月17日给她的信中写道："是的，我亲爱的，到这里来的路途是遥远而非常艰苦的；是的，连邮车也差不多在整年内不能不冒着可怕的危险和经过长时间的延误而到达这里。从4月中旬到年底，一共要八个半月；从伊尔库茨克到雅库茨克是一件艰巨而非常危险的事；比到非洲内陆的任何一次旅行还要艰苦些。在这些月份里从伊尔库茨克到这里的旅行，对不习惯于雅库茨克生活方式的人来说是完全不可能的……一片荒漠；找不到食物；在遇到任何普通的途中意外时，得不到任何帮助；要走很长的距离才有一个驿站……并且，这不是驿站，而是可怕的雅库茨克的帐篷。这些帐篷比好的马厩还要坏得多"（第一卷，第38－39页）。

去维留依斯克的道路就是这样。而现在车尔尼雪夫斯基关于维留依斯克的生活说些什么呢？他描述了维留依斯克居民的悲惨的物质状况之后接着写道：

402 "我看惯了贫困；已经看得很惯了。但我看到这些人的外貌时不能无动于衷；他们的贫困使我这样的硬心肠也感到不安。我不再到城里去，免得看到这些不幸的人；他们在林边游荡的小路，我都避而不走"（第一卷，第39页）。

车尔尼雪夫斯基想使奥里珈·索克拉托夫娜了解维留依斯克的气候，他在自己信里写了这样一段对话：

"这里有杀害人的事情吗？"——"没有，人民是温顺的；但是经常发生自杀”。——“为什么呢?”——“因为絛虫,这里差不多所有人都有絛虫,因而引起忧郁病,使人自己上吊”(第1卷,第41页)。

现在我们的作者得出结论说:“彼得堡的气候,比起这里的气候来是有益健康的理想气候”。而在这封信的末尾,就明显地说出了他的主要思想、他的主旨:

“我写这一切,是为了使你,我亲爱的,了解我对你的郑重的哀求:不要到这里来,千万别到这里来。等一下吧,等把我转移到对你更适于生活的不论什么地方再说吧。”[558] 在读到这封信的时候,令人自然而然地想起涅克拉索夫的《俄罗斯女人》中省长对图鲁别茨卡雅公爵夫人所说的那些话:

　　那儿的气候,就会把您杀死!
我应当向您劝说,
　　您还是不要再向前奔驰!
呀!您是否要在那样的国度里生活?
　　那儿的空气,
从人们的鼻孔里流出
　　不是水气——而是冰粒?
那儿终年是阴暗和寒冷,
　　而在短短的暑天
却有泥泞的池沼的
　　有毒的蒸气?
呀……那真是一个可怕的地区!

当一百个没有白天的长夜
降临到那个国度，
连森林中的野兽，也得从那儿离去……[559]①

403 车尔尼雪夫斯基由于怀着这样一个希望而感到自慰，那就是希望他将会很快被转移到这样的地方，在那里奥里珈·索克拉托夫娜可以生活下去，不致遭受过大的困苦，而且在那里他自己将有可能从事文字劳动。这个希望是注定不能实现的。他留在维留依斯克直到 1883 年，那时才准许他回到欧俄并居住在阿斯特拉罕。然而这是在他逝世前几年的事。大概，他用不到花很多时间就能知道自己的希望是不能实现的，因为他清楚地了解自己的敌人。假如他在给奥里珈·索克拉托夫娜的信中继续表示希望很快转移到较舒适的地方去的话，那么他所以这样做，大概仅仅是为了安慰她。

他在维留依斯克也没有抛弃劳动的习惯。他在那里写了和读了许多东西，但是由于不可能出版自己的著作，他把所写的东西都毁掉了。一般地说，俄国作家的命运从来也不是令人羡慕的。在

① 这个被流放的坚忍不拔的人在给妻子的信中老是重复说，其实，维留依斯克的可怕的气候对他毫无危害。但在一封给贝平的信中，他有一次说出了自己真实的健康状况。原来他周身患风湿病，贫血，坏血病还未痊愈，此外还加上甲状腺肿大(参阅第一卷，第 156－157 页)。[560]还应当补充一点，在维留依斯克完全不可能指望得到任何认真的医药治疗。而且在维留依斯克的可怕的气候下，认真的医药治疗也没有多大意义。车尔尼雪夫斯基也理解到这一点。他在 1877 年 8 月 14 日给自己的儿子亚历山大的信中说：“任何药品都治不好气候所造成的风湿病”(第二卷，第 192 页)。在同一封信中，我们可以看到一个重要的附言：“但是，不要认为我极度衰弱；不，我确实是衰弱的，然而并不非常衰弱”(第二卷，第 193 页)。[561]

我们的文学史上，很少看到没有受过监督官迫害的光荣的名字。[562]然而在我们全部文学史上，还没有任何事件比车尔尼雪夫斯基的命运更悲惨。甚至很难想象，这位文学界的普罗米修斯在警察的兀鹰这样有步骤地折磨他的漫长岁月里，究竟高傲地忍受了多少沉重的苦难。

顺便提一下，在车尔尼雪夫斯基寄自西伯利亚的信中，还有丰富的材料可以用来判断他的世界观。在仔细地、不止一次地反复阅读这些书信后，我可以说，它们给了我新的证据，说明我在《尼·加·车尔尼雪夫斯基》一书[563]中对这种世界观所作的评述是正确的。下面就有一个明显的例子。

在上述著作中，我把他描述成费尔巴哈的忠实信徒。虽然我认为很难怀疑这种描述的正确性，但我现在还是愿意从车尔尼雪夫斯基在 1877 年 4 月 11 日给他儿子们的信中摘引下面这段话：

“……如果你们想了解在我看来什么是人的本性的话，那你们可以从本世纪唯一的思想家那里知道这一点，因为据我的看法，他具有对事物完全正确的概念。这位思想家就是路德维希·费尔巴哈。我已经有十五年没有重读他的著作了。并且在这以前许多年我就已无暇去多读他的著作。而现在，我从他那里知道的当然已经全部忘记了。但我在青年时代是能对他的著作整页整页地背诵的。根据我对他的逐渐衰退了的记忆，可以断定我始终是他的忠实信徒。

他过时了吗？——当另一位这样有力的思想家出现时，他是 404
会过时的。当他出现的时候，斯宾诺莎就过时了。但斯宾诺莎去世 150 多年以后，他的这位可敬的继承者才出现。

无论是洛克、休谟、康德、霍尔巴赫、费希特或黑格尔，都没有像斯宾诺莎这样的思维能力，至于现代著名的小人物，像达尔文、穆勒、赫伯特·斯宾塞等等已不在话下，而如奥古斯特·孔德之流就更不用说了。在费尔巴哈出现以前，必须向斯宾诺莎学习对事物的了解，例如在本世纪初期，不管他是否已经过时，他总是唯一可信赖的老师。现在费尔巴哈所处的情况也是如此，说他很好或很不好，都可以悉听尊便，但他是无可比拟的最好的一个"（第二卷，第 126 页）。[564]

这段话在许多方面值得多加注意。首先，对于思想史来说，把费尔巴哈和斯宾诺莎相提并论是很有意思的和重要的。车尔尼雪夫斯基把斯宾诺莎看做费尔巴哈的哲学前驱。这是再正确不过的观点。但现在这个再正确不过的观点却往往使那些对哲学史感兴趣的人非常惊讶。在目前居于统治地位的唯心主义反动势力的影响下，人们对斯宾诺莎的看法是不正确的，正像对费尔巴哈的看法不正确一样。不足为奇，人们也不理解这两位思想家的相互关系。

车尔尼雪夫斯基对奥古斯特·孔德的态度也同样可以说明他的特点。目前在德国哲学著作中，有人力图把费尔巴哈的哲学观点描绘成实证主义的变种之一。① 可是在孔德的实证主义和费尔巴哈的唯物主义的"人本主义"之间却有很大的区别。费尔巴哈决不否认世界的可知性。而孔德则假如不是完全否认世界的可知

---

① 例如，可参阅弗里德里希·约德尔的 *Geschichte der Ethik, als philoso phischer Wissenschaft*，第 2 版，II B., erstes Buch, VIII Kapitel, II Abschnitt："Deutscher Positivismus"（《伦理学这门哲学科学的历史》……第 2 卷，第 1 册，第 8 章，第 2 节："德国的实证主义"）。

性，那么也是过分缩小了关于这种可知性的概念。因此，直到自己临终时始终是费尔巴哈的忠实门生的车尔尼雪夫斯基，对于孔德的臭名远扬的 *Cours de philosophie positive*①的评价很不高。

他在1876年4月27日给他的儿子们的信中说道："实质上这是康德《纯粹理性批判》的某种落后的变了质的东西。康德的创作是可以由当时德国科学所处的状况来说明的。这是科学思想和不科学的生活条件的一种必然的妥协。怎么办！不能归咎康德，说 405
他想出了谬论（即甚至也不是想出来的，而是在休谟的著作上读到的，休谟是他在解释休谟著作时想要将其驳倒的——这是一个笑话！），因为他必须想种种方法教授一点无论如何是不完全讨厌的东西。于是他就决定说：'什么是假和什么是真，这点我们不知道，也不能知道。我们所知道的，只有我们对某种未知事物的态度。我们将不谈到未知事物，因为它是未知的。'但在本世纪中叶的法国，这种荒谬的让步，就是太过分的荒谬了。可是奥古斯特·孔德总是孜孜不倦地反复说：'未知的'、'未知的'。在一些不愿寻求真理或说出真理的思想家看来，这种解答是很方便的。而奥古斯特·孔德的体系的成功之谜，便在于此"（第二卷，第27－28页）。[565]

指出下面这一点将是有益的，即车尔尼雪夫斯基把穆勒（他曾经翻译过穆勒的政治经济学并且作了注释）列为"现代著名的小人物"。他把达尔文和赫伯特·斯宾塞都算作同样的小人物。但是，他在自己其他的书信里也承认达尔文的渊博的科学知识和卓越的才智。[566]如果说在这里达尔文被叫作"小人物"的话，那么这就是

① 《实证哲学教程》。——译者

在车尔尼雪夫斯基信中经常看到的某些过分厉害的措辞之一，而他本人却也警告自己的儿子不要使用过分厉害的措辞。然而有一点是完全不容辩驳的，那就是我们这位伟大作家总是对达尔文抱有颇大的成见。我在自己的《尼·加·车尔尼雪夫斯基》一书中已经不得不谈到这一点。现在简略地说一下。车尔尼雪夫斯基对达尔文的态度是不正确的。但是，要了解他对达尔文理论的不正确看法的起源，就必须回想一下，许多自然科学家在自己关于社会生活的论断中多么荒谬地利用了达尔文的生存竞争学说。对于学生们的荒谬错误的正当的不满，使车尔尼雪夫斯基对老师采取了不公正的态度。[567]

我希望读者注意到车尔尼雪夫斯基把霍尔巴赫的名字同洛克、休谟、康德、费希特和黑格尔的名字并列在一起。这一点对他这个唯物主义者来说也是具有代表性的。作为费尔巴哈的热烈信徒，他不能轻视他认为是自己老师的前驱者的那些人。假定说，霍尔巴赫本人不是一个天才的哲学家。当然，我们不可能把他和黑格尔相提并论。但是，车尔尼雪夫斯基在谈到霍尔巴赫时，大概是
406 指 *Système de la nature*① 这部名著的作者。而这部著作是由当时整整一批最卓越的唯物主义者所写成的，其中包括像狄德罗那样光辉的明灯。当然，只有用如今哲学史家的唯心主义偏见才能解释，为什么这些先生们只是顺便地谈到 *Système de la nature*，并在对它发表简短的意见时轻蔑地耸耸肩膀。大概，车尔尼雪夫斯基很清楚地理解了这种如此不公道的轻视态度的"实际动机"。

---

① 《自然体系》。——译者

在自然观方面，车尔尼雪夫斯基是、而且始终是彻底的唯物主义者。他说："我从青年时代的初期起就是一个严格科学派别的坚定的信徒，这个派别最初的代表人物是留基伯、德谟克利特等等"(第二卷，第 26 页)。[568]他把费尔巴哈看作人类思想史上严格科学派别、即唯物主义派别的最高代表人物。在 1876 年 7 月 21 日给儿子们的信中，车尔尼雪夫斯基这样地用"几句话"叙述他对自然界的一般概念：

"凡是存在的东西都叫作物质。物质各部分的相互作用叫作物质这些不同部分的质的表现。而这些质存在的事实本身，我们是以'物质具有活动能力'，或更确切点说，'物质能发生影响'一类词句来表达它的。当我们确定质的活动方式时，我们就说我们发现了'自然的规律'。在这里，对于每一个术语都是有争论的。但是这些争论的实际意义，同对包括这些术语的组合所表达的事实抱严重怀疑态度完全是另外一回事。这或者是无谓的烦琐哲学，卖弄文法和词汇学的知识和才能，卖弄三段论法的把戏；不然的话，那就是：在反驳这些术语和这些术语组合(这对他们说来或者是同义的)的人们中间，词句是由某种非科学的、日常的愿望，即普通自私自利的愿望支配着；而在为这些术语和术语组合辩护的人们那里——喜欢对这些术语进行争论，不外是没有领悟到为什么而争论的那种稚气——或者是空话连篇，或者必然由这些术语和术语组合转而分析他们的论敌攻击这些术语和术语组合的实际动机"(第二卷，第 45－46 页)。[569]

这个关于引起人们攻击唯物主义术语和"术语组合"(即用它们所表明的概念)的实际动机的意见，不仅是公正的，而且是经过

深入思考的，叙述得也很清楚。统治阶级的思想家现在反对唯物
407 主义，实际上是完全服从于"实际动机"的：他们觉得唯心主义是对现代无产阶级的"破坏性"意图作斗争的唯一可靠的精神武器。不容置疑，一个有思想的人，如果他想了解现在哲学中唯心主义反动势力的起源，他开始就应该分析使现在各国资产阶级（以及服从资产阶级势力的）哲学家认为轻蔑地避开唯物主义是光荣职责的那些"实际动机"。车尔尼雪夫斯基指出必须进行这样的分析，他采取的是唯物主义历史观的观点。但是，一般地说，车尔尼雪夫斯基在自己的自然观方面是个彻底的唯物主义者，而在自己的历史观方面却始终是个唯心主义者。大概，他寄自西伯利亚的信甚至使斯切克洛夫都相信了这一点。[570]费尔巴哈的忠实门生持有唯心主义历史观，这也是不足为奇的，因为费尔巴哈本人就持有唯心主义历史观，费尔巴哈的所有德国信徒们也都持有唯心主义历史观。这种观点对于唯物主义史上整个马克思主义以前时代是极有代表性的。

有一张于1872年寄给西伯利亚的车尔尼雪夫斯基的书籍清单被保存下来了。在这些书籍中，我们可以看到有马克思的《资本论》（参阅第一卷，第182页）。[571]但是在迄今发表的车尔尼雪夫斯基寄自西伯利亚的信中，没有丝毫材料说明马克思的这部名著给他造成了怎样的印象。他关于历史发展进程的论断方式说明，不管这种印象如何，它一点也没有动摇他的历史唯心主义。因此，我根据车尔尼雪夫斯基的书信，现在可以深信不疑地重复我在论他的书中根据他的著作而得出的结论：车尔尼雪夫斯基的思想是沿着把西欧思想引向马克思主义的同一道路前进的；但是俄国社会

生活的不利条件使我们这位伟大作家的思想未能走完这条道路，而停留在倒数第二个阶段上，即停留在费尔巴哈哲学上。

在很长时间内，左翼阵营的俄国读者一直认为车尔尼雪夫斯基的政治经济学著作具有最重大的意义，而很少考虑，更正确地说是完全不去考虑他的哲学观点。我在论他的著作中指出，迄今为止车尔尼雪夫斯基的哲学观点保持了比他的政治经济学学说更大得多的意义。车尔尼雪夫斯基寄自西伯利亚的信，完全出乎我意料之外地和一般说来极其特殊地证实了我所提出的这个意见的正 408
确性。从这些信中可以看出，车尔尼雪夫斯基本人对自己哲学观点的正确性一直保持不可动摇的确信，可是在他居留在西伯利亚的时期内，却开始对自己主要的政治经济学著作，即为穆勒的著作所写的注释，采取相当的批判态度。他在 1877 年 4 月 21 日给他的儿子们的信中说道，“那里有令人惊异的东西”。他指出，这些令人惊异的东西之一，就是自己的这样一个想法，即认为按发音的根本规律来说，新波斯语位于上德语和下德语之间。用他的话来说，他被莱布尼茨引向了这个错误，他过于匆忙地接受了莱布尼茨的证明（第二卷，第 140 页）。但是，我对车尔尼雪夫斯基的这个失策，远不如对他另 个与政治经济学直接有关的疏忽感兴趣。他本人关于后面这个疏忽是这样说的。

“从这些对穆勒的评论，我说起了另一个大笑话。在那里有关于农业改良对谷物收成的影响的计算。有整列的数字。全部都是用对数计算出来的。然而这是怎么一回事！——作为结果的一列数字是根据我所抛弃的、勾销不用的比例计算出来的，而基本的一列数字则是根据另一种比例计算出来的。于是就得出了这样的结果：

$$2\times2=5$$

$$3\times2=7\tfrac{1}{2}$$

$$4\times2=9\tfrac{2}{9}$$

我的学术著作中的这个大笑话不是我自己发现的，而是我的一个熟人发现的，他有耐心去审查我根据对数表而作出的所有论断。我这样疏忽大意，使他非常伤心”（第二卷，第 140 - 141 页）。[572]

我在论车尔尼雪夫斯基的著作中也指出了他的这个错误（参阅第 508 页及以下）。如果我把读者的注意力转向了这一点，那就让读者原谅我吧。我自己的思想发展是在车尔尼雪夫斯基的极大影响下完成的，分析他的观点成为我的文学生活中的一件大事，我不能对这一分析取得多少成功这个问题漠不关心。由于我的分析被各方面称为不成功的、甚至是偏颇的，所以我就更不能漠不关心了。我能证实真理并不在我的严厉的批评者那方面，是再愉快不过的了。①

409 车尔尼雪夫斯基在 1877 年 6 月 15 日给自己的儿子亚历山大的信中，通知说他已经收到贝平的《别林斯基生平》、柯斯托马罗夫的《传记中的俄国历史》和瓦西里契诃夫的《土地占有制和农业》等

---

① 有一个严厉的批评者——如果我没有弄错的话，是已故的安东诺夫——特别由于我指出了车尔尼雪夫斯基对马尔萨斯理论的批评意见中的算术错误而感到愤慨。他断言，我指出这一点是由于我对算术的最可耻的完全无知的结果。[573]我希望，如果我的无情批评者能有机会读一下车尔尼雪夫斯基寄自西伯利亚的书信第二卷的上述几页，那他就会大大地变得温和些，并且降低声调了。

书，接着说道：

“为了其中的第三本书，我特别要感谢你，因为寄这本书说明你正是根据我的兴趣来用心地挑选书的。是的。但是——原谅我不客气地加一句话——这是我很早以前的兴趣，而我老早就没有这种兴趣了。我已不再研究这些题目。我看出，它们是没有多大意义的。重要的不是这些专门知识，而是风俗的一般性质。野蛮人不管怎样安排生活的任何方面，他们的生活终究是不好的。愿意像人那样生活，而不是像野兽那样生活的民族，不用费多大力气去纠正生活安排方面的个别缺陷，就能把这方面的任何个别的缺陷纠正过来。因而，一切不是归结为物质的问题，而是归结为道德的问题。不要以为我不赞扬瓦西里契诃夫公爵的著作。它写得很好。而且它的作者是具有真正崇高心灵的人。但是我对这本书的主题不感兴趣”(第二卷，第 181－182 页)。[574]

我们恐怕不能找到比“一切不是归结为物质的问题，而是归结为道德的问题”这句话更明显的历史唯心主义的说法了。实际上，人类的道德发展与人类的物质发展、即经济发展有着密切的因果依赖关系。而这是更符合于费尔巴哈哲学的，因为根据费尔巴哈哲学的一般的、真实的涵义，不是意识决定存在，而是存在决定意识。① 但是，这里问题不在于此，我们还要一再重复说：车尔尼雪夫斯基在自己对人类发展进程的看法上并没有忠实于费尔巴哈哲学，正像费尔巴哈本人也没有忠实于自己的哲学一样。刚才引证

① 费尔巴哈还不满足于这个一般的原理，他在自己晚年经常回到这样的想法，即人们的道德极其密切地依赖于他们的物质状况。而且尼·加·车尔尼雪夫斯基本人也经常在自己的著作中重复这个思想。

的那段话，值得注意的是其中这样强烈地表现出来的苦恼。“野蛮人不管怎样安排生活的任何方面，他们的生活终究是不好的。”显然，这个意见是针对俄国而发的，它说明他对我们当时的社会生活抱相当悲观的看法。但我觉得毫无疑问，它只是一时的心情的表现。一般地说，即使在那时，健康的乐观主义也仍然在他的历史观
410 点中占优势。在 1877 年 4 月 11 日的信中，他承认恶在人们的社会生活中有很大的势力。“由我们的世界观看来，这应当得出什么结论呢？——他问道。人们的理性逐渐从他们的弱点和缺陷的枷锁中挣脱出来，甚至还处于半猿状态时就用理性的力量使人们逐渐改进；而当现在的人们比大猩猩和猩猩毕竟有理性和善良得多的时候，我们更没有权利去悲观地看待他们。我们慢慢地学习。逐渐地学会成为善良的人和有理性地生活。这种事情是慢慢地进行的吗？是的。但是我们是很软弱的生物。由于我们的祖先达到了并使我们也达到了我们现时所利用的劳动成果，所以我们对他们表示敬意。而我们的后代也将同样给我们一个公道，在说到我们时，将这样说：‘他们是软弱的生物，但对自己和我们利益的劳动，究竟不是根本没有成就的’”（第二卷，第 131 页）。[575]

警察的兀鹰未能从俄国文学界的普罗米修斯的心中消灭掉对于人类美好未来的愉快信心。当然，车尔尼雪夫斯基是至死抱有这种信心的。

车尔尼雪夫斯基在 1877 年 4 月 11 日对于自己作为一个作家的评价，也非常令人感兴趣。他给自己的儿子写道：

“你们知道，我希望自己成为一个风格作家——我是个极不高明的作家。在几百个不高明的作家中，只有像我这样的一个不高

明的作家。我的文字生活的价值完全是另一种;这种价值在于我是一个有力的思想家”(第二卷,第 123 页)。[576]

不言而喻,我们丝毫没有必要去证明,车尔尼雪夫斯基绝不是不高明的风格家,像他在这里把自己说成的那样。他的叙述的风格还有点特殊的魅力;他的风格并不华丽,但非常明晰和少有的朴实。然而完全不容置辩的是,他作为思想家比作为风格家要强得多。至于说到他作为思想家所进行的活动,那么它在许多方面很像 18 世纪最卓越的百科全书派的活动。他的活动的最主要目的是教育读者。但是,要有可能教育读者,首先就必须把自己的观点归纳成一个比较严整的体系。车尔尼雪夫斯基所获得的每个个别的资料,只有在它有助于他形成严整的世界观的限度内,才为他所重视。像卓越的法国百科全书派一样,他也有很丰富的知识。可是他从来不想成为一个专家。在同一封信中他说道:“我只学过拉丁文,像少年人或孩童那样学习,只是注意这门知识的一切细节, 411
而不问这些细节中何者重要何者无益。其余各门知识,我是像成年人那样,以独立的智能去学习的,即去分析哪些事实是值得注意的,哪些事实是不值得注意的。因此在我所研究的各门知识中,我不愿把专门家所卖弄的那许多事实都塞入自己的脑中,因为这些事实都是无内容无意义的”(第二卷,第 124 页)。[577]也许,读者记得,小说《怎么办?》中的拉赫美托夫就是按这种办法工作的。这种办法有其薄弱的方面。然而它的强有力的方面则在于它消除了绝大多数专门家所特有的概念的局限性。车尔尼雪夫斯基有充分的根据很不赞成地指出,无论在社会科学中,或是在自然科学中,这样的局限性都占有统治的地位。他写道:“一般说来,自然科学是值得尊重、同情、赞许的。但它也有可能易于成为无益的和愚蠢的废话的工具。这种情形时常以很大的规模发生；因为绝大多数的自然科学家，也像所有其他的学者一样，都是没有相当好的一般学术修养的专家，因此当他们想空谈哲理时，他们就不管三七二十一地胡谈哲理；而且他们几乎都喜欢空谈哲理”（引自 1876 年 9 月 15 日的信，第二卷，第 57 页）。[578]为了举例，车尔尼雪夫斯基经常指出，唯物主义者多么不成功地把生存竞争的概念应用于社会发展学说。他所举的另一个例子是所谓贝尔定律，这个定律说，有机体完善的程度是与它的分化成正比例的（车尔尼雪夫斯基就是这样表述这个定律的）。[579]根据我们这位作者的意见，这样的想法就是无批判地把政治经济学概念应用于生物学。他断定说，分化不应当作为有机体完善的标准：

“当有机体中有神经系统的时候，确定这个有机体完善程度的主要标准，是神经系统发展的程度。而神经系统发展的程度，是否用解剖学或形态学的方法就容易确定呢？不，在很多的情况下，这种工作还超出我们的能力。但是神经系统的一些机能是容易观察的；这种动物的神经系统可贵的实质，就在于这些机能之中。大象或马的有机体分化作用的程度是否高于公羊或母牛的有机体分化作用的程度呢？据我的推测：不是的。可是马比公羊要聪明些；马的有机体更要完善些。这是一个主要的标准。附加的标准是：所
412 有其余有机体能适合神经系统需要的程度。在聪明相等的两种马中，具有更强壮的和不知疲倦的肌肉的那一种是较完善的……次要的标准很多，不单是肌肉；如胃消化食物的能力、运动器官移动有机体的能力（这一点在马身上是四蹄结实的程度）、整个有机体

健全的程度(我想这一般是血液在其正常成分中所具的抗性的程度),以及其他等等,也都是次要标准。但所有这些标准都是生理学上的标准,而不是贝尔定律所抓住的那种形态学上的标准。诚然形态学上的标准与生理学上的标准是有联系的,可是对于任何人,除了对于画家及各种其他爱好鉴赏艺术的人们以外,绝没有丝毫的直接意义"(第二卷,第58页)。[580]

同时,车尔尼雪夫斯基也附带说明,他所指出的确定有机体完善程度的标准不适用于植物学。显然,这是因为植物没有神经系统。但是要知道动物界也有很大一部分动物没有神经系统。因此,在动物学中,这个标准也只有附带相当重要的保留条件后才能适用。可是考察这个问题会使我们离题过远。我只想指出一点,即车尔尼雪夫斯基用来确定有机体完善程度的标准,在他看来不仅具有生物学的意义。它与他的历史观点有密切的联系。进步是在于人类的概念和习惯的改进。这种改进依赖于智力的增进。而智力的增进则取决于思想器官、即脑的发展(参阅《车尔尼雪夫斯基全集》,第十卷,第二部分,第四篇,第182-183页)。[581]因此,他所指出的标准把人类的历史的发展和人类的动物学的发展结合在一起。我们有充分的根据认为,如果我们的作者对动物学家不注意这个标准表示不满,那么这正是由于他作为一个历史学家特别重视这个标准。

车尔尼雪夫斯基对于自然科学家中间占统治地位的概念的局限性表示不满,他还强烈地反对据他说在历史书籍中可以大量见到的那些"陈旧的、庸俗的概念"。他在1876年3月17日的信中写道:"它们是那么多,要把它们列举出来,真是多如银河中的星星，海滩上的沙数。但是它们全体，不论新的或旧的，都有一个共同的特征，即它们都是违反荣誉的规则和善的感情的。善和合理性——这是在本质上意义相同的两个名词。这是仅仅从不同的观点加以考察的同样一些事实的同一品质；从理论观点看来的合理
413 性，就是从实践观点看来的善，反之亦然：善的东西，也必定是合理的。这是有关人类生活的所有知识部门的基本真理；因此这也是通史的基本真理。这是所有理性生物本性的根本规律。假如在其他任何星球上有理性生物生活的话，那么这也就是他们生活的确定不移的规律，正像我们地球上的力学或化学的定律对于那个星球上的物体运动和元素化合也是确定不移的一样。一切时代和一切民族的历史事实的标准，就是荣誉和良心"（第二卷，第19页）。[582]

假如我们掌握了这个"有关人类生活的所有知识部门的基本真理"之后，要想在它上面树立研究社会现象的方法，那么我们就会感到很大的失望。科学研究的任务在于发现引起某种进步发展的某个过程的原因。从这个观点来看，我们在人们社会生活中所观察到的善和合理性，本身是由一些原因所造成的结果，而这些原因是不应当用善和合理性的概念去评定的。然而车尔尼雪夫斯基主要是从实践的观点去看待社会现象。他感兴趣的与其说是**已经发生的东西**，——虽然他作为一个极其聪明的人，对这点也很感兴趣，——倒不如说是**应该发生的东西**。他本人在《政治经济学纲要》的最后一段话中谈到这一点。我们在那里读到："在我们看来科学中最重要的那部分理论，没有来得及纳入我们的纲要。"这是实际改革家的观点、直接行动的观点。而从直接行动的观点看来，

车尔尼雪夫斯基关于社会生活中的善和合理性的话具有巨大的意义。作为先进社会活动家应当遵循的实践规则,车尔尼雪夫斯基的思想几乎逐字逐句地符合有名的第一国际向全世界无产阶级发表的第一个宣言中所说的话。这个宣言在指出国际政策的时候断言,“简单的道德和正义的法则”不仅是规定个人之间相互关系的准则,而且也是规定各个民族之间相互关系的准则,现在已经是宣布这些法则的时候了。[583]

车尔尼雪夫斯基对涅克拉索夫的态度极可说明他的性格。他在1877年8月14日给贝平的信中说道:

“当然,我在《祖国纪事》上读到了涅克拉索夫的诗,这些诗说他虚弱而身患重病,正在等待着死亡。我看得出,这不是为了使思
想具有诗意而作的夸张,而是实际的真情。但是我愿意保留着希 414
望,并在某种程度上使自己相信,他还会恢复健康。我想这只是老年人的虚弱;这种虚弱对他来说还嫌过早;也许,医生能把它治好。当你写你的第二封信的时候,我读到信上说死亡已经不可避免和临近之后,感到深深的悲痛;假如你收到我这封信的时候,涅克拉索夫还没有停止呼吸,那就请你告诉他:我热爱他这个人,我感谢他对我的厚谊,我吻他;我深信他的光荣将永垂不朽,俄罗斯对他这个俄国所有诗人中最有天才和最高尚的人的热爱是永恒的。

我为他而哭。他确实是灵魂非常高尚的人,具有伟大才智的人。作为诗人,他当然高于所有的俄国诗人”(第二卷,第200页)。[584]

贝平把车尔尼雪夫斯基的这些话转达给将死的涅克拉索夫,这些话当然使这个招致许多不公正责难的人得到很大的愉快。至

于说到把涅克拉索夫当作最伟大的俄国诗人的看法，那么当时我们所有的急进知识分子都赞同这种看法。当陀思妥耶夫斯基在涅克拉索夫墓前的演说中说道，涅克拉索夫"应当直接排在普希金和莱蒙托夫后面"的时候，墓地上有几群革命青年就高呼："他高于他们，是的，他高于他们。"笔者本人也是高呼者之一。[585]

在结束本文时还要说两句话。最近我们这里刺刺不休地称道已故的列·尼·托尔斯泰，把他描写成无与伦比的"生活的教师"。但是，只要把车尔尼雪夫斯基寄自西伯利亚的信同读者看到的托尔斯泰的信比较一下，就足以了解，在这两位作家中究竟应该向谁学习生活。

注 释

（本版中方括弧内的外文的译文、标题等等，都不是出于普列汉诺夫的手笔。）

[1] 1890－1892 年间，普列汉诺夫以论文形式发表了他的著作《尼·加·车尔尼雪夫斯基》，这些论文刊载在四期俄国《社会民主党人》杂志上，这家杂志起先在伦敦出版，而后来则在日内瓦出版。收入本卷的是发表在《社会民主党人》第 1 期（1890 年）上的第一篇论文，主要阐明车尔尼雪夫斯基的世界观。

在这部著作发表前不久，由于车尔尼雪夫斯基的逝世，考茨基建议阿克雪里罗得和普列汉诺夫合作，为狄茨出版社出版的《国际丛书》写一本论车尔尼雪夫斯基的小册子。普列汉诺夫在答复时建议为 *Neue Zeit*（《新时代》）翻译他发表在《社会民主党人》上的著作。经过略加删节后，这一著作就刊登在 *Neue Zeit*，第 8 年，1890 年第 8 期第 353－376 页和第 9 期第 404－442 页上。在这以后不久，考茨基建议普列汉诺夫以德文出版论车尔尼雪夫斯基的著作，收入将于 1892 年在《社会民主党人》上发表完毕的作品。普列汉诺夫表示同意后，便为该书德文版写了一篇专门的导言（在俄文手稿中，它被称为“第一章”），对五十—六十年代的俄国政治和经济状况作了概括的评述，还对德国读者所不了解的某些论点做了一些补充的说明和发挥。德文版的标题为 *N.G. Tscher-nischewsky. Eine literar-historische Studies*（《尼·加·车尔尼雪夫斯基。文学的和历史的研究》），于 1894 年由斯图加特的狄茨出版社出版，该书是发表在四期《社会民主党人》上的那些论文的译文和部分的阐述。该书的发表引起了恩格斯的兴趣，他在 1894 年 5 月 21 日写信给普列汉诺夫说：“预先感谢您寄来您的车尔尼雪夫斯基一书，我迫不及待地等待着它”（《马克思、恩格斯和俄国政治活动家的通信集》，苏联国家政治书籍出版社版，1951 年，第 327 页）。

在《普列汉诺夫全集》第 5 卷中，这篇导言是从 1894 年德文版译出的，而普列汉诺夫纪念馆则保存着这篇导言的俄文原稿；因此在《普列汉诺夫全集》中这篇导言是经过两道翻译的。并且《普列汉诺夫全集》的编者一点也没有谈到对德文版的增补，也没有发表这些材料。其实不仅在德文版中有这些增补，而且在普列汉诺夫的档案里还保存着这些增补的俄文稿。在普列汉诺夫逝世后发表于《普列汉诺夫的遗著》第 1 集第 86－114 页的这两篇手稿，都收入了本书。

在《全集》中发表的这篇导言的译文，和普列汉诺夫的手稿有相当大的出入。这在某种程度上是由于克里切夫斯基的德译不够确切。考茨基在写信给普列汉诺夫谈到这个译本时关于这一点补充说：“可是，不论译文比原文低劣多少，德文版终究是对我们文学的一个宝贵的贡献”（载《“劳动解放"社》,第 5 集,第 212 页)。至于说到增补,那么无论在德文版中,或是在俄文稿中,它们都是和加以补充的个别地方自然地连接着的,然而增补的结尾虽与德文版的后文相衔接,但在大多数情况下却不能与发表于《社会民主党人》的俄文原文相衔接。因此,我们就不能把增补插入论文中,而只能在文后把它们单独发表。

《尼·加·车尔尼雪夫斯基》一书德文版导言和增补,是普列汉诺夫在 1892 - 1893 年间写成的。在稍早的时候,普列汉诺夫还为波兰的社会主义杂志《号角》写过一篇论车尔尼雪夫斯基的文章,这篇文章根据一部分保存下来的手稿发表于《普列汉诺夫的遗著》第 1 集第 114 - 127 页。普列汉诺夫在答复这家杂志给他的信(这封信没有保存在档案里)时写道:"这正是我目前所从事的工作。我已经……为俄国《社会民主党人》杂志写了一篇关于我们这位伟大启蒙运动者的长文。它正被译成德文,以供 *Neue Zeit* 杂志(你们当然知道这家杂志)刊用"(同上,第 241 页)。从这篇文章的手稿中可以看出,波兰人对两个问题感兴趣:(1)车尔尼雪夫斯基在俄国社会主义史上的意义,(2)他对波兰问题的态度。这篇文章就是论述这两个问题的,它有很大一部分重复了本卷发表的、刊载在《社会民主党人》第 1 期上的那篇论文。

1897 年,普列汉诺夫发表在《社会民主党人》上的论车尔尼雪夫斯基的文章,由巴卡洛夫译成了保加利亚文,并且在瓦尔那出版了单行本。

保存在档案里的另一篇学术论文的手稿写得较晚,它大概是1899年普列汉诺夫为纪念车尔尼雪夫斯基逝世十周年而写的。这篇学术论文，或更正确地说，学术论文提纲，在他逝世后发表于《普列汉诺夫的遗著》第6集第186－196页，其中包括对《社会民主党人》上发表的第一篇文章的扼要的叙述以及引自这篇文章的引文和摘录。这篇学术论文所发挥的思想和上述第一篇文章所发挥的思想是相同的。也许可以指出，在评述车尔尼雪夫斯基的唯物主义的提法上有某些不同。他在文章里说："车尔尼雪夫斯基的唯物主义，在他的'人本主义'观点中要比在他的历史观点中更明显得多"。而他在学术论文中则说："他的唯物主义更多地表现在他的人本主义观点和美学观点中"（同上书，第190页）。

1908年，普列汉诺夫重新研究他所喜爱的题目，这一次是写长篇著作《尼·加·车尔尼雪夫斯基》（1909年）（参阅本卷第910－912页的注218）。

在本卷中，1890年发表在《社会民主党人》第1期上的论文，是根据与该文保存下来的部分手稿核对过的原文排印的；1894年该书德文版的导言和增补是按普列汉诺夫的原稿排印的。

编辑部通常遵照按时间先后排列材料的原则，但也认为在发表论车尔尼雪夫斯基的著作时作某些不按时间先后的排列是适宜的。写于1894年的德文版导言，排在1890年《社会民主党人》上发表的论文之前，因为这篇导言对这位伟大的作家和革命家进行文学社会活动时的社会政治局势作了概括的评述，所以自然应当放在阐明他的世界观的论文之前，正如在德文版中导言放在论文之前一样。

在发表普列汉诺夫论车尔尼雪夫斯基的这篇著作和其他著作时，普列汉诺夫根据《同时代人》和车尔尼雪夫斯基著作第一版所引用的车尔尼雪夫斯基著作的引文，通常都按普列汉诺夫的手稿和他论车尔尼雪夫斯基的著作的生前版本排印。引自车尔尼雪夫斯基著作的引文中的笔误和错字，在本文中都无保留地加以纠正了。本版刊载的普列汉诺夫的著作中摘自车尔尼雪夫斯基著作的引文，和《车尔尼雪夫斯基全集》(15 卷本)(1939－1953 年出版)之间的出入，大多数在注释中没有说明，但是在指出后面这种版本的引文出处以前标明“参阅”的字样。当普列汉诺夫根据车尔尼雪夫斯基著作的旧版本所做的引文不能确切表达车尔尼雪夫斯基的论点和意见的原意，而新版本《车尔尼雪夫斯基全集》又已经加以更正时，更正的引文放在三角括号〈　〉里。——第 1 页。

[2]　安·帕·扎勃洛茨基-捷夏托夫斯基的札记《论俄国的农奴制状况》，发表在他的长篇著作《基谢辽夫伯爵及其时代》(圣彼得堡，1882 年，第 4 卷)一书的附录中。——第 8 页。

[3]　根据国民教育大臣希林斯基-希赫马托夫的报告，1850 年在大学中取消了哲学课，逻辑学和心理学方面的课程则由神学教授担任(《国民教育部决议集》，第 2 卷第 2 部，圣彼得堡，1864 年，第 1043 页)。——第 11 页。

[4]　这里指的是 1864 年 1 月 1 日签署的“省县地方自治机构条例”。——第 12 页。

[5]　屠格涅夫的信是寄给 NN 转交赫尔岑的,信中谈到把关于召集全俄缙绅会议的信呈交亚历山大二世(参阅《卡维林和屠格涅夫致赫尔岑的信》,日内瓦,1892 年,第 153 页)。——第 14 页。

[6]　参阅博马舍:《狂欢的一日,或费加罗的婚姻》,第 5 幕第 3 景(参阅博马舍:《费加罗的婚姻》,人民文学出版社,1957 年,第 144 页)。——第 17 页。

[7]　阿克雪里罗得的"Das politische Erwachen der russischen Arbeiter und ihre Maifeier von 1891. Zum internationalen Arbeiterfeiertag"("俄国工人的政治觉醒和他们的 1891 年的五一节。论国际劳动节")一文,发表于 *Neue Zeit*(《新时代》)杂志,第 10 年,第 2 卷,1892 年,第 28 - 30 页。——第 17 页。

[8]　引自普希金的诗《致俄国的诽谤者》。——第 18 页。

[9]　往下在三角括号里的原文引自普列汉诺夫为恩格斯的《费尔巴哈与德国古典哲学的终结》一书所写的第二条注释(参阅本选集,第 1 卷,中文版,第 507 - 509 页)。他在手稿中没有写上这几页,但向译者克里切夫斯基指明要把这几页包括在本文内。——第 19 页。

[10]　普列汉诺夫在"黑格尔逝世六十周年"一文(参阅本选集第 1 卷,第 470 - 501 页)中,详细地谈到这一点。——第 20 页。

[11]　这是别林斯基在 1841 年 3 月 1 日给波特金的信中的一个用语(参阅《别林斯基书信选》,第 2 卷,苏联国家文学书籍

出版社,1955 年,第 141 页)。——第 21 页。

[12] 七十年代的革命民粹派就持有这样的观点,如“拉甫罗夫派”认为,农民是“天生的社会主义者”,应该很容易接受社会主义思想的宣传,因此他们从事于社会主义的和平宣传,而“暴动派-巴枯宁派”则认为,只有随后转为人民起义的农民暴动的组织,才能引起社会主义革命。——第 21 页。

[13] 这里指的是“民意党”和俄国布朗基主义者特卡乔夫的信徒们。——第 22 页。

[14] 德国的哈克斯特豪森男爵在俄国作了一次旅行,他在 1870 年以俄文出版的《俄国国民生活内部关系,特别是农村机构的研究》一书中,赞扬了村社,把它看成是巩固农奴制的手段。马克思、恩格斯和车尔尼雪夫斯基都尖锐地批判过哈克斯特豪森的反动结论。——第 22 页。

[15] 参阅马克思:《费尔巴哈论纲》(《马克思恩格斯全集》,第 3 卷,人民出版社,第 4 页)。——第 22 页。

[16] 参阅《马克思恩格斯文选》(两卷集),第 2 卷,人民出版社,第 379 页。——第 23 页。

[17] 达尔文的《物种起源》一书的第一个俄译本出版于 1864 年,但在这以前,人们在俄国从库托尔迦教授的讲课(1860 年)和发表在《读书文库》和 1861 - 1862 年的《时代》杂志上的论文中,已经知道了达尔文的思想(参阅达尔文:《物种起源》一书的参考书目提要,俄文版,1937 年,第 573 页)。——第 23 页。

[18] 这位年老贵妇是娜塔莉娅·基里洛夫娜·扎格列日斯卡娅

（参阅普希金：《同娜·基·扎格列日斯卡娅的谈话》，载《普希金全集》，第12卷，苏联科学院出版社，1949年，第174页）。——第24页。

[19] 参阅《车尔尼雪夫斯基全集》，第14卷，苏联国家政治书籍出版社，1949年，第456页。根据这个版本，引文的结尾是这样的："……虽然到那时候几乎所有与我们同时生活的人都已经被人遗忘，人们还会怀着感激的心情回想起我们"。——第25页。

[20] 参阅以下报刊对车尔尼雪夫斯基逝世的反应：《欧洲通报》，1889年第11期第467－468页；《俄国财富》，1889年11月号第191－196页；《历史通报》，1889年12月号第644－651页；《俄国往事》，1889年11月号第499－502页；《北方通报》，1889年第11期，加上讣闻黑框的不打页码的扉页。

在《俄罗斯思想》上根本没有登闻。——第25页。

[21] 戒尺（Ферула）——可作严厉的监督、监视解。——第26页。

[22] 这里指的是"劳动解放"社在国外出版的不定期杂志《社会民主党人》第1期。——第27页。

[23] 在写这篇文章的时候，只有一部在国外出版的《车尔尼雪夫斯基全集》，即全集第一版，爱尔皮丁公司出版，第1－5卷，维维1868－1870年。它虽然称为"全集"，实际上却远没有包括车尔尼雪夫斯基的全部著作。这个版本的第2卷，在国外也受到了迫害。全部印出的书都被禁止发售，在1870年取消了这个禁令以后，一部分印好的书加上新的封面出

版了。1879年出版了第5卷的第二版，它收入了有关农民问题的文章。——第27页。

[24] 参阅《车尔尼雪夫斯基选集》，上卷，三联书店，第321页。——第29页。

[25] 车尔尼雪夫斯基的传记材料包含在“对车尔尼雪夫斯基的审判”一文中，这篇文章作为导言刊载在1876年爱尔皮丁在日内瓦出版的《莱辛，他的时代、生平和活动》和《怎么办?》第二版这两部书中。在这两部书中，这篇作为导言的文章占V－XXVIII页。——第29页。

[26] 车尔尼雪夫斯基生于1828年7月12日（新历24日）。——第30页。

[27] 车尔尼雪夫斯基的妻子奥里珈·索克拉托夫娜·瓦西里也娃并不是贝平的姐姐。车尔尼雪夫斯基本人是贝平的亲戚，他是贝平的表兄。——第30页。

[28] 引自《沙皇尼基塔和他的四十个女儿》一诗(《普希金全集》，十卷本，第2卷，苏联科学院出版社，1956年，第138－139页)。正确的原文是：“虔诚的傲慢的傻瓜，过于死板的书报检查”。——第31页。

[29] 参阅《车尔尼雪夫斯基选集》，上卷，三联书店，第322页。——第31页。

[30] 参阅同上书，第324页。——第32页。

[31] 普列汉诺夫指的是四十年代由别林斯基的朋友和同志组成的一个不大的团体，其中有赫尔岑、奥格辽夫、涅克拉索夫等人。——第32页。

[32] 参阅《车尔尼雪夫斯基全集》,第10卷,苏联国家文学书籍出版社,1951年,第118页。——第33页。

[33] 在这里普列汉诺夫低估了先进的俄国文学对青年时代的车尔尼雪夫斯基的有益影响。赫尔岑、别林斯基、四十年代的进步杂志——《祖国纪事》和《同时代人》——是车尔尼雪夫斯基汲取他的知识和观点的最初泉源。他的《日记》证明了这一点,特别是他在一个地方直接谈到《祖国纪事》杂志时说:“……我是从这个泉源受到教育的。”——第33页。

[34] “有思想的实在论者”——是指六十年代人、皮萨列夫的信徒,他们把自然科学和现实生活的研究同思辨的唯心主义哲学的研究对立起来。“有思想的实在论者”是皮萨列夫提出的术语。——第33页。

[35] 参阅《车尔尼雪夫斯基全集》,第7卷,苏联国家文学书籍出版社,1950年,第771-772页。——第35页。

[36] 参阅《车尔尼雪夫斯基选集》,下卷,三联书店,第233页。——第35页。

[37] 参阅恩格斯关于卢梭辩证地思维所说的那段话(恩格斯:《反杜林论》,人民出版社,1956年,第143-144页)。——第36页。

[38] 这几段话是普列汉诺夫从恩格斯的《社会主义由空想发展为科学》一文中引来的(参阅《马克思恩格斯文选》(两卷集),第2卷,人民出版社,第131-132页)。——第37页。

[39] 普列汉诺夫在这里不是引用原文,而是转述莫里哀的喜剧《屈打成医》和《上门的医生》中的冒牌医生所说的类似的话

的大意。——第 39 页。

[40]　参阅黑格尔:《法哲学》,(参阅《法哲学原理》,序言,商务印书馆,1961 年,第 14 页)。——第 40 页。

[41]　这里是暗示莫里哀喜剧中的茹尔丹,这个人物没有料想到有散文语言的存在(参阅莫里哀:《醉心贵族的小市民》——《莫里哀喜剧集》,苏联"艺术"出版社,1953 年,第 415 页)。——第 40 页。

[42]　普列汉诺夫把十七——十八世纪的著名意大利哲学家乔巴蒂斯特·维科叫作"天才的意大利人"。这句引文他曾在其他文章中引用过,并且指出了作者的名字。——第 42 页。

[43]　恩格斯关于摩尔根写道:"须知,摩尔根在美国那里按照自己的方式重新发现了四十年前已由马克思发现的唯物主义历史观……"(参阅《马克思恩格斯文选》(两卷集),第 2 卷,人民出版社,第 169 页)。——第 45 页。

[44]　普列汉诺夫的这个论断,表现出他对于俄国科学对世界文化的作用和意义有些估计不足。苏联学者的一些著作证明:俄国学者,从罗蒙诺索夫开始,在世界科学史上占有卓越的地位。俄国革命民主主义者　　赫尔岑、别林斯基、车尔尼雪夫斯基——的著作,对其他民族、特别是斯拉夫国家的民主主义思想的发展起过作用。天才的俄国作家和诗人,也在国际文学界占有光荣的地位。——第 45 页。

[45]　普列汉诺夫对爱尔维修的道德学说的分析,请参阅他的《唯物主义史论丛》(本选集,第 2 卷,中文版,第 87 页以下)。——第 47 页。

[46] 引自《哲学中的人本主义原理》一文(载《车尔尼雪夫斯基选集》,下卷,三联书店,第284页)。——第47页。

[47] 参阅《车尔尼雪夫斯基全集》,第9卷,苏联国家文学书籍出版社,1949年,第516页。——第49页。

[48] 参阅《车尔尼雪夫斯基选集》,下卷,三联书店,第213页。——第50页。

[49] 参阅同上书,第213－214页。——第51页。

[50] 参阅同上书,第379－380页。原文与普列汉诺夫的引文略有出入,原文是:“这个学派的作家乃是广义的经纪人或商人等级——银行家、批发商、工厂主……——的意图的代表者……在这门科学中就出现了另一个学派,巴布斯特先生把它称为……空想主义者派别”。——第52页。

[51] 参阅同上书,第387－388页。——第53页。

[52] 参阅同上书,第391页。——第53页。

[53] 古罗马奴隶主民主派的代表格拉古兄弟,为了实行有利于农民的土地法而对大地主贵族进行了斗争。——第54页。

[54] 隶农制——罗马帝国的农村居民(隶农)依赖于大地主的一种形式。隶农——小土地租佃人——的地位介乎自由民和奴隶之间。隶农制的产生,是由奴隶制经济的危机所引起的,因为奴隶制经济已经由于奴隶劳动的生产率低微而不再能带来收益了。——第55页。

[55] 洛贝尔图斯的这本书于1880－1887年间出版于雅罗斯拉夫里。参阅第1分册《佃奴、佃农和隶农》。——第55页。

[56] 佃奴(adscripticii)——被迫负担赋役的罗马和拜占庭的农

民，按其地位来说最接近于奴隶。——第 55 页。

[57] 参阅《车尔尼雪夫斯基选集》，下卷，三联书店，第 383 页。——第 57 页。

[58] 参阅恩格斯:《反杜林论》，人民出版社，第 168 页。——第 58 页。

[59] 参阅《车尔尼雪夫斯基选集》，下卷，三联书店，第 381 页。——第 58 页。

[60] 同上书，第 383 页。——第 58 页。

[61] 参阅马克思:《黑格尔法哲学批判导言》(《马克思恩格斯全集》，第 1 卷，人民出版社，第 454 页)。马克思在这里谈的是所谓“法的历史学派”(十八世纪末—十九世纪初德国法学中的反动派别)的代表人物。这个学派为一切现存状况辩护，无论是农奴制或奴隶制，根据只有一个，即任何一种成为习惯的制度都是合法的。——第 59 页。

[62] 在最近的版本上，这些话以后是:“而不致被任何次要的情况弄得混乱不清”。——第 60 页。

[63] 参阅《车尔尼雪夫斯基全集》，第 9 卷，第 59 - 60、61 页。——第 60 页。

[64] 在这里，普列汉诺夫在评价车尔尼雪夫斯基的经济学研究方面，是和马克思有分歧的，因为马克思对车尔尼雪夫斯基的经济学著作作了很高的评价。马克思在 1871 年 1 月 21 日给迈耶尔的信中写到，他专门研究俄语，是为了阅读弗莱罗夫斯基的书以及“熟悉一下车尔尼雪夫斯基的(卓越的)经济学著作”(《马克思恩格斯书信选集》，人民出版社，1962

年，第279－280页)。根据赫尔曼·洛帕廷的回忆，马克思曾不止一次地对他说："在所有的现代经济学家中，车尔尼雪夫斯基是唯一真正具有独创见解的思想家……他的著作充满了独创见解、力量和深刻的思想"(《马克思恩格斯和俄国政治活动家的通信集》，苏联国家政治书籍出版社，1951年，第187－188页，脚注)。——第60页。

[65] 参阅恩格斯：《社会主义由空想发展为科学》(《马克思恩格斯文选》(两卷集)，第2卷，第133页)。——第62页。

[66] 引自歌德的 Vanitas! Vanitatum vanitas!(《空虚！空虚！》)一诗。这首诗的俄译文刊载于歌德的《选集》上(苏联国家文学书籍出版社，1950年，第50页)，译文不很确切。普列汉诺夫所引用的第二行诗，在那里是没有的。——第62页。

[67] 参阅《车尔尼雪夫斯基选集》，下卷，三联书店，第127页。——第62页。

[68] 这里指的是三十年代莫斯科的哲学和文学小组，这个小组在俄国社会思想史上是以斯坦凯维奇小组闻名的。斯坦凯维奇是这个小组的领导人，但是别林斯基在其中起了极大的作用。这个小组的特征是热衷于德国唯心主义哲学，特别是黑格尔哲学。斯坦凯维奇小组对俄国哲学的发展发生了很大的影响，在某种程度上它是从辩证唯心主义到别林斯基和赫尔岑的哲学唯物主义的过渡阶段。——第62页。

[69] 参阅《车尔尼雪夫斯基选集》，上卷，三联书店，第421页。——第63页。

[70] 雅典人与波斯人之间的马拉松之战(公元前490年),是以雅典人的胜利告终的,这次胜利预先决定了第二次希波战争有利于希腊的结局,从而促进了雅典民主制的繁荣。——第63页。

[71] 参阅《车尔尼雪夫斯基选集》,上卷,三联书店,第422页。——第63页。

[72] 参阅《车尔尼雪夫斯基美学论文选》,人民文学出版社,第126、128页。——第64页。

[73] 车尔尼雪夫斯基的原文是:"现实中美的缺陷"。——第66页。

[74] 所有这些定义都是普列汉诺夫从车尔尼雪夫斯基的学位论文《艺术与现实的美学关系》(参阅《车尔尼雪夫斯基选集》,上卷,三联书店,第100-102页)中引来的。——第66页。

[75] 参阅《黑格尔全集》,第13卷,俄文版,1940年,第39页。——第67页。

[76] 参阅《车尔尼雪夫斯基选集》,上卷,三联书店,第7、8页。——第69页。

[77] 参阅黑格尔:《美学讲演录》(参阅《美学》第1卷,人民文学出版社,第210—211页)。——第70页。

[78] 别林斯基论欧仁·苏的小说《巴黎的秘密》的文章,可参阅《别林斯基全集》,第8卷,苏联科学院出版社,1955年,第167-186页。——第70页。

[79] 参阅《车尔尼雪夫斯基全集》,第5卷,第216页。——第73页。

[80] 法国皇太子——路易十四的继承人——的教师，根据国王的命令，为了便于自己学生阅读，任意歪曲古典作家的作品，从其中删去了一切“猥亵的”地方。由此便产生了“为了法国皇太子”这句话。——第73页。

[81] 这里指的是七十年代革命民粹派的各个不同派别在思想上和政治上的分歧。参阅注12。——第74页。

[82] 1848年6月间，在法国爆发了“无产阶级和资产阶级之间的第一次伟大的国内战争”（《列宁全集》，第29卷，人民出版社，第276页）。这是巴黎无产阶级的武装起义，这次起义是在“民主的社会共和国万岁！”、“打倒人对人的剥削！”的口号下进行的。6月23日开始的起义，以6月26日对工人的残酷镇压告终，这次镇压被人叫做“六月大屠杀”。——第74页。

[83] 参阅《车尔尼雪夫斯基全集》，第7卷，第98－99页。——第75页。

[84] 参阅《车尔尼雪夫斯基全集》（十五卷本），第4卷，苏联国家文学书籍出版社，1948年，第313页。引自《俄国国民生活内部关系、特别是农村机构的研究》，奥古斯特·哈克斯特豪森男爵著。——第76页。

[85] 《车尔尼雪夫斯基全集》，第16卷，苏联国家文学书籍出版社，1953年，第659－660页。——第76页。

[86] 以上两段引文都引自同一篇文章，载同上书，第661－662页。——第77页。

[87] 《怎么办？》这部小说是车尔尼雪夫斯基于1862－1863年间

在彼得保罗要塞中写成的。在他的十五卷本全集中，这部小说收入第 11 卷中（参阅人民文学出版社版中译本）。——第 78 页。

[88] 在这里，普列汉诺夫过于夸大了拉萨尔的作用。

马克思在《哥达纲领批判》中关于拉萨尔在组织生产协社方面的活动写道："'全部劳动的社会主义组织'不是从社会的革命改造的过程中，却是从给生产协作社的'国家帮助'中'产生出来'，而这些生产协作社又是由国家而不是由工人'成立起来'的……这真不愧为拉萨尔的幻想"（参阅《马克思恩格斯文选》（两卷集），第 2 卷，人民出版社，第 29 页）。

列宁写道："在德国，半个世纪以前工人还是跟着自由派舒尔采—德里奇走的，并且还受拉萨尔和施韦泽的'民族自由主义的'（同时是"君主制普鲁士式的"）机会主义动摇的支配……"（《列宁全集》，第 20 卷，人民出版社，第 265 页）。——第 79 页。

[89] 外国文学栏的这篇文章没有收入最近的《车尔尼雪夫斯基全集》。——第 79 页。

[90] 参阅《同时代人》，1861 年 5 月号，第 2 栏，第 4 页。——第 80 页。

[91] 这里普列汉诺夫指的是自由主义民粹派，特别是写过许多著作来颂扬俄国家庭手工业和劳动组合的伏龙佐夫。——第 81 页。

[92] 这里所引的车尔尼雪夫斯基的话，是和他对资产阶级国家

的阶级性的看法相联系的。他认为资产阶级国家总是为了“统治的阶层或集团”的利益而行动。他在“七月的君主制”一文中写道:“经验证明,普选制把政权交给了蒙昧主义者和反动派”(《车尔尼雪夫斯基全集》,第7卷,第97页)。车尔尼雪夫斯基对普选制的否定的评价,应该理解为对过高估计这种制度的一种警告。但他本人也认为可能利用这种制度来对劳动者进行政治教育。——第81页。

[93] 参阅《车尔尼雪夫斯基选集》,下卷,三联书店,第231页。——第82页。

[94] 参阅《马克思恩格斯全集》,第4卷,人民出版社,第476－477页。——第83页。

[95] 马克思的《哲学的贫困》已收入《马克思恩格斯全集》第2版第4卷。——第83页。

[96] 拉萨尔的这本书的全名是:《巴师夏－舒尔采·德里奇先生,经济学的尤利安,或资本和劳动》(参阅《拉萨尔全集》,第3卷,“圆环”出版社,1925年,第33－201页)。——第84页。

[97] 普列汉诺夫这里指的是自由主义民粹派,其中最重要的是米海洛夫斯基,他当时在具有民粹主义倾向的知识分子中间颇有声望。民粹派接受了赫尔岑和车尔尼雪夫斯基对俄国村社土地占有制的错误观点,而抛弃了车尔尼雪夫斯基的革命民主主义,他们不正确地自以为是车尔尼雪夫斯基的“继承者”。——第85页。

[98] 阿利斯托夫在《阿法纳西·普罗科菲耶维奇·夏波夫》一书

(1883 年出版于彼得堡)中,这样描述夏波夫和车尔尼雪夫斯基的会见:"……整整一个晚上,他们在对俄国历史生活和各族人民现时状况的根本观点方面展开了热烈的争论;直到分别的时候,夏波夫才知道他究竟和谁进行了这场长时间的、认真的争论"(第 91 页)。——第 86 页。

[99] 别林斯基卒于 1848 年。——第 87 页。

[100] 参阅注 23。——第 88 页。

[101] 参阅《车尔尼雪夫斯基全集》,第 5 卷,第 502 页。——第 89 页。

[102] 参阅《车尔尼雪夫斯基选集》,下卷,三联书店,第 87 - 90 页。——第 91 页。

[103] 《序幕的序幕》这部小说是车尔尼雪夫斯基在西伯利亚写成的,比写小说《怎么办?》要晚得多。这部小说是他在 1867 - 1871 年间在监狱中写的。他常在同一起监禁的同志们的谈话中,向他们讲述、即席写作或朗诵其中的一些片断。列宁关于这部小说写道:"正是要有车尔尼雪夫斯基的天才,才能在当时,在农民改革刚进行的时候(那时它甚至在西方还没有得到充分的说明)这样清楚地懂得这个改革的基本的资产阶级的性质"(《列宁全集》,第 1 卷,人民出版社,第 259 页)。——第 91 页。

[104] 除了在这部小说中作为主人公伏尔庚来描写的车尔尼雪夫斯基本人以外,几乎小说中所有的人物都影射着活人。车尔尼雪夫斯基借列维茨基的名字描写了杜勃罗留波夫,借索柯洛夫斯基的名字描写了波兰革命家西吉兹蒙特·

谢拉科夫斯基，借恰普林伯爵的名字描写了著名的农奴主、大臣和刽子手穆拉维约夫，通过里雅桑采夫的形象描写了那个时代的自由主义的典型代表者卡维林，通过萨维洛夫的形象描写了国务活动家米留金。——第 92 页。

[105]　参阅《车尔尼雪夫斯基全集》，第 13 卷，第 187—188 页。——第 92 页。

[106]　在最近的版本中印作“首倡者”。——第 93 页。

[107]　参阅《车尔尼雪夫斯基全集》，第 13 卷，第 106 页。——第 93 页。

[108]　对这种矛盾的解释是：写《序幕的序幕》这部小说的时候比写论赎买的文章要晚得多。——第 93 页。

[109]　车尔尼雪夫斯基相信农民起义是有可能的，他的全部活动的目的就在于为这种起义作准备。他所写的传单《农民的同情者向地主老爷治下的农民致敬书》，就可以证明这一点。关于这点可参阅注 176。——第 93 页。

[110]　《车尔尼雪夫斯基全集》，第 13 卷，第 197 页。车尔尼雪夫斯基反对斯拉夫主义者把人民作谄媚式的渲染，他并不掩饰也不美化人民群众在农奴制的沉重压迫下所养成的缺点。同时，他也指出：“……俄国庄稼汉在聪明、灵巧、活泼和思想的敏捷上决不比任何人差”(《车尔尼雪夫斯基全集》，第 7 卷，第 876 页)。车尔尼雪夫斯基认为“墨守成规只能使人沉沦在日常琐事之中”，同时他相信在革命时代不会留下墨守成规的痕迹，因为在这样的时代人民群众会起来对现存社会制度进行忘我的斗争。——第 94 页。

[111]　《车尔尼雪夫斯基全集》,第7卷,第858－859页。——第95页。

[112]　参阅同上书,第877页。——第96页。

[113]　人民群众对农奴主所实行的1861年的农民改革的不满,促进了知识分子中间的革命情绪的增长。除了车尔尼雪夫斯基的传单和赫尔岑的《钟声》杂志所发出的号召以外,还出现了个别革命团体所出版的许多地下刊物和传单。其中如传单《告青年一代》、出版过三期的革命刊物《大俄罗斯人》和传单《青年俄罗斯》。在当时的秘密革命组织中,最重要的是成立于1862年的"土地与自由"社,车尔尼雪夫斯基和他的同志都积极地参加了这个组织。——第96页。

[114]　几乎席卷全俄的群众性的农民骚动,是对于掠夺性的、不彻底的1861年改革的答复。在1861年的农民起义中,最光辉和最重要的一次是延续整整一个月之久的喀山省别兹德纳村的起义;这次起义被武装力量残酷地镇压下去了。——第96页。

[115]　在十九世纪五十年代末—六十年代初遍及全欧的革命浪潮,打击了沙皇俄国、奥地利和普鲁士在1848－1849年革命后所实行的镇压解放运动的反动政策。然而亚历山大二世政府却使用一切手段来镇压欧洲革命运动,直至武装干涉某些国家中发生的国内斗争。——第96页。

[116]　《车尔尼雪夫斯基全集》,第5卷,第156－174页。——第97页。

[117]　在这篇文章中，车尔尼雪夫斯基抨击了屠格涅夫的小说《罗亭》、赫尔岑的中篇小说《谁的罪过?》和涅克拉索夫的长诗《萨莎》中的所谓“多余的人”类型的主人公。——第97页。

[118]　《车尔尼雪夫斯基全集》，第5卷，第168—169页。——第98页。

[119]　同上书，第160页。——第98页。

[120]　同上书，第8卷，第634页。——第99页。

[121]　同上书，第636页。在《车尔尼雪夫斯基全集》第8卷中，这个思想被表述得略有不同。在普列汉诺夫所引证的《同时代人》杂志上说，普鲁士的自由主义者希望“真正的宪政政体在他们那里自行建立起来”。在文章的手稿上也是这样写的（关于这点，可参阅《车尔尼雪夫斯基全集》，第8卷，第690页的注释）。——第99页。

[122]　拉萨尔在这篇文章中说道：“存在于每一个社会中的**现实的力量对比**，是决定该社会的一切法律和一切法律制度的经常起作用的力量……”（参阅《拉萨尔选集》，苏联国家出版社，1920年，第115页）。——第100页。

[123]　北美的北方诸州和奴隶主的南方诸州之间的内战持续了四年（1861-1865年），终于以北方的胜利告终。——第100页。

[124]　参阅《车尔尼雪夫斯基全集》，第8卷，第643页。——第101页。

[125]　参阅同上书，第13卷，第195页。——第101页。

[126] 参阅同上书,第 196 页。——第 102 页。

[127] 同上书,第 5 卷,第 357 页。——第 102 页。

[128] 《车尔尼雪夫斯基选集》,上卷,参阅三联书店,第 336 - 337 页。——第 102 页。

[129] 同上书,第 252 页。——第 103 页。

[130] 参阅《车尔尼雪夫斯基全集》,第 4 卷,第 722 - 723 页。——第 103 页。

[131] 《经济指南》——1857 - 1861 年间在彼得堡由维尔纳茨基编辑出版的月刊。——第 103 页。

[132] 《没有地址的信》载《车尔尼雪夫斯基选集》,下卷,三联书店,第 417 - 447 页。——第 104 页。

[133] 参阅《车尔尼雪夫斯基选集》,上卷,三联书店,第 422 页。——第 105 页。

[134] 《车尔尼雪夫斯基全集》,第 7 卷,第 932 页。——第 106 页。

[135] 同上书,第 767 页。——第 107 页。

[136] “经济活动和立法”文载于《车尔尼雪大斯基选集》,下卷,三联书店版,第 129 - 182 页。——第 108 页。

[137] 讲坛社会主义者〔源自“кафедра”(讲坛)一词〕——鼓吹资本主义和平长入社会主义的理论并引诱无产阶级放弃革命斗争的一些资产阶级教授。八十至九十年代德国的一批讲坛社会主义者为社会民主党内的修正主义准备了基础。——第 109 页。

[138] 参阅《车尔尼雪夫斯基全集》,第 10 卷,第 123 页。车尔尼

雪夫斯基是一个非常谦逊的人，他解释屠格涅夫之所以采取这种态度，是因为“杜勃罗留波夫〔比他，车尔尼雪夫斯基〕更聪明些，他对事物的看法更明确和更坚定”。——第109页。

[139] 这里指的是赫尔岑的“多余的人和胆汁质的人”一文，载于1860年10月15日《钟声》第83期，第689－692页（参阅雷姆克编辑的《赫尔岑著作和书信全集》，第10卷，彼得堡，1919年，第413－427页）。——第109页。

[140] 在1859－1863年间出版的《哨声》的发起人和主要撰稿人是杜勃罗留波夫，他在那里写的文章大部分用康拉德·李利英希瓦格尔这个笔名。——第110页。

[141] 卡特柯夫是反动的《俄罗斯通报》的出版人，阿尔勃提尼和杜德希金是《祖国纪事》的撰稿人。——第110页。

[142] 参阅《车尔尼雪夫斯基全集》，第7卷，第719页。——第111页。

[143] 参阅同上书，第765页。——第112页。

[144] 《日报》——1862－1865年间由伊·谢·阿克萨柯夫在莫斯科出版的斯拉夫主义的周刊。——第112页。

[145] “人民的糊涂”一文载于《车尔尼雪夫斯基全集》，第7卷，第828－848页。——第112页。

[146] 参阅《车尔尼雪夫斯基选集》，上卷，三联书店，第244页。——第113页。

[147] 莫斯科的斯拉夫主义团体是在三十年代末成立的。参加者有斯拉夫派的一些最著名的代表人物——伊·瓦·基

列也夫斯基、彼·瓦·基列也夫斯基、尤·费·萨马林、伊·谢·阿克萨柯夫、康·谢·阿克萨柯夫、亚·伊·柯舍列夫等人。——第113页。

[148] 引自《日报》第1期发表的纲领性文章。——第115页。

[149] 所有的引文都引自"人民的糊涂"一文(参阅《车尔尼雪夫斯基全集》,第7卷,第837、838页)。——第115页。

[150] 参阅《车尔尼雪夫斯基全集》第10卷中的这篇文章(第125－135页)。——第116页。

[151] 《基础》——1861－1862年间在彼得堡出版的乌克兰文的社会政治月刊。《同时代人》支持了《基础》在发展乌克兰人民文化方面的许多要求,同时也不止一次地批评了这家杂志的自由主义。车尔尼雪夫斯基论《基础》第1期的文章载于《车尔尼雪夫斯基全集》,第7卷,第934－948页。——第116页。

[152] 参阅同上书,第779－780页。——第117页。

[153] 同上书,第8卷,第538页。——第117页。

[154] 同上书,第7卷,第780页。——第118页。

[155] 车尔尼雪夫斯基确实和波兰革命家、《同时代人》的工作人员谢拉科夫斯基非常接近,谢拉科夫斯基在彼得堡组织了一个主要由波兰人——俄国军队军官们组成的地下革命小组。在同一年,谢拉科夫斯基小组在组织上加入了奥格列兹柯领导的彼得堡的波兰秘密团体,奥格列兹柯是车尔尼雪夫斯基另一个同道者和他所信托的人。由于这种联系,车尔尼雪夫斯基对许多波兰革命家——未来的波兰、

白俄罗斯和立陶宛的1863年起义的领导者唐姆布洛夫斯基、盖依顿莱赫、兹维日多夫斯基等人,发生了巨大的影响。接近车尔尼雪夫斯基的波兰革命家在沙皇统治下的波兰建立了一个革命军事组织,后来这个组织参加了六十年代的秘密组织"土地与自由"社。——第119页。

[156] 普列汉诺夫引证的那篇文章,没有收入《车尔尼雪夫斯基全集》。在《同时代人》杂志上,这篇文章没有署名,刊载在论巴布斯特和达尔的文章(这些文章已收入《全集》第七卷)之后。——第119页。

[157] 所有的引文都引自《同时代人》上的同一篇文章,第442、444和446页。——第120页。

[158] 在手稿上是:"沙皇的自由"。——第121页。

[159] 参阅《车尔尼雪夫斯基全集》,第7卷,第827页。——第122页。

[160] 犹滴是圣经里的女英雄,根据传说,她在尼布甲尼撒的军队围攻凡蒂路依要塞的时候拯救了犹太民族,砍掉了为她的美色迷惑的统帅奥洛芬的头。——第122页。

[161] 参阅《车尔尼雪夫斯基全集》,第7卷,第923页。——第122页。

[162] 参阅同上书,第10卷,第138页。——第123页。

[163] 同上书,第167页。——第123页。

[164] 1861年秋,由于沙皇政府颁布了反动的大学条例,在一些大学城市里发生了大规模的"学潮"。——第123页。

[165] 参阅《车尔尼雪夫斯基全集》,第10卷,第170、172、173

页。——第124页。

[166] 两处引文都引自同一篇文章，第169页。——第125页。

[167] 同上书，第175页。——第125页。

[168] 普列汉诺夫分析车尔尼雪夫斯基的政治经济学观点的文章不止一篇，而有三篇，它们发表在日内瓦出版的《社会民主党人》第2、3、4期上（参阅《普列汉诺夫全集》，第6卷）。——第126页。

[169] 混合主义是折衷主义的变种，它把不同种类的、互相矛盾的观点结合在一起。——第126页。

[170] 在手稿上是："不加批判地"。——第126页。

[171] 车尔尼雪夫斯基对穆勒的态度，不是为他辩护的，而是带有批判性的。马克思在《资本论》第一卷第二版跋中着重地指出了这点，马克思写道："一个没有精神的折衷派发生了。约翰·穆勒是其中最著名的代表。这正是资产阶级政治经济学破产的宣告。关于此事，俄国的大学者，批评家，车尔尼雪夫斯基曾在他所著的《政治经济学纲要（仿穆勒）》中，说得很明白"（参阅《资本论》，第1卷，人民出版社，1963年，第XVI—XVII页）。——第126页。

[172] 告发车尔尼雪夫斯基的匿名告密信，刊载于雷姆克的《对米哈伊洛夫、皮萨列夫和车尔尼雪夫斯基的政治诉讼》一书，圣彼得堡，1907年，第202-203页。——第128页。

[173] 实际上不是维托希金，而是维托希尼柯夫（参阅人名索引）。——第128页。

[174] 参阅雷姆克编辑的《赫尔岑著作和书信全集》，第18卷，

1920 年彼得堡版，第 4 页。对 1865 年所写的一篇文章的注释。——第 128 页。

[175] 根据尼·瓦·舍尔古诺夫的回忆，后来成为叛徒的柯斯托马罗夫曾经告诉他在莫斯科有秘密的印刷所，《同时代人》的活动家曾决定利用它来印刷传单（参阅《过去的声音》，1918 年版第 4－6 期，第 65－68 页）。——第 129 页。

[176] 关于车尔尼雪夫斯基直接参加建立秘密革命组织的问题，还没有得到充分的研究，虽然有不少材料有利于作出肯定的结论。苏联学者在自己的著作中证明：车尔尼雪夫斯基在五十年代末至六十年代初的革命形势的条件下，把具有革命情绪的知识分子、军官和大学生的代表集合在自己和《同时代人》编辑部周围，这样就建立了俄国革命民主主义阵营的领导核心。他在思想上鼓舞了和领导了各个革命小组和团体的斗争，加强了它们的活动，其结果就是"土地与自由"这个组织（1862－1864 年）的成立。在车尔尼雪夫斯基领导下，《同时代人》、《军事文集》在书报检查的条件下进行了革命宣传，组织了"象棋俱乐部"，团结了许多具有革命情绪的进步作家（参阅涅契基娜的《革命形势年代中的车尔尼雪夫斯基》一文，载《历史论丛》，1941 年第 10 期，第 3－39 页）。——第 129 页。

[177] 参阅《车尔尼雪夫斯基全集》，第 14 卷，第 456 页。——第 130 页。

[178] 《怎么办？》这部小说是车尔尼雪夫斯基在 1863 年 4 月完成的，而不是在 1864 年完成的。——第 130 页。

[179] 引自涅克拉索夫的《叶列莫施卡之歌》一诗。——第131页。

[180] 乔治·桑的小说《卢克莱茨亚·弗洛里安妮》的俄译本出版于1847年。——第132页。

[181] 罗普霍夫和吉尔沙诺夫都是小说《怎么办?》中的主人公。——第132页。

[182] 这是格利鲍耶陀夫的喜剧《聪明误》中恰茨基的话。——第133页。

[183] 参阅本文的题词和对题词的注释。——第134页。

[184] 彼得拉舍夫斯基派——由布塔舍维奇-彼得拉舍夫斯基在1845－1849年间于彼得堡建立的俄国先进知识分子小组的成员。在小组里经常讨论有关解放农民、推翻专制制度、组织共和国和革命斗争方法等等的计划。彼得拉舍夫斯基派小组的革命核心的思想体系，是在十二月党人、别林斯基、赫尔岑的思想影响下，以及在傅立叶和其他西欧思想家的空想社会主义的进步思想影响下形成的。——第135页。

[185] 《土地的权力》是格列勃·乌斯宾斯基的一本短篇小说集的标题。——第136页。

[186] 皮萨列夫:《哲学和社会政治论文选集》，苏联国家政治书籍出版社，1949年，第640—695页。——第137页。

[187] 安东诺维奇在这篇文章中把屠格涅夫的小说《父与子》评为对青年一代的诋毁和诽谤(参阅《安东诺维奇论文选》，苏联国家政治书籍出版社，1938年，第141－202页)。

在手稿中没有这条脚注。——第 137 页。

[188] 刚刚诞生的革命者的典型，是指七十年代的革命民粹派，他们“到民间去”，脱离了自己的环境、家庭，抛弃了舒适的生活。——第 139 页。

[189] 准许车尔尼雪夫斯基由维留依斯克迁往阿斯特拉罕的指令是在 1883 年 7 月 15 日签署的。他在同年 10 月 27 日抵达了阿斯特拉罕。——第 139 页。

[190] 不同的革命小组和个人不时有过营救车尔尼雪夫斯基的计划。这一类最大胆的尝试是同伊波立特·米希金和赫尔曼·洛帕廷的名字分不开的。两次尝试都没有成功。——第 139 页。

[191] 这里指的是车尔尼雪夫斯基在 1888 年发表于《俄罗斯思想》第 9 期上的“生存竞争有益论的来源”一文（载《车尔尼雪夫斯基全集》，第 10 卷，第 737－772 页）。在这篇文章中，车尔尼雪夫斯基是作为种变说、即进化的发展观念的拥护者出现的，但他批评了达尔文把剽窃自马尔萨斯的反动政治经济学论著的生存竞争理论搬用到生物界。

在这一点上，车尔尼雪夫斯基是和恩格斯接近的，恩格斯于 1875 年 11 月 12－17 日写信给拉甫罗夫说：“在达尔文学说中，我所赞同的是**发展论**，我认为达尔文的论证方法（生存竞争，自然选择）只不过是刚刚发现的事实的初步的、暂时的、不完善的表现”（参阅《马克思、恩格斯和俄国政治活动家的通信集》，苏联国家政治书籍出版社，1951 年，第 212 页）。

后来在1909年，普列汉诺夫本人也抛弃了他对车尔尼雪夫斯基的这篇文章的极端否定的评价。——第140页。

[192] 参阅“车尔尼雪夫斯基”一文，载于雷姆克编《赫尔岑著作和书信全集》，第17卷，第260－261页。——第140页。

[193] 这里和以后的三角括号内的文字，都是《社会民主党人》第1期上普列汉诺夫的文章的、未加增补以前的原文。——第141页。

[194] “新人”是车尔尼雪夫斯基的用语，它指的是他的小说《怎么办？》中的主人公那种类型的人物，如罗普霍夫、吉尔沙诺夫、拉赫美托夫、薇拉·巴夫洛芙娜。——第142页。

[195] 参阅本卷注138。——第143页

[196] 参阅本卷注139。——第143页。

[197] 俄文为персифлировать，意即嘲笑、嘲弄。——第143页。

[198] 参阅《马克思恩格斯文选》（两卷集），第2卷，人民出版社，第378页，以及《马克思恩格斯书信选集》，人民出版社，1962年，第158页。——第143页。

[199] 参阅《车尔尼雪夫斯基选集》，下卷，三联书店版，第233页。——第144页。

[200] 《色诺芬全集》（五卷集），第2卷，《苏格拉底回忆录》，圣彼得堡，1887年，第67页。——第145页。

[201] 赫尔岑的《三年之后》一文就是以这句感叹的话开始和结束的，这篇文章发表于1858年2月15日的《钟声》上（参阅雷姆克编《赫尔岑著作和书信全集》，第9卷，第126－

128页）。——第146页。

[202] 赫尔岑在得到有关1861年改革的最初消息以后，还不知道它的掠夺的本质，因此为农民解放举行了庆祝会。在这次庆祝会的请帖中说道："伦敦的自由俄国印刷所和《钟声》的出版人在四月十日晚庆祝农民解放的开始……每一个俄国人，不论他属于哪个党派，只要他同情伟大的事业，便将受到兄弟般的招待"（雷姆克编《赫尔岑著作和书信全集》，第11卷，第65页）。在宴会上，赫尔岑提议为俄国、为它的繁荣昌盛而干杯，受到与会者的热烈欢迎（同上书，第66页注释）。——第146页。

[203] 普列汉诺夫指的是国外版《车尔尼雪夫斯基全集》第5卷（参阅注23）。——第146页。

[204] 参阅《车尔尼雪夫斯基全集》，第4卷，第313页。在普列汉诺夫的手稿上"农民"误写为"地主"。——第147页。

[205] 这里指的是车尔尼雪夫斯基的"对反对村社占有制的哲学偏见的批判"一文（《车尔尼雪夫斯基选集》，下卷，三联书店，第86－128页）。——第147页。

[206] 参阅《车尔尼雪夫斯基选集》，上卷，三联书店版，第421页。——第148页。

[207] 车尔尼雪夫斯基在《对反对村社占有制的哲学偏见的批判》一文的序言中表述了这些思想（参阅《车尔尼雪夫斯基选集》，下卷，三联书店版，第91页）。——第149页。

[208] 《告青年一代》这份传单揭露了农民改革的掠夺性质，并且号召人们举行反对专制制度的革命起义。这份传单于

1861年9月在俄国散发。它的作者是六十年代革命民主主义运动的著名代表者作家尼·瓦·舍尔古诺夫和革命诗人米·拉·米哈伊洛夫。这份传单是应米·拉·米哈伊洛夫的要求而在伦敦的赫尔岑的自由印刷所印刷的。赫尔岑虽然印了这份传单,然而对它却不表同情。他在1868年12月1日的《钟声》第14－15期上写道:“我们曾恳请他〔米哈伊洛夫〕不要印他的传单”(参阅雷姆克编《赫尔岑著作和书信全集》,第21卷,第206页)。这份传单刊载于雷姆克的《十八世纪六十年代俄国的政治审判案》,苏联国家出版社,1923年,第62－80页,以及舍尔古诺夫的《回忆录》,苏联国家出版社版,1923年,第287－302页。——第150页。

[209]　《告军官书》这份传单注明的日期是1862年3月,它号召军官“不要按照等级,而要按照信念”来结成政党。它刊载在雷姆克的同上书第548－550页上。——第150页。

[210]　《青年俄罗斯》这份传单是在1862年5月中旬印出的,并且在彼得堡、莫斯科和各个省份广泛散发。它的作者是革命民主主义者扎依契涅夫斯基,他当时已经在莫斯科被捕了。这份传单刊载在雷姆克的同上书第508－518页上。——第150页。

[211]　引自赫尔岑的《新闻记者和恐怖主义者》(参阅雷姆克编《赫尔岑著作和书信全集》,第15卷,第375页)。——第150页。

[212]　参阅舍尔古诺夫:《回忆录》,第137页。——第150页。

[213]　《俄国言论》是1859－1866年间在彼得堡出版的月刊。从1860年起，它的编辑者是布拉高斯维特洛夫，他吸收了扎依采夫、舍尔古诺夫和夏波夫等人参加该杂志作为工作人员。从1861年起，皮萨列夫是决定这份杂志面貌的最著名的政论家和批评家。——第151页。

[214]　参阅雷姆克的《十八世纪六十年代俄国的政治审判案》一书中所载米哈伊洛夫对审讯的回答（该书第87－107页）。——第151页。

[215]　呈请辞职的教授有卡维林、斯巴索维奇、贝平、斯塔修列维奇、乌金。同时大学校长普列特涅夫也离开了大学（参阅舍尔古诺夫：《回忆录》，第132页，以及第220页的边注）。——第152页。

[216]　参阅舍尔古诺夫的《回忆录》一书中关于这次示威游行的描述（该书第131页）。——第152页。

[217]　参阅注88。——第155页。

[218]　在1908年，显然为了迎接将在1909年到来的车尔尼雪夫斯基逝世二十周年，普列汉诺夫又再度着手写作论车尔尼雪夫斯基的著作。同1890－1892年间发表在《社会民主党人》上的著作和1894年的该书德文版相比，普列汉诺夫大大地扩大和补充了他的新著《尼·加·车尔尼雪夫斯基》。在1909年的版本中，他增加了在颇大程度上是重新写过的序言、导言和构成该书第一部的篇幅很大的一篇“车尔尼雪夫斯基的哲学、历史和文学观点”。第二部包括两篇：“车尔尼雪夫斯基的政治观点”和“车尔尼雪夫斯基

的政治经济学观点”。第一篇是新写的，第二篇则是《社会民主党人》上的四篇文章的重版，只作了不大的修改。

1908 年 12 月，这部著作被交给“野玫瑰”出版社[①]付印。从保存下来的、他同出版社之间的通信中可以看出，校样准时地送给了普列汉诺夫进行校对。原来预定在 1909 年春天出书，但是由于营业方面的考虑，这家出版社直到 1909 年 10 月才出书，那时正当车尔尼雪夫斯基逝世二十周年。出版社在 1909 年 10 月 14 日的信中通知普列汉诺夫说：“您的著作已经出版……虽然它一共还只发售了三天，但我们已经清楚地知道它取得了异常的成功。人们迫不及待地等待它，并且以很大的兴趣来迎接它”（普列汉诺夫纪念馆档案）。

大概，同样由于营业方面的考虑，这家出版社在该书的封面上印的日期是 1910 年，想必是希望这会使人们在更长时间内认为该书是“新书”、“没有过时的书”。这个情况造成了在有关普列汉诺夫的著作中颇为流行的一个错误，即仿佛该书是在 1910 年出版的。

1909 年版《尼·加·车尔尼雪夫斯基》一书的导言，特别是它的第一部，同《社会民主党人》第 1 期上的论文有很大的出入。在这篇导言中，普列汉诺夫谈到车尔尼雪夫斯基的世界观的发展。导言的后半部在很大程度上是刊

① “野玫瑰”出版社是 1906 至 1918 年间由资产阶级开办的一家商业性的企业。除了唯心主义的各派代表人物的哲学著作以外，它也出版了马克思、普列汉诺夫和其他一些马克思主义者的著作。

载在《社会民主党人》第1期上的论文的重版，没有作任何修改或者只作了不大的文字方面的修改，但有些地方是改写过的。该书中新写的有关车尔尼雪夫斯基的哲学、历史、文学和政治观点的那些部分，以及对旧文的修改，都明显地表明普列汉诺夫的社会政治观点的变化，表明他从革命的马克思主义立场倒退到孟什维主义的立场。本卷只收入了该书1909年版的第一部。这是由于我们考虑到，叙述车尔尼雪夫斯基的哲学、历史和文学观点的这一部分是符合于这部选集的选材范围的。"尼·加·车尔尼雪夫斯基的美学观点"一文，收入《普列汉诺夫哲学著作选集》的下一卷、即第五卷。

列宁曾仔细地读过"野玫瑰"出版社出版的普列汉诺夫的《尼·加·车尔尼雪夫斯基》一书，并且把它的原文同《社会民主党人》上的论文加以比较，注意到了普列汉诺夫对车尔尼雪夫斯基的看法的重大变化。列宁对普列汉诺夫的著作的批语发表在《列宁文集》第25卷第206－244页上（见《列宁全集》，第38卷，人民出版社，第565－626页。——译者）。1911年4月1日发表了列宁的"'农民改革'和无产阶级农民革命"一文，在这篇文章中对车尔尼雪夫斯基的活动和世界观作了评价。这篇文章是列宁在阅读普列汉诺夫的著作时所作的评语的发展。列宁在强调车尔尼雪夫斯基的革命性及其对自由主义的无情批判时写道："……车尔尼雪夫斯基不仅是空想社会主义者，他同时还是一个革命的民主主义者，他善于用革命的精神去影响他那个时代的全部政治事件，通过书报检查机关的重重障碍宣传农民革命的思想，宣传推翻一切旧权力的群众斗争的思想”(《列宁全集》，第 17 卷，人民出版社，第 105 页)。

在档案中保存有缮写员所抄写的该书全部手稿，上面有普列汉诺夫所作的许多修改。“野玫瑰”出版的原文与这部手稿的原文略有不同，作了某些文字方面的修改。大概，这些修改和两三处增补的文句是普列汉诺夫在校对时加进去的。在本版中，该书原文是按照“野玫瑰”的版本排印的，并且核对过手稿。对手稿和“野玫瑰”出版的原文的修正，在大多数情况下都在注释中作了说明。其中导言中引自 1890 年的文章的所有篇页，都与《社会民主党人》第 1 期上的原文核对过。普列汉诺夫引自车尔尼雪夫斯基著作的引文，都与他所使用的版本(1906 年米·尼·车尔尼雪夫斯基编辑的版本)和最近的车尔尼雪夫斯基全集(十五卷本全集，苏联国家文学书籍出版社，1939－1953 年莫斯科版)核对过；在引文与最近的车尔尼雪夫斯基全集的原文有出入时，在注释中的版本出处前面注明“参阅”字样。——第 156 页。

[219]　参阅《车尔尼雪夫斯基全集》，第 15 卷，第 152－153 页。——第 159 页。

[220]　杜霍夫尼柯夫的“尼古拉·加甫利洛维奇·车尔尼雪夫斯基，他在萨拉托夫的生活”一文发表于《俄国往事》1890 年第 9 期，第 531—564 页。——第 159 页。

[221]　在杜霍夫尼柯夫的文章中(《俄国往事》1890年第9期,第536－539页)引证了切斯诺柯夫的口述。——第159页。

[222]　参阅《车尔尼雪夫斯基全集》,第13卷,第195页。——第160页。

[223]　参阅同上书,第196页。——第161页。

[224]　参阅"杜勃罗留波夫的传记材料"一文(《车尔尼雪夫斯基全集》,第10卷,第18页)。——第162页。

[225]　同上。——第162页。

[226]　《车尔尼雪夫斯基全集》,第10卷,第17页。——第164页。

[227]　"人类知识的性质"一文收入《车尔尼雪夫斯基全集》,第10卷,第720－736页。——第165页。

[228]　引自车尔尼雪夫斯基写于1845年的中学作文"感官是否会欺骗我们?"教员的批语写道:"极好"(参阅《车尔尼雪夫斯基全集》,第16卷,第375页)。——第166页。

[229]　参阅《车尔尼雪夫斯基全集》,第1卷,第562页。——第166页。

[230]　参阅同上书。引文和里雅茨基的引文略有出入:代替"为人类服务"这几个字的是"为人类谋福利";"对于他说来"这几个字是完全没有的;代替"就是"这两个字的是"他"。——第167页。

[231]　参阅《车尔尼雪夫斯基全集》,第16卷,第382、383页。——第167页。

[232]　为伊巴捷夫编年史而试作的辞典可参阅《车尔尼雪夫斯基

全集》,第 16 卷,第 400 - 466 页。——第 168 页。

[233] 关于吉尔费尔丁格和奈依基尔赫的著作的书评,收入《车尔尼雪夫斯基全集》第 2 卷第 196 - 203 页和第 204 - 209 页。在这两篇文章的附注中说,这一期《祖国纪事》在 1853 年 7 月 1 日取得了书报检查机关的批准,并且说这两篇书评是"车尔尼雪夫斯基为《祖国纪事》写的第一批作品,是他在'大型刊物'上的处女作"(《车尔尼雪夫斯基全集》,第 2 卷,第 837 页)。

在《尼·加·车尔尼雪夫斯基的生平和活动年表》(1953 年苏联国家文学书籍出版社版)中,把这两篇书评放在 1853 年 7 月 1 日的项目下,并且简介说:"车尔尼雪夫斯基在俄国期刊上的活动是以这两篇书评开始的"(第 86 页)。——第 168 页。

[234] 参阅《车尔尼雪夫斯基全集》,第 2 卷,第 345 页。在发表于 1854 年《祖国纪事》第 6 期的这篇关于斯塔尔切夫斯基的《日用百科辞典》第 7 卷的书评的附注中,编辑部对普列汉诺夫所引证的车尔尼雪夫斯基的话作了这样的说明:"这里所提到的《祖国纪事》上的未署名的书评,不是车尔尼雪夫斯基写的……'我们曾经认为……'、'我们仍坚持我们过去的意见……'等语,虽然把这篇书评和以前的书评联系在一起,但并不能证明两篇书评的作者是同一个人"(第 846 页)。

在关于《日用辞典》第 3 卷(出版晚于该书第 7 卷)的书评中,车尔尼雪夫斯基又一次提到 1847 年的书评,但关于它的说法已经有所不同:"……我们的杂志发表了关于《日用辞典》第1卷的评论(1847年《祖国纪事》,第8期)以后,发现有许多报刊转载了这篇评论……"(第2卷,第358页)。——第168页。

[235] 在《尼·加·车尔尼雪夫斯基的生平和活动年表》中,1847和1848年项下没有提到这些事情。只是不止一次地谈到他阅读 *Journal des Débates*。——第169页。

[236] 论"冯维辛的《旅长》"的文章是车尔尼雪夫斯基在1850年5月写成的。在全集中,这篇文章收入第2卷附录,以两种文稿发表,载于第792-815页。——第170页。

[237] 《车尔尼雪夫斯基全集》,第2卷,第793页。——第171页。

[238] 《杜勃罗留波夫全集》(三卷集),第2卷,苏联国家文学书籍出版社,1952年,第316-398页。——第171页。

[239] 参阅《车尔尼雪夫斯基全集》,第2卷,第796-797页。——第172页。

[240] 参阅同上书,第10卷,第118页。——第173页。

[241] 参阅同上书,第2卷,第800—801页。——第174页。

[242] 同上书,第4卷,第5-221页。——第174页。

[243] 同上书,第2卷,第811页。——第174页。

[244] 参阅《车尔尼雪夫斯基选集》,上卷,三联书店,第135页。——第175页。

[245] 车尔尼雪夫斯基第一次提到他阅读费尔巴哈的著作(《基督教的本质》)是在1849年2月25日,当时他在大学三年

级(参阅《日记》,载《车尔尼雪夫斯基全集》,第 1 卷,第 248 页)。——第 175 页。

[246]　《车尔尼雪夫斯基选集》,下卷,三联书店,第 1 - 15 页。——第 176 页。

[247]　参阅同上书,上卷,第 322 页。——第 177 页。

[248]　参阅同上书,第 324 页。——第 177 页。

[249]　这里指的是“野玫瑰”出版社于 1909 年出版的《尼·加·车尔尼雪夫斯基》一书的序言。——第 179 页。

[250]　《车尔尼雪夫斯基全集》,第 13 卷,第 245 页。——第 180 页。

[251]　参阅《车尔尼雪夫斯基全集》,第 1 卷,第 483 - 484 页。——第 181 页。

[252]　参阅同上书,第 13 卷,第 243—244 页。——第 182 页。

[253]　同上书,第 1 卷,第 548 页。——第 183 页。

[254]　同上书,第 13 卷,第 244 页。——第 183 页。

[255]　这个时期车尔尼雪夫斯基的书信和《日记》中的言论,是和前面引自《序幕》的引文相矛盾的,也是和普列汉诺夫的这个论断相矛盾的。例如,他在 1852 年对他的未婚妻说:“我有这样一种想法:我应当时时刻刻等待着宪兵出现,把我押送到彼得堡,关进要塞……我在这里所做的事情很有被判苦役的危险……”(《车尔尼雪夫斯基全集》,第 1 卷,第 418 页)。

他早在 1850 年 1 月 20 日的《日记》中关于飞跃和革命动荡写道:“……和平的、平静的发展是不可能的。就让我发生痉挛罢，——我知道，如果没有痉挛，历史就永远不会前进一步……认为人类能够笔直地和平稳地前进，这是愚蠢的，迄今为止还从来没有这样的事”（《车尔尼雪夫斯基全集》，第1卷，第357页）。——第183页。

[256] 这是讽刺检查官日利霍夫斯基的演说的讽刺诗中的诗句。日利霍夫斯基大致就是这样描述在第193号审判案中出庭的革命民粹主义者的。这首诗发表于《红色档案》杂志，1929年第3(34)期，第229-230页。——第184页。

[257] 参阅《车尔尼雪夫斯基全集》，第1卷，第492页。——第184页。

[258] 这个没有认清的字是：“要求”。——第184页。

[259] 《车尔尼雪夫斯基全集》，第1卷，第494页。——第185页。

[260] 参阅同上书，同上页。——第185页。

[261] 同上书，第484页。——第186页。

[262] 参阅同上书，第14卷，第242页。——第187页。

[263] 同上书，第297-298页。——第187页。

[264] 同上书，第5卷，第502页。——第190页。

[265] 同上书，第13卷，第103页。——第191页。

[266] 同上书，第239页。——第191页。

[267] 参阅同上书，第5卷，第357页。——第192页。

[268] 参阅《车尔尼雪夫斯基选集》，上卷，三联书店，第336-337页。——第192页。

[269] 《车尔尼雪夫斯基全集》，第10卷，第123页。——第

195 页。

[270] 卡维林和赫尔岑的友谊关系，是 1862 年卡维林在柏林发表《贵族和农民的解放》这部笔记以后破裂的。在这部笔记中，卡维林发展了他的十分温和的自由主义观点(参阅《卡维林给屠格涅夫和赫尔岑的书信集》，1892 年日内瓦版，第 49 页及以下)。——第 196 页。

[271] 参阅《车尔尼雪夫斯基全集》，第 7 卷，第 719 页。——第 197 页。

[272] 参阅同上书，第 765 页。——第 198 页。

[273] 现在，《农民的同情者向地主老爷治下的农民致敬书》出于车尔尼雪夫斯基手笔的事实，已经毫无疑问了。普列汉诺夫以及雷姆克，都还没有确实的材料来解决这个问题。这份传单已收入《车尔尼雪夫斯基全集》的最近版本(《车尔尼雪夫斯基全集》，第 7 卷，第 517－524 页)。——第 198 页。

[274] 在 1861 年出版秘密小报《大俄罗斯人》的"委员会"的人员尚未确切地查明。人们推测，参加这个"委员会"的有车尔尼雪夫斯基的信徒弗拉基米尔·奥勃罗切夫和尼古拉·奥勃罗切夫，其中前者是《同时代人》的工作人员。研究者没有提到车尔尼雪夫斯基参与写作这些小报，这些小报都没有收入十五卷本的《车尔尼雪夫斯基全集》。——第 199 页。

[275] 参阅《车尔尼雪夫斯基全集》，第 7 卷，第 779－780 页。——第 200 页。

[276] 参阅同上书,第8卷,第538页。——第200页。

[277] 同上书,第7卷,第780页。——第201页。

[278] 参阅注156。——第202页。

[279] 《柯罗连柯全集》(十卷本),第8卷,1955年苏联国家文学书籍出版社版,第62页。——第205页。

[280] 1885年,车尔尼雪夫斯基写成了"人类知识的性质"一文,以"安德列也夫"的笔名发表在3月6日和7日的《俄罗斯通报》第63期和第64期上。1888年,他写成了"生存竞争有益论的来源"一文,发表于《俄罗斯思想》第9期(两篇文章均收入《车尔尼雪夫斯基全集》第10卷)。——第207页。

[281] 体现了卢梭的世界观的基本原则的小说《朱丽或新爱洛绮思》,是卢梭在49岁时写的。葛德文的著名小说《卡列勃·威廉斯》是他在38岁时写的。——第207页。

[282] 《车尔尼雪夫斯基全集》,第14卷,第501页。——第208页。

[283] 参阅伏尔泰:《哲学小说集》,1953年苏联国家文学书籍出版社版(按此书中所收的伏尔泰的哲学小说《查第格》、《小大人》、《老实人》、《天真汉》等,有人民文学出版社的中译本,请参看。——译者)。——第209页。

[284] 参阅《车尔尼雪夫斯基全集》,第1卷,第528-529、533页。——第210页。

[285] 普列汉诺夫在1890年发表在《社会民主党人》上的著作《尼·加·车尔尼雪夫斯基》中说道:"每一个优秀的俄国

革命者都有大量的拉赫美托夫作风"(参阅本卷,第138页)。在新的版本上,"新人"和"六十和七十年代社会主义者"代替了"革命者"这个词。列宁指出了这种修改,他在页边作了这样的批语:

"注意参看《社会民主党人》第1期"和"——'革命者',《社会民主党人》(第1期第173页)"。

对"优秀的六十和七十年代我国的社会主义者"一语,列宁在页边批道:"俄国革命者";而对"不少的"这个词批道:"大量的"(《社会民主党人》第1期第174页)。

参阅《列宁全集》,第38卷,人民出版社版,第578、579页。——第214页。

[286] 参阅《柯罗连柯全集》,第8卷,第64页。——第214页。

[287] 参阅同上书,第65页。——第215页。

[288] 在手稿上是:"第一部分"。——第217页。

[289] 在"野玫瑰"的版本上误作"1899年"。——第217页。

[290] 在手稿上是:"车尔尼雪夫斯基本人的证词"。——第217页。

[291] 参阅《车尔尼雪夫斯基全集》,第7卷,第771页。——第217页。

[292] 同上书,第771-772页。——第218页。

[293] 即普列汉诺夫的《尼·加·车尔尼雪夫斯基的美学理论》一文(参阅《普列汉诺夫全集》,第6卷,第245-289页)。——第218页。

[294] 如车尔尼雪夫斯基本人在《日记》中的记载所证明的,他是

在1849年2月读到费尔巴哈的《基督教的本质》一书的。例如,车尔尼雪夫斯基在1849年3月4日回忆2月25日那一天的事情时写道:"七点钟到汉内柯夫那儿去,他给了我一本 Feuerbach's *Das Wesen des Christenthums*(费尔巴哈的《基督教的本质》)。当我拿了这本书回家的时候,我曾经考虑过,当我读过这本书时我会得到什么结果……"(《车尔尼雪夫斯基全集》,第1卷,第248页)。——第219页。

[295] 参阅《车尔尼雪夫斯基选集》,上卷,三联书店,第135页。——第219页。

[296] 同上书,第135-136页。——第220页。

[297] 朗格的 *Geschichte des Materialismus und Kritik seiner Bedeutung in der Gegenwart*(《唯物主义史及其在现代的意义的批判》)发表于1865年。这本书企图从新康德主义立场来批判唯物主义的主要代表们。——第220页。

[298] 参阅《费尔巴哈哲学著作选集》,上卷,三联书店,第184页。——第220页。

[299] 参阅同上书,第479页。——第221页。

[300] 参阅同上书,第205页。——第222页。

[301] 参阅《普列汉诺夫全集》,第6卷,第245-289页,以及本选集,第3卷,中文版,第134-158页。——第223页。

[302]《车尔尼雪夫斯基选集》,下卷,三联书店,第294页。——第223页。

[303] 同上书,第295页。——第224页。

[304]　参阅本选集，第3卷，中文版，第143－144页。——第225页。

[305]　普列汉诺夫所用的简短的公式不能完全确切地说明亚里士多德的哲学观点。亚里士多德哲学的基本特征是在唯物主义和唯心主义之间动摇不定，但是正如列宁所指出的，他“不怀疑外部世界的实在性”（《列宁全集》，第38卷，人民出版社，第418页）。列宁还指出，亚里士多德对柏拉图唯心主义的批判，是对“**一般唯心主义**”的批判（同上书，第313页）。——第225页。

[306]　这里说的是庸俗的唯物主义，其代表人物是毕希纳、伏格特、摩莱萧特等人。——第228页。

[307]　《费尔巴哈哲学著作选集》，上卷，三联书店，第195页。——第228页。

[308]　参阅本选集，第3卷，中文版，第142页。——第229页。

[309]　在手稿上写作：“……我们只限于提出这样一个意见”。——第230页。

[310]　车尔尼雪夫斯基所列举的训练动物的事例，在巴甫洛夫的条件反射学说中得到了科学的唯物主义的解释。巴甫洛夫指出，在这种情况下谈论动物的智力发展是没有根据的。动物的智力活动带有原始的性质，在它们的行为中并不占有首要地位，并且没有在它们的经验中固定下来。本能和习性始终是动物适应周围环境的主要形式。——第230页。

[311]　参阅本卷注191。——第232页。

[312] 《新社会观》一书是革命前出版过俄译本的欧文的唯一著作,该书俄译本改名为《人的性格的形成》(欧文此书有1958年三联书店译本,书名为《新社会观。关于性格培养的几篇论文》。——译者)。——第234页。

[313] 参阅《费尔巴哈哲学著作选集》,上卷,三联书店,第250页。——第238页。

[314] 列宁在对普列汉诺夫的这部书的批注中给"它〔这里指的是感觉和思维的能力。——俄文版编者〕和生物有机体的所谓物理的质之间的距离是无限大的"这句话划上着重线,并在页边上写道:"不是无限的(虽然我们还不知道这个"限度")"(《列宁全集》,第38卷,人民出版社,第582页)。——第240页。

[315] 缺证论法——一种逻辑上的错误,这种错误就是从本身需要证明的理由中引申出证明来。——第241页。

[316] 在原稿上写作:"一些不明确的地方"。——第241页。

[317] 参阅《车尔尼雪夫斯基选集》,下卷,三联书店,第238-239页。——第243页。

[318] 列宁在对普列汉诺夫的这部书的批注中反对这句话,他在页边上写道:"不是逻辑的错误,而是认识论的错误"(《列宁全集》,第38卷,人民出版社版,第585页)。——第245页。

[319] 这里指的是英国著名生物学家和生理学家、达尔文的信徒乔治·约翰·罗门斯(普列汉诺夫把英文姓名Romanes音译成罗门尼斯,而不是音译成罗门斯)的著作*Animal*

intelligence(《动物的智慧》)。——第245页。

[320] 《车尔尼雪夫斯基全集》,第7卷,第725页。——第246页。

[321] C.Г.——西尔韦斯特尔·果戈茨基,俄国唯心主义哲学家,他编过一部四卷本《哲学辞典》(1857-1873年)。——第247页。

[322] 《车尔尼雪夫斯基全集》,第7卷,第769-770页。——第247页。

[323] 萨古特是受罗马保护的一个古西班牙商业城市。公元前219年,萨古特城对迦太基的统帅汉尼拔的进攻部队进行了八个月英勇的保卫战。根据罗马史家亚庇安的陈述,在决战的时候,萨古特人宁愿全体手执武器而战死,而不愿投降。"他们的妻子从城墙上看到自己丈夫战死,有一些人就从屋顶上纵身跃下,另一些人自缢,而某些人则先杀死自己的孩子,然后以剑自刎。"对萨古特的进攻成为罗马和迦太基之间的第二次布匿战争的导火线。——第248页。

[324] 根据传说,公元前六世纪在罗马曾发生一场流血的悲剧,并成为驱逐塔克文尼皇族的起因。皇帝的儿子塞克斯特·塔克文尼冒充客人进入了罗马的贵妇、柯拉金的妻子卢克莱茨亚的屋子;他利用了她的丈夫和父亲都出外作战的机会,在夜间手执利剑潜入她的卧室玷污了她。受到凌辱的卢克莱茨亚叫还了丈夫和父亲,告诉他们事情的经过,然后拔出藏在衣服底下的短刀,刺入了自己的心

房。——第 248 页。

[325] 《车尔尼雪夫斯基选集》,下卷,三联书店,第 284 页。——第 249 页。

[326] 参阅本选集,第 2 卷,中文版,第 30－213 页。——第 250 页。

[327] 《车尔尼雪夫斯基全集》,第 4 卷,第 288 页。——第 251 页。

[328] 在普列汉诺夫的原稿上写作:“与其说接近于达尔文”。第 251 页。

[329] 在原稿上写作:“然而由于他的逻辑前提的某种错误,所以他只是非常独特地表达了自己的思想”。——第 253 页。

[330] 在原稿上写作:“……在著名的小说里”。——第 253 页。

[331] 参阅车尔尼雪夫斯基:《怎么办?》,上册,人民文学出版社,1953 年,第 252 页。——第 254 页。

[332] 参阅同上书,第 233 页。——第 254 页。

[333] 参阅同上书,第 235 页。——第 255 页。

[334] 参阅同上书,第 316 页。——第 255 页。

[335] 《车尔尼雪夫斯基全集》,第 4 卷,第 699 页。——第 256 页。

[336] 参阅车尔尼雪夫斯基:《怎么办?》上册,人民文学出版社,1953 年,第 294 页。——第 256 页。

[337] 参阅同上书,第 434 页。——第 257 页。

[338] 《车尔尼雪夫斯基全集》,第 4 卷,第 279 页。——第 257 页。

[339]　参阅车尔尼雪夫斯基:《怎么办?》,上册,人民文学出版社,1953年,第192页。——第258页。

[340]　参阅同上书,第400页。——第258页。

[341]　在原稿上写作:"……我们经不起诱惑,不禁要部分地转述其中的一段话"。——第259页。

[342]　参阅车尔尼雪夫斯基:《怎么办?》,上册,人民文学出版社,1953年,第173–174页。——第260页。

[343]　在原稿上写作:"在他的从许多方面说来非常出色的论莱辛的著作中"……——第260页。

[344]　《车尔尼雪夫斯基全集》,第4卷,第190页。——第260页。

[345]　同上书,第3卷,第138页。——第260页。

[346]　《车尔尼雪夫斯基选集》,上卷,三联书店,第415页。——第261页。

[347]　同上书,第115页。——第262页。

[348]　原文如此。——第262页。

[349]　在原稿上写作:"……直到目前为止,应该承认是完全正确的"。——第262页。

[350]　参阅《车尔尼雪夫斯基选集》,上卷,三联书店,第419页。第263页。

[351]　恩格斯:《费尔巴哈与德国古典哲学的终结》(参阅《马克思恩格斯文选》(两卷集),第2卷,人民出版社,第357–366页)。——第263页。

[352]　参阅《车尔尼雪夫斯基选集》,上卷,三联书店,第421

页。——第 264 页。

[353]　参阅"黑格尔逝世六十周年",载本选集,第 1 卷,中文版,第 470－501 页。——第 265 页。

[354]　原稿上写作:"……但毕竟没有把自己的注意力集中于它的主要优点"。——第 266 页。

[355]　原稿上写作:"……马克思"。——第 266 页。

[356]　引自歌德的诗 *Vanitas! Vanitatum vanitas!*(《空虚!空虚!》)。参阅本卷注 66。——第 267 页。

[357]　参阅《车尔尼雪夫斯基选集》,下卷,三联书店,第 127 页。——第 267 页。

[358]　这一段直到最末一句"……社会科学的唯一可能的基础"为止,是原稿上所没有的,大概是普列汉诺夫在校阅清样时加进去的。——第 267 页。

[359]　参阅车尔尼雪夫斯基:《美学论文选》,人民文学出版社,1958 年,第 143 页。——第 267 页。

[360]　在原稿上第六章的标题是"人类知识的性质"。——第 268 页。

[361]　在原稿上这句话到这里就结束了。——第 268 页。

[362]　参阅《车尔尼雪夫斯基选集》,上卷,三联书店,第 133－141 页。——第 268 页。

[363]　同上书,下卷,第 213－214 页。——第 272 页。

[364]　参阅同上书,第 593 页。——第 272 页。

[365]　参阅同上书,上卷,第 140 页。

　　列宁的著作《唯物主义和经验批判主义》第四章第一

节的补充，专门分析了车尔尼雪夫斯基的这个在列宁看来是非常卓越的论断。列宁在这一节的补充中指出了“车尔尼雪夫斯基是从哪一边批判康德主义的”(《列宁全集》，第14卷，人民出版社，第380－382页)。——第273页。

[366] 《车尔尼雪夫斯基全集》，第10卷，第731页。——第274页。

[367] 同上。——第275页。

[368] 黑格尔：《哲学全书》，第1部(黑格尔：《小逻辑》，三联书店，第188、189页)。——第276页。

[369] 《车尔尼雪夫斯基选集》，下卷，三联书店，第585－628页。——第277页。

[370] 《车尔尼雪夫斯基全集》，第7卷，第239页(附注)。——第277页。

[371] 关于车尔尼雪夫斯基对达尔文的态度，可参阅注191。——第277页。

[372] 参阅《车尔尼雪夫斯基选集》，下卷，三联书店，第585页。——第278页。

[373] 参阅同上书，第623页。——第279页。

[374] 参阅同上书，第611－612页。——第279页。

[375] 参阅同上书，第624页。——第280页。

[376] 参阅同上书，第628页。——第280页。

[377] 参阅同上书，第593页。——第280页。

[378] 参阅同上书，第620页。——第281页。

[379] 原稿上是：“正因为没有那篇备考”。——第281页。

[380] 参阅本选集,第3卷,中文版,注137。——第281页。

[381] 参阅达尔文:《物种起源》,第三章"生存斗争"(参阅科学出版社,1955年,第50页。译者按,达尔文的这段话普列汉诺夫是从法译本转译的,与原文有些出入)。——第283页。

[382] 这里指的是社会达尔文主义——利用达尔文所犯的马尔萨斯主义错误的资产阶级社会学流派。社会达尔文主义的本质在于:把自然规律,其中包括在动物界和植物界的一定范围内起作用的所谓生存竞争规律,搬到社会现象的领域中去。——第284页。

[383] 恩格斯:《反杜林论》,三联书店版,第78页。——第285页。

[384] 达尔文:《人类原始及类择》,第二十一章:"概述和结论"(参阅达尔文《人类原始及类择》,第九分册,商务印书馆,1957年,第50页)。——第285页。

[385] 曼彻斯特学派或自由贸易学派,是19世纪前半期的资产阶级经济思想派别。曼彻斯特学派赞成自由贸易,主张国家不干涉经济生活,这表明他们追求资本主义企业经营的自由和力求加强对工人的剥削。——第285页。

[386] 参阅车尔尼雪夫斯基:《怎么办?》,人民文学出版社,1953年,第307页。——第286页。

[387] 参阅"现代哲学家的两种类型"一文,载于《安东诺维奇哲学选集》,苏联国家政治书籍出版社,1945年,第18-19页。——第287页。

［388］《车尔尼雪夫斯基全集》，第 7 卷，第 760 页。——第 288 页。

［389］“明达的读者”是车尔尼雪夫斯基的小说《怎么办？》中使用过许多次的讽刺性的别号，它指的是具有伪善、庸俗、头脑迟钝、过分地自以为深思远虑的特征的反动读者。——第 288 页。

［390］参阅《车尔尼雪夫斯基全集》，第 7 卷，第 761 页。——第 288 页。

［391］同上书，第 3 卷，第 357 页。——第 289 页。

［392］这里指的是基佐的《欧洲文明史》和《法国文明史》两书。——第 290 页。

［393］原稿上没有“似乎”这两个字。——第 290 页。

［394］参阅本选集，第 1 卷，中文版，第 580－593 页。——第 290 页。

［395］原稿上是：“……表同情的话”。——第 292 页。

［396］车尔尼雪夫斯基的原文是：“一切可能的”。——第 292 页。

［397］《车尔尼雪夫斯基全集》，第 2 卷，第 736 页。——第 292 页。

［398］参阅马克思：《雇佣劳动与资本》（《马克思恩格斯全集》，第 6 卷，人民出版社，1961 年，第 486 页）。——第 293 页。

［399］原稿上是：“大概”。——第 293 页。

［400］参阅《车尔尼雪夫斯基全集》，第 2 卷，第 572－573 页。——第 294 页。

[401]　同上书,第 573、736 页。——第 295 页。

[402]　参阅《车尔尼雪夫斯基选集》下卷,三联书店,第 378 - 379 页。——第 296 页。

[403]　参阅同上书,第 379 - 380 页。——第 297 页。

[404]　参阅同上书,第 381 页。——第 297 页。

[405]　参阅同上书,第 380 页。——第 298 页。

[406]　参阅同上书,第 380—381 页。——第 298 页。

[407]　同上书,第 9 卷,第 516 页。——第 299 页。

[408]　同上书,第 4 卷,第 236 - 237 页。——第 300 页。

[409]　同上书,第 243 页。——第 301 页。

[410]　同上书,第 244 页。——第 301 页。

[411]　参阅马克思、恩格斯:《共产党宣言》(《马克思恩格斯全集》,第 4 卷,人民出版社,第 500 页)。——第 302 页。

[412]　参阅同上。——第 302 页。

[413]　参阅《车尔尼雪夫斯基选集》,下卷,三联书店,第 387 - 388 页。——第 304 页。

[414]　这里说的是罗马历史学家老普林尼的一句有名的话(出自《自然史》第 18 卷,第 7 章),这句话评述了公元一世纪罗马帝国危机时期意大利的大地产的增长。车尔尼雪夫斯基在"资本和劳动"一文(《车尔尼雪夫斯基选集》,下卷,三联书店版,第 317 页)中,引证了普林尼的话。——第 305 页。

[415]　这里是暗示米海洛夫斯基在《什么是进步?》一文中提出的"进步公式"。——第 305 页。

［416］ 原稿上漏了“还”字。——第 306 页。

［417］ 参阅《车尔尼雪夫斯基选集》，下卷，三联书店，第 391 页。——第 306 页。

［418］ 原稿上没有引证洛贝尔图斯和彼得鲁雪夫斯基的话，大概是普列汉诺夫在校样上补充进去的。——第 307 页。

［419］ 参阅《车尔尼雪夫斯基选集》，下卷，三联书店，第 389－390 页。——第 308 页。

［420］ 参阅同上书，第 391 页。——第 308 页。

［421］ 参阅同上书，第 402 页。——第 309 页。

［422］ 只有“野玫瑰”出版社的版本上才有这个附注，原稿上没有这个附注。——第 310 页。

［423］ 参阅《车尔尼雪夫斯基选集》，下卷，三联书店，第 410－411 页。——第 310 页。

［424］ 原稿上写作：“……这些论断毕竟是以完全正确的思想为基础的，虽然这个思想显然远没有经过赫尔岑充分周密考虑过……”——第 312 页。

［425］ 原稿上写作：“……显然在他那里没有达到十分明显的地步”。下一句话：“也远没有彻底深思熟虑过”，是“野玫瑰”出版社的版本中补充进去的。这句话的脚注也是原稿上没有的。——第 312 页。

［426］ 参阅《车尔尼雪夫斯基选集》，下卷，三联书店，第 402－403 页。——第 313 页。

［427］ 席勒：《胜利者的凯旋》《席勒选集》，苏联国家文学书籍出版社，1954 年，第 38 页。——第 313 页。

[428] 原稿上写作:“在车尔尼雪夫斯基的描写中……是……”。——第314页。

[429] 参阅《车尔尼雪夫斯基选集》,下卷,三联书店,第405页。——第314页。

[430] 参阅同上书,第407页。——第314页。

[431] 参阅本卷第277页及以下。——第315页。

[432] 《车尔尼雪夫斯基全集》,第7卷,第475-480页。——第315页。

[433] 原稿上写作:“……认真的分析”。——第315页。

[434] 参阅《车尔尼雪夫斯基全集》,第7卷,第476页。——第316页。

[435] 同上书,第477页。——第316页。

[436] 同上书,第478页。——第317页。

[437] 同上。——第318页。

[438] 马克思:“评基佐《英国革命为什么会成功?》”(《马克思恩格斯全集》,第7卷,人民出版社,第247-253页)。——第322页。

[439] 参阅《马克思恩格斯全集》,第7卷,人民出版社,第250-251页。——第323页。

[440] 参阅马克思:《资本论》,第1卷,人民出版社,1963年,第171页。——第323页。

[441] 《车尔尼雪夫斯基全集》,第7卷,第429-440页。——第324页。

[442] 穴居人(源自希腊文 τρωγλοδύτηε,即居住在洞穴或山洞

中的人）——在古代泛指处于低级文化发展阶段、还不会建筑住屋的民族。列斯特里干纳人——希腊神话中凶残的巨人。在荷马的史诗《奥德赛》中，奥德赛在自己漫游时险遭列斯特里干纳人的毒手。——第 325 页。

[443] 《车尔尼雪夫斯基全集》，第 7 卷，第 429 - 430 页。——第 325 页。

[444] 同上书，第 430 页。——第 325 页。

[445] 同上书，第 433 页。——第 327 页。

[446] 原稿上是："……注定会使"。——第 327 页。

[447] 原稿上是："……在这儿不应该忘掉"。——第 328 页。

[448] 《车尔尼雪夫斯基全集》，第 4 卷，第 70 - 71 页。——第 333 页。

[449] 参阅本选集，第 2 卷，中文版，第 336 - 375 页。——第 334 页。

[450] 《车尔尼雪夫斯基全集》，第 10 卷，第 910 页。——第 336 页。

[451] 同上书，第 911 页。——第 337 页。

[452] 同上书，第 915—916 页。——第 337 页。

[453] 参阅马克思：《国际工人协会共同规章》（《马克思恩格斯文选》（两卷集），第 1 卷，人民出版社，1958 年，第 363 页）。——第 338 页。

[454] 《车尔尼雪夫斯基全集》，第 10 卷，第 917 页。——第 338 页。

[455] 《车尔尼雪夫斯基全集》，第 10 卷，第 919 页。——第

339页。

[456] 同上书，第879页。——第340页。

[457] 马克思：《费尔巴哈论纲》（参阅《马克思恩格斯全集》，第3卷，人民出版社，第3页）。——第341页。

[458] 列宁在对普列汉诺夫的著作的评论中，着重指出了以下这句话："车尔尼雪夫斯基也像自己的老师一样，几乎把注意力完全集中在人类的'理论'活动上……"——并在页边批道："普列汉诺夫所著《车尔尼雪夫斯基》一书的缺点也是这样"（《列宁全集》，第38卷，人民出版社，第595页）。——第341页。

[459] 《车尔尼雪夫斯基全集》，第10卷，第962页。——第342页。

[460] 同上书，第970页。——第342页。

[461] 同上书，第962页及以下。——第343页。

[462] 原稿上写作："……基础"。——第343页。

[463] 参阅达尔文：《人类由来及类择》，第2章：《人类自较低等形式发达之方式》（参阅达尔文著《人类原始及类择》，第一分册，商务印书馆，1957年，第82页）。——第343页。

[464] 《车尔尼雪夫斯基全集》，第10卷，第924—925页。——第343页。

[465] 同上书，第924页。——第344页。

[466] 同上。——第344页。

[467] 原稿上没有这个边注。——第345页。

[468] 参阅《车尔尼雪夫斯基选集》，下卷，三联书店，第288

页。——第 346 页。

[469] 《车尔尼雪夫斯基全集》,第 4 卷,第 5 页。——第 348 页。

[470] 同上书,第 6—7 页。——第 349 页。

[471] 同上书,第 7 页。——第 349 页。

[472] 参阅《车尔尼雪夫斯基选集》,上卷,三联书店,第 402 页附注。——第 350 页。

[473] 参阅车尔尼雪夫斯基:《美学论文选》,人民文学出版社,1958 年,第 128 页。——第 352 页。

[474] 《车尔尼雪夫斯基全集》,第 4 卷,第 9 页。——第 353 页。

[475] 参阅车尔尼雪夫斯基:《美学论文选》,人民文学出版社,1958 年,第 127 页。——第 353 页。

[476] 参阅同上书,第 132 页。——第 353 页。

[477] 参阅同上书,第 134 页。——第 354 页。

[478] 参阅同上书,第 135 页。——第 354 页。

[479] 参阅同上书,第 130 页。——第 356 页。

[480] 原稿上没有"完全"这两个字。——第 358 页。

[481] 参阅《车尔尼雪大斯基选集》,上卷,第 457－458 页。——第 360 页。

[482] 参阅同上书,第 6 页。——第 360 页。

[483] 参阅同上书,第 102 页。——第 361 页。

[484] 《普列汉诺夫全集》,第 10 卷,第 178 页及以下。——第 361 页。

[485] "再论原始民族的艺术"一文是《没有地址的信》中的第三封信(参阅《普列汉诺夫全集》,第 14 卷,第 53－73 页)。

——第 362 页。

[486] 《普列汉诺夫全集》,第 6 卷,第 245－289 页,以及本选集第 5 卷。——第 363 页。

[487] 参阅《车尔尼雪夫斯基选集》,上卷,三联书店,第 7－8 页。——第 365 页。

[488] 原稿上是:"……我们看到人们不同的文学观点和不同的美学概念"。——第 366 页。

[489] 引自茹柯夫斯基的叙事诗《阿丽娜与阿尔辛》。第一行诗稍微作了修改。茹柯夫斯基的原文是:"活泼的容颜看起来是可爱的……"(《茹柯夫斯基全集》,苏联国家文学书籍出版社,1954 年,第 134 页)。——第 366 页。

[490] 参阅《车尔尼雪夫斯基选集》,上卷,三联书店,第 8 页。——第 366 页。

[491] 黑格尔:《美学讲演录》,第 1 卷(参阅黑格尔:《美学》,第 1 卷,人民文学出版社,1959 年,第 210－211 页),第 2 卷(《黑格尔全集》,第 13 卷,俄文版,第 158－161 页)。——第 367 页。

[492] 参阅车尔尼雪夫斯基:《美学论文选》,人民文学出版社,1958 年,第 140－141 页。——第 368 页。

[493] 参阅同上书,第 140 页。——第 368 页。

[494] 参阅同上书,第 144 页。——第 369 页。

[495] 参阅同上书,第 144－145 页。——第 372 页。

[496] 参阅歌德:《威廉·迈斯脱的求学时代》(《歌德全集》,第 7 卷,苏联国家文学书籍出版社,1935 年)。——第 373 页。

［497］ 参阅车尔尼雪夫斯基:《美学论文选》,人民文学出版社,1958 年,第 151 页。——第 373 页。

［498］ “野玫瑰”出版社的版本中漏掉了“成就”这两个字,这显然是错误的。——第 374 页。

［499］ 普列汉诺夫:《车尔尼雪夫斯基的美学理论》(《普列汉诺夫全集》,第 6 卷,第 245 页;又,参阅本选集第 5 卷)。——第 374 页。

［500］ 《别林斯基全集》,第 11 卷,第 576 页。——第 375 页。

［501］ 同上。——第 375 页。

［502］ 同上书,第 8 卷,俄文版,1955 年,第 82 页。——第 377 页。

［503］ 同上书,第 10 卷,俄文版,1956 年,第 7－50 页。——第 377 页。

［504］ 同上书,第 7 页。在原稿的脚注中有引自别林斯基著作的引文,我们没有采用这段引文。——第 377 页。

［505］ 参阅《别林斯基选集》,第 2 卷,中文版,1952 年,第 399－400 页。——第 378 页。

［506］ 参阅《别林斯基全集》,第 23 页。——第 378 页。

［507］ 参阅《车尔尼雪夫斯基选集》,上卷,三联书店,第 445－446 页。——第 379 页。

［508］ 参阅同上书,第 446 页。——第 379 页。

［509］ 参阅同上书,第 448 页。——第 380 页。

［510］ 参阅普列汉诺夫:《别林斯基的文学观点》(《普列汉诺夫全集》,第 10 卷,第 303－304 页;又,参阅本选集第 5 卷)。

——第 383 页。

[511]　《车尔尼雪夫斯基全集》,第 4 卷,第 506－507 页。——第 385 页。

[512]　同上书,第 5 卷,第 168－169 页。——第 386 页。

[513]　同上书,第 160 页。——第 387 页。

[514]　同上书,第 168 页。——第 388 页。

[515]　同上书,第 172 页。——第 389 页。

[516]　同上书,第 171 页。——第 389 页。

[517]　同上书,第 173 页。——第 389 页。

[518]　参阅同上书,第 174 页。——第 390 页。

[519]　原稿上写作:"然而当产生了这样的问题,即在什么限度内……"。——第 390 页。

[520]　参阅《车尔尼雪夫斯基全集》,第 7 卷,第 858－859 页。——第 393 页。

[521]　同上书,第 859 页。——第 393 页。

[522]　同上书,第 862 页。——第 394 页。

[523]　同上书,第 875 页。在最近一版《车尔尼雪夫斯基全集》中,根据手稿校正如下:"法国农民博得了全世界的名声,〔因为他们的迟钝的力量把最近时期法国出现的追求美好事物的意图的一切萌芽都扼杀了〕"。——第 394 页。

[524]　同上书,第 875 页。——第 394 页。

[525]　同上。——第 395 页。

[526]　原稿上写作:"不同意"。——第 397 页。

[527]　参阅《车尔尼雪夫斯基全集》,第 7 卷,第 876－877 页。

——第 398 页。

[528] 同上书,第 863 页。——第 398 页。

[529] 不久之前查明,米·尼·车尔尼雪夫斯基把“普列谢也夫的诗”一文收入他父亲的全集是错误的。这篇文章的作者是米哈伊洛夫。它也错误地收入了最近一版的《车尔尼雪夫斯基全集》。关于这一点可参阅查哈尔金的“关于革命诗人米哈伊洛夫的新材料”一文(《苏联科学院通报。文学和语言之部》,第 12 卷,第 5 册,莫斯科,1953 年,第 434-435 页)。——第 399 页。

[530] 参阅《车尔尼雪夫斯基全集》,第 7 卷,第 960 页。——第 399 页。

[531] 普列谢也夫:《前进！莫恐惧,莫迟疑……》,《诗集》,“苏联作家”出版社,列宁格勒,1950 年,第 26 页。——第 400 页。

[532] 皮萨列夫:《普希金和别林斯基》,《皮萨列夫文集(四卷集)》,第 3 卷,苏联国家文学书籍出版社,1956 年,第 364 页。——第 401 页。

[533] 同上书,第 366 页。——第 401 页。

[534] 同上书,第 420 页。——第 402 页。

[535] 原稿上是:“……只进行斗争”。——第 404 页。

[536] 参阅皮萨列夫:《普希金和别林斯基》,《皮萨列夫文集(四卷集)》,第 3 卷,第 377-378 页。——第 405 页。

[537] 参阅《车尔尼雪夫斯基全集》,第 7 卷,第 863 页。——第 405 页。

［538］《皮萨列夫文集（四卷集）》，第 1 卷，第 110 页。——第 406 页。

［539］参阅《皮萨列夫文集（四卷集）》，第 3 卷，第 368－369 页。——第 408 页。

［540］同上书，第 370－371 页。——第 408 页。

［541］同上书，第 2 卷，第 359 页。——第 412 页。

［542］《车尔尼雪夫斯基全集》，第 2 卷，第 239－240 页。——第 414 页。

［543］同上书，第 240 页。——第 414 页。

［544］同上书，第 3 卷，第 422－423 页。——第 415 页。

［545］同上书，第 425－426 页。——第 416 页。

［546］参阅同上书，第 429 页。——第 417 页。

［547］同上书，第 431 页。——第 417 页。

［548］参阅同上书，第 10 卷，第 508－510 页及以下。——第 418 页。

［549］"车尔尼雪夫斯基在西伯利亚"一文，是普列汉诺夫论车尔尼雪夫斯基的一系列著作中的最后一篇。该文写于 1912 年，是直接为了车尔尼雪夫斯基寄自苦役所和维留依斯克流放所的书信的出版而写的，这些书信在 1912 年由里雅茨基和车尔尼雪夫斯基的儿子米哈伊尔·尼古拉也维奇第一次发表。普列汉诺夫在收到该书第一卷后，于 1912 年 5 月 30 日写信给里雅茨基说："感谢您寄给我《车尔尼雪夫斯基在西伯利亚》一书。这本书使人产生真正极其强烈的印象。"（普列汉诺夫纪念馆档案）。普列汉诺夫的文

章是在车尔尼雪夫斯基的动人的书信所产生的生动印象下写成的，它以新的特色描绘出车尔尼雪夫斯基的精神面貌。这篇文章发表于《同时代人》杂志 1913 年第 3 期第 213－229 页。在《普列汉诺夫全集》中，它收入第 6 卷。本版根据的是《同时代人》的原文。在普列汉诺夫纪念馆的档案中没有发现这篇文章的手稿。——第 419 页。

[550]　1866 年 8 月，车尔尼雪夫斯基的妻子奥里珈·索克拉托夫娜带着小儿子米海依尔到卡达依去看他。她和他在一起共住了四天，因为他自己劝她尽早离去。显然这是由于他为她的命运担忧，因为这时有人有营救车尔尼雪夫斯基的计划，而第三厅认为她有参与这些计划的嫌疑（参阅许尔金：《车尔尼雪夫斯基的生平和创作概论》，1956 年苏联国家文学书籍出版社版，第 145 页）。——第 420 页。

[551]　由于为奥里珈·索克拉托夫娜的命运担忧，车尔尼雪夫斯基还请求她改嫁“任何哪一个高尚的人”。这是用假结婚和改姓的办法来使她免受警察迫害的一种方法。——第 420 页。

[552]　贝平写信给车尔尼雪大斯基说：“……我过去和现在尽我的力量为奥·索和孩子们做了一切；——我只是为你而伤心，因为你竟能听到一些消息而感到不安，因为你不再相信我。如果你在这里的话，我们只要作五分钟的谈话，就能使你在这方面安心了……难道我和我们大家还需要使你相信，现在我们敬爱你，而且永远会敬爱你吗？……单是这一点，单是想到你，我们就不可能对奥·索采取另一

种不应当采取的态度……我已经过了不少令人烦恼的日子——为自己、为你和你的家人——我不打算数一数这些日子并由此来证明我的话”(贝平的 信,参阅《车尔尼雪夫斯基在西伯利亚。与亲人的通信》,第 1 册,圣彼得堡,1912 年,第 110 - 118 页)。——第 421 页。

[553] 以上所有的引文都引自 1875 年 3 月 8 日给贝平的信(参阅《车尔尼雪夫斯基全集》,第 14 卷,第 588 - 595 页)。——第 422 页。

[554] 引自 1875 年 3 月 28 日给贝平的信(参阅同上书,第 600 页)。——第 422 页。

[555] 参阅同上书,第 594 页。——第 422 页。

[556] 《车尔尼雪夫斯基全集》,第 14 卷,第 603 页。——第 423 页。

[557] 参阅同上书,第 688 页。在车尔尼雪夫斯基给奥里珈·索克拉托夫娜的信中经常重复这样的劝她相信的话。——第 423 页。

[558] 以上所有的引文都引自 1872 年 5 月 17 日给奥·索·车尔尼雪夫斯卡娅的信。参阅《车尔尼雪夫斯基全集》,第 14 卷,第 517 - 519 页。——第 424 页。

[559] 《涅克拉索夫著作和书信全集》,第 3 卷,苏联国家文学书籍出版社,1949 年,第 39 - 40 页(译文参见涅克拉索夫:《俄罗斯女人》,新文艺出版社,1957 年,第 39 页)。——第 425 页。

[560] 见前引的 1875 年 3 月 28 日的信(参阅《车尔尼雪夫斯基

全集》,第 14 卷,第 601 页)。——第 425 页。

[561] 这两句引文均见《车尔尼雪夫斯基全集》,第 15 卷,第 81、82 页。——第 425 页。

[562] 普列汉诺夫在 1888 年底给斯杰普涅克—克拉夫钦斯基的信中,曾向他建议合写一部书,在这部书中他们将叙述“……从诺维柯夫和拉吉舍夫(先用几句话提一下克里扎尼契和波沙希科夫)开始的”俄国文学的殉教者列传。他接着写道:“我们〔将〕叙述叶卡特林娜二世的虚伪的自由主义,叙述保罗皇帝的书报检查机关的暴戾,叙述普希金和莱蒙托夫的流放,叙述屠格涅夫为了一篇赞扬果戈理的文章而遭逮捕,叙述格利波也多夫的流放,叙述波列扎也夫被罚当兵,叙述柯斯托马罗夫、舍夫琴柯、陀思妥耶夫斯基、米哈伊洛夫、车尔尼雪夫斯基所受到的迫害,叙述别林斯基只因为死亡才免于关进‘杜别里特的住宅’(杜别里特是宪兵团长。——译者)”(《普列汉诺夫遗著》,第 6 卷,苏联社会经济出版社,1938 年,第 388 页)。——第 426 页。

[563] 普列汉诺夫指的是 1909 年“野玫瑰”出版社出版他的《尼·加·车尔尼雪大斯基》一书。——第 426 页。

[564] 参阅《车尔尼雪夫斯基选集》,下卷,三联书店,第 73 页。——第 427 页。

[565] 参阅同上书,第 449 - 450 页。——第 428 页。

[566] 车尔尼雪夫斯基在许多书信里都回到关于达尔文的问题上来。他尖锐地批判达尔文的“生存竞争”论,同时也承认“达尔文当然是个天才的人物”(《车尔尼雪夫斯基全集》,

第 14 卷,第 540 页),并为“达尔文的渊博的学问和性格的高尚说公道话”(《车尔尼雪夫斯基全集》,第 15 卷,第 687 页)。

他对自己的儿子亚历山大的问题:“难道他是达尔文主义的反对者吗?”,作了这样的回答:“问题在于:我是一个老年人了。我是根据 18 世纪的书籍、而主要是根据拉马克来形成我关于植物史和动物史的思想方式的。在我看来,达尔文主义就其正确的方面来说也不是新发现。然而,达尔文是根据居维叶的著作进行学习的,他并不知道拉马克(这是一个谦虚的人,他本人也意识到这点),而对科学来说不幸的是,他从马尔萨斯那里得到了促使他去思索开始在他头脑中模糊地出现的真理的推动力……马尔萨斯主义的肮脏的东西也就混进了达尔文学说……”(同上书,第 14 卷,第 643 页)。第 429 页。

[567] 普列汉诺夫指的是所谓“社会达尔文主义”的信徒们。参阅本卷注 382。——第 429 页。

[568] 参阅《车尔尼雪夫斯基选集》,下卷,三联书店版,第 448 页。——第 430 页。

[569] 参阅同上书,第 459－460 页。——第 430 页。

[570] 普列汉诺夫指的是斯切克洛夫在《车尔尼雪夫斯基的生平和活动(1828—1889 年)》一书(出版于 1909 年)中所发挥的观点,根据这种观点,车尔尼雪夫斯基不是空想社会主义者,而且按其历史观点来说接近于历史唯物主义的体系。普列汉诺夫在关于斯切克洛夫的这部著作的书评中

批评了这些论点,这篇书评以《再论车尔尼雪夫斯基》为题发表于1910年的《现代世界》四月号(《普列汉诺夫全集》,第6卷,第346-370页)。——第431页。

[571] 寄给车尔尼雪夫斯基的书籍中间有马克思的《资本论》,这些书籍的清单发表在他的1872年9月30日的信的注释中(参阅《车尔尼雪夫斯基全集》,第14卷,第843-844页)。——第431页。

[572] 《车尔尼雪夫斯基全集》,第15卷,第34、35页。——第433页。

[573] 这里指的是安东诺夫的《尼·加·车尔尼雪夫斯基。社会哲学的研究》一书,莫斯科1910年版。在题为《考茨基和普列汉诺夫论车尔尼雪夫斯基学说》的第七章第五节中,安东诺夫写道:"贝尔托夫先生的批评是建立在……这样粗鲁的错误之上的,中学低年级生犯了这样的错误就只能得一分"(该书,第252页)。——第433页。

[574] 《车尔尼雪夫斯基全集》,第15卷,第70页。——第434页。

[575] 参阅《车尔尼雪夫斯基选集》,下卷,三联书店,第479页。——第435页。

[576] 参阅同上书,第470页。——第435页。

[577] 参阅同上书,第470-471页。——第436页。

[578] 参阅同上书,第467页。——第436页。

[579] 车尔尼雪夫斯基在同一封信中谈到自然科学家卡尔·恩斯特·贝尔的定律(参阅同上书,第467-468页)。

——第 436 页。

[580] 参阅同上书，第 469 页。——第 437 页。

[581] 普列汉诺夫在这里叙述的是车尔尼雪夫斯基从流放归来后为俄译本韦伯世界史所写的一篇附录中所发挥的思想。这篇附录的标题是：《产生进步的诸因素的一般性质》（参阅《车尔尼雪夫斯基全集》，第 10 卷，第 907－928 页）。——第 437 页。

[582] 《车尔尼雪夫斯基全集》，第 14 卷，第 644－645 页。——第 438 页。

[583] 参阅马克思：《国际工人协会成立宣言》（《马克思恩格斯文选（两卷集）》，第 1 卷，人民出版社，1959 年，第 362 页）。——第 439 页。

[584] 《车尔尼雪夫斯基全集》，第 15 卷，第 871959 年 88 页。——第 440 页。

[585] 在写于 1917 年的“涅克拉索夫的安葬”一文中，普列汉诺夫详细地叙述了拿着手枪和“社会主义者敬献”的花圈走向墓地的土地自由党人的示威游行。比起普希金来，涅克拉索夫这位民间疾苦的歌手对这些革命青年更亲近些，普列汉诺夫也是这些革命青年之中的一个，他在墓地上发表了演说。普列汉诺夫写道：“我在开始演说时指出，涅克拉索夫没有局限于歌颂歌舞女神的腿，而把民间的主题引进了自己的诗歌。含意是十分明显的。我同样也说到普希金。不言而喻，我对待普希金是完全不对的……但是我们当时的心情就是这样”（参阅《普列汉诺夫遗著》，第 6 卷，

第237页）。

参阅陀思妥耶夫斯基的《一个作家的日记》中关于这段情节的回忆（《陀思妥耶夫斯基全集》，第12卷，苏联国家出版社，1929年，第348－349页）。——第440页。